Anonymus

Archiv für das Studium der neueren Sprachen und Literaturen

Anonymus

Archiv für das Studium der neueren Sprachen und Literaturen

ISBN/EAN: 9783741167096

Hergestellt in Europa, USA, Kanada, Australien, Japan

Cover: Foto ©Andreas Hilbeck / pixelio.de

Manufactured and distributed by brebook publishing software (www.brebook.com)

Anonymus

Archiv für das Studium der neueren Sprachen und Literaturen

Library of

Princeton University.

Elizabeth Foundation.

ARCHIV

FÜR DAS

STUDIUM DER NEUEREN SPRACHEN

UND LITERATUREN.

HERAUSGEGEBEN

VON

LUDWIG HERRIG.

XXI. JAHRGANG, 39. BAND.

BRAUNSCHWEIG,
DRUCK UND VERLAG VON GEORGE WESTERMANN.
1866.

Inhalts-Verzeichniss des XXXIX. Bandes.

Abhandlungen.

	Seite
Eugénie et Maurice de Guérin. Von C. Marelle.	1
La Testament de Pathelin. Von Dr. Muret.	49
Untersuchungen über das französische borgne, borne; trancher. V. F. Aisler.	101
Erklärung der alten Ortsnamen in d. Prov. Brandenburg. Von G. Liebusch.	129
Eine Schlesische Dichterschule. Von Schaeffer.	161
Karthon, von Ossian. Metrische Bearbeitung. Von Schaeffer.	201
Mira Gaja. Von Prof. M. Beilhack.	241
Sitzungen der Berliner Gesellschaft für das Studium der neueren Sprachen.	256
Joseph von Petrasch. Von Dr. L. Hirsel.	353
Altdeutsche Predigt auf den heil. Johannes den Täufer. V. Dr. A. Birlinger.	357
Ein Spil von der Urstand Christi. Von Dr. A. Birlinger.	367
Die Aussprache des deutschen G. Von L. Rudolph.	402
Ueber die Aussprache des Altfranzösischen. Von G. Michaelis.	411
Beiträge zur französischen Lexicographie. Von Franz Scholle.	425

Beurtheilungen und kurze Anzeigen.

Goethe's Egmont und Schiller's Wallenstein. V. F. Th. Bratranek. (Merkel.)	108
Goethe in den Jahren 1771 bis 1775. Von H. R. Abeken. (Merkel.)	110
Romanische Poesien von L. A. Staufe. (Dr. Marthe).	113
Werth der Sprachvergleichung für die classische Philologie, von Dr. Karl Schenkel. (Dr. Marthe.)	116
Anzeiger für Kunde der deutschen Vorzeit. 13. Jahrg. No. 1—4. (Dr. Sachse.)	213
Germania. Herausgeg. v. Fr. Pfeiffer. 11. Jahrgang. 2. Heft. (Dr. Sachse.)	215
Ergänzungsblätter zu jedem engl. Handwörterbuche von A. Finess. (Hoppe.)	216
Shakespearestudien von Rümelin. (A. Bucher.)	303
Kurze hochdeutsche Sprachlehre von H. Krause. (Dr. Marthe.)	314
Das Latein auf der Realschule. Von Dr. H. Wendt. (Dr. Marthe.)	315
Jean Paul Friedrich Richter als Pädagoge, von G. Wirth. (Dr. Marthe.)	316
Memoir- u. Repetitionsstoff a. d. franz. Grammatik. V. Chr. Vogel. (Dr. Muret.)	316
Anleitung z. Uebers. a. d. Deutschen in d. Franz. v. Dr. G. H. Sievers. (Dr. Muret.)	319
Handbuch französischer Aussprache, von August Waldow. (Dr. Muret.)	321
Lehrbuch der französischen Sprache für Schüller. Von Charles Toussaint und G. Langenscheidt. (Dr. Muret.)	325
Dr. H. A. Manitius: Lehrbuch der englischen Sprache. (Alb. Benecke.)	328
Dr. H. A. Manitius: Gram.-prakt. Lehrgang d. engl. Sprache. (Benecke.)	332
Germania. Herausgeg. von Fr. Pfeiffer. 11. Jahrgang. 3. Heft. (Dr. Sachse.)	437
Germania. Herausgeg. von Fr. Pfeiffer. 11. Jahrgang. 4. Heft. (Dr. Sachse.)	437
Anzeiger für Kunde der Deutschen Vorzeit. No. 5—8. (Dr. Sachse.)	439
K. A. Hahn's Mittelhochdeutsche Grammatik. Neu ausgearbeitet von Dr. Fr. Pfeiffer.	440
Lehrbuch der mittelhochdeutschen Sprache für Gymnasien von A. Thurwald.	440
Register zu J. Grimm's Deutscher Grammatik von Dr. K. H. Andresen.	441
Aesthetische Vorträge von A. W. Grube. Erstes und zweites Bändchen.	442
Der Grossätti aus dem Leberberg. Sammlung von Volksliedern etc. von Fr. Jos. Schild.	446
Ueber die altnordische Philologie im skandinavischen Norden. Ein Vortrag von Dr. Th. Möbius. (Dr. Maerkel.)	446
Alemannisches Büchlein von guter Speise von Dr. A. Birlinger. (Dr. Sachse.)	447
Ulfilas oder die uns erhaltenen Denkmäler der gothischen Sprache. Bearb. u. herausgeg. von Fr. Ladw. Stamm. (Dr. Sachse.)	448
Heliand. Mit ausführlichem Glossar hrsgeg. von M. Heyne. (Dr. Sachse.)	448
Dictionnaire de la langue française par E. Littré. T. prem. A—H. (Schlegel.)	449
Elementargrammatik der engl. Sprache von Dr. L. Georg. (Dr. Asher.)	459
Dr. E. Kade: Erste Anleitung zum Uebersetzen in's Englische. (A. Benecke.)	461
Dr. Emil Otto: Kleine englische Sprachlehre für Anfänger. (Alb. Benecke.)	463

Programmenschau.

	Seite
Beitrag zur method. Behandl. d. deutschen Sprachunterrichts. V. H. Schüder.	117
Der deutsche Satz. Von Ed. Hermann.	118
Der Begriff der Prosa. Von Rector Prof. Dr. Scheele.	118
Proben eines Wörterbuches der österreich. Volkssprache. Von H. Maretu.	119
Beitrag zur Dialectforschung in Nordböhmen. Von Ignatz Petters.	120
Ueber den rheinisch-fränkischen Dialekt und die Elberfelder Mundart insbesondere. Von Dr. G. Schöne.	120
Ueber J. Böhme. Von Lehrer Milarch.	120
Ueber die weltbürgerliche Richtung unserer klassischen Literatur. V. E. Einert.	121
Ueber Lessing's Emilie Galotti. Von Fr. Diez.	121
Ueber einige weibliche Charaktere in Schiller's Dramen. Von Dr. Lilienthal.	121
Ueber Schiller's Wallenstein. Von Th. Hohenwarter.	122
Jean Baptiste Rousseau. Von Oberlehrer Dillmann. (Hölscher.)	122
Faut-il voir dans le changement de forme et de sens qu'ont subi les mots latins en passant au français une infériorité de cette langue? Vom Oberlehrer Dr. Franz Scholle. (Dr. M. Masse.)	281
Beitr. zur Gesch. d. franz. Sprache u. Rabelais' Werken. V. Dr. Schönermark. (M.)	233
Zur englischen Etymologie. Von Eduard Müller. (Hottenroit.)	234
Zwei Abschnitte aus dem neuen Grundlehrplan.	335
Lessing's Laokoon als Lectüre in Prima e. Gymn. u. Realschule, v. Dr. Elstlen.	335
Ueber die Berechtigung des Idealen in der Kunst, von Dr. Fr. Braun.	336
Ueber den Begriff des Tragischen. Von Dr. Arthur Jung.	337
Zusammenstellung d. Fremdwörter d. Alt- u. Mittelhochdeutschen. V. W. Wendler.	338
Die Familiennamen von Stolp mit Berücks. der Umgegend, v. A. Helotze.	339
Ueber einige volksthümliche Begriffsverstärkungen bei deutschen und englischen Adjectiven. Von Dr. Alexis Dony.	340
Ueber die deutsche Sprache in d. polnischen Oberschlesien. V. Pr. Naimbrod.	341
Zu Konrad's von Fussesbrunnen Kindheit Jesu. Von Dr. Albert Gombert.	341
Ueber das Redentiner Osterspiel. Vom Oberlehrer Drosihn.	342
Zur Kritik und Erklärung des Reineke Vos, von Dr. Friedr. Latendorf.	343
Lobspruch der Stadt Gross-Glogau. Von F. W. von Haszek.	344
Anna Luise Karschin. Von Theodor Heinze.	344
Schiller und Goethe. Von Friedr. Regenhke.	345
Ideenentwicklung des Spaziergangos von Schiller. Von Patriz Anzoletti.	345
Zur Entwicklungsgeschichte der deutschen Historiographie. Von Dr. Ad. Horawitz. (Hölscher.)	347
Etymologie von Ortsnamen. Von H. Oberdieck.	467
Die französischen Fremdwörter in unserm heutigen Verkehr. Von Dr. Lauberi.	468
Ueber den Kampf der deutschen Sprache gegen fremde Elemente. Von Dir. Dr. L. Schacht.	468
Ein Hof-Pfalz-Grafen-Diplom Johann Rist's. Von Dir. Dr. O. Frick.	469
Zur Beurtheilung Klopstock's nach religiösen Gesichtspunkten. Vom Oberlehrer O. Natorp.	470
Lessing und das Drama, von Wolfrom. 2. Stück.	471
Auslegung des Mährchens von der Seele und des Mährchens von der schönen Lilie. Von Dir. Dr. Hartung.	471
Ueber Wilhelm von Humboldt. Ein Vortrag von Prof. Dr. J. W. Steiner.	471
De Cypriano mago et martyre Calderonicae tragoediae persona primaria. Von Prof. Dr. Wilh. Beyschlag.	471
Montesquieu's Esprit des lois, übersichtl. zgest. von Oberl. Dr. Hoffmann.	472
Ein Denkstein, gesetzt den Manen des Dichters William Edmondstoune Aytoun. Von Dir. Dr. Alex. Schmidt.	472

Miscellen.
Seite 123—126. 235—240. 346—350. 473—480.

Bibliographischer Anzeiger.
Seite 127—128. 351—352.

Eugénie et Maurice de Guérin.*)

I.

La personnalité communicative et le sens pénétrant de la personnalité sont deux qualités marquantes de l'esprit français. C'est à ces deux qualités que nous devons, d'un côté, toute une littérature unique en son genre de correspondances et de mémoires, et de l'autre, tant d'ingénieux commentateurs, de moralistes sagaces et de fins portraitistes littéraires. A aucune époque ce tour d'esprit n'a été plus prédominant qu'aujourd'hui. On sait avec quel soin, quelle exactitude minutieuse, sont à présent publiés et appréciés les documents personnels de toute sorte. Tout ce qui porte l'empreinte d'un caractère quelconque, à quelque époque qu'il appartienne, est exhumé, mis en lumière et trouve des lecteurs. De même que le naturaliste sur quelques débris reconstruit tout un monde fossile, une critique universelle et un public intelligent, sur des fragments, des feuilles éparses, sur de simples autographes, se plaisent à recomposer un individu, un groupe, un genre, leur terrain et leur milieu. En cela les méthodes modernes d'investigation ont singulièrement élargi et aiguisé le jugement, mais non sans l'entraîner aussi en plus d'une fausse voie. C'est ainsi que la tendance littéraire dont nous parlons dégénère souvent en une vaine recherche du *caractéristique*, poussée jusqu'à cet engouement du singulier et de l'excentrique qui découvre ou ressuscite toutes ces curiosités d'hier ou d'aujourd'hui, que les raffinés prônent à l'envi, mais auxquelles le bon sens ne saurait trouver la moindre

---

*) Lu aux conférences publiques de la Société pour l'étude des langues modernes, à Berlin.

valeur. Les deux figures que nous allons décrire appartiennent-elles aux renommées de ce genre? Pour une certaine part on aurait pu le penser d'abord. Leur succès continu, la faveur croissante du public semblent prouver à présent qu'il n'y a pas seulement en elles une de ces raretés d'amateurs, surfaites et éphémères, mais quelque chose d'un intérêt général et durable, non pas seulement une curiosité pour les connaisseurs mais encore et surtout une apparition sympathique et bienfaisante pour tous, c'est à dire doublement et vraiment rare et de prix. Qu'on envisage le public ou les personnages, il y a là enfin un phénomène littéraire digne d'étude; et il est étonnant qu'en Allemagne, ce pays de culture polyglotte, une critique *multiface, omniface* même, comme elle aime à s'appeler, n'y ait jusqu'ici fait aucune attention.

Qu'est-ce donc qu'Eugénie et Maurice de Guérin?

Un couple fraternel, mort il y a une trentaine d'années bientôt, et dont on vient de publier la correspondance et le journal intime; un jeune poëte malade du sentiment et de l'imagination, destiné à mourir avant l'âge, et sa sœur, son ange gardien, son Electre, son Antigone, comme il l'appelle lui-même.

Un peintre — qu'on me permette ce procédé d'*Anschauungs-Unterrichts* — un peintre pourrait les représenter ensemble: lui pensif et abattu, le regard perdu dans l'espace; elle le soutenant et lui montrant du doigt le ciel.

Ce tableau semble annoncer d'abord bien du sentimental: et en effet une certaine dose de sentimentalité romantique se retrouve chez Eugénie et Maurice de Guérin. Mais ce qui fait le fond de ces deux âmes, ce qui les a fait revivre, ce qui leur gagne et leur attache tous les jours des cœurs, c'est qu'elles sont l'expression exquise chacune d'un sentiment vrai, profond, intime, intense, qui est en elles pour ainsi dire l'âme de l'âme: c'est en Maurice le sentiment de la nature, et dans Eugénie le sentiment de l'amitié fraternelle uni à la piété.

Maurice est le représentant attardé d'un état d'âme et d'une génération poétique aujourd'hui sur le déclin, si non totalement disparus. C'est un *enfant du siècle*. Lui aussi, il souffre de la grande maladie moderne, la mélancolie universelle, le *Weltschmerz;* cette maladie méthaphysico-poétique qui s'empare des âmes aux époques de critique générale où les dogmes, les institutions, où toute la conception du monde, de l'homme et de Dieu sont mis en question. Les croyances s'évanouissent, les systèmes surgissent et s'entredétruisent, les esprits sont tout à la fois encombrés d'idées et vides de principes et de certitudes; la fatigue de la pensée, l'inquiétude de l'imagination paralysent la volonté, l'homme perd le goût et la force d'agir : alors apparaissent les tristes héros de ces temps, les Hamlet, les Faust, les Werther, les René, les Childe Harold, les Obermann, les Rolla et les Maurice de Guérin.

Maurice appartient en effet à ce groupe de personnages fictifs, si divers de caractère et d'origine, auxquels l'histoire littéraire reconnaît cependant tant de traits de famille. Lui aussi, il s'est reconnu en eux, et à leur monologue il a ajouté le sien, qui, pour n'avoir pas la même grandeur d'origine, n'en est pas moins expressif.

Je ne voudrais pas, pour rendre mon héros plus remarquable, exagérer ses proportions. Maurice de Guérin ne jouera pas dans l'histoire littéraire le rôle des figures si connues, à côté desquelles nous le rangeons et qui pour la plupart représentent une phase de la vie morale d'hommes de génie. Maurice n'est pas un génie, mais seulement un talent distingué. D'ailleurs son journal, où il s'est peint, n'est point une oeuvre d'art méditée, une reproduction coordonnée et achevée d'une période de son existence, à l'instar de ces créations poëtiques, auxquelles on ne peut le comparer qu'avec réserve. Ce journal n'est qu'une suite d'esquisses et de fragments, une collection de notes psychologiques, qui laissent deviner plus qu'ils ne font voir, et regretter plus qu'ils ne donnent, et dont la sincérité touchante et la noblesse de style font tout le prix. Tous ces mélancoliques que nous avons nommés, quelque soit leur impuissance maladive en présence de la tâche humaine, sont cependant des hommes, et, bien que peu titanesques, les titans de leur race. Maurice, s'il leur ressemble, n'atteint pas à leur taille. Il n'est qu'un enfant à côté d'eux, le Benjamin de la famille, une sorte de petit cousin, si l'on veut, pour rester dans la mesure du réel. C'est un adolescent qui a grandi comme un roseau et se trouve arrêté dans sa floraison. Comme tant de jeunes gens de notre temps, si fécond en existences hâtives et avortées, Maurice est tout ensemble un être d'élite et un être inachevé, un de ces chanteurs sans poumons, un de ces Raphaëls manchots, destinés à subir toute la vie les fièvres et les prostrations d'une vocation incertaine ou manquée. On le caractériserait d'un mot en l'appelant *le patito* de la poésie. Il représente au mieux en effet ces naïfs soupirants du Parnasse, ces amoureux transis des Muses, qui pâlissent à leur faire la cour, sans pouvoir obtenir d'elles les bonnes grâces qu'elles prodiguent souvent à de fades ou grossiers favoris qui les méritent moins qu'eux. Le journal de Maurice est le dépositaire de ces ardeurs, de ces soupirs de poëte *patito*, une plainte, un gémissement presque continuels.

Comment s'expliquer que des pages de ce genre aient pu intéresser le public français d'aujourd'hui, si distrait, si blasé, si positif, si peu en goût de poésie et surtout de poésie élégiaque. Comment un traînard du Werthérisme, arrivant si peu d'accord avec les violons, a-t-il pu se faire encore écouter et réveiller des sympathies? Serait-ce que la maladie qu'il représente, couve encore secrètement, et que, sous le positiviste actuel, le rêveur d'autrefois soupire encore par moments après sa Charlotte insaisissable? Qui sait? Faust il est vrai a quitté la philosophie pour l'industrie, où il fait belle besogne, mais Wagner seul toujours est content. René et Childe Harold spéculent et font courir, mais ils n'ont pas oublié leurs monologues, et, comme Faust, à certaines heures, ils les répètent encore, à voix basse, à des auditeurs fidèles. Si la Poésie s'est réfugiée au désert, elle a toujours des adorateurs qui vont l'y retrouver. La Science qui a pris sa place, malgré sa sérénité apparente, ne se sent pas si sûre de son empire. On la surprend parfois assise comme la Melancholia d'Albrecht Dürer, au milieu de ses instruments épars, rêvant aussi et se disant: Que sais-je? Parlons sans figures. L'esprit humain a bien changé depuis trente ou quarante ans, mais au milieu de notre activité sans trêve et de notre éparpillement sans bornes, un sentiment de vide et d'ennui se fait toujours sentir, et, sans être épidémiques comme autrefois, les retours de tristesse et de doute sont encore fréquents. C'est pourquoi les créations poëtiques qui représentent cet état d'âme n'ont pas vieilli pour nous et nous restent familières. Sans doute nous n'acueillerions qu'avec moquerie une fiction qui reprendrait aujourd'hui le ton mélancolique et viendrait nous répéter sur une lyre d'emprunt des plaintes trop connues. Mais une apparition posthume de ce temps encore si proche de nous doit nous trouver d'autre humeur. Nous nous reconnaissons en elle, elle nous rappelle notre jeunesse. Et qui, dans ces temps de sécheresse et de stérilité, ne regarde volontiers vers ces folles années de sentimentalité printanière, où la mélancolie n'était qu'un trop plein de sève et le désespoir un excès d'espérance. D'un autre côté, une telle apparition, loin de choquer notre sens positif de désillusionnés, le satisfait au contraire par son caractère historique. Nous pouvons du moins l'écouter comme témoin dans notre inventaire minutieux du passé.

Maurice de Guérin avait l'avantage de ressusciter dans ces conditions. Son livre n'est pas une fiction. Il a réellement vécu ses souffrances, et il l'a prouvé, puisqu'il en est mort. S'il eût survécu, s'il publiait aujourd'hui lui-même son livre, il n'obtiendrait sans doute que l'indifférence ou l'ironie. Mais un livre vrai, vécu, un livre qui est une âme, un esprit malheureux sortant après plus de vingt ans du tombeau, c'était, en notre temps de productions factices et forcées, un sujet assez intéressant pour nos physiologistes littéraires et nos curieux de phychologie; et dès son apparition ce fut dans tous les journaux et les revues à qui déploierait le plus de magie esthétique pour faire vraiment revivre le jeune fantôme. Mourir jeune sur quelques heureux essais, pour un poète, c'est ainsi souvent, le plus sûr chemin à l'immortalité. Sa destinée touchante s'identifie alors avec son oeuvre. Ils apparaissent ensemble comme un groupe inachevé qu'une imagination sympathique se figure aisément plus beau qu'il ne fût devenu peut-être. Si, joint à cela, le poète ou l'artiste brisé dans sa fleur, par quelque côté de sa physionomie ou de sa situation, se trouve propre à servir de symbole, à représenter un genre, alors son nom est consacré. La critique, qui n'aime pas moins à élever qu'à détruire, fait de lui un type : et elle met à l'achever, à l'idéaliser le même amour qu'elle mettrait peut-être à l'anéantir, s'il fût parvenu à sa pleine croissance. Ainsi dans des genres différents, Masaccio, Chatterton, Gilbert, Vauvenargues, André Chenier, Theodor

Koerner, Keats, Bellini, Hégésippe Moreau sont tombés pour se relever éternellement jeunes, sans qu'on puisse dire qu'ils eussent grandi et qu'on se fût souvenu d'eux, s'ils eussent vécu. Un autre avantage qu'il faut compter, pour Maurice, c'était d'appartenir, par sa naissance et ses relations, à un monde qui possède encore le privilège de donner un certain cachet aux réputations qu'il fait ou qu'il adopte. La haute critique qui, avec raison, aime à garder un pied dans ce monde, a pour ses protégés des indulgences et des faveurs, fort efficaces lorsqu'elles se traduisent en lettres de recommandation au public. Cette fois la sympathie d'accord avec la complaisance rendait l'apologie facile et d'autant plus persuasive. Cependant il faut le dire, quelque digne d'intérêt que fût Maurice, ce n'était pas un intérêt général qu'il pouvait soulever longtemps. Ses qualités sont de celles qu'un petit nombre seulement d'esprits cultivés se plait à apprécier. Réduit à lui-même, après un court éclat, le jeune mélancolique n'eût pas tardé sans doute à retomber, si non dans l'oubli, du moins dans la pénombre de ses aînés, où les amateurs seuls eussent encore fait attention à lui. Ce qui l'a soutenu, ce qui le sauvera peut-être du temps, c'est moins son rôle littéraire, en somme, que son rôle moral dans le groupe qu'il forme avec sa soeur et où il est partie essentielle quoique passive. Tout en tenant largement compte de sa valeur poétique, on peut donc dire de lui que son principal, son plus durable mérite, c'est d'être le frère chéri d'une soeur telle qu'Eugénie. C'est sa soeur en effet qui met la vie entre eux. Avec son éternel monologue, Maurice devait tôt ou tard finir par ennuyer son monde; mais Eugénie intervenant engage le dialogue et nous entraîne dans l'action.

II.

Eugénie aussi écrit son journal; mais non à la manière de Maurice, comme une monodie lyrique, ni à la manière anglaise, pour elle-même, pour sa propre satisfaction: elle l'écrit pour s'épancher, se communiquer à un autre; pour s'entretenir avec son frère loin d'elle, le consoler, l'égayer, l'encourager. Son journal est par-là essentiellement français: c'est une causerie avec un absent. D'elle-même et seule, elle ne fût jamais venue sans doute à cette habitude d'enregistrement de soi-même si répandue aujourd'hui, si propre à fortifier l'individualité, mais si propre aussi à faire des pédants et des importants. Eugénie est d'un naturel trop vif, trop expansif, pour pouvoir se plaire en tête à tête exclusif avec elle-même; il lui faut, ne fût-ce qu'en idée, un interlocuteur, un coeur ami qui l'écoute. Or elle l'a dans son frère, qui lui a demandé de noter, d'écrire pour lui sa vie de chaque jour, ses impressions, ses lectures et ses pensées. Certaine d'être entendue, elle s'y prête volontiers, elle s'en fait même peu à peu un plaisir et un besoin. Car elle a le talent d'écrire, la pensée vive, alerte, la plume légère et sûre. Elle possède ce don si rare du style prime-sautier, prompt d'élan et ferme d'arrêt, qui ne cherche ni ne tâtonne, trouve de suite le ton, l'accent, la mesure, le mot et le tour. Dès la première page on est émerveillé de cette gracieuse et franche allure. C'est le plus joli style virginal, caressant et dégagé, flexible et droit au but; un vrai style d'oiseau, ailé, preste et net. On conçoit qu'elle ait tout d'abord séduit par-là un public si sensible au charme de la forme et si fin connaisseur de tout ce qui marque la race, le sexe, et fait la distinction de l'écrivain.

Son frère écrit tout autrement qu'elle. Maurice creuse, pénètre laborieusement; il vous enlace et vous entraîne avec une langueur passionnée et contagieuse; on ne le quitte qu'en emportant de sa lecture une sorte de malaise. Avec Eugénie on glisse, on vole; elle vous donne sa légèreté. Non qu'elle soit folâtre; au contraire, sa nature est essentiellement sérieuse; mais c'est une nature harmonisée, réglée, fixée. Si elle est gaie, c'est sans étourderie, sans enivrement; si un soupir, si un ton plaintif reviennent souvent dans ses notes et dans ses lettres, surtout vers la fin de sa vie, on sait d'où ils viennent et où ils vont. Car elle aussi, elle a sa mélancolie comme son frère, mais c'est la mélancolie chrétienne, celle de la foi. Maurice a la mélancolie de l'incertitude, la langueur esthétique, la maladie de l'idéal, le mal vague et indéfinissable du vague et de l'indéfini; Eugénie a le mal du pays céleste, le mal de l'exilé et du voyageur regrettant la patrie, mais sûre d'y retourner un jour.

La pensée du ciel se mêle à tout ce qu'elle fait, à tout ce qu'elle dit; ce qui lui donne un petit air de nonne et de sainte qui surprend d'abord, mais auquel on s'habitue, et qui plaît même à la fin. Elle est volontiers convertisseuse, sans aimer à faire des sermons pourtant. Elle n'est ni doctoresse ni pédante à la manière des *mises* presbytériennes ; elle est pour cela trop du pays de madame de Sévigné. Comme celle-ci, elle lit les théologiens et les philosophes, mais elle se garde bien de répéter leurs formules et d'user de leur jargon, il lui semblerait s'affubler d'habits d'hommes. Je déteste les femmes en chaire, dit-elle quelque part. Elle n'a rien de commun avec la *femme supérieure*. Pour elle, comme pour la plupart des femmes vraiment féminines, ces grandes penseuses, qui montrent un génie presque viril, sont des êtres hybrides plus étonnants que sympathiques. Sentiment assez souvent partagé par les hommes eux-mêmes. Les *Corinnes* et les *Lélias* paient la gloire à ce prix : elles deviennent des sphinx pour les deux sexes. Rien que l'idée d'une telle métamorphose eût été horrible à Eugénie de Guérin. En cela elle est restée féminine et virginale, jusqu'aux bouts des ongles, et s'est méfiée toute sa vie de l'entrainement du talent. Peut-être un secret désir de plaire se mêlait-il à cette retenue ; mais le désir de plaire, dans la femme, qu'est-ce au fond, que le désir d'être vraiment femme ?

Or la femme, la plume à la main, n'est jamais plus et mieux femme que dans ses lettres, c'est à dire individuelle avec modestie, et naturelle avec grâce et finesse. C'est ce caractère féminin de personnalité aimable et de spontanéité mesurée qui fait le charme toujours vivant de tant de recueils de lettres de femmes d'esprit et de coeur. Et celle qui plaît le plus parmi cette élite, c'est aussi la plus femme de toutes : c'est la toujours jeune, aimante et spirituelle marquise de Sévigné. Une de celles au contraire qui perd le plus de jour en jour en attraits, c'est aussi celle dont le sexe est le plus douteux : c'est la profonde Rahel, qui pense et veut penser comme un homme, avec les nerfs de femme les plus inquiets et les plus agacés, et qui nous donne ainsi le spectacle trop souvent agaçant de deux natures inconciliables se débattant dans la même personne.

Eugénie de Guérin a sa place marquée entre les épistolières illustres ; et au milieu de ces grandes mondaines, sa figure à part de vestale et de solitaire, sérieuse sous un air candide et enjoué, n'a point trop l'air dépaysé ; on voit à la tenue et à la sûreté du coup d'oeil quelle est aussi de leur monde. Sa correspondance moins prisée jusqu'ici que son journal nous parait digne d'être mise sur le même rang. Le journal d'ailleurs rentre lui-même dans le genre épistolaire : c'est une longue lettre écrite à l'avance. Mais cette avance y laisse parfois trop de loisir à la réflexion et à un certain raffinement. La correspondance, écrite toute de jet, est exempte de ce léger défaut. Il est vrai que par la même cause elle est moins riche aussi de pensées et de tableaux, mais la personnalité toute pure s'y prononce plus nettement et plus franchement dans les dialogues divers où elle est engagée. Il ne faut chercher du reste dans ce journal ni dans ces lettres rien qui rappelle le genre d'intérêt de la correspondance des femmes célèbres. Eugénie de Guérin n'a pas été de son vivant une célébrité entourée et répandue. Elle n'a connu que de loin, et en passant, la vie d'une capitale. Les causeries des salons à la mode, les conversations des cercles diplomatiques et littéraires, la fréquentation et l'influence personelle des hommes de génie et de marque lui sont restées presque absolument étrangères. On ne trouve chez elle ni anecdotes, ni portraits, ni récits bien caractéristiques de son temps. Son existence s'est écoulée presque tout entière à la campagne, dans un cercle restreint de parents et d'amis. Son monde extérieur est donc très-limité et des moins variés. Mais sa vie intérieure n'en est que plus originale et pleine d'une abondance de source vive. Pour cette source inépuisable du cœur et de l'esprit, on peut la comparer à Mme de Sévigné ; on mettant à part bien entendu certains côtés de la femme faite et de la grande dame. Mme de Sévigné, comme on sait, est la personnification même de l'amour maternel. Eugénie est une Sévigné fraternelle ; une Sévigné juvénile un peu ermite, un peu poëte, un peu sauvage ; avec un coeur de fille et de soeur tel que Mme de Sévigné eut un coeur de mère, le plus aimant, le plus prodigue de dévouement, le plus ingénieux en expressions de tendresse et d'attachement. Son frère Maurice est son tout, comme pour Mme de Sévigné sa fille. Ou plutôt, pour ne pas faire d'elle ce qu'elle appellerait une idolâtre, son tout c'est Dieu avec Maurice et Maurice en Dieu. Maurice et Dieu, voilà les deux noms qui reviennent à toutes ses pages. Au premier abord cela peut sembler monotone, mais il faut y regarder de plus près. Combien de gens aussi trouvent Mme de Sévigné monotone, parce qu'elle ne parle que de sa fille et ramène tout à sa fille. Ceux-là oublient que le cœur ne craint pas comme l'esprit de se répéter. Il a beau redire la même chanson, ce n'est jamais sur le même air. Pour bien goûter de tels recueils, il faut prendre chacune de ces lettres comme une sorte de Kaléidoscope, par lequel on ne verrait toujours qu'un nombre limité d'objets, mais à chaque tour sous des aspects et des couleurs différentes, selon l'humeur et l'entrain du moment.

Il ne faut pas trop appuyer sur cette comparaison entre Mme de Sévigné et Eugénie de Guérin, mais il est certain qu'une sorte de parenté existe entre elles. Les amis d'Eugénie l'appelaient en plaisantant la femme du dix-septième siècle, et elle semble en effet avoir des affinités avec les esprits les plus distingués de ce noble temps. Elle vit dans leur compagnie. Bossuet, Pascal, Fénelon sont ses maîtres. Elle se fait encore du monde, de la religion et de la société la même idée qu'ils s'en faisaient. De là aussi sa sécurité d'esprit. Si tout est mis en question autour d'elle, rien pour elle n'est mis en doute. Elle n'est point du reste arriérée par ignorance. Elle a lu avec son frère plus d'un livre moderne: Chateaubriand, Mme de Staël, Lamennais et des fragments de littérature ou de philosophie traduits de l'allemand et de l'anglais, et quelque chose lui en est resté dans sa direction littéraire; mais par la direction morale et spirituelle, elle est toute du siècle classique. Et en cela elle n'est pas un phénomène isolé. L'esprit du dix-septième siècle a eu le don de s'immortaliser dans une forme parfaite et sa tradition se perpétue par son style, parallèlement, et en opposition souvent victorieuse avec l'esprit moderne, dans les groupes et les cercles épars qui se sont reformés des débris de l'ancienne société. Dans ce monde à part, l'histoire universelle est encore envisagée au point de vue de Bossuet, et tout s'y mesure et s'y juge à l'avenant. La forme ici fait encore valoir le fond. C'est une de ces anomalies de l'esprit français que les étrangers ont peine à s'expliquer. Il serait cependant facile, sans aller jusqu'en Chine, de trouver quelque chose de semblable à peu près partout, seulement sous des formes moins choisies. C'est toujours le parallélisme de l'esprit de tradition d'un côté, et de l'esprit d'indépendance de l'autre, qui divise partout, comme en deux camps, la société européenne toute entière. Ce parallélisme et ce contraste, nous les retrouvons ici dans le frère et la sœur. Maurice a été élevé dans les mêmes principes que sa sœur, qui sont ceux de toute la famille, et il ne les abandonne jamais bien définitivement ni bien résolument. Mais l'esprit nouveau l'a touché; il se laisse aller à la dérive de l'autre côté. Bientôt il s'inquiète, il regarde en arrière, il a perdu sa route. Eugénie le rappelle, lui montre le chemin du retour et finit par le ramener au bercail; mais elle ne l'y ramène que mourant et pour l'ensevelir.

Maurice, comme nous le savons déjà, est essentiellement contemplatif et passif. Eugénie, avec le même penchant à la contemplation, est essentiellement active et riche d'initiative et de volonté. Maurice se laisse aller, *devenir*, porter voluptueusement par la vie; il suit l'attrait du moment, en véritable enfant de la nature, mais en enfant insatiable, curieux de tous les mystères et rêvant toujours à ce qu'il ne peut comprendre. Eugénie prend la vie en chrétienne, comme une tâche sacrée, dont il faudra rendre compte; elle voit en tout le devoir et cherche partout le salut. Du reste, tout plaisir permis la trouve sensible; mais elle jouit de tout sans appuyer, en regardant toujours plus haut. Elle est curieuse aussi de savoir, mais elle se rappelle le péché d'Eve, et pour explication à tout ne veut que Dieu. Ils ne savent pas être heureux, dit-elle, ceux qui veulent tout comprendre. Pour elle tout vient de la Providence, sa main est partout, la raison de toute chose, grande ou petite, est en elle. Partout et toujours, elle voit Dieu présent à l'œuvre et à l'entretien de la création. Le problème du monde ne l'inquiète pas autrement. On appelle cette façon de voir primitive et naïve d'un gros mot philosophique: anthropomorphisme. Quelques philosophes qui y ont regardé de près, avouent cependant, à l'avantage des naïfs, que lorsqu'il veut concevoir le monde, son principe et sa fin, s'en former une idée générale, l'homme ne saurait faire autre chose que de l'anthropomorphisme, c'est-à-dire reproduire son propre esprit, qu'il procède naïvement ou méthodiquement. Ce ne serait qu'une question de condensation ou de raréfaction, *dick oder dünn*. La simplicité des croyances d'Eugénie ne doit donc point aux yeux d'un lecteur intelligent rapetisser son esprit. Plus d'un homme de tête, fort capable de subtiliser s'il le voulait, préfère ainsi souvent s'en tenir à l'enseignement du catéchisme. En somme, pour celui qui doit faire de la vie une action et non pas seulement une contemplation, réduire la nature et Dieu à la mesure de la raison vaut toujours mieux que de perdre la raison en Dieu ou dans la nature, en pensant identifier la raison humaine à la raison des choses ou à la raison éternelle, comme cela arrive aux panthéistes, naturalistes ou idéalistes, et comme cela faillit arriver au frère d'Eugénie ainsi que nous le verrons tout à l'heure.

Eugénie de Guérin est ardente chrétienne et zélée catholique, et le Catholicisme peut-être fier d'elle, car il a en grande part à son éducation. Si le Protestantisme est par excellence la religion de la famille, dont ses pasteurs mariés donnent le modèle, le Catholicisme, son histoire et toute son organisation le prouvent, le Catholicisme est la religion du célibat, et par la confession il est avant tout la religion des femmes. Autant la confession est funeste à la famille, où elle introduit une autorité étrangère, autant cette institution peut-être bienfaisante pour les individus isolés, mais surtout pour les âmes féminines, veuves ou délaissées. Dans la famille protestante, la sincerité chrétienne, l'habitude de la verité jusqu'à la naïveté remplace pour ainsi dire, et avec avantage, la confession, et mieux que celle-ci elle forme des cœurs purs et droits. Mais en dehors de la famille, le manque de moyens d'expansion intime, l'habitude de ne consulter que la voix intérieure renferment en lui-même le protestant isolé et font de lui souvent un monologueur mélancolique ou un excentrique insociable. Dans les pays de forte individualité, en Angleterre par exemple, où le recours à soi seul, l'aide personnelle sont de regle et d'habitude, la femme isolée, veuve ou vieille fille, en arrive souvent à n'être plus qu'une sorte d'être sans sexe, tout en soi-même, méthodique et entêté, sans chaleur et sans attrait. De tels individus sont rares dans les pays catholiques. Le Catholicisme, qui par son clergé célibataire est l'anomalie organisée dans la société, offre un asile à tout être anormal, isolé ou déclassé; il lui donne dans le confessional et le cloître un confident et une famille à son choix. Il montre un port toujours ouvert au naufragé de la vie, il assure accueil et consolation à l'âme expansive et timide et empêche ainsi le cœur solitaire et malheureux de s'aigrir ou de se dessécher. Or Eugénie, et ceci ne doit rien lui faire perdre à nos yeux, Eugénie forcément retenue dans l'état de fille, se trouve à vrai dire dans une situation anormale. Elle le sent elle-même sans s'en rendre compte, et une sorte de tristesse maladive qui s'empare quelquefois de son âme, autrement si saine et si forte, n'a pas d'autre cause. Mais sa religion ouvre un champ illimité à ses facultés inemployées; son imagination ardente et son cœur expansif trouvent dans la confession, les croyances, dans la dévotion tendre et familière du catholicisme, l'aliment, l'appui et l'occupation dont elle a besoin et qu'elle ne saurait trouver qu'à demi dans l'amitié fraternelle et dans la solitude.

... '

Je me dépose dans votre âme.

(Hildegarde à St. Bernard.)

Cette épigraphe de son journal nous annonce tout d'abord une confession de cœur sinon de conscience. Se confesser et confesser les autres est le tour d'esprit dominant d'une fervente catholique.

Une page pleine de sentiment va nous montrer ce qu'est pour elle un confesseur.

Il n'est que neuf heures et j'ai déjà passé par l'heureux et par le triste. Comme il faut peu de temps pour cela! L'heureux, c'est le soleil, l'air doux, le chant des oiseaux, bonheurs à moi; puis une lettre de Mimi (sa sœur Marie) qui est à Gaillac, où elle me parle de Mme *** qui t'a vu, et d'autres choses riantes. Mais voilà que j'apprends par mi tout cela le départ de M. Bories (le curé du village) de ce bon et excellent père de mon âme. Oh! que je le regrette! qu'elle perte je vais faire en perdant ce bon guide de ma conscience, de mon cœur, de mon esprit, de tout moi-même que Dieu lui avait confié et que je lui laissais avec tant d'abandon! Je suis triste d'une tristesse intérieure qui fait pleurer l'âme. Mon Dieu, dans mon désert, à qui avoir recours? qui me soutiendra dans mes défaillances spirituelles? qui me mènera au grand sacrifice? C'est en ceci surtout que je regrette M.

Bories. Il connaît ce que Dieu m'a mis au cœur, j'avais besoin de sa force pour le suivre. Notre nouveau curé ne peut le remplacer : il est si jeune! puis il paraît si inexperimenté, si indécis! Il faut être ferme pour tirer une âme du milieu du monde et la soutenir contre les assauts de la chair et du sang!....C'est une bien douce chose, un grand bonheur pour l'âme chrétienne que la confession, un grand bien, toujours plus grand à mesure que nous le goûtons, et que le cœur du prêtre où nous versons nos larmes ressemble au cœur divin qui nous a tant aimé....Malheur à moi si, quand je suis à ses pieds, je voyais autre chose que Jésus-Christ écoutant Madeleine, et lui pardonnant beaucoup parce qu'elle a beaucoup aimé! La confession est une expansion du repentir dans l'amour. Si tu t'étais fait prêtre, tu saurais cela, et je t'aurais demandé conseil, mais je ne puis rien dire à Maurice. Ah! pauvre ami, que je le regrette! que je voudrais passer de la confiance du cœur à celle de l'âme! Il y aurait dans cette ouverture quelque chose de bien spirituellement doux. La mère de Saint François de Sales se confessait à son fils; des sœurs se sont confessées à leurs frères. Il est beau de voir la nature se perdre ainsi dans la grâce.

On voit combien tendre, expansive et pourtant ferme et élevée est la religion d'Eugénie. Aimer était sa vocation, et elle l'a remplie autant qu'il lui fut possible. Son cœur était un cœur d'attache qui poussait comme le lierre racines et rameaux en tous sens et n'aimait pas à ne s'appuyer que sur soi seul et à ne s'étendre qu'en hauteur. Elle chérit, elle enveloppe d'affection parents et amis. Mais Maurice reste son préféré. C'est à lui qu'elle revient sans cesse, avec lui qu'elle veut tout partager. C'est de lui qu'elle écrit :

Espérer ou craindre pour un autre est la seule chose qui donne à l'homme le sentiment complet de sa propre existence.

Vivre pour autrui, c'est le besoin et le bonheur du cœur humain, mais surtout de la femme. Eugénie vit pour son frère absent en priant pour lui, en s'inquiétant sans cesse du bonheur et du salut de son âme.

O Frères, frères, nous vous aimons tant! Si vous le saviez, si vous compreniez ce que nous coûte votre bonheur, de quels sacrifices on le payerait! O mon Dieu, qu'ils le comprennent, et n'exposent pas si facilement leur chère santé et leur chère âme!... Mais que sert de dire et d'observer et de se plaindre? Je ne me sens pas assez sainte pour te convertir ni assez forte pour t'entraîner. Dieu seul peut faire cela. Je l'en prie bien, car mon bonheur y est attaché. Tu ne le conçois pas peut-être, tu ne vois pas avec ton œil philosophique les larmes d'un œil chrétien qui pleure une âme qui se perd, une âme qu'on aime tant, une âme de frère, sœur de la vôtre.

Quelle pure ardeur, quelle délicate tendresse dans cette amitié fraternelle, sanctifiée par la charité!

M. le curé sort d'ici et m'a laissé une de tes lettres, qu'il m'a glissée furtivement dans la main au milieu de tout le monde. Je lui ai *tremblé* tout doucement un merci, et, comprenant ce que c'était, je suis sortie et suis allée te lire à mon aise dans la garenne. Comme j'allais vite, comme je tremblais, comme je brûlais sur cette lettre où j'allais te voir enfin ! Je t'ai vu ; mais je ne te connais pas ; tu ne m'ouvres que la tête : c'est le cœur, c'est l'âme, c'est l'intime, ce qui fait ta vie, que je croyais voir. Tu ne me montres que ta façon de panser; tu me fais monter, et moi, je voulais descendre, te connaître à fond dans tes goûts, tes humeurs, tes principes, en un mot, faire un tour dans tous les coins et recoins de toi-même..... Écris-moi, parle, explique-toi, fais-toi voir, que je sache ce que tu souffres et ce qui te fait souffrir. Quelque fois je pense que ce n'est rien qu'un peu de cette humeur noire, que nous avons, et qui rend si triste quand il s'en répand dans le cœur. Il s'en faut purger au plus tôt, car ce poison gagne vite et nous ferait fous ou bêtes. O mon ami, que ne te fais-tu soulever par quelque chose de céleste ! La plupart des maux viennent de l'âme ; la tienne, pauvre ami, est si malade, si malade ! Je sais bien ce qui la pourrait soulager, tu me comprends : c'est de la faire redevenir chrétienne, de la mettre en rapport avec Dieu par l'accomplissement des devoirs religieux, de la faire vivre de la Foi, de l'établir enfin dans un état conforme à sa nature. Oh ! alors paix et bonheur, autant que possible à l'homme. La tranquillité de l'ordre, chose admirable et rare qu'on n'obtient que par l'assujettissement des passions. Cela se voit dans les saints.

La religion d'Eugénie n'est pas cette religiosité vague, ou plutôt ce dilettantisme religieux, aujourd'hui si fort répandu, qui ne cherche dans la religion qu'une sorte de jouissance esthétique à part. Pour Eugénie la religion est la grande affaire, l'intérêt vital qui domine et pénètre tous les autres. Sa nature est toute morale, toute au sacrifice, à l'action vaillante, à l'effort incessant vers le but suprême, l'accord avec Dieu. Cependant qu'elle que soit l'ardeur de sa piété, elle ne dégénère jamais en exaltation. „J'aime le calme, même avec Dieu." C'est un de ses mots qui la peint.

La vie chrétienne, écrit-elle à une amie, la comtesse de Maistre, ce n'est pas d'être perdue dans l'amour de Dieu, et de ne vivre que dans le ciel. Ce sublime de la piété n'est pas mon état, ni ce que

Dieu demande d'une pauvre faible créature à peine s'élevant de terre. Nos devoirs ne sont pas si haut; Dieu ne les a pas mis à la portée des anges, mais à la nôtre.... O chère amie, ne parlons pas de contempler, c'est l'état du ciel, des bienheureux; nous, pauvres pécheurs, c'est beaucoup de savoir s'abaisser devant Dieu pour gémir de nos misères, de nos fautes. Il est beau de s'élever, mais regarder dans son cœur est bien utile. On voit ce qui se passe chez soi, connaissance indispensable pour nos affaires spirituelles, pour le salut. Cela ne vaut-il pas mieux que de beaux transports, qu'une piété d'imagination qui s'en va comme en ballon toucher les astres et tomber ensuite?

De même, dans l'abandon de sa foi, un sens droit et ferme la maintient toujours en équilibre audessus des mièvreries et des superstitions du catholicisme, quoi qu'elle ne soit pas sans y tremper quelque fois. En bonne et fidèle catholique, elle raisonne et critique fort peu la croyance enseignée. La foi est pour elle affaire de cœur, et la critique en matière de sentiment lui répugne, comme à la plupart des femmes. Eugénie d'ailleurs, avec sa haute raison, a la cœur un peu enfant, et si elle habite avec l'une la grande église du Christ, elle laisse volontiers s'asseoir l'autre un moment dans la petite chapelle des jésuites. Les petits miracles, la dévotion aux médailles, le mois de Marie, les prières qui guérissent, elle entre dans tout, elle ne rejette rien; mais elle ne s'arrête qu'en passant à cette menue dévotion. D'un autre côté, le mysticisme n'est pas non plus son fait, quoi qu'elle goûte fort les mystiques et fasse ses délices de Sainte Thérèse et de Saint François de Sales. La Nature et la Grâce, pour parler le langage des théologiens, le sens pratique et l'essor spirituel sont en elle habituellement dans une parfaite harmonie, à égale distance de la vulgarité et de la sublimité nuageuse. C'est en un mot une enthousiaste raisonnable.

Son prosélytisme même, que nous voyons si vif envers son frère, ne dépasse jamais la mesure de la discrétion. C'est un soin, un souci tendre et délicat de l'âme de ceux qu'elle aime qui n'a rien de cette importune manie de conversion, de conquête spirituelle, si fréquente chez les dévotes. Ce prosélytisme est plutôt attractif que positivement actif. On vient à elle plus qu'elle ne va aux autres. Sa liaison si intéressante avec la comtesse de Maistre en est un exemple. C'est après avoir lu par hasard une lettre d'elle, sans la connaître, que la comtesse se sentit irrésistiblement attirée vers Eugénie et lui écrivit pour lui demander son amitié et bientôt même en quelque sorte sa direction spirituelle. Quoique vivant en solitude, Eugénie, par ses liens de famille, par les associations pieuses dont elle fait partie, se meut au milieu d'un cercle assez étendu de relations. Son amitié est fort recherchée, car elle est aussi bonne amie qu'elle est bonne sœur.

Après que j'ai donné affection, dit-elle, c'est fini. En voilà jusqu'au ciel, où l'on aime encore.

On connaît son bon cœur et son esprit juste, et chacun s'adresse à elle. Elle est le conseil, la confidente, la consolatrice de tous. Elle semble avoir eu pour les maux de l'âme cette main magnétique que les malades croient reconnaître à certaines personnes pour les maux physiques. Nature vraiment évangélique, elle respirait et inspirait ce sentiment qui est l'essence même du christianisme, cette charité, cet amour céleste des âmes qui fut l'âme du Christ et qui donne à l'âme chrétienne pour l'âme d'autrui une tendresse et un zèle de mère et de sœur.

Voilà que cette âme m'attriste, que son salut m'inquiète, écrit-elle à propos d'un ami, que je souffrirais le martyre pour lui mériter le ciel. Oh! qu'elle douleur de voir s'égarer de si belles intelligences, de si nobles créatures, des êtres formés avec tant de faveur, où Dieu semble avoir mis toutes ses complaisances comme en des fils bien-aimés les mieux faits à son image! Je voudrais le salut de tous ... mais le cœur a ses élus et pour ceux-là on a cent fois plus de désirs et de crainte. Mon Dieu, faites qu'ils vivent toujours ceux que j'aime, qu'ils vivent de la vie éternelle! Oh! c'est pour cela, pas pour ici que je les aime. A peine hélas! si l'on s'y voit.

Cependant ses préoccupations religieuses ne lui font pas oublier lorsqu'elle s'adresse à son frère qu'il est poète et qu'elle l'est elle-même, et elle passe aisément avec lui des exhortations aux causeries et aux descriptions. Ignorant la musique, elle écrit comme d'autres chantent ou tracassent un instrument, pour se distraire et s'épancher. Elle aussi, elle a un sentiment vif et cultivé de la nature; mais elle cherche en elle surtout l'aimable et le riant. A la manière des écrivains modernes qui peignent par la parole, elle s'essaie au paysage et aux petits cadres de genre dont son frère est grand amateur et qu'elle sait qu'il appréciera. Elle a un joli coup de crayon, sans retouche ni surcharge; mais elle n'est pas naturaliste; un motif moral la touche plus qu'un motif pittoresque, et la description chez elle tourne bien vite en reflexion. Malheureusement les sujets d'aucun genre n'abondent pas dans sa vie monotone; elle les cherche donc quelquefois, du moins ils peuvent sembler parfois cherchés. Elle tire parti de tout et note assez souvent des minuties et des enfantillages qui semblent peu de son âge; mais entre frère et sœur le cœur reste toujours jeune et c'est lui qui donne le prix aux choses.

Ceci n'est pas pour le public, dit-elle d'ailleurs, c'est de l'intime, de l'âme, c'est pour un. Quand tout le monde est occupé et que je ne suis pas nécessaire, je fais retraite et viens ici à toute heure pour écrire, lire ou prier. J'y mets aussi ce qui se passe dans l'âme et dans la maison, et de la sorte nous retrouverons jour par jour tout le passé. Pour moi ce n'est rien ce qui passe, et je ne l'écrirais pas, mais je me dis : Maurice sera bien aise de voir ce que nous faisons pendant qu'il était loin et de rentrer ainsi dans la vie de famille, et je le marque pour toi.

Et, presque jour par jour, elle donne ainsi au jeune mondain parisien un tableau de la vie champêtre de leur cher Cayla.

Qu'on se représente au midi de la France, en Languedoc, dans un vallon boisé des Cévennes, un petit domaine avec son habitation antique, moitié ferme et moitié château : c'est le domaine du Cayla, la demeure héréditaire de la famille de Guérin. Eugénie y habite avec un frère aîné, Erambert, et une sœur cadette, Marie; trois caractères très-différents, vivant dans la meilleure harmonie auprès de leur père resté veuf, et le secondant dans l'administration du bien commun. Leur existence est toute patriarchale, et, à part leur culture spirituelle et leurs relations distinguées, presque rustique. Le père et le fils aîné dirigent les travaux des champs, les deux filles surveillent le ménage. Le soir, la famille réunie dans la grande salle écoute quelque lecture sérieuse ou pieuse. Les visites du curé, quelques rares apparitions d'amis et de parents dans la belle saison, quelques courts voyages à la petite ville voisine, ce sont là tous les incidents de leur année. Mais ils n'en souhaitent pas davantage et cherchent leur contentement en eux-mêmes et dans leur attachement à leur petit monde. Ainsi fait, du moins d'ordinaire, Eugénie de Guérin. Grande voyageuse d'imagination, elle a l'âme casanière et amie de l'habitude. Elle sait se faire de tout une occupation et un plaisir. La vie de tous les jours lui est si douce qu'elle n'aime à en être dérangée par rien. Bien différente de ces âmes vides et inquiètes qui ne tirent leur vie que du dehors et ne se plaisent que là où elles ne sont pas, elle ne souhaite ni changements, ni événements, ni nouvelles.

> Je n'aime que les fleurs que nos ruisseaux arrosent,
> Que les prés dont mes pas ont foulé le gazon;
> Je n'aime que les bois où nos oiseaux se posent,
> Mon ciel de tous les jours et son même horizon.

Le chez-moi! dit-elle encore, quel lieu dans le monde peut le remplacer. Je ne me suis guère étendue au dehors, mais le petit fait sentir le grand. Je m'en tiens à mon bonheur, j'en jouis à plein cœur.

Il y a en moi, dit-elle encore, un côté, qui touche aux classes les plus simples et s'y plaît infiniment. Aussi n'ai-je jamais rêvé de grandeur ni de fortune; mais que de fois d'une petite maison hors des villes, bien proprette avec ses meubles de bois, ses vaisselles luisantes, sa treille à l'entrée, des poules! et moi là, avec je ne sais qui.....

Avec je ne sais qui!... Elle se trouve aussi parfois bien seule, et c'est alors que l'ennui vient la visiter. Mais elle sait s'en défendre, nous l'avons vu tout-à-l'heure dans ses exhortations à son frère.

Mimi (sa sœur Marie) m'a quittée pour quinze jours; elle est à ***, et je la plains au milieu de cette paîannerie, elle si sainte et bonne chrétienne. De mon côté, il me tarde, je m'ennuie de ma solitude, tant j'ai l'habitude d'être deux. Papa est aux champs presque tout le jour, Eran (Erambert) à la chasse; pour toute compagnie, il me reste Trilby (son chien) et mes poulets, qui font du bruit comme des lutins; ils m'occupent sans me désennuyer, parceque l'ennui est le fond et le centre de mon âme aujourd'hui. Ce que j'aime le plus est peu capable de me distraire. J'ai voulu lire, écrire, prier, tout cela n'a duré qu'un moment; la prière même me lasse. C'est triste, mon Dieu! Par bonheur je me suis souvenue de ce mot de Fénélon: „Si Dieu vous ennuie, dites-lui qu'il vous ennuie." Oh! je lui ai bien dit cette sottise.......

Dans ma solitude aujourd'hui, je n'ai rien trouvé de mieux à faire que de paperasser, de revoir mes vieux souvenirs, mes écritures, mes pensées de jadis. J'en ai vu de bonnes, c'est-à-dire de raisonnables, de pieuses, d'exagérées, de folles comme celles-ci: Si j'osais, je demanderais à Dieu pourquoi je suis en ce monde. Qu'y fais-je? Qu'ai-je à y faire? je n'en sais rien. Mes jours s'en vont inutiles, aussi je ne les regrette pas.... Si je pouvais me faire du bien ou en faire à quelqu'un, seulement une minute par jour! Eh! mon Dieu, rien n'est plus facile, je n'avais qu'à prendre un verre d'eau et le donner à un pauvre. Voilà comme la tristesse fait extravaguer et mène à dire: Pourquoi la vie, puisque la vie m'ennuie? Pourquoi des devoirs puisqu'ils me pèsent? pourquoi un cœur? pourquoi une âme? Des pourquoi sans fin; et on ne peut rien, on ne veut rien, on se délaisse, on pleure, on est malheureux, on s'enferme, et le diable qui nous voit seuls, arrive pour nous distraire avec toutes ses séductions. Puis, quand elles sont épuisées, le suicide reste encore. Dieu! quelle fin! qu'elle folie! et comme elle gagne chaque jour, même dans les campagnes! Un jeune paysan de Bleys, riche et aimé de ses parents, s'est tué de tristesse. Tout l'ennuyait, surtout de vivre. Il était religieux, mais pas assez pour surmonter une passion. Dieu seul nous donne la force et le vouloir dans cette lutte terrible, et, tout faible et petit qu'on soit, avec son aide on tient enfin le géant sous ses genoux; mais pour cela, il faut prier, beaucoup prier, comme nous l'a appris Jésus-Christ, et nous écrier: Notre Père! Ce cri filial touche le cœur de Dieu, et nous obtient toujours quelque chose. Mon ami, je voudrais bien le voir prier comme un bon enfant de Dieu. Que t'en coûterait-il? ton âme est naturellement aimante, et la prière qu'est ce autre chose que l'amour, un amour qui se répand de l'âme au dehors, comme l'eau sort de la fontaine.

Le 1ᵉʳ février. — Jour nébuleux, sombre, triste au dehors et au dedans. Je m'ennuie plus que de coutume, et comme je ne veux pas m'ennuyer, j'ai pris la couture pour tuer cela à coups d'aiguille; mais le vilain serpent remue encore, quoique je lui aie coupé tète et queue, c'est-à-dire tranché la paresse et les molles pensées. Le cœur s'affaiblit sur ces impressions de tristesse et cela fait mal. Oh! si je savais la musique! On dit que c'est si bon, si doux pour les malaises de l'âme.

Elle est grande liseuse, comment remplirait-elle sans cela les longues heures dans ce „grand désert vide ou peuplé à peu près comme était la terre avant qu'y parût l'homme, où on passe des jours à ne voir que des moutons et à n'entendre que des oiseaux." Toutefois elle ne lit guère que des livres sérieux. Elle aime le solide et le substantiel et cherche moins dans les livres une distraction pour l'imagination ou un aliment à la curiosité de l'esprit qu'un cordial pour l'âme.

Peut-être, dit-elle, serait-il mieux de rester dans l'ignorance de tout livre et de toute chose; mais je ne me soucie pas non plus de savoir. Ce n'est pas pour m'instruire, c'est pour m'élever que je lis; tout m'est échelle pour le ciel.

Elle n'a pas on le voit cet appétit malsain de tout connaître et cette vanité de juger de tout si fréquente aujourd'hui; elle a au contraire cette délicate et fière pudeur d'esprit, vrai signe de noblesse féminine, qui fait mettre aux vraies femmes une réserve et une prudence d'hermine dans le choix de leurs lectures.

Je déteste de rencontrer ce que je ne voudrais pas voir, dit-elle à ce propos. Et plus loin elle ajoute : Le choix des livres, malaisé comme celui des hommes : peu de vrais et d'aimables.

Elle revient souvent sur ce sujet, car elle ne peut se passer des livres „ces parlants à l'âme, comme elle dit, qui sont sa passion intellectuelle." Les romans la tentent peu.

Est-ce par vue du monde et du fond qui les produit, ou par étrangeté de cœur ou par goût de meilleures choses? Je ne sais, mais je ne puis me plaire au train désordonné des passions.

Le passage suivant caractérise son goût.

Je ne puis me passer de lire, de fournir quelque chose à ce qui pense et vit. Je vais me jeter sur le sérieux, sur *l'Indifférence en matière de religion* (de l'abbé de Lamennais). C'est ce que j'ai de mieux sous la main ; puis je suis bien aise de revoir ce que j'ai vu étant jeune, ce qui m'étonna, me pénétra, m'éclaira comme un nouveau ciel. Quand M. l'abbé Gagne me conseilla ces lectures, je ne connaissais guère que *l'Imitation* et autres livres de piété. Juge de l'effet de ces fortes lectures, et comme elles ouvrirent profondément mon intelligence. De ce moment, j'eus une autre idée des choses ; il se fit en moi comme une révélation du monde, de Dieu, de tout. Ce fut un bonheur, une surprise comme celle du poussin sortant de sa coque. Et surtout ce qui me charma, c'est que ma foi, se nourrissant de toutes ces belles choses, devint grande et forte.

Ce n'est pas que des lectures plus légères ne lui plussent également si elle en trouvait, car malgré son intérêt profond aux grands problèmes de l'esprit humain, elle ne se pique pas d'être une penseuse. Elle l'avoue sans détour.

On m'a porté la *Cité de Dieu* de saint Augustin, ouvrage trop savant pour moi. Ce n'est pas que partout on ne puisse glaner quelque chose, mais sur ces hauteurs de théologie n'est pas mon fait. J'aime d'errer en plaine ou en pente douce de quelque auteur parlant à l'âme, à ma portée.

Elle relit le plus souvent faute de nouveau, par méfiance ou dégoût du nouveau. Elle relit ses auteurs favoris, Bossuet, Fénelon, Massillon, Pascal, François de Sales, Montaigne, Sainte Thérèse, Leibnitz, Platon ; une société spirituelle choisie et variée assurément. Il lui faut toujours quelqu'un d'eux avec elle, comme un confident. Elle emporte Platon jusqu'à la cuisine, où elle met quelquefois la main. Car toute demoiselle de château qu'elle est, elle ne rebute aucune besogne à l'occasion. Il lui est arrivé pendant la moisson, tandis que son père employait tout son monde aux champs de préparer à manger pour trente ou quarante moissonneurs. L'emploi de sa journée fait ainsi parfois le plus singulier mélange sur le papier. Le ménage, la basse-cour, un enfant qu'elle école ou catéchise, ses lectures, des visites aux pauvres ou aux malades, les reflexions, les saillies que tout cela lui inspire, son journal reçoit tout et tout pour Maurice qui est le but où court ce ruisseau d'eau vive et limpide. On a déjà pu s'en faire une idée par tout ce que nous en avons cité, quelques pages en compléteront le tableau.

Le 18 novembre 1834 — à la cuisine; c'est là que je fais demeure toute la matinée et une partie du soir, depuis que je suis sans Mimi. Il faut surveiller la cuisinière, papa quelquefois descend et je lui lis près du fourneau ou au coin du feu quelques morceaux des Antiquités de l'Eglise anglo-saxonne. Ce gros livre étonnait Pierril. *Qué de mouts a qui dédins!* (en patois du pays: Que de mots là-dedans!) Cet enfant est tout-à-fait drôle. Un soir il me demanda, si l'âme était inmortelle; puis après, ce que c'était qu'un philosophe. Nous étions aux grandes questions comme tu vois. Sur ma réponse que c'était quelqu'un de sage et de savant : „Donc, mademoiselle, vous êtes philosophe."

Le 29. — Manteaux, sabots, parapluie, tout l'attelage d'hiver nous a suivis ce matin à Andillac, où nous avons passé jusqu'au soir, tantôt au presbytère et tantôt à l'église. Cette vie du dimanche, si active, si coureuse, si variée, je l'aime. On voit l'un l'autre en passant, on reçoit la révérence de toutes les femmes qu'on rencontre, et puis on caquette chemin faisant sur les poules, le troupeau, le mari, les enfants. Mon grand plaisir c'est de les caresser et de les voir se cacher tout rouges dans les jupes de leur mère. Ils ont peur de las *doumaïselos* comme de tout ce qui est inconnu. Un de ces petits disait à sa grand' mère, qui parlait de venir ici: „*Minino*, ne va pas à ce castel, il y a une prison noire." D'où vient que le schateaux ont de tout temps porté frayeur? Cela viendrait-il des horreurs qui s'y sont jadis commises?

Les lignes suivantes nous montrent sur quel pied amical les seigneurs de Guérin traitaient leurs vassaux.

Le 5 décembre. — Papa est parti ce matin pour Gaillac, nous voilà seules châtelaines, Mimi et moi, jusqu'à demain et maîtresses absolues.... Il était nuit. Un coup de marteau se fait entendre, tout le monde accourt à la porte. Qui est-là? c'était Jean de Person, notre ancien métayer, que je n'avais pas vu depuis longtemps. Il a été le bien venu et a eu en entrant place au plat et à la bouteille.

Dernier décembre. — La Noël est venue; belle fête, celle que j'aime le plus, qui me porte autant de joie qu'aux bergers de Bethléem. Vraiment, toute l'âme chante à la belle venue de Dieu, qui s'annonce de tous côtés par des cantiques et par le joli *nadalet* (sorte de carillon). Rien à Paris ne donne l'idée de ce que c'est que Noël. Vous n'avez même pas la messe de minuit. Nous y allâmes tous, papa en tête, par une nuit ravissante. La terre était blanche de givre, mais nous n'avions pas froid; l'air d'ailleurs était réchauffé devant nous par des fagots d'allumettes que nos domestiques portaient, pour nous éclairer. Je couchai au presbytère. Papa et Mimie vinrent se chauffer ici, au grand feu du *souc de Nadal* (bûche de Noël).

Dans quelques heures c'en sera fait, nous commencerons l'an prochain. Oh! que le temps passe vite! Hélas! hélas! ne dirait-on pas que je le regrette? Mon Dieu, non, je ne regrette pas le temps, ni rien de ce qu'il nous emporte; ce n'est pas la peine de jeter ses affections au torrent. Mais les jours vides, inutiles, perdus pour le ciel, voilà ce qui fait regretter et retourner l'œil sur la vie.

Le 9 janvier 1835. — C'est toujours livre ou plume que je touche en me levant, les livres pour prier, penser, réfléchir. Ce serait mon occupation de tout le jour, si je suivais mon attrait, ce quelque chose qui m'attire au recueillement, à la contemplation intérieure..... La belle chose que la pensée! et quels plaisirs elle nous donne quand elle s'élève en haut! Entre le ciel et nous il y a une mystérieuse attraction : Dieu nous veut et nous voulons Dieu.

Le 3 février. — J'ai commencé ma journée par me garnir une quenouille bien ronde, bien bombée, bien coquette avec son nœud de ruban. Là, je vais filer avec un petit fuseau. Il faut varier travail et distractions; lasse du bas, je prends l'aiguille, puis la quenouille, puis un livre. Ainsi le temps passe et nous emporte sur sa croupe.... Tout en filant, mon esprit filait et devidait et retournait joliment son fuseau. Je n'étais pas à ma quenouille, l'âme met en train cette machine de nerfs et s'en va. Où va-t-elle? Où était la mienne aujourd'hui? Dieu le sait, et toi aussi un peu; tu sais que je ne te quitte guère, pas même en lisant les beaux sermons que tu m'as fait connaître. J'y vois tout plein de choses pour toi. Oh! tu devrais bien continuer de les lire.

Le 14 mai 1838. — Pas d'écriture hier, c'était dimanche. Saint Pacôme aujourd'hui, le père des moines. Je viens de lire sa vie qui est fort belle. Ces vies de reclus ont pour moi un charme! celles qui ne sont pas inimitables surtout. Les autres, on les admire comme des pyramides. En général, on y trouve toujours quelque chose de bon, quand on les lit avec discernement, même les traits les plus exagérés : ce sont des coups de héros qui portent au dévouement, à l'admiration des choses élevées.

Malgré cela, pour bien des personnes, la vie des saints me semble un livre dangereux. Je ne le conseillerais pas à une jeune fille, même à d'autres qui ne sont pas jeunes. Les lectures peuvent tout sur le cœur, qui ségare aussi pour Dieu quelquefois. Hélas! nous l'avons vu dans la pauvre C... Comme on devrait prendre garde à une jeune personne, à ses livres, à ses plumes, à ses compagnes, à sa dévotion, toutes choses qui demandent la tendre attention d'une mère! Si j'avais eu la mienne, je me souviens de choses que je faisais à quatorze ans qu'elle ne m'eût pas laissé faire. Au nom de Dieu, j'aurais tout fait, je me serais jetée dans un four, et certes le *bon Dieu* ne voulait pas cela; il ne veut pas le mal qu'on fait à sa santé par cette piété ardente, mal entendue, qui, en détruisant le corps, laisse vivre bien des défauts, souvent. Aussi saint François de Sales disait-il à des religieuses qui lui demandaient la permission d'aller nu-pieds: „Changez votre tête et gardez vos souliers.

Le 12 juillet. — Ce soir au crépuscule. — J'écris d'une main fraîche, revenant de laver ma robe au ruisseau. C'est joli de laver, de voir passer des poissons, des flots, des brins d'herbe, des feuilles, des fleurs tombées, de suivre cela et je ne sais quoi au fil de l'eau.

Le 20 juillet. — Une lettre de Marie, de Gabrielle et de M. Périaux en même temps. Que de choses pour un jour du Cayla! Aussi j'ai le cœur plein, tout plein de fleurs, d'amitiés, de pieuses choses pour ce bon curé de Normandie, qui me parle d'une façon si saintement aimable. Il me parle aussi de Lili et voilà la mort sur ce peu de joie! Me voilà pensant à cette pauvre cousine qui pourtant est au ciel, comme M. Périaux dit qu'il faut l'espérer. Il le peut savoir, lui qui la dirigeait, lui qui avait la connaissance de ce lis intelligent.

Le 24. — Point d'écriture ni de retrait ici depuis plusieurs jours; du monde, du monde, toute le pays à recevoir. Nous étions douze à table aujourd'hui, demain nous serons quinze, visites d'automne, de dames et de chasseurs, quelques curés parmi comme pour bénir la foule : la vie de château du bon vieux temps. Ce serait assez joli sans le tracas du ménage qu'il faut faire.

Le 28 avril 1839. — La santé est comme les enfants, on la gâte par trop de soins. Je ne veux donc pas flatter mon malaise d'à présent, et, quoique gémissant cœur et nerfs, lire, écrire et faire comme de coutume en tout. C'est bien puissant le *je veux* de la volonté, le mot du maître, et j'aime fort le proverbe de Jacotot: Vouloir, c'est pouvoir.

Le 1ᵉʳ mai. — (Aux Coques, chez la comtesse de Maistre, son amie.) C'est au bel air de mai, au soleil levant, au jour radieux et balsamique, que ma plume trotte sur ce papier. Il fait bon courir dans cette nature enchanteuse, parmi fleurs, oiseaux et verdure, sous ce ciel large et bleu du Nivernais. J'en aime fort la gracieuse coupe et ces petits nuages blancs çà et là comme des coussins de coton, suspendus pour le repos de l'œil dans l'immensité! Notre âme s'étend sur ce qu'elle voit; elle change comme les horizons, elle en prend la forme, et je croirais assez que l'homme en petit lieu a petites idées, comme aussi riantes ou tristes, sévères ou gracieuses, suivant la nature qui l'environne......

A pareil jour, peut-être à pareil instant, Mimi la sainte (sa sœur) est à genoux devant le petit autel du mois de Marie dans la chambrette (au Cayla). Chère sœur! je me joins à elle et trouve aussi ma chapelle aux Coques. On m'a donné pour cela une chambre que Valentine a remplie de fleurs. Là j'irai me faire une église, et Marie, ses petites filles, valets et bergers et toute la maison s'y réuniront tous les soirs devant la sainte Vierge. Ils y viennent d'abord comme pour voir seulement. Jamais mois de Marie ne leur est venu. Il pourra résulter quelque bien de cette dévotion curieuse, ne fût-ce qu'une idée, une seule idée de leurs devoirs de chrétiens, que ces pauvres gens connaissent peu, que nous leur lirons en les amusant. Ces dévotions populaires me plaisent en ce qu'elles sont attrayantes dans leurs formes et offrent en cela de faciles moyens d'instruction. On drape là dessous de bonnes vérités qui ressortent toutes riantes et gagnent les cœurs au nom de la Vierge et de ses douces vertus. J'aime le mois de Marie et autres petites dévotions aimables que l'Église permet, qu'elle bénit, qui naissent aux pieds de la foi comme les fleurs aux pieds du chêne.

Pour qui sait lire entre les lignes, ce journal d'Eugénie de Guérin, joint à sa correspondance, laisse ainsi apercevoir tout un tableau de mœurs françaises à vol d'oiseau, plus complet et plus vrai peut-être que ne le serait une peinture faite avec étude et réflexion. La vie patriarchale et pieuse de l'ancienne noblesse de province et d'une partie de la vieille bourgeoisie qui s'y réflechit, doit frapper les étrangers comme quelque-chose de neuf et d'imprévu, après les grossières enluminures de certains romans. Eugénie qui écrit au courant de la plume, s'arrête peu aux descriptions, elle ne donne jamais qu'un trait, mais ce trait suffit; et nous voyons ainsi défiler toute une suite de silhouettes à demi esquissées faciles à achever. Nobles, bourgeois et paysans, prêtres et religieuses, dévots et mondains, jeunes gens et jeunes filles de toute classe et de tout caractère, nous avons là sous les yeux une société complète.

Une surprise pour la plupart des lectrices allemandes, ce sera de voir qu'on puisse rencontrer tant de candeur et de piété, tant de solidité et de sérieux parmi les jeunes françaises, qu'on se représente volontiers en Allemagne comme d'ignorantes et frivoles poupées. Eugénie n'est pas une exception:*) la plupart de ses amies lui ressemblent. C'est toute une galerie de jeunes saintes. C'est ainsi du moins qu'elle les nomme elle-même. C'est la bonne et pieuse Laure, la céleste Antoinette, c'est l'angélique Blanche, c'est Angèle de Saint Géry qu'un saint cite en chaire, c'est surtout l'aimable et sage Louise de Bayne, l'amie de cœur, la confidente intime. Toutes obéissent aux prescriptions d'un directeur sévère et, à part le cloître, elles vivent presque en religieuses, fuyant le monde et ses plaisirs dangereux. Eugénie n'est pas allée trois fois dans sa vie au bal Lorsqu'elle arrive à Paris pour le première fois, à trente ans, la toilette, la grande affaire de la Française, est quelque chose de tout nouveau pour elle, et il faut que sa belle-sœur la transforme des pieds à la tête.

Cependant elle est bien de son pays et un petit levain de coquetterie se réveille de temps en temps en elle. Si elle ne cherche pas à plaire, elle tient du moins à ne pas deplaire. Par exemple, lorsqu'après avoir longtemps correspondu ensemble sans se connaître que de nom, elle et la comtesse de Maistre vont enfin se joindre et se voir, Eugénie n'est pas moins préoccupée que son amie de l'impression que fera sa figure. Elle prend ses précautions:

N'attendez-vous à voir qu'une pâle et frêle fille, peu faite au monde, plus réfléchie que causeuse, toute retirée en son cœur. Et plus loin: Vous rassurez l'amour propre de ma figure, qui vous plaira donc comment qu'elle soit.

Elle revient sur la question de la beauté en plus d'un endroit de son journal et de ses lettres. Mais sa conclusion là-dessus est digne d'elle:

Qu'elle que soit la forme, l'image de Dieu est là-dessous, et nous avons tous une beauté divine, la seule qui ne passe pas, la seule qu'on doive aimer, la seule qu'on doive conserver pure, fraiche pour Dieu qui nous aime.

La question de beauté éveille aisément celle d'amour. Celleci ne devait jouer qu'un rôle secondaire dans la vie d'Eu-

---

*) La Revue des deux mondes lui découvrait dernièrement une sœur en sentiment et en talent dans Mlle de La Ferronnais. V. un article d'E. Montégut dans la livraison du 1er avril 1866.

génie et nous n'avons que peu de choses à en dire. Eugénie on le sent, était née pour aimer. Son ardeur dans toutes ses affections montre assez que son âme était capable de la plus ardente de toutes. Mais les circonstances ne lui permirent pas sans doute ce plein épanouissement, ou ne lui laissèrent pas rencontrer le cœur fait pour le sien. Quelques passages de son journal laissent entrevoir une première inclination pour un jeune cousin mort prématurément. Plus tard une amitié contractée à Paris avec un ami de son frère eût bien pu, à ce qu'il semble, se transformer en une seconde inclination, si la réciprocité s'y fut trouvée et si la frivolité parisienne n'eut bientôt fait évanouir le charme.

Ce ne fut pas la seule de ses désillusions à Paris. Ses impressions d'alors sont caractéristiques. La grande ville et ses merveilles, la société et ses plaisirs ne lui font point oublier son cher Cayla. Non que les choses restent au-dessous de son attente; l'esthétique ne lui a pas rendu l'œil difficile; elle se laisse étonner aisément et admire volontiers tout ce qu'elle voit; mais le dehors n'est pas ce qui l'intéresse. Ce qui la touche c'est l'intérieur, c'est le monde des esprits et des âmes qu'elle s'attriste de trouver tout autre qu'elle se l'était imaginé. Elle se sent dépaysée et mal à l'aise dans les salons où pourtant son esprit la fait briller. Même à Paris, c'est encore à l'eglise qu'elle se plait le mieux.

Paris. — Déceptions d'estime, d'amour, de croyance, quelle douleur, mon Dieu, et qu'il en coûte de tant savoir sur les hommes! Oh! que je voudrais ignorer souvent, ne pas connaître le côté traître de l'humanité qu'on me montre à chaque rencontre. Pas de beauté sans sa laideur, pas de vertu sans son vice; pas de dévouement, d'affection de sentiments élevés qu'avec un lourd contrepoids, pas d'admiration complète qu'on me laisse même dans l'ordre de la sainteté. Vénération, confiance crédule. Du monde ou de moi, qui croire? moi encore; il m'en coûte moins de mo croire même au risque d'être imbécile. Tant il m'est douloureux de changer d'estime, de trouver vil, de trouver plomb ce qui était or. Ce malheur m'est arrivé plus d'une fois déjà et j'en apprends à n'estimer, à n'aimer parfaitement que le parfait Dieu.

Id. — Il n'y a rien dans ce Paris si magique, qui me fasse effet de plaisir ou de désir, comme je le vois faire sur tout le monde. Les visites m'ennuient généralement à faire et à recevoir.

Paris. — 1er septembre ou dernier août, je ne sais où ne m'informe du jour. — Ce vague me plaît comme tout ce qui n'est pas précise par le temps. Je n'aime l'arrêté qu'en matière de foi, le positif qu'en fait de sentiments : deux choses rares dans le *monde*. Mais il n'a rien de ce que je voudrais. Je le quitte sans en avoir reçu d'influence, ne l'ayant pas aimé et je m'en glorifie. Je crois que j'y perdrais, que ma nature est de meilleur ordre restant ce qu'elle est, sans mélange. Seulement j'acquerrais quelques agréments qui ne viennent peut-être qu'aux dépens du fond. Tant d'habileté, de finesse, de *chatterie*, de souplesse, ne s'obtiennent pas sans préjudice. Sans leur sacrifier, point de grâces. Et je les aime, j'aime tout ce qui est élégance, bon goût, belles et nobles manières. Je m'enchante aux conversations distinguées et sérieuses des hommes, comme aux causeries, perles fines des femmes, à ce jeu si joli, si délicat de leurs lèvres dont je n'avais pas idée. C'est charmant, *oui, c'est charmant, en vérité* (chanson), pour qui se prend aux apparences; mais je ne m'en contente pas. Le moyen de s'en contenter quand on tient à la valeur morale des choses? Ceci dit dans le sens de faire vie dans le monde, d'en tirer du bonheur, d'y fonder des espérances sérieuses, d'y croire à quelque chose. Mmes de *** sont venues; je les ai crues longtemps amies, à entendre leurs paroles expansives, leur mutuel témoignage d'intérêt, et ce délicieux *ma chère de Paris*; oui, c'est à les croire amies, et c'est vrai tant qu'elles sont en présence, mais au départ, on dirait que chacune a laissé sa caricature à l'autre. Plaisantes liaisons! mais il en existe d'autres, heureusement pour moi.

Paris. — Je n'y connais rien peut-être: *oui, l'énigme du monde est obscure pour moi*. Que d'insolubles choses, que de complications! Quand mon esprit a passé par là, quand j'ai longé ces forêts de conversations sans trouée, sans issue, je me retire avec tristesse, et j'appelle à moi les pensées religieuses sans lesquelles je ne vois pas où reposer la tête.

C'est là son point de départ et c'est là toujours qu'elle revient. Ce tour d'esprit si constamment religieux donne sans qu'elle le veuille à son journal un air de livre d'édification. Il peut aussi être mis comme tel entre toutes les mains. C'est une des causes sans doute de sa rapide propagation. Le clergé catholique qui s'y trouve présenté en si belle lumière, ne saurait, pour sa part, trouver un meilleur instrument de propagande. On le trouve aujourd'hui partout, mais surtout dans le monde de la haute dévotion où il avait déjà des analogues, et où le nom qu'il porte est sans doute aussi un mérite apprécié.

On sait que ce monde distingué se montre depuis quelque temps fort productif en compositions littéraires d'un genre nouveau, très en dehors de l'esprit du temps, mais marquées cependant à l'empreinte de ce goût moderne de la personnalité dont nous avons parlé en commençant. Pieux mémoires, vies de nobles et saintes mères, biographies de sœurs bienheureuses, apologies de grandes dames par les fidèles de leur sanctuaire,*) c'est toute une littérature à part où le suprême bon ton se mêle à l'onction suave pour la délectation des dévots délicats et des amateurs du rare et de l'exquis. Ces productions d'un caractère tout privé, destinées exclusivement d'abord aux initiés d'un petit cénacle, ne sont peu à peu livrées au public profane qu'afin, pour ainsi dire, que la lumière ne reste pas sous le boisseau. La critique ne saurait donc se montrer trop réservée dans l'appréciation de confidences de famille si généreusement abandonnées à la curiosité de tous. Nos feuilletonistes et nos chroniqueurs les plus renommés n'en parlent que d'un ton pénétré. Il serait de mauvais goût de s'écarter d'un si bon exemple. Qu'un peu de l'impérissable vanité mondaine se retrouve dans ces canonisations privées, dans ces béatifications filiales ou fraternelles, que les artifices nécessaires du style et de la composition arrangent et embellissent parfois les choses, cela n'empêche pas qu'il n'y ait là une vraie distinction d'esprit et une tendance très noble vers un idéal moral trop rare aujourd'hui.

Si les deux volumes d'Eugénie de Guérin appartiennent par plus d'un point aux écrits de ce genre, ils s'en distinguent néanmoins par une originalité plus marquée qui devait bientôt les tirer d'une publicité restreinte et en faire un livre du goût de tous. Cette originalité, nous l'avons déjà dit, consiste principalement dans un style si individuel et si ingénu qu'on croit voir la personne elle même s'y réfléchir. Rien de moins commun en littérature, et à notre époque de virtuoses et d'imitateurs, rien de plus rare que cette spontanéité, ce naturel. Quoiqu'initiée jusqu'à un certain degré aux finesses de l'art d'écrire, quoiqu'elle laisse parfois percer l'intention, Eugénie est presque toujours — ce qui est le plus grand charme d'une femme qui écrit

---

*) Vie de la duchesse d'A*** par la marquise de L*·**. Vie de la marquise de L**** par Mme de L***. Vie de la marquise de M*** par? Vie de la princesse de P*** par la vicomtesse de N***. Vie et correspondance de Mme S***. Récit d'une sœur par Mme A. C*** née de L.**** et plusieurs biographies de ce genre en anglais et en allemand.

— écrivain sans le vouloir. Cela seul eut suffi pour lui valoir la sympathie et les louanges des gens de l'art, les plus friands appréciateurs de cette fraîcheur virginale et de cette verdeur de pousse vive. Eugénie possède au plus haut degré ce que J. de Maistre appelle le sens métaphysique de la langue, ce qu'on pourrait appeler aussi bien la parole vivante, inventive, en contraste avec la parole banale, apprise, qui est le lot de la plupart des bouches humaines ici bas. Elle est de la famille de ces esprits poétiques qui à l'origine créent les langues et qui, lorsqu'elles sont formées, en entretiennent la fluidité et la vie. Sa diction a la franchise et la souplesse des écrivains originaux qu'elle fréquente, Montaigne, Bossuet, Pascal, Mme de Sévigné. Elle a pris d'eux l'habitude d'oser dire tout droit les choses comme elle les sent et les voit et, sans tenir compte des prescriptions académiques, d'inventer l'expression ou le tour qui lui manquent et que l'analogie lui indique. Elle obéit en cela, comme les maîtres, au génie même de la langue, c'est à dire à sa grammaire naturelle, plutôt qu'à la grammaire écrite, qui n'en est en bien des points qu'une étroite et fausse copie. C'est ainsi qu'avec plus de liberté et de logique que n'en connaissent nos grammairiens, elle use de la faculté qu'a notre idiome d'employer un même verbe tantôt à l'actif, tantôt au neutre, comme de faire d'un substantif un adjectif*) ou d'un adjectif un substantif;**) faculté indispensable à une langue qui ne peut modifier ses mots à volonté par composition, affixe ou flexion; faculté cependant dont nos écrivains osent à peine se servir en dehors des exemples de la grammaire ou du dictionnaire de l'Académie. Je lui ai *tremblé* un merci dit Eugénie dans un passage que nous avons cité. Cela est parfait d'expression et parfaitement français; cependant un écrivain académique, de peur d'être incorrect, eut à coup sûr préféré dire platement: Je le remerciai en tremblant. Eugénie manie ainsi sans gêne le vocabulaire, et toujours avec

---

*) Dieu *si père*.... Impossible n'est *pas coeur* etc.
**) Les hirondelles, ces petites *printanières*. Ce visage si beau dans son *vrai*. Jeune, ou glisse sur les peines où les *âgés* s'enfoncent. De même pour le participe:.Mes *choisis*. Marie, *votre pleurée*. Le cher *attendu*. Un *fatigué*. Un *détaché*. Les *séduits*. L'on ne manque pas d'instruction en Dieu à Paris, mais les *instruits* sont bien rares. Qui prendra soin de tout le *laissé* que j'aime? etc.

le sens le plus sûr. Pour elle chaque mot est vivant, et elle use de toute l'élasticité qu'il peut donner. Un verbe lui manque-t-il, elle le tire du substantif: La blanche Loire qui nous *horizonne*. Je ne sais point *métaphysiquer* mes sentiments. Jeune, aimable, *sensibilisant* tout ce qui l'approchait. Mr*** s'entend aussi à *maligner*. Rien ne *bruite* en ce moment que ma plume. Nous avons *chuté* etc. D'autres fois c'est le substantif qu'elle empruntera du verbe. Cela met l'esprit en *cherche*. Pourquoi ce *retombement* dans la douleur et dans l'angoisse? Les locutions à la façon de notre *Je ne sais quoi* lui plaisent particulièrement: C'est la saison *des allons à la campagne*. Je continue ces cahiers *mon tous les jours* au Cayla. Il nous faudrait un *quelque part* où se trouvât tout ce qu'on aime. C'est singulier comme je l'aime *cet à part de tout*. Quelque soit *mon sans intérêt* aujourd'hui pour tout ce qui se fait sous le ciel, Nos campagnes ou *le savoir écrire* est venu. *Ce plus rien de la voix* que font les larmes etc.

Toujours vive, quoique sans inquiétude ni impatience, elle prend toujours le plus court, se souciant moins de la logique verbale que de celle des pensées, écartant les mots inutiles, employant plus volontiers un tour vieilli mais bref qu'une périphrase, s'aidant de l'ellipse et de la préposition avec une adresse que rien n'embarrasse. „Nous étions tous à le regarder content... J'en fus touchée, l'abbé de même, peut-être avec surprise.... Jamais sien départ ne m'avait tant brisé l'âme.... Ce n'était que pour lui, Maurice, qui retrouvait là sa sœur.... Que me fait de me retrouver?... Quand tout s'agite et bruit dans la maison et que j'entends cela du calme de ma chambrette, le contraste me fait délice.... Il faut réserver cela pour dire.... M*** et sa mère m'ont été mère et sœur.... L'une ne dépend pas de toi; si fait l'autre.... Voilà longtemps de votre lettre.... Ce si long silence à deux si grandes lettres.... Cela me fait souvenir d'avec vous sous les tilleuls.... Oh, que nous ne sommes rien!" etc.

Elle ne dédaigne pas les diminutifs, ces pittoresques mignardises du langage que méprisent les gens qui se croient sérieux. Elle dira fort bien: Je me trouve dans ce *salonnet*. Je te ferai manger comme un *néné*. Elle n'appelle son frère aîné et sa sœur que par leurs petits noms *Eran*, *Mimi*. Ecrivant comme elle parle, elle abonde en ces façons de dire familières, enjouées, *gemüthlich*, qui donnent au parler un abandon et une cordialité à laquelle on préfère trop souvent chez nous une sèche élégance. Son père est pour elle un *père à secrets*, son confesseur un *père débrouilleur*. Elle appelle de même plaisamment un grand lit inhabité un *lit à peurs* et un méchant maître un *maître à bâton*. Faites vous souvent petit papier, écrit-elle à une amie dont elle veut avoir des lettres, et en parlant de ses projets d'avenir avec son frère elle dit tristement: Je m'étais arrangé mon *vieux* bonheur auprès de lui. Cette petite scène dans un cloître, nous semble pleine d'aimable *gemüthlichkeit*.

J'ai encore vu la superieure de l'hospice, bonne et forte tête malgré ses quatrevingts ans. Je l'ai trouvée charmante, la bonne sainte mère. Une sœur que j'aime, que je n'avais pas vue depuis 15 ans, sœur Clémence Yverson passait ici allant à Paris. On nous a laissées avec elle. Quel plaisir de la voir, de faire un baiser sous cette cornette!

Avec tout son sérieux, elle est espiègle et badine volontiers. „Vous me vantez ma sagesse qui me fait rire,“ écrit-elle à une amie. Absolument sans malice, elle sait pourtant manier fort joliment le trait malin, avec humour et grâce. Par exemple, lors qu'elle nous parle de „ces gens d'esprit qui sont bêtes,“ ou de „ce monsieur rempli de bons sentiments *dormants*; ou lorsqu'elle nous peint en deux mots „Nevers, son petit monde, ses grands dîners, ses petites femmes.“ Son respect pour l'Église, ses ministres et les dévots, n'embarrasse devant eux ni ses yeux ni sa langue. Elle ne se fait pas scrupule de s'égayer sur ces „*capettes* qui grondent toujours,“ sur les saluts et les saints compliments des bonnes carmélites à Mr de Sainte Marie, leur père temporel, comme sur les conversations un peu monotones des curés du voisinage.

Visites de curés: celui du canton, celui de Vieux et le nôtre, trois hommes bien différents: l'un sans esprit, l'autre à qui il en vient, et l'autre qui le garde. Ils nous ont raconté force choses d'église qui intéressent pour parler et pour répondre un moment; mais les variantes plaisent en conversation. La causerie, chose rare. Chacun ne sait parler que de sa spécialité, comme les Auvergnats de leur pays. L'esprit reste chez soi aussi bien que le cœur.

Mais la qualité par excellence de son talent, c'est l'intimité, l'*Innigkeit*, cette sensibilité intérieure que notre esprit tourné tout au monde, notre attention trop constante aux dehors laissent si peu s'épanouir en nous et dont les Allemands plus réfléchis, plus recueillis, prétendent même que nous manquons absolument. Chez Eugénie on a pu s'en convaincre, qu'il s'agisse de religion, d'amitié, de tendresse fraternelle ou filiale, le sentiment vibre au plus intime de l'être et l'expression jaillit toujours fluide, pénétrante et comme chaude de la chaleur même du cœur. Nature tout intérieure, c'est à l'intérieur seul qu'elle s'adresse et de l'intérieur seul qu'elle veut du retour. Il faut l'entendre là-dessus.

Tout hormis ce qui me touche à l'intime passe en ma vie sans sensations. — Oh! le plaisir de se voir, de s'entendre à l'intime . . . . Mon ami, je voudrais bien avoir une lettre de toi; celle d'aujourd'hui est pour tous, et c'est de l'intime qu'il me faut. L'amitié se nourrit de cela. Mille choses manquent toujours à tes lettres. Est-ce ta faute ou celle de ton cœur d'homme? Petit cœur à la glace. — Une lettre de Caro, la chère sœur, (la femme de Maurice) qui me parle de toi; mais pas assez, mais sans détails, sans intime, sans cela qui fait voir ce qu'on ne voit pas.

Elle porte dans toutes ses affections l'ardeur intérieure, l'effusion caressante des mystiques qu'elle aime et lit sans cesse et dont elle a souvent tout le langage.

Oh! que je suis bien en vous chère Louise! . . . . Il est une façon de se trouver dans tout et partout, c'est dans le cœur devant Dieu . . . . Dieu ne parle qu'à l'âme qui se tient amoureusement tranquille pour l'écouter . . . . Votre amie malade en vous . . . Oh! l'abandon, l'âme telle qu'elle est à Dieu et aux amis. Louise, ne comprenez-vous pas tout, n'entrez-vous pas en tout? Que je voudrais que ce fût de plus près et autrement que par lettres! C'est bien doux de s'écrire, mais c'est se parler à distance, et il est tant de choses qu'on ne veut dire tout haut! Le bas parler est le meilleur. On trouve cela même avec Dieu qui dit à l'âme pieuse: „Je vous mènerai dans la solitude et là je vous parlerai au cœur." Intimité divine, quelque peu retrouvée dans l'intimité humaine: tout ce qui est bon vient d'en haut.

On ne se lasserait pas de citer. Mais nous ne voyons ainsi que des perles éparses, qu'on ne peut bien admirer que là où elles sont enchâssées. Ce sont ses lettres, c'est son journal qu'il faut lire en entier, si l'on veut vraiment connaître ce cœur sympathique, cet esprit si juste et si fin et toute cette âme si délicieusement féminine.

Son frère, ses amis, son père même, reconnaissant en elle

un talent manifeste, l'engageaient souvent à écrire, à entreprendre quelque ouvrage où elle put montrer toute sa valeur; et plus d'une fois un juvénile aiguillon de gloire, le désir d'embellir sa situation et celle de sa famille, d'élargir son horizon la déterminèrent à se mettre à l'œuvre. Il ne nous est rien parvenu de ces essais; mais l'on peut se demander s'il y avait bien en elle l'étoffe d'une *autoresse*. Nous ne le croyons pas. Question de quantité plutôt que de qualité du reste. La lettre, il nous semble, est la seule forme qui convienne à son talent communicatif mais nullement discursif. Elle n'écrit que d'effusion, d'un jet vif, mais bref et n'a pas le souffle ni le verbe qu'il faut pour remplir un livre. Dès qu'elle est obligée de rédiger une page et non plus seulement d'improviser, elle perd sa verve, la réflexion la paralyse.

Je ne sais écrire que lorsque je ne sais ce que j'écrirai; je ne sais quoi vous inspire alors: la plume marque et voilà tout.

La poésie lyrique qui procède par effusion, lui semble mieux son fait que la prose; mais, quoi qu'elle versifie fort joliment, ses vers comme ceux de la plupart des femmes manquent de nerf et d'originalité. Ou y reconnait trop la manière et l'accent du poète préféré; elle sait Lamartine par cœur, c'est dire qu'elle ne fait guère que lamartiniser. Un projet qu'elle caressa longtemps fut d'écrire des poésies enfantines. Elle avait reconnu cette lacune de notre littérature, qui semble correspondre à une lacune de notre génie. Le petit et l'enfantin ne sont guère pour nous que l'insignifiant et le puéril. Aucune poésie populaire n'est aussi pauvre que la nôtre en chants de berceau et en rimes naïves. Habiles au badinage de l'esprit, nous sommes gauches à l'enjouement du cœur. C'est pour cela sans doute que nous savons si peu être enfants avec les enfants et que nos enfants veulent tout de suite faire les petits hommes. Ce manque de sève de ce côté du cœur est-il incurable? La culture poétique et rafraîchissante de l'âme maternelle et de l'âme enfantine est-elle encore possible chez un peuple prosaïque et railleur et dans une langue si peu naïve? Eugénie avait pris au sérieux la question, et elle s'était proposé d'employer son talent à composer des chants, des légendes, de petits contes, des rimes enfantines propres à la fois à charmer le cœur des mères et à éveiller et former celui des enfants. Il ne paraît pas cependant qu'elle ait bien compris les conditions de ce genre de poésie. La seule pièce de ses essais qu'on ait communiquée au public n'a du moins ni la simplicité de pensée, ni la clarté d'image qui doivent frapper tout d'abord dans un petit poëme enfantin. On y trouve au contraire deux défauts trop habituels à la poésie française, et plus déplaisants là qu'ailleurs, la phrase et l'abstraction. C'est encore à peu près ce qui domine dans tout ce qui s'est fait depuis pour relever ce petit genre, qui tout comme les grands a son esthétique, exige un talent spécial et veut être traité avec art et *con amore*. Peut-être de vrais poëtes et de vrais artistes finiront-ils par tourner de ce côté leur attention; mais, ce qu'Eugénie ignorait, c'est à l'école des Allemands, à la fine et naïve école des Rückert, des Hoffmann von Fallersleben, des Wilhelm Hey et des Ludwig Richter, qu'ils devront aller, s'ils veulent apprendre comment la peinture et la poésie peuvent se mettre à la portée de l'enfance sans dégénérer en mièvrerie ou en puérilité.

Si l'art en ce point a fait défaut à Eugénie de Guérin, le sentiment, certes, ne lui manquait pas. Elle aimait les enfants; elle se plaisait à les caresser, à les instruire, et il semble aussi qu'elle ait eu le talent de s'en faire aimer et comprendre.

Pour bien se conduire avec les enfants, écrit-elle à son frère, en lui rappelant une jolie histoire d'enfance, il faut prendre leurs yeux et leur cœur, voir et sentir à leur portée et les juger là dessus. On épargnerait bien des larmes qui coulent pour de fausses leçons. Pauvres petits enfants, comme je souffre quand je les vois malheureux, tracassés, contrariés! Te souviens-tu du *Pater* que je disais dans mon cœur pour que papa ne te grondât pas à la leçon'. La même compassion me reste, avec cette différence que je prie Dieu de faire que les parents soient raisonnables.... Si j'avais un enfant à élever, comme je le ferais doucement, gaiement, avec tous les soins 'on donne à quune délicate petite fleur !

Le sentiment de la maternité est si dominant chez elle qu'il se mêle souvent à son affection pour son frère. On peut le voir à une foule de traits. Si elle aime ainsi que Maurice les comparaisons qui leur représente sous une forme poétique leur amitié fraternelle, si elle se plaît à se retrouver avec lui dans les figures de Paul et Virginie, d'Oreste, de Polynice et Antigone, de Sainte Thérèse et son jeune frère, elle ne reconnaît pas moins volontiers son cœur de sœur aînée dans l'amour de Monique pour son fils Augustin.

Te souviens-tu que je me comparais à Monique pleurant son Augustin, quand nous parlions de mes afflictions pour ton âme, cette chère âme dans l'erreur?

Elle l'a dit elle-même: J'étais moins sœur que mère. Elle se sentait comme investie sur Maurice d'une sorte de tutelle secrète, comme Electre gardant Oreste. Plus âgée que lui de cinq ans, ayant, encore enfants, perdu une mère tendre et chérie, elle l'avait remplacée auprès de son berceau. Elle avait pour ainsi dire élevé ce petit tard-venu, le favori, l'enfant gâté de la famille. Elle lui avait appris à marcher, à lire, et dans toutes les grandes occasions de la vie elle devait être là pour lui aider à faire le premier pas. Il sentait en elle ce dont il manquait lui-même, la fermeté de caractère jointe à un génie heureux et facile qui le charmait. La foi précise et résolue d'Eugénie lui donnait encore sur un esprit inquiet et changeant une autre sorte de supériorité, que Maurice reconnaissait moins, mais à laquelle il devait aussi finir par se soumettre. Les rôles eussent été de la sorte totalement intervertis, si la sœur par sa tendre affection, par son admiration naïve pour les talents et l'esprit plus cultivés de son frère, n'eût été toujours retenue devant lui dans une attitude de culte et d'adoration féminine, qui maintenait le jeune et peu mâle songeur à la place virile. Du commencement à la fin, la situation reste la même: elle toujours tournée vers lui, lui toujours penché sur lui même. Tout à son rêve, il se laisse, avec une douce béatitude, tendrement conduire, adorer par elle, enchanter et bercer en son premier et son dernier sommeil.

Tout enfant, écrit-elle, j'aimais à t'entendre; avec ton parler commença notre causerie. Courant les bois, nous discourions sur les oiseaux, les nids, les fleurs; nous trouvions tout joli, tout incompréhensible, et nous nous questionnons l'un l'autre. Je te trouvais plus savant que moi, surtout lorsqu'un peu plus tard tu me citais Virgile, ces églogues que j'aimais tant et qui semblaient faites pour tout ce qui était sous nos yeux.

III.

L'entrée de Maurice au petit séminaire de Toulouse fut leur première séparation. Il avait alors 11 ou 12 ans, elle 16 ou 17. Deux jolies lettres de petit garçon, de bon petit élève, d'innocent enfant de chœur, que Maurice écrit alors à Eugénie, nous le montrent à cet age avec toutes ses charmantes qualités, si tendres et si fines qu'on dirait d'une petite fille. Nous les citons, car de telles lettres d'enfant sont rares en français, et l'on sait goûter ici ce petit genre.

Chère Eugénie, je suis bien touché des regrets que tu as de mon absence. Moi aussi je te regrette, et je voudrais bien qu'il fût possible d'avoir une sœur au séminaire. Mais ne t'inquiète pas, j'y suis très-content. Mes maîtres m'aiment, mes camarades sont excellents. Je me suis lié plus particulièrement avec un dont je te parlerai. Il commence a parler ma langue (une sorte de langue de son invention), et par ce moyen nous nous communiquons l'un à l'autre, et nous jouons à la pensée sans qu'on sans doute. J'avance à pleines voiles dans le pays latin. Tu auras un meilleur maître aux vacances. Soigne à ton tour mes tourterelles. Je chante à la chapelle. Adieu. Je t'embrasse et te prie d'embrasser Pépone (le père) et toute la famille. Dis leur que je suis bien content d'être ici.

Avec la seconde lettre, il lui envoie un gros livre de polémique religieuse, une vie de Voltaire ou plutôt un réquisitoire contre le grand sceptique, la bête noire des jeunes croyants.

„Hélas, le monde entier sans toi
N'a rien qui m'attache à la vie."

Chère Eugénie, tu seras peut-être étonnée de voir ces deux vers au commencement de ma lettre. C'est que c'est, pour ainsi dire, le texte dont je veux la tirer, pour mieux exprimer le tendre amour que je te porte. Le sentiment qui inspirait à Paul ces paroles pour Virginie n'était pas plus sincère que le mien. C'est particulièrement à toi que je donne la Vie de Voltaire. Tu y verras le génie et la perversité de cet homme, ce coryphée de l'impiété qui mettait au fond de chaque lettre: Ecrasons l'infâme, c'est-à-dire la religion catholique. Pour moi je ne cesserai d'y mettre: je t'aime, je t'aime.

Je ne puis pas te dire les places que j'ai, n'ayant pas encore composé. Adieu, je n'en puis plus, je souffre trop pour povoir continuer.

Plus tard, en grandissant, le petit homme, tout à ses études ou à ses poursuites poétiques, songera moins à sa sœur; il se laissera, sans penser à tourner la tête, suivre et perdre de vue des mois, presque des années entières. La première lettre qui le remet sous nos yeux en correspondance intime avec elle est datée de sa dix-huitième année. Il est à Paris depuis trois ans, au collège Stanislas, il achève ses études et songe à son avenir. Ce n'est plus l'écolier ingénu d'autrefois, c'est le bachelier sentimental, bourré de lecture, béjaune et guindé. Il ne rêve que littérature; il est déjà malade imaginaire et parle de la perte de ses illusions, des tristesses de la vie; il fait des phrases, enfle la voix et cherche encore le ton. Cependant, sous un style emprunté, on reconnaît son naturel candide et affectueux. On sent qu'il a vraiment besoin du cœur auquel il fait appel. Et il retrouve en Eugénie la bonne sœur d'autrefois. Elle lui répond, ce qui la peint d'un trait, qu'elle voudrait avoir les bras assez longs pour l'embrasser partout où il est. Elle est toute prête au commerce littéraire et confidentiel qu'il lui propose; mais comme elle ne partage pas sa prédilection pour le sombre et le désolé, elle lui fait d'abord là-dessus sa petite leçon, puis, pour prouver que sa sagesse n'est point si prosaïque, elle lui envoie des vers.

C'était alors le beautemps de la versification. Le romantisme avait répandu en France une sorte de fermentation poétique; la manie rimante s'était emparée de tous les jeunes esprits. C'était une vraie plaie d'Egypte. Balzac raconte qu'un libraire fameux de ce temps s'éciait souvent: Les vers dévoreront la littérature! En attendant, ils devaient dévorer plus d'une existence. Les rapides fortunes littéraires des Lamartine, des Hugo', des Dumas dont les noms étaient dans toutes les bouches et dont les manuscrits se payaient au poids de l'or, tournaient la tête à tous les écoliers forts en vers latins et en narrations. Pas d'élève de rhétorique, qui, après avoir versifié, à l'aide du dictionaire des rimes, une ode ou une tragédie, ne se vît en passe d'arriver bientôt à la célébrité, et ne declarât indigne de lui, comme servile et abrutissante, toute autre carrière que celle de la littérature, au grand ravissement de sœurs poétiques et idolâtres, mais à la non moins grande indignation de pères et mères incrédules et prosaïques.

Maurice mieux partagé de ce côté devait rencontrer peu d'obstacles à sa vocation. Ses études classiques terminées, il revient après plusieurs années d'absence se retremper dans l'air natal et conférer en famille du choix d'une carrière. Il n'en était pas à ses premières hésitations. L'état ecclésiastique l'avait d'abord tenté, mais il s'en était bientôt détourné. Présentement, les soi-disant professions libérales, entre lesquelles il avait à se décider, ne lui souriaient guère. Tout bien examiné, il ne se trouvait propre à rien qu'au métier d'écrivain; il n'eut pas de peine à le démontrer. En cercle intime, surmontant sa timidité naturelle, Maurice brillait par la conversation ; il parlait esthétique à ravir. Or l'Esthétique c'est Mnémosyne elle-même, la mère des Muses : elle en remontre à Polymnie, Calliope et Melpomène, et à toutes ses filles. Comment ne pas croire au talent d'un jeune esthéticien si bien au fait des mystères de l'art et de la poësie? Son père lui-même finit par donner les mains à ses beaux projets. Mr. de Guérin s'écartait là singulièrement des procédés paternels ordinaires. Peut-être, et avec raison, jugeait-il la chimère inexpugnable. Sensible et bon comme il était, sans doute il craignait aussi de rendre son fils inutilement malheureux en le contraignant dans ses goûts. Peut-être enfin, en l'abandonnant à sa fantaisie, se laissait-il aller lui-même bonnement à l'esprit d'aventure toujours vivace chez les races chevaleresques. Descendant d'une famille noble et jadis opulente, il ne possédait qu'une modique fortune et faisait valoir lui-même sa petite terre patrimoniale. L'aîné de ses fils devait la reprendre, la position de celui-là était toute trouvée ; mais que pouvait devenir en ces temps difficiles son plus jeune fils. Pourquoi ne se fraycrait-il pas par la plume le chemin que ses aïeux s'étaient autrefois frayé par l'épée? Un Guérin, disait Eugénie, n'avait-il pas été troubadour? Illusion ou débonnaireté, il est bon après tout que des pères pensent ainsi quelquefois. En somme l'événement a justifié Mr. de Guérin. La noble envie qui enflammait Maurice devait il est vrai bien vite le consumer ; mais eût-il fait de son existence un meilleur emploi en la ménageant? et si perpétuer son nom est le prix des plus vaillants ici-bas, ne l'a-t-il pas gagné, même en succombant avant d'atteindre le but, puisque son nom lui survit?

Maurice retourna donc à Paris, résolu à tenter l'aventure littéraire. Il devait, en attendant qu'il fût en état de faire ses premières armes, étudier le droit comme pis aller. Il rêvait, cela va sans dire, d'aborder tous les genres, prose et vers, poésie lyrique et tragédie. Mais son inclination le porta d'abord de préférence vers la poésie intime, telle que Sainte-Beuve, Brizeux et les imitateurs des lakistes anglais la pratiquaient alors. Ce genre, qui cherchait la poésie à sa source la plus pure, dans la vie intérieure, essayait alors de faire un contrepoids salutaire au lyrisme vaporeux de Lamartine et à la phantaisie toute extérieure de Hugo; mais son allure terre-à-terre, son langage humble et terne devaient lui attirer peu de prosélytes dans un public qui veut être ébloui et entraîné. C'est sur ce mode placide et monotone que Maurice chanta d'une voix timide son premier amour; un amour malheureux, on le devine, pour une amie de sa sœur, une jeune châtelaine qui le trouvait sans doute trop jeune pour pouvoir songer sérieusement à lui.

> Les siècles ont creusé dans la roche vieillie
> Des creux où vont dormir des gouttes d'eau de pluie;
> Et l'oiseau voyageur qui s'y pose le soir
> Plonge son bec avide en ce pur réservoir.
> Ici je viens pleurer sur la roche d'Ouelle
> De mon premier amour l'illusion cruelle;
> Ici mon cœur souffrant en pleurs vient s'épancher...
> Mes pleurs vont s'amasser dans le creux du rocher...
> Si vous passez ici, colombes passagères,
> Gardez-vous de ces eaux: les larmes sont amères.

Un second amour platonique, à la manière de Pétrarque pour Laure, lui fit plus tard oublier le premier. En amour comme en tout le pauvre Maurice était destiné au rôle de soupirant et de *patito*.

Durant cette période de jeunesse, de 20 à 25 ans, Maurice conserve ses premières croyances à peu près intactes. Il a même des accès de ferveur religieuse, il cherche des consolations à son amour malheureux dans la dévotion amoureuse. A la manière des jeunes catholiques adorateurs de la Madonne et des belles saintes, il voue un culte à Sᵗᵉ Thérèse, une sainte mystique et poëte, également chérie de sa sœur. Il lui adresse ces vers où respirent l'ardeur langoureuse, la mignardise et tout le faux goût de la poésie dévote.

> Thérèse de Jésus, ô ma sainte adorée!
> Amante du Seigneur, colombe consacrée,

J'ai votre image enfin! — — — — —
Le ciel enfin m'a fait trouver une gravure
Comme je la voulais, d'une empreinte fort pure,
Et donnant un dessin assez digne de vous.
Fût-il plus imparfait, je l'aimerais sur tous:
Votre nom fait peinture assez. Or donc ma sainte,
En ce portrait voici comme vous êtes peinte.
La scène est une église, et c'est fort bien choisi,
Car c'était là vraiment votre asile chéri.
Vous pliez seulement un genou sur la dure,
L'autre à demi s'incline, et la robe de bure
Laisse divinement échapper un pied nu.
— — — — — — — — — — —
De votre front serein comme le plus beau jour
Une toile en bandeau suit le charmant contour
— — — — — — — — — — — —
— — — — — — Votre sainte figure
Est vivante de grâce et d'expression pure:
Elle est belle à passer devant vous tout un jour
Sans bouger; elle est belle à donner de l'amour.
En la chambre où je vis, cellule toute nue,
Thérèse, vous voilà compagne devenue
D'un chrétien mal dépris de ce monde mortel
Et qui traîne du pied en marchant vers le ciel.
Vous voilà suspendue, ô ma chère peinture!
A la cloison de bois qui protège mon lit,
O ma sainte le jour, ô mon rêve la nuit!
Plus bas un bénitier dans sa coquille ronde
Garde un peu de cette eau que fuit l'esprit immonde,
Et j'y viens, chaque soir, tremper le bout du doigt.
Dirai-je mieux, disant que la prière y boit
Au moment de partir pour la divine plage,
Comme je l'ai vu faire aux oiseaux de voyage? — —
— — — — — — — —

Mais ce n'était ni l'amour, ni la sensibilité intime, ni la dévotion catholique qui devaient inspirer à Maurice des pages vraiment *géniales*, c'était, nous l'avons dit, un sentiment singulièrement profond et passionné de la nature.

Ce sentiment, qui depuis la renaissance, mais surtout depuis le dix-huitième siècle et Rousseau, était devenu dans toute l'Europe une véritable épidémie sentimentale, après avoir traversé différentes phases pastorales, philosophiques et romanesques, s'épanouissait alors en France, en tous sens et sous toutes formes, au

milieu de l'exubérante floraison romantique. La poésie lyrique française qui, comme cette petite princesse d'un conte, pendant si longtemps n'avait aimé que les créations artificielles, rebutée enfin des paysages d'opéra et d'une nature fardée, avait jeté par dessus les moulins sa perruque et sa poudre, et courait les bois et les champs comme une bacchante. A en juger par les livres, les poëtes n'habitaient plus les villes; ils campaient comme les hommes primitifs en plein air, à la belle étoile; se livraient aux opérations les plus merveilleuses; attentifs les uns à saisir des souffles au vol, les autres à forger en vers des rayons de soleil, ceux-ci condensant des ombres, ceux-là recueillant des clairs de lune. Il y en avait de tout genre et de toute sorte. Il-y-avait les vaporeux, les aquatiques, les rustiques, les tristes, les délirants, les coloristes, les flamboyants. Mais surtout, et c'était la tribu sacrée, il y avait les orphiques, les mystiques. Ceux-là ne se contentaient pas, comme les simples paysagistes, de dépeindre des apparences, des formes et des couleurs, ils pénétraient jusqu'à l'ame des choses. Dans l'œil des sources, ils perçaient jusqu'à la pensée de l'antique mère Cybèle; comme les prêtres de Dodone, ils écoutaient dans le bruissement des chênes murmurer la voix des dieux, et ils entendaient distinctement croître le gazon. Tous, plus au moins imbus de la philosophie naturaliste et panthéiste du temps, comme les premiers hommes, ils adoraient véritablement la nature. Tantôt, à la manière des néoplatoniciens et du pseudo-Orphée, ils invoquaient les puissances élémentaires, l'éther, la lumière, la terre et les eaux, leurs luttes et leurs concerts mystérieux. D'autres fois, moins épris du vague et cherchant des objets précis, ils chantaient l'innocence et la paix de la vie végétale, les amours des fleurs, les mystères des bois et la sublime sagesse des chênes.*)
Ceux-là sont les naturalistes purs, impersonnels et vagues, les chantres de la vie universelle et indéfinie, les *élémentaires* et les *végétaires*, qu'on me permette ces termes singuliers pour définir ces singularités. A leur suite, comme dans l'ordre de la créa-

---

*) Hölderlin (O Vater Ether! An die Eichbäume) Shelley (Alastor etc.) Maurice de Guérin, Victor de Laprade sont, dans des langues et à des dates différentes, l'expression extrême de ce naturalisme poétique élémentaire et végétal.

tion, vient une race de poètes mieux caractérisés, les naturalistes individuels, les animalistes, les *bestiaires*, comme on pourrait les appeler. Ceux-ci, plus riches d'énergie et de nerf, impatients d'action et de sensation, laissent là le Dieu-plante et le grand Pan insaisissable, ils célèbrent la vie animale, sa fougue et ses fureurs et sa divine apathie.

La nature, on le voit, est toujours la grande magicienne qui se plaît à changer ses amoureux en bêtes.

Werther, dans ses premières lettres, embaumées et chaudes comme des journées de printemps, s'écrie un jour : *Man möchte zum Maikäfer werden, um in dem Meer von Wohlgerüchen herum zu schweben, und alle seine Nahrung darin finden zu können*. Werther montre encore ici la tempérance aimable d'un ami de la nature en culotte de soie et en cheveux poudrés; ses successeurs échevelés et barbus devaient étaler un bien autre appétit. Ce n'est plus de délices de hannetons ou de papillons qu'il s'agit pour eux, c'est l'existence des rois des forêts et des déserts qu'ils ambitionnent; c'est en eux seulement qu'ils retrouvent l'énergie et l'héroïsme disparus d'entre les hommes. Et ce ne sont pas les poètes seuls qui pensent ainsi. Ceci n'est point un simple jeu d'imagination. Les titres de noblesse de l'homme semblent aujourd'hui perdus aux yeux de l'artiste. Le souverain de la nature n'est tantôt plus qu'un parvenu au milieu des vrais princes de la création tels que l'art nous les représente. Quels sont en effet les vrais héros de l'art moderne, ses grands types, ses Achilles, ses Agamemnons? Ce ne sont pas les êtres effacés et manqués des romans et du théâtre; ce sont les lions de Barye, les cerfs de Landseer, les taureaux et les étalons de Troyon et de Rosa Bonheur, sans parler des vainqueurs du turf et des lauréats du bétail entraîné. Dans l'animal seul aujourd'hui se reconnaissent le pur sang et la race, des êtres entiers, complets, *ganze Kerle*. Nous voici — du moins dans le domaine de la phantaisie — revenus aux beaux jours d'Egypte, au triomphe de la bête, à l'idolatrie à quatre pattes, et aux dieux cornus.

Ainsi le naturalisme, qui fut le commencement, est aujourd'hui, comme au temps de la décadence païenne, un recommencement; il fait repasser l'esprit humain par les phases successives de la génèse primitive. Nous savons maintenant où nous en sommes, espérons que les hommes de l'esprit nouveau ne tarderont pas à surgir.

Maurice, poète naturaliste passe, cela se conçoit, par toutes les phases que nous venons de décrire. Le sentiment de la nature a chez lui une ardeur mystique plus intense encore que celle du sentiment religieux chez sa sœur. L'aspiration vers l'infini, le divin, était le mobile de leur âme à tous deux. L'infini qu'Eugénie adore manifesté dans un dieu personnel, actif, audessus de l'univers, sa création, Maurice le cherche dans la vie impersonnelle, dans le fluide universel, dans cette substance à métamorphoses sans nombres, d'où tout sort et où tout rentre, qui est le dieu végétatif du panthéisme. De même que la vocation religieuse se manifeste quelquefois chez des enfants par une ferveur prématurée, une sorte de vocation naturaliste se montre chez lui, dès l'enfance. Le spectacle de la nature le jetait dans des ravissements singuliers.

Il passait, dit sa sœur, de longs temps à considérer l'horizon, à se tenir sous les arbres. Il affectionnait singulièrement un amandier sous lequel il se réfugiait aux moindres émotions. Je l'ai vu rester là, debout, des heures entières.

Une sorte de poëme en prose, qu'il écrivit à l'age de onze ans, nous a conservé ses impression d'alors.

Oh! qu'ils sont beaux ces bruits de la nature, ces bruits répandus dans les airs, qui se lèvent avec le soleil et le suivent, qui suivent le soleil comme un grand concert suit un roi. Ces bruits des eaux, des vents, des bois, des monts et des vallées, les roulements des tonnerres et des globes dans l'espace, bruits magnifiques auxquels se mêlent les fines voix des oiseaux et des milliers d'êtres chantants.

Entendez-vous ces battements des feuilles, ces sifflements des roseaux. — Je vais toujours les écoutant. Je tends l'oreille à leurs mille voix, je les suis le long des ruisseaux, j'écoute dans le grand gosier des abimes, je monte au sommet des arbres, les cimes des peupliers me balancent pardessus le nid des oiseaux....

Il est possible que des lectures anticipées, des échos égarés de Rousseau, Bernardin de Sanct-Pierre ou Chateaubriand aient éveillé en lui comme en tant d'autres ces dispositions précoces, mais ils n'ont pu les lui communiquer avec cette vivacité, il y a là assurément quelque chose d'inné, et d'extraordinaire à son âge.

Plustard sous l'impression des mêmes sentiments il écrit dans son journal:

Tous les bruits de la nature, cette rumeur des éléments toujours flottante, dilatent ma pensée en d'étranges rêveries et me jettent en des étonnements dont je ne puis revenir.

Le mystère de la vie élémentaire le captive et l'enivre. Son rêve est de le pénétrer, de s'y plonger.

J'habite avec les éléments intérieurs des choses, je remonte les rayons des étoiles et le courant des fleuves jusqu'au sein des mystères de leur génération. Je suis admis pur la nature au plus retiré de ses divines demeures, au point de départ de la vie universelle; là, je surprends la cause du mouvement et j'entends le premier chant des êtres dans toute sa fraîcheur.

Si l'on pouvait s'identifier au printemps, forcer cette pensée au point de croire aspirer en soi toute la vie, tout l'amour qui fermentent dans la nature, se sentir à la fois fleur, verdure, oiseau, chant, fraîcheur, élasticité, volupté, sérénité ! Que serait-ce de moi !

Le passage suivant donne une idée de ce qu'on nous permettra, d'appeler son *Végétalisme*.

Qui peut se dire dans un asile s'il n'est sur quelque hauteur et la plus absolue qu'il ait pu gravir? Quand serai-je dans le calme? Autrefois les dieux, voulant récompenser la vertu de quelques mortels, firent monter autour d'eux une nature végétale qui absorbait dans son étreinte, à mesure qu'elle s'élevait, leurs corps vieillis, et substituait à leur vie, tout usée par l'âge extrême, la vie forte et muette qui règne sous l'écorce des chênes. Ces mortels, devenus immobiles, ne s'agitaient plus que dans l'extremté de leurs branchages émus par les vents. N'est-ce pas le sage et son calme? Ne se revêt-il pas longuement de cette métamorphose du peu d'hommes qui furent aimés des dieux? S'entretenir d'une sève choisie par soi dans les éléments, s'envelopper, paraître aux hommes puissant par les racines et d'une grave indifférence comme certains arbres que l'on admire dans les forêts, ne rendre à l'aventure que des sons vagues mais profonds, tels que ceux de quelques cimes touffues qui imitent les murmures de la mer, c'est un état de vie qui me semble digne d'efforts et bien propre pour être opposé aux hommes et à la fortune du jour.

Dans une idylle grandiose, qu'il n'a fait qu'ébaucher, Maurice tente de concentrer et d'exprimer en une seule fois toutes ces nuances diverses du sentiment de la nature. Cette pièce rend entre autres l'attrait mystérieux de l'élément liquide avec une intensité plus saisissante encore que celle du pêcheur de Gœthe. C'eût-été, s'il eût pu l'achever, une représentation vraiment magistrale du mythe de Glaucus, avec un mélange dans la forme qui rappelle tout ensemble André Chénier, Théocrite et le pseudo-Orphée.

Comme un fruit suspendu dans l'ombre du feuillage,
Mon destin s'est formé dans l'épaisseur des bois.
J'ai grandi, recouvert d'une chaleur sauvage,
Et le vent qui rompait le tissu de l'ombrage
Me découvrit le ciel pour la première fois.
Les faveurs de nos dieux m'ont touché dès l'enfance ;
Mes plus jeunes regards ont aimé les forêts,
Et mes plus jeunes pas ont suivi le silence
Qui m'entraînait bien loin dans l'ombre et les secrets.
Mais le jour où, du haut d'une cime perdue,
Je vis (ce fut pour moi comme un brillant réveil!)
Le monde parcouru par les feux du soleil,
Et les champs et les eaux cachés dans l'étendue,
L'étendue enivra mon esprit et mes yeux ;
Je voulus égaler mes regards à l'espace,
Et posséder sans borne, en égarant ma trace,
L'ouverture des champs avec celle des cieux.
Aux bergers appartient l'espace et la lumière,
En parcourant les monts ils épuisent le jour ;
Ils sont chers à la nuit, qui s'ouvre tout entière
A leurs pas inconnus, et laisse leur paupière
Ouverte aux feux perdus dans leur profond séjour.

———————————————

J'étais berger j'avais plus de mille brebis.
Berger je suis encore, mes brebis sont fidèles :
Mais qu'aux champs refroidis languissent les épis,
Et meurent dans mon sein les soins que j'eus pour elles !
Au cours de l'abandon je laisse errer leur pas,
Et je me livre aux dieux que je ne connais pas !

———————————————

J'aime Thétys : ses bords ont des sables humides ;
La pente qui m'attire y conduit mes pieds nus ;
Son haleine a gonflé mes songes trop timides,
Et je vogue en dormant à des points inconnus.
L'amour qui, dans le sein des roches les plus dures,
Tire de son sommeil la source des ruisseaux,
Du désir de la mer émeut ses faibles eaux — — —
C'est le mien. Mon destin s'incline vers la plage.
Le secret de mon mal est au sein de Thétys.
J'irai, je goûterai les plantes du rivage,
Et peut-être en mon sein tombera le breuvage
Qui change en dieux des mers les mortels engloutis.

Cependant Maurice échappe à ces rêves énervants. Son

individualité se fortifiant, il s'éprend à son tour d'action et d'indépendance. Pour exprimer alors ce sentiment de la vie individuelle à demi plongée encore dans la vie universelle, mais s'en dégageant déjà d'un effort vainqueur, il choisit un autre type antique, participant à la fois de l'homme et de l'animal, supérieur à l'un et à l'autre par la force du corps unie à celle de l'esprit, le centaure.

Maurice met en scène l'homme-cheval, il lui fait raconter sa naissance au sein des ombres primitives, ses premières impressions au sortir de la caverne maternelle, au sein d'une nature exubérante et vierge. Il le montre s'abandonnant à une impulsion sans frein, parcourant la terre, traversant les forêts immenses, se laissant emporter au cours des fleuves, jouissant ainsi par son corps rapide et infatigable du délire d'une fougue animale indomptable, tandis que par sa tête et ses bras librement portés vers le ciel il goûte l'orgueil et la sécurité d'un demi-dieu.

L'usage de ma jeunesse fut rapide et rempli d'agitation. Je vivais de mouvement et ne connaissais pas de borne à mes pas. Dans la fierté de mes forces libres, j'errais, m'étendant de toutes parts dans ces déserts. — — — Avec l'abandon des fleuves, respirant sans cesse Cybèle, soit dans le lit des vallées, soit à la cime des montagnes, je bondissais partout comme une vie aveugle et déchaînée. Mais lorsque la nuit, remplie du calme des dieux, me trouvait sur le penchant des monts, elle me conduisait à l'entrée des cavernes et m'y apaisait comme elle apaise les vagues de la mer, laissant survivre en moi de légères ondulations qui écartaient le sommeil sans altérer mon repos. Couché sur le seuil de ma étroite, les flancs cachés dans l'antre et la tête sous le ciel, je suivais le spectacle des ombres. Alors la vie étrangère qui m'avait pénétré durant le jour se détachait de moi goutte à goutte, retournant au sein paisible de Cybèle, comme après l'ondée les débris de la pluie attachée aux feuillages font leur chute et rejoignent les eaux. On dit que les dieux marins quittent durant les ombres leur palais profond, et, s'asseyant sur les promontoires, étendent leurs regards sur les flots. Ainsi je veillais ayant à mes pieds une étendue de vie semblable à la mer assoupie. Rendu à l'existence distincte et pleine, il me paraissait que je sortais de naître, et que des eaux profondes et qui m'avaient conçu dans leur sein venaient de me laisser sur le haut de la montagne, comme un dauphin oublié sur les sirtes par les flots d'Amphitrite . . . — — —

Un jour que je suivais une vallée où s'engagent peu les centaures, je découvris un homme qui côtoyait le fleuve sur la rive contraire. C'était le premier qui s'offrit à ma vue, je le méprisai. Voilà tout au plus, me dis-je, la moitié de mon être! Que ses pas sont courts et sa démarche malaisée! Ses yeux semblent mesurer l'espace avec tristesse. Sans doute c'est un centaure renversé par les dieux et qu'ils ont réduit à se traîner ainsi.

Dans cette figure superbe, dont, pour leur part de compétence, tous les hommes de cheval, *sportsmen* ou *Sonntagsreiter*, reconnaîtront la vérité et la puissance, sous cette forme significative du centaure, Maurice exprimait admirablement le genre nouveau de sentiment de la nature qui règne aujourd'hui; ce besoin d'expansion sans limites au dehors, d'excursion et d'escalade vers l'inconnu, cet appétit de possession avide et d'âpre jouissance de la nature qui nous possède et nous distingue des céladons et des élégiaques d'autrefois. *Hinaus in die Welt!*

Voir c'est avoir, allons courir!
Car tout voir, c'est tout conquérir.

A peine le printemps nous a-t-il effleurés de son haleine, la furie centauresque ne s'empare-t-elle pas ainsi de nous!

(La suite prochainement.)

C. Marelle.

Le Testament de Pathelin.

§ 1.

In einer Programmabhandlung*) habe ich den Nouveau Pathelin in literarischer und sprachlicher Beziehung einer eingehenden Betrachtung unterworfen. Es konnte dies nicht geschehen, ohne auch des andern durch die Farce Maistre Pierre Pathelin hervorgerufenen Stückes, des Testament de Pathelin, zu erwähnen. Ich stellte die Behauptung auf, dass das letztere Stück der Zeit nach dem Pathelin näher stehe als der Nouveau Pathelin, und jedenfalls noch dem 15. Jahrhundert angehöre. Um diese Behauptung, so weit es möglich, noch mehr zu stützen, will ich im Nachstehenden das Testament de Pathelin gleichfalls einer eingehenden Prüfung unterwerfen.

Die Brüder Parfaict, in ihrer histoire du théâtre français (vol. III. pag. 190), setzen die Entstehung des Stückes gegen 1520, und Jacob **) in seiner Ausgabe desselben schwankt zwischen 1480 und 1490; indess der Nouveau Pathelin nach ihm dem Jahre 1474 angehört.

Während die Farce Pathelin seit ihrer Entstehung eine grosse Zahl von Auflagen erlebte, war das Testament ganz der Vergessenheit anheimgefallen. Erst vom Jahre 1723 an, als der Buchhändler Coustelier die Farce de maistre Pathelin avec son testament à quatre personnages erscheinen liess, finden wir diese Farce in der Literaturgeschichte erwähnt. Es sind jedoch später noch einige ältere Ausgaben aufgefunden worden. ***) Im Jahre 1748 liess Simon Gueulette den

---

*) Jahresbericht der ersten städtischen höhern Töchterschule zu Berlin, 1865.
**) Recueil de farces, soties et moralités etc. Paris 1859, pag. 179.
***) Siehe Bibliothèque du Théâtre fr. I, 57.

Le Testament de Pathelin.

Nouveau Pathelin als ein noch unbekanntes Werk Villon's im Druck erscheinen.

M. Coustelier, libraire, sagt er in der Vorrede zu dieser neuen Ausgabe, fit réimprimer en 1723, la Farce du Pathelin et son testament. Apparement qu'il n'avoit pu trouver le Nouveau Pathelin à troys personnages, sçavoir Pathelin, le Pelletier et le Prestre, puisqu'il n'en fit point part au public. Cette farce, que je lui présente aujourd'hui, n'est pas moins originale que celle du Testament: elles ne sont ni l'une ni l'autre du même auteur que celle du Pathelin avec le Drappier.......
Er erzählt dann, dass er das seiner Ausgabe zu Grunde liegende Exemplar in der Bibliothek der Petits-Pères gefunden. Selbiges enthielt die drei Farcen mit Titelvignetten in Holzschnitt, worunter man las: On les vend à Paris en la rue Neuve-Nostre-Dame, à l'enseigne de saint Nicolas. Wir erfahren ferner durch Jacob, dass sich die erwähnte Ausgabe noch in mehreren Exemplaren erhalten hat. Eins derselben wird im Catalog Soleinne folgendermassen beschrieben: Maistre Pierre Pathelin — le Testament de maistre Pierre Pathelin — le Nouveau Pathelin à trois personnages. Ensemble Testament d'icelluy. Et après s'ensuyt un Nouveau Pathelin à trois personnages. Nouvellement imprimé à Paris par Jean Bonfons, demeurant en la rue Neufve-Nostre-Dame a l'enseigne Sainct-Nicolas, sans date, in-8 goth. de 60 ff. y compris le dernier où se trouve la marque du libraire, fig. s. b.
Jacob kennt noch eine ältere Ausgabe der drei Farcen, von welcher sich ein Exemplar in der bibliotbèque de l'Arsenal befindet.
Doch was nützt das Aufzählen der ältesten Ausgaben, da sie alle ohne Datum sind, und nur Vermuthungen zulassen. Soviel jedoch scheint mir sicher, dass die ältesten, und somit die drei Stücke selbst, noch dem 15. Jahrhundert angehören. Was die Reihenfolge ihrer Entstehung betrifft, so ist natürlich Maistre Pierre Pathelin das älteste und mag mehrfache Ueberarbeitungen erfahren haben, ehe es in der uns jetzt vorliegenden Form gedruckt wurde. Nach ihm setze ich das Testament de Pathelin und dann den Nouveau Pathelin.
Erstens scheint mir die Reihenfolge, welche jene ältesten Ausgaben einstimmig beibehalten, keine zufällige zu sein; dann aber spricht dafür noch ein anderer Grund. Die Farcen sind nicht für einen Leserkreis berechnet, sondern für die theatralische Aufführung; sie mögen daher alle drei schon vielfach aufgeführt worden sein, ehe sie zum ersten Male gedruckt wurden. Dann aber musste dem Verfasser des

Le Testament de Pathelin.

Testament der Nouveau Pathelin wohl bekannt sein, wäre letzteres Stück vor jenem entstanden. Dies scheint nun nicht der Fall zu sein, denn im Testament beichtet Pathelin ganz gewissenhaft, wie er den Tuchhändler betrogen, und der Dichter hätte sicherlich auch den Betrug des Pelzhändlers angeführt, wenn er den Nouveau Pathelin gekannt hätte.

Was ferner die Sprache betrifft, die man etwa als Schiedsrichterin anrufen möchte, so verweise ich auf § 4. Wie gross auch in jener Uebergangsperiode vom Alt- zum Neufranzösischen die Wandelbarkeit der Sprache war, so stehen einerseits die drei Stücke der Zeit nach zu nahe, und andrerseits möchte das oft seltsame Missverhältniss des gesprochenen Wortes mit dem Streben der Orthographie, es zu fixiren, auf Irrwege leiten.

Der Autor ist bei keiner der drei Possen genannt, vielleicht auch schon zur Zeit des ersten Druckes unbekannt gewesen. Pasquier bereits (1529 — 1615), der in seinen recherches de la France, pag. 1086, den maistre Pierre Pathelin eingehend bespricht, kennt den Autor desselben nicht, und in der grossen Zahl der von verschiedenen Literarhistorikern angenommenen Autoren befindet sich auch nicht Einer, für den man bindende Beweise der Autorschaft beibringen könnte. Während Genin in seiner Ausgabe für Antoine de la Salle plaidirt, glaubt Jacob, und mit ihm viele Andere, die Farce dem Blanchet (1459 — 1519) zuschreiben zu müssen. — Mit vielleicht noch grösserm Rechte könnten wir dem Letzteren auch das Testament zuschreiben, da hier die Daten eher passen möchten. Pierre Blanchet wurde 1459 zu Poitiers geboren. Hier nahm er als clerc de la Bazoche an den Spielen dieser Juristengesellschaft nicht nur thätig Antheil, sondern verfasste auch selbst Farcen für dieselbe. In einer poetischen Epistel, die Pierre Gervaise, assesseur e l'official zu Poitiers, an den Dichter Jean Bouchot richtet, heisst es:

 Regarde aussi maistre Pierre Blanchet,
 Qui sccut tant bien jouer de mon huchet
 Et composer satyres proterveuses,
 Farces aussi, qui n'estoient ennuyeuses.

Derselbe Jean Bouchet dichtete auch dem Blanchet eine Grabschrift, aus der wir selbigen noch näher kennen lernen:

 Cy gist, dessoubz ce lapideux cachet
 Le corps de feu maistre Pierre Blanchet,
 En son vivant, poëte satyrique,
 Hardy sans lettre et fort joyeux comique.

> Luy, jeune estant, il suyvoit le Palais.
> Et composoit souvent rondeaulx et laiz;
> Faisoit jouer sur eschaffaulx Bazoche,
> Et y jouoit par grant art sans reproche.
>
> En reprenant, par ses satyricz jeux
> Vices publicz et abus outrageux;
> Et tellement, que gens notez de vice
> Le craignoient plus que les gens de justice
> Ne que prescheurs et concionateurs,
> Qui n'estoient pas si grans déclamateurs;
> Et néantmoins, parce qu'il fut affable,
> A tous estoit sa présence agréable.
>
> Or, quant il eut quarante ans, un peu plus,
> Tous ces esbats et jeulx de luy forclus,
> Il fut faict prestre, et en cest estat digne
> Duquel souvent se réputoit indigne,
> Il demoura vingt ans, très-bien disant
> Heures et messe, et paisible gisant.
>
> Et néantmoins, par passe-temps honneste
> Luy, qui n'estoit barbare ne agreste,
> Il composoit bien souvent vers, huytains,
> Noëlz, dictez, de bonnes choses plains.
> Et pour la fin, son ordonnance ultime
> Et testament feit en plaisante rithme,
> Où plusieurs legs à tous ses amis feit,
> Plus à plaisir qu'à singulier proffit:
> Fasmes trois que ses exécuteurs nomme,
> Lesquels chargea de faire dire en somme,
> Après sa mort, des messes bien trois cens,
> Et les paier de nostre bourse, sans
> Rien de ses biens, lesquels laisseroit, prendre,
> Comme assuré qu'à ce voudrions tendre.
>
> Après mourut, sans regret voluntiers,
> L'an mil cinq cens et dix-neuf, à Poitiers,
> Dont fut natif. Priez donc Dieu, pour l'ame
> Du bon Blanchet, qui fut digne qu'on l'ame!

Erinnern diese Legate „plus à plaisir qu'à singulier proffit" nicht an das Testament Pathelin's? — Auch die Stelle aus dem Testament (v. 60 etc.):

> Je ne sçay quell' mousche vous poinct.
> Par celuy Dieu qui me fist naistre
> Je cuyde que, se estiez prebstre,
> Vous ne chanteriez que de sacz
> Et de lettres!

könnte man wohl als eine Anspielung auf Blanchet nehmen, der ursprünglich Advocat, Priester geworden war, ohne jedoch seiner Neigung zur satyrischen Poesie zu entsagen. —

Doch dies Alles sind nur unbegründete Vermuthungen; der Autor ist unbekannt, und wird wohl unbekannt bleiben.

§ 2.
Inhalt.

Was den innern Werth der Posse betrifft, so steht sie zwar dem Maistre Pathelin und auch dem Nouveau Pathelin viel nach; dennoch aber ist das Urtheil Le Roy's, der selbige (da er darin eine Verhöhnung der letzten Oelung etc. wittert) in seinen études sur les mystères, p. 392, une pitoyable pièce nennt, vollständig ungerechtfertigt.

In dem Stücke treten vier Personen auf: der altersschwache, kranke Pathelin, seine Ehefrau Guillemette, ein Priester, Messire Jehan Langelé, und der Apotheker-Arzt Aliborum.

Die beiden Verse, mit denen Pathelin das Stück einleitet, und die Vers 6 und 7 wiederholt werden, sind jedenfalls der Refrain eines damals bekannten Liedes:

> Qui riens n'a plus que sa cornette,
> Gueres ne vault le remenant.

Pathelin fordert seine Frau auf, ihm seinen Actensack (le sac à mes causes perdues, wie er selbigen, sich selbst verspottend, nennt), und seine Brille zu holen, da er sich zur Sitzung begeben will. — Mit seinen Kräften ist auch sein Gedächtniss geschwunden; er weiss nicht mehr, wo er jene Sachen am verflossenen Tage hingelegt, und muss auch den Vorwurf seiner Frau hinnehmen, dass er es trotz aller Advocatenschliche zu Nichts habe bringen können. Aengstlich, die Stunde der Sitzung nicht zu versäumen, gönnt er sich nicht einmal die Zeit, den gewohnten Frühschluck zu nehmen. Eine auffallende Erscheinung, denn Guillemette fragt erstaunt:

> Pourquoy n'estes-vous pas asseur?
> Vous doubtez-vous d'aucune chose,
> Maistre Pierre?

Der alte Advocat fühlt sich sehr hinfällig und schwach, doch bei dem günstigen Wetter möchte er von der Sitzung nicht fernbleiben. So sehen wir ihn denn, gestützt auf seinen Knotenstock, langsam das Haus verlassen. Unterwegs überlegt er die bevorstehende Verhandlung, und sein altersschwacher Geist verwechselt hierbei mehrfach die vorliegenden Fälle. — Plötzlich jedoch zwingt ihn ein heftiger Anfall seiner Krankheit nach Hause zurückzukehren. Erschöpft und unfähig sich aufrecht zu halten, langt er hier zum grossen Schrecken seiner Frau wieder an. Die Ursache dieses plötzlichen Unfalls ist ihr unerklärlich; in ihrer Bestürzung weiss sie keinen andern Rath, als den Apotheker zu rufen:

> Pour vous donner quelque remède,
> Feray-je venir l'Apothécaire?

Doch Pathelin will es erst mit Hausmitteln versuchen:

> Raillez donc premier à boire,
> Et mettez cuire une poire,
> Pour sçavoir s'il m'amendera.

Allein das Uebel nimmt zu, so dass Pathelin selbst sich nach dem Apotheker und Priester sehnt, und seine Frau zur Eile antreibt. Sein liebstes Hausmittel scheint jedoch der Wein zu sein, denn trotz Schwäche und Krankheit bleibt sein Verlangen danach ungeschwächt:

> Que j'oye une fois de bon vin?
> On mourir il me conviendra!

Aber es muss quelque bon vin vieulx sein und kein vin nouveau, „car il faict avoir la va-tost."

Während er über den ihm gebrachten Wein flucht:

> Sang bien! On m'a le vin meslé
> On il faut dire qu'il s'esvente......,

eilt seine Frau zum Apotheker, klagt ihm ihre Noth, und erlangt endlich durch ihre Bitte:

> Je vous pry qu'on y remedie
> Sans espargner or, ne argent,

von diesem das Versprechen:

> Pas n'ay peur de vostre payement
> Je feray pour vous le possible.

Nun eilt sie zum Pfarrer, und findet auch diesen bereit, sie zum Kranken zu begleiten.

Indessen ist der Apotheker bei dem schwererkrankten Pathelin angelangt, der, als endlich Guillemette mit dem Pfarrer erscheint, in Fieberphantasien liegt, und in dem letzteren einen Zechbruder zu sehen glaubt. Auch dem Apotheker gelingt es nicht, den Irrredenden zur Annahme eines Arzneimittels zu bewegen. Guillemette ermahnt ihren Mann, an die Beichte zu denken und sein Testament zu machen — Ainsy doibt faire tout chrestien. Auf die Aufforderung des Priesters, die begangenen Sünden zu bekennen, erwiedert der Schalk:

> Je les ay pieça laissez
> A ceulx qui n'en avoyent point.

Erst einer wiederholten Aufforderung des Priesters gelingt es, ihm die nöthige Sammlung für die heilige Handlung einzuflösen. Doch bald verfällt Pathelin wieder in seine Fieberphantasien und antwortet das tollste Zeug auf des Priesters fromme Mahnungen.

Endlich kommt die Beichte zu Stande. Er erzählt nun, wie er den Tuchhändler um sechs Ellen Tuch geprellt, und muss, zwar mit Widerstreben, angeben, wie auch er in der Folge von dem Schäfer überlistet worden.

> Trompeurs sont voulentiers trompez,
> Soit tost ou tard, au loing ou près,

erwiedert der Priester, und fordert zur Fortsetzung der Beichte auf. Er stellt an den Kranken die Frage, ob er auch Werke der christlichen Liebe gethan, und die Nackten bekleidet habe.

> Faulte de monnoye et d'escus
> M'en a gardé; et m'en confesse

antwortet Pathelin.

Der Priester ertheilt nun die Absolution und kündigt an, dass der Kranke bereit sei, sein Testament zu machen.

> C'est très-bien dit, messire Jehan.
> Mais, devant que rien en commence,
> J'arrouscray ma consience.
> Guillemette, donnez-moy à boire, etc.

erwiedert der unverbesserliche Advocat, und dictirt dann dem Pfarrer sein Testament wie folgt:

> Tout premier à vous, Guillemette,
> Qui sçavez où sont mes escus
> Dedans la petite layette:
> Vous les aurez, s'ilz y sont plus.
>
> Après, tous vrays gaudisseurs,
> Bas percez, gallans sans soucy,
> Je leur laisse les rostisseurs,
> Les bonnes tavernes aussi.
>
> Aux quatre convens aussi
> Cordeliers, Carmes, Augustins,
> Jacopins, soient hors, ou soient ens,
> Je leur laisse tous bons lapins.
>
> Item: je donne aux Filles-Dieu,
> A Sainct Amant, et aux Beguines,
> Et à toutes nonnains, le jeu
> Qui se faict à force d'eschines.
>
> Item: je laisse à tous sergens,
> Qui ne cessent, jour et sepmaine
> De prendre et de tromper les gens,
> Chascun une fievre quartaine.
>
> A tous chopineurs et yvrognes,
> Noter vueil que je leur laisse

Toutes gouttes, crampes et rongnes,
Au poing, au costé, à la fesse.
Et à l'Hostel-Dieu de Rouen
Laisse et donne, de franc vouloir.
Ma robbe grise que j'eus ouen,
Et mon meschant chapperon noir.
Après, à vous, mon conseiller,
Messire Jehan, sans truffe ou sornette
Je vous laisse, pour faire oreiller.
Les deux fesses de Guillemette
Ma femme — — — (Cela est honneste!)
Et à vous, maistre Aliborum,
D'oignement plein une boiste,
Voire du par disculum
Pour exposer supra culum
De ces fillettes — — — Sans plus dire,
Chascun entend cette raison:
Il n'est jà besoin de l'escripre,
C'est tout, messire Jehan.

Er hat seinen letzten Willen verfügt, und fühlt nun das Nahen des Todes. Die Frage seiner Frau, wo er beerdigt zu sein wünsche, scheint er nicht zu vernehmen:

N'a-il plus rien au pot carré
A boire, avant que trespasser.

Erst die tadelnde Bemerkung Guillemette's:

Deussiez-vous en ce point farcer
Qui estes si près de la mort?

und eine nochmalige Mahnung des Priesters vermögen ihn zu folgender Antwort zu bewegen:

En une cave, à l'adventure
Dessoubz ung muid de vin de Beaulne
Puis, faictes faire en lettre jaulne
Dessus moy, en beau pathelin
Cy repose et gist Pathelin,
En son temps advocat sous l'orme,
Conseiller de monsieur de Corne
Et de demoiselle sa femme
Priez Dieu que il ait son ame!
Vous sçaurez bien tout cela faire?

Von einem grossen Leichengepränge will er Nichts wissen; für Wachslichte bei der Beerdigung bestimmt er nur vier Heller; doch soll man sein Wappen malen lassen, dessen Skizze er folgendermassen entwirft:

Oyez que vous y ferez faire,
Pour ce qu'ayme la fleur du vin,
Trois belles grappes de raisin,

En un champ dor, semé d'azur.
Je vous pry que j'en soye seur?
Autre chose ne requiers plus.

Hierauf giebt er seinen Geist auf. — Die Klagen seiner Frau und das Gebot des Priesters: Que Dieu luy soit misericors beschliessen das Stück.

Dieses so tragisch endende Posse hat freilich wenig Handlung, und ermangelt jeglicher Intrigue; dennoch ist die Characteristik der vier Personen, besonders die Pathelin's, wohl durchgeführt.

Nicht nur die Farce maistre Pathelin ist die Veranlassung und Grundlage vorliegender Posse, auch die beiden Testamente Villon's haben, wie leicht ersichtlich, dem Dichter manchen Gedanken zu dem Testamente, vielleicht die Idee selbst, geliefert; wie sie ja eine ganze Reihe Testament betitelte Dichtungen hervorgerufen haben. (Le grand Testament de Tastevin, Roy des Pions. Le Testament de Jehan Ragot. Le Testament de Martin Leuther, etc.)

§ 3.
Versification.

Das Gedicht besteht aus 559 achtsilbigen Versen. Es ist klar, dass wir diese nicht mit dem Gesetzbuch der heutigen französischen Versification beurtheilen können, denn im Ganzen war der Dichter noch durch wenig Regeln gebunden. Das Verbot des Hiatus bestand für ihn noch nicht; ja es zeigt sich auch nicht einmal vereinzelt (wie im Nouveau Pathelin) das Streben, ihn zu vermeiden. Die Elision liess er eintreten, oder nicht, wie es ihm passte.

Donnez moi à boire un horion, 225.
Aux douze articles de la foy, 380.
En me cave à l'adventure, 510.
Ceste reigle est à tous due, 159.
Pain fleury, ou tourte en pesle, 345, etc.

Dass ferner zu einer Zeit des Werdens für die Sprache, in der das gesprochene Wort oft im grellsten Widerspruch zur Orthographie stand, die Silbenzahl vieler Vocalverbindungen noch nicht sicher fixirt ist, ist klar.

So stand es im Belieben des Dichters, die nicht gesprochene Silbe zu zählen oder nicht mitzurechnen.

Wir finden daher Guillemette (24) 3silbig und (529) 4silbig.
Hau Guillemette. Comment il bâille, 24.

Helas Guillemette, ma femme, 529.
Où est Guillemette? Elle n'y est pas, 260.

Im letzten Vers ist auch die zweite Silbe stumm, und das Wort zählt im Verse nur 2silbig; wie auch das letzte e in elle nicht zählt. Ferner vrayment (211, 312) 2silbig und 3silbig, (500), Measire (270) 2silbig und 3silbig (201), soient (463) 1silbig und 2silbig (30), souloye (21) 3silbig, dagegen devoye (393) 2silbig, soye (114) 2silbig, vouloye (251) 2silbig, avoyent (317) 3silbig, dagogen pourroye (307) 2silbig, fussent (354) 2silbig, jalloie (165) 2silbig, viennent (105) 2silbig, mourroye (169) 2silbig, feray-je(90) 3silbig und (135) 2silbig; avoye (414) etc. 2silbig, faudray-je (56) 2silbig;
Jehan 1silbig (270 etc.), bonne 1silbig, payement (226) 2silbig, vie (243) 1silbig, toutesfois (393) 2silbig, sire (210) 2silbig, etc.

Doch nicht nur in Betreff der stummen Silben, auch sonst herrscht Schwanken, so ist:

Dieu 1silbig (5,49) und 2silbig (150, 284),
riens 1silbig (1,69) und 2silbig (524),
pieça 2silbig (349) und 3silbig (316),
premier 2silbig (436) und 3silbig (136),
boiste (486) 3silbig, bergier (402) 2silbig, brief (213, 219, 300) 1silbig, escuellée (302) 3silbig, comptouer 2silbig (38), etc.

Die 559 Verse des Gedichtes sind, wenn wir auf alle dem Dichter zustehende Freiheiten Rücksicht nehmen, bis auf folgende richtig:

1) Despechez! car je n'attens (11).

Ich vermuthe, dass der Vers unrichtig ist, es fehlt jedenfalls vous. Wir finden 54 despechez-vous und (174) vous despechez.

2) A mes cances? Il est passé au bac (52).

Auch hier hatte der Dichter passé wohl nicht geschrieben.

3) Çà, mon sac; je vous attens.

Sollte der Vers etwa lauten müssen:

Or ça, mon sac; je vous attens?
4) Messeigneurs, oyez l'appointement (106).

Schrieb der Dichter vielleicht messieurs?

5) Vous allez querre le prebstre (181).

Le Testament de Pathelin.

6) Une escuellée de bons coulis (802).
7) Quant on me disoit: bona dies (873).
8) Aux quatre convens aussi (460).

Auch dieser Vers ist corrumpirt. Convens muss das letzte Wort sein, da ein Reim auf ens verlangt wird. Aussi gehört sicherlich gar nicht hierher; es ist das letzte Wort des vorigen Verses (siehe diese Verse Seite 7), und mag aus Versehen des Abschreibers oder Druckers hierher gekommen sein. Es fehlt uns jedoch der Anfang des Verses, der nach Analogie der übrigen Strophen des Testamentes etwa so zu ergänzen wäre:

Item: et aux quatre convens.

Es ist sonderbar, dass Jacob in seiner Ausgabe diese fehlerhaften Verse nicht entdeckt hat.

Dass der Dichter endlich bemüht war, nur richtige Verse zu machen, zeigt z. B. die Zusammenziehung sçav'ous: auch das apostrophirte quell'.

Was den Reim betrifft, so ist selbiger im Allgemeinen schon vollkommen ausgebildet. — In Betreff der Anordnung der Reime jedoch, ist eine feste Regel nicht befolgt. In den ersten 8 Versen finden wir nur einen weiblichen und einen männlichen Reim vertreten, die folgendermassen geordnet sind: w, m, w, w, m, w, m, m. Es folgen nun die Reime paarweis, oft weibliche und männliche abwechselnd, oft aber vier und noch mehrere Paare einer Reimart hintereinander. Das oben mitgetheilte Testament selbst besteht aus vierzeiligen Strophen mit gekreuzten Reimen.

Ich lasse nun noch zur Characteristik der Aussprache eine Reihe bemerkenswerther Reime folgen:

Dame — femme, 58; maistre — prebstre, 61, 182; sacz — fatras, 63; je m'en voise — bourgeoise, 67; plaist — soit, 69; dangereux — vieulx, 81; Voirie — varie, 95; fait-nyent — vient, 119; l'apoticaire — boire, 135; deux — cieulx, 190; remede — ayde 212; plaide — 220; horion — Aliborum, 256; ville — stille, 261; medecine — cigue, 292; verité — Benedicite, 325; pesle — pelle, 345; saincts — sains, 359; dies — paix, 388; croix — fais, 397; mais — Bée, 405; femme — ame 435, 517; Amen*) — Jehan, 339; traire — escriptoire, 447; dire — escripre, 491; azur — seur, 530; pace — passe, 541.

---

*) Villon Grand Testament 127 reimt amen — ancien.

§ 4.
Sprache.

Der Uebersichtlichkeit wegen lasse ich die Eigenthümlichkeiten der Sprache, nach den Redetheilen geordnet, hier folgen:

I. Artikel.

Die Form des bestimmten Artikels ist schon die der neufranzösischen Sprache le, la, (l') les. Genitiv und Dativ werden mit Hülfe der Praepositionen de und à gebildet:

N. le prebstre, 181. la saison, 18. l'entendement, 96.
G. du roy, 190. de la foy, 381. de l'argent, 277. des pieds, 375.
D. au retour, 37. à la fin, 221. à l'hostel, 89. aux convens, 460.
A. le vin, 202. la barlye, 14. l'apoticaire, 183. les despens, 12.

Was die Zusammenziehung des Artikels mit andern Wörtern betrifft, so findet sich es = en les, welches jetzt nur noch in einzelnen Formen erhalten ist (Mätzner, franz. Gram. 156). Venons à parler des pieds, qui es faulx dieux vous ont portez, 375.

Auch der unbestimmte Artikel ist im Allgemeinen festen Regeln nicht unterworfen, daher besonders bei dem Wegfall des Artikels vielfache Abweichungen von den jetzt geltenden Regeln. Die dem Dichter zustehenden Freiheiten, und das Streben der Sprache nach Kürze sind hier massgebend. Auffallend ist dies Fehlen des Artikels besonders da, wo die neufranzösische Sprache das partitive Verhältniss hat: je couloye gaigner francz, là ou ne gaigne petis blancz 21; seroit-ce point bonne viande pour moy? Il n'en receut croix, 397; il vous fault absolution, 423.

Doch ist der Artikel im partitiven Verhältniss vorhanden: Que j'aye de bon vin, 144; quelqu'un m'apporte de l'argent, 277; du papier, 454. Hierher gehören auch die Quantitätsausdrücke: Que de, 64, peu de, 65, 132; (pou de 304) ne gueres de, 88; ne point de, 151, 178; un coup de, 173; six aulnes de, 392.

I. Fälle, in denen der Gebrauch des Artikels mit dem heutigen Sprachgebrauch übereinstimmt:

Avoir le cerveau troublé, 339; c'est la façon de ma bourgeoise, 68; tenir el siége etc., 33; comment se porte la santé? 249; passer le pas, 162; est-ce la manière? 378 (esse la manière 414).

II. Fälle, in denen die Weglassung des Artikels mit dem heutigen Sprachgebrauch stimmt:

Avoir affaire, 184; a. peur, 226; a. confidence (für confiance) en Dieu, 180; man findet auch fiance en, 321; avoir souvenance, 322; avoir garde, 384; estre feste, 130; courir grant erre, 247; prendre patience, 20; prendre garde, 187; faire mention, 429; somme toute, 66; comme raison est deue, 13; trompeurs sont voulentiers trompez, 411; practique si ne vault pas maille, 23.

III. Endlich Fälle, in denen der Gebrauch oder die Weglassung des Artikels nicht mit dem heutigen Sprachgebrauch übereinstimmt:

J'ai l'appetit à, 23; tout le pas (= tout de ce pas, sogleich) 92; jour estassigné à (der Termin ist angesetzt auf) 94; avoir bonne memoire en Dieu, 139; si j'alloye de vie à tres pas, 165; qui pour nous au croix mort souffrit, 191; faire demande, 386; mettre remede, 213; soucy et peine, 215; on n'y attend vie, 223; espargner or, 215; faire longue demourée, 232; Dieu benye bonne gent, 278; faire service, 287 je ne veux faisant, 292; de le dire n'est mestier (= besoin) 394; ce n'est pas bonne conscience, 404; sans rien laisser dont conscience vous remorde, 417; pour faire oreiller, 482; pour procès que à mener avez, 43; voicy bonne farcerie, 49.

II. Substantif.

Als Spur der alten Declination finde ich nur den Vocativ des Wortes Dieu = Dieux! 5.

Das Zeichen der Mehrzahl ist ein angehängtes s oder z und x: les tavernes, 459; rostisseurs, 458; oeuvres, 418; articles, 381; mains, 368; sains, 360; saincts, 359; ans, 350; coups, 346; douleurs, 120; sacz, 63; francz, 21; blancz, 22; motz, 239; les piedz, 375. — Les maulx 323; oyseaulx, 297; cieulx, 190; yeux, 333; dieux, 376.

Der Dental fällt bei den Wörtern auf ant, ent, and meist fort (doch dents, 385); les gens, 334; les gallans, 457; les convens, 460; zu bemerken wäre noch messeigneurs, 106, und les armes, das Wappen.

In Bezug auf das Genus ist zu bemerken: gent (gens) ist femininum; bonne gent, 278; à telles gens, 334. Ferner findet man le und la memoire, siehe unten.

Im Folgenden lasse ich nicht nur die in Bedeutung, Gebrauch und Orthographie veralteten Substantive folgen, sondern gebe ein Verzeichniss sämmtlicher Hauptwörter, um einen Ueberblick über den zur Verwendung gelangten Sprachschatz zu geben, und um gleichzeitig mehreren Wörtern die nötbige Erläuterung hinzuzufügen.

Absolution, f. Absolution, Erlassung der Sünden, 423.
abus, m. 532. Ne pensez point à telz abus.
accord, Uebereinstimmung; par accord in U. = gemeinsam, 273.
advocat, Advocat sous l'orme, 515 (in der Farce maistre Pierre
Pathelin v. 13, findet sich: avocat dessoubz l'orme). Aux villages on
plante un orme devant l'église dans le carrefour, d'où sont venues ces
phrases proverbiales; dauser sous l'orme, juges de dessous l'orme, ou
sous l'orme (Furetière, dict. univers.) Ebenso erklärt Bescherelle im
diction. nat. Im Ancien théâtre franc. II., von Violet le Duc, p. 403
finde ich: venez vous comparoir soubz l'orme. Hier bedeutet es wohl
einen Advocaten, der seine Clienten vergeblich unter der Ulme erwartet, einen avocat sans cause.
adventure, f. Zufall, Fall. A toutes adventures apportez avec
mes lunettes, 28. In jedem Falle bringe meine Brille mit. Ferner à
l'adventure (auf's Gerathewohl) noch jetzt gebräuchlich. Im selben Sinne
auch par adventure (anc. théâtre fr. I. 2.)
, affaire: j'ay affaire de luy très-necessairement, 184. Auch: Angelegenheit, vostre affaire, 268.
Aliborum. Maistre Aliborum l'apoticaire, 183, 256. Dies Wort
soll seine Entstehung einer Anecdote verdanken. Ein Advocat gebrauchte einst vor Gericht folgenden Satz: nulla ratio est habenda is-
torum aliborum; womit er sagen wollte, dass man auf die Alibi-Be-
weise der Gegenparthei gar kein Gewicht zu legen habe. Dieser
kühne Genitiv aliborum sei nun, so meint Abbé Huet, ein Spottname
für Advocaten geworden. — Nach ihm erklärt wohl auch Roquefort
(Glossaire de la langue romane) aliborum: homme subtil à trouver des
alibi. — Signifiait anciennement homme ingénieux à trouver des alibi,
des moyens adroits et subtils pour sortir d'embarras. On écrivait aliborum et l'on disoit, maistre Aliborum, c'est-à-dire passé maistre en fait
d'alibi. L'abus des alibi devint facilement un ridicule, et on nomma
maitre aliborum, l'homme qui veut se mêler de tout, qui veut subtiliser,
qui fait le connaisseur sur tout et qui ne se connaît en rien (Bescherelle dict. nat.). Das Wörterbuch der Academie sagt maitre Aliborum,
homme ignorant, stupide, ridicule. Wie aus Lafontaine (Fables I, 13.) bekannt, ist maitre Aliborum auch als Spitzname des Esels gebräuchlich;
weshalb von einigen die arabische Abstammung al-borân (Esel) herangezogen wird. Die Duchat'sche Erklärung', Albert, Aubert, Obéron,
Aubéron, Aliborum hat wohl ebenso wenig Werth als manche an-

dere, die noch anzuführen wäre. Im Roman du Renart findet sich das Wort wohl zum ersten Mal. Als dieser an den Hof des Königs geht, sieht er einen eingeschlafenen Pilger, nimmt ihm seinen Almosenbeutel,

> L'ouvre, si a trouvé dedenz
> Une herbe qui est bone as denz,
> Et herbes i trova assez
> Dont li vois sera respassez.
> Aliborum i a trové,
> Que plusors genz ont esprové,
> Qui est bonne por eschaufer
> Et por fièvres de cors oster.
> (Ed. Méon, vers 19, 305 — 12).

Diese Pflanze aliborum möchte wohl elleborum (Helleborus, Niesswurz) sein. Später bezeichnete das Wort einen Dummkopf, einen Wichtigthuer. In der Bedeutung kommt es schon in der Passion vor; ferner Rabelais III, 205: Que diable veult ce maistre Aliborum. Sarrazin in seinem Testament de Goulu (Oeuvre 1656 in-4 p. 60):

> Ma sotane est pour maistre Aliborum,
> Car ma sotane à sot asne appartient.

Letztere Stelle mag vielleicht Lafontaine bewogen haben, den Esel so zu nennen, da vorher dieses Wort als Spitzname des Esels nicht vorkommt. Ich erwähne hier auch les ditz de Maistre Aliborum, qui de tout se mesle, ein Gedicht aus dem Ende des 15. Jahhrunderts, das in den poésies fr. des XV. und XVI. siècles par Montaiglon I, 33 zu finden ist.

amande, 304, Mandel.

Amant. A Sainct Amant et aux Beguines, 465. Jacob bemerkt hierzu: La célèbre abbaye de Saint-Amant était à trois lieues de Tourny; mais il s'agit plutôt ici de la riche abbaye de St. Amand de Rouen, occupée par des religieuses bénédictines, à qui la chronique scandaleuse attribuait des rapports peu édifiants avec leurs voisins les moines de St. Quen.

ame, Seele, 518.

amen, Amen, es soll geschehen, 489. Das Wort reimt hier mit Jehan.

amende, (emendare) Strafe. Vous estes en l'amende, 98.

amy, m. Freund. Mon doulx amy, 111; mon amy, 168.

amye, f. Freundin. Es findet sich mehrfach ma mye, 129, 281, und m'amye, 14, 86, 496; wie man für mon ame, mon amour — m'ame (Villon, Grand Test. 81.) und m'amour (Villon, Gr. Testament, 80. farces des femmes etc. anc. théâtre fr. I, 34) schrieb. Selbst samie, s'amie (Villon, Petit Test. 14) für son amie hat die alte Sprache aufzuweisen. Noch im Gilblas V. findet sich ma mie.

an, Jahr, 19, 350.

apostre, Sainct Pierre l'apostre, 507.

apoticaire, Apotheker, 135.

appetit (appetere). J'ay l'appetit à un poussin, 293.

appointement (aus dem mlat. appunctare). Reglement ou jugement interlocutoire qui établit la contestation des parties, ou l'on rédige leurs qualités et les conclusions de leurs demandes écrites et produites sur lesquelles les juges doivent prononcer (Bescherelle dict. n.). Die Einleitungsverhandlung. Messeigneurs oyez l'appointement enhuy donné en nostre Court, 106.

argent, Silber: Sans espargner or ne argent, 225. — Geld: Quelqu'un m'apporte de l'argent, 277.

armes, (arma) Wappen, 525.

article, les articles de la foy, Glaubensartikel, 381.

assistant, 57. Se disoit des deux avocats qui étoient dans l'obligation de se rendre à l'audience pour assister l'avocat du demandeur en requête civile (Furetière, dic. univ.).

auditoire. Il me faut tenir le siége en nostre auditoire, 33. Hier der Ort der Sitzung. D'avant qu'aller en l'auditoire, 75 (zur Sitzung). Lieu où les juges inférieurs, et subalternes donnent audience. Les juges doivent avoir un auditoire honorable, et certain, et situé dans l'étendue de leur Jurisdiction. Il ne leur est point permis d'emprunter un auditoire hors de leur territoire (Gerichtsbezirk), (Furetière, dic. univ.). Man vergleiche auch Maistre Pierre Pathelin, v. 15 :

> Mais n'a au territoire
> Où nous tenons nostre auditoire
> Homme plus saige, fors le maire.

Augustin, 461. Augustinermönch.

aulne, 391 (goth. alelna, welches nach Grimm II, 559 aus ulma geformt. Siehe Diez I, 17). Elle.

azur, 529. Das Blau des lapis lazuli, Lazursteines. Das Blau.

bac, Fähre. (Vergl. Diez I, 43, 207.) Il est passé au bac, 52 ; er ist sehr heruntergekommen ; es steht sehr schlecht mit ihm.

banc, m. Bank, 39.

barlue, f. (berlue), (aus lux und bis) éblouissement de la vue pour une trop grande lumière qui fait voir longtemps après les objects d'une autre couleur qu'il ne sont (Furetière) = geblendet, blind sein, den

Le Testament de Pathelin.

Staar haben. J'ay la barlue desormais je suis un vieillard, 14, sagt Pathelin, um seine altersschwache Sehkraft zu bezeichnen.

bas, 457 (abrev. de bas de chausse) Strumpf. Hier bas percez figürlich ungefähr im Sinne von gueux:

   Aprés tous vrays gaudisseurs,
   Bas percez, gallans sans soucy etc.

baston, (Diez I, 58). Mon baston noilleux, 93, Knotenstock. Beaulne, ville de France, chef-lieu du dép. de la Côte-d'or, renommée par ses vignobles (Bescherelle). Der hier erwähnte vin de Beaulne, 511, findet sich sehr häufig, so: repues franches IV, de Beaulne cher vignoble I, 244 (Montaiglon recueil de poësies fr. des XV. et XVI. siècles). Un tonneau de vin de Beaune (ancien théâtre fr. II, 6).

Bée. Pour ce qu'en Bée il ne pays subtilement, 407, sagt Pathelin von dem Schäfer, der in der Farce maistre Pathelin dem seinen Lohn fordernden Advocaten mit dem von letzterem erlernten Bée antwortet.

Beguine, Beguinen, Name weiblicher Personen, die, ohne Klostergelübde abgelegt zu haben, in sogenannten Beguinenhäusern in der Absicht zusammenlebten, um sich durch Gottesfurcht, Eingezogenheit, Fleiss und -Sorge für die Jugenderziehung auszuzeichnen. Diese im 12. Jahrhundert in Flandern gegründete Gemeinschaft hatte auch in den meisten grössern Städten Frankreichs Beguinenhäuser und in Paris sogar zwei. Der Ruf der Beguinen war aber durchaus nicht tadellos zu jener Zeit, wie dies aus einer Stelle unserer Farce hervorgeht. Daher nahm das Wort auch die ironische Nebenbedeutungen: Andächtlerin, Betschwester etc. an. Au dévotes et aux Béguines (Villon, Grand Test. 106). Was den Namen betrifft, so meint man, die Stifterin des Ordens sei St. Begge gewesen. Andere leiten den Namen vom englischen Zeitwort to beg, betteln ab. Fraglich möchte auch sein, ob die beguin benannte Kopfbedeckung von den Beguinen ihren Namen hat, oder umgekehrt diesen den Namen gegeben. Bandes, langes, beguins, drapeaulx (Farce de Jolyet I, 55) coiffé d'un beguin d'un enfant (Recueil de poésies fr. des XV. et XVI. siècles p. Montaiglon II, 286). Ich führe hier auch an les dix commandements joyeulx de la table (ibd. III, 96):

   Nappe de beguine.
   Pain cuict de minuit.
   Feu demy ars.

Le Testament de Pathelin.

Draps demy usés.
Metz d'advocat.
Vin de confesseur.
Lict de bourgoys.
Repos de chanoine.
Char qui s'estend
Et hoste qui ne rien ne prend.

Bergier. Das Wort wurde zweisilbig bérger gesprochen: Et du bergier? — — Parler n'en use, 402.

besoin (s. Scheler besogne und Diez I, 884). Il n'est besoin de l'escripre: Es ist nicht nöthig es aufzuschreiben, 491. Sonst auch besoing (Villon) geschrieben.

besongne (s. Scheler, Diez 304), Arbeit und das Resultat der Arbeit. Cela toute nostre besongne, 71, ruft G. heftig aus, als sie Path. endlich seinen Actensack giebt.

bie. Or pensons de le mettre en bie, 551. Jacob hat des Reimes wegen das letzte Wort für das Wort biere der gothischen Ausgabe gesetzt: „Bie ne disoit pour vie, dans le sens de voie du latin via. Nous nous rappelons aussi avoir vu ce mot employé avec la signification de brouette, charette, du latin biga. Die Conjectur Jacob's wäre ganz gut, da der Reim eine solche Aenderung verlangt; doch die Belegstellen für die angeführten Bedeutungen hätte er uns nicht vorenthalten sollen. Ich habe vergeblich gesucht, bie in einer der angegebenen Bedeutungen aufzufinden. Nur in der Bedeutung „Flussbett" kommt es im Altfranzösischen mehrfach vor. Sonderbar bleibt es jedenfalls, dass die alte Ausgabe biere hat; sollte nicht etwa ein Vers mit dem entsprechenden Reim uns hier fehlen? Leider giebt Jacob auch nicht an, welche Ausgabe er seinem Texte zu Grunde legt.

bien, m. les biens, die Güter, 523.

blanc, m. 22, Monnoie qui valoit cinq deniers; il ne nous est resté de cette dénomination que celle de six blancs, qu'il faut préférer à deux sous et demi (Roquefort glossaire). Daher auch die Redensart: mettre quelqu'un au blanc: ihm sein Geld abnehmen, ihn zu Grunde richten.

boiste, f. 486, Schachtel.

bouche, f. Mund, 833.

bourgeoise, f. C'est la façon de ma bourgeoise, 68, sag Pathelin von seiner Frau.

braviaire, 238, Gebetbuch.

brouet, 132, Kraftbrühe; auch bei Lafontaine Liv. I, 18.
Carme, 461, Carmelitermönch.
cas, Fall, dictes vostre cas, 217. Tragt euern Fall (eure Sache) vor.
catholique, 437, Katholik.
cause. Mon sac à mes causes, 51, (Actensack); s. à mes causes perdues 9.
cave, f. Keller, 437.
ceincture, 370, Gürtel.
cerveau, 177, 366, Gehirn.
chaleur, f. 358, Hitze.
champ, Feld, 529.
chapperon, m. (cappa Diez I, 111). Ancien habillement ou converture de tête, tant pour les hommes, que pour les femmes. Le chaperon à l'égard étoit une coiffure de drap bordée de fourrures par devant avec un bourrelet tout autour, et une longue queue pendante par derrière. Les magistrats avaient de rouges fourrez de peaux blanches, et les avocats de noirs fourrez de mêmes peaux (Furetière).
Et mon meschant chapperon noir, 470.
Roquefort (glossaire): espèce de capuchon que les hommes et les femmes de tous les rangs portèrent jusqu'au 15. siècle. Il étoit en drap, et ressembloit à un bourrelet, avec des pendans aux deux côtés du chaperon. On s'en enveloppoit la tête comme avec une coiffe. Riches et pauvres portoient le chaperon, et suivant le commendement de Charles VII en 1447, chacun fut obligé d'avoir une croix dessus, à moins qu'elle ne fût sur sa robbe. Lorsqu'on vouloit saluer quelqu'un, on levoit, ou l'on reculoit le chaperon de manière que le front fût découvert etc.

chat, m. Katze, 347. Auch in der Farce Maistre Pathelin phantasirt der Advocat von einer Katze. v. 616.

chere (cara v. Scheler und Diez I, 112), Kopf, Gesicht, Miene. Il fait layde chere, 237, er macht ein abscheuliches Gesicht. Pions y feront mate chere (Villon, Gr. Test. huit, 73). Dieu que tu fais piteuse chère (farce du nouveau marié I, 12). Pathelin 415: Que vous ressemblez bien de chere et du tout à vostre père. — En faisant me chière fade (ibd. 465). Ferner freundliche oder unfreundliche Aufnahme; und endlich daraus Bewirthung, Gastmahl, Essen: faire grant chere, 85, gut speisen, ein gutes Mahl halten. Auch findet sich die Form chière (repue franche VI. Villon).

chopineur (Schoppen, schöpfen) Zecher, 472.
chose, Sache, 79.
chrestien, Christ, 311.
cidre (sicera Diez I, 361) Obstwein, 196. Soit sidre, peré, bière ne vin (Montaiglou, Recueil de poësies fr. I, 290).
cigne, 202, Schwan.
ciel, cieulx, 190.
cohue. Vieux mot qui signifioit autrefois l'assemblée des juges et le lieu où ils rendoient la justice (Furetière). Es möchte vielleicht von einem Verb co-huer, zusammenschreien, herzuleiten sein (v. hu Diez II, 337). Man hat ausserdem die vielfältigsten Etymologien herangezogen: coëundo, cohors, chaos, hucher etc.
J'a n'yray plus à la cohue
Ou chascun jour ou brait et hue, 163.
Compaignie, Gesellschaft. Adieu toute la compaignie, 559. Mit diesem Abschiedsgrusse an die Zuschauer schliesst das Stück, wie die lateinische Comoedie mit Plaudite et valete.
comptouer (computare Diez I, 138) Schreibtisch. Tout est dedans mon escriptoire sur le comptouer, 38.
confession, Beichte, 422.
confidence, Vertrauen. Ayez en Dieu confidence, 150.
conscience, Gewissen. Pensez de vostre conscience, 153. Ce n'est pas bonne conscience, 399. Farner en ma conscience, 19 (jetzt en conscience) wahrhaftig!
conseiller, 480. Path. redet so den Geistlichen an: mon conseiller, mein Berather, und er selbst nennt sich in seiner Grabschrift C. de monsieur de Corne, 516.
continue, f. Il est en continue tarrible, 228. Hier ist fièvre zu ergänzen.
convent, 460. nfr. couvent, Kloster.
Cordelier, 461, Franziskanermönch.
Cornette, 3, Advocatenmütze. Cornette d'avocats = le chaperon qu'ils portoient autrefois sur leur tête. La partie de devant de ce chaperon, ou bourlet s'entortilloit sur la fontaine de la tête; c'est-à-dire sur l'os coronal; et ce nom vient de ce qu'après avoir fait quelques tours, les extremitez formoient sur la tête comme deux petites cornes (Furetière).
Corne.

Le Testament de Pathelin.

Cy repose et gist Pathelin
En son temps advocat sous l'orme,
Conseiller de monsieur de Corne
Et de demoiselle sa femme.

Jacob bemerkt hierzu: „Ce vers, qui fait allusion à l'abbé des Cornards de Rouen, semble indiquer que cette farce avoit été composée pour la joyeuse confrérie des Cornards qui donnait les représentations dramatiques dans cette ville, à l'époque du carnaval." — Cornard = membre d'une société bouffonne qui existait à Rouen, Evreux etc., vers le commencement du XVI. siècle. Les cornards, qu'on appelait à Dijon et ailleurs les fous, succédèrent aux coqueluchiens. La société des cornards dont les bouffonneries avaient dégénéré en licence scandaleuse fut abolie vers la fin du XVI. siècle. Le chef s'appelait l'abbé des cornards (Bescharelle, dict. nat.).

Ich meine, Jacob legt in diesen Vers mehr hinein, als der Dichter beabsichtigte. Der monsieur de Corne scheint mir, (wie man ja auch Cornard so braucht) einfach synonym mit cocu zu sein.

corps, Körper, 547.

costé, m. Seite, 1, 475.

coulis. Suc coulé, filtré par la chausse, par l'étamine, par le papier gris. On le dit particulièrement de jus de viande; comme un coulis de perdrix, et pigeons de gelée (Furetière). Une escuellée de bon coulis, 302.

coup (Scheler, Diez 134). Un coup de vin (Schluck), 173. Qu'on me baille trois coups (Hieb) de pasle à ce chat, 346; à ce coup, diesmal, 535.

court, f. (chors chortis Diez I, 141) Hof. S'ils ne comparent vers la Court 100, (Gerichtshof); et toute sa (Dieu) benoiste court, 427. So finden wir auch Requeste de Villon présentée à la Court de Parlement.

couvrechef, Kopfbedeckung, Mütze, 128, 494.

crampe, (ml. crampa) Krampf, 474.

croix, Kreuz, 191 und Kreuzer, 357. Il n'en reçeut croix, 397.

cueur, m. Herz; de très bon cueur, 357. Le cueur me fault, 124. Ich werde schwach.

cure (cura curatus) Pfarrer, 195.

Dame, par Nostre dame! 53. Par Nostre Dame de Boulogne, 72 (derselbe Schwur findet sich im Maistre Pathelin) par Nostre Dame de Montfort, 538. Es ist dies die in der Normandie sehr verehrte Heilige Jungfrau zu Montfort-sur-Ille.

Damoiselle, f. 517, Frau und Tochter eines Edelmanns im Gegensatz zu bourgeoise. Noch Lafontaine schreibt an seine Frau à Mademoiselle de Lafontaine.

deffault (deficere). Das Fehlen, Ausbleiben an dem festgesetzten gerichtlichen Termin. Mises seront en deffault, 104: werden in Contumaciam verurtheilt werden.

demande, je vous fait d., 386.

demourée, f. Verweilen. J'ai fait longue demourée, 232. Auch Marot ép. 14. In demselben Sinne findet man auch demourance, sans faire demourance (recueil de chants hist. fr. Leroux de Lincy I, 312); Marot hat auch demeurance ép. 48. Bei Lafontaine findet sich in diesem Sinne demeurant (Fables II, 2 contes. La Matrone d'Ephèse). Das Wort hat sich nur in der populären Redensart en demeurant erhalten. Auch demaine; vers vous sans nul demaine. Anc. théâtre fr. III, 7).

dent, Zahn, 383.

depens, car je n'attens qu'à faire tauxer les despens, die Prozesskosten, 12.

desconfort, 543. Jacob erklärt = découragement, désespoir; in diesem Sinne kommt es auch vielfach vor, z. B. mais rien n'y vault le desconfort (anc. théâtre fr. I, 196 etc.). Es ist Jacob aber entgangen, dass dieser Vers mit dem folgenden gar nicht reimt, was sein muss, da sonst beide Verse vereinzelt ständen. Der Priester sagt:

<blockquote>
Le remede est prier pour luy,
Et requiescat in pace.
Oublier fault le temps passé.
Riens n'y vault le desconfort
Despechez-vous de le porter
Do ce lieu, vistement en terre?
</blockquote>

Ich meine daher, dass der Vers heissen muss: Riens n'y vault le desconforter. Es nützt nichts, ihn zu beklagen. Möglich ist auch se desconforter.

deshonneur, Schande, 404. Mon deshonneur si y perdroit à toujours — mais. giebt Path. als Grund an, weshalb er die Abfertigung des Schäfers nicht angeben will.

doigt, 336, Finger.

douleur, Schmerz, 120, 141.

drap, m. (s. Schaler) Tuch, 892.

drappier, Tuchhändler, 391.

effort, m. Anstrengung; la mort va faire son effort, 507.
entendement, Verstand; l'entendement si me varie, 96. (Vostre entendement est brouillé; nouveau Pathelin, 613). Siehe auch Montaiglon, III b.
erre (iter, iterare, Scheler. Diez II, 280) Reise, Weg, Hast, Eile; grant erre, 247.
eschine (abd. skiná, Stachel, Diez I, 370)' Rückgrad. Pathelin vermacht den Filles-Dieu und den auch nicht im besten Rufe befindlichen Beguinen, ja allen Nonnen le jeu qui se faict à force d'eschines, dessen obscöne Bedeutung hiernach wohl verständlich ist.
escriptoire, Schreibzeug, 36, 448.
escripture, Schriften, Acten, 27.
escu, (acutum) Thaler, 392.
escuellée, f. 302 (scutella) eine Schüssel voll.
estreine, 211, (strenua) Vorbedeutung, Geschenk am Neujahrstage. Pour estrenes à ce bon jour de l'an etc. (recueil de poësies fr. des XV. et XVI. siècles. Montaiglon IV, 77). Ebendaselbst IV, 528: Je suis Malheur qui pour estrine la donne au fol.... Es scheint eine sprüchwörtliche Begrüssungs- und Verwünschungsformel geworden zu sein. So Bon an et bonne estreine, 211, antwortet der Apotheker Guillemette auf ihren Gruss: bon soir, sire, und Pathelin wünscht, als letztere zu lange fortbleibt: En malle estraine Dieu la mette, 266. So findet man in der Literatur der Zeit viele Beispiele: Dieu vous doint bonne estraine (Pathelin, 121 b), Dieu te doint bonne estraine (ancien théâtre fr. I, 2), Dis bonsoir, dis et bonne estraine (ibd. I, 58), aller 'en malle estraine (ibd. I, 207). Der Kaufmann bezeichnet damit die erste Tageseinnahme (Handgeld), woher wohl die Bedeutung des Zuersizahlens herrührt: Je metz deux escus à l'estraine, or chascun couche d'autant (ancien théâtre fr. III, 49). Ferner Maistre Pathelin in diesem Sinne, à l'estraine, 293.
façon, Art. C'est la façon de ma bourgeoise, 68.
faisant (phasianus) Fasan, 292.
fait-nyent, = fainéant, der Faule, Träge, 109.
fantaisie, Einbildung; homme si plain de fantaisie, 351. Arnd in seiner Geschichte der fr. Nationalliteratur I, 156 irrt, wenn er meint, das Wort sei erst durch Ronsard aus dem Griechischen in das Französische eingeführt worden. Wir finden im ancien théâtre fr. v. Viollet le Duc fantasie, I, 49, 136, 138, 144; II, 349, und fantaisie

ibd. II, 169, auch ebendaselbst III, 261 fantasieulx. Auch im Petit Testament von Villon, 38, findet es sich, sowie in vielen andern Werken der Zeit.

farcerie, f. Voicy bonne farcerie: das ist ein schöner Spass! 49; hat denselben Sinn wie vecy bonne sornette, 3.

fatras (aus fartus von fartus, farcire, vollstopfen) Mischmasch, dummes Zeug. Que de fatras! 64.

faulte, Fehler, 146.

femme, 360. Ma femme, 50, sagt Pathelin zu seiner Frau, wie auch ma bourgeoise.

fesse (fissus, fendere), 475, 453.

feste, Fest, 130.

feu, 11, Feuer.

fiance = confiance; avoir f. 321: Vertrauen haben. (v. Mätzner, altfr. Lieder p. 20).

fievre, Fieber, 471.

Filles-Dieu, 464. Ein Kloster der Filles-Dieu zu Paris wurde von Ludwig dem Heiligen für gesunkene Mädchen gegründet; hier aber handelt es sich von andern ähnlichen Klöstern, vielleicht zu Rouen.

fillette, dim. von fille, 594.

fin, f. Ende, 147.

fleur, die Blume, 527; la fleur du vin.

flume, 295 (phlegma, flegme) Entzündung.

foy, par ma foy meiner Treu! 47.

fois (vicis), Mal, 144.

force, à force de, durch viel... 467.

franc, 21, Münze = 20 sols.

frayeur, Schreck; de fine frayeur, 161.

front, Stirn, 160.

gallant (Scheler, Dicz I, 197) gallans sans soucy, 457. Hier sind wohl die enfants sans soucy gemeint? Villon hat das Wort auch mehrfach z. B. Grand Test. 29. Où sont les gratieux gallans que je suyvoye au temps jadis? Eine repue franche führt sogar den Titel r. f. des gallans sans soulcy. Mit der Zeit hat sich der eigentliche Begriff des Wortes abgeschwächt, z. B. Lafontaine, Fables I, 18, Villon hat auch das Zeitwort galler (Gr. Test. 22): ein lustiges Leben führen.

garde, Bewachung, Aufbewahrung; les m'avez-vous baillés en garde, 48; se l'on n'y prent garde, Obhut, Acht geben, 187; ils n'ont garde de ... sie nehmen sich in Acht, sie hüten sich zu ... 484.

gaudisseur (v. gaudir = se divertir, gaudere) 456, Lebemann. Auch dies Wort ist in der Zeitliteratur nicht selten. In dem Gedichte: „Les souhaitz des hommes" wünscht der gaudisseur:

Je souhaite, moy gaudisseur,
Aller de maison en maison,
Deviser, faire du seigneur
Et riens faire en toute saison

und erklärt somit das Wort am besten.

gent, f. 278, pl. gens, Leute, 364.

gloire, Ruhm, 320.

goute, f. Gicht, 474.

grace, Gnade, 342.

grappe (Scheler) grappe de raisin, Weintraube, 528.

gré, prendre en gré, wohlgefällig aufnehmen, sich gefallen lassen, 158; Lafontaine: prendre en gré mes voeux ardents, VIII, 4.

grobis (gros — bis) faire le grobis, 371, sich (doppelt) dick thun, aufgeblasen sein, den Wichtigen spielen. Toujours avoir bonne pitance, et confrefaire du gros bis (anc. th. fr. II, 276), ebendaselbst I, 129.

Guillemine, 168; dieser Name kommt neben Guillemette vor.

heure, Stunde, 235, à la très-bonne heure, 268.

hoir (heres) Erbe, 435; Repue fr. préambule: les hoirs de deffunct Pathelin.

homme, Mann, 338, 351, 430. Jour est assigné à demain contre un homme de la Voirie, 1, 95.

honneur, Ehre, 403.

horion, coup qu'on reçoit sur la tête (Roquefort glossaire, Scheler etc.) und auch wie coup und das deutsche Wort Hieb, einen Schluck bedeutend. Donnez-moy à boire un horion, 255. Je ne sçay que faire de boire un horion, 76.

hostel, (Diez I, 299, hospes) Wohnung. Ne faictes gueres de sejour, revenez diner à l'hostel, 89; et mon hostel je m'en revoys tout bellement, 116. Auch Pathelin, 1541.

Hostel-Dieu, Hospital, 476.

hydeur, f. (v. Scheler) Schmach, voicy une grande hydeur, 328.

huys, 276 (ostium) Thür; noch gebräuchlich in: à huis clos, bei verschlossenen Thüren.

yrrongue, 472 (v. Scheler) Trunkenbold.

Jacopin, 462 (nf. Jacobin) Dominikanermönch. Sie führen ihren Namen von der Strasse St. Jacques zu Paris, wo das erste Kloster derselben in Frankreich war.

jeu, 112, Spiel.

Jehan, Johannes, 449. Das Wort wurde einsilbig gesprochen: Sainct Jehan! Je n'entens point ce jeu! 102. Messire Jehan, vostre escriptoire, 449. Messire Jehan, qui sans plus tenir, 270. C'est tout, messire Jehan. Or bien sire, 493.

In den letzten Versen zählt auch das stumme e von Messire nicht. Dagegen: C'est très-bien dit messire Jehan, 440.

In dem Roman „Jehan de Paris" findet sich ausser der Form Jehan, auch noch die Form Jan, 65, 87.

Jesus, 168 etc.

jobelin (s. Scheler, 190): Sot, niais, nigaud, dont on se jobe (Jacob). Aehnlich äussert sich Roquefort im Glossaire. Guillemette nennt hier ihren Mann le droict joueur de jobelin, 149, der die Dummköpfe so herrlich an der Nase zu führen versteht.

joueur, 149, Spieler.

jour, 99, 104, Tag.

laict, 304, Milch.

langueur, 431, Entkräftung. En grant langueur et maladie.

layette (dim. von Caye) Lade, Kästchen, 454.

lettre, 512, Buchstabe; ferner les lettres, Wissenschaft, 64.

liar (Scheler), 522, Heller.

lict, 126, (lectus), Bett.

lieu, 488, Ort.

lune, 263, Mond.

lopin (v. Scheler) Stück Fleisch; je lenr laisse tous bons lopins, alle guten Happen. Villon in seinem Grand Test. huit 138 spricht auch von maints lopins, und im Petit Test. huit 20 findet sich le choye d'un bon lopin. Ils y menguent des bons lopins (recueil de poesies fr. des XV. et XVI. s. p. Montaiglon II, 125).

loyaulté f. par ma loyaulté, 250, Rechtlichkeit, Aufrichtigkeit, Treue.

luminaire, 520, (luminar [lumen] Scheler), Licht. Hier die beim Begräbniss üblichen Wachskerzen. Der Priester ermahnt Pathelin: disposer fault du luminaire: en voulez-vous bien largement?

lunettes, f. pl. (dim. de lune), Brille, 29.

Macé, par Sainct Macé, 116. Jacob bemerkt hierzu: Nous ne connaissons pas de Macé dans le martyrologe. C'est sans doute un nom corrompu par la légende populaire, comme saint Macaire, ou saint Malachie, ou saint Macabée, ou saint Matthieu etc. Ebenso Ménage dict. etymol. Mag die Vermuthung Jacob's richtig sein, der Name Macé kommt als Eigenname, wenigstens zu jener Zeit, mehrfach vor (s. nouveau Dict. historique par Chaudon et Delandine). In den poesies fr. des XV. et XVI. siècles, III, 171, findet sich in dem Gedichte „Les secretz et loix de mariage:" Elle porte sa queue troussée comme la jument de Macée. Auch an die Stelle aus Molière's Harpagon, Act II: Plus une tenture de tapisserie des amours de Gombauld et de Macé (Macée), wird man hierbei erinnert. Auch in Lafontaine's: Conte la gageure des trois commères, findet sich der Name Macée. Unser Gedicht ist, wie aus mehreren Stellen zu schliessen, wohl in Rouen entstanden (341, 465, 476), dass aber in dortiger Gegend zu jener Zeit der Name Macé sehr gebräuchlich war, zeigen viele Schriften. So finde ich auch in einem in Rouen zu jener Zeit erschienenen Gedichte: Les presomptions des femmes:

  Ti un Genin ou un Macé
  Preuve sa femme trop esmeue,
  Ou elle a dancé ou tensé,
  Ou il y a beste abbatue.

Wo also Macé Appellativname ist.

maille (méaille syn. v. médaille, metellus Diez I, 271) war eine Kupfermünze, einen halben Heller an Werth; daher auch beim Volke als Bezeichnung von etwas Werthlosem gebräuchlich. Practique si ne vault pas maille, 29. Auch im Nouveau Pathelin, 132.

main, f. Hand, 93, 160, 368.

maistre (magister) Meister, 25. Anrede: maistre Pierre.

mal, m. souvenir vous convient de vos maulx passez, 315. Tous les maulx que fistes oncques, 323, Uebelthaten.

malade (v. Scheler, Diez I, 261), Kranke, 279.

maladie, Krankheit, 253, 432.

mamelle, f. 364 (mamilla dim. v. mamma), w. Brust.

maniere, Handhabung, Art und Weise. Est-ce la maniere? 378, und esse la m., 414.

76   Le Testament de Pathelin.

mary, Gemahl; mon mary, sagt Guillemette, 221.
medecin, Arzt, 151.
medecine, Heilmittel, 291.
memoire, m. Gedächtniss; Dieu quel memoire! 38.
memolre, f. in derselben Bedeutung. Ayez en Dieu boone memoire, 139. Jesus vous doint avoir de luy bonne memoire, 819.
mention, av'ous de tout fait mention, 424, Erwähnung.
mercy: Requerrez-vous à Dieu mercy? 425, Vergebung. Villon Petit T. 10. Mais Dieu luy en face mercy.
meschef, Unfall, 127.
messire, Mein Herr; messire Jehan, 283, 344. Anrede des Priesters.
mestier, mais de le dire n'est mestier, es ist nicht nöthig es zu sagen, 389.
misericorde, f. Les œuvres de misericorde, 448 (= œuvres de charité).
monnoye, 420, Münze, Geld; faulte de monnoye.
monsseigneur, 426, 327; messeigneurs, 106.
monsieur, 516.
mort, f. Tod, 123; mourir de la mort Rollant, 170, = verdursten.
mourir, m. jusqu'au mourir, 199.
mousche, f. Fliege. Je ne sçay quell' mousche vous poinct, 60. Ich weiss nicht, was Euch einfällt?
moust, 348, Most. Il faut ung peu le moust happer.
mot, 329, Wort. Faire un mot de testament. In dieser Anwendung noch jetzt gebräuchlich.
muid, 511 (modius) ung muid de vin, 511. Un muid contenait, 2 hect. 60.
nature, 369.
nez, Nase, 333.
nonnain, Nonne, 466.
nud, m. substantivirtes Adj., der Nackte, 499.
oeil, Auge, les yeux, 383.
oeuvre, Werk, 418.
oignement (unguentum), Salbe, 486.
oyseau, Vogel, 297.
or, Gold, 225.

ordre, Ordnung, 338, 383; nommer par ordre, nach der Ordnung (Reihe).

oreiller, Kopfkissen, 862.

ouye, das Gehör. Hier les ouyes, die Gehörorgane, die Ohren. Confesser vous fault des ouyes, des yeux, du nez et de la bouche, 332.

payement, Zahlung, 226.

pain fleury, 345. Auch im Monologue des nouveaulx Sotz (recueil de p. des XV. et XVI. s. I, 15) finde ich: Pain fleury, dix mille pains blancs. Bis jetzt habe ich aber noch nirgends eine Erklärung dieser Brotart finden können.

paix, Friede, 374.

paon, Pfau, 292.

paour, Furcht, 226. Diese Form findet sich auch mehrfach bei Rabelais.

papier, Papier, 449.

paradis, Paradies, 438.

pardon, Vergebung, 356. Il vous convient pardon requerre.

part, d'autre part, 82, andererseits.

pas (passus), Schritt, 91, 162; passer le pas = mourir; auch im Pathelin 655, 972; tout le pas, 92, sogleich.

Pathelin, das Wort kommt in unserer Farce nicht nur als Eigenname, sondern auch als Hauptwort vor.

> 512 Puis faites faire en lettre jaulne
> Dessus moy, en beau pathelin,
> Cy repose etc.

Hier also in schöner Pathelin'scher Sprache. So auch: entandant fort bien le patelin (Montaiglon anc. poësies fr. V, 97). Ueber die Etymologie des Namens Pathelin hat man die vielfältigsten Hypothesen aufgestellt: Je rattacherais l'origine du mot patalin, en tantque personnage de la farce en question, à l'idée „qui s'insinue tout doucement" et il faut y voir peut-être un substantif verbal de pateliner, lequel seroit un dimin. de patiner, glisser (ou faire des petits pas?) ou de patiner, manier indiscrètement (Scheler). Auch Génin in seiner Ausgabe der Farce Pierre Pathelin schreibt Patalin und leitet das Wort von patte (alte Orthographie pate) ab. „Patelin est un cajoleur, un homme, qui fait patte de velours chez les Latins palpa, chez La Fontaine et nos vieux auteurs pate-pelu." Ducange dagegen glaubt, dass Pathelin dasselbe Wort wie patalin und patarin sei, Bezeichnung der Albigenser Ketzer, welche zu einem allgemeinen Adjectiv geworden, da jene Ketzer durch einschmeichelndes Wesen andere zu ihrer Lehre zu verführen gesucht hätten: hos (Valdenses) nostri Patalins et Patelins vocantur... hinc Patelins vulgo appelamus fallaces, adultores, blandos assentatores, qui, ut haereticorum plerique palpando decipiunt...

La Monnaye in seinen Noten zur bibliothèque française de Du Verdier schreibt: Il faut écrire Patelin parceque ce mot vient ni de πάθος ni έπαθον, mais du bas latin pasta, de la pâte, dont on a fait le verbe appâter, dans la signification d'attirer par des manières flatteuses, comme par un appât, pour faire tomber dans le piège.

Jacob dagegen macht darauf aufmerksam, dass die ältesten Ausgaben stets Pathelin schreiben; daher meint er, das h sei dem Namen ebenso berechtigt wie in matholin, welches aus dem italienischen matto herzuleiten sei. Warum, frägt er, solle nicht Pathelin von dem italienischen patto herkommen? Pathelin, führt er fort, voudrait dire alors tout naturellement un avocat fin et retors qui marchande avec le drapier et qui pactise avec le berger Agnelet.

Wie dies Alles aber „tout naturellement" daraus folgen soll, verstehe ich ebenso wenig, wie man so die Berechtigung des h erweisen will. — Nun das mag genügen. Ich meinerseits beabsichtige keineswegs etwa noch eine neue Etymologie hinzuzufügen. Es scheint mir dies ebenso nutz- und fruchtlos, als wenn sich ein Forscher späterer Zeiten über die allen Berlinern bekannten Namen: „Nante oder Pietsch" oder über einen andern ähnlichen Spitz- oder Possennamen den Kopf zerbrechen wollte. Uns genügt es zu wissen, dass die Wörter patelin, patelinage, pateliner, etc. von dem Pathelin der bekannten Farce herzuleiten sind.

patience, Geduld; perdre patience, 20; pacience, 400.
Patrouillart.

Desormais je suis un vieillard
Nommé Pathelin Patrouillart, 16.

P. ist aus patrouiller gebildet, das in patois denselben Sinn wie patauger (patschen) und dieselbe Wurzel patte hat. Dieser Zuname Pathelin's möchte daher Jemand bezeichnen, der Alles angreift ohne es zu etwas zu bringen, der, wie unsere populäre Redensart sagt: in die Patsche geräth.

peine, Kummer, 212.
pelle, trois coups de pelle, 346, Kelle, Schaufel.

Le Testament de Pathelin. 79

pere, Vater, 358.
peré, Obstwein aus Birnen bereitet, 358. Soit sidre, peré bière ne vin (recueil de poësies fr. Montaiglon I, 290).
pesle, tourte en pesle, 345. On prononçait ainsi le mot poisle, bemerkt hierzu Jacob. In Bezug auf das letztere Wert siehe Scheler, 263: poële. Auch im Grand Test. Villons findet sich das Wort in dieser Form huit 59.
pied, Fuss, 375.
pitié, C'est pitié, 365.
plaid, Prozess; aux plaids je m'en voys tout le pas, 92.
poinct, pensez fault de vous mettre à poinct, 299.
point, dussiez- vous à ce point farcer, 504.
poing, m. Faust, 475.
poire, f. Birne, 157.
possible, je feray pour vous le possible, 227.
pot, Topf, n'a-il plus rien au pot carré? 502.
poussin, j'ai l'appetit à un poussin, 293.
prebstre, Priester, 62.
procès, pour procès que a menez avez, 43.
propos, Jésus en bon propos vous tienne, 258.
quartier, Viertel. Au tiers quartier (es ist vom Monde die Rede) 264.
raisin (racenus v. Scheler und Diez II, 394, altf. auch rosin, daher Rosine) Traube, 575.
raison, comme raison est deue, wie es Rechtens ist, 13. Chacun entend veste raison, 490.
remede, se vous n'y mettez brief remede, 213, schnelle Hülfe. Le remede est prier pour luy, 540. Das Einzige (Mittel) ist, für ihn zu beten. Pour vous donner quelque remede, 134, Heilmittel.
remenant, das Uebrige, der Rest.
  Qui riens n'a plus que sa cornette, 1.
  Gueres ne vault le remenant.
Quant au remanant (Montaiglon II, 21). (Monmerqué tb. fr. 509.) Auch bei Villon, Gr. Test. huit. 64:
  Aussi pour son official
  Qui est pleisant et advenant,
  Que faire n'ay du remenant.
In derselben Bedeutung findet sich demourant (Anc. théâtre fr. I, 2). Siehe auch Mätzner, altfrz. Lieder, Glossar.

reigle, 159, Regel, Gesetz.
reproche, m. Vorwurf, 56.
retour, m. Rückkehr, 87.
robbe, f. Rock. Ma robbe grise que j'eus ouen, 418, sagt Pathelin.
rongne (robiginem [robigo]) Rost, Räude, 474.
rostisseur (von rostir, braten) Garkoch, 458.
roy, König, 190.
sac, m. Sack, 9.
sacrement, Schwur; par mon sacrement! 35.
sainct, m. 359, der Heilige.
saison, Jahreszeit; hier nur wie poetisch, vielfach gleich Zeit: Qu'est la saison devenue? 18. Est-il saison que me tienne à requoy? (anc. th. fr. III, 256.)' Molière (dépit anc. II, 1.)
salade (caasis caelata, Scheler) eine Art Helm ohne Vesier. Pathelin fantasirt: Allez-moi quere ma salade, 280. In der Prompsaultschen Ausgabe der Werke Villon's findet sich unter den diesem Dichter zugeschriebenen Gedichten pag. 430:

    Car je me sens je fort malade
    Or tenez, vela ma salade
    Qui n'est froissée ne couppée
    Je la vous vens et mon épée etc.

Ebenso (rec. de poës. fr. des XV. et XVI. S. Montaiglon, IV, 65). Alla devant en cuyrasse et sallade.
sang, Blut, 337. Mehrfach in dem Schwur sang bieu 3, 202.
santé, comment se porte la santé? 249.
sapience, Weisheit, 155.
sçavoir, m. Wissen, 65.
science, f. 154, Wissenschaft.
seignour, Herr, 274. Der Priester redet Pathelin so an.
sejour, 88, Aufenthalt.
sens, Sinn, 343. Et le radresse en bon sens; ferner 369: voz cinq sens de nature. S'il a ses cinq sens de nature (anc. th. fr. I, 17). In der Farce nouvelle des cinq sens de l'homme treten als solche auf: la bouche, les mains, les yeulx, les piedz, l'onye.
sepmaine, Woche. Qui ne cessent, jour et sepmaine de tromper les gens. — Dieu le met en malle sepmaine en malle an et en malle estraine (anc. th. fr. III, 28). In Bezug auf letzteres Beispiel siehe estreine. Ebenso auch im maistre Pathelin," 941, Dieu te mette en male sepmaine.

sepulture, dictes où vous voulez que vostre corps soit bouté en sepulture? 508.

sergens (s. Scheler) Gerichtsdiener, 468.

service, 287, Dienst; faire service.

siege, Sitz, 33.

sire. Der Priester braucht diese Anrede neben maistre und seigneur zu Pathelin, 493.

soir, bon soir, sire, 209.

somme. S. toute 66, ferner 101.

sornette, 481 (v. Scheler) Posse, Scherz, Dummheit; vecy bonne sornette, das ist ein schöner Spass! 3. Das verbe sorner bei Pathelin, 536: Dictes sans sorner.

soucy, Sorge, 457, 312;

souvenance, Erinnerung, 322.

stille, nfr. style. Hier Verfahren, Art; selon vostre usaige et stille, 262. Une femme, venant de ville, qui a demourée longue espace, si trouvern bien le stille (rec. de poës. fr. Montaiglon II, 124).

sucre, Zucker, 294.

taverne, f. 459, Kneipe.

temps, 81; das Wetter und die Zeit, 542.

tenue, f. sans plus de tenues, 10, ohne Verzug. Jacob erklärt: Délais, lenteurs; en termes de trictrac, la tenue est la situation du joueur qui tient, c. à. d. qui, ayant gagné ou non, ne se retire pas du jeu.

terre, Erde, 545.

testament, Testament, 433.

teste, Kopf, 129.

tort, Unrecht, 506.

tournois. Petite monnoye valant un denier — (Turonensis frappé à Tours, Scheler).

tourte (torta, torquere) Torte, 345.

trespas, Tod, 165.

trompeur (v. Scheler, Diez) Betrüger. Trompeurs sont voulentiers trompez, 411. Diese sprüchwörtliche Redensart, die die Grundidee des Pathelin bildet, findet sich in der vielfachsten Form in der Zeitliteratur, z. B. A trompeur trompeur et demy (anc. th. fr. I, 270, II, 93, II, 263). Tel trompe au loing qui est trompé (ibd. II, 157). Trompeurs sont de trompés trompez (ibd. II, 157). Chacun trompeur se trompera

(ibd. II, 259). Par trop tromper je suis trompé (ibd. II, 261).
Villon, Grand test. huit, 57: Toujours trompeur aultruy engeaultre.
truffe, sans truffe ou sornette, 481 (Etym. s. Scheler) ohne Scherz.
usaige, 262, Gebrauch.
va-tost f., 179, Schnelllauf, Durchfall. N'apportez point du vin nouveau; car il fait avoir la va-tost, 179.
verité, Wahrheit, 325.
viande, Fleisch, 303.
vie, Leben, 165, 223.
vieillard, Greis, 15.
vierge, Marie, 550.
ville, Stadt, 251.
vin, Wein, 144.
voyage, m. Reise, 207.
voysin, Nachbar, 445.
voysine, Nachbarin, 104.
vouloir, m. Wollen, 477.
vray, m. affinque le vray vous en dyes 331.

III. Adjectiv.

Das Eigenschaftswort nimmt, wie das Hauptwort, das Zeichen der Mehrzahl an, wobei jedoch wieder zu bemerken, dass der Dental vor demselben abgeworfen wird, z. B. petis, 22, grans, 360.

Die Bildung der weiblichen Form entspricht den heutigen Regeln: cher — chere; petit — petite; benoist — benoiste, 427; gris — grise, 478; doulx, 240 — doulce, 50; bon, 173 — bonne, 268; long — longue, 232; beau, 513 — belle, 528. Doch wird grant neben grande für die weibliche Form gebraucht, z. B. grant erre, 247, grant langueur, 431; grant chere, 85; grande bydeur, 328; chaleur grande, 385. Auch das vorkommende Femininum des jetzt nicht mehr gebräuchlichen Adjectivs mal (siehe unten) ist hier zu merken.

Die Steigerung erfolgt nach den heut geltenden Regeln: la plus desvoyée, 242; le plus seur, 77; meilleur, 305; le meilleur, 523; 273.

Ich lasse im Folgenden sämmtliche Adjectiva folgen:

asseur, sicher (asseuré), davon noch erhalten das Adverb asseurement (Burguy, gram. I, 354). N'estes-vous pas asseur? 78.

asseuré, tenez-vous-en toute asseurée, 231.

bas. Mon ami vous estes fort bas, 259, sagt der Apotheker, als er den kranken Path. sieht.

basi. Je suis basi, se Dieu ne m'ayde, 133. Jacob bemerkt hierzu: Mis à bas. Peut-être faut-il lire: rasi, pour rasé. Il y a, dans une édition gothique: transy. — Le bon maistre Pierre est basi, 539. Zu diesem Vers bemerkt Jacob: C'est un mot d'argot, qui signifie défunt. Le peuple dit encore dans le même sens: voilà un homme rasé.

beau, 513; belle, 528; beaulx, 392; tout beau, 166.

benoist (nfr. bénit) 432. Lafontaine: Au bénoît état de cocu (Le roi Candaule etc.).

beste, vous estes beste, 282.

bon, bon an 210, à la très-bonne heure, 268.

brief, se vous n'y mettez brief remede, 213; à brief parler, 497; doch auch die Form bref, 40, kommt vor.

carré, le pot carré, 502.

cassé. Je me tiens fort foyble et cassé, 115.

certain, il est certain, 35.

cher, m'amye chere, 80.

content, content de moy, 395.

contraire. Le nouveau (vin) si m'est fort contraire, 175.

court, 428, pour le faire court.

dangereux, gefahrbringend, schädlich. Je presuppose que le temps ne soit pas dangereux, 81.

desvoyé, je suis la plus desvoyée, 242, = égarée, désolée.

doulx, mon doulx ami, 121; ma doulce amye, 50; tout doulx, 240.

droict, 149, recht, richtig; le droict joueur de jobelin. Aehnlich Lafontaine: un droit apôtre (Conte Féronde).

effroyé, von effroyer, erschrecken. Comme vous estes effroyée, 241.

faulx, falsch; qui es faulx dieux vous ont portez, 376.

fin, de fine frayeur, 161; sucre fin, 294.

fleury, 345. Siehe pain.

foyble, schwach, 115.

franc, de franc vouloir, 477; parler franc, 40.

grant, je courray grant erre, 247, siehe oben.

honneste, anständig, 464.

jaulne, gelb; en beaulx escus jaulnes, 392; en lettre jaulne, 512.

layd, hässlich; il fait layde chere, 287.

las che (laxus) weit; il est trop lasche par derrière, 495.
long, longue demourée, 231.
mal, malle extraine, 266. Das aus der Sprache jetzt verschwundene Adjectiv mal war zu jener Zeit selbst neben mauvais allgemein üblich: malle santé (anc. th. fr. I, 22), malle rage (ibd. 1, 23), mal temps (ibd. I, 145), maulvaise et malle fortune (ibd. III, 82); so auch das Adverb mallement (ibd. III. 272). Auch bei Villon, Rabelais, Marot, etc. findet sich dieses Wort.

malade, 123.

marri (part. des alten Zeitwortes marrir, althd. marrjan) betrübt; je suis amerement marrie, 554. Je suis marrie en mon cueur (anc. th. fr. III, 462). Noch Molière: Sganarelle I, 9, benutzt dieses Wort: oui son mari, vous dis-je, et mari très-marri.

meschant (v. Scheler); mon meschant chapperon, 479.

misericors, barmherzig. Jesus luy soit misericors, 553; pour rendre Dieu misericords (R. de poësies fr. Montaiglon 1, 294).

net, gardez-vous qu'elles soient nettes (les lunettes) 30.

noilleux (nfr. noueux) baston noilleux, 90, Knotenstock.

noir, schwarz, 479.

notoire (notorius) il est notoire, 34.

nouveau, le nouveau vin, 178.

petit, 454, je me sens un petit fade, 113; hier also adverbialisch.

plain, d'oignement plain une boiste, 486; homme plain de fantaisie, 351.

povre, 435.

present, 108, fut present Mathelin, gegenwärtig.

prest de, bereit; tout prest de vous ordonner, 171.

pur, rein, 487.

quartaine, une flevre quartaine, 471 (f. quarte) viertägiges Fieber.

sain (sanus) de teste saine, 216.

sainct (sanctus) 116.

serre, fast. Mon couvrechef ne tient point serre, 489.

seulet (dim. v. seul) je demourray povre et seulette, 451; seulet (anc. th. fr. II, 351), seulette (ibd. I, 261), seulet (nouv. Pathelin, 774); auch sonst nicht selten.

seur, c'est le plus seur, 77. Je vous pry que j'en soye seur, 530.

vain, schwach; tant je suis vaine, 214.

vieulx, alt, 173.
vray, 456, 157.

Zu bemerken ist noch parler franc, 40; parler brief, 497; faire court, 420.

Was die Stellung der Adjective betrifft, so sind im Allgemeinen die noch jetzt geltenden Regeln befolgt:

Vor dem Substantiv finden wir grant 85, 247, 328, 431, doch en chaleur grande, 385, wohl nur durch den Vers bedingt; petit, 32, 456; bon, 139, 144, 173, 210, 211, 212 etc.; droict, 149; cher, 166, layd, 237; mal, 266; beau, 392, 519; franc, 477; cher, 166; doulx, 121; sainct, 116; long, 232; bénoist, 427; fin, 161; de fine frayeur; dagegen sucre fin, 294. Ferner stehen nach dem Substantiv: noir, 419; gris, 178; jaulne, 392; 512; noilleux, 93; vieulx, 173; nouveau, 176; sain, 216; fleury, 345; terrible, 228; quartain, 471.

IV. Das Adverb.

Die Bildung der Adverbien aus den Adjectiven geschieht in der jetzt noch üblichen Weise mittelst der weiblichen Form der Adjectiven: vistement 10, subtilement 407, haultement 17, prestement 36, seurement 81, appertement 106, bellement 117, necessairement 185, faulcement 396, voirement 130. So auch dem jetzigen Sprachgebrauch entsprechend hardyment 404 (Maistre Pathelin 1548 hat hardiement), incontinent, 394.

In Bezug auf die Attraction des adverbialen tout finde ich nur tenez-vous-en toute asseurée, 231.

Ortsadverbien: Où, 4, 27, 45, 234, 236, 353; là; 22, 143; ici, 189; cy, 111, 347, 388, 434; si (für cy) 23; y, 65, 91, 156, 187, 213, 224, 260; çà, 58, 143, 314; auloing; près, soit tost ou tard, au loing ou près, 413; dedans, se je boutais mon doigt dedans, 336; derriere, ne laissez riens derriere, 413; qu'on me le serre derriere et devant ferme ou corps, 547; devant, 547; avant, venez avant 5; hors ens, soit hors ou soit ens, 462.

Auch die Formen voilà und voici, Zusammenziehungen aus dem Imperativ vois und den Adverbien là und cy sind hier zu bemerken: voicy, 49, 328; veey, 3, 269; für voilà findet sich nur die Form vela, 71. Das folgende Hauptwort steht mit und ohne Artikel: voicy une grande hydeur! 320; voicy bonne farcerie, 49; vecy bonne sornette, 3.

Von grösserer syntactischer Wichtigkeit sind nur die Pronominaladverbien: où, y, en und dont, die den Genitiv und Dativ der persönlichen und relativen Fürwörter ersetzen.

Où: le sac où sont mes escriptures.

Y: Quant j'y pense, 158; se vous n'y mettez brief remede, 213; je vous pry qu'on y remedie, 224.

En: j'en ai pour une, 274; je n'en congnois nulz, 330; affinque le vray vous en dyes, 311, etc.

Dont: Dont vous viennent ces douleurs, 120; dont vous procede tel meschef, 227.

Auch der pleonastische Gebrauch von en ist verboten in: s'en aller, 92; je m'y en voys, 230; je n'an puis plus, 497; je m'en vueil aller, 498; je m'en revoys, ich kehre zurück, 117.

Zeitadverbien: maintenant, 8, 20 (tout maintenant, 189); presentement, 434; desormais, 15; aujourd'hui, 32, dafür meshuy, 265 aus mais, mes (von magis gebildet mit der Bedeutung noch) und hui (hodie) zusammengesetzt. Vom letzteren Stamme auch enhuy, enhuy donné en nostre Court, 107; il est enbuy feste, 130, — arsoir, gestern Abend; arsoir le mistes sur le banc, 39; demain, 94; oncques, 323, 397; ouen, 478, in diesem Jahre (meist ouan [von hoc anno] geschrieben; Jacob erklärt fälschlich l'an passé); jamais (jamais à telles gens n'attouche, 334), ferner 398, 531; souvent, 371; toujours, 103, à toujours-mais, 405; longtemps, 111; premier, baillez donc premier à boire, 136; incontinent, 394; tard, 55; tost, 418, plus tost, 207; jà (für déjà) 55, 82; puis, 19, 209; puis après, 182; après, 322, 386, 456, 480. Von hora ist gebildet or, nun, 262, 70, meist in Verbindung mit çà: or çà 312, 352; ferner or sus, 324. Auch çà ohne or, 314, 324, 326. Bien tost, 229, plus tost, 207; pieça (piece a (il y a) piece mlt. petia, pecia, petium, span. pièza, port. peça, ital. pezza, deutsch pfetzen (?) es ist eine Weile her, lange (Mätzner, altfr. L. Glossar). Je les ay pieça laissez, 316. Je ne beuz pieça, 349. Auch Rabelais I, 5.

Adverbiale Redensarten: tout le pas, 92, sogleich; à ce coup, 350. Il est, à ce coup, faict de moy, diesmal ist es um mich geschehen. En çà: Je ne vy, puis dix ans çà, homme si plain de fantasie, 351.

Modaladverbien. Den meisten dieser Adverbien kommt die

Endung ment zu: vistement, 10, 540; haultement, 11; prestement, 30;
seurement, 91; tout bellement, 117; appertement, 118; necessairement,
185; autrement, 186; faulcement, 396; hardyment, 404; subtilement, 407;
largement, 521; amerement, 554. Zu diesen Adverbien der Gradbe-
stimmung gehören auch bien, 197, 312, 383; fort, 175, 188, 244,
367; pou (peu) 304; un petit, 113; un peu, 125, 160; pou, 65; tout
beau, 166; très, 357; trestout (Laissons trestout cela en paix, 374); du
mieulx, 198. Ferner die Modaladverbien tout beau, 166; d'autre part,
82; au suplus, 308; en patience, 400; par ordre, 383; voulentiers,
406; bref, 40 (brief 300, 384); tout doulx, 240; grant erre, 247;
par accord, 273; à peine, 307; trop, 361; item, 464. Das modale tout,
ganz, tont bellement, 117; tout beau, 164; tout maintenant, 169; tout
doulx, 240; tont prest, 271; auch vom Adj. attrabirt toute asseurée,
231, ferner verstärkt durch très = trestout, 374. Auch Rabelais
IV, 16.

Unter den Modaladverbien ist vor Allem das fragende comment?
zu bemerken, welches das ältere comme (quomodo) theilweis verdrängt
hat, und in directen Fragen jetzt allein üblich ist. Et comment? 378;
comment se porte la santé, 249. Dagegen comme sommes-nous de
la lune? 263. Hierher gehört auch comment il bâille! 24; comme
vous estes effroyée! 241; ainsi comme raison est deue, 13; ainsi comme
je puis croire, 140; comme bon catholique, 437. Dies letztere führt uns
zu den Adverbien der Vergleichung si, aussi, tant, autant, von denen
die beiden ersteren, wenn beide Glieder der Vergleichung vorhanden sind,
bei Adjectiven, dem attributiven und prädicativen Infinitiv mit à, dem
Hauptwort und dem Adverb; dagegen tant und autant nur beim Verbum stehen; und zwar aussi und autant in affirmativen und negativen
Sätzen, si und tant nur in negativen Sätzen. — Der vorhandenen
Beispiele sind leider nur wenige: si près de la mort, 505; si plain de
fantasie, 351; si grans sains, 360; il est si fort malade, 244; tant je
doubte, 162; tant je suis vaine, 214; doch L'entendement si me varie, 96.

Satzadverbien. (Mätzner, Syntax I, 382) Adverbien der
Bejahnng: ouy, 28, 243, 416; die im Nouveau Pathelin so häufige
Verstärkung durch des (dà) findet sich nicht; dagegen ouy certes, 416
(certes auch allein 167); ouy certainement, 380; seurement 91; vraye-
ment, 211, 312, 358 etc.; en verité, 325; si est, 390; si faisois-je, 90;
voire, 506 (verum) in der That, in Wahrheit; voirement, 130, in derselben Bedeutung.

Verneinung. Die absolute Verneinung findet sich nicht.
ne — pas: ne m'estes-vous pas allé querre le sac.... 26.
ne — point: je n'entens point ce jeu, 112.
point ohne no, wie noch jetzt mehrfach in der Frage (Mätzner Syntax I, 388). Irez-vous point querir mon sac? 51. Dois-je point desjuner? 131.
ne gueres: ne faictes gueres de séjour, 88.
ne — jamais: jamais à telles gens n'attouche, 334.
ne — riens: je n'ay rien emblé, 340.
ne — riens: et ne povez riens amasser, 42, etc.
ne – ne: je ne vueil sidre ne pere, 196; car oncques il n'en receut croix ne ne fera jamais, 398; va-il ne avant ne arriere? 275.
ne — plus: je n'en puis plus, 205.
ne — que: vous ne chanteriez que de sacz, 63.
ne — nully: nully ne vient, 110.
ne — mye: je ne les alloye mye querre, 365 (S. Mätzner, Syntax I, 388). Auch findet sich das Füllwort mye ohne ne: vous confessez-vous mye, 352.

Wie sich noch jetzt in Haupt- und Nebensätzen die einfache Negation ne findet, so noch häufiger zu jener Zeit, 69, 401:

a) in effectvollen Fragen: ne viendra meshuy Guillemette? auch: je ne vy homme si plain de fantasie! Habe ich wohl je einen so tollen Menschen gesehen!

b) bei einigen Zeitwörtern, wie sçavoir, 60, 128, 204, 206, 234, 250; pouvoir, 126, 361; oser, 422; vouloir, 292; cesser, 469; avoir garde, 384.

c) in Nebensätzen nach Verben des Fürchtens etc.; je crains que ne soye malade, 114. Hierher möchte auch gehören: je presuppose que le temps ne soit dangereux, 81; fort me tarde que jà ne soit icy tous deux, 189.

d) je souloye gaigner francs là où ne gaigne petis blancz, 21.

e) nach einem Comparativ: vous valez moins que ne cuydoye, 73.

In Bezug auf die Adverbien im Allgemeinen wären noch die Comparative moins, 73; mieulx, 198; pis, 301. Letzteres ist, wie mal, 301, auch substantivisch gebraucht.

V. Fürwort.

1) Persönliche Fürwörter. Was die Form betrifft, so finden sich:

Pronoms conjoints. **Pronoms absolus.**

singulier:

	Nom.	Dat.	Acc.	
1)	je, 11, 15.	me, 12.	me, 61.	moy, 45, 119, 298.
2)	—	—	—	—
3)	il, 5, 24.	luy, 300.	le, 39.	luy, 185, 285.
	elle, 261.	luy, 69.	la, 59, 266.	—

pluriel:

1)	nous, 265.	nous, 272.		nous, 191.
2)	vous, 4, 5.	vous, 46.	vous, 36.	vous, 199. 65.
3)	ilz, 105.	leur, 458.	les, 45, 48.	—
	elles 30.	—	—	elles, 368.

Das Fortfallen der persönlichen Fürwörter aller Personen im Nominativ ist sehr gewöhnlich. So fehlt: je, 59, 73, 160, 206, 230, 226, 347 etc.; il, 32, 65, 233, 299, 332 etc., besonders beim unpersönlichen fault), vous, 39, 43, 223; 223, ils 364.

Die Stellung der Fürwörter stimmt im Allgemeinen mit den heutigen Regeln überein; es finden sich nur wenige Ausnahmen: je vous donray, 46; je vous garde, 47; jo vous attens, 58; je vous pry, 36; je me tiens fort foyble, 115; je le voy, 237; devant que vous le die, 254; je les ay laissez, 316; je leur laisse, 458; qui vous vient voir, 283; vous les aurez, 455; ne m'estes vous pas allé querre le sac, 26; dagegen les m'avez-vous baillez en garde, 48. Ferner die Stellung der Pronomen beim Imperativ: tenez-le, 90; donnez-moy, 255; choyezmoy, 167; laissez-moy, 194; despechez-vous, 54; hastez-vous, 31 (vous hastez, 186); vous confessez-vous, 352; souvienne-vous, 190; faictesle seoir, 284; apportez-les-moy, 45; tenez-vous-en toute asseurée, 231.

In Relativsätzen entspricht die Person der Zeitwörter den vorhergehenden Fürwörtern: Deussiez-vous en ce point farcer, qui estes si près de la mort? 515; vous qui sçavez, 453.

2) Besitzanzeigende Fürwörter:

mon, 85; son, 238; nostre, 33, 200; vostre, 40.
ma, 19; sa 1, 103; — —
mes, 9; ses, 359; — vos, 315 (voz, 367).

mon escriptoire, 37; für ma esc. nach jetziger Regel. Es ist dies das einzige Beispiel; ich muss freilich auf m'amye zurückverweisen.

3) **Hinzeigende Fürwörter**: ce jeu, 112; ce curé, 195; cest homme, 338; ceste reigle, 159; ces douleurs, 120; doch findet sich auch adjectivisch: par celuy Dieu, 61. C'est homme-cy, 338; ce povre homme-cy, 430.

Substantivisch: cecy, 110; celà, 403, 83; ceulx-là, 362; celuy — qui, 266; ceulx — qui, 317; das neutrale ce: c'est la façon, 68; c'est le plus seur, 77; c'est pitié, 365; c'est messire Jehan, 201; ce soit, 70, 143; ce n'est pas ce que je demande, 96; ce devez-vous sçavoir, 245; que ce soit çà ou là, 143.

4) **Fragende Fürwörter**: Subst. Qui, 2, 142; à qui, 450. Que: qu'est la saison devenue? 26; que demandez vous? 25; qui a-il? 212; (Qu'y a-t-il?) qu'est-ce que je sens? 344. Quoy, 47, 113, 212. Qu'il fait layde chere; 237, was für ein abscheuliches Gesicht er macht! Adject., quel, 38, 56; quel reproche j'auray des autres assistans, 56; quell' (quelle): je ne sçay quell' mousche vous poinct, 60.

5) **Relative Fürwörter**: Qui (sing. und plur.) beziebt sich auf Personen und Sachen, 17, 61, 155, etc. Gén. dont: sunt riens laisser dont conscience vous remorde, 417. Accus. que: ces douleurs que vous souffrez, 121; procès que à mener avez, 43. Von lequel findet sich der Gen.: C'est le drappier duquel j'eus six aulnes de drap, 391. Laquelle: Affin qu'avoir puissiez la gloire en laquelle tous ont fiance! 320.

6) **Allgemeine Fürwörter**: On, 224, 265; l'on, 187; auch l'en: que l'en me plume les deux oyseaulx, 296. Chascun, adj.: chascun jour, 164; subst. Je laisse à tous sergens chascun une fievre quartaine, 471; rien: Nichts. Avez-vous en rien de l'autruy? '367. Das ne fehlt wohl hier wie: c'est la façon de ma bourgeoise de riens faire se ne luy plaist, 68; vous ne povez riens amasser, 42; quelque remede, 134; quelque bon vin, 173; quelqu'un m'apporte de l'argent, 277; autre: autres assistans, 57; autre chose, 401; d'autre part, 82; l'un parmy l'autre, 365; avez-vous eu rien de l'autruy? 367; nul: car nul n'en fault laisser derriere, 377; je n'en congnois nulz, 330; nully ne vient, 110; aucun: vous doublez-vous d'aucune chose? 79; tel: tenez-le tel. 90; tel meschef, 127; telz abus, 582; telles gens, 334.

tout, subst., alles: tout est dedans mon escriptoire, 87; auch 273, 415.

tous, alle: c'este reigle est à tous due, 159; auch, 186, 321.

tout, toute, adj. ganz: somme toute, 66; tout le pas, 92; tout le

Le Testament de Pathelin.

cerveau, 176; toute ce fiume, 295; toute vostre besongne, 71; toute la compaignie, 559; 341, 339; ferner das schon angeführte adverbiale tout, 240, 271, 366, 231.
tont (le), jeder: tout chrestien, 311.
tous (tes), alle: à toutes adventures, 28; tous les maulx, 323; tous vrays gaudisscours, 456; tous sergens, 468; toutes nonnains, 466; tous deux, 189, etc.

VI. Zahlwort.

Die vorkommenden Zahlwörter sind: deux, 189; trois, 346; cinq, 374; dix, 350; vingt, 204; trente, 240: Je ne sçay quel vingt ne que trente..... (?); cent, 101; ferner le premier; tiers, 264.

VII. Zeitwort.

Bei der Aufführung der Verben folge ich der leichteren Uebersicht wegen, der Eintheilung in vier Conjugationen, und gebe sämmtliche vorkommende Formen:

Verben auf *er*:

advocasser, 41; faire la profession d'avocat. On ne le dit pas des avocats célèbres, mais de ceux qui ont peu de pratique (Furetière, dict. univ). Exercer la profession d'avocat, sans titre, sans talent, sans profit et sans gloire (Bescherelle, dict.); — aider, helfen: pr. ind. il ayde, 133; pr. conj. qu'il ayde, 217; - aimer; prés. ind. il aymè, 532; — aller (Diez, Gr. II, 122; Scheler, 11); pr. ind. je voys, 200; il va, 275; vous allez, 181; conj. voyse, 452; imperf. j'alloye,165; fut. j'yray, 165; v. irez, 51; part. allé, 26; aller avant, aller arriere, vom Kranken, besser, schlechter w.; — s'en aller; je m'en vois, 92: v. v. en alloz, 289; conj. prés. que je m'en voise, 67; es findet sich sogar je m'en revoys, 117, im Sinne von retourner; — alleger, 143; allegera, 141; — amasser, 42; — amender, bessern, helfen, mettez cuire une poire pour sçavoir s'il m'amendera, 188; il ne luy amende point, 300; — appeler, impér. appelez, 102; — apporter, bringen, il apporte, 277; apportez-les-moy, 45; apportez avec mes lunettes, 29, bring' meine Brille mit; — approcher, prés. ind. il s'approche; — armer, 181; — arrester, 230. Je m'y en voys sans arrester, ohne anzuhalten; — arrouser, befeuchten, benetzen; fut. j'arrouseray, 447. Das Wort findet sich auch bei Lafontaine: Le cuvier; — attoucher, anrühren, jamais à telles gens n'attouche, 334; — bailler, (lat. bajulare) tragen, bringen, daher geben: Baillez donc premier à boire, 136;

qu'on me baille trois coups de pelle à ce chat, 346; les m'avez-vous baillez en garde? 48; — bâiller, den Mund weit öffnen, d. h. auch gähnen; hier in der ersten Bedeutung: comment il bâille! 24, wie er den Mund aufreisst, d. h. schreit; — bouter, stossen, setzen, legen, si je boutois mon doigt dedans, 336; part. bouté, 354. Dictes où vous voulez que vostre corps soit bouté en sepulture, 514; — cesser, aufhören; vostre confession cesse, 422; qui ne cessent de prendre, 469; — chanter, v. chanteriez, 63; — chopiner (boire chopine sur choppine [Schoppen] Boscherelle) = zechen, 272; — choyer, schonen, schonend behandeln. (Roquefort glossaire: menager, traiter délicatement) Furetière, dict. univ. hat folgende Beispiele: Les gens propres choyent beaucoup leurs habits. Choyer sa santé. Cet homme se choye fort, etc. Hier: Helas! Choyez-moy! Certes, je decline! 167; — commander, befehlen, wie im Deutschen; il commande son ame à Dieu, 436; — commencer, anfangen; il commence, 441; — se confesser de, 379, beichten; je m'en confesse, 422; — considerer. Cela faict à considerer, 83; — coucher, part. couché, 363; — cuyder (cogitare) denken, meinen; je cuyde, 62, 298; je cuydoye, 73; findet sich noch bei Lafontaine, IV, 11; — delayer, (delatio bl. dilatare) aufschieben, zögern. Incontinent, sans delayer, 394; — deliberer, abwägen, prüfen, 84; — demander, fordern; je demande, 97; que demandez-vous? 25; — demeurer, demourer, (demorari) bleiben, 456; wohnen, 236. Aller me faut où il demeure, 236; je vueil qu'elle demeure, 267; je demourray povre et seulette, 451; je suis demouré et failly, 122; — despecher, eilen; impér. despechez, 11 (siehe pag. 14); vous despechez, 174 und d.-vous, 54; — descliner, neigen, zu Ende gehen; je descline, 167; — desjuner, (Bl. disjejunare) mit Fasten aufhören, frühstücken; inf. 131; — disposer de, bestimmen, einen Entschluss fassen über; inf. 525; — disner, (v. Scheler) inf. 87; — donner, 134; pr. ind. je donne, 469; conj. doint, 318; impér. donnez-moy, 255, 443; fut. je donray, 46; part. donné, 107; — doubter, fürchten; tant je doubte à passer le pas, 162; je le doubt fort et le crains. 367; vous doubtez-vous d'aucune chose? se doubter de, vermuthen, befürchten, vous doubtez-vous de quelque chose? 79; — embler, stehlen, bei Seite bringen; part. emblée, 340. Le coeur dès l'abord ils nous emblent, puisle repos, puis le repas. Lafontaine (Lett. à Mad. de C.); — s'emerveiller, 361; — espargner, sparen; inf. 225; — s'esventer. On m'a le vin meslé, ou il faut dire qu'il s'esvente, 202 = verdunsten, an Gehalt verlieren; — exposer; inf. 498; — farcer, 509, scherzen; — finer de, (siehe Burguy, gram. de la langue d'oïl, I, 339); hier in der Bedeutung finden. Je ne sçay où pourray finer de nostre curé, 234. Aehnlich sagt Marot finer d'un sou für trouver un sou. Dame on ne peut de vous finer (anc. théâtre fr. I, 67). N'en sçauroit finer de plus fin (ibd. I, 80). Beide Bedeutungen von finer finden sich dicht beisammen: huit. 39, des Petit Testament von Villon.

> De feu je n'eusse peu finer
> Si m'endormy, tout enmouflé,
> Et ne peuz autrement finer.

— frauldrer, 435, betrügen; — gaigner, gewinnen; inf. 21; prés. ind. il galgne, 22; — garder, 1) sehen, zusehen, für regarder: gardes qu'elles (les lunettes) soient nettes, 30; 2) bewahren, aufbewahren, bewachen: gardez tout jusqu'au retour, 87; je ne sçay quoy que je vous garde, 47; 3) behüten: Dieu benye, Dieu gard bonne gent, 278; — grimper, 347, klettern; — happer, nehmen. Il faut un peu le moust happer curé, 348; — haster, eilen; impér. hastez-vous, 31, und vous hastez, 180; — huer, schreien, on hue, 164; — humer, einschläfern; inf. 132, 305; — laisser, inf. 251, 421; ind. prés. je laisse; impér. laissons, 374, laissez, 194; fut. vous lairrez 455; part. laissé, 316; — mener, führen, 43; — mesler, vermischen, meslé, 201; — noter, 473; — ordonner, 271: Messire Jehan qui est tout prest de vous ordonner, 270. Jacob erklärt: mettre vostre conscience en ordre; — oser; prés. ind. j'ose, 402; — oublier; inf. 552; impér. oubliez, 534; — papyer (pepier, von Vögeln, piepen) stammeln, lallen. A peine je puis papyer, 171. Auch Villon im Grand Testament, 69, sagt ähnlich: Je sens mon cueur qui s'affoiblist et plus ne puys papyer; — parler, 205; il parle, 369; il parlera, 285; — passer, 162; passer le pas, sterben; passé, 52; je passeray: Bien au vin je me passeray, 197; — payer, 399, bezahlen; il paya; — penser; imp., ne pensez qu'à faire grant chere, 85; pensez de vostre conscience, 153; je pensoye, 74; — plaider; pr. ind. plaide, 220; — plumer, rupfen; il plume, 296; — porter, il porte, 249; — presenter, 445, anbieten; — presumer, 306; — presupposer, voraussetzen, je presuppose, 80; — prier, 545; je pry, 36, 172, 170; imper. priez, 528; — proceder, hervorgehen; prés. ind. 3. p. sing. 127, 155; — pyer, 172; (*sieu*) trinken; mais où a-il si bien pyé? (anc. th. fr. II, 6); — radresser, (redresser) Dieu le redresse en son bon sens, 343; — ramener, zurückführen; pr. conj 3. p. ramaine, 342; — recorder, Helas! quant de luy me recors; 553; — remedier, abhelfen; prés. conj. 3. p. remedie, 224; — reposer, cy repose, 524, hier ruht; — resver, v. resvez, 298; — retourner, 238; — saluer, il salue, 17; — semer, besäen. En termes de blason; semer se dit des meubles dont un écu est chargé, tant plein que vuide, en un nombre incertain, et dont quelques parties sortent de ses extremitez (Furetière). Aehnlich der Dict. de l'ac.: terme de blason. Un écu semé de fleurs de lis, semé de trèfles, etc. Cela ne se dit que lorsque les pièces dont on parle sont répandues sur l'écu de telles sorte, que vers ses bords elles ne sont point entières. Pathelin will als Wappen drei schöne Weintrauben en un champ d'or, semé d'azur, 229; — sermonner, predigen, reden, pr. ind. 1. p. sermonne, 220; — serrer, festschnüren; qu'on me le serre, 546; — suer, schwitzen; il sue, 160; — tarder, fort me tarde que, 188, es verlangt mich, ich sehne mich; — tauxer, abschätzen, inf. 12; — trespasser, sterben, 503; — tressuer (Burguy, Gr. III, 356) schwitzen; je tressue, 161; — tromper, 470; déf. je trompay, 396; part. trompé, 353; — troubler, sich beunrubigen; v. v. troublez, 41; — trouver, 143; — user de, gebrauchen, 291; — varier, sich ändern, hier sich verwirren; l'entendement si me varie, 96; — visiter, besuchen, 229; — vuider, leeren; part. vuidé, 366.

Verben auf *ir*.

accomplir, accomplissez mon testament, T. vollziehen, 504; — assaillir, anfallen, überfallen; je cuyde que la mort m'assault, 123; — benir; prés. conj. 3. p. benye, 278; — convenir, passen, ziemen, il convient, 315; fut. conviendra, 145; — courir, laufen; fut. je courray, 247 (secourir, 252); — faillir, fehlen, verfehlen; le cueur me fault, 124; je suis failly, 122, ich bin schwach, unwohl geworden; fut. je fauldray, ich werde fehlen, 56; — finir, endigen, 432; finir sa vie; — gesir, liegen; Cy gist, 519; — mourir, 145, je me meurs; imperf. je mouroye, 169; fut. je mourray, 187; cond. je mourroye, 170; — ouir, oyez, 106, 531; — querir, 200 (querre, 26); requerrez-vous à Dieu mercy? 425. Le parlement n'a droit de s'en enquerre. Lafontaine (Ballade des Augustins); — revestir, part. revestu, 424; — sentir, je sens, 113, 344; — souffrir, leiden; v. souffrez, 121, déf. il souffrit, 191; — tenir, 32, je tiens, 115, il tient, 253, 504; impér. tenez, 70; qu'il tienne, 258; — venir, 135, 269; je viens, 252; il

Le Testament de Pathelin. 95

vient, 110; ilz viennent, 105; imp. venez-avant, 5; qu'il vienne, 183;
fut. il viendra, 265; — devenir, part. devenue, 18; — revenir,
31; revanez, 89; qu'il reviengne, 257; — souvenir, 314. prés. conj.
souviegne, 393; souvienne-vous, 190.
Verben auf *oir*.
avoir, 66; j'ay, 14; il a, 1, 339; v. avez, 43, 392; ils ont,
321; prés. conj. j'aye, 144; qu'il ait, 523; impér. ayez, 139, 322,
449; imparf. j'avoie, 399; ils avoient, 317; déf. j'eus, 391; fut. j'auray, 57; — comparoir (vor Gericht) erscheinen; ils comparent, 100;
— devoir, je dois, 311; v. devez, 245; je devoye, 398; imperf. conj.
v. deussiez, 504; part. deu, 13; 159; — falloir; prés. indic. il faut, 32;
faut, 67; que vous fault-il? 8, nöthig haben, brauchen; — pouvoir, je
puis, 126, 361, 140; v. povez, 42; fut. je pourray, 206; cond. je
pourroye, 307; ils pourroient, 337; conj. v. puissiez, 320; — recevoir,
déf. il reçeut, 402; — sçavoir, inf. 138; je açay, 47, 60; v. sçavez,
44 (sçav'ous? für sçavez-vous? 329; sça-vous mieulx faire (Farce de
Jolyet, I, 57); fut. il sçaura, 142; — souloir, pflegen, je souloye,
21. Auch bei Lafontaine (Epitaphe): Deux parts en fit, dont il sou-
loit passer l'une à dormir, et lautre a ne rien faire; — seoir = asseoir,
faictes-le seoir, 284; — valoir, vault, 2, 23, 533, 24; v. valez, 73;
— veoir, 246; je voy, 237, 357; v. voyez, 429; déf. je vy, 350; —
vouloir, je veuil, 66, 196, oder vueil, 267, 473, 503; auch findet
sich j'en veulx, 174; il veult, 438; v. voulez, 508; imperf. je vouloye, 251; condit. je voudroit, 287.
Verben auf *re*.
attendre, j'attends, 11; il attend, 243; — boire, 76, 136, 443;
déf. je beuz, 349; — braire, im Allgemeinen: schreien, Il brait, 164;
— connaistre, je congnois, 330, und je congnoy (reimt mit foy), 382;
— craindre, je crains, 114, 372; — croire, 140; — cuire, 137;
— dire, 494; prés. ind. je dis, 391; vous dictes, 34; impér. dictes, 59,
217, 290; prés. conj. je die, 254; je dies, 331; imp. on disoit, 373; gér.
en disant, 372; part. dit, 428; dis-je, was sage ich, 391; — entendre,
308, vernehmen, hören, verstehen, 308; il entent, 192, und entend,
490; — escripre, 501, schreiben; impér. escripvez, 454; — estre,
511, je suis, 15, 390; il est, 34, 341; n. sommes, 263; v. estes,
4, 510, 152; ils sont, 27; pr. conj. je soye, 114, 499; soit, 70, 143,
412; impf. v. estiez, 62; déf. fut, 108, 395; condit. seroit, 303; —
faire, 12, 85; prés. ind. je fais, 86, 386; il faict, 179; imper. je faisois,

358; impér. faictes, 36; déf. il fist, 61; vous fistes, 323; fut. je feray, 99, 199; il fera, 398; v. ferez, 536; gér. en faisant, 371; part. faict, 424; — introduire, part. introduit, 409; — mettre, 129; près. conj. je mette, 266; impér. mettez, 136; déf. vous mistes, 39; part. mis, 104 (mys, 370); — mordre, 337, 984; — maistre, 61; — perdre, je perds, 20; part. perdu, 9, 156; — plaire; prés. ind. s'il von plaist, 5, 69; — plaindre; v. v. plaignez, 216; — pourtraire, 530 (woher portrait) malen; aussi n'oubliez, pour riens, à faire mes armes pourtraire, 524; — poindre = piquer, je ne sçay quell' mousche vous poinct, 60; — prendre, 158, 307, 470; il prent, 187; qu'il preigne, 405; part. prins, 523: — promettre, déf. je promis, 393; — respondre, 329; — rompre, v. rompez, 177; — suffire; prés. ind. il souffit, 192, 410; — suivre; fut. je suivray, 325; — taire, 176; — tendre, il tend, 221; — traire, s'il n'y a assez de vin qu'on en voyse traire, 447, zapfen.

Infinitif: Der blosse Infinitif steht nach: aller (aller querir, 51, 20; aller querre, 26, 255, 280; aller veoir, 246); devoir, 245, 311; laisser, 251; faire (lassen), 12 135, 284; il me (nons, vous) faut, 32, 176, 272; mettre (mettez cuire une poire, 137); sçavoir, 142; venir, 229, 283; revenir, 89; vouloir, 251, 290; pouvoir, 42, 126, 307; il convient, 315, 357.

Infinitif mit de folgt auf: se haster, 31; se troubler, 41; avoir garde, (ilz n'ont garde de me mordre, 384); cesser, 469; se despechor, 544; estre prest, 432; estre près, 432, penser (penser me faut de retourner, 232; penser faut de vous mettre à poinct, 299; pensons de le mettre en bie, 551); dagegen penser à niehe unten.

Infinitif mit à folgt nach attendre, 11; avoir (pour procès que à mener avez, 43); faire (cela faict à considerer, 83); tailler à boire, 136; donnes à boire, 255; douter (je doubte à paissez le pas, 162; s'entendre (il vous fault entendre à vous confesser, 308); penser (ne penser qu'à faire grant chere, 85); venir (venons à parler des piedz, 375); oublier (n'oubliez à faire mes armes pourtraire, 524); il est bon (Si est-il bon à presumer, 306); il est meilleur (à humer, 305).

Verben, die den Genitiv regieren: avoir affaire de q. (Jemanden brauchen, 184; avoir memoire, 319; 444; avoir paour, 226; estre content, 395; se confesser, 352, 415; s'esmerveiller, 361; faire mention, 424; mourir, (je mourroye de la mort Rolant, 170); parler, 375, 402; penser(pensez de vostre conscience, 153); user, 291; se souvenir, 314; avoir souvenance, 322; se recorder, 553. Verben mit folgendem Dativ: penser, pensez à vostre ame, 526; penser aux douze articles de la foy, 380; ne pensez point à telz abus, 532; aller (je n'yray plus à la cohue, 169 (dagegen aller chez vor Personen, 182, 208, 209); venir (venez à moy, 119, 124, 184); prendre garde (si l'on n'y prent garde, 187); se passer (bien au vin je me passerny, 197. Sollte hier au nicht ein Druckfehler für du sein?); remedier, 224; parler (on parlera à luy, 285); avoir l'appetit à, 293; presenter, 445; mettre remede, 213; laisser (laisser à boire, 191); tendre (mon mary si tend à la fin, 221; attoucher, 334.

Gerundium: en faisant, 371; en disant, 372.

Participe passé: 1) das adjectivisch gebrauchte Participium ist natürlich unveränderlich: mes causes perduos, 9; tenez-vous-en toute asseurée, 231; 2) Ebenso das mit être verbundene Participium: raison est deue, 13; ma science est perdue, 156; ceste reigle est à tous dne, 159; comme vous estes effroyée, 241; je suis la plus desvoyée, 242; elle est allée, 261; si ne s'y fussent pas boulez, 354; trompours sont voulentiers trompez, 411. 3) Das mit avoir verbundene Participium richtet sich nach dem vorangehenden Accusativ obj.: les m'avez-vous baillez en garde, 48; je les (les maulx) ay pieça laissez, 316; confessez-vous de ceulx que vous avez trompez, 858; misca (les mains) les ay à la ceinture, 370; avez-vous les nuds revestus, 419; qui es fault dieux vous ont portez, 376; im letzten müsste vous Mehrzahl sein, doch ist kein Grund vorhanden, dies anzunehmen; der Priester spricht nur zum kranken Pathelin.

Der Gebrauch des Conjunctivs: 1) In unabhängigen Sätzen als Ausdruck subjectiver Vorstellung, des Wunsches, Gebots: Que Dieu luy soit misericors, 548; Jesus vous doint, 818; Dieu benye, Dieu garde bonne gent, 278; Jesus en bon propos vous tienne, 258; souvienne-vous du Roy des cieulx, 190; que j'aye une fois de bon vin, 144. In der mir vorliegenden Ausgabe lautet die fragliche Stelle im Zusammenhange:

Qui sçaura
Trouver, que ce soit çà ou là,
Que j'aye une fois de bon vin?
Ou mourir il me conviendra!

Jedenfalls ist die Interpunction falsch. Ich setze nach là einen

Punkt. Ainsi soit-il, 439; que l'en me plume les deux oyseaulx, 297; deussiez-vous en ce point farcer, 504; je voulsisse un peu reposer, 125.

2) In abhängigen Sätzen.

a) In substantivischen Nebensätzen: il faut que je m'en voise, 67; il faut qu'il preingne, 400; je vous pry, que j'aye à pyer, 172; priez Dieu que il ait son ame, 517; je vous pry que j'en soye seur, 530; je vueil qu'elle demeure, 207; gardez qu'elles soient nettes, 30; je présuppose que le temps ne soit dangereux; 81; je crains que ne soye malade, 114.

b) Nach einem fragenden Hauptsatz: Où voulez-vous que vostre corps soit bouté en sculpture? 509; qui sçaura trouver que ce soit çà ou là! 143.

c) In Relativsätzen: sans riens laisser dont conscience vous remorde, 417.

d) In hypothetischen Sätzen: Si ne s'y fussent pas bouter je ne les alloye mye querre, 355.

e) In Nebensätzen der Zeitbestimmung: nach avant que (avant que ma femme reviengne, 258); devant que (devant que je vous le die, 254, devant que rien en commence, 441); affin que (affinque le vray vous en dyes, 331).

Dagegen, mais laissez-moy à boire avant qu'aller à ce curé, 195; n'a-il plus rien au pot carré, à boire, avant que trespasser? 503; devant qu'aller en l'auditoire, 75.

Inversion: Eine Umstellung des Subjectes und Prädicates findet statt:

1) In Fragesätzen: Dies ist selbstverständlich, wenn das Subject ein Fürwort ist; doch tritt diese Wortstellung auch ein bei substantivischem Subject: Ne viendra meshuy Guillemette? 265; où vous tient vostre maladie? 253; comment le fait le bon seigneur? 274; comment se porte le malade? 279.

2) In den Betheuerungsformeln: si feray-je, 500; si faisois-je, 358, und in den meisten der mit ainsi beginnenden Sätzen: ainsi soit-il, 439; ainsi fut-il content de moy, 395; ainsi ne fais-je, 86. Auch nach anssi: aussi ne sçay-je, 128; si est-il bon à presumer, 306.

VIII. Verhältnisswörter.

A (revenez disner à l'hostel, 89: la femme au Danois, 102; au nom de, im Namen, 507; — avec, 393 (auch adverbialisch apporter avec, mitbringen, 29); — après (dictes après moy, 324); — contre, gegen (feindlich) 95, 103; — chez, 192; — dedans, in (dedans mon escriptoire, 87; dedans la petite layette, 454); — devant (devant nous, hier örtlich, 434); — dessoubz, unter, 511; — dessus, über, 513; sur (sur le banc, 38); — ès (les piedz qui ès faulx dieux vous ont portez, 376); — en, in (wie dedans für dans, das in der Posse nicht vorkommt). Wenn es dans vertritt, so steht es mit dem Artikel: aller en l'auditoire, 75. Il est en l'amende, 98. Es finden sich auch viele Beispiele, die von dem heutigen Gebrauch des en nicht abweichen, und dann meist ohne Artikel: avoir en paradis lieu, 438; en lettre jaulne, 512: en beau pathelin, 513; porter en terre, 545; estre en vie, 549; mettre en bie, 551; un couvrechef pour mettre en la teste, 129 (auf den Kopf); — à force de, 467; — de, von (quel reproche j'auray des autres assistans, 57; — vers (s'ils ne comparent vers la Court, 100); — pour (um zu, beim Infinitiv, 129, 252, 281 etc.); für, 131, 191; — par, durch (par moy, 409): sehr häufig ist es in Betheuerungsformeln: par Dieu (bei Gott!), 39, 282; auch de par Dieu, 60, 284; par mon sacrement, 35; par Sainct Macé, 116; par ma conscience, 157; par ma foy, 330, 498; — sans, 394, 481; — près de (près de la fin, 147, 152); — selon (selon vostre usaige, 262); — jusque à, (jusqu'au mourir, 199; jusqu'au sang, 337); — jusques à (jusques au retour, 87); — quant à, 382; — touchant (touchant quoy? 214; — puis (für depuis: puis dix ans, 350).

IX. Conjunctionen.

Die vorkommenden Bindewörter alle herzuzählen, halte ich für überflüssig, da die meisten derselben nichts Abweichendes zeigen. Anzuführen wären: devant que = avant que, 441, 254; — affinque, 331 (alle drei mit folgendem Subjonctif); — pourtant, 14)das, pourtant, se j'ny la barlue, desormais je suis un vieillard, 14; mais, pourtant laissez-moy à boire, 194); — parquoy (desbalb parquoy, la mort va faire son effort, 531); — puis que (m'amye puis que vous sçavez, 44); — donc (baillez donc premier à boire, 196); — doncques (je le vueil doncques aller veoir, 246; il nous faut doncques chopiner, 272; j'ay doncques tort, 506); — comme quoy? 406 (siehe Mätzner, Syntax II, 117).

Am wichtigsten möchte wohl die Conjunction si (se) sein. 1) Si (se), wenn: Collin Thevot est en l'amende, et aussi Thibault Boutegourt, s'ilz ne comparent vers la court, en la somme de cent tournois, 98; mises seront en deffault s'ilz ne viennent appertement, 105; point ne vous fault de medecin, se près estes de vostre fin, 152; ma science est, se je meurs, pour moy perdue, 156; je mourray se l'on n'y prent garde, 187; soucy et peine, se vous n'y mettez brief remede, 213; s'en vostre affaire ne pensez vous vous en allez, 288; de riens faire, se ne luy plaist, 69; je suis basi se Dieu ne m'ayde, 133; je n'yray plus à la cohue... se j'alloye de vie à trespas, 165; se je mouroye tout maintenant, je mourroye de la mort Rollant, 169; se je boutois mon doigt dedans, ilz me pourroient jusqu'au sang mordre, 336; le cuyde que si estiez prebstre vous ne chanteriez que de sacz, 62; si ne s'y fussent pas boutez je ne les alloye mye querre, 355.

2) Si, ob: pour sçavoir s'il m'amendera, 138; dictes se je ne l'auray point, 59; dictes-moy se poinct vous voulez user de quelque medecine, 290.

3) Für ainsi: si faisois-je à son Père, 858; ferner 370, 449.

4) Für aussi: et si vous pry, 180; ferner 306, 405.

Beispiele für aussi und ainsi finden sich bei der Inversion schon angeführt.

X. Interjectionen.

Die Interjectionen sind in grosser Zahl und Mannigfaltigkeit vertreten: ay, 890; — ha, 148, 583; — hau, 4, 24; — hee, 496; — helas, 59, 166; — dea, 14, 110, 340; - las, 18, 56; — sus, 81; — sus-sus, 84; etc. Die Ausruf- und Betheuerungsformeln würden gleichfalls hierher zu rechnen sein: Dieu! 38; dieux, 5; Sainct Jehan, 112; sang bieu, 3, 202, und die andern schon angeführten.

Berlin. Dr. Muret.

Untersuchungen
über das franz. borgne, borne; trancher.

Etymologien aufzustellen, wörter auf ihre bestandtheile zurückzuführen galt noch vor kurzer Zeit für eine leichte arbeit; jetzt aber, nachdem man durch vergleichung verwandter sprachen, solcher, die eines stammes sind, und ihrer dialecte unumstössliche naturgesetze herauserkannt und aufgestellt hat, nach denen laute sich verändern, wörter gebildet und abgeändert werden, hat man feste grundlagen gewonnen, auf welche die etymologische forschung fussen muss, um zu sicheren resultaten zu gelangen und mit fast mathematischer sicherheit und genauigkeit die elemente eines wortes aufzustellen. — Früher gab gleichklang und ähnlichkeit des klanges der wörter das mittel zu ihrer etymologischen deutung ab, jetzt wissen wir: „dass eine gesunde etymologie mit dem klange der wörter nichts zu thun habe, — dass 1) dasselbe wort in verschiedenen sprachen und 2) in einer und derselben sprache verschiedene formen annimmt; dass 3) verschiedene wörter in verschiedenen sprachen und 4) in einer und derselben sprache dieselben formen annehmen; — dass, was die etymologie zu lehren erklärt, nicht bloss darin besteht, zu zeigen, dass ein wort überhaupt von einem andern abgeleitet ist, sondern dass sie auch schritt für schritt zu beweisen hat, wie ein wort regelmässig und nothwendig in ein andres verwandelt wurde" (Max Müller, lectures on the science of l; II Serie, 1. Häfte). — In unsern tagen gilt etymologie als eines der schwierigsten gebiete der sprachwissenschaft, auf dem man, geführt von den lautgesetzen, sich mit grösster, ja peinlicher vorsicht bewegen muss, um — mit Pott zu reden — nicht in den weiten welttheil des unsinns zu gerathen. — Die Dialekte einer sprache, die man ehedem beinahe verächtlich zur seite schob, als, wie Pott einmal sagt, „verdor-

102 Ueber das franz. borgne, borne; trancher.

bene abgefallenheiten," werden nunmehr als ein hauptmittel zur richtigen erkenntniss der entwickelung einer sprache, zur etymologischen aufklärung ihres wortschatzes betrachtet; denn sie enthalten einerseits die wörter oft in einer ursprünglicheren und naturwüchsigeren gestalt, andrerseits wörter, die in der schriftsprache verdunkelt nur noch in ableitungen oder gar nicht mehr vorhanden sind. — Les zones se prétent une lumière mutuelle" (Littré, hist. d. l. langue fr. III. éd. Paris 1863, II, p. 153). — Dialektische oder auch nur volksthümliche wörter haben schon in zahlreichen fällen licht gebracht über ganze wortgruppen. Ebenso oft wird durch ein verborgenes dialectisches wort eine mühsam hergestellte etymologie vernichtet, wie andrerseits eine neue unumstösslich gewonnen. — Je schwieriger aber etymologische forschung ist, um so willkommener dürften kleinere beiträge, versuche, auf diesem gebiete sein, wodurch vielleicht hier und da licht verbreitet werden könnte, um so nachsichtiger aber möge auch darüber geurtheilt werden. — Die folgenden untersuchungen bewegen sich auf dem gebiete der romanischen sprachen.

1) borgne — bourgeon — borne.

Im zusammenhange mit borgne (einäugig), borgnesse (pop. einäugiges weib), wozu éborgner, v. a. einäugig machen, jmd. ein auge ausschlagen, die knospen von gewächsen wegschneiden (vergl. ébourgeonner), sind zu betrachten: it. bornio, cat. borni, limous: borlhé, borli, (einäugig), altfr. borgnoier, im vocab. duacensis bornier (lippire), im glossar von Douai borne (schielend), mlat. borgnus, bret. born (auch karten-as); neufr. bornoyer; s. Diez, et. wört. I, 77; Diefenbach goth. wört. I, 55. — Diese wörtergruppe, die im laufe der untersuchung noch anwachsen wird, ist in ihrem ursprunge, ihrer wurzel, noch nicht genügend aufgehellt. — Dief. ibid. sucht erklärung im neuprov. bourna, „zunächst fr. borner, dann borner la vue, endlich offusquer; bornejha (nfr. bornoyer) regarder en fermant un œil, dann lorgner, examiner; bournicler in verachtender rede;" — die von ihm für obige wörter aufgestellte wurzel würde identisch sein mit der von borner, borne, welche aber bis jetzt noch nicht gefunden ist (vgl. D. II, 224; Df. goth. w. I, 300, B. 35); wir kommen darauf noch zurück. — Diez argumentirt: „hiess es ursprgl. „schielend," so ist span. bornear krümmen, ausweichen, gleiches ursprungs (vgl. sp. tuerto, gekrümmt, schielend, einäugig, und turnio schielend von tornear drehen). Woher aber dies wort? Das bret. born (s. ob.) steht zu einzeln im celt. da, um nicht verdacht der entlehnung aus d. franz. zu erregen." — Unsere aufgabe ist es, eine wurzel zu finden, deren form in jenen wörtern ohne schwierigkeit aufgeht und deren bedeutung zugleich den keim zu den verschiedenen bedeutungen ihrer abkömmlinge, das motiv zu deren bedeutungen enthält. — Die bedeutung „einäugig" ist offenbar die jüngste; ihr vorher geht, leicht begreiflich, die des „schielens," wofür ausser borne (s. ob.) auch noch das juradial. bournicler (schielen) und bornicle (schielendes auge) (Dict. géner. p. 42; s. D. I, 77) spricht; ferner, wie angegeben, trägt das der form nach hieher gehörige „bornier" die bdtg. lippire, triefäugig sein. Wollten wir der Diez'schen vermuthung der herkunft onsrer wortgruppe vom span. bornear (s. ob.) oder von dessen radix mit der bdtg. „von einer richtung ablenken, drehen od. dgl." beitreten, so könnten wir diese bdtg. „triefäugig" erst auf „schielend" folgen lassen, obwohl wir leicht einsehen, dass die bdtg. „triefäugig sein" eher zu der von „schielen" führt (vgl. lippus), als umgekehrt, während jene sich nicht direct an bornear „krümmen" anschliessen würde. Wir würden darum das motiv „biegen, krümmen" besser fallen lassen und bei „triefäugig" vorläufig stehen bleiben. — Hier hilft uns ein in Schlesien (vermuthlich auch in Oesterreich,?) vom volke gebrauchtes wort: börnickel (auch wohl gesprochen bernickel, und oft anklingend an burnickel), womit eine kleine, rundliche, mit entzündung verbundene geschwulst am augenlide bezeichnet wird, die gewöhnlich „gersten-, auch hagel- „oder hirse-korn" genannt wird (s. Sander's wörterb. d. dt. spr. s. v. korn). Die form dieses wortes stimmt ganz auffallend zu der erwähnten juradial. bornicle, und dessen bedeutung „schielendes auge" lässt sich auch leicht von dem entzündeten, mit einer geschwulst versehenen auge herleiten, durch welche der damit behaftete am sehen behindert wird und den anblick eines schielenden gewährt. — So sind wir nach der reihe von der bdtg. „einäugig," „schielend," „triefäugig" zu der „mit geschwulst versehenes auge" hinaufgestiegen. Bleiben wir hierbei — bei „geschwulst, anschwellung" als wurzel oder motiv der bedeutungen — und suchen wir nun eine wurzel für die form! — Allen jenen wörtern gehört als gemeinsamer factor ein „bor" an. Diesen finden wir mit geringer vocalmodification und der geforderten bedeutung des „anschwellens" im ahd. buxen, barren, burjan, altnord. byrja (sich erheben). (von welchem letzteren worte nach D. II, 227 auch bourgeon (knospe, gesichtsinne), engl. burgeon, stammt; vgl. ébourgeonner und éborgnerl); ferner ahd. gaburjan (nhd. gebühren), mhd. bürn, born, boren (erheben), mhd. nhd. bürzel (steiss, sot-l'y-laisse!); hierher auch: engl. bur (klette, von runder gestalt), burr (ohrläppchen, kolbenansatz bei hirschen, kalbsbröschen), burr-reed (stechapfel), burly (dickleibig, bauschig, = ahd. purlih, burlih (was sich hebt); dieselbe wurzel in empor, em-pör-ung und wohl auch in wirn-per (mhd. en-bor in die höhe); trefflich stimmt hierzu franz. dial. boure (auge des zweiges), und lombard. borin (brustwarze, knospe). — Diese germanische wurzel „bur" also, mit der bdtg. „sich erheben, anschwellen" würde den anforderungen, die man an eine wurzel stellen kann, genügen; — ob wir span. bornear (krümmen, ausweichen) und mit D. ital. borniola (falsches urteil) nun noch hierher ziehen können, darüber wage ich keinen entscheid: die bedeutungen beider wörter liessen sich vielleicht als quaternäre (mit rücksicht auf obige entwickelung der bedeutungen), mit der: „einäugig" gleichzeitig und divergirend aus der tertiären „schielen" (das auge, (vielleicht übertragen das geistige auge), von der normalen richtung ablenken) ableiten. — Noch eins müssen wir vor schluss klären: nach Diez steckt in der endung „icle" des juradial. bornicle und schweiz. bornicler das lat. oculus (vgl. D. II, 218: bigle für bis-igle aus bis-oculus, span. bis-ojo), — wie ist nun das schlesische börnickel zu derselben endung gekommen? Ist vielleicht gar börnickel aus bornicle entstanden? — wie sonderbar aber dann, rückgängig die bdtg. des „bürnickel" aus der von „bournicler" resp. bornicle, zu entnehmen! — Doch haben wir ja im deutschen das radical dem lat. wort gleiche aug-e (oc-ulus, goth. augo), woraus demin. äuglein, achles, äugel, eigel, igel, welches erhärtet in der endung von börnickel stecken kann; die erhärtung zu „nickel" ist vielleicht einer scherzhaften anspielung auf das schimpfwort „nickel," als auf etwas unangenehmes, belästigendes zuzuschreiben; scherzhaft sagt man bisweilen auch pumpernickel für börnickel; einer in mir auftauchenden vermuthung, dass die erhärtung vielleicht durch einfluss des latein. furunculus (gerstenkorn, börnickel, franz. furoncle, engl. furuncle) in transponirter gestalt: fur-nuculus bewirkt sei, wage ich hier nur beiläufig zu gedenken. Das lat. furunculus ist seine, übrigens ansprechende, erklärung aus fur (dieb) anders richtig, kann uns übrigens für die herleitung der bedeutungen von borgno, bornicle, und börnickel einen dienst leisten: wie wir von einem diebe (räuber) am lichte (fr. voleur)' sprechen, so sprach der Römer von dem gerstenkorn (börnickel) als von einem diebe am auge oder augenlichte, weshalb es gar nicht nöthig erscheint, wie Klotz es thut, furunculus, in der bedeutung von gerstenkorn und „wilder überschössling (gleichsam dieb, schmarotzer) am weinstocke, von furere abzuleiten oder mit Döderlein aus fervunculus zu erklären. — So stellen wir unter eine wurzel:

1) bourgeon, bourgeonner, bourgeonnement; — ébourgeonner, ébourgeonnement; frz. dial. boure, lomb. borin.

2) borgne, borgnesse; éborgner; bornoyer; altfr. borgnoier, bornier, borne; juradial. bornicle, bournicler; it. bornio, cat. borni, limous, borthé, borli, bret. born; — ¿ span. bornear, it. borniola? —

Und, wenngleich wir hier von D. (II, 225) abweichen, ziehen wir wohl einfacher 3) das compositum bour souffler (aufblähen, auftreiben), mit seinen ableitungen (boursufflure, boursouflu, boursouflement, boursouflage) hierher, welches D. zu bouder stellt und aus boudsouffler oder — das wall. bos-unflâ verglichen aus borsa (geschwulst) und inflare erklärt.

Endlich kann ich mich nicht enthalten, auch fr. borne (grenzstein), und borner (begränzen) hier einmal in's auge zu fassen. Nach D. (II, 224 u. 225; vgl. Df. goth. w. L, 300, B. 35, § C.) kommt es — mit rücksicht auf ein altfr. bonne, bonsne, neuprov. bouino — aus dem gleichbedeutenden mlat. bódina, bódena, zusammengezogen: bodna mit übergang des d in r. Die wurzel zu bódina führt zu bouder, boudin; boudine (knöpfchen, afr. nabel), neuprov. boudóli (bützel), engl. bud (knospe) und lat. bot-ulus, und die wurzelbedeutung würde die von „anschwellen" sein; dieselbe wurzel erstreckt sich weiter auf fr. bouton, it. bottone, mail. butt (knospe), oberdt. bütz (brustwarze), ahd. bózo (bündel), endlich auf botte, ags. butte, nhd. bütte und auf bozza (vgl. D. I, 99: bottare, botte, bozza). — Schon Pott hat (etym. forsch. II, 212, erste aufl.) auf bret. born (s. ob.) als wurzel vom nfr. borne hingewiesen, und wir möchten auch in borne lieber die wurzel „bor" (woher nach unsrer entwickelung borgne, bourgeon etc.) als „bod" finden. Uns scheint es, als habe sich neben der wurzel „bod" die andere gleichbedeutende „bor" parallel jener ausgebreitet; man vgl. ital. buttare, fr. bourgeonner, engl. bud und fr. bourgeon, oberdt. bütz (brustwarze) und lomb. borin (knospe u. brustwarze) u. s. w. Beide wurzeln tragen die bedeutung „schwellen, anschwellen," und dem franz. borne würde sich dt. (thür-) schwelle (von schwellen), lat. umbo: etw, hervorragendes, buckel des schildes und bei Statius: grenzstein, ebenso fr. marquez vergleichen lassen. Allerdings müssen wir so das altfr. bonne, bourne etc. neuprov. bouino, welche offenbar auf mlat. bódina zurückleiten, von burne und it. borni (bei Dante Inf. 26, 14) zurückweisen, — doch, sollte es nicht möglich sein, dass bis jetzt altfr. wörter mit der bdtg. grenze und der wurzel bor, bur uns bloss nicht bekannt oder ganz verloren gegangen sind? Vielleicht bildete man, zufrieden mit bonno, bourne etc. für „grenze," ein zweites wort derselben bdtg. aus der wurzel „bor" für den schriftgebrauch gar nicht aus, sondern überliess ein solches wort der volkssprache, die es schliesslich, das altfranz. schriftwort verdrängend, dem neufranz. in borne und dem ital. in borni abgab. — Man erwäge und richte!

2) trancher.

Zu trancher sind zu stellen (s. D. I, 423) it. trinciare, sp. port. trinchar, cat. trinxar, pr. trencar, trinchar, pic. trinquer, altfr. trenchier, ferner wohl (nach D.) sic. trincari (kleine losbauen), span. trincar (zerstücken), nfr. détrancher, prov. detrencar. — Schon vielfach zu erklären versucht. Diez negirt einfach und weist ableitungen von truncare, transscindere, transsecare als formell unvereinbar zurück; für die herleitung vom dt. trennen gebricht es an dem vorhandensein einer ableitung: trennicaru. Langensiepen stellt interimere, interimicare als mögliches etymon auf; näher nach D. liegt internocare (bei Prudentius: zu grunde richten), woraus prov. ontrencar (lo cim, lat. culmum internecare) entstanden sein könnte. — Schon die erzwungene weise, die anwendung der äussersten und letzten mittel der etymologie, die gewaltigen zusammenziehungen und verschneidungen, die in den meisten der angeführten wurzelwörter angewandt werden müssen, um zu dem resultat der obigen roman. wörter zu kommen, schrecken von der annahme einer derselben ab. Vielleicht gelingt es uns das etymon einfacher herzustellen. — Ital. avanzare, sp. pr. avanzar, fr. avancer u. s. w. (vgl. Diez I, 27) sind zweifelsohne directe abkömmlinge einer (zusammengesetzten) praeposition: von ab-ante, it. avanti, ebenso devancer von devant aus de abante; (beiläufig bemerkt: wie wäre es damit, auch das ital. andare, pg. sp. andar, cat. prov. anar, fr. aller etc. (s. D. I, 22), welche wortgruppe nach mannigfachen versuchen anderer, Diez mit Muratori auf ein lat. aditare verweist, auch als ausläufer dieser praepositionellen wurzel (ante, od. ad-ante) zu betrachten? — vgl.

auch Littré, hist. de l. langue fr. I, 39 ff.). Gestützt auf dieses analogen möchte Scheler dict. étym. das franz. percer von der praep. per oder vielmehr von per-s (mit adverbialem s) herleiten, obwohl man sich dieser, an sich nicht verwerflichen conjectur (die Scheler selbst als une modeste conjecture betrachtet wissen will) verschliessen müssen, wird zu gunsten der von D. s. v. pertugiare hergestellten (nach Sch. un peu hardie) von pertusiare von pertusus, pertundere, die zwar nur durch starke contraction zu percer zu gelangen vermag, doch den stärksten zeugen — die geschichte (des wortes) für sich hat. — Unter voraussetzung der analogie von avancer, devancer möchten wir den blick der etymologen für die vorliegende wortgruppe auf das goth. thairh (durch; gadh. trvinth, cymr. trwy) richten, wovon das subst. thairko (loch, oehr), (ags. thyr, ahd. derha, durchel) stammt. Doch nicht unmittelbar die goth. praep. thairh wollen wir den romanischen wörtern als wurzel unterbreiten, sondern eine verbalableitung von dem aus jener praep. entstandenen oder ihr radical verwandten subst. thairko, nämlich ein goth. thairkjan (vgl. augjan von augo, bondvjan von bandvo, wathjan aus watho), dessen dagewesensein wir wohl vermuthen können: wie sollte uns auch in den wenigen goth. fragmenten, die wir haben, der ganze goth. wortschatz vorliegen?! — Aus diesem conjicirten verbum thairkjan konnte sich durch transposition des r (thraikjan, oder nun thrikjan?, vgl. das celt.) und durch nasalirung unsrer meinung nach jene romanische wörtergruppe der form nach sehr wohl heranbilden; und die bedeutung durchlöchern führt, meinen wir, auch unschwer zu der des durchhauens, trennens.

Felix Atzler.

Beurtheilungen und kurze Anzeigen.

Goethe's Egmont und Schiller's Wallenstein. Eine Parallele der Dichter von F. Th. Bratranek, Stuttgart. Cotta. 1862. 278 S. gr. 8.

Der Verfasser, der nach der Ortsunterschrift der an seinen „Freund Walther von Goethe" gerichteten Dedication: „Freihof Finsterwald bei Kremsier," wie nach dem Klange seines Namens ein Mähre zu sein scheint, veröffentlicht unter dem obigen Titel eine Studie, von der wir es nicht überflüssig halten, zumal da dieselbe noch wenig bekannt geworden zu sein scheint, auch nach so geraumer Zeit noch eine detaillirtere Notiz zu geben. Wird auch denjenigen, der eine genauere Bekanntschaft mit der hier in Betracht kommenden Goethe- und Schillerliteratur besitzt, eben nicht viel Neues geboten, so ist es doch immerhin erfreulich, dem wohlüberlegten, klaren Gedankengange des Verfassers zu folgen, und wenn es überhaupt etwas Wohlthuendes hat, zu sehen, dass eine recht eingehende Betrachtung der Werke unserer grössten Dichter auch der jüngeren Generation noch immer möglich — und zu dieser gehört offenbar der Verfasser vorliegender Abhandlung, wenn gleich auch er schon „Reminiscenzen an bessere, wenigstens illusionsreichere Tage" besitzt, — so nimmt man mit noch um so grösserem Interesse Theil an dem, was unter der Herrschaft des Concordats, und gewiss nicht unter begünstigenden äusseren Verhältnissen von einem nichtdeutschen Verehrer unserer Dichterheroen zu Tage gefördert worden ist.

Wir erwähnen nur deshalb, dass der Verfasser verständiger Weise auf die längst beseitigte Frage, ob Schiller oder Goethe grösser sei, sich nicht einlässt, weil er, indirect wenigstens, die Bemerkung hinwirft: es sei das ebenso, wie man heute vielleicht darüber streiten wollte, ob Oesterreich, ob Preussen — natürlich in geistiger Beziehung — grösser sei, oder höher stehe. Angesichts dessen, was die neuesten Zeitläufte zur Erscheinung gebracht haben, bekommt die Frage eine gar zu sonderbare Färbung. Der Verf. geht aber im Ernst darauf aus, die beiden Dichter, wie es Schiller in einem Briefe an W. von Humboldt von einer kommenden Generation erwartete, zu „specificiren; ihre Arten einander nicht unterzuordnen, sondern unter einem höheren, idealischen Gattungsbegriff einander zu coordiniren." Das erste leistet er; das letztere konnte freilich nur in einer systematisch durchgeführten Aesthetik oder Poetik vollständig geleistet werden. Der Verf. aber giebt doch reichliche Andeutungen zur Lösung auch dieser Aufgabe.

Die bisher aufgestellten charakteristischen Unterschiede beider Dichter genügen dem Verfasser nicht. Man sagt: die Natur sei Goethe's Domäne, die Geschichte Schiller's eigenster Geisteskampfplatz: man sagt: Goethe sei ein objectiver, Schiller ein subjectiver Dichter; Goethe sei Realist, Schiller

Idealist; alles das sind, wie der Verfasser nachweist, nur halbwahre Bestimmungen, und es wäre so schwer nicht, auch das Umgekehrte in allen diesen Beziehungen geltend zu machen. Der Verf. will nun die wesentlichen Unterschiede beider Dichtercharaktere an zwei von ihren Werken nachweisen, und wählt dazu von Goethe den Egmont, von Schiller den Wallenstein, welche beiden Dramen er als Selbstbekenntnisse des Dichters betrachtet. Das Gemeinsame beider Poesien ist, dass an beiden die Dichter in derselben Periode ihres Lebens, und zwar grade in der Entwicklungs- und Consolidirungszeit des Mannescharakters, Goethe am Egmont vom sechsundzwanzigsten bis zum achtunddreissigsten (1775—1787), Schiller am Wallenstein vom achtundzwanzigsten bis zum beinah vierzigsten Lebensjahre (1787 —1799) gearbeitet haben. Ferner arbeitet Goethe immer dann am Egmont, wenn er aus einer Unentschiedenheit seiner innern oder äussern Lebensverhältnisse sich zur Selbstbethätigung seines innersten Wesens aufrafft, wofür eben die Epochen seiner Uebersiedlung nach Weimar, später der Ueberwindung der Weimarer Genieperiode, und endlich der definitiven Hingabe an die Dichtkunst, mit Beendigung jedes Schwankens nach dem Gebiet der bildenden Künste hin auf der italienischen Reise entschieden sind. Und ebenso fallen die Zeiten, in welchen Schiller sich seit dem Don Carlos mit dramatischen Arbeiten, wenn auch nur vorerst mittelst Gedankenconcipirung, beschäftigte, mit Entscheidungsepochen seiner Lebensrichtung zusammen. Zuerst das Jahr 1790, die Reise nach Erfurt, Erholung von der Krankheit, die seiner kaum in rechten Zug gekommenen Lehrthätigkeit beinah ein Ende machte, und vor Allem die durch seine Heirath begründete häusliche Existenz erfüllen ihn mit neuem Lebensmuth und erwecken in ihm die alte Vorliebe für dramatische Arbeiten. Die Bekanntschaft mit Goethe, die Arbeit an den Horen, der Abschluss seiner philosophischen Studien, die Xenien, bieten die Momente, um den Dichter zu einer neuen Stufe der Selbständigkeit emporzuheben, und damit zugleich ihn zur Poesie zurückzuführen. Die Selbstentscheidung wird endlich entschieden bethätigt durch den Abschluss des Wallenstein.

Wenn nun beide Dichter immer dann an den beiden Dramen arbeiten, wenn sie aus einem Zustande innerer Schwankungen zu bestimmter Entscheidung über ihr inneres Leben und über den eigenthümlichen Grund desselben gekommen sind, so erklärt sich daraus, dass sie in beiden Dramen Helden als dem Untergange verfallend darstellen, die eben nicht zur Selbstentscheidung gelangen können, die an der Unentschiedenheit ihres Wesens zu Grunde gehen. Es wäre eben den Dichtern auch so wie ihren Helden gegangen, wenn sie sich nicht zur Selbstbethätigung ihres Wesens aufgerafft hätten. Der Verf. weist nun sowohl aus den Dramen, wie aus den sonstigen Aeusserungen der Dichter nach, wie diese Selbstentscheidung sich bei Schiller und Goethe verschieden gestaltet, und welche Gedankenreihen durch solche Betrachtungen entschlossen werden, lässt sich schon aus der einfachen Angabe der Resultate, zu denen er auf seinem Wege kommt, erkennen. Goethe muss seine Neigung zur bildenden Kunst überwinden, Schiller seine Vorliebe zur Philosophie, um ganz Dichter zu sein. Goethe arbeitet sich überall zum Urphänomen hindurch, Schiller zum Gesetz. Goethe erkennt als eine dunkle Lebensmacht das Dämonische an (in ganz eigenthümlicher von dem Verf. gut auseinandergesetzter Bedeutung), Schiller das Schicksal. Goethe gelangt endlich zur Selbstentscheidung durch stetiges Erleben, Schiller durch gründliches Erwägen. — Der Erlebende aber muss dem Dämonischen, der Erwägende dem Schicksal unterliegen, wenn er nicht Thatkraft und den Muth zur Selbstentscheidung besitzt. So unterliegen Egmont und Wallenstein; Goethe und Schiller aber nicht, weil sie Thatkraft und den Muth der Selbstentscheidung besitzen. Beide befreien sich durch ihre Dichtungen von einem, ihrem innersten Wesen Verderben drohenden Zustand.

Die aesthetische Analyse, auf welche der Verfasser eingeht, ergiebt ihm nun das Resultat, dass beide Dramen keineswegs als vollendete Tragödien anzusehen sind. Im Egmont überwiegt das Lyrische, im Wallenstein das Epische; das eigentlich Dramatische erscheint in keiner der beiden Tragödien rein durchgeführt. Auch dieser Abschnitt enthält der interessanten Bemerkungen genug, man könnte eine ziemlich vollständige Aesthetik der Tragödie daraus entwickeln. Manche Bemerkung reizt zum Widerspruch, der sich indess doch mehr gegen die zuweilen etwas zu abstracte Form, als gegen den in derselben enthaltenen Gedanken richtet. Einen guten Schluss des ganzen Buches gewährt die Bemerkung, dass Shakspeare mit seinem Hamlet den Egmont und Wallenstein übertroffen hat. „Denn Hamlet erscheint nicht bloss um seines Inhalts, sondern auch um seiner Formvollendung willen als die Tragödie der Unentschiedenheit im eminentesten Sinne, und erst wenn man darthut (wie der Verf. es freilich in sehr abstracten Terminis vollbringt), dass darin die reichste dramatische Technik beschlossen und das Princip des passiven Egoismus zu seiner gründlichsten Entfaltung gebracht ist, fühlt man sich gerechtfertigt, Goethe's und Schiller's Unentschiedenheitsdramen die Unübertrefflichkeit abgesprochen zu haben."

Wir glauben durch das gegebene Referat hinlänglich dargethan zu haben, dass das Buch von Bratranek zu den interessanteren und erfreulichen Erscheinungen auf dem Gebiete der Goethe- und Schillerliteratur gehört: es wird keinem Verehrer unserer Dichter gereuen, demselben eine genauere Durchsicht gewidmet zu haben. Unangenehm fällt zuweilen die etwas ungenirte Ausdrucksweise auf. Doch steht die Bemerkung über Brackenburg: „er ist zwar ein Waschlappen, wie man ihn kaum im Küchendienste verwenden möchte," ganz vereinzelt da. Merkel.

Goethe in den Jahren 1771 bis 1775. Von Bernhard Rudolf Abeken. Zweite Auflage. Hannover, Carl Rümpler, 1865.

Dies nunmehr in zweiter Auflage vorliegende Buch ist nicht weniger wegen seines reichen Inhalts als ganz besonders wegen der ächt menschlichen und sittlichen Gesinnung, die sich in der Behandlung dieses Inhalts darlegt, eine erfreuliche und wohlthuende Erscheinung. Solche Gesinnung aber findet nun auch in der Freude, die sie selbst an dem dargestellten Gegenstande hat und die sie in Anderen an demselben hervorzurufen versteht, ihren schönsten, befriedigenden Lohn. Dies bewährt sich auch bei diesem Buche. Wir meinen dies aber so. Wenn so viele, sonst gebildete Menschen deswegen zu einem reinen Genuss der Schönheit eines Kunstwerks nicht gelangen, weil sie bei Betrachtung desselben vor Allem die Fehler desselben aufsuchen und glauben, durch das Hervorheben derselben ihre Verstandesschärfe, ihr kritisches Talent, ihre Kennerschaft dokumentiren zu müssen, so spricht sich in diesem Verfahren eine mehr oder weniger egoistische, also unsittliche Richtung des Innern aus, und dies unsittliche Verfahren rächt sich dadurch, dass eben der ächte Genuss und die rechte Freude an dem dargebotenen Vortrefflichen verloren geht. Es gehört ein viel feiner gebildetes, sittliches Gefühl dazu, um den entgegengesetzten Weg einzuschlagen, vor Allem die Schönheiten eines Kunstwerkes aufzufassen, über diese sich klar zu werden und sie anzuerkennen, und dieser Weg allein führt zu einem reinen Genuss und zur Freude an dem, was der Künstler producirt hat oder produciren wollte. Auch bei der Betrachtung der Werke der Natur, auch bei der Betrachtung eines Menschendaseins macht sich dieses Gesetz geltend; es bewährt sich auch durch das vorliegende Buch. Mit inniger und liebenswürdiger Pietät versenkt sich der Verfasser in die Vollkommenheiten einer so schönen Erscheinung, wie sie das Leben des Heros der deutschen Poesie darbietet; er ist ihm, wie einst Wielanden, „der herrliche Gottes-Mensch, an dem — und das weiss der Verfasser eben nach nichts verloren geht", und nur ungern und fast gezwungen wendet er sich, und mit Trauer der Erwägung dessen zu, was die Welt, deren Blicke eine so hervorragende Erscheinung, wie Goethe ist, immer von Neuem auf sich zieht, an Unvollkommenheiten an ihm entdeckt und in geflissentlicher Weise und hinlänglich sorgsam an's Licht gestellt hat. Es wäre thöricht, ein solches Verfahren des Verfassers durch eine zweideutige Benennung, wie die eines „Goethekultus" verurtheilen zu wollen. Man könnte so auch bei Winkelmann von einem Laokoon-, Apollo-, Herkuleskultus sprechen und würde sich damit sehr schief ausgedrückt haben. Wir können es aus dem Buche herausfühlen, dass der Verfasser dieselbe edle Humanität in der Betrachtung und Beurtheilung aller Erscheinungen des menschlichen Geistes, die überhaupt solcher Betrachtung werth sind, beweisen würde, dass eine reine, selbstsuchtlose Freude ihn bei Allem bewegt, was die Menschheit Herrliches hervorgebracht hat. Zum vollen Verständniss einer Persönlichkeit gehört freilich auch, dass man die Unvollkommenheiten und Fehler derselben bezeichnet als das was sie sind, und das hat der Verfasser bei Goethe auch in aufrichtigster Weise gethan. Wir glauben sogar, dass er in einigen Punkten dabei mit zu peinlicher Gewissenhaftigkeit verfahren ist, oder vielmehr dem in Cura genetzten Gerede zu viel Bedeutung eingeräumt hat. Das ablehnend-vornehme, sei es auch zuweilen — gewiss doch nicht immer — abstossende Wesen des Ministers in späteren Jahren — ist es als tadelnswerther Charakterzug in dem Wesen des Mannes zu bezeichnen? Wir zweifeln daran, sobald wir uns vorstellen: wie er denn hätte anders sein sollen und können in den Verhältnissen, in denen er sich bewegte und denen er als verständiger Mann, der dabei auch nicht Lust hatte immer „geschoren" zu sein, Rechnung tragen musste. Auch das Christenthum Goethe's möchte der Verfasser retten, was immer ein verfängliches Unternehmen bleiben wird, weil die, welche ihn in diesem Punkte verdammen, doch nicht überzeugt werden können, da er in der That ein symbolgläubiger Christ nicht gewesen ist. Diejenigen aber, welche die christliche Religion mit freierem, in die Tiefe ihres Wesens dringenden, umfassenderen Sinne ergriffen und demgemäss auch in Goethe's Werken das Wehen des christlichen Geistes verspürt haben, erwarten wohl Andeutungen darüber in dem Werke des Verfassers, verzichten aber gern in dieser Hinsicht auf eine Vertheidigung Goethe's gegen seine Gegner. Beiläufig ist es uns immer wunderlich vorgekommen, wenn von der Seite eines sehr engherzigen Christenthums auf ein Wort Goethe's aus späterer Zeit: dass er in seinem Leben nicht zwei Stunden, oder, wie der Verfasser das Wort anführt, nur wenige Wochen lang vollkommen glücklich gewesen sei, ein so grosses Gewicht gelegt und der Gedanke daran geknüpft wird, er würde eben bei einer specifisch christlichen Ueberzeugung glücklicher gewesen sein. Es ist aber offenbar, dass in dem Sinne, wie Goethe es meint, schwerlich Jemand, sei er Symbolgläubiger oder ein Anderer, von Glücklichsein reden kann. Wir glauben auch, je höher Jemand geistig sich vollendet und je mehr Energie seine Sittlichkeit gewinnt, überhaupt, eine je bedeutendere Stelle er in dem Ganzen der Menschheit einnimmt, desto weniger Augenblicke seines Lebens werden ihm zu Theil werden, in denen er sich sagen kann: er sei glücklich. Das ist nun einmal das Schicksal des Menschen, und wir können vielleicht auch ahnen, warum es so ist. — Für sehr gelungen sehen wir die Betrachtung und das Urtheil über den Mangel an deutschem Patriotismus an, die freilich, weil sie für die Jahre von 1771 bis 1775 noch nicht von eingreifender Bedeutung sein konnten, nur in allgemeinen Andeutungen gegeben sind. Es konnte sich dabei nicht um eine Vertheidigung des Mannes handeln, sondern nur um eine Nachweisung, dass auch dies Verhalten aus dem innersten Wesen des Mannes hervorgegangen sei und Goethe eben nicht anders sein konnte. Bedenklicher ist das für die Entstehung der Goethe'schen Werke so bedeutungsschwere Verhältniss zu den Frauen, mit denen Goethe in Berührung kam. Leichtsinn ist da nicht fortzuleugnen und wird auch vom Verfasser zugegeben. Man kann da nur mit einem non omnia possumus omnes durchhelfen, welches der Verfasser auch redlich angewandt hat, obgleich er mit Recht nachweist, in wie inniger Beziehung die Entstehung der Hauptwerke Goethe's grade zu dem Verhältniss zu den Frauen steht. Die wandern nun mit den Goethe'schen Werken hin in die Unsterblichkeit und mit ihnen Lotte's Gemahl, der freilich keine grosse Freude an der Art und Weise haben konnte, wie er durch den Goethe'schen Roman zu der Ehre poetischer Unsterblichkeit gekommen ist. — Siegreich konnte die Beweisführung für die oft, sogar früher auch von Schiller angezweifelte Herzengüte Goethe's sein, die durch mannigfache, zum Theil erst später in ihr volles Licht getretene Züge unzweifelhaft bewiesen ist. In dieser Hinsicht bieten die ihn umgebenden Personen viel grössere Schwächen als Goethe dar. Wir wenigstens sind überzeugt, dass Goethe niemals sich über Glücksbegünstigungen eines Andern so kleinlich und offenbar missgünstig geäussert haben würde, als Schiller es in dem Briefe an Körner über den sorgen- und geschäftsfreien Aufenthalt Goethe's in Italien gethan hat. So etwas lag seinem Charakter doch sehr fern.

Das sind ungefähr die Vorwürfe, die der Person Goethe's gemacht worden sind, und die der Verfasser, der sich an mehreren Stellen ausdrücklich gegen die Annahme verwahrt, dass er eine Lobrede auf Goethe schreiben wolle, redlich berücksichtigt. Aber des Herrlichen, wahrhaft Schönen, dessen, woran man sich von Herzen erfreuen kann in dieser Menschenerscheinung, ist doch unendlich mehr und legt sich in der Darstellung des Verfassers in durchsichtiger Klarheit zu Tage. Auch bei diesem Buche drängt sich von Neuem die Bemerkung auf, dass es wohl wenige Menschen ausser Goethe giebt, die, während man so viel von ihrem äusseren und innern Leben weiss als von ihm — was weiss man denn in beiderlei Hinsicht viel Authentisches von Dante oder Shakspeare? — doch eine so reine und schöne Ausgestaltung einer Seite der Menschheit darstellen, als grade er. Der Verfasser des vorliegenden Buches ist offenbar und mit Recht der Ansicht, dass eine noch genauere Kenntniss der Einzelheiten des Goethe'schen Lebens das Bild des Mannes, wie er es aufgefasst hat, nicht trüben, oder auch nur verändern würden; er wünscht für manche Abschnitte noch genauere Quellen und wären es auch klatschhafte Berichte nach Art der Böttiger'schen über die Weimarer Zustände. Es mag auch wohl noch Manches dahin Gehörige zu Tage kommen, aber die wesentlichen Züge stehen fest, und für die wichtige Periode aus Goethe's Leben, von 1771 bis 1775, sehen wir das Werk Abeken's als abschliessend an. Die Absicht des Verfassers war: „jene Jahre wie eine Knospe darzustellen, aus der sich so Grosses entwickeln und entfalten sollte; eine Knospe freilich, die im Einzelnen schon zugleich die schönste Blüthe und die reifste Frucht ist;" er wollte „den Boden schildern, durch dessen Kraft und Säfte der genährt werden musste, der nach Italien gelangt, schreiben konnte: ich zähle einen zweiten Geburtstag, eine wahre Wiedergeburt von dem Tage, da ich Rom betrat." Diese Absicht hat der Verfasser vollkommen erreicht; er hat das Wesen des Jünglings in allseitiger Beziehung dargestellt und verfolgt sie in jener Periode angelegten Fäden, soweit es zum Verständniss derselben nöthig ist, in Andeutungen auch in das Mannes- und Greisenalter hinein. „Möge ein Anderer von tieferer Einsicht und grösserer Geschicklichkeit — mit grösserer Liebe brauche ich nicht zu sagen — die an die von uns behandelte Periode von Goethe's Leben sich anreihende schildern" wünscht der Verfasser. Wir glauben, die Welt würde vollkommen zufrieden sein, wenn ein Mann von derselben Tiefe der Einsicht und derselben Geschicklichkeit und mit derselben Liebe zu

Beurtheilungen und kurze Anzeigen.

der dargestellten Persönlichkeit, wie sie der Verfasser bewiesen hat, das Werk fortzuführen wollte. Er würde auf die volle Dankbarkeit aller Verehrer Goethe's, überhaupt aller derer, die das Schöne in einer Menschenerscheinung zu würdigen und zu lieben verstehen, rechnen können.

Merkel.

Romanische Poeten. In ihren originalen Formen und metrisch übersetzt von Ludwig Adolf Staufe. Wien, 1865. A. Pichler.

Nachdem die Gebrüder Schott uns mit den Märchen, W. v. Kotzebue mit der Volkspoesie des daco-romanischen Volksstammes bekannt gemacht haben, empfangen wir unter obigem Titel eine Sammlung von Productionen seiner neuern und neuesten Kunstdichter. Es sind im Ganzen 21 Dichter, aus deren Poesien der Uebersetzer Proben giebt; dazu kommen als Anhang ein im Versmass des Nibelungenliedes gehaltenes, längeres, erzählendes Gedicht: „Die Gründung von Bukurest", in welchem der Uebersetzer einen der Volkssage entnommenen Stoff selbst, wie es scheint, in Verse gebracht hat, und 12 Volkslieder. Statt „Poeten" würde es also besser, wenn der Titel das ganze Buch decken soll, „Poesien" heissen. Doch das ist unwesentlich; der Hauptsache nach lehrt das Werk allerdings Poeten kennen, die am untern Donaustrande, in der Bukowina und Siebenbürgen in daco-romanischer Zunge des Sanges pflegen. Wodurch nun sind sie würdig, in das europäische Dichterconcert, das seit Herder in deutscher Zunge so vielstimmig erklingt, einzutreten? Der Umkreis ihrer Stoffe reicht nicht grade weit. Vorwiegend sind es zwei Dinge, an denen die Flamme ihrer Begeisterung sich entzündet: Die Liebe und das Vaterland. Unter den erotischen Liedern sind manche sehr zart, innig und sinnig; aber es dürfte schwer sein, sie nach ihrer specifischen Eigenthümlichkeit deutlich zu characterisiren. Wir wollen hier nur Folgendes hervorheben. Erstens zeichnen sie sich, so zu sagen, durch ihren üppig-reichen Blumenschmuck aus, wobei Blumen im eigentlichen Sinne gemeint sind. Wie die romanischen Volkslieder so gern mit der Anrufung des grünen Blattes beginnen, wie der gemeine Moldauer und Walache sich gern mit Blumen schmückt, so tritt dieser nationale, blumenfreundliche Sinn veredelt auch in der Kunstdichtung auf. Mit Blüthen und Blumen treibt zwar die Lyrik eines jeden Volkes ihr sinnreiches Spiel, nirgends aber vielleicht prangt und duftet es gleichsam so von den lieblichen Gaben der Flora, wie in der Lyrik des daco-romanischen Volkes. So wenigstens darf man schliessen nach den hier gebotenen Proben; ja wir finden hier eine Art Apotheose der Blume in einer Gedichtgattung, welche wir unten näher bezeichnen werden. Mit diesem zunächst hervorstechenden Zuge in der Physiognomie jener Poeten hängt nun auf's Innigste ein zweiter zusammen, nämlich eine gewisse Weichheit ihrer Sprache, die hin und wieder selbst bis zur Weichlichkeit hinabsinkt. Ob der Dichter in glühenden Tönen das gegenwärtige Glück der Liebe preist, oder sehnend und thränend des entschwundenen gedenkt, oder in schmachtendem Werben auf zukünftiges hofft, ich finde durchschnittlich nicht, dass ein kräftiger, kühner, männlicher Laut sich seiner Brust entringt. Mit der Geliebten im Arm — Trotz der ganzen Welt! — Diese Situation und die Stimmung dieser Situation ist nirgends in den vorliegenden Gedichten ausgeprägt. Sind die Frauen der Moldau und Walachei zu leicht, oder die Männer dort zu seicht? Wer die Verhältnisse etwas kennt, weiss, dass im Allgemeinen Beides zutrifft. Uebrigens sind bis auf eine gewisse, unserm Gefühl anstössige, dort wahrscheinlich — ländlich, sittlich — erlaubte Freiheit, alle in diesem Buche gesammelten Gedichte durchaus rein und decent. Als dritten eigenthümlichen Zug der uns beschäftigenden Kunstdichtung nenne ich das Vorkommen zweier Liedergattungen, deren Muster der dortigen Volksdichtung entnommen ist. Es sind dies die Doina und die Hora, welche der Uebersetzer in seinem Vorwort (S. XI.) so characterisirt: „Die Doina ist ein Lied der tiefsten Trauer, der wehmüthigsten Klage. Sie drückt alle Empfindungen der Liebe, der Sehnsucht, des Schmerzes, aber auch der Rache und des glühendsten Hasses aus. Die dazu erfundene Weise ist im Volke ein unendlich klagender Ton, und es liegt in ihr — wie Alexandri (einer der übersetzten Poeten) sich ausdrückt — die Bedeutung der Trauer um den entschwundenen Glanz Romaniens. Wenn der Bauer sie in seiner stillen Einsamkeit singt, so beginnt er mit einem hellen klagenden Ton, den er minutenlang dehnt, bis er auf das eigentliche Lied kommt. Die Hora dagegen ist mehr heitern Characters; sie ist auch nichts anderes als ein Tanzlied, das aus dem lateinischen Worte chorus (?) seinen Stamm erhalten hat. Ihre Entstehungsweise liegt gewöhnlich in der Improvisation (vgl. S. 189). Eine eigene Kunstform hat weder die Doina, noch die Hora." Ob die beiden Liederarten in der romanischen Kunstdichtung häufig auftreten, vermag ich nicht zu bestimmen; wie es scheint, ist es nicht der Fall. Die Doina weist aber zum Theil schon über den engen Kreis der erotischen Poesie hinaus, und so wenden wir uns zu dem zweiten grossen Stoffgebiete, das sich offenbar in der romanischen Dichtung stark hervordrängt. Dies ist das patriotisch-politische, vertreten in allen Schattirungen. Wir finden Lieder, welche in froher Begeisterung einfach dem Heimathsgefühl Ausdruck geben, Lieder, welche die Sehnsucht des Verbannten nach der Heimath schildern (die romanische Poesie enthält nach Aussage des Uebersetzers ziemlich viele Verbannungslieder, jedoch ohne dass, wie er hinzufügt, in jedem Fall anzunehmen wäre, dass der Dichter die Bitterkeit des Exils gekostet); wir finden ferner Lieder, welche, vor der politischen Wiedergeburt der romanischen Fürstenthümer gedichtet, sich in zornig-wehmüthigen Klagen über das Unglück des von Fremden zertretenen Vaterlandes ergehen, dann andere neuesten Datums, welche bald zur Union aufrufen, bald die vollzogene patriotisch feiern und hoffnungsfroh die Zukunft begrüssen; wir finden endlich eine Reihe von Gedichten, die sich in die Zustände und Ereignisse einer bessern Vergangenheit versenken, um in episch-elegischem Ton die Thaten und Schicksale der Helden des alten Romaniens zu besingen; hin und wieder bricht ein politisch-patriotischer Accent selbst in einem erotischen Gedicht durch, und solche, in denen es geschieht, gehören unbedingt zu den kräftigsten ihrer Gattung. Ein starkes, zuweilen (s. S. 23, Kriegsgesang) selbst prahlerisch übertreibendes Nationalbewusstsein spricht sich in den Gesängen dieser eben specifirten Stoffreihe aus; der vorwaltende Ton ist jedoch der der Trauer und der Klage, und so bestärken sie den aus dem zuerst Besprochenen empfangenen Eindruck, dass wir es hier mit einer im Ganzen weichen, von elegischen Stimmungen getragenen Poesie zu thun haben.

Es folgt aus diesen Bemerkungen von selbst, dass alle in diesem Buche vertretenen Dichter sich durchaus als Lyriker kennzeichnen. Als solche erscheinen auch diejenigen unter ihnen, die uns angeblich epische Schöpfungen entgegenbringen. Unser Buch enthält einige längere, halb erzählende, halb schildernde Dichtungen, die schon der eigenthümlichen Richtung ihres Stoffes wegen besondere Erwähnung verdienen. Sie versetzen nämlich in eine phantastische Wunder- und Zauberwelt, in die Welt der Elfen, Feen und Dämonen, indem sie theils freier Erfindung entsprungen, theils, wie es scheint, auf Volksmärchen und selbst uralte mythologische Vorstellungen zurückzuführen sind (hier die Apotheose der Blumen in Gestalt der Blumenfee Mariora Floriora im gleichnamigen Gedicht von Basil Alexandri); andern Vorwurf haben andere Dichtungen dieser Art: Stoffe, die dem orien-

Beurtheilungen und kurze Anzeigen.

talisch-türkischen Leben entlehnt sind. Alle aber gehören zu den farbenreichsten und duftigsten Gaben des ganzen Buches; sie entfalten eine erstaunliche, schwellende Fülle erfinderischer Gestaltungskraft, in ihnen paart sich die hochfliegende, üppige Phantasie des Orients mit der Feinheit, Sauberkeit und Sinnigkeit occidentalischer Darstellungskunst, nur gehören sie eben nach Geist und Haltung keineswegs in das Genre der Poesie, in welches ihre Sänger sie stellen möchten.

Die dramatische Poesie der Romanen ist nach Aussage des Uebersetzers erst im Werden, und so bringt denn auch sein Buch — als Probe vermuthlich dramatischer Dichtkunst — nur ein Fragment einer, einen patriotischen Stoff behandelnden Oper von J. Eliade.

Demeter Bolintinian heisst der Dichter, den der Uebersetzer an die Spitze aller romanischen Dichter setzt, ihm zunächst stellt er den schon erwähnten Basil Alexandri, als dritten neben sie einen Dichter Georg Sion; von diesen enthält denn auch seine Sammlung die meisten und allerdings besten Stücke. Drei andere — Gregor Alexandresku, Georg v. Assaki, A. Donitsch — lernen wir als Fabeldichter kennen. Unter den Uebrigen tritt bedeutender heraus Georg Kretzian.

Was die Form unserer Dichtungen betrifft, so ist trochäisches Versmass weitaus das vorherrschende, während im Vers- und Stropheubau eine ziemliche Freiheit, zuweilen selbst völlige Regellosigkeit hervortritt. Der Uebersetzer sagt, dass er in diesem Punkte seinen Originalen gefolgt sei, und macht ihnen denselben zum Vorwurf; abgewichen sei er von seinen Mustern nur da, wo diese (wie z. B. in Mariora Floriora) 10, ja 16 und 18 Verse continuirlich zusammenklingen liessen. Dass im Deutschen solche Reimanhäufungen unerträglich sein würden, darin hat er jedenfalls Recht (man lese z. B. die 8 gleichgereimten Verse S. 29 und S. 35), aber es ist dem deutschen Ohr ebenso unangenehm, wenn der Reim zu mager d. h. unrein ausfällt, und diesen Fehler zeigt seine Arbeit nicht selten. Schwirrt — friert, Seele — schnelle, Güter — bitter, ziert — wird, Gefühle — Stille, irr' — Dir, Romänen — erkennen, schöne — Thräne, verschönt — Monument, um nur Einiges zu nennen, berühren unschön. Leider kommen solche Reime zu häufig vor, hin und wieder auch eine holprige und dunkle Satzconstruction, endlich noch Schlimmeres — Sprachformen oder Sprachwendungen, die völlig undeutsch sind, wie z. B. fallst; tragst; fallt; gefallt; niederfallt; lasst st. lässt; nimm' ich's wahr; die Beile st. das Beil; auf sein Wesen, auf die Welt, auf Gott vergessen, ja — an den Rauch der Welt vergessen! Uebrigens trotz der gerügten Mängel zeugt die Arbeit des Verfassers doch von einem nicht geringen Uebersetzertalent; manche seiner Uebertragungen — ihre Treue freilich vorausgesetzt — lesen sich so glatt und leicht wie Originale.

Wir hätten noch einige minder erhebliche Ausstellungen zu machen, doch unterlassen wir sie, um ein Wort zu reden über den Anspruch des Verfassers, dass sein Buch eine „wissenschaftliche Berechtigung" habe. Diese können wir ihm nur in einem bestimmten und eingeschränkten Sinne zugestehen. Wir erfahren — etwa mit einer Ausnahme — in seinem Buche nicht, aus welchen Sammlungen oder Blättern die Originale der von ihm übersetzten Dichtungen geschöpft sind, wer von den Dichtern lebend oder todt ist, wer einer älteren oder einer jüngeren Generation angehört, worin die literarischen Gesammtleistungen eines jeden bestehen, noch weniger erhalten wir Andeutungen über den Bildungsgang des Einen oder des Andern. Solche und ähnliche Notizen allein würden indess dem Buche einen wirklich wissenschaftlichen Werth zu geben im Stande sein, wie sie andrerseits bei unsrer Unkenntniss der literarischen Zustände im weiland Cnaanischen Reiche eine eingehende und gerechte Würdigung der betreffenden Dichter erst ermöglichen würden. Der Verfasser meint zwar in seinem allgemein orientirenden und, nebenbei bemerkt, nicht gut stylisirten Vorwort, dass ein er-

8*

schöpfender Bericht über die poetische Nationalliteratur der Romanen bei dem Mangel eines historischen Werkes über diesen Gegenstand nicht von ihm zu verlangen sei, aber da er zugleich von Vorarbeiten spricht, die in dieser Richtung existiren, da sein Vorwort ferner von Kronstadt, also aus der Nähe der Heimath seiner literarischen Schützlinge datirt ist, so wäre es vielleicht doch nicht so unmöglich gewesen, einige der bezeichneten, so wünschenswerthen Notizen herbeizuschaffen. Immerhin bleibt das Unternehmen des Verfassers eine interessante Erscheinung und behält das Verdienst, dass es an seinem Theile dazu beiträgt, eine Lücke in unserer „Weltliteratur" auszufüllen.

Dr. Marthe.

Werth der Sprachvergleichung für die classische Philologie. Eine Antrittsvorlesung, gehalten an der Universität zu Gräz am 18. April 1864, von Dr. Karl Schenkel. k. k. o. ö. Professor der class. Philologie. Gräz, 1864. Leuschner & Lubensky.

Der Verfasser characterisirt zunächst kurz die beiden ehemals waltenden Hauptrichtungen des Sprachstudiums, die grammaticalische und die philosophische, bestimmt hierauf das Wesen und die Tendenz der vergleichenden Sprachforschung und führt dann sein Thema so aus, dass er mit raschen Schritten alle Gebiete durchgeht, auf denen die Tochterwissenschaft der Mutter hülfreiche Hand geleistet hat. Er zeigt, wie und an welchen Punkten das Wesen und die Bildungsgeschichte der griechischen sowohl wie der lateinischen Sprache, ihre Laut- und Formenlehre, ihre Syntax, ihre Etymologie, im Griechischen die Accentuationslehre, ferner die Metrik beider Sprachen durch die Sanskrit- und vergleichenden Sprachstudien in helleres Licht gesetzt sind; er weist ferner darauf hin, wie und wo die letzteren das Verständniss der griechischen und lateinischen Literatur gefördert, wie die Urgeschichte der beiden in Betracht kommenden Völker, ihre Mythologie, die Privatalterthümer, endlich worin der Gymnasialunterricht durch jene Studien gewonnen haben. Das Ganze ist ein klarer, bündiger, stets auf Beispiele gestützter Rechenschaftsbericht über die bisherigen Bestrebungen und Leistungen der vergleichenden Sprachforschung, wohl geeignet, jeden philologisch gebildeten Mann, der damit etwa noch im Rückstande ist, anzuregen, sich wenigstens mit den Resultaten dieser Forschung bekannt zu machen.

Dr. Marthe.

Programmenschau.

Beitrag zur methodischen Behandlung des deutschen Sprachunterrichts, besonders in den unteren Gymnasialclassen. Von H. Schüder. Programm des Gymnasiums zu Altona. 1865. 4. 17 S.

Indem der Verfasser einen neben der Lectüre hergehenden grammatischen Unterricht für nothwendig hält, stellt er diesen Lehrgang auf: 1. Für Septima. Allgemeine Betrachtung des Wortes und seiner Theile (Anschauen und Namen der Gegenstände, der Eigenschaften und Thätigkeiten derselben), so wie des Satzes und seiner Theile (einfache nackte Satz) und besondere Betrachtung des Hauptwortes (Personen- und Sachnamen, Concrete, Abstracta, Geschlecht, Artikel, Einzahl und Mehrzahl, einfache und zusammengesetzte Hauptwörter, Bildung der Hauptwörter aus Zeit-, Haupt- und Eigenschaftswörtern), des Eigenschaftsworts (Attribut und Prädikat, Declination, Comparation. Bildung der Adjective), des Zeitworts (zielende und ziellose, Nenn- und Aussageform, Tempora, Person- und Zahlformen, persönliche Fürwörter, Activum und Passivum, Conjugation im Indicativ). 2. Für Sexta. Wiederholung, dann Erweiterung. Wortlehre: Substantiv (Eigennamen, Appellative, Collective, schwache und starke Declination), Adjectiv (bezügliche und unbezügliche), Verbum (bezügliche und unbezügliche, unpersönliche, Hülfszeitwörter, Modus, Conjugation im Indicativ und Conjuctiv), Wortbildung (Pronomen, Zahlwort, Adverb, Präpositionen). Satzlehre: (verschiedene Wortarten für Subject und Prädicat, bejahende und verneinende Sätze, Frage-, Befehl- u. ä. Sätze, Interpunction, der erweiterte Satz, Attribut, Object, Umstandsbestimmung). 3. Für Quinta. Wiederholung. Conjunction. Der zusammengezogene Satz (die copulativen, adversativen, causalen Conjunctionen). Der zusammengesetzte Satz (Haupt- und Nebensätze, Beiordnung, verschiedene Nebensätze, Substantiv-, Adjectiv-, Adverbial-Satz, deren Arten, Verbindung und Verkürzung. — In Bezug auf das Lehrverfahren ist festzuhalten, dass die Schüler aus mehreren gleichartigen Spracherscheinungen das Sprachgesetz selbst finden. Dazu eignen sich besonders Sprichwörter, bekannte Verse, geschichtliche und naturgeschichtliche Data. Schriftliche Uebungen müssen sich anschliessen, wozu der Lehrer nur theilweise den Stoff selbst gibt, und zwar zunächst in der Classe selbst, die häuslichen Arbeiten beziehen sich dann auf die Aufsuchung des Aehnlichen aus einem schon besprochenen Lesestück. Nach Absolvirung eines Abschnittes treten die sog. Elementirübungen hinzu. d. h. Zergliederung eines Sprachganzen mit Rücksicht auf die erworbenen Sprachkenntnisse, und zwar namentlich nach den Satzarten. Was die Orthographie betrifft, so kann nur verlangt werden von dieser Stufe, dass die Schüler zur sicheren Anwendung der üblichen Schreibweise befähigt werden, weshalb die Lehrbücher desselbe orthographische System befolgen müssen. Ihre sichere Anwendung ist hauptsächlich Sache des Auges und der Erinnerung, daher dem Schüler ein möglichst grosser Reichthum von Wörtern nach und nach zur Anschauung vorzuführen und Buchstabirübungen nicht zu vernachlässigen sind; allgemeine Regeln lassen sich am besten an die Betrachtung der verschiedenen Wortarten, der Wortbiegung und Wortbildung anknüpfen.

Der deutsche Satz. Für die untersten Klassen der Mittelschulen. Von Ed. Hermann. Programm der Theresien-Akademie zu Wien. 1865. 8. 44 S.

Die Abhandlung tritt ohne Vorrede auf; es scheint, dass sie als Lehrbuch den Schülern in die Hände gegeben werden soll. Die Einrichtung ist diese, dass zuerst eine sehr grosse Zahl von Sätzen gegeben wird, dann die daraus sich ergebenden Lehrsätze folgen. Wie erhalten somit eine recht gründliche Betrachtung des Satzes, aber in einer solchen Ausdehnung und Zergliederung, dass in einer so wissenschaftlichen Behandlung, dass für den Zweck der Schule eine bedeutende Vereinfachung nöthig sein möchte. Der erste Abschnitt behandelt den einfachen nackten Satz, der zweite den einfachen erweiterten mit besonderer Betrachtung des Attributs, des Objekts (wieder in sechs Theile geschieden), des Umstandes (wieder in vier Theile zerfallend, und der 4. Theil: Umstand des Grundes, zerfallend in Sachgrund, Stoff, Mittel, Erkenntnissgrund, Beweggrund, Zweck, Bedingung, Gegengrund), der dritte den zusammengesetzten Satz und zwar 1, die Satzverbindung und zwar a, Copulative, b, adversative, c, begründende, d, erläuternde Satzverbindung, 2, das Satzgefüge und zwar a, Substantivsatz, b, prädicativer Nebensatz, c, Attributivsatz, d, Adverbialsatz, aa, des Ortes, bb, der Zeit, cc, des Grundes, dd, der Modalität, α, der qualitativen, β, der quantitativen Modalität. Dann erst folgt im 4. Abschnitt der mehrfach zusammengesetzte Satz. Im Anhang wird eine Anzahl von Wörtern zusammengestellt, bei denen eine doppelte Schreibung vorkommt, die richtigere der andern gegenübergestellt.

Der Begriff der Prosa. Von Rector Prof. Dr. Scheele. Programm des Gymnasiums zu Merseburg. 1865.

Das Thema, sagt der Verfasser sehr richtig, kann auch heissen: Ueber den Unterschied der Poesie und Prosa. Beide zusammen machen die Literatur aus. Die Literatur ist der durch Rede vermittelte Ausdruck eines Volkes über sein ganzes inneres und äusseres Leben. Je ärmer das geistige Leben eines Volkes, desto dürftiger auch seine Literatur; obgleich ganz entblösst von allen Anfängen einer Literatur kaum ein Volk gedacht werden kann. Auf den Unterschied zweier Grundformen des Bewusstseins führt der Verfasser den Unterschied der Poesie und Prosa zurück. Der Namen der Prosa als prosa, provessa oratio drückt nur einen Unterschied der Form aus, ist aber keine nothwendige Bestimmung des Wesens der Prosa; denn es gibt viele poetische Erzeugnisse in prosaischer Form, und umgekehrt

Rein wissenschaftliche und praktische Stoffe sind in der Zeit des Verfalls poetisch geformt, aber es gab auch eine Zeit, wo die Trennung zwischen Poesie und Prosa noch nicht eingetreten war und der Stoff selbst noch die poetische Form von Hause mitbrachte; man denke an die griechischen Lehrgedichte. — Daher macht nicht der Inhalt den Unterschied der Poesie und Prosa aus, sondern die Form. Und zwar die Form des Inhalts, so dass nun Poesie ist Ausdruck des Bewusstseins in der Form des Gefühls, der Phantasie, der Vorstellung, Prosa in der Form der Reflexion, des Verstandes, des Gedankens.

Daher, da im Bewusstsein die Sphäre des Gefühls und der Phantasie der Entwicklung des begriffsmässigen Denkens vorausgeht, ist der Zeit nach die Poesie früher als die Prosa. Beweis die griechische Literatur. Aller Stoff wird auf jener Stufe poetisch angeschaut, Alles wird Poesie. Ferner, die Poesie strebt nach der Schönheit der Form, die Prosa nach der Wahrheit des Gedankens. Die Sprache der Poesie ist daher bildlich, die äussere Form rhythmisch und melodisch; der Gedanke soll anschaulich dargestellt werden; wie verschieden sind die Schlachtenbilder Homer's und Xenophon's. In ihrer reinsten und strengsten Form ist die Sprache der Prosa bild- und farblos, so bei Cäsar und Aristoteles.

Proben eines Wörterbuches der österreichischen Volkssprache von Hugo Mareta. Zweiter Versuch. Programm des Gymnasiums zu den Schotten in Wien. 1865. 8. 72 S.

Der erste Versuch dieses Idioticons erschien 1861. Dieser zweite ist seiner Anlage nach von jenem sehr verschieden. Während jener nur die lebende Volkssprache berücksichtigte, so hat jetzt der Verfasser seinen Plan bedeutend ausgedehnt und will die ganze Entwicklung der österreichischen Sprache, vom 13. Jahrhundert bis auf die Gegenwart, nach den vorhandenen Quellen nachweisen. Daher hat er angefangen, die ganze österreichische Literatur vom 14. Jahrhundert an auszuziehen und manche bisher ganz übersehene Schriftsteller (darunter auch Abraham a St. Clara) auszubeuten. Es soll also jetzt das Wörterbuch ein Seitenstück zu Schmeller's bairischem Wörterbuch werden. Die vorliegende Probe umfasst die Buchstaben R und S und gibt besonders solche Artikel, die bei Schmeller ganz fehlen oder dessen Arbeit wesentlich erweitern; meistens ist Hinweisung auf das Alt- und Mittelhochdeutsche, soviel sich dazu Gelegenheit darbot, der Raumersparniss wegen weggelassen. In der Einleitung waren die zahlreichen Quellenwerke für diese Probe genannt, deren Titel kaum ausserhalb Oesterreich bekannt sein mögen. Der Buchstabe S umfasst mehr als drei Viertel der Abhandlung. Durchlesen wir dieselbe von Anfang an, von den Artikeln: Rab (roh), Rabanschen (überraschen), Rabiat (ausser sich), Rablerisch (unordentlich, heftig), Rabach (Gewinn), Babarbara, Baberl (Teigmasse), Rebela (abzupfen), Rebell (Lärm), anrebellen (aufwecken, foppen), verrebellen (vergeuden), Ribeln (reiben, tadeln, rüffeln), Robeln (raufen), rucken (zücken), rid (Augenblick), ridig (zäh, saftlos), refolter (Lärm, Unruhe), refsen (züchtigen, schelten) u. s. w., so sehen wir gleich, dass wir eine Arbeit von grossem wissenschaftlichem Werthe vor uns haben. Der Verfasser ist zu derselben durch seine Schüler durch Zettelschreiben unterstützt worden. Möge ihm diese Hilfe auch fernerweit nicht entgehen, seine dringende Bitte aber auch an alle diejenigen, welche des österreichischen Dialekts mächtig sind, ihn zu unterstützen, vielfachen Anklang finden.

Beitrag zur Dialektforschung in Nordböhmen. Von Ignaz Petters. Programm des Gymnasiums zu Leitmeritz. 1865. 4. 12 S.

In dieser Abhandlung setzt der Verfasser seine lobenswerthen Forschungen über den Dialekt seiner Heimath fort. Sie umfasst die Buchstaben h, t, n, v, w, z. Wie die früheren, führt sie die Dialektformen der Wörter in alphabetischer Folge vor. Zu sammern nennt Roferent das westfälische Sämmelpeter und Darnelpeter (von langsamen Menschen), zu selbend das westfälische sülwegge. Unter erschifzen macht Petters aufmerksam auf das mittelhochdeutsche erschüpfen — ausreufzen, dessen Bedeutung protrudert bei Grimm W. B. III. 975 auf die mittelhochdeutschen Belegstellen nicht passt; entschopfen fehlt bei Grimm. Zahlreiche Vergleichungen mit den andern deutschen Dialekten zeugen für den ausserordentlichen Fleiss des Verfassers, dessen Beiträge auch für die hochdeutsche Schriftsprache sehr wichtig sind. Möge sein Wunsch, dass sich auch in seinem engern Vaterlande das Interesse für Dialektsammlungen mehre, in Erfüllung gehen.

Ueber den rheinisch-fränkischen Dialekt und die Elberfelder Mundart insbesondere. Von Dr. Gust. Schöne. Im Programm der Elberfelder Realschule. 1865. 4. 12 S.

Die im fränkischen Dialekt stark hervortretende Neigung zu Nasallauten führt nebst anderen Erscheinungen den Verfasser zu dem Ergebniss, dass nicht der Einfluss des Französischen Schuld daran sei, sondern dass umgekehrt der Einfluss der Franken in der französischen Sprachbildung sich daran erkennen lasse. Der fränkische Dialekt ist überhaupt ein getrübter, besonders unrein erscheint die Elberfelder Mundart. Der Einfluss des Niederdeutschen ist noch grösser als dem Verfasser scheint. Viele Ausdrücke, die ihm in dem Elberfeldischen aufgestossen, sind im Niederdeutschen weit verbreitet; die Form nix (S. 7) ist niederdeutsch.

Ueber J. Böhme als Begründer der neueren Religionsphilosophie. 2. Abtheilung. Von dem Lehrer Milarch. Programm des Gymnasiums zu Neu-Strelitz. 1865. 4. 30 S.

In weiterer Verfolgung des im Februar 1853 begonnenen Thomas hat der Verfasser J. Böhme, der auch für die Geschichte der deutschen Sprache eine wichtige Persönlichkeit ist, in seiner Bedeutung für Theologie und Philosophie dargestellt. Er nimmt dabei nicht blos Rücksicht auf Böhme's Schriften, sondern auch auf die neueste philosophische Literatur, und im Gegensatz zu den neuesten lutherischen Theologen, die auch nach den gründlicheren philosophischen Arbeiten der Neuzeit die herben Urtheile, welche die gleichzeitige Theologie über Böhme fällte, nicht aufhören ihn zu verdammen, tritt er für denselben als einen frommen und bedeutenden Denker in die Schranken. Er charakterisirt ihn daher genauer zuerst in seinem Verhältniss zu Cartesius und Spinoza, sodann zu Poiret, diesem erst in neuester Zeit gebörig gewürdigten reformirten Theologen, und zu Leibnitz, endlich aber auch im Verhältniss zu Schelling, dessen enger Anschluss an Böhme nachgewiesen wird. Auffallend ist die Nichterwähnung der Arbeit von A. Peip (1860) über Böhme.

Ueber die weltbürgerliche Richtung unserer klassischen Literatur. Von Oberlehrer E. Einert. Programm des Gymnasiums zu Arnstadt. 1865. 4. 16 S.

Ein Zug zum Weltbürgerthum, sagt der Verfasser, liegt in unserer Nation; aber besonders hat sich diese Richtung in der Literatur am Ende des 18. Jahrhunderts ausgesprochen. Grund desselben ist einerseits das gesunkene nationale Bewusstsein unseres Volkes, die Unkenntnis der glorreichen Vergangenheit, andererseits nach dem patriotischen Aufschwunge unter Friedrich dem Grossen die spätere Politik Preussens, ferner die äusserlich unehrenvolle Stellung der Vertreter der Literatur, besonders aber die geistige Bewegung, die von Rousseau ausging und zur Humanitätsidee führte, zur Verachtung des Patriotismus. Besonders ist Herder für das Weltbürgerthum begeistert und Lessing schien die Vaterlandsliebe eine heroische Schwachheit; der Patriotismus der Alten war Wieland ein Greuel; Göthe war durch seine gesunde Natur vor den Schwärmereien anderer Weltbürger gesichert, aber zu den Weltbürgern rechnete auch er sich; Schiller ist als Dichter, wie als Historiker und Philosoph, auch in dieser Einseitigkeit befangen. Jean Paul ist die Vaterlandsliebe nichts als eine eingeschränkte Weltbürgerliebe. Nicht minder huldigte Kant dieser Richtung. In den ersten Jahren der französischen Revolution steigerte sich das Weltbürgerthum bis zum Enthusiasmus, man denke an Klopstock, an Forster. Als die blutige Wendung der Revolution die Franken nicht mehr als Weltbeglücker erscheinen liess, gab man die Ideale selbst nicht auf, sondern zog sich auf geistige Gebiete zurück; Deutschland erscheint als ein halbbarbarisches Land in vielen Schilderungen Göthe's, Jean Paul's, Hölderlins; der Wandsbecker Bote und Möser worden verkannt. — Aber unter der äussern Noth erwachte bald ein anderer Geist. Schiller wandte sich der Vaterlandsliebe zu, seine Dichtungen begeisterten später das Volk zum Kampfe. Göthe und Wieland aber verehrten die Grösse Napoleon's, und Hebel, der begeisterte Freund seiner Heimath, hat kein Mitgefühl für die Schmach des deutschen Volkes. Die neuerwachende Sehnsucht unserer Nation nach den Gütern des eigenen Vaterhauses spiegelt sich zunächst in der Romantik; die deutsche Heldendichtung, das deutsche Volkslied erheben wieder wie in alter Zeit. So erstarkte der nationale Geist. An die Spitze der nationalen Bewegung stellen sich die bekehrten Weltbürger Görres und Fichte. In der Literatur der Freiheitskriege finden wir den warmen Pulsschlag deutschen Lebens.

Ueber Lessing's Emilie Galotti. Von Fr. Diez, Lehrer an der höheren Töchterschule zu Magdeburg.

Der Verfasser gibt kurz den Stoff an, den Lessing vorfand, und den Plan des Stückes, und widerlegt einige Einwürfe, welche gegen die Composition desselben und gegen die Motivirung der That Odoardo's erhoben sind. Was den Schluss betrifft, den schwierigsten Gegenstand, so lässt er sich auf denselben nicht ein.

Ueber einige weibliche Charaktere in Schiller's Dramen. Von Dir. Dr. Lilienthal. Programm des Progymnasiums in Röschel. 1865. 4. 22 S.

Der Verfasser polemisirt mit Recht gegen Hoffmeister, der alle Schiller'sche Frauencharaktere in die sentimentale, heroische und kaltverständige Richtung vertheilt; er weist nach, wie der Begriff der Sentimentalität, wenn man ihn richtig fasse, wenig auf mehrere passe. Amalie und Luise gehören unstreitig zur Gattung der falschen Sentimentalität, die Gräfin Wallenstein durchaus nicht, auch kaum Beatrice. Bertha im Fiesko ist ohne Empfindelei, sie zeigt sich aber durchaus nicht gleichmässig. In Hedwig, die Hoffmeister sehr unrichtig beurtheilt, welche vielmehr der beste weibliche Charakter ist, den Schiller gedichtet hat, ist keine Spur von weichlicher Sentimentalität; ebenso ist Bertha im Tell ohne Ueberspanntheit. Maria Stuart ist als starke Seele fast durchweg gezeichnet. In Thekla ist alles blühende Jugendfrische. Leonore im Fiesko ist weit von dem Heroismus entfernt, dem sie Hoffmeister nähert.

Ueber Schiller's Wallenstein. Von Th. Hohenwarter. Programm des Gymnasiums in Görz. 1865.

Eine kurze Geschichte der Entstehung des Dramas und eine im Ganzen nicht unrichtige Charakteristik der Hauptpersonen des Lagers, Wallenstein's selbst und der wichtigsten unter seinen Freunden und Gegnern. Ein interessantes Bild von den Gymnasien in Friaul bietet der Anhang, welcher Abiturientenarbeiten von deutschen, italienischen und slovenischen Schülern in ihrer Muttersprache und im Deutschen enthält; die Aufsätze des Italieners und des Slovenen zeugen von einer sehr anerkennungswerthen Herrschaft über die deutsche Sprache.

Jean Baptiste Rousseau. Eine literarische Skizze von Realoberlehrer Dillmann. Programm der höhern Bürgerschule zu Wiesbaden. 1865.

Jean Baptiste Rousseau (geboren 1670, gestorben 1741) hat bei seinen Landsleuten die verschiedensten Beurtheilungen gefunden. Der Verfasser setzt nicht blos auseinander, dass er, worüber man einverstanden ist, für das Drama durchaus nicht geboren war, sondern auch, indem er seine lyrischen Gedichte analysirt, dass er in diesen hinter seinen Vorbildern weit zurück blieb, dass es ihm zwar nicht an Eleganz der Form, wohl aber an einem tiefen und wahren Gefühl mangelte. Das ungünstige Geschick, welches ihn sein Leben hindurch verfolgte, hat er selbst verschuldet; übermässige Eitelkeit und Unbesonnenheit haben ihn in die vielfachen Irren gestürzt.

Herford. Hölscher.

Miscellen.

Ueber die nur in Verbindung mit Präpositionen auftretende Relativform *qui* im Französischen.

Ueber diese Form, mit deren richtiger Auffassung auch die Lehre von der Rection der französischen Präpositionen eng zusammenhängt, finden sich in den am meisten gebräuchlichen Schulgrammatiken immer noch so widersprechende Angaben, dass es vielleicht nicht überflüssig sein dürfte, dieses *qui* einer näheren Betrachtung zu unterziehen. Durch dasselbe ist z. B. der sonst treffliche Knebel veranlasst worden, in § 57, c und § 65 seiner Schulgrammatik zu behaupten, dass die französischen Präpositionen den Nominativ regieren. Ist das aber nicht ein arger Verstoss gegen die Grundsätze der allgemeinen Grammatik? — Schmitz (Französische Grammatik in möglichster Vollständigkeit und Einfachheit, S. 64) giebt die Regel: „Der Accusativ *que* geht keine Verbindung mit Präpositionen ein. Daher werden *qui* und *quoi* in Verbindung mit Präpositionen sowohl fragend als bezüglich gebraucht." Schmitz nimmt also wohl an, dass die französischen Präpositionen den Accusativ regieren und dass auch *qui* ein solcher Accusativ sei. — Plötz lehrt in seinem Elementarbuche (S. 166): „Die Präpositionen regieren keinen Casus;" in seiner Schulgrammatik spricht er von deren Rection gar nicht, macht aber in Nr. 88 des Anhangs folgende Bemerkung: „Dem Latein lernenden Schüler mag man die Regel geben: Die französischen Präpositionen regieren den Accusativ, da man ihm sagen und an Beispielen deutlich machen kann (*pont* von *pontem*, *dent* von *dentem* u. a. w.), dass die französische Form des Nomens aus der lateinischen Accusativform entstanden ist. Doch muss man dann gleich hinzufügen, dass die Accusativform des Relativs *que* (aus *quem*) im Neufranzösischen niemals mit einer Präposition steht." — Borel in seiner *Grammaire française* § 120, 11, sagt: „La plupart des prépositions sont immédiatement suivies de leur régime, qui, pris isolément, offre la forme d'un *régime direct*, mais qui, avec la préposition, remplit la fonction d'un régime indirect;" und dann in der Anmerkung: „Il est très-remarquable, que dans le pronom relatif c'est la forme du *sujet qui*. et non la forme du régime direct *que*, qui figure avec la préposition." — Und so liesse sich die Zahl der von den für die Schule schreibenden Grammatikern aufgestellten Ansichten über dieses *qui* leicht vermehren; möge es genügen, in den angeführten die Hauptrichtungen angedeutet zu haben.

Von den historischen Grammatikern unterscheidet Diez (Grammatik der romanischen Sprache, II. 104) einen Accusativ *que* und einen präpositionalen Casus *qui* (vgl. III. 352); Mätzner (Französische Grammatik mit besonderer Berücksichtigung des Lateinischen, S. 175) gibt als Accusativ des Relativs an: „*que*; *qui* mit Präpositionen," glaubt also auch, dass die französischen Präpositionen den Accusativ regieren.

124   Miscellen.

Sollte sich die Sache nun nicht folgendermassen verhalten. Man unterscheidet bei allen andern Arten des französischen Pronomens zwischen *conjoints* und *absolus*; warum nicht auch beim Relativ? Allerdings muss sich, dem ganzen Wesen des Relativs entsprechend, ein solcher Unterschied bei dieser Pronominalgattung im Französischen darauf beschränken, dass das absolute Relativpronomen seine absolute Kraft nur dann zeigen kann, wenn es in Verbindung mit Präpositionen steht. Gerade wie bei dem absoluten Personalpronomen gelehrt werden muss, dass man dasselbe nur braucht 1) in Antworten und Vergleichungen, wo das Pronomen ohne Zeitwort steht; 2) nach *c'est*, *ce sont*; 3) wenn auf das persönliche Fürwort entweder *seul*, *même*, eine Ordnungszahl, eine Apposition oder ein relatives Fürwort folgt; 4) nach Präpositionen: so liegt es in der Natur der Sache, dass für den Gebrauch des absoluten Relativpronomens nur der vierte Fall übrig bleibt.*) Dem „präpositionalen Casus", den Diez annimmt, würde man dann also nur einen angemesseneren Namen (absolutes Relativpronomen) geben; denn wollte man einen „präpositionalen Casus" für das Relativpronomen annehmen, so müsste man am Ende dasselbe für das Personalpronomen thun (moi wäre dann der präpositionale Casus für me, toi für te u. s. w.).

Leider fehlt es uns noch immer an einer wirklich brauchbaren Schulgrammatik, die für das Französische etwa dasselbe leistete, was Curtius für das Griechische gethan hat. Wenn ich auch nicht der Ansicht bin, dass eine solche, auf wissenschaftlichen Grundsätzen basirte Grammatik bereits bei dem Elementarunterrichte im Französischen zu Grunde gelegt werden müsse — Manches aus derselben dürfte sich jedoch auch hier schon besser verwerthen lassen, als man gewöhnlich thut — so halte ich doch dafür, dass wenigstens der Unterricht in der Prima, und nicht bloss des Gymnasiums, sondern auch der Realschule, ein Eingehen auf die historische Grammatik nicht abweisen darf, dass er vielmehr den Forschungen der Wissenschaft Rechenschaft tragen muss. Natürlich kommt es auch hier darauf an, überall das richtige Mass zu treffen.

Für eine solche, in die Wissenschaft einleitende Schulgrammatik würden nun die bei unserm *qui* in Betracht kommenden Punkte etwa folgendermassen dargestellt werden können:

1. Die französischen Nomina sind zum grössten Theile **) aus der Accusativform der entsprechenden lateinischen Nomina abgeleitet. Das französische Nomen ist darum aber kein Accusativ oder irgend ein anderer Casus, sondern eine abstracte Wortform. Die Casusverhältnisse werden theils durch die Stellung dieser Wortform im Satze (Nominativ und Accusativ), theils durch Präpositionen (Genitiv und Dativ) ausgedrückt. Nur bei den Pronoms personnels und relatifs conjoints haben sich Reste wirklicher Casusflexion erhalten (*me*, *te*, *se*, *lui*, *le*, *la* etc. — *que*).

2. Da die abstracte Wortform also an und für sich keinen Casus darstellt, kann auch keine französische Präposition einen Casus regieren. Es steht nach jeder wirklichen Präposition eben nur eine abstracte Wortform, deshalb auch nie einer der noch erhaltenen wirklichen Casus (*me*, *te* etc. — *que*).

3. Das Relativ ist, wie alle andern Pronominalgattungen, entweder conjoint oder absolu. Die Pronoms relatifs conjoints *qui* (Masculinum und Femininum) und *que* (Neutrum) haben noch einen Rest alter Casusflexion, nämlich den Accusativ *que* (Masculinum, Femininum und Neutrum), der aber, nach der unter 2 gegebenen Regel, nie nach einer Präposition stehen kann. Die Präpositionen verbinden sich nur mit der abstracten Wortform der Pro-

---
*) Im Altfranzösischen findet sich indess auch *qui* für den Accusativ *que*, aber ebenso selten, wie *qu*e für den Nominativ *qui*.

**) Der Zusatz „zum grössten Theile" ist nöthig wegen genre — traître, maire, moindre u. s. w.

noms relatifs absolus, *qui* und *quoi* (aus dem Accusativ des conjoint *que* gebildet, wie *moi* aus *me*), worauf sich, der Natur des Relativs entsprechend, der Gebrauch der Pronoms relatifs absolus dann auch beschränkt.

Krotoschin. Franz Schwalbach.

Der Nachlass Mazzuchelli's.

Im Anfange dieses Jahres ist in die päpstliche Bibliothek des Vaticans eine etwa dreissig Bände umfassende Sammlung von Manuscripten gekommen, welche für die Geschichte der italienischen Literatur wichtig ist. Unter den Italienern, welche sich mit Erforschung ihrer vaterländischen Literatur beschäftigten, nimmt im vorigen Jahrhundert eine der ersten Stellen ein der Brescianer Graf Giammaria Mazzuchelli (geb. 28. October 1707, gest. 19. November 1765), ein reichbegabter, fleissiger Gelehrter, welcher sich ebenso sehr durch die von ihm veröffentlichten Schriften, als durch den anregenden Einfluss, den er auf Andere in und ausserhalb seiner Vaterstadt auszuüben verstand, grosse Verdienste erwarb. Der persönliche literarische Einfluss auf seine Umgebung gipfelte in der von ihm in Brescia gegründeten Conversazione Letteraria, einer Art literarischen Kränzchens, dessen Mitglieder sich vom 18. April 1738 an, freilich mit grossen Unterbrechungen, bis 1762 wöchentlich einmal in seinem Hause versammelten. Giambatista Scurella nennt dies in seiner Vorrede zum 3. Band der „Physica General." nicht mit Unrecht „neluti omnium literarum et literatorum domicilium." Seine zahlreichen kleineren Schriften sind mit geringen Ausnahmen Vorstudien zu seinem grossartig angelegten Hauptwerke, vor dessen Vollendung ihn der Tod ereilte. Sie sind mit Hinzufügung der wünschenswerthen literarischen Notizen in der bald nach seinem Tode pseudonym erschienenen Biographie aufgezählt, welche den Titel führt: Vita costumi e scritti del Conte Giammaria Mazzuchelli Patrizio Bresciano, in Brescia MDCCLXVI. Der am Schluss der Widmung an den Venezianer Grafen Giannandrea Giovanelli genannte Verfasser „Nigrelio Accademico Agiato" ist Gio. Batta. Rodella, welcher als Akademiker jenen fingirten Namen annahm. Die Biographie zeugt nicht von grossem Talent des Autors, doch sind die Lebensnachrichten genau und zuverlässig zusammengestellt, freilich nicht ohne widerliche und inhaltsleere Lobhudelei, wie sie damals Unsitte war. Jedenfalls liest dieser Versuch sich noch besser, als die servil geschriebene Biographie der Gemahlin Mazzuchelli's von dem Geistlichen Guadagnini, welche in demselben Jahre in gleichem Verlage unter dem Titel erschien: „Orazione in lode della Signora Barbara Chizzola moglie del Conto Giammaria Mazzuchelli Patrizio Bresciano composta dal Signor D. Giambatista Guadagnini Arciprete di Civitade e indivizzata a Nigrelio Accademico Agiato." Die Uebersicht der gedruckten (S. 80 bis 112) und handschriftlich (S. 112 bis 115) erhaltenen Werke Mazuchelli's findet sich im Anhange des Rodella'schen Buchs. Die sechs veröffentlichten Bände seines, besonders durch Anregung des Canonicus Paolo Gagliardi unternommenen Hauptwerks, betitelt: Gli Scrittori d'Italia, cioè Notizie Storiche e Critiche intorno alle Vite ed agli Scritti de' Letterati Italiani del C. G. Mazzuchelli Bresciano; fol. Brescia 1758 fgg., umfassen nur die Schriftsteller, welche mit den Buchstaben A und B beginnen. Ihr Werth für die italienische Literaturgeschichte ist allgemein bekannt. Die handschriftlich hinterlassenen Vorarbeiten Mazuchelli's erstreckten sich natürlich gleichzeitig auch auf die übrigen Autoren; einigermassen druckfertig ausgearbeitet sind sie nur für die Buchstaben C und D und einen Theil von E, für die andern Lettern des Alphabets aber sind besonders schätzenswerthe Nachweise über die Quellen vorhanden, woraus die Nachrichten über die einzelnen Autoren 'zu schöpfen sind; bei einem Bearbeiter des Nachlasses wird sich das „facile est inuentis addere" sicher bewähren. Nächstdem bietet der weitschichtige Briefwechsel des Grafen ein erhebliches Interesse dar. Der ganze Nachlass war lange Zeit hindurch aus Italien fort, in den Händen eines Nachkommen, des Grafen Giovanni Mazzuchelli in Brünn in Mähren, welcher ihn vor Kurzem der Bibliotheca Vaticana zum Geschenk machte. In einem trefflich stilisirten, separat gedruckten Artikel hat der verdiente Scritora der Vaticana, Giuseppe Spezi, Professor der griechischen Literatur an der römischen Universität der Sapienza, dem Geber zunächst kurz gedankt; ein genaueres Verzeichniss des Nachlasses lässt sich augenblicklich noch nicht zufügen, da der Secretär des um die mathematischen Wissenschaften hochverdienten Fürsten Baldassare Boncompagni, Namens Narducci, mit Abfassung eines detaillirten Berichte darüber beschäftigt sein soll, dessen Veröffentlichung in Bälde bevorzustehen scheint. Für deutsche Gelehrte, welche sich mit dem Studium der italienischen Literaturgeschichte beschäftigen, und denen es möglich ist, in den nächsten Jahren Rom zu besuchen, ist diese kurze Anzeige bestimmt. Die Benutzung des Apparats wird ohne Zweifel in derselben Weise gestattet werden, wie die aller übrigen Manuscripte der Vaticana.

Rom, am 10. Mai 1868.   W. Studemund.

Esch.

Grimm, im Wörterbuche III. p. 1140, sagt unter Esch: „Dem östlichen Niederdeutschland (Hannover, Holstein etc.) scheint der Ausdruck fremd und wenn ihn Niebuhr verwendet — erinnerte er sich seiner wohl aus Möser und wandelte das n richtig in ein f. — Diese Meinung unsers grossen Meisters möchte nicht ganz richtig sein. Niebuhr, der Sohn eines Hadlers, kennt ihn aus seinem Stammlande. An der Südseite Otterndorfs liegt eine Interessentenweide, die noch heute Esch genannt und, wie aus den Redensarten „nachdem, — über den Esch gehen" zu vermuthen sein möchte, sogar männlich gebraucht wird, natürlich im hiesigen Niederdeutschen. — Früher wird hier zwischen dem Medemflusse und dem Walle ein kleines Thor gewesen sein, denn noch jetzt spricht man von einer Eschpforte.

J. Vollbrecht.

Verbesserungen und Nachtrag zur vorigen nummer; artikel: über „was für ein."

Pag. 400: statt goth. hvileiks oder hvēlliks lies „hvileiks oder hvēleiks."
Pag. 401: Z. 14, v. ob: Z. 16, 20 u. 25: statt des „w" in waswereiner, wer ist zu setzen: digamma aeolicum.
Vor die worte „In Schlesien kann man ganz ähnlich" etc. füge man ein: „So lange das a in „wäsereiner" lang ausgesprochen wurde, war das bedürfniss einer interpolation nicht vorhanden; sobald aber, wie es jetzt auch noch der fall, das a kurz, und das s dadurch in der aussprache vollständig zur ersten silbe gezogen wurde: was-er-einer," entstand eine leicht fühlbare, unbequeme lücke zwischen „was" und „er," ein hiatus im eigentlichsten sinne, der sich als „f"-laut absetzte und so gewissermassen versteinerte.

Felix Atzler.

Bibliographischer Anzeiger.

Allgemeines.

O. Lorenz, Catalogue général de la librairie française pendant 25 ans.
I. Livr. (Paris, Leipzig, Brockhaus.) 1½ Thlr.

Lexicographie.

K. F. W. Wander, Deutsches Sprichwörter-Lexicon. 12. & 13. Lfrg. (Leipzig, Brockhaus.) à 20 Sgr.
N. J. Lucas, Deutsch-engl. Wörterbuch, 15. Heft. (Bremen, Schünemann.) 15 Sgr.

Literatur.

W. Wackernagel, Sechs Bruchstücke einer Nibelungenhandschrift aus der mittelalterlichen Sammlung zu Basel. (Basel, Georg.) 16 Sgr.
Ph. Wackernagel, Das deutsche Kirchenlied. 15. & 16. Lfrg. (Leipzig, Teubner.) à 20 Sgr.
W. Lindemann, Geschichte der deutschen Literatur. (Freiburg, Herder.) 12 Sgr.
E. Labes, Charakterbilder der deutschen Literatur. (Jena, Fischer & Hermsdorf.) 20 Sgr.
H. Smidt, Theodor Körner. Ein Dichter- und Heldenleben. (Neu-Ruppin, Oehmigke.) 12½ Sgr.
A. Hédouin, Goethe, sa vie et ses oeuvres, son époque et ses contemporains. (Bruxelles, Lacroix.) 3 fr. 50 c.
L. J. Stein, Rückert's Leben und Dichten. (Frankfurt, Sauerlaender.) 5 Sgr.
K. Windel, Graf Friedr. Leopold Stolberg. (Frankf. a/M., Verl. f. Kunst u. W.) 3 Sgr.
R. Springer, Schiller's Jugendjahre. (Neu-Ruppin, Oehmigke.) 12½ Sgr.
O. F. Gruppe, Leben u. Werke deutscher Dichter. Gesch. der deutschen Poesie in d. 3 letzten Jahrh. 2 Bd. 5. & 6. Lfrg. (München, Bruckmann.) 16½ Sgr.
E. W. Sievers, William Shakspeare. Sein Leben und Dichten. 1. Bd. (Gotha, Berger.) 2 Thlr. 6 Sgr.
A. O. Kellog, Shakespeare's delineations of insanity. (New-York & London.) 7 s. 6 d.
J. Haeney, a course of english literature. (London, Tinsley) 7 s. 6 d.
Ch B. Turner, Our great writers. A course of lectures upon english literature. vol. II. (Petersburgh, Münz.) 2 Thlr.
H. Warrens, Germanische Volkslieder der Vorzeit. (Hamburg, Hoffmann & Campe.) 1½ Thlr.

Games, Gutierre Diez de, Bruchstücke aus den noch ungedruckten Theilen
d. Vitorial. Hrsg. v. F. G. Lemcke. (Marburg, Elwert.) 8 Sgr.
A. Kalischer, Observationes in poesim romanensem provincialibus in primis respectis. (Berlin, Dümmler.) ⅓ Thlr.
G. Solling, Passages from the works of Shakespeare selected and translated into german, including the english text. (Leipzig, Brockhaus.)
24 Sgr.

Hilfsbücher.

G. Dieckhoff, Leitfaden für den deutschen Sprachunterricht in analytischer Methode. 5. Aufl. (Münster, Theissing.) 10 Sgr.
R. Fischer, Kurze Formenlehre der deutschen Sprache. (Bromberg, Aronsohn.) 2 Sgr.
Joh. Meyer, Deutsches Sprachbuch f. höhere allemannische Volksschulen.
2. Cura. (Schaffhausen, Brodtmann.) 12 Sgr.
W. Ruess, Deutsches Sprachbuch f. Schule u. Haus. (St. Gallen, Köppel.)
21 Sgr.
C. Gude, Erläuterungen deutscher Dichtungen. Nebst Themen zu schriftl.
Aufsätzen, mit Umrissen u. Ausführgn. (Leipzig, Brandstetter.) 25 Sgr.
E. L Rochholz, Der deutsche Aufsatz 9 Abthlngn. stilist. Aufgaben u.
Ausarbeitungen. (Wien, Braumüller.) 2 Thlr.
K. Schaedel & F. Kohlrausch, Mittelhochdeutsches Elementarbuch.
2. Aufl. (Haunover, Habn.) 24 Sgr.
E. Lentz & H. Mensch, Manuel de composition française. I. Partie.
(Berlin, Böttcher.) 12 Sgr.
C. Handow, Lehrbuch der englischen Sprache für höhere Unterrichtsanstalten. 2. Theil, Secunda. (Elberfeld, Baedeker.) 20 Sgr.
J. C. A. Winckelmann, Lehrgang d. engl. Sprache f. Anfänger. (Gotha,
Opetz.) 12 Sgr.

Erklärung
der alten Ortsnamen in der Provinz Brandenburg.

Einige, die meine Interpretationen der in der Beschreibung Germaniens von Tacitus vorkommenden Völkerschaftsnamen im Manuscript gelesen hatten, forderten mich vor einiger Zeit auf, eine, den Forderungen der altslavischen oder celtischen Sprache entsprechende Erklärung der alten Ortsnamen in der Provinz Brandenburg, welche Erzeugnisse dieser Sprache sind, zu schreiben. Diese Arbeit hatte für mich in so fern einige Schwierigkeit, als mir bei mehreren entfernten Orten ihre natürliche Lage, welcher die alten Ortsnamen ihre Entstehung verdanken, nicht bekannt, oder doch nur wenig bekannt war. In vielen Fällen unterstüzten mich jedoch die in Riehl's Beschreibung der Mark Brandenburg und des Markgrafthums Niederlausitz enthaltenen Andeutungen der besonderen, hervorragenden und in die Augen fallenden Naturgegenstände, an welchen die Städte dieser beiden Landestheile gelegen sind. Wo diese Andeutungen mangelten, habe ich die in Rede stehenden Namen nach den Regeln des sprachlichen Celtismus, der in uralter Zeit auf beiden Seiten der langen Linie vom Ost-Cap in Indien bis zum Cap St. Vincent in Portugall ohne Zweifel, wenn auch in mehreren, von einander etwas abweichenden Formen oder Idiomen geherrscht hat, interpretirt. Aus der (nachfolgenden) Erklärung der alten Ortsnamen in der Provinz Brandenburg wird man ersehen, dass ich die der altslavischen oder celtischen Sprache eigenthümliche fünffache Stufe der Wörter, die einen in der Natur von mehrfacher Ausdehnung und Grösse vorkommenden Gegenstand besonders bezeichnen, z. B. Gur, Gor, Gar, Ger, Gir; Run, Ron, Ran, Ren, Rin u. s. w. nicht unbeachtet gelassen habe. So sehr diese Abstufung (Gradation) der Wörter, die das Alterthum machte, die genaue Bestimmung der Grösse eines in verschiedener Ausdehnung vorkommenden Naturgegenstandes förderte, so schwierig ist es, in unserer modernen ärmeren Sprache die Wortnüancen der celtischen Sprache mit einem Worte wieder zu geben, und z. B. den Unterschied zwischen Lug und Lag, und zwischen Log und Leg genau zu bezeichnen. Nicht minder schwierig ist es auch, die Bedeutung der Präpositional-Ortsnamen, die in der Provinz Brandenburg noch öfterer vorkommen als in Italien und Frankreich, mit einem einzigen Worte der deutschen Sprache vollständig und richtig auszudrücken.

Berlin.

Der Name Berlin ist aus dem Adjectiv berole entstanden. Das Adjectiv berole, welches anderswo berowe lautet, stammt von dem Hauptworte Ber ab. Ber ist der vierte Grad der Wurzel Bur, d. h. hoher Berg, hoher Bergwald, bezeichnet einen kleinen Berg, einen Hügel, und berole eine Gegend, in welcher sich einige Hügel befinden. Berolin, zusammengezogen Berlin, ist ein kleiner (in) Ort, der auf und an niedrigen Anhöhen, Hügeln, gelegen ist. Der Name gehört der celtischen oder altwendischen Sprache an, und der Ort, den er bezeichnet, war ohne Zweifel schon viele Jahrhunderte vor der Zeit vorhanden, wo die Deutschen ihn occupirten und ihn zu einer Hauptstation ihrer Herrschaft machten. Der Name Berlin stammt nicht von dem Worte Bär (ursus) ab, aber eben so wenig auch von dem Beinamen des askanischen Fürsten, der den damit bezeichneten Ort eroberte.

Cöln.

Cöln ist nicht aus dem lateinischen Worte colonia entstanden, sondern aus der Wurzel Kul, die im vierten Grade Kel lautet. Kel ist ein kleiner, sanft ansteigender Berg, oder ein Hügel, und Kelin contracte Keln ein Ort, der auf einem, oder an einem Hügel liegt. Wenn das o in dem Namen Cöln eine Geltung hat, so ist anzunehmen, dass die Anhöhe, welche dem Orte den Namen gegeben hat, auch Kol genannt wurde, und dass die Namen Kelin (Keln) und Kolin neben einander bestanden.

Potsdam.

Die in einer Urkunde des Kaisers Otto des Dritten vorkommende Benennung „Pots-Dupini," von der Viele den Namen Potsdam abgeleitet haben, bezeichnet ohnstreitig ein Terrain oder einen District, in welchem ein Dorf, oder eine Stadt liegen konnte, und der den Namen Potsdubini (nicht Dupini) führte. Die Benennung Potsdubini (richtiger pod Dubini) d. h. unter dem Eichwalde, hat Aehnlichkeit mit den Benennungen Pod-Jydlini, d. h. unter dem Tannenwalde, und Pod-Brieseni, d. h. unter dem Birkenbusche. Es ist die Frage, ob in dem Originale der erwähnten Urkunde Pots gestanden hat. Wahrscheinlich ist das sprachwidrige s später zu der Präposition pod, d. h. unter, die auch pot lauten konnte, hinzugefügt worden, um die in dem Namen Potsdam vorkommende Sylbe Pots zu gewinnen. Der Name Potsdam ist nach meiner Meinung auf folgende Weise entstanden. An dem grossen Wasser, an dem Havelflusse, bauten sich celtische oder altwendische Fischer (Kiezer) an, und gaben dem, von ihnen angelegten Orte den Namen Pota, welcher Name aus der Präposition po, d. h. an, bei, und aus dem Hauptworte Ota, dem zweiten Grade der Wurzel Uta, d. h. das grosse Wasser, der Strom, zusammengesetzt, und dem Ortsnamen Buda (Ofen an der Donau) ähnlich war. Das po und Ot verband man zu einer Sylbe, wie dies auch in Buda und Budissin so wie in Pullitz geschehen ist. Obgleich aber Pot schon an sich ein grosses Wasser, oder Etwas an dem grossen Wasser bedeutet, so wurde doch in der späteren Zeit dieses Wort noch augmentirt, und durch die Augmentation erhielt man aus Pot oder Pota Potiza, und dieses Wort wurde dadurch dem Worte Budiza ähnlich. Das z in den wendischen Vergrösserungswörtern verwandelte man oft in s oder ss. Durch diese Umwandelung lautete nun Potiza und Budiza, Potiss und Budiss oder Budiss. Budiss oder Budiss erhielt die Endung in (Budissin), was aber bei Potiss nicht geschah. Hier warf man bei der Zusammenziehung des Wortes (Potiza) in der zweiten Sylbe das i und am Ende das a fort, und erhielt auf diese Weise das einsylbige Pots. An dieses Wort hing man Dam, welches mit dem celtisch-gallischen Dunum (Lugdunum, Vallodunum) gleichbedeutend ist, und so wie

Erklärung der alten Ortsnamen

in Amsterdam, Rotterdam durch Stadt, Burg übersetzt werden kann.

1. Der Teltow'sche Kreis.

Charlottenburg mit Lützow.

Luża, Lusa ist eine Lache, ein Sumpf, ein stehendes Wasser. Das Wort Luża wird mit einem durchstrichenen l (ł) geschrieben, was andeutet, dass das Wort an manchem Orte auch Wuża gesprochen wird. Lużow ist ein Ort, der in einer niedrigen wasserreichen Gegend liegt. Das slavische ż repräsentirt in Lützow das tz. Das Wort Luża oder Wuża, Lusa oder Wusa kommt in der altwendischen Sprache in allen 5 Graden (Lusa, Losa, Lasa, Lesa, Lisa) vor. Von diesem Worte rühren viele Ortsnamen in der Lausitz (Lusatia) und im Brandenburgischen her. Eine härtere Form von Luża oder Lusa ist Luta (Lutetia Parisiorum). Der Name Lützow ist im Wendischen wie die Namen Berlin, Potsdam männlichen Geschlechts (ton Lützow).

Mittenwalde.

Diejenigen, welche wähnen, dass viele alte Ortsnamen in der Provinz Brandenburg ein Erzeugniss der deutschen Sprache sind, behaupten, dass Mittenwalde einen Ort bezeichnet, der mitten im Walde gelegen ist, oder gelegen war. Diese Erklärung des Namens Mittenwalde ist ohnstreitig unrichtig. Das, dem Worte Mitten angehangene Walde rührt nicht von dem deutschen Worte Wald her, sondern ruht nur mit demselben auf einer und derselben Wurzel, nämlich auf Wul, welches im dritten Grade Wal lautet, und welches eine Erdanhöhe, einen (mittelmässigen) Berg bezeichnet. Waleta oder Waleda, contrahirt Walda (Walde) bedeutet Dorf, einen kleineren Ort, wie Werda, Felde, und ist weiblichen Geschlechts. Welche Bedeutung hat aber das Wort Mitten, welches im 14. Jahrhunderte Midden lautete? Es ist unzweifelhaft, dass in diesem Worte w mit m vertauscht worden ist, wie dies in mehreren altslavischen (celtischen) Ortsnamen geschehen ist. Z. B. in Mogolz (wo Golz), Mukwar (Wugwar), Mückenberg (Wükenberg), Mietau (Wietau) in Curland, Niemitsch (Niewitsch) u. s. w. Auch in dem italischen Milano (Mailand) ist das v oder w in m übergegangen und aus Vilano oder Wilano (medio Lanum) Milano entstanden. Vertritt in dem Namen Mittenwalde das m die Stelle des w (Wi-Itin), so ist Mitten mit Widdin, Wettin, Witten-Berg gleichbedeutend, und bezeichnet einen Ort, der an Gewässern, Flussarmen liegt. In der Nomenclatur der wendischen Ortsnamen, die sich in der Hauptmann'schen Grammatik findet, wird bemerkt, dass die Wenden Mittenwalde Chudowina oder K-Udowina, von Udowe oder Wudowe, d. h. wasserreich nennen. Dies spricht auch dafür, dass Mitten das, was Witten bedeutet. Witten im Ortsnamen Witten-berg bezeichnet die beiden Bäche, welche durch die Stadt fliessen.

Teltow.

Dieser Name ist zusammengesetzt aus der Präposition ti, welche anderswo si, schi, tschi, in der Oberlausitz auch pschi lautet, und an, bei bedeutet, und aus Let, welches die vierte Stufe der Wurzel Luta (Luża) ist, und eine Lache, eine nasse Niederung (hier den Rand der Telte-Bæke) bezeichnet. Die Präposition ti hat sich dem e in Let assimilirt, und die Endung ow deutet an, dass Teltow in alten Zeiten zu den grösseren Orten der Gegend gehörte. Teltow ist männlichen Geschlechts, ton Teltow. Teltow hat seinen Namen von der Beschaffenheit des Terrains, an welchem oder auf welchem der Ort liegt, und nicht von Tschelata, d. h. Kälber, und eben so wenig von Zelten. Höchstwahrscheinlich existirte Teltow schon viele Jahrhunderte, als Carl's des Grossen Sohn im Jahre 806 in der Gegend von Barby mit einem Kriegsheere über die Elbe ging, um die Wenden an der Ober-Elbe und die Böhmen zu bekriegen.

Teupitz.

Dieser Ort hiess in früheren Zeiten Tewpez. Der Name ist nicht von Dub, d. h. die Eiche, abzuleiten, sondern von dem weit verbreiteten Worte Wupa (Upa), welches in allen 5 Graden in verschiedenen Formen vorkommt, und einen Fluss, einen Strom (Oby), einen See, auch bisweilen das Meer bezeichnet. Das Wort Wupa wird, wie bekannt, bisweilen mit einem durchstrichenen l (ł) geschrieben, welches andeutet, dass an manchen Orten das W wie L gesprochen wird. Das W wird bisweilen mit dem darauf folgenden Vocale amalgamirt, und in diesem

Falle erhält man statt des Wortes Wupa Upa, statt Wopa Opa, statt Wapa Apa, statt Wepa Epa, statt Wipa Ipa. — In Tewpez ist Weba in Webiza und in Teupitz Wuba in Wubiza, d. h. das grosse Wasser, augmentirt. Lupa (Wupa) wurde auch Luba gesprochen und geschrieben. Davon rühren die Namen Lübben, Lübbenau, Lauban u. s. w. her. Im zweiten Grade lautet Upa Opa. Von Opa, vergrössert Opitza, stammen her die Ortsnamen Opitz in der Oberlausitz, Oppenau, Oppenhain, das asiatische Jope (Si-Ope), in welchem letzteren die Präposition Schi, d. h. an, bei, durch das, dem französischen j (jamais, dejà) gleichlautende J vertreten wird, und Sinope am schwarzen Meer. Der Name Teupitz ist dreisylbig. Die erste Sylbe lautet te, die zweite u (wu) und die dritte pitz oder piz. Auch Dewpz ist ursprünglich ein dreisylbiges Wort. Buttmann will den Namen Teupitz mit dem alten Worte Dupa, d. h. das Taufbecken, der Taufstein, in Verbindung bringen. Wol mag das Hauptwort Dupa, welches in heidnischen Zeiten den Ort der Ablutionen, welche den Opfern vorangingen, bezeichnete, desgleichen die Zeitwörter tepicź (englisch to deap), d. h. in's Wasser tauchen, potepicź, untertauchen, satepicź, sehr tief tauchen, azo satepicź, d. h. sich erääufen, mit Upa im vierten Grade Epa, im Zuzammenhange stehen, keineswegs hat aber Teupitz seinen Namen von demselben erhalten. Auf gleiche Weise stehen die in der deutschen Sprache gebräuchlichen Wörter taufen, tofen, teuften, Teufte mit dem Flusse und Ortsnamen Ufa im russichen Gouvernement Orenburg, welcher mit Upa gleichbedeutend ist, nur in einer entfernten Verbindung. Zu bemerken ist noch, dass in dem Ortsnamen Teupitz die Sylbe te die härtere Form der Präposition Si, Schi, d. h. an, bei, in den Zeitwörtern dupicź und taufen oder tofen die den Accusativ regierende Präposition do, d. h. in, hinein, waltend ist, und dass, so wie in dupicź, do Wupiz Sci licet versenken (inundare) mit d gesprochen und geschrieben wird, auch taufen, tofen sprachgemäss dofen lauten sollte.

Trebbin

ist ein altslavischer oder celtischer Name. Trebbin, richtiger Trebin, ist aus dem Adjectiv terebe, welches jetzt terewe lautet, entstanden. Trebin ist folglich ein aus einem Adjectiv gebildetes Substantiv. Das Hauptwort, von welchem terebe oder terewe stammt, ist Tur, das im vierten Grade Ter lautet. Ter ist niedriger als Tur, Tor, Tar, und bezeichnete anfänglich einen Hügel oder kleinen Berg, wurde aber später zur Bezeichnung einer jeden Erdhöhe gebraucht, wie jetzt in der deutschen Sprache das Wort Berg, welches auch im vierten Wortgrade von Bur steht, und anfänglich einen kleinen Berg (Hügel) bedeutete. Man hat den Namen Trebin auch von Treba, welches heilige Stätte, Opferstätte bedeuten soll, abgeleitet. Hat es in der dortigen Gegend ein Wort Treba gegeben, so wäre dies für die Sprache wichtig, weil dieses Wort, welches dem Sprachgebrauche nach nur einen Hügel (Tereba oder Terewa) bezeichnen konnte, mit andern Benennungen von heidnischen Opferstätten, z. B. mit Romowe, und ara, welches das, was hara, d. h. der kleinere Berg, ist, harmonirte. Die Götterbilder wurden, wie bekannt, in der späteren (fetischistischen) Zeit auf natürlichen mit Steinstücken und Lehmplatten belegten, oder auch auf künstlichen Anhöhen aufgestellt. Vergl. meine Beschreibung der (so genannten) Römerschanzen und des Römerkellers bei Costebrau im Amtsbezirke Senftenberg.

Königs-Wusterhausen.

Wużer (Wuscher) heisst jetzt ein grosser See, ein grosser Sumpf, oder auch ein Stück Landes, auf dem sich mehrere Seen und Sümpfe befinden. Wużer wurde in alten Zeiten auch Wusser oder Wuster, und nach Wegfall des w auch Uster (vergl. Cüstrin) gesprochen. Das Wort Hausen kann wol bisweilen Häuser (ein Dorf, eine Stadt) bezeichnen, aber überall ist dies nicht der Fall. Zwischen Senftenberg und Finsterwalde liegt ein Dorf, welches Salhausen heisst, und das die Wenden Sowusch oder Sawsch nennen. Sawusch oder Salusch kann doch nur aus der Präposition sa, d. h. hinter, und Wuż (Luż), d. h. der grosse Lug, die lugige Gegend entstanden sein, und einen Ort hinter dem grossen Luge bezeichnen. Die Präposition Sa ist, wie in Teupitz das te, von Luż oder Wuż zu trennen, und das l zu hausen zu ziehen. Dadurch erhält man den Namen Sa-Luzin oder Sa-Lużen. Das h ist oft mit w vertauscht worden, z. B. in dem Namen des Dorfes Hosena bei Hoyerswerda, in welchem, oder an welchem ein Bach, der bei der Separation regulirt ist, Wużen oder Wożen (Hosen) verursachte und die Entstehung des Ortsnamens Hosena (Wożena) veranlasste. Huźin, Wużin, Ťużin ist ein auf einem lachigen Landstücke gelegener Ort und Wużer, Wuster seine Umgebung. Wuster-Luźin oder Lusen lautete auch Wuster-Hużin oder Husen, welches die spätere Zeit in Hausen verwandelte.

Zossen.

Das Wort Uża (Wuża), die Lache, der Sumpf, der See, lautet im zweiten Grade Oża. Das ż in Oża wurde auch in manchen Gegenden, vorzüglich im Nordwenden-Lande, Osa oder Ossa gesprochen. Ossen ist ein in einer wasserreichen Gegend gelegener Ort. Weil aber der in Rede stehende Ort nicht in, sondern an dem lachigen Terrain gelegen ist, so musste der Name Ossen eine Präposition erhalten. Die Präposition repräsentirt hier das Z, welches der slavische Zischlaut (schi, im Französichen j) ist. Der Name sollte Ziossen (Schiossen) lauten, lautete aber nach dem Uebergang des i in o Żossen oder Tschossen. Die deutschen Urkundenschreiber machten aus Żossen Zossen. Bis zum Jahre 1200 soll Zossen ein Dorf gewesen und Tschosna geheissen haben. Tschosna ist zusammengesetzt aus der Präposition schi oder tschi und aus dem Adjectiv Osena, Ossena (Wożena), d. h. eine lachige, bruchige Gegend, und hat mit Zossen dieselbe Bedeutung, jedoch aber nicht dasselbe Geschlecht. Tschosna ist weiblich, Zossen dagegen (ton Zossen) männlich. Dass Tschosna einen Fichtenbaum bezeichnet, ist mir nicht bekannt. Die Fichte (abies) heisst Skrok oder Czmrok (Tschmrok) und Czmroczina (Tschmrotschina), die Fichtenwaldung.

II. Der Jüterbog-Luckenwaldsche Kreis.

Baruth

ist aus der Präposition bo, d. h. an, bei, und Rut, das Nasse, der Bruch, Fluss, Meer, zusammengesetzt. Das Wort Rut ist härter als Rus. Rut, auch Ruth geschrieben, ist in Ruthenia, in Baireuth, in Bairut in Syrien, Rus aber in den Namen Russen und Borussi enthalten.

Dahme, Dame, Dama.

Dieser Name stammt von der Wurzel Dun oder Dum, auch Tun und Tum gesprochen, welche einen hohen Berg bezeichnet, ab. Im zweiten Wortgrade lautet Dun Don (davon Don, Donau und der contrahirte französische Flussname Doubs) und Dum Dom (dom-us, d. h. das hohe Wohngebäude, dominus, der Hohe, der Herr, im Wendischen Dom, d. h. das Gehöfte, die Wohnstätte). Die dritte diesfällige Wortstufe lautet Dan (davon Sedan, Ge-danum, Rho-dan-us und Dam (Damaskus). Von dem vierten Grade, welcher Den und Dem heisst, stammen die Ortsnamen Dennewitz, Zehden, Zehdenick, Ardennen und von Dem Demin. Im fünften Grade lautet die in Rede stehende Wurzel Din und Dim, d. h. ein kleiner Berg, welches im französichen Din-an und in Din-gel-städt an der Unstrut gebraucht worden ist. — Dama oder Dame, das von dem dritten Grade der Wurzel Dum abstammt, bezeichnet einen auf einer oder an einer gedehnten Anhöhe gelegenen Ort, Dama aber auch von mittleren Anhöhen fliessendes Wasser, einen Fluss. Dama, der Fluss, kann von dem Orte Dame seinen Namen erhalten haben, aber auch umgekehrt; sprachlich haben beide die Berechtigung, selbstständig neben einander zu stehen.

Jüterbog.

In der primären Bedeutung bezeichnet das Wort Bog, welches der zweite Grad der Wurzel Bug oder Buk (Bukow, Bukezy d. i. Hochkirch bei Bautzen) ist, einen Berg (czerny Bog, d. h. Schwarzberg, oder czorna Gora, Monte negro), in der secundären einen Fluss, in der tertiären einen Gott, so wie auch einen Stellvertreter Gottes, einen Fürsten (Teutoboch). Auch bedeutet es einen bergähnlichen Complex von hohen Gebäuden, eine Stadt oder Burg. Es ist bemerkenswerth, dass sich das Wort Bog, welches man gewöhnlich indoslavisch nennt, in der Bedeutung Stadt in dem Ortsnamen Jüterbog erhalten hat, während dasselbe (mit ch geschrieben) in Gladbach, Offenbach, Culmbach, Aschbach, Marbach (Schiller's Geburtsort), Laubach u. s. w. in Bach übergegangen ist. Aber auch deshalb hat der Name Jüterbog etwas Besonderes und Eigenthümliches, weil in demselben die Präposition schi, d. h. an, bei, mit Jü geschrieben wird. Das J mochte in alten Zeiten wie noch jetzt das französiche j (dejà) lauten. Diese Schreibart kommt in der Provinz Brandenburg nur noch in dem Dorfnamen Jüttendorf (schi Itten an dem kleinen Flusse) bei Senftenberg und in Jüteriz, einem Stadttheil von Strassburg vor. — Das Wort Ter, welches die vierte Stufe von der Wurzel Tur, d. h. der sehr hohe Berg, ist, kommt in der Provinz Brandenburg mehrmals vor. Ter bezeichnet einen Berg von geringerer Höhe. Jüterbog ist demnach eine Stadt (Bog), die an den Teren, d. h. Bergen, liegt. Weil in dem Namen Jüterbog das Wort Bog vorkommt, und Bog im Niederlausitz-wendischen Dialecte Gott (die Ober-Lausitzer und Böhmen sprechen Boh) bedeutet, so haben diejenigen, welche glauben, dass manche Orte von den Benennungen der altwendischen Götter und Göttinnen ihren Namen erhalten haben, vermuthet, dass der Name Jüterbog auch nach einer altwendischen Gottheit genannt worden sei. — Der Name des im Teltower Kreise gelegenen Dorfes Gültergotz hat mit Jüterbog ziemlich dieselbe Bedeutung. In dem Namen Gültergotz steht aber an der Stelle der Präposition schi (jü) die Präposition k, d. h. an, bei, und gotz stammt von Gotiza oder Kotiza (Kuschiza), der Berg, ab, bedeutet aber nur das, was walde, werda oder Berg am Ende der Ortsnamen.

Luckenwalde.

Dieser jetzt ansehnliche Ort soll in alten Zeiten ein Dorf gewesen sein und Dicke geheissen haben. Dike, nicht Dicke, kann doch wol nichts anderes bezeichnen, als einen Ort, der zwischen den kleinen Wugen oder Lugen gelegen ist. Wig oder Wik, auch Lig (Lich) und Lik geschrieben, ist die fünfte Stufe des Wortes Wûg oder Wuk (Lug, Luk) und ist in den Ortsnamen Zwikau und Züllichau enthalten. In beiden letztgenannten Namen ist die Präposition schi oder żi, in Dike aber die Präposision do, d. h. hinein, in die Mitte, waltend. Das o in dem Verhältnissworte do assimilirte sich dem i in Wik, und man erhielt den Namen Diwik oder Diwike. Es ist bekannt, dass man nicht selten das w, wenn es auf eine, sich auf einen Vocal endende Präposition folgte, in der Aussprache absorbirt hat, wie z. B. in Bötzow und Beeskow. Durch den Wegfall des w erhielt man diesfalls aus Diwike den Namen Dike. — Lukin, welches anderswo Wukin oder Wugin lautet, bezeichnet einen Ort, der auf einem lugigen, moorigen, wiesenartigen (Wuka, die Wiese) Terrain gelegen ist. Das l wird im Wendischen durchgestrichen (ł), und der Durchstrich deutet an, dass man es als l, aber auch als w lesen kann. Das Wort Walde ist dem Lukin (Wugin) oder Luken angehangen, und bedeutet ursprünglich Dorf. Die Interpretation des Namens Luckenwalde durch „Lug im Walde" ist nicht zulässig. Sie gehört der Zeit an, wo die der altwendischen (celtischen) Sprache unkundigen deutschen Urkundenschreiber anfingen, die altslavischen oder celtischen Ortsnamen mittelst der gothischen, fränkischen oder deutschen Sprache zu interpretiren. Vergleiche Brandenburg, Templow, Freienwalde, Vierraden u. s. w.

Zinna.

Zin ist die fünfte Stufe der Wurzel Zun, die mit Sun gleichbedeutend ist. Zun oder Sun bedeutet einen sehr hohen Berg, Zin einen niedrigen. Zana (Zahna) ist der Wortbedeutung nach höher gelegen als Zina oder Zinna. Synna in der Bedeutung Mondgöttin kommt, so viel mir bekannt, in der slavischen Mythologie nicht vor. Das Göttin-Bild in dem Stadtsiegel ist ohnstreitig das Product altsprachlicher Unkunde, wie der Mönch in dem Namen München, der Strauss in Straussberg u. s. w.

III. Der Zauch-Belzig'sche Kreis.

Die über 17 Quadratmeilen grosse Hochfläche Zauche hat ihren Namen von der Sprachwurzel Zuch (in der Schweiz Zug), welche von Suk, Sok, Sak, Sek, Sik nur in der Aussprache verschieden ist. Von der Wurzel Suk, d. h. die Höhe, stammen die Namen Saccæ, d. h. die Skythen, Saccæ, ein Ortsname bei Grossenhain, von Zuch, Zuk, der Ortsname Zockau in der Oberlausitz her. Die brandenburgische Zuche, Bergreihe, hiess auch Zache. Von Zuche oder Zucha, auch Sucha, Szucha sind im Wendischen abgeleitet szuche, d. h. dürr, trocken, wie es auf Bergen gewöhnlich ist, Szuchuss, Szuchota, d. h. die Dürre (die gothische oder deutsche Sprache leitet diese Wörter von

Tur (trocken) oder Dur (dürr) ab). Auf der Wurzel Suk (zuk) ruhet im Gallischen Sec und im Römischen Siccus, a, um.

Beelitz.

Bel ist der vierte Grad der Wurzel Bul, d. h. Hochberg, die uns im Namen Bulgaren, d. h. hoher Berge Bewohner, begegnet. Bel ist dem Sprachgebrauche nach ein niederer Berg. Bel hat man, wie Ger, Ter nicht selten augmentirt, und dadurch Beliza, d. h. der hohe Berg, erhalten. Belitz oder Beelitz ist ein auf einer Anhöhe (Berge) gelegener Ort. In dem Namen Babelsberg ist ba so viel als Bam, d. h. mittelmässig hoch.

Belzig

ist aus Beliza, der hohe Berg, und aus ig oder ik entstanden. Das ik bezeichnet einen kleinen Ort, ak dagegen einen grossen. Belzig ist ein an einem hohen Berge (relative in der dortigen Gegend) gelegener kleiner Ort. Beliza und Geriza, Geruza, Cheruza (Cherusker am Harzgebirge) sind in der Wortbildung sich gleich, bezeichnen aber Erdhöhen von sehr verschiedener Grösse.

Brück,

aus Borik entstanden, bezeichnet, wenn es einem Ortsnamen angehangen ist, einen kleineren Ort, z. B. in Königsbrück, Kindelbrück, Heinersbrück. Steht aber Brük allein, und ohne Verbindung mit einem Ortsnamen da, so ist es von der Beschaffenheit des Terrains, auf welchem es gelegen, abzuleiten, wie Burg (bergiger Ort) bei Magdeburg. Brück war höchst wahrscheinlich schon viele Jahrhunderte vor der Imigration der Niederländer (Vläminger) in die dortige Gegend vorhanden, und hat, wenn es von Berg, Anhöhe (Bor) abgeleitet wird, mit dem holländischen Brügge nicht dieselbe Bedeutung. Das celtische Wort Brügge ist aus der Präposition bo oder po, an, bei und Ruge oder Rige, der Fluss, das Wasser, zusammengesetzt, und bedeutet einen an dem Flusse gelegenen Ort.

Niemeg oder Niemegk.

Die Endung egk deutet an, dass der Name Niemeg auch Niemek gesprochen worden ist. Der Name Nimek stammt von dem Substantiv Num, Nom, Nam, Nem, Nim ab, welches zur

Bezeichnung eines Orts, der an dem Auslaufe oder an dem Fusse einer grösseren oder kleineren Anhöhe gelegen ist (vergleiche Niemitsch, Nîmes in Frankreich), gebraucht worden ist. Ik und ek ist Diminutiv-Endung. Es ist bekannt, dass man den Namen Niemek oder Niemeg mit dem Namen der holländischen Stadt Nimwegen in Verbindung gebracht hat. Der letztere Name hat allerdings in so fern eine Gemeinschaft mit dem Namen Niemeg, als der erste Theil desselben auch auf der Wurzel Num, die im fünften Grade Nim lautet, ruht. Das Wort Wegan harmonirt aber mit der Diminutiv-Endung ek oder ig nicht. Es ist der Wurzel Wug, Wog, Wag, Wek, Wik entsprossen und bezeichnet, wie Berg, Wald, Walk, Feld einen grösseren Ort. Auf die Bildung des Namens Nimwegen haben die Wegen, d. h. niedrige Berge, die Hügel, auf denen und an denen Nimwegen gelegen ist, Einfluss gehabt. Höchst wahrscheinlich existirte das wendische Nimek schon lange vor der Einwanderung der Niederländer (Vläminger) in die Gegend, in der es gelegen ist. Ist es historisch nachzuweisen, dass der Name Vläming erst nach der erwähnten Einwanderung entstanden ist, so liesse sich diesfalls nicht mehr rechten. Es ist aber nicht zu übersehen, dass viele Benennungen, die neueren Ursprungs zu sein scheinen, doch bei genauerer Untersuchung sich als Producte einer viel früheren Zeit darstellen. — Sollte der ansehnliche, sich weithin erstreckende Höhenzug, den man Vläming nennt, nicht schon vor der Translocation der Niederländischen Calamitosen auf denselben einen Namen geführt haben, der dem Namen Vläming ähnlich war? Welen, Walen heissen in der hiesigen Gegend hochgelegene Akkerbeete, und Welane oder Welame ist ein Landstück, wo mehrere niedere, wellenartige Anhöhen sind, und Welamik ist dem Sprachgebrauche nach ein kleiner Complex von solchen Anhöhen. Die Diminutiv-Endung ik, ig ist in späteren Zeiten nicht selten in ing übergegangen, z. B. in dem Ortsnamen Osling und in den Familiennamen Kiessling, During, Lessing u. s. w.

Lehnin.

Die Wurzel Lun (Wun) hat im vierten Grade Len, welches auch bisweilen Lem (Lemberg, Lemgo) lautet. Lenin (nicht Lehnin) bezeichnet einen Ort, der an einer oder an einigen kleinen Anhöhen liegt.

Saarmund.

Die Sylbe Saar ist eine Zusammensetzung aus der Präposition si oder schi, d. h. an, bei, und aus Ar oder Har, der Berg, die Anhöhe. Unter Mund ist, nach meinem Dafürhalten, nicht eine Flussmündung zu verstehen, sondern Mund ist so viel als Wund, welches mit Land in Friedeland, Ruhland, wo es eine Stadt bedeutet, Aehnlichkeit hat. Saarmund ist demnach eine an einer Anhöhe (wo früher das Schloss stand) gelegene Stadt, die wahrscheinlich in alten Zeiten eine Bedeutung hatte.

Treuenbrietzen

an der Nieplitz. An dem Flusse fand sich eine nasse Niederung, die hier Riez, anderswo Riess, Riet heisst. Das B am Anfange des Worts ist die Präposition bo, an, bei. Briezen ist ein an einer nassen Niederung gelegener Ort.

Werder.

Werda hat, wenn es einem Ortsnamen angehangen ist, wie in Liebenwerda, Hoyerswerda, Elsterwerda, mit Walde dieselbe Bedeutung, und ist weiblichen Geschlechts. Werder ist aber männlichen Geschlechts und bezeichnet z. B. in Bischofswerder, Marienwerder eine grössere Stadt. Steht aber Werder allein und nicht in Verbindung mit einem andern Worte da, so bedeutet es einen an kleinen Bergen gelegenen Ort. Wer ist die vierte Stufe der Wurzel Wur, welche in der Regel einen etwas niedrigeren Berg bezeichnet als Hur, Gur, Kur. Werete oder werede ist ein Adjectivum copiae und kommt einer Gegend zu, in welcher sich mehrere kleine Berge oder Hügel finden. Weretar oder Weredar (Werder) ist ein Ort, der in einer solchen Gegend gelegen ist.

IV. Der Ost-Havelländische Kreis.

Fehrbellin.

Belin heisst Stadt und Fehr bezeichnet das Verhältniss des Orts zu einem bedeutenden Naturgegenstande. Dieser Naturgegenstand ist der in der Mitte der Stadt liegende Kapellenberg. Das Wort Fehr ist nicht mit dem Worte Fähre identisch, sondern es ist aus der Präposition po, an, bei, und aus Ere oder Here, d. h. der kleine Berg, entstanden. Die Präposition po (bo) ist hier in f übergegangen, wie in Frankfurt, Friedeland, Freienwalde, Friesak. Ferbelin (nicht Fehrbellin) ist eine an einem kleinen Ere oder Here liegende (kleine) Stadt. In alten Zeiten hiess Ferbelin Warbelin. In diesem Namen ist der Kapellenberg War genannt. War ist der dritte Grad der Wurzel Wur (vergl. Werder) und hat mit Er oder Her beinahe dieselbe Bedeutung.

Ketzin

an der Havel. Der Name Ketzin ist aus der Präposition k, d. h. an, bei und Eża (Weża) gebildet. Uża (Wuża, die Lache, der Sumpf, die wasserreiche Niederung) lautet im vierten Wortgrade Eża. In Ketzin ist die Präposition k (ka) mit Eża verbunden und in ist die Wortendung. Den slavischen Zischlaut ż (Keżin) haben die Deutschen gewöhnlich durch tz (vergl. Bötzow) dargestellt. Mit dem Ortsnamen Ketzin, d. h. eine an den Lachen oder Wużen liegende kleine Stadt, steht das Wort Kiezer in Verbindung. Kiezer ist aus der Präposition k und Iża, Eża (der fünfte und vierte Grad von Uża (Wuża, Luża) zusammengesetzt, und ist der Name eines Menschen, der an (k) einer Lache, einem See, einem Flusse wohnt, und durch die Lage seiner Wohnstätte Veranlassung hat, sich mit dem Fischfange zu beschäftigen. Aus diesem Grunde werden die Kiezer (in manchen Gegenden der Neumark soll man sie Gascher, Kascher, auch Koscher, Kotter nennen) auch nur Fischer, z. B. in Wittenberg, genannt.

Kremmen

am See gleichen Namens. Das Wort Run, Ron, Ran, Ren, Rin bezeichnet einen Fluss, einen See, überhaupt ein Wasser in verschiedenen Grössen. Dieses Wort wurde auch mit m gesprochen und geschrieben. In dem vierten Grade lautet es Ren oder Rem. Ob der Name Kremmen schon in alten Zeiten mit doppelten m geschrieben worden ist, dies ist ungewiss. Ein Seitenstück der diesfälligen Schreibart findet sich in Rammenau, Fichte's Geburtsorte, in der Ober-Lausitz. Der nahe See konnte schon vor der Erbauung Kremmens Ram (das Wasser, der See) heissen, erhielt aber höchst wahrscheinlich erst den jetzigen Namen, als an demselben ein Dorf oder eine Stadt erbaut wurde. Das k in dem Namen Kremmen ist nämlich die slavische (celtische) Präposition k, welche an, bei bedeutet und en ist die Endung. Der Name Kremmen ist verwandt mit Corunna in Spanien, mit Verona, Bremen, Rhinow u. s. w.

Nauen.

Die Wurzeln Nun, Num, Nuw mit ihren Graden bezeichnen Etwas, was auf dem Auslaufe einer Anhöhe, was niedrig liegt. Nawin oder Nawen (Nauen) ist ein am Fusse einer Anhöhe gelegener Ort. Zu vergleichen sind hier die Namen Nauheim am Fusse des Johannisberges, Naumburg, Naundorf, Caper-naum, Nancy, die Nonen bei Frankfurt an der Oder, Sennones in Gallien, Sem-nones, Suerorum u. s. w.

Spandau oder Spandow.

Der Name ist aus der Präposition si, schi, d. h. an, bei, und aus dem Adjectiv panate, d. h. bergig, hügelig, entstanden. Spanatow oder Spanadow (Spandow) ist ein grösserer Ort, der in einer Gegend liegt, wo sich mehrere Anhöhen finden, an welche er erbaut ist. Es ist bekannt, dass in ebenen Gegenden nicht selten Hügel Berge genannt worden sind. Das hier waltende Substantiv ist Pan, welches oft auch Ban lautet.

V. Der West-Havelländische Kreis.

Brandenburg.

Dieser, in der brandenburg-preussischen Geschichte merkwürdig gewordene Ort hiess zur Zeit seiner Occupation durch die Deutschen Branibor. Der Name Branibor ist zusammengesetzt aus Bor, jetzt Burg, d. h. eine grosse (wichtige) Stadt, und aus dem Substantiv Ran, welches die dritte Stufe der Wurzel Run, d. h. ein grosser Fluss, ist. Vorgesetzt ist dem Worte die Präposition bo oder po, d. h. an, bei. Branibor heisst demnach ein grosser (Bor, in Indien Pur) an einem grossen Flusse, oder, wenn das i in Rani nicht bloss ein i euphonisticum, sondern der Plural von Ran ist, an den Gewässern,

Flussarmen gelegener Ort. Es ist ungewiss, ob mit dem Namen Brnibor der Name Branitin oder Braniten zugleich, oder erst später entstanden ist. In dem letzteren Namen, der mit Branibor fast dieselbe Bedeutung hat, ist das adjectivum copiæ ranite, jetzt ranoite, d. h. ein Terrain, wo mehrere Flüsse, Flussarme, Gewässer sind, enthalten, und Branitin oder Braniten (Bo-Raniten) ist mit dem angehangenen Bor (Burg) eine grosse Stadt, die in einer solchen Gegend liegt. Der Name Braniten ist dem celtischen oder altslavischen Ortsnamen Doresten (Dresden) ähnlich. In dem Namen Dresden waltet die Wurzel Rus, Ros, Ras, Res, Ris, und die Präposition do, d. h. hinein, deutet an, dass dort die Flüsse (Elbe und Weisseritz) mitten durch den Ort gehen. Resete, woraus Resetin oder Reseten enstanden, ist ein von Res (vierte Stufe von Rus) abgeleitetes Adjectiv. — Die Deutschen, welche die Bedeutung des Worts Braniten nicht kannten, machten aus demselben Branden, und leiteten denselben von Feuer-Brand ab. Von diesem Irrthume hat sich sogar Buttmann occupiren lassen.

Nicht erst um das Jahr 500 nach Christi Geburt haben sich die Wenden in der Gegend von Brandenburg niedergelassen, wie Riehl in seiner Beschreibung der Provinz Brandenburg (pag. 192) referirt, und wie auch ich früher gewähnt habe, sondern sie wohnten unter dem Namen der suevischen Semnonen (Suevorum, Semnones), d. h. Bewohner der Bergausläufe, höchst wahrscheinlich schon lange vor dem Anfange der christlichen Zeitrechnung daselbst sowie in dem Landstriche, der im Süden von den böhmisch-lausitzischen Bergen, im Osten von der Spree und im Westen von der Elbe begränzt wurde. Sie sprachen eine besondere, von der gothischen und römischen verschiedene und mit der celtischen in Frankreich verwandte Sprache (Suericus Sermo Tacit. d. g. c. 43). Die Sprache der Sueven, deren Wohnsitze sich von der Ostsee bis jenseits des Rheins erstreckten, die in uralten Zeiten wol ganz Deutschland, zu der Zeit aber, wo Tacitus Germanien beschrieb, und wo die Gothen von Holstein und Schleswig her (classibus ad vehebantur Tac. c. 2) schon in die Gegenden des Niederrheins und in Niedersachsen eingedrungen und Eroberungen gemacht hatten, doch noch den grösseren Theil desselben (majorem Germaniæ partem obtinent Tac. c. 38) besassen, eine wohlgeordnete Staatseinrichtung hatten, und deren einzelne Völkerschaften Deputirte zu den, in einem heiligen Haine im Lande der Semnonen gehaltenen National-Convention sandten (omnes ejusdem Sanguinis populi legationibus coëunt Tac. c. 39).

Die jetzigen Wenden haben in dem Namen Branibor das n mit m vertauscht, und von diesem Umtausche rührt das m in dem Namen Bramborski, d. h. brandenburgisch· her, Bramborska ist der brandenburgische (preussische) Staat, bramborski Kral heisst König von Brandenburg oder von Preussen.

Den Namen Schorelitz hat wol die ganze Flussstadt Brandenburg nie geführt, sondern nur ein Theil derselben, der in der Nähe des grossen Berges lag. Der Name Schorelitz ist aus der Präposition schi, an, bei und aus Orewiza oder Horowiza zusammengesetzt. Vielleicht bezeichnete Schorelitz nur ein an dem hohen Berge gelegenes Dorf. Unter der Orewiza ist hier wol der Marienberg, der sonst Harlungerberg hiess und auf dem der wendische Triglaf (Dreikopf) gestanden haben soll, zu verstehen. In dem Namen Harlunger sind, wie es scheint, alte Sprachtheile enthalten. Lun, das auch oft Wun, Vun, Fun geschrieben wird, bezeichnet einen schon an sich hohen Berg. Aber der Lun war für die dasige Gegend ein Har-Lun, d. h. ein sehr hoher Berg. Eine spätere Zeit fügte zu Harlun noch Ger, d. h. Berg hinzu. Die Deutschen, die weder die Bedeutung des Har, noch des Lun und Ger kannten, hingen an das Wort Harlunger noch Berg an, wie bei Kotmersberg, Hagelsberg u. s. w.

Friesak

am Rhin. Der Name Friesack ist aus dem fünften Grade des Wortes Rus, der Fluss, das Nasse, nämlich Ris und aus der Präposition po, an, bei gebildet. Das p in der Präposition ist in f, das auf der natürlichen Lautlinie nahe bei p und b steht, übergegangen, wie in vielen andern Wörtern, die sich mit r anfangen, z. B. in Friaü, Frankfurt, Freienwalde, Friedland etc. Die Endung ak deutet an, dass der Ort in alten Zeiten zu den grossen gehörte. Die erwähnte Wortendung ist altslavisch oder celtisch, und harmonirt mit den gleichfalls der celtischen Sprache entsprossenen Ortsnamen Brussac, Bellac, Aurillac in Frankreich.

Pritzerbe.

Erewe oder Herewe ist ein Ort, der an einem oder auf einem nicht hohen Berge liegt. Erewe ist ein von dem vierten Grade der Wurzel Ur oder Hur, d. h. der hohe Berg, abgeleitetes Adjectiv, bei welchem man sich Dorf oder Stadt hinzudenken muss, (ad montem situm oppidum). Pritz ist aus der Präposition po, an, bei und aus Riz oder Ris, d. b. das Nasse entstanden. Das b in Erebe contracte Erbe steht an der Stelle des jetzt gewöhnlichen w (Erewe), wie in Trebbin, Serben, Arnoba des Tacitus. Pritzerbe ist ein am Nassen, Wasser, bei einem Berge gelegener kleiner Ort. Pritzerbe ist weiblichen Geschlechts. Der Berg, von dem der Name Erbe abhängig ist, und den man jetzt Galgenberg nennt, ist der in der Nähe liegende Galin oder Galen, der mit Colin (an der Spree) dieselbe Bedeutung hat. Vergl. Kolding, Kolberg u. s. w.

Rathenow

am Ufer eines Havelarmes beim Einflusse der Weitzen. Der Ort liegt an Gewässern und verdient deshalb den Namen Rathenow (Ratenow), welcher Name aus dem Adjectiv ratene, das mit s gesprochen rassene lautet, und aus ow, das einen grossen Ort bezeichnet, gebildet ist. Ruthenia (Russland) Ratibor haben dieselbe Wurzel, nämlich Rut, die im dritten Grade Rat lautet. Rat kommt in dem alten Namen Argento-Ratum (Strassburg) vor, in Vierraden lautet es Rad.

Rhinow in der Nähe des alten Rhin heisst Flussstadt. Rhin oder Rin ist der fünfte Grad des Wortes Run, d. h. der grosse Fluss, das grosse Wasser, und bezeichnet einen kleinen Fluss. Mit o begegnet uns die Wurzel Run in Roma, im Flussnamen Rohn oder Rhone, mit e in Rhenus, der Rhein.

Plaue.

Das Wort ist aus der Präposition po, an, bei und aus dem Hauptworte Lawa, der Fluss, das Wasser, zusammengesetzt. Der Name Plaue (weiblichen Geschlechts) hat mit Plauen im Vogtlande ziemlich dieselbe Bedeutung, aber auch mit Löbau, Lübben, Laubau. Lawa heisst auch oft Laba, Loba, Luba. Das Wort Plage, welches auf einer der dortigen Kirchenglocken steht, deutet an, dass Plaue (Po-Lawa) früher auch Plage, d. h.

an der nassen Niederung, an einem kleinen Luge geheissen hat. Lag ist die dritte Stufe des Wortes Lug, wie in Lagow, Wormlage.

VI. Der West-Priegnitzische Kreis.

Havelberg.

Berg, wenn es einem Orte angehangen ist, bedeutet Stadt, eine kleinere Stadt als Burg. Da aber um Havelberg sich Hügel finden, so konnte in alten (wendischen) Zeiten der Ort Borik oder Borek (vergl. Burg bei Magdeburg) d. h. Hügelstadt, Bergstadt, heissen, und die spätere Zeit hat vermuthlich Havel hinzugefügt Hügelstadt an der Havel. Es kann sein, dass, als der Ort von den Deutschen erweitert wurde, man einen alten Theil desselben Wendenberg, oder von Wenden bewohnte Stadt genannt hat. Da aber Wenetin oder Weneten, das auch Weneden gesprochen wurde, einen Ort bezeichnet, der in einer hügeligen Gegend (wenete, Adjectiv von dem vierten Grade der Wurzel Wun) liegt, so ist die Frage, ob nicht der ganze Ort in alten Zeiten Weneten oder Weneden (Hügelort) geheissen hat. Weneten ist mit Borik ziemlich gleichbedeutend.

Lentzen,

das früher Lunsyn, Lunkin hiess, ist aus dem Worte Leniza, d. h. ein Berg, entsprossen. Das Wort Wun, der hohe Berg, welches im vierten Grade Wen (Ven) lautete, wurde auch oft mit l (Len) gesprochen und geschrieben. Das Len, welches diesfalls den Ortsnamen Lenin gegeben haben würde, wurde von den Wenden später oft wie Ger, Her, Ter augmentirt, zumal wenn der Berg ein etwas grösserer war, und man erhielt auf diese Weise von Len Leniza. Ein Ort, der an einer Leniza lag, wurde Lenzin oder Lenzen genannt. Wunik oder Lunik ist ein kleiner Berg und Wunikin oder Luniken ein Ort, der an einem kleinen Berge oder an einigen kleinen Bergen liegt.

Perleberg.

Es ist keinesweges gewiss, dass Perleberg seinen Namen einem kleinen Flüsschen, Perle genannt, von welchem man gefabelt hat, dass sich in demselben früher Perlen gefunden haben, verdankt. Ohne Zweifel hat man erst in späteren Zeiten, als man die Bedeutung des Wortes Perole nicht mehr kannte und als der Name Perleberg schon längst im Gebrauch war, das erwähnte Flüsschen Perle genannt, wie in Sorau ein Quellenbächlein Sora, als Sorau schon Jahrhunderte lang existirte. Der Name Perleberg rührt von der bei der Stadt liegenden Anhöhe, welche früher mit Weinstöcken bepflanzt war, her, und das Adjectiv perole hat mit berole (vergl. Berlin) fast gänzlich dieselbe Bedeutung.

Putlitz.

Dieser Name ist aus der Präposition po, an, bei und Uta, das (grosse) Wasser entstanden. Die Präposition po oder bo und das Substantiv Uta sind, wie in den Namen Potsdam, Budissin, Buda (Ofen), zu einer Sylbe verbunden (Put) und Litz oder Wiz heisst Dorf. Wenn auch die Stepenitz ein nicht so grosser Fluss ist, wie die Havel, Spree und Donau, so ist er doch für die dortige Gegend gross zu nennen, und er mochte mit seinem Wasser bisweilen einen grossen Landstrich überschwemmen. Früher soll Putlitz Pochlustin, Polustin geheissen haben, welcher Name aus der Präposition po und Lustin (Lużin), d. h. die nasse, wasserreiche Niederung, gebildet ist.

Wilsnack

nahe am Karthausfliess gelegen. Der Name ist aus der Präposition we, d. h. in und aus dem Adjectiv lużcne, lisene, d. h. lugig, lachig, entstanden. Die Präposition we ist in wi übergegangen, weil lisene ein i in der ersten Sylbe hat. Wilsnack (We-Lisenak) mitten in einer klein-lugigen Gegend gelegener Ort, muss schon in alten Zeiten einen ansehnlichen Umfang und eine ziemlich grosse Bedeutung gehabt haben, weil sein Name sich auf uk endigt. Wäre der Ort in altwendischer (celtischer) Zeit klein und unbedeutend gewesen, so würde er Wilsnik heissen.

Wittenberge.

Dieser Name rührt nicht von weissen Bergen her, sondern er ist aus Witte, das kleine Wasser, der kleine Fluss und Berge oder Berga entstanden. Witten ist ein Ort, der von Gewässern, Flüssen umgeben ist. Berg (Berik), welches oft an dem Ende des Namens eines Orts steht, ist männlichen Geschlechts, Berga oder Berge dagegen weiblichen. Berge bezeichnet einen kleinen Ort, ein Dorf.

VII. Der Ost-Priegnitzsche Kreis.

Freienstein.

Dieser Name scheint der deutschen Sprache anzugehören, so wie auch Freienwalde, Friedland, Friedeberg, Fürstenwalde. Dies ist aber nicht der Fall. Der Name Freienstein ist auch auf dem Boden der altslavischen oder celtischen Sprache entsprossen, wie fast alle Ortsnamen der Provinz Brandenburg. Freienstein ist aus der Präposition po, an, bei, die hier das f repräsentirt, und aus Ren oder Rin, welche die vierte und fünfte Stufe der Wurzel Run sind, gebildet. Die erste Sylbe des Worts lautete anfänglich Fren oder Frin, d. h. an dem Flusse. Die deutschen Urkundenschreiber machten aus Fren oder Frin (po Rin) frein (rein, Reinsberg). In alten Zeiten hiess Freienstein auch Virigensten. Dieses Wort ist aus V, welches die Präposition we, d. h. in repräsentirt, und Ricka oder Riga, d. h. der kleine Fluss, zusammengesetzt.

Kyritz

an der alten Jägelitz. Dieser Name ist aus der Präposition k, d. h. bei und Ritz, d. h. das Nasse, das Wasser, entstanden. Kyritz kann aber auch an dem Flusse heissen. Von Kurz (Korcz), der Scheffel, hat Kyritz seinen Namen nicht.

Mayenburg oder Meyenburg

an der Stepenitz. Wäre es gewiss, dass auch in dem Namen Mayenburg das w mit m vertauscht ist (vergl. Mittenwalde) und dass das y die Stelle des slavischen Ż̇et (sche) einnimmt, so wäre die Erklärung desselben nicht schwer. In diesem Falle bedeutet Mayen so viel als Ważen. Waża ist die dritte Stufe der Wurzel Wuża, d. h. die grosse Lache, Sumpf, und bedeutet (Waża) eine lachige Gegend von mittlerer Grösse. Burg heisst Wazin oder Mayen, weil der Ort in alten Zeiten Bedeutung und Wichtigkeit hatte. Mayenburg ist nach der vorstehenden Interpretation Weżenburg. Weża (der vierte Grad von Wuża) ist etwas kleiner als Waża.

Pritzwalk

am Dömnitz- oder Temnitzfliess. Das Wort Ritz, welches anderswo Riss oder Rit, auch Riet (Rietdorf bei Dame) lautet, bezeichnet ein nasses, lachiges Landstück, dergleichen sich oft an Flüssen und Flüsschen finden. Das P am Anfange des Worts ist die Präposition po, an, bei, welche bekanntlich, wenn ein R auf dieselbe folgt, in F übergeht, wie in Frankfurt, Friedland, Freienwalde. Bemerkenswerth ist hier das Wort Walk. Dieses Wort ist aus dem dritten Grade der Wurzel Wul, nämlich Wal, welches einen mittelmässigen Berg bedeutet, entstanden. Walk oder Walik bedeutet hier soviel als Walde, Berg, d. h. ein kleiner Ort. Wal, wenn es den Ortsnamen angehangen ist, bezeichnet einen grossen Ort, wie Burg. Welik ist ein Diminutiv und bezeichnet in einer Nebenbedeutung ein kleines Gebund, ein Bündchen. Walk in der Bedeutung kleine Stadt kommt auch in dem Ortsnamen Pasewalk vor.

Wittstock.

Witta, Witte ist ein kleines Wasser, ein kleiner Fluss, Wittiza (Augmentativ) ein grosser Fluss. Wittiza lautete bisweilen auch Wittisa. Der Name Wittstock ist aus Wittiza oder Wittisa und aus Tok (Wittis-Tok) zusammengesetzt. Tok bedeutet Burg und ist die zweite Stufe der Wurzel Tuk, die auch Tug, Tuch lautet und nicht selten mit d gesprochen und geschrieben wird. Mit T und D begegnet uns diese Wurzel in Tokay in Ungarn, in Mus-Tag, Dagestan, Dakia oder Dacia, im deutschen Worte Tag, im Oberlausitzischen Ortsnamen Stache (schi Tache), d. h. ein Dorf an einem Berge. Das k, g und ch geht im Slavischen bisweilen in sch oder ż über, z. B. im schlesischen Ortsnamen Teschen, im oberlausitzischen Dażin. Ros-Tok (nicht Stock) ist eine grosse, an einem Flusse (Ros) gelegene Stadt.

Zechlin

am Zechliner See. Der See hat hier nicht den Namen erzeugt, sondern eine oder einige kleine Anhöhen (Kel, Chel). Ze ist die wendische Präposition schi oder sche, an, bei.

VIII. Der Ruppin'sche Kreis.

Ruppin.

In diesem Namen waltet die Wurzel Ruw, d. h. der Berg. Statt Ruw sprach man auch Rub und Rup. Mit W kommt die Wurzel im Dorfnamen Rowna, mit P in Reppist, Reppen vor, und auch das lateinische Wort rupes, der Fels, ruht auf dieser Wurzel. Rupes ist eines von den vielen celtischen Wörtern, die sich in der (späteren) römischen Sprache erhalten haben.

Gransee

an einem See gelegen, von welchem der Baumgraben zur Havel geht. Ran ist an sich schon ein ziemlich grosses Wasser oder Fluss, Raniza oder Ranisa, Ranise ein grosses Wasser. Das G am Anfange des Worts ist die slavische Präposition an, bei und diese Präposition wird hier durch G repräsentirt. Das Wort Gransee lautete ursprünglich Graniza oder Granize (Kranize), d. h. ein Ort an dem Flusse, am Wasser, am See, und contrahirt Granze. Weil vermuthlich eine Tradition existirte, dass der Ort von dem See seinen Namen habe, so machte man in den späteren Zeiten aus Granze Gransee. Ein alter Name des in Rede stehenden Orts lautete Gransoye, welches eine etwas corrumpirte Form des Adjectiv Granizoje, d. h. mit dem Flusse, Wasser, in Verbindung stehend, ist.

Lindow

ist dem Namen nach ein auf einem oder an einem Terrain gelegener Ort, auf dem sich mehre Hügel finden. Linete oder winete ist hüglich. Das (le) wird öfters mit de verwechselt.

Neustadt an der Dosse.

Rheinsberg.

Berg heisst Stadt. Rhin oder Rin der kleine Fluss. Rheinsberg heisst Flussstadt, wie Lubben, Löbau, Lauban.

Wusterhausen.

Vergl. Königs-Wusterhausen an der Dosse.

IX. Der Templinische Kreis.

Boytzenburg, Boitzenburg, Boizenburg.

Dieser Name ist aus der Präposition bo, an, bei und aus Itzen zusammengesetzt. Itzen, welches auch anderswo Jsin, Issin lautete, steht an der Stelle des Wortes Wetzin oder Wezin, welches den fünften Grad von Wuża in sich schliesst. Wuza heisst die grosse Lache, der grosse Sumpf, Woża der kleine. Wiżin ist ein Ort, der an kleinen Lachen liegt. Das

in der Provinz Brandenburg.

an, bei bezeichnet die Präposition bo, die auch po lautet, und das slavische ż ist hier, wie in Bötzow, durch das tz vertreten. Der hier in Rede stehende Ortsname lautete ursprünglich Bo-Wiżin, und nach dem Zutritt des Worts Burg Bo-Wiżin-Burg, d. h. ein grosser Ort (Burg) an einem Terrain, wo kleine Lachen, Sümpfe sind, oder in alten Zeiten waren. Der nach Prenzlau zu fliessende Guillo verursachte Wiżin, d. h. kleine Lachen, eine nasse Niederung. Der Gebrauch des y in dem Namen Boytzenburg sollte andeuten, dass dieser Name nicht dreisylbig, sondern viersylbig ist (Bo-i-tzen-burg). Die Verbindung des i mit bo (boi) wäre sprachlich eben so unrichtig, als die Verbindung des u mit te in dem Ortsnamen Teupitz (Te-Upitz oder Te-Wubitz). In dem alten Namen Boslenburg, Bowslenburg deutet das l an, dass man bei Bildung desselben das Adjectiv weżele oder wescle, d. h. lachig, sumpfig, wasserreich gebraucht hat. Boweselen (Boweżewen) ist ein Ort, der an mehreren Lachen, kleinen Gewässern liegt. War ein Ort in alten Zeiten relativ gross, und wichtig durch seine Bauwerke, so legte man ihm noch die Benennung Bor bei, welches mit dem jetzt üblichen Namen Burg gleichbedeutend ist.

Gerswalde,

ein Flecken mit drei Rittergütern. Dieser Name lässt sprachlich eine doppelte Interpretation zu. Ist eine Anhöhe bei demselben, so ist Gers von Gern, augmentirt Geriza, d. h. der Berg, abzuleiten, ist aber bei dem Orte eine nasse Niederung, so ist der Name aus der Präposition k, die auch bisweilen durch g bezeichnet wird, und aus Res oder Ris, d. h. eine nasse Niederung, entstanden. Walde heisst Dorf. Im zweiten Falle würde Gerswalde ein Dorf heissen, das an einer nassen Niederung gelegen ist.

Lychen

zwischen Seen gelegen. Das Wort Lug, Luk, d. h. die nasse, sumpfige Niederung, wird auch mit ch gesprochen und geschrieben, z. B. in Züllichau, Colochau. Das y vertritt die Stelle des ü oder ů, und lautet in dem Namen Lychen nicht wie ein reines i, sondern nähert sich dem u. Lychen ist ein Ort, der ohnfern einer lugigen Niederung gelegen ist.

Templin.

Pelin heisst wie Bellin in Fehrbellin Stadt. Tem bezeichnet das Terrain, auf welchem und an welchem die (kleine, niedrig gelegene) Stadt liegt. Ten oder Den bezeichnet eine kleine Anhöhe, Tem aber, dass die Anhöhe eine gedehnte, gestreckte ist. Das Wort Tem hat eine adjectivische Potenz, und gehört der celtischen oder altslavischen Sprache an. Der Name Templin existirte höchst wahrscheinlich schon viele Hunderte Jahre, als der Tempelherrn-Orden entstand. Mit dem Namen der Glieder dieses Ordens hat der Name Templin ebenso wenig Gemeinschaft, als der Ortsname Templow bei Berlin, den die neueste Urknnde des sprachlichen Celtismus in Tempelhof umgewandelt hat. Wollte man den Ortsnamen Templin mit dem Worte Tempel in Verbindung bringen, so müsste man auf die ursprüngliche Bedeutung des italischen Worts templum zurückgehen.

Zehdenick.

Den ist ein kleiner Berg, ein Hügel, und Zeh (ze) ist die Präposition schi, d. h. an, bei. Das ik deutet an, dass der Ort in alten Zeiten klein war.

X. Der Prenzlau'sche Kreis.

Brüssow.

Der Name ist aus der Präposition bo, an, bei, und aus Rus, Rüs, d. h. das Nasse, das Wasser, die nasse Niederung, gebildet. Der dabei liegende See ist nach der Stadt genannt.

Fürstenwerder.

Dieser Ort war in alten Zeiten ein Werder, d. h. eine ansehnliche, wichtige Stadt, die wir jetzt Burg nennen. Das Wort Fürsten rührt nicht von princeps, der Fürst, her, sondern ist zusammengesetzt aus der Präposition bo oder po, die hier das f repräsentirt, und aus Rus oder Ris, das Wasser, der See, die nasse Niederung. Fürsten lautete ursprünglich Firissin oder Firistin, welches in Firstin (Fürsten) contrahirt wurde.

Prenzlau, Prenzlow

an der dreifach getheilten Uker. Die drei Arme der Uker haben den Namen Prenzlow erzeugt. Ren, welches der vierte Grad der Wurzel Run ist, bezeichnet einen kleinen Fluss, wurde,

in der Provinz Brandenburg.

vorzüglich in späteren celtischen Zeiten, augmentirt, und man erhielt dadurch aus Ren Reniza. Durch das Terrain, auf welchem Prenzlow liegt, fliesst aber nicht eine Reniza, sondern drei Renizen (Flüsse) und dasselbe ist dadurch renizlowe, d. h. eine Gegend geworden, wo Flüsse herrschen. Der in diesen (flüssigen) Gegend erbaute Ort wurde mit Recht Renizlow contrahirt Renzlow genannt. Da aber der Ort anfänglich nur irgendwo an der Seite des flussigen Landstücks angelegt wurde, so setzte man noch die Präposition po, an, bei, vor, und erhielt dadurch den Namen Porenizclow, welches die Contraction in Prenzlow verwandelte.

Strasburg oder Strassburg.

Dieser deutsch klingende Name ist auch ein Product der altslavischen oder celtischen Sprache. Er ist zusammengesetzt aus der Präposition schi, si, die auch es und st lautet, und Ras, d. h. das Wasser, das Nasse, der Fluss, der See, die nasse Niederung. Die Präposition schi, an, bei, kommt hier in der Form des st vor. Der Name der französischen Stadt Strassburg hat mit dem Namen des märkischen Strassburg dieselbe Bedeutung.

XI. Der Angermündesche Kreis.

Angermünde.

Es ist ungewiss, ob das Wort Münde hier von dem Ausflusse eines Wassers in ein anderes herrührt, oder ob es nach Vertauschung des w mit m ursprünglich Wineta oder Wineda, d. h. auf einer Anhöhe gelegenes Dorf oder kleine Stadt, bedeutet, wie dies im Altenburgischen Orlamünde der Fall ist. Anger bezeichnet das Verhältniss, in welchem der Ort zu einer Anhöhe steht, wie in dem Namen Oderberg, welches in alten Zeiten Ader lautete. Sprachlich bedeutet An-Ger einen hohen Berg, und ist mit Tan-Ger ziemlich gleichbedeutend. Die Lage von Alt-Angermünde bestimmt die Bedeutung des Worts Anger. Dass Anger hier ein mit Gras bewachsenes Landstück nicht bezeichnet, dies ist wol unzweifelhaft. Das Wort Nigen scheint den slavischen Comparativ nische, d. h. niedriger (niże) zu enthalten und anzudeuten, dass es dort einen Ort gab, der höher gelegen war, als Nigen Angermünde.

Greifenberg

ist zusammengesetzt aus Berg, d. h. kleine Stadt, und aus dem Adjectiv geriwe, d. h. hüglich. In dem Adjectiv geriwe ist das w in f übergegangen. Der Name lautete anfänglich Geriwenberg, d. h. ein Ort, der auf einem oder an einem hügeligen Terrain liegt.

Joachimsthal.

Rieder Finow.

Fine, Vine, Wine ist ein nicht hoher Burg, aber auch ein kleiner Fluss, der von einer Fine, oder von den Finen oder Fenen (vergl. die Fenne, einen Tracitus von kleineren Bergen in der Provinz Sachsen) herabkommt. Von Fine, Vine, Wine rührt das römische Wort vinea her. Vergl. Finni, fenni, Finnland.

Oderberg

hiess in alten Zeiten Aderberg, auch Odirsberg. Die Sylbe der (Drehna), die auch anderswo ter (Trebbin, Jüterbog) lautet, bezeichnet einen nicht hohen Berg. Die Berge, auf welchen Oderberg gelegen ist, sind aber für die dortige Gegend hohe Berge. Dies bezeichnet man durch A und O. Das A und O sollte Ha oder Han, d. h. hoch, und Ho oder Hon lauten. Der in Rede stehende Ort sollte Ha-Der-Berg oder Han-Der-Berg oder Ho-Dir-Berg heissen, hiess aber nach Wegfall des H Aderberg oder Odirberg, d. h. eine kleine Stadt, die in einer hohen, bergigen Gegend liegt. Der Name des Oder-Stromes ist mit dem Ortsnamen Oderberg verwandt. Der Name Oder bezeichnet einen Der, d. h. Fluss, der von Bergen, und zwar hohen (Hon-Der) herabkommt, und war ursprünglich männlichen Geschlechts. Die spätere celtische Zeit machte aus dem Oder, d. h. von hohen Bergen kommenden Flusse die Oder, oder Odern (Adjectiv) Scilicet Rieka, Rega, Luba, d. h. Fluss, so wie man aus Danubius Donawa, die Donau, gemacht hat. Ein Theil der Slaven nennt die Donau Ragus oder Rakus, d. h. der grosse Fluss, der Strom, und das östereichische Kaiserthum Rakuska Keizorstwo, d. h. das Kaiserthum an dem grossen Flusse. Auf gleiche Weise hat man in alten Zeiten die Oder hie und da Lubus, d. h. der grosse Fluss, genannt.

Schwedt

ist zusammengesetzt aus der Präposition schi, an, bei, und Weda, d. h. das Wasser. Weda wurde auch Weta (vergleiche Wettin) gesprochen und geschrieben. Daher rührt das dt am Ende des Worts. In alten Zeiten hiess der Ort Suet und auch Zwet. In dem letzteren Namen vertritt das Z die Stelle des slavischen Z, welches wie sch lautet.

Stolpe

ist entstanden aus der Präposition si, an, bei und tolope, d. h. bergig. Statt telope spricht man in der Lausitz tolowe. Tolowe ist das Adjectiv von Tol, d. h. der Berg, welches der zweite Grad von Tul ist. Der Regel nach ist Tol, Tel nicht ein steil aufsteigender und spitzer Berg, sondern von der Form eines platten Heuschobers. Doch hat man von dieser Regel des Celtismus in späteren Zeiten Ausnahmen gemacht. Der Ortsname Toledo in Spanien ist mit tolope nahe verwandt. Tolope oder tolowe heisst bergig, tolete oder tolede ein Terrain, wo mehrere Berge sind, regio montosa. Stolpe ist ein Dorf, Stolp Stadt.

Vierraden

an der Welse. In diesem Ortsnamen ist das Wort Rat oder Rad, d. h. die nasse Niederung, welches anderswo Ras und Raz, auch Kasch lautet, enthalten. Raten, Rathen, Raden ist ein Ort, der in einer niedrigen, nassen Gegend gelegen ist. Dem Namen Raten oder Raden, der mit Rathenow fast dieselbe Bedeutung hat, ist aber noch die Präposition Ve oder We, d. h. in, vorgesetzt. Viraden (Vi-Rad-en) ist ein Ort, der auf einem nassen Terrain liegt. Das Wort Raden ist mit dem Ratum in dem alten Namen der französischen Stadt Strassburg, nämlich in Argentoratum, gleichbedeutend. Das französische, an dem Zusammenflusse der Ill und der Brensch gelegene Ratum war ein Argento oder harigeneto, d. h. hügelig, eine in einer nassen Niederung und an Hügeln gelegene Stadt. Es ist bekannt, wie die deutschen Urkundenschreiber den Namen Viraden oder Viraten interpretirt haben. Aus der Präposition Wi oder Vi machten sie Vier und unter Raten oder Raden verstanden sie Räder (rotas) und behaupteten, dass von den vier Rädern, welche eine im Orte befindliche Mühle hatte, der Name des Orts entstanden sei. Die Mühle mit den vier Rädern an der Welse hat den in Rede stehenden Ortsnamen nicht erzeugt, sondern derselbe ist altslavisch oder celtisch. Neben dem Namen Viraden wird auch der Name Rosengarten angeführt. Ohne Zweifel ist dieser Name auch ein alter. In den Ortsnamen Rosendorf, Rosenberg, Rosenhain, Rosenau bezeichnet Rosen nicht Rosas, sondern ein durch einen Fluss oder durch Quellen verursachtes nasses Terrain (Ros z. B. in Crossen, Drossen) und Garten eine Stadt, eine Burg. Vergl. Naugardten, Damgardten, Stargard, Stuttgard u. s. w.

XII. Der Ober-Barim'sche Kreis.

Biesenthal.

Die Bestandtheile dieses Ortsnamens sind die Präposition bo, an, bei, Iźa oder Isa (Wiża, Wisa), die kleine Lache, und

Thal, welches Stadt bedeutet und anderswo Dal (Stendal) lautet. Biesenthal heisst eine an kleinen Lachen (Wużen) gelegene Stadt oder Burg. Das o in der Präposition bo ist in den Anfangslaut des Hauptworts übergegangen.

Freienwalde

an der Oder. Zusammengesetzt ist dieser Name aus der Präposition bo oder po, die hier durch f repräsentirt wird, ferner aus Rin oder Ren, der Fluss, und Walde, welches Dorf und auch kleine Stadt bedeutet. Der Name sollte Frin- oder Fren-Walde lauten, ist aber von der sprachlichen Unkunde in Freien umgewandelt worden. Man wähnte, dass Frein-Walde so viel hiesse, als „frei am Walde."

Neustadt-Eberswalde

an der Finow und Schwärze. Der Name kommt nicht von Ebern und wilden Schweinen her, sondern ist aus dem Augmentativ Beriza (von Ber) und aus E entstanden, und Walde ist angehängen. Beriza bezeichnet einen Berg und das E, welches an der Stelle des Worts He oder Hen (Heberizn) steht, einen hohen Berg. Der Buchstabe b steht auf der natürlichen Lautlinie hart neben dem V oder W, und deshalb ist er auch öfters mit V und W verwechselt worden. Statt Ebers sagte man auch nicht selten Evers oder Ewers. Das s am Ende des Worts Ebers ist das slavische z in den Augmentativen, wie z. B. in Horiza, Goriza, Daliza, Deriza u. s. w. Hen-Beriza-Walde ist ein Dorf, das an einem in dieser Gegend hohen Berge gelegen ist.

Strausberg.

Ras, Rus, Ruz bezeichnet ein Wasser, eine nasse Gegend, st steht für si oder schi, an, bei. Strasberg, Struzberg, Strausberg ist eine Stadt, die an einem Wasser gelegen ist. Von Strauss rührt der Name Strausberg eben so wenig her als Berlin vom Bär und Perleberg von dem Worte Perle.

Werneuchen.

Dem Wortlaute nach ist Werneuchen ein Ort, der an kleinen Bergen oder Hügeln gelegen ist. Wera ist in der Regel etwas niedriger als Hera oder Gera. Das Adjectiv wereue, welches in dem Namen Werneuchen enthalten ist, heisst hügelig, werneche oder werneke klein-hügelig. Wernechen, Wernuchen, Werncken ist männlichen Geschlechts, welches andeutet, dass der Ort schon in slavischer Zeit nicht klein und unbedeutend war.

Wrietzen.

Dieser Name ist zusammengesetzt aus der Präposition we, d. h. in, und aus Ris oder Riz, das Nasse, das Wasser. Die

in der Provinz Brandenburg.

Präposition we, in wird den Namen der Orte vorgesetzt, die nicht bloss von einer Seite vom Wasser, oder einer nassen Niederung umgeben sind, z. B. Vi-Raden. Stiess der Ort nur an einer Seite an eine nasse Niederung, so wurden die Präpositionen bo oder po und schi gebraucht.

XIII. Der Nieder-Barnim'sche Kreis.

Alt-Landsberg.
Lan oder Wan ist ein Berg von mittelmässiger Höhe. Lanate ist eine Gegend, wo einige solche Berge (Hügel) sich finden. Lanat- oder Lanad-Berg ist eine Stadt, die auf oder an Anhöhen liegt. Das s ist eingeschoben und eine Folge deutscher Wort-Verbindungen.

Bernau
an der Panke. Bernau ist gebildet aus der Präposition bo und aus Ren, welches einen kleinen Fluss bezeichnet, au steht nu der Stelle des slavischen ow. Ursprünglich lautete der Name Berenow, contracte Bernow, germanisirt Bernau.

Oranienburg
hiess früher Bötzow, welches letztere Wort aus der Präposition bo und Uża, der See, die Lache, entstanden ist. Das Bo und U ist combinirt und tz vertritt die Stelle des slavischen ż. In alten Zeiten hiess Oranienburg auch Butzow, welcher Name auch aus der Präposition bo und Użow entstanden ist. In Lützow (siehe Charlottenburg) ist Luża statt Uża gebraucht.

Liebenwalde
an der Havel. Die beiden Sylben Lieben rühren von dem oft vorkommenden Worte Luba, Loba, Laba, Leba, Liba, welches Fluss bedeutet, her. Leba und Liba bedeutet einen kleinen Fluss, bezeichnet aber auch, wenn es in einem Ortsnamen vorkommt, die niedrige Lage des Orts. Walde heisst Dorf, wie Werda, Vörde oder Förde, Felde u. s. w.

XIV. Der Beeskow-Storkow'sche Kreis.

Beeskow
an der Spree. Die niedrige Fläche an der Spree, auf welcher zum Theil die Stadt erbaut ist, bestand in alten Zeiten, vor zwei oder drei Tausend Jahren, aus kleinen Lachen und Sümpfen, welche Eżen (der vierte Wortgrad) oder Weżen hiessen. An diesen Eżen oder Weżen wurden die Anfänge des Orts erbaut, und aus dem Grunde musste der Ort Bo-Eżen oder Weżen heissen. Die Präposition bo, an, bei verschmolz mit Eżen in Beżen. Weil aber die Eżen oder Weżen, an denen der Ort gebaut wurde, klein waren, deshalb wurde das Diminutiv von Eża, nämlich Eżka, d. h. die kleine Lache, gebraucht, und man

erhielt auf diese Weise das Wort Bežken. Es ist bekannt, dass man statt des ž oft das s gebrauchte, und dass man z. B. statt Lužazia Lusatia, statt Lužati Lusati sprach. Auch in dem Namen Beeskow ist das ž mit s vertauscht worden, und man hat für Bežkow Beskow erhalten. Das doppelte e in Beeskow deutet an, dass man Bees gedehnt aussprechen soll, weil diese Sylbe neben dem Hauptworte Ežka auch die Präposition bo enthält. Die Combination der Präposition mit der ersten Sylbe des folgenden Hauptworts kommt in den Ortsnamen Potsdam, Putlitz, Budissin, Buda (Ofen) vor. Die Endung ow documentirt, dass Beeskow schon in alten Zeiten ein bedeutender Ort (von Beeskow) war. Giebt es bei Beeskow noch ein Terrain, wo grössere, zahlreichere Wežen sind, so konnte man die Wežen, auf welche dasselbe gebaut ist, die kleinen Wežen, die andern die grossen nennen.

Buchholz

ist nicht aus Buche und Holz entstanden. Buch ist hier das Wort, welches anderswo Bug, Buk lautet und einen Berg, vornehmlich einen mit Laubholz bewachsenen Berg bezeichnet. Das von Buch, der Berg, abgeleitete Adjectiv buchowe heisst bergig, und ein Ort, der in einer bergigen, hohen Gegend gelegen ist, Buchowz. Das w und l wurden oft verwechselt und durch diese Verwechselung erhielt man hier statt Buchowz Buchholz. Bucholz, anderswo Bukowz, ist männlichen Geschlechts (von Bucholz) und dieser Name kommt einem in einer hohen, bergigen Gegend gelegenen grössern Orte zu. Den Beinamen „wendisch" erhielt Bucholz in der späteren Zeit, wo die Germanisirung in dem, im Lebuser Kreise gelegenen Buckow vollendet war, und wo man noch in Buchholz und in der Umgegend wendisch sprach. So unterscheidet man jetzt zwei im Luckauer und Calauer Kreise gelegenen Kirchdörfer, die beide Sorno heissen, dadurch von einander, dass man das eine, wo nur deutsch gesprochen wird, Deutsch-Sorno, das andere aber, das grösstentheils wendische Einwohner hat, Wendisch-Sorno nennt.

Storkow.

Von Störchen rührt dieser Ortsname nicht her, sondern von den spitzen Hügeln, die sich in der Nähe des Orts finden. Die Hügel sind Toriki (Diminutiv von Tor, d. h. der Spitzberg) genannt, und weil der Ort an den Hügeln liegt, so hat man die Präposition schi oder si, d. h. an, bei vorgesetzt. Die Endung ow deutet an, dass der Ort schon in alten Zeiten zu den grösseren und bedeutendern gehörte. Si-Torik-ow contrahirt Storkow ist eine an den kleinen Bergen gelegene Stadt.

Senftenberg.   G. Liebusch.

Eine Schlesische Dichterschule.

„Album schlesischer Dichter. Herausgegeben vom Verein für Poesie in Breslau. Leipzig 1866," heisst ein Werk, welches uns die neue schlesische Dichterschule, und zwar in der lyrischen und epischen Gattung, in einer Reihe von Dichtern vorführt.

Für das an sich lobenswerthe Unternehmen giebt der Prolog, von R. Finckenstein gedichtet, in seinem zwar wohlgemeinten, aber ziemlich schwunglosen Inhalt nicht das beste Proömion. Das von der Natur gesegnete Schlesien wird als der alte Boden so mancher geistigen Kämpfe freundlich begrüsst. Den historischen Rückblick auf die Hauptgrössen derselben eröffnet der unglückliche Horatianer Opitz. Ihm folgt Gryphius, von dem es, namentlich am Schlusse der Strofe, unbeholfen und unklar heisst:

> Eines deutschen Trauerspiels Versuche
> Machtest du zuerst, o Gryphius.
> In der Weltgeschichte grossem Buche
> Fandest du, was uns bewegen muss;
> Tauchtest dich schon in dieselben Fluten,
> Wo ein Shakspeare die Begeistrung trank,
> Und des Abendlandes heisse Gluten
> Schmolzen deinen feierlichen Sang.

Hierauf der gemüthreich-witzige Epigrammatiker Logau, Scheffler, der serafische Didaktiker, schliesslich Günther, der unselige, früh verwelkte Grassator. Durch sie, wie durch viele andere literarische Sterne leuchtete Schlesien dem Vaterlande bis auf die heutige Zeit ruhmreich vor. Zwar zeigt die grosse Menge, in materiellen Interessen befangen, wenig Sinn für geistige Genüsse, was den Dichter, der aus ihr hervorgeht, unangenehm berührt, doch in seiner inneren Freudigkeit nicht stören darf. Indem er, an den gährenden Bewegungen der Zeit theilnehmend, unbeirrt durch sie seinem schönen Berufe folgt, mögen die grossherzigen, siegreichen Thaten der letzten Freiheitskämpfe die Grundlage einer besseren und freieren Entwickelung bilden. Und im erhebenden Hinblick auf das Geleistete und Errungene soll nunmehr der Verein, von wahrer Liebe begeistert, die Früchte seines Strebens zur Verherrlichung und Förderung des gemeinsamen Vaterlandes dahingeben.

Die einzelnen Dichter folgen sich nun in alfabetischer Reihe. Wir wollen in kurzen Auszügen und Erörterungen ihre Leistungen und Eigenthümlichkeiten zu betrachten und zu würdigen suchen.

Hugo Andriessen.

Ein durch zwei Lieder vertretenes Mitglied aus Pittsburg in Amerika. „Red, White and Blue. American National Song" verherrlicht in bekannter Weise die Freiheit und Brüderlichkeit der Vereinigten Staaten; wogegen Nichts einzuwenden ist, als höchstens, dass man sich ja hüten möge, die tricolore Freiheit, welche in dem Vorherrschen der mechanischen und mercantilen Interessen eine sehr bedenkliche Grundlage hat, allzu lebhaft zu rühmen. — „Auf dem Ocean" spricht in etwas nichtssagender Heiterkeit die hoffnungsfreudige Entsagung eines abseegelnden Auswanderers aus. Das Gedicht schliesst:

> Allüberall weht Hafis' Geist, —
> Der Becher aller Orten kreist,
>   Wo Wein, Gesang und Liebe!
> Der Kirchen Dunst bethör' dich nicht,
> Der Priester Zorn, er stör' dich nicht,
>   Natur war stets dein Tempel!

Wenn der Verfasser, gleich manchen Anderen, mit dem starren Dogmatismus der Kirche gebrochen hat, ist er deshalb genöthigt, als einzig übrigen, Trost und Hilfe gewährenden Gegensatz die äussere Natur anzuerkennen? Die alte, begrifflich aufgefasste Tradition, der gesammte Inhalt der modernen, vorzugsweise der deutschen Wissenschaft, also der Geist überhaupt, wäre denn doch vor Allem die berechtigte Instanz, an die er sich zunächst zu wenden hätte. Aber von dieser hat er, wie alle Naturapostel heutiger Zeit, wahrscheinlich keine Ahnung.

Friedrich Barchewitz.

Ein weicher, gefühlvoller, formgewandter Lyriker. — „Da es zum Scheiden ging" spricht in nicht übler Weise das oft behandelte Gefühl des Heimwehs aus, welches nur in dem Falle schwach wirkt, wenn die neue Heimath besser und interessanter ist, als die alte, im Allgemeinen aber in jedem verwöhnten Söhnchen einen besonders ergiebigen Boden findet. Den dreimaligen Refrain bildet, nach altgermanischer Sitte, die Thräne; und mit der Erinnerung an das von Weinreben umrankte Vaterhaus schliesst das Gedicht:

> Und als ich ging jahraus, jahrein
> In der weiten Welt, so fremd und kühl,
> Und kam ich in ein Dörflein klein:
> Von der Heimat durchzuckt' mich ein süss Gefühl.
> Und wenn ein Fensterlein, hell und blank,
> Ich sah, das eine Weinreb' umschlang,
> Da weint' ich, da weint' ich.

„Winternacht." Sinnige Betrachtungen über die Jahreszeit. In der Mitte heisst es:

> Und mit den feurig wilden Klängen,
> Die trotzig mit dem Sturme streiten,
> Erwacht in meiner Brust ein Drängen,
> Verachtung ird'scher Herrlichkeiten!
>
> Verachtung dessen, was die Welt
> Dem Menschen Schmeichelndes ersonnen,
> Und was in seiner Nichtigkeit
> Vergeht, wie Schnee vor Maiensonnen. —

Die zu verachtenden Herrlichkeiten mussten, zur Vermeidung von Missverständnissen, näher bezeichnet werden. Denn Alles ist, zumal von einem Jünglinge, doch nicht schlechthin zu verwerfen; und der irdischen Genüsse, in deren Anerkennung die Weltleute und die Heiligen vollkommen einig sind, giebt es bekanntlich weit mehr, als die letzteren gewöhnlich einräumen.

> Da hör' ich unweit ängstlich picken
> Und flattern an der Scheiben einen; —
> Ein Vöglein sucht mit scheuen Blicken
> Ein Nachtmahl sich und seinen Kleinen.
>
> Doch drinnen die beim reichen Manne,
> Was kümmert sie des Vögleins Noth!
> Kreist ihnen nur die volle Kanne,
> Ward ihnen nur ihr täglich Brot! —
>
> Und an des Vögleins Kummer schnell
> Erkannte ich mein eigen Leiden:
> Das mich vom ew'gen Wahrheitsquell
> Gefrorne Fensterscheiben scheiden!

Also wieder ein Stück Naturevangelium! Ist der gute Lyriker ein altparsischer Feueranbeter, der, zumal aus seinem frostigen Atelier, die Sonne als absoluten Geist verehrt? Und wenn nicht, wie kann ihn denn von dem ewigen Wahrheitsquell ein zugefrornes Stubenfenster scheiden? Er heiße brav ein und suche zu begreifen, was er noch nicht weiss.

„Malerlieder," „Schnee im Lenz," „Wie ich dichten wollte," „Christnacht" sind, wie die angeführten, in ihrer Fassung ansprechend, aber eben so süsslich und gedankenarm. In den Malerliedern begegnet der Verfasser auf seinen ländlichen Wanderungen vor einer kleinen, bemoosten Hütte einer Mutter, ihren Knaben haltend, welche er sogleich mit einer Madonna vergleicht. — Vergleiche kosten Nichts; aber in engen, dumpfigen Tagelöhnerhütten finden sich solche reizenden Rafaelischen Gebilde nicht. — In dem vorletzten Liede kommt die Stelle vor:

Und was ich schrieb, vertraut' ich seiner Treue
Und sendete ihn zu der Menschen Städte —

woraus man ersieht, dass der Verfasser, wahrscheinlich nach irgend einer Zukunftsgrammatik, die Präposition „zu" mit dem Accusativ verbindet. — Im Allgemeinen zeigt dieser Dichter einen sehr geringen Umfang an moralisch-künstlerischer Fülle und Kraft. Er repräsentirt, wie die meisten seiner Collegen, die cultivirte Empfindsamkeit, auf welche Göthe in seinen Jahreszeiten ein so treffendes Epigramm gemacht hat.

Clara Bestd.

Eine durch manche Stürme geprüfte Lyrikerin, welche mit allen Uebrigen grosse Aehnlichkeit hat. Hier folgt eine Probe:

Warum?

Warum muss jener Sonnenstrahl
In diese enge Gasse schlüpfen?
Da doch viel andre frei im Thal
Hin auf des Baches Wellen hüpfen? —

Weil dort in feuchter Dunkelheit,
Von schwerem Elend tief umnachtet,
Bang nach des Lichtes Seligkeit
Von Thränen trüb' ein Auge schmachtet!

Karl Benthner.

Eine stillbeschauliche, sanfte Blumen- und Herbstnatur, zu deren Bezeichnung folgendes gottselige Sonnett dienen mag:

Eine Schlesische Dichterschule.

Nänie.

Es wölbet sich dein frischberaster Hügel
So kühl um dich, wie grüne Meereswelle;
Drauf blickt die Trauerros' in bleicher Helle
Und suchet dich, ihr Bild, im dunklen Spiegel.

Doch ach, die Nacht, ein schwarzes Trauersegel,
Bis Gott es bricht, deckt deine stille Zelle,
Und schirmend schwinget um die heil'ge Stelle
Der Friedensengel seine leisen Flügel.

Gar fest verwahrt ist deines Grabes Pforte;
Ein kalter Stein als Riegel vorgeschoben,
Lässt keinen Schmerz zu diesem Ruheporte.

Das Kreuz, das tröstend sich davor erhoben,
Es weiset uns mit seinem goldnen Worte
Den Weg dir nach — zur Gottesstadt da droben.

Siegfried Eisenhardt.

Von diesem ist nur eine Ode beigesteuert: „Den Gewaltigen." Er macht in gelungener, wiewohl etwas gedehnter Form den Herrschern zum Vorwurf, dass sie, um vor allen Dingen ihre Macht zu wahren, sich auf den fortgesetzten Gebrauch der rohen Gewalt verlassen, die Rechte der Völker missachten, den nothwendigen Fortschritt der Geschichte in frevelhafter Weise verkennen und hemmen. Er schliesst mit folgender Mahnung:

Erkennt die Zeit und ihre Zeichen!
Sie flammen lohend durch die Welt.
O wollt nicht, dass auf Schutt und Leichen
Die Zukunft ihren Einzug hält!

Bahnt Ihr den Weg! Ihr seit berufen!
Euch ward die heilige Mission!
Bringt sie von eures Thrones Stufen
Als ein Geschenk der Nation!

Steigt nieder in des Volkes Mitte,
Vernichtet jede Scheidewand;
Erkennt des Bürgers Zucht und Sitte;
Reicht ihm in Frieden eure Hand!

Das Volk ist gut, und unergründlich
Birgt es im Busen seine Treu'.
Sie macht euch stark, unüberwindlich,
Sie macht euch gross, sie macht euch frei.

Gerechtigkeit den Unterdrückten,
Vertrauen bringt dem Bürgersinn,
Dann wird der Jubel der Beglückten
Weithin durch eure Lande ziehn!

Dann wird den Lorbeerkranz euch winden
Das ganze Volk, die ganze Zeit,
Und die Geschichte wird euch künden
Mit Ruhm für alle Ewigkeit!

Für alle Zeiten heilig theuer
Reicht sie der Nachwelt euer Blatt;
Der Siege grössten nennt sie euer,
Den je ein Mensch gefeiert hat.

Und wenn Jahrhunderte vergangen
Und selbst der letzte Purpur fällt:
Ihr werdet unvergänglich prangen
Im Heldenbuch der ganzen Welt.

Auf Besserung der Staatenlenker scheint der Dichter also noch einige Hoffnung zu setzen. Zur Belohnung dafür und zur endlichen Erfüllung derselben wollen wir ihm die Lebenslänge eines Methusalem wünschen. Von der grossen Politik abgesehen, verkennt der Verfasser vielleicht, dass das subalternste Rathscollegium in dem kleinsten, armseligsten Neste, trotz alles zur Schau getragenen Liberalismus, seine Untergebenen gewöhnlich weit herrischer und willkürlicher zu behandeln pflegt, als der absoluteste Monarch eines Landes. Und solche Republiken, deren wir einige Tausende im Staate zählen, sind und bleiben die eigentlich Gewaltigen.

Dorothea Erstling.

Eine, gleich den meisten Anderen, wehmüthig erregte, bei allem Flitterstaate der Bilder phantasielose Natur.

Das Dichterherz.

Es stritten Höll' und Himmel sich,
Das Dichterherz zu schaffen:
„Die Glut, die Flammenglut geb' ich,
Die hellen Feuerwaffen!"

Der Himmel rief: „Ich geb' das Gold
Von Sonne, Mond und Sterne,
Den Glauben und die Liebe hold,
Das Ahnen meiner Ferne!"

Und Höll' und Himmel schritten kühn
An's Werk vom Dichterherzen;
Der Himmel sah die Freude blühn,
Die Hölle — Glut der Schmerzen.

Und als sie's — halb und halb — vollbracht,
Da fügten sie's zum Ganzen,
Mit Zaubermacht, mit Flammenpracht
Der Welt es zu verpflanzen. —

Und der es trägt, dem Erdensohn
Giebt's bis zur heutigen Stunde —
Ein Segen halb, und halb ein Fluch —
Von seinem Ursprung Kunde!

Also die alte, abgetakelte Ostentation vom Dichterherzen, dessen Darstellung hier noch dazu auf ein nachgemachtes und verfälschtes, in Sentimentalität verkahmtes Fabricat hindeutet. — Wie die zweite Strofe zeigt, verbindet die Dichterin die Präposition „von" mit dem Accusativ, worin sie sich mit dem ihr auch sonst ähnlichen Harchewitz zusammenthun kann.

„Der Schmerz," ebenfalls eine Allegorie, spricht die Erfahrung aus, dass dem Schmerze sein ihm gemässes Logis in der Einsamkeit zugewiesen sei, — ein Genuss, in welchen sich gute und schlechte Schmerzleider, namentlich dichtende, ebenso theilen, wie Gerechte und Ungerechte in Regen und Sonnenschein, und dem man bei der ersten Gelegenheit zu einem anlockenden Rendezvous, selbst im Alter, sofort zu entsagen pflegt. — Der Dithyrambus „das Reich der Phantasie" ist eine pindarisirende, alle möglichen Aquarellblumen kokett abspiegelnde Seifenblase, deren Aufnahme in bedauerlicher Weise das Unvermögen der Redaction bekundet.

Rafael Finckenstein.

„Prolog zur Shakspearefeier. Breslau, 23. April 1864." — Gehört der enkomiastischen Richtung an, die den guten Deutschen besonders eigen ist, zum Andenken berühmter Namen Festfeiern und Zweckessen auf Kosten des eigenen Werthes zu veranstalten. Das Gedicht giebt, nach einer historischen Betrachtung, eine allseitige Charakteristik des grossen britischen Dichters, als eines Vorbildes für jeden Nachstrebenden. Es würde lobenswerth sein, wenn es, bei mässiger Spannkraft der Darstellung, nicht allzu gedehnt und schleppend wäre, eine Geschmacklosigkeit, welche nur einer solchen Redaction nicht auffallen konnte. — Von dem „Prolog zur Dantefeier. Trebnitz, 21. Mai 1865," ist dasselbe zu sagen. — Besser, man schreibt gar keine Prologe, als dass man metrisch abschwächt und verwässert, was in jeder literarischen Uebersicht längst anschaulicher und eingehender behandelt ist. — „In's Stammbuch eines jungen Mädchens" wünscht der liebenswürdigen Adressatin mit Gottes Hilfe andauernde Unschuld und Fröhlichkeit, was sie hoffentlich beherzigen wird. Für ein Stammbuch geeignet, aber nicht zur Aufnahme in ein Dichteralbum.

Robert Gründler.

Tritt als erster Epiker der Sammlung auf und wird uns im Interesse der Gründlichkeit und namentlich dessen, was nicht von ihm zu lernen ist, länger beschäftigen, als er es verdient.

Protesilaos und Laodamia.

Die unter Agamemnon vereinigten Griechen ziehen, um die Frevelthat des Paris zu rächen, nach Troja. Auch Protesilaos, Fürst von Phylake, schliesst sich dem Zuge an.

> Wohl mag ihm die Fahrt verleiden
> Trennung von dem heim'schen Heerd,
> Und es wird ihm schwer, zu scheiden
> Von der Gattin, lieb und werth,
> Die ihn fleht mit heissen Thränen,
> Nicht zu fliehen über's Meer,
> Wo die Wogenschlünde gähnen
> Und der Kriegsgott tobt so schwer.

Das intransitive Verbum „fliehen" kann das Object nur im Dativ oder mit Hilfe der Präposition „zu" mit sich verbinden. Auch flieht der Held nicht über das Meer, sondern er scheidet oder zieht. Auch tobt der Kriegsgott nicht, sondern wird toben, und nicht auf dem Meere, sondern auf dem Festlande.

Protesilaos reisst sich, von der gemeinsamen Pflicht gerufen, aus den Armen seiner Gattin los, welche das ihm bevorstehende Loos ahnt. Die vereinigte Flotte nähert sich dem fernen Gestade, welches von den kampfbereiten Troern besetzt ist.

> Weiland auf den hohen Schiffen
> Stehet noch der Griechet Heer,
> Und die Führer, muthergriffen,
> Schreiten ordnend rings umher:
> Da zuerst den Fürsten allen
> Wagt Protesilaos' Kraft
> In die Feinde einzufallen
> Wirbelnd mit der Lanze Schaft.

Mit dem Worte „muthergriffen" ist wahrscheinlich „muthbeseelt" gemeint. „Zuerst den Fürsten allen," statt vor oder unter den Fürsten, ist sprachwidrig.

> Doch bevor er eingedrungen,
> Trifft ihn ein Dardanerspeer,
> Von der Seite her geschwungen,
> In die Schläfe tödtlich schwer.
> Hellas' Bester liegt erschlagen,
> Der das erste Opfer fiel;
> Vielen noch, die ihn beklagen,
> Ist verhängt das gleiche Ziel —

Die Strofe ist, namentlich am Schlusse, dürftig und trocken. Uebrigens ist das Wort „Dardaner" in der vorletzten Sylbe kurz, nicht lang zu betonen.

Hoffend harrt indess die Arme,
Bis der Gatte wiederkehr',
Ziehend mit der Griechen Schwarme
Aus dem Kriege, lang und schwer.
Und sie harrt mit stillem Trauern,
Sehnend, hoffend Jahr um Jahr,
Bis gesunken Troja's Mauern,
Heimwärts zieht der Griechen Schaar.

Schon erkennt sie aus den Schiffen
Das des Gatten schnell heraus,
Und von hoher Freud' ergriffen
Eilt sie zum Gestad' hinaus.
Sieht des Gatten lieben Bruder,
Den mit jenem einst zugleich
Fortgeführt des Schiffes Ruder
In den Krieg, so thränenreich.

Dieser kommt ihr jetzt entgegen
Mit der unheilvollen Mär':
Wie mit Jovis Donnerschlägen
Trifft das Wort die Arme schwer.
Wie gebrochen sinkt sie nieder,
Die noch hoffnungsfroh gelacht;
Langsam kehrt ihr Leben wieder,
Doch den Geist hält ew'ge Nacht.

Und wenn in der Früh' geboren
Eos ihre Rosen senkt,
Und hervor aus goldnen Thoren
Phöbus seinen Wagen lenkt,
Steigt sie auf des Ufers Höhen,
Späht sie still in's weite Meer;
Aber den sie wünscht zu sehen,
Jener kehrt ihr nimmermehr.

Für den Zusammenhang ist der Ausdruck „wenn Eos ihre Rosen senkt" viel zu gewühlt. Die Haltung und Sprache des ganzen, dem Stoffe nach wenig epischen Gedichtes hat durchweg viel Kraftloses und mühselig Gekünsteltes. Bei weitem auffallender zeigt sich dies in der folgenden Romanze.

Katreus und Althämenes.

Von allen Bergen schallt's hernieder,
Aus allen Thälern tönen Lieder
Durch Kreta's weite Insel fort
Und pflanzen sich von Ort zu Ort.
Und Freude in den hohen Hallen
Umsteht geschmückt den Herrscherthron;
Da hört man Jubelchöre schallen
Dem eingebornen Königssohn.

Schon schaute dreissigmal die Sonne
Des hohen Festes Freudenwonne,
Die heut sich wiederum erneut,
Wie es der Vater froh gebeut;

Denn das Orakels Spruch zu melden,
Erfragt dem jugendlichen Spross,
War die entsandte Schaar der Helden
Zurückgekehrt in's Königsschloss.

Und wie die Helden all' umstanden
In ihren hellen Festgewanden
Herzugenaht den Herrscherthron,
Da tritt hervor Eurymedon;
Ihn hat, den Götterspruch zu künden,
Wohl auserwählt des Looses Glück,
Doch keine Freude ist zu finden
Im tief herabgeschlagnen Blick.

„Mein König, hoch geehrt gehalten!
Bekannt ist dein gerechtes Walten.
Wenn dir die Gottheit Böses flicht,
Des zürne deinem Boten nicht!
Oft giebt die Zukunft Nichts als Kummer;
Wohlthätig dann verbirgt sie ihn,
Dann frommt es nicht, von ihrem Schlummer
Den dunkeln Schleier wegzuziehn."

Wie unpassend! Der Schleier kann nicht als „dunkel", sondern nur als verdunkelnd gedacht werden; und dieser ist nicht von dem Schlummer der Zukunft, sondern von der schlummernden Zukunft wegzuziehen.

„Du hast gefordert, sie zu sehen;
So höre Alles, wie's geschehen!
Da uns dein Wort von hinnen rief,
Bestiegen freudig wir das Schiff.
Uns sandte, schnell dahinzutragen,
Ein Gott der Winde günstig Spiel;
So trieben wir mit Ruderschlägen
Zum raschen Lauf den hohen Kiel."

„Geebnet lag die blaue Fläche,
In stiller Ruh' die Wogenbäche,
Und friedlich in dem tiefen Meer
Schlief Tethys' ungestaltet Heer.
Da riefen wir es fromm den Winden
Und das Poseidon heil'ger Macht,
Ein herrlich Opfer anzuzünden,
Wenn er uns glücklich heimgebracht."

„Doch Lykophron mit frevlem Sinnen
Zerstörte unser fromm Beginnen,
Erweckte aus der stillen Flut
Den Gott mit seinem Uebermuth;
Und alsobald thät uns umhüllen
Des wilden Sturmes dunkle Nacht,
Dass furchtbar in dem lauten Brüllen
Das Schiff in seinen Fugen kracht."

„Da riefen wir es fromm den Winden" u. s. w. Hier musste das Compositum „zurufen" oder das Wort „geloben" angewendet werden. — „Mit seinem Uebermuth," — mit welchem? Hat Lykophron den Meeresgott durch einen schlechten Witz beleidigt? Dieses Motiv war hier doch einigermassen auszuführen. — In der letzten Zeile stimmt das Präsens des Folgesatzes „kracht" nicht mit dem Präteritum des Vordersatzes „thät uns umhüllen."

„Bald schwebt es auf dem Gischt der Wogen,
Bald ringt es, jäh hinabgezogen,
Tief unten auf des Meeres Grund,
Umgähnt vom wilden Wasserschlund.
Und zitternd trugen wir die Plage,
Im lieben Herzen bang bewegt,
Als endlich mit dem goldnen Tage
Der Gottheit Zürnen sich gelegt."

„Da sah'n wir auch mit frohen Mienen
Des Landes nahe Küste grünen,
Epiros' ausgedehnten Strand
Vor unsern Augen ausgespannt.
Wo in das Meer mit träger Weile
Thyamis' stille Fluthen ziehn,
Dort hemmten wir des Schiffes Eile
Und stellten es zum Ufer hin."

In dem Worte „Thyamis" ist die vorletzte Silbe kurz. „Das Schiff zum Ufer hinstellen" ist ein ungeschickter Ausdruck. — „Wir zogen dann," fährt er fort, „durch das Land bis nach Dodona, welches wir am nächsten Morgen erreichten. Dort, in dem heiligen Eichenhaine lauschend, erwarteten wir das Orakel des Zeus. Doch nicht mit sanftem Flüstern, sondern mit erschütterndem Brausen aus den Wipfeln niederschallend rief uns eine Stimme zu:

„„Des lieben Sohnes liebend Streben
Soll büssen einst mit seinem Leben
Der Fürst im weiten Kreterland,
Erschlagen von des Sohnes Hand!""

Schreckenvoll vernahm ich diesen unheildrohenden Spruch. Zürne dem Boten nicht, dem das Loos zugefallen ist, ihn dir zu verkünden." — Katreus beruhigt ihn und erklärt, er werde sich dem göttlichen Verhängnisse fügen.

„Drum werde nicht am Sohn gerochen,
Was ihm die Gottheit zugesprochen.
Ihm sei gegönnt des Lebens Lauf,
Er blüh' zum Jüngling rüstig auf!
Doch welches Wort den Heldenschaaren
Verkündete ein Göttermund,
Das möge nie mein Sohn erfahren,
Verweht, vergessen sei die Kund'!"

Und wie's dem jugendlichen Sprossen
Der hohe Herrscher mild beschlossen,

So blüht' in froher Dunkelheit
Althämenes, der Aeltern Freud'.
Ihm folgte wol manch' süsse Klage,
Aus zartem Busen nachgeschickt;
Ja selbst die Nymphen, geht die Sage,
Belauschten seinen Reiz entzückt.

Die letzten Zeilen sind sehr gezwungen. Unmittelbar nach dem Begriffe „der Aeltern Freude" der unbeholfen ausgeführte Begriff „Klage" ist schroff und unpassend. — Doch Althämenes, unempfindlich für die Liebe, wird ein rüstiger Jäger, bis ihm endlich ein Zufall (man erfährt nicht, welcher) sein künftiges Geschick verräth. Da flieht er trauernd aus dem väterlichen Hause und sucht die Einsamkeit auf, um nie zurückzukehren; er verlässt zuletzt, ohne seines Vaters Wissen, selbst Kreta und landet auf Rhodos. Katreus, von Schmerz ergriffen, fordert seine Umgebung auf, mit ihm seinem Sohne dorthin nachzusegeln.

Und schnell wird in die blauen Wogen
Das hohle Schiff hinabgezogen;
Bald sitzend längst des hohen Bord
Verlassen sie den heim'schen Port.
Und als des Dunkels weite Hülle
Zum andern mal sich ausgespannt,
Betreten sie in tiefer Stille
Der Insel schön gekrümmten Strand.

„Längst des hohen Bord." Längst ist bekanntlich ein adverbialer Superlativ; die hier anwendbare Präposition heisst „längs."

Doch ihre Ankunft, still betrieben,
War unbemerkt doch nicht geblieben,
Ein Späher schaute sie von fern
Und meldet's eilig seinem Herrn:
„Mein König! Noth ist's, dich zu wahren.
Soeben an des Meeres Strand
Erblickt' ich fremde Kriegerschaaren,
Dass erzerglänzt der dunkle Sand."

Das wiederholte „doch" und „erzerglänzt der dunkle Sand" ist eben so ungeschickt wie sprachwidrig.

Da das Althämenes vernommen,
Heisst er die Seinen, schnell zu kommen;
Nichts ahnend, dem Geschick geweiht,
Stürmt er zum gottverhängten Streit;
Und wüthend durch der Gegner Reihen
Sich bahnend eine blut'ge Bahn,
Fällt er mit wildem Lanzendräuen
Den eignen Vater rasend an.

„Heisst er die Seinen, schnell zu kommen." Das Verbum heissen in diesem Sinne verbindet sich mit dem blossen Infinitiv ohne „zu." — „Sich bahnend eine blut'ge Bahn," — warum nicht „sich öffnend eine blut'ge Bahn"?

> Schon ist die Lanze fortgeschwungen,
> Mit sicherm Wurf hat sie durchdrungen
> Des besten Vaters treue Brust —
> Der Sieger jauchzt in wilder Lust —
> Da erst erkennt, im Tode ringend,
> Der Vater den geliebten Ton,
> Und einmal noch sich selbst bezwingend,
> Ruft sterbend er den lieben Sohn.
>
> Doch Jener blickt in starrem Schauen
> Auf seine That mit stillem Grauen:
> Was ihn getrieben, fortzugehn,
> Das Grässliche, er sieht's geschehn.
> Umschlingend jetzt die liebe Leiche,
> Küsst jammernd er ihr bleich Gesicht,
> Doch in des Hades düsterm Reiche
> Hört seinen Schmerz der Todte nicht.
>
> Da fleht er zu dem finstern Gatten,
> Dem Fürst der abgeschiednen Schatten,
> In's Land, dem Keiner lebend naht,
> Zu öffnen ihm den dunklen Pfad.
> Und gütig hört der Gott die Bitte;
> Da klafft der Erde weites Feld.
> Es nimmt ihn auf des Orkus Mitte,
> Der ihn dem Vater neu gesellt.

Den Schattenbeherrscher als „finstern Gatten" zu bezeichnen, ist hier sehr unpassend; dieses Wort würde nur Sinn haben, wenn er in Bezug auf Persephone gedacht wäre. —

Bezüglich des tragischen Inhalts wäre noch Folgendes zu bemerken. Derartige, die düstere Macht unbegreiflicher Fügungen darstellende Stoffe, so glänzend sie auch ausfallen mögen, zur Behandlung zu wählen, ist überhaupt nicht räthlich. Die Vorsehung erscheint als eine dämonische Gewalt, an der man die wünschenswertheste Fähigkeit vermisst, das Gute und Erspriessliche zu wollen; und der arme Mensch als eine willenlose Schachfigur, die durch eine hirn- und herzlose Prädestination über weisse und schwarze Felder spinozistisch umhergezerrt wird, um in elendem Untergange, ohne etwas Sinnreiches zu verwirklichen, endlich rathlos zu erliegen. In der sogenannten besten Welt ist das Verkehrte, Platte und Alberne leider schon so überwiegend, dass es das menschliche Gemüth empört, es noch mit dem Gepräge himmlischer Berechtigung gestempelt in den Vordergrund der grossen Farce gestellt zu sehen, — eine Anschauung, die man christlichen Metaphysikern ein für allemal überlassen mag.

Die folgende Romanze behandelt einen Stoff, dessen Inhalt unserer Anschauung eben so fern liegt. Der griechische Sänger Thamyris, welcher, stolz auf seinen Ruhm, aus Vermessenheit die Musen zu einem Wettkampfe herauszufordern wagt, wird von diesen besiegt und mit ewiger Blindheit und Taubheit bestraft. Solche Bestrafungen verehrt man gewöhnlich als Beispiele der richtenden Allmacht; sie sind aber vielmehr Beweise für die Armseligkeit des olympischen Regiments, welches zur Demüthigung vermeintlicher Sünder nie andere als physische Mittel anzuwenden weiss. Die Sprachform dieses Gedichtes ist eben so misslungen, wie die der vorigen.

Die Beiträge dieses Dichters schliesst ein zwölfzeiliges, ziemlich nüchternes, oft fehlerhaftes Epigramm, „Grabschrift auf Hellas," welches den Geist und die Grösse des reichbegabten Mustervolkes zur Nacheifernng empfiehlt. Was an Kraft, Fülle und Correctheit von den grossen Hellenen zu lernen ist, beträgt jedenfalls bedeutend mehr, als alle lahmen Romantiker aus ihnen gelernt haben.

Adalbert Harnisch.

Gehört zu den Dichtern, die, keines besonderen Gedankeninhalts mächtig, des bequemen Glaubens leben, dass irgend ein Gleim-Hagedornscher Gemeinplatz, in munterem Tone metrisirt, für bare Poesie gelten dürfe. Dieser Glaube ist heutzutage, wo so Vieles bereits hinter uns liegt, wo das Gemüth des Künstlers, um einigermassen zu wirken, mit angestrengtester Spannung sich auf concrete Lebensmassen zu werfen hat, ein höchst verderblicher Irrthum. Unter seinen Beiträgen ist das gedehnte Gedicht „'s ist Alles mein!" noch das leidlichste. Nun aber das folgende!

Meinem hydropathischen Vetter.
Ein oinopathisches Liedchen.

Ich wünsche dir von Herzen,
Dass alle Noth und Schmerzen
Verwandeln mag zu Scherzen
    Das neue Jahr.
Dass wie Gewitterregen
Des Himmels Glück und Segen
Dich treffe allerwegen
    Und immerdar.

Geht's drüber mal und drunter,
Und bist du mal nicht munter,
Lass hangen nicht herunter
    Sogleich den Kopf!

Der Muth darf nimmer sinken,
Der Witz darf nimmer hinken,
Und singend magst du trinken
    Dir einen Zopf!
Schmerzt Rücken dich und Wade,
Wird dünn das Haar, ist's schade,
Dir Salben und Pomade
    Zu reiben ein.
Der beste Krankenretter,
Der beste Weich-dich-better,
Ein Stirn- und Haareglätter,
    Das ist der Wein!

Drum, quillen mal dich Sorgen,
Sei's Abend oder Morgen,
Und müsstest drauf du borgen,
    So füll' das Glas!
Der echte Sorgenbrecher,
Der rechte Mückenstecher,
Das ist ein solcher Becher
    Voll edlem Nass.

Dass stets du magst gesund sein
Und nie mehr auf dem Hund sein,
Und nimmer wie jetzund sein
    Ein trister Tropf,
So mag in allen Räumen
Dein Keller denn sich säumen
Mit Flaschen, draus mit Schäumen
    Entknallt der Propf!

Wie platt, roh und abgedroschen! — Ein griechischer Sophist trat einmal vor einer Versammlung auf, eine Lobrede auf den Herakles zu halten. „Wer tadelt ihn denn?" fiel ihm ein Lakone in's Wort. Wer leugnet denn die sorgenbrechende Tugend des Weins, aber welcher sinnreiche Dichter macht diese noch jetzt zum Gegenstande eines Liedes im Drehorgelstil? —

Das folgende „Horror vacui" behandelt ungefähr denselben Inhalt in anderer Fassung. Man zweifelt sehr an des Verfassers moralischem horror vacui, abgesehen von der bei Weindichtern oft zutreffenden Vermuthung, dass sie, anders als die Pfaffen, öffentlich Wein predigen und heimlich Wasser trinken. — Das folgende ist ein lyrisches Epigramm:

    Liederlich.

Weil ich nicht wie ihr es mache,
Nicht mich ducke muckerlich,
Weil ich singe, weil ich lache,
Nennet ihr mich liederlich.
Ei, bedenkt doch: Jedes Thierchen,
Wie das alte Sprichwort sagt,

Eine Schlesische Dichterschule.

> Jedes hat so sein Manierchen,
> Was am besten ihm behagt.
>
> Gerne lust'ge Possen treib' ich,
> Lust'ge Lieder liebe ich;
> Lieder sing' ich, Lieder schreib' ich:
> Darum bin ich liederlich.

Das heitere Wortspiel ist eben so geistreich, wie das Heine's, der an einer Stelle sagt: er sei seiner Geliebten entflohen und aus dem Thore der Stadt gegangen, was eine grosse Thorheit gewesen sei. — Nein, die Wirkung alles Witzes, selbst des paradoxesten, beruht auf Wahrheit, und der Dichter hat genug zu thun, diese in sinniger, gefühlvoller und schöner Weise vorzutragen.

Das Gedicht „Wanderlust" ist eben so plattvergnügt und für wandernde Handwerksburschen geeignet. — Zur gemüthlichen Ergänzung fehlt dem Verfasser nur noch die Sentimentalität, worin er bei seinen trübseligen Collegen in die Schule gehen kann.

Max Heinzel.

Eine düstere, wehmüthig erregte Natur von Geibelschem Caliber. Von ihm die Ballade „Alboin und Rosamunde." Es ist der geschichtlich bekannte, bereits mehrfach bearbeitete Vorgang, wie Alboin, König der Langobarden in Italien, beim Mahle sitzt, aus dem Schädel seines erschlagenen Gegners, des Gepidenkönigs Kunimund, Wein trinkt und seine Gattin, die Tochter Kunimunds, nöthigt, ein Gleiches zu thun, welche Zumuthung sie zur blutigen Rache an ihrem Gemahle aufstachelt. Der vorherrschend lyrische Ton des an sich unbedeutenden Ganzen ist durchweg viel zu heftig und stürmisch gehalten, ein Uebermass des Subjectiven, welches an der epischen Befähigung des Verfassers entschieden zweifeln lässt.

„Hirt und König," aus dem Französischen übertragen, wiederholt den unzähligemal breitgetretenen Gedanken, dass das einfache, sorgen- und harmlose Leben eines niederen Menschen im Vergleiche mit dem verwickelten, sorgenvollen und vielfach bedrohten Dasein eines Fürsten ein beneidenswerthes sei; — also dieselbe, vielfach einseitige Anschauung, die in der alten Mäusefabel vom Stadt- und Landleben ihren besonderen Ausdruck gefunden hat.

„Bal champêtre," gleichfalls aus dem Französischen, ladet die schmucken Schäfermädchen zum Tanze ein; wohl mit der stillschweigenden Voraussetzung, dass diese reizenden Landblumen den städtischen

Eine Schlesische Dichterschule. 177

vorzuziehen seien, — eine Annahme, welche wir autoptischer Prüfung empfehlen müssen.

„Der glückliche Schiffer," gleichfalls aus dem Französischen, verbreitet sich über das beneidenswerthe Glück eines gutgelaunten armen Schiffers. — Der kleinstädtische Dichter scheint, nach der Wahl seiner gereimten Studien, überhaupt ein Verehrer der einförmig-harmlosen Beschränktheit zu sein. Wir wollen einige seiner Bucolica anführen:

Lebewohl.

Du liebst mich mit deiner ganzen Glut,
Mit deiner Jugend fieberheissem Blut
Und träumest Himmelsglück an meiner Seite ;
Ich aber wünscht', du zaubervolles Kind,
Ich hätt' dich nie gekannt und nie geminnt
Und lebte fern in unbekannter Weite!

Denn an den Fersen haftet mir ein Fluch,
Mein Haupt umschwirrt ein dunkler Schicksalsspruch
Von ew'ger Qual und grenzenlosem Leide;
Mein Leben ist so öde und so bang,
Wie ohne Blüten, ohne Vogelsang
Die unabsehbar hingestreckte Haide.

Durch mich wird dir kein froher Tag zu Theil,
Durch mich erblühet dir kein irdisch Heil,
Wenn du dein Loos mit meinem eng verkettest!
Abwenden muss ich trüb' mein Angesicht
Von deiner Augen süssem Himmelslicht,
Dass du dein junges, frisches Herz noch rettest!

Auf blumigen Pfaden sollst du heiter gehn,
Wo milde Lenzeslüfte dich umwehn,
Und nicht mit mir am steilen Abgrundstege;
Denn über Klippen, über Felsgestein
Muss ziehn ich ohne Licht und Sternenschein
Des Missgeschickes grauenvolle Wege.

Ich bin ein armes, welk gewordnes Blatt,
Das nirgends findet eine Ruhestatt,
Vom Sturm des Herbstes wild emporgetrieben. —
Es rauscht dahin — wer weiss, wo's niederfällt
Und endlich einmal seinen Rasttag hält,
Um todesmüd' zu Staube zu zerstieben?

Das leibhaftige, offen dargelegte Bettelelend eines christlich-germanischen Dichterherzens! Der Keim bereits vertrocknet aufgewachsen, der Körper matt und welk, und in dem fortwährenden, künstlich zugespitzten Auseinandergehen von Wunsch und That, Idee und Wirklichkeit ein chronischer Bankerott aller Lebensfähigkeit, dessen Anblick leider nicht einmal Theilnahme, nur Widerwillen und Grauen erweckt. —

Eine Schlesische Dichterschule.

Das kurze Gedicht „Sonntagsfeier," vielen Vorgängern ähnlich, tischt das alte, bereits öfter gerügte Naturevangelium in neuer Form auf.

Für den Frühlingsalmanach 1864.

1.

Nun fort mit aller Winterqual;
In Wald und Auen blüht der Mai;
Die schöne Zeit der Minne naht,
Der lustigen Poeterei.
Ein Born von frischen Liedern rauscht
Durch's Herz mir eigen, wunderbar,
Und hoffnungsfreudig regt mein Geist
Sein lichtbestrahltes Schwingenpaar.
Zu einem Hymnus auf den Lenz
Fühl' ich mich höchlich inspirirt —
Doch, Röse, zünd' ein Feuer an,
Ich glaube fast, mich friert!

2.

Schon hör' ich eine Nachtigall;
Sie singt ein schluchzend Liebeslied,
Wie sie es über'm Meer erlernt,
Im fernen Sonnenland, im Süd.
Die wunderhübschen Veilchen blühn,
Schaun freundlich aus dem Gras hervor,
Und auf dem Kirsch- und Apfelbaum
Zeigt sich der duft'ge Blütenflor.
O, welchen Segen beut der Mai —
Drum preis' ich ihn, wie sich's gebührt;
Doch Röse, zünd' ein Feuer an,
Ich glaube fast, mich friert!

3.

Ja, singen will ich, freudelaut,
Aus Herzensgrund, aus tiefster Brust,
Von seiner Schöne, seiner Pracht,
Von seiner Wonne, seiner Lust.
Mit allem Klang, der in mir ist,
Will ich ihn preisen, staubentrafft,
Wie eine Lerch' im Aethermeer,
Voll dichterischer Leidenschaft.
Ein Lied will ich ihm singen kühn,
Wie's keinen Almanach noch ziert;
Doch, Röse, zünd' ein Feuer an,
Ich glaube fast, mich friert!

Quo me, Bacche, rapis tui
Plenum, quae nemora aut quos agor in specus?

beginnt Horatius in der Verlegenheit und führt seine gemachte Begeisterung ungefähr eben so nichtssagend und hölzern zum Schlusse. Kennt unser frostiger Lenzsänger vielleicht die Lessing'sche Fabel vom

Strausse, welcher vor allen übrigen Thieren einen Ansatz nahm zu fliegen? —

Friedrich Klose.

Allen Anderen sehr ähnlich. — „Wie kurz das Leben" bringt die oft ausgesprochene Klage über die Kürze des Lebens, welche besonders dann berechtigt ist, wenn man, ohne etwas Erhebliches zu fördern, frühzeitig altert; — ein Schicksal, welches romantischen Literaten oft schon vor dem zwanzigsten Jahre begegnet. Als Gegenmittel wird eifrige und rastlose Thätigkeit empfohlen, wozu wir ausserdem noch Vergnügen, Körperbewegung und nahrhafte Kost hinzufügen.

Abschied.

Ferne Lichter winken leisen
Gruss aus meiner Heimatsstadt,
Und es ziehen trübe Weisen
Durch mein Herz, so krank und matt! —

Bei dem Licht, das röthlich schimmernd
Durch die grünen Zweige späht,
Sitzt die Mutter, bang sich kümmernd,
Schickt zum Himmel ihr Gebet. —

Denkt des Sohnes in der kalten
Welt mit ihrem falschen Glück,
„Send' ihn, Gott, mit gnäd'gem Walten
Rein in meinen Arm zurück!" —

Bei dem Licht, das blasser schimmernd
Durch die matten Scheiben bricht,
Sitzt ein Mädchen, bang sich kümmernd,
Heisse Thränen im Gesicht! —

Aengstlich weben ihre Hände
Einen Schleier, weiss und zart:
„Gott, zurück den Theuren wende
Du mit rechter Gnadenart!" —

„Kehrt er wieder — Glocke töne!
Schleier, schmücke ihm mich traut! —
Kehrt er nimmer — Glocke töne!
Schmücke dann des Himmels Braut!" —

Ferne Lichter winken leisen
Gruss aus meiner Heimatsstadt,
Und es ziehen trübe Weisen
Durch mein Herz, so krank und matt! —

Und so wandr' ich in die Weite,
All' mein Herze schmerzerglüht! —
Tönet da zu meiner Seite
Eines Wandrers frisches Lied.

All' mein Loos, das ich mir wähle,
In die Ferne ist's gestellt.

Eine Schlesische Dichterschule.

> Hinter mir die engen Pfähle,
> Vor mir all' die weite Welt!"
>
> „Lebet wohl, ihr meine Lieben,
> Huldvoll lächle mir das Glück;
> Wenn mir sonst Nichts treu geblieben,
> Bring' ich euch mein Herz zurück!" —
>
> Dank dir, Wandrer, deine Weise
> Hat mich gänzlich schmerzerlösst;.
> Sie begleite meine Reise,
> Wenn ich wanke, muthentblösst.
>
> Lebet wohl, ihr meine Lieben,
> Huldvoll lächle mir das Glück;
> Wenn mir sonst Nichts treu geblieben,
> Bring' ich doch mein Herz zurück!

Die in der Eile gemachte und zugestuzte Braut gehört, wie man sieht, zu den zartesten und empfindsamsten Heiligen ihres Geschlechts, die eben nur einen solchen, in Schwäche und Empfindelei verkommenen Romantiker anziehen kann.'

Ausserdem noch zwei Libationen. „Für Platen's Grab," eine in Ottaverimen etwas weitläufige Verherrlichung des Dichters, der bei grosser, oft zu klangreicher Glätte in den meisten Erzeugnissen, besonders lyrischer Gattung, leider wenig Kraft und charakteristischen Inhalt besitzt, ein Mangel, der einem deutschen Verehrer natürlich gleichgültig ist. Das Gedicht „Schiller" giebt, nach einer sehr erregten Betrachtung der staatlichen und geistigen Entwickelung Deutschlands im Mittelalter, eine Verherrlichung des grossen, dem Volksherzen angehörenden Dichters. Das an sich gute Thema ist leider zu oft ausgeführt worden, und es ist überhaupt wenig erbaulich, eine in Literatur zerblätterte Nation beständig auf ihre berühmten Männer hinzuweisen, deren Behandlung ihr nicht zur Ehre gereicht.

Alexis Lomnitz.

Einer der begabtesten und leidlichsten Dichter in dieser Sammlung, dessen natürliche Gefühlsweiche durch Geist und Formensicherheit wenigstens in erträglichen Schranken gehalten wird.

> Der Ungetreuen.
>
> Wenn du dich auch abgewendet,
> Meiner Seele Trost und Licht,
> All' des Glücks, das du gespendet,
> All' der Lust — vergess' ich nicht.
> Darf ich jetzt auch nicht mehr schauen
> Selbst dein rürend Angesicht,
> Schönste Blum' im Kranz der Frauen,
> Dein, ach dein vergess' ich nicht.

Eine Schlesische Dichterschule.

Nicht mit Zürnen, nicht mit Klagen
Nenn' ich dich, du süsse Maid;
Wie du auch mein Herz geschlagen,
Schlägt mein Herz dir alle Zeit!
Trägst du meine Lust und Frieden
Mit dir selbst auch weit, so weit!
Dir getreu und dir beschieden
Bleibe Frieden, Lust und Freud'! —

Was ich Schönes hab' gesonnen,
Dank' ich deinem holden Bild;
Was an Reinheit ich gewonnen,
Deine Reinheit hat's erfüllt;
Beste Ziele meines Lebens
Hast du, Theure, mir enthüllt.
Wilde Sehnsucht meines Strebens
Hast du liebevoll gestillt.

Wie du dich auch fortgewandet,
Meiner Seele Trost und Licht,
Wie du auch mein Glück geendet,
Meine Liebe endet nicht.
Der Erinn'rung will ich danken,
Die von deinen Reizen spricht,
Die vor meinen Augen schwanken
Wie ein blühendes Gedicht.

Jene Träume will ich segnen,
Wo in stiller, dunkler Nacht
Deine Augen mir begegnen,
Die mich seelisch angelacht.
Diese milden Sterne beide
Leuchten hell in ihrer Pracht;
Doch die Sterne meiner Freude
Sind ertränkt in dunkler Nacht.

Ja, du hast dich abgewendet,
Meiner Seele Trost und Licht!
Schöner Traum, du hast geendet,
Wie ein schneidend Spottgedicht.
So vertropfet denn, ihr Töne,
Wie das Eis am Sonnenlicht;
Preisst verklingend noch die Schöne,
Die mir Herz und Treue bricht!

„Dornenröschen" führt, mit Anwendung des bekannten Märchens auf die unglückliche Germania, schliesslich zu einem wehmüthigen Thränenerguss über die gegenwärtigen deutschen Zustände. Dazu ist allerdings jeder Mensch, nicht bloss ein Deutscher, vollkommen berechtigt. Die Weinerei hilft nur zu Nichts. Ausserdem fällt es, besonders heutzutage, sehr übel und für die Vertreter der freieren Richtung wenig ehrenvoll auf, dass die thränenseligsten Klageführer des Liberalismus, unter günstigen Verhältnissen, nachträglich sich oft zu den brauchbarsten und rüstigsten Beförderern der allgemeinen Rechtlosigkeit und Zerrüttung herauszumustern, von der wir einen grossen Theil auf Rechnung der empfindsamen und thatunkräftigen Natur unserer guten Landsleute setzen können.

Camoëns.

Luis de Camoëns wurde 1517 zu Lissabon (Lisboa) geboren, studirte zu Coimbra und ging 1553 nach Indien, von wo er jedoch wegen einer Satire: Disparens en India, nach Macao, der Hauptstadt der gleichnamigen Halbinsel in der Provinz Kanton, verwiesen wurde. Noch heute zeigt man bei Macao die Grotte, in welcher er an seiner Lusiade gedichtet haben soll. Letztere, die Lusiade, ist das Hauptwerk dieses einzig grossen Dichters Portugals und behandelt Vasco de Gama's Unternehmung in Indien. Geschichte und Poesie, Christenthum und Mythologie finden sich in diesem Werke auf das Anziehendste vereinigt. Die Pest verzögerte die Herausgabe desselben, welche endlich 1572 erfolgte. König Sebastian bewilligte für die Dedication dem Dichter eine lebenslängliche Pension von ungefähr 25 Thalern jährlich. In äusserster Dürftigkeit erhielt er sich durch das nächtliche Strassenbetteln eines Dieners, den er aus Indien mitgebracht hatte. Er starb 1579 arm und verlassen in einem Hospiz. Ungefähr funfzehn Jahre nach seinem Tode wurde ihm ein prächtiges Denkmal errichtet.
Der Passeio publico ist die belebteste Strasse Lissabons.

1.

Der kranke Dichter spricht:
Schön ist die Welt, wer möchte sterben,
Sich trennen von dem Sonnenlicht;
Auch wenn auf seines Daseins Scherben
Es sich mit matten Strahlen bricht!
Wer — auch dem Elend preisgegeben,
Zerschlagner Hoffnung, schlimmer Rab',
Hing nicht, gleich mir, doch noch am Leben,
Blieb ihm nur noch ein Freund wie du,
Wie du, mein Sadi, treue Seele,
Die stets mich liebte — sie begriff;
So wie umsonst die Philomele
Dem Spatz ihr Seufzerliedchen pfiff.
Schau, wie an unsern trüben Scheiben
Die goldne Abendröthe loht;
Ein Wundermärchen hinzuschreiben,
Ein Wundermärchen, blau und roth.
O Freudenröthe, Himmelsbläue!
Ihr Felsen! Auen! Meer und Wald!
Ich grüsse euch auf's Neu', auf's Neue
Mit lautem Liede bald, ja bald! —
Hörst, Sadi, du den Tajo rauschen,
Dess Nass das durst'ge Weltmeer trinkt?
Lisboa liegt im Grün, zu lauschen,
Was ihres Stromes Wasser singt.
Auch ich vermocht' einst zu versteben
Der Wogen rauschendes Gedräng' — —
Lass uns hinab zum Ufer gehen,
In diesem Stübchen wird's zu eng'!
Ach, wie es seinen Spiegel breitet,
Das herrliche Atlant'sche Meer,

Eine Schlesische Dichterschule.

Das jetzt mein kühner Fuss beschreitet,
Als wenn es eine Brücke wär'.
Ja, eine Brücke zu dem Lande,
Darin die Menschheit war gewiegt;
Wo nieder von dem duftigen Strande
Des Ganges sich der Lotos biegt,
Das schwermuthsvolle Haupt zu spiegeln
Klar in des heiligen Stromes Flut,
Auf der mit eingeschlagnen Flügeln
Der Phönix meiner Sehnsucht ruht.
Nicht weine, Sadi, dass geschieden
Wir sind von dieser Ufer Glanz.
Des Wanderns Unruh' führt zum Frieden,
Der Blütenstaub giebt duftigen Kranz.
Auch wir, mein Sadi, werden treiben
Hin auf dem Gangesstrom der Zeit,
An grünen Ufern bangen bleiben
Für Brahma's ewigen Dienst geweiht.

— — — — — — — —

Mich dir zu nähern, Weltenseele,
Hab', menschlich irrend, ich gemüht,
Verbannet in Macao's Höhle
Mich manches Jahr mit meinem Lied.
Als auch das Meer mich dann betrogen
In froher Hoffnung sichrer Fahrt,
Sprang ich in die erzürnten Wogen —
Ach, trocknem Tode aufgespart.
Hoch hielt ich meine Lusiade,
Vom gelben Wogengischt umsprüht,
Den Himmel bittend nur um Gnade
Für meinen Sadi und mein Lied.

— — — — — — — —

Wird auch wohl durch der Jahre Wellen
So unversehrt mein Name gehn?
Wird er am Riff der Zeit zerschellen?
Klanglos mein Lied im Sturm verwehn?
Ich fühl's, mich hat die Flut getrieben
Auf rauhen, hungrig nackten Sand;
Wund bin ich liegen da geblieben
Mit mattem Herzen, leerer Hand.
In dem Bairro alto wohn' ich,
Lisboa's schmutziger Winkelstadt;
Mit einem müden Lächeln lohn' ich
Dem Freund, der Thränen für mich hat.
Umsonst müht an den blinden Scheiben
Sich still der Abendsonne Roth,
Ein duftig Märchen hinzuschreiben, —
Mir fehlt's an Phantasie — und Brot.

2.

Auf dem Passeio publio
Stehet die gaffende Menge und lauscht,
Während ferner im Mondenschein
Des Tajo glänzendes Wasser rauscht.
Zu der Guitarre singet ein Lied
Fremder Sprache ein fremder Mann;

Töne, die mächtig zu Herzen ziehn,
Wenn auch Keiner die Worte verstehen kann.
Dann von dem dunkellockigen Haupt
Reisst er die Kappe, bettelt still:
„Sennors, ist Keiner unter euch,
Der einen Reis mir schenken will?
Einen Reis, Sennors, einen Reis, einen Reis
Für einen hungrigen Dichter gebt!
Eine unsterbliche Menschenseele ist's,
Die an dem Schmuz dieses Geldstücks klebt;
Eines Dichters Leben, der dreissig Jahr
Sich mit einem einzigen Liede gemüht,
Darin dieses Landes hoher Ruhm
In unvergänglichen Farben glüht,
Dom Sebastian, dem es geweiht,
Ist Portugals König — ein armer Mann,
Der seinem Sänger zum Jahrgehalt
Nur zwölf Cruzados geben kann!
Zwölf Cruzados! Der Dichter sprang,
Mich zu retten, einst in das Meer;
Zur Belohnung giebt er mir nun
Kost und Wohnung und Liebe seither.
Schmal ist die Kost; wenn ein König zu arm,
Seinen Sänger zu lohnen, ist dieser froh,
Wenn sein Diener, — dass Gott sich erbarm'! —
Bettelt am Passeio publico.
Einen Reis, Sennors, einen Reis, einen Reis
Für einen hungrigen Dichter gebt!
Es ist eine unsterbliche Menschenseele,
Die am Schmuz dieses Geldstücks klebt."
In die Guitarre greift er wild,
Fremden Tönen die Menge lauscht;
Silber streut der mitleidige Mond,
Fernher eintönig der Tajo rauscht.

3.

Gestorben bist du, bleicher Mann,
Im Hospital auf dürftigem Bette;
Dein treuer Indier ging voran,
Der trauernd dich begraben hätte.
Drum schleppten dich im Morgengrau'n
Zwei fremde Träger auf der Bahre; —
Der Himmel mocht' herniederthau'n
Viel Thauesthränen, grosse, klare;
Doch keine andre Zähre rann,
Als rauhe Hände ein dich scharrten.
So liegst du nun, ein stiller Mann,
Ein Samenkorn in Gottes Garten.
Doch auf dem Marktplatz haben nun
Dein Denkmal sie in Stein errichtet.
Sie konnten dir nicht weniger thun,
Der du Unsterbliches gedichtet.
Mild strahlt dir jetzt das Abendroth,
Rings deines Volkes lautes Weben,
Bei dem du hungrig batst um Brot
Und das dir diesen Stein gegeben.

Das letzte dieser Gedichte, „Gruss an die Tricolore," wäre besser ungedichtet geblieben. Ein Volk, das sich in Betrachtung seiner staatlichen Farben selbstbewusst zu bespiegeln liebt, ist eben zu männlichen Thaten unfähig und dem Absterben und Untergange unausbleiblich verfallen. —

Theobald Nöthig.

Den meisten Anderen sehr ähnlich. —

Marie.

Du bist erstaunt, dass ich die Hände
Zum Bunde dir nicht reichen will,
Dass ich mich plötzlich von dir wende,
Zu deinen Worten schweige still.
Nimm deine Hand zurück, die kleine!
Nimm deinen Schwur zurück und flieh'!
Du weist es nicht, wem du die reine,
Die fromme Hand gereicht, Marie!

Verwechselt hast du die Gestalten:
Wenn ich von Freundschaft sprach mit dir,
Hast du für Liebe es gehalten,
Die sich doch nie verrieth an mir.
Ich habe nie das Wort gesprochen
Und auch von dir erbeten nie;
Ich habe keinen Schwur gebrochen;
Doch bin ich schuld an dir, Marie!

Du faltest krampfhaft deine Hände,
An meinem Arm du zitternd hängst:
Dass du mich liebest ohne Ende,
Rufst du mir zu. — ich weiss es längst.
Ich sah die Wolke näher ziehen
Und schaute bangend oft auf sie, —
Ich war zu schwach, um zu entfliehen:
Der Abschied war zu schwer, — Marie!

Ich darf nicht solche Schätze heben;
Es wäre frevelhaft von mir;
Denn ich kann als Ersatz nur geben
Ein hoffnungsarmes Leben dir.
Dein Herz gleicht einer klaren Quelle,
An Liebe reich und Harmonie;
Mein Herz der sturmgepeitschten Welle,
Unstet und ruhelos, Marie!

Ich sehe schnell das Herz dir schlagen
Und Thränen dir im Auge stehn;
Dein Mund scheint bittend mich zu fragen:
„O Liebster! willst du wirklich gehn?"
Ich muss, — es ist kein freies Wollen. —
Wenn es mir nur dein Herz verzieh'
Und du bald könntest ohne Grollen
Vergessen meine Schuld, Marie!

Eine Schlesische Dichterschule.

> Oft werde ich noch an dich denken;
> Doch bitt' ich, dass du mich vergisst;
> Denn nie kann ich das Glück dir schenken,
> Das werth du zu geniessen bist!
> Drum lebe wohl! Gieb mir die Hände!
> Zu bittern Abschied reiche sie!
> Bet', dass es Gott zum Besten wende,
> Und kannst du, bet' für mich, Marie!

Bei Literaten und Dichtern, namentlich deutschen, fällt es oft sehr übel auf, dass sie für Freundschaft und Liebe, trotz aller erotischen Ergüsse, blutwenig Frische, Zuverlässigkeit und Herzensfülle besitzen, eine wahre, heitere, tiefe und treue Empfindung in der Regel durch das oberflächlichste Getändel einer düsteren, widerspruchsvollen Launenhaftigkeit ersetzen. Zu solchen Naturen gehört, nach dem Vorliegenden, auch unser Lyriker, und wir müssen die zarte Adressatin, falls sie sonst gesund ist und einen Massstab für die Schätzung eines wahren Mannes besitzt, glücklich preisen, wenn sie ihre Neigung nicht auf ein so zerbrechliches Rohr stützt. Möge ihr der Abschied so leicht geworden sein, wie wir von diesem, selbst in seinem feierlichen Schlusse nichtssagenden Gedichte scheiden.

„Liebesarmuth" spricht in sehr unbeholfener Weise die innere Unbefriedigtheit aus, die mit einer so ausgehöhlten, schwächlichen und zerfahrenen Richtung nothwendig verbunden ist. — „Mit dem Volke." Der Lyriker flüchtet sich aus seinem besonderen Missbehagen dadurch, dass er erklärt, er wolle, bei dem Mangel so mancher glänzenden, an sich werthlosen Erdengüter, mit seinen poetischen Gaben treu und unverbrüchlich dem Wohle des Volkes zugethan bleiben. An solchen Versicherungen zu zweifeln, gibt uns eine so kern- und inhaltslose Natur, wie die unseres Lyrikers, ein vollkommenes Recht; wir wüssten auch nicht, welches wahre Volksinteresse von ihm mit einigermassen Geist und Kraft vertreten werden könnte. — „Heimweh," „Gute Nacht," „Wie Tag und Nacht," „Wenn ich sterben möchte" geben alle, in verschiedenen Formen, denselben Inhalt des empfindsamen Nihilismus. Viele unserer Landsleute werden ihm dafür dankbar sein.

Malwine Peisker.

Durch eine ernste Ode vertreten, welche das menschliche Gemüth, von Bedrängnissen und Prüfungen befangen und gedrückt und an der Vorsehung zweifelnd, auf den wohlthätigen Zusammenhang des grossen Ganzen und die Fortdauer nach dem Leben tröstend verweist. Das

Gedicht ist in gutem Tone gehalten und man sieht, dass sein Inhalt dem Herzen der vielgeprüften, vielleicht gar einsamen Verfasserin nahe gelegen hat. — Dies ist also die bekannte, mehrere Jahrtausende hindurch in vielfachen Formen ventilirte, gewöhnlich nur durch einen Schwerthieb gelöste Räthselfrage, welche uns praktisch wie theoretisch fortwährend beschäftigen wird. Lohnender und fruchtbarer, wenn auch mehr für den männlichen Geist geeignet, wäre die umgekehrte Aufgabe, einer stets das Gemeine begünstigenden Weltordnung ihre Pflicht vorzuhalten, dass sie für das Gedeihen des noch dazu durch die plattesten Bedürfnisse geknebelten Geistes die erforderliche Sorge trage, und ihr gegenüber, vor keinem Widerspruch und keinem Bruche zurückbebend, die ewigen Rechte desselben unverkürzt aufrecht zu erhalten. —

H. Pleban.

Ein lyrischer Romantiker, welcher eine Ballade und ein Lied beigesteuert hat. Von Inhalt und Form der ersteren lässt sich ungefähr eben so viel Schlimmes und so wenig Gutes sagen, wie von Gründler's Romanzen.

Otto Postel.

Hat mit dem Dichter, welchen er nicht unglücklich besingt, mit J. von Eichendorff, einige Aehnlichkeit, um welche er nicht eben zu beneiden ist.

Die blühende Linde.

Es blühet die Linde,
Der schattige Baum,
Es schütteln die Winde
Die Wipfel im Traum.

Sie hat mir erzählet,
Was einst sie erlebt,
Nicht sorgsam gewählet,
Nicht künstlich verwebt.

„Hat träumend gespielet
Einst drunter ein Kind,
Vom Schatten gekühlet
Oft wonnig und lind.

„Hat dann sich geherzet
Als blühende Maid,
Mit dem Liebsten gescherzet
In seliger Zeit.

„Dann traurig gesessen,
Vom Schmerze durchglüht;
Verlassen, vergessen,
Verwelket, verblüht."

Jetzt stehet die Linde
Im Blütenmeer,
Sieht nach ihrem Kinde
Vergebens umher.
Sie schüttelt die Blüten,
Die fallen herab. —
Soll'n sie wol behüten
Da unten das Grab?

Robert Rückwardt.

Gehört der empfindsamen Richtung der Thränen- und Grabdichter an und besingt ausserdem die Helden von Düppel.

Der Friedhof.

Sei gegrüsst, du stiller Ort,
Den sie einen Friedhof nennen.
Ob auch Manchem bei dem Wort
Doppelt heiss die Wunden brennen.

Heiter spielt der Sonnenschein
Hier um deine stillen Hügel,
Und wie friedlich sie sich reihn
Alle unter deinem Flügel!

Kränz' und Gitter schauen drein,
Gleich als schienen sie zu fühlen,
Wie den Herzen unter'm Stein
Alle Wunden bald verkühlen;

Denn sie ruhen hier im Port,
Langen, tiefen Schlafs beflissen,
Seit sie aus dem Leben fort,
Von dem Busen uns gerissen.

Alles grünet, Alles blüht,
Auf den Blüten ruhn Libellen,
Dass das Herz, vom Schmerz erglüht,
Sanft und sanfter scheint zu schwellen.

Denn es ist, als will gemach
Hier ein Traum es überkommen,
Gleich dem Schläfer, nimmer wach,
Den der Himmel sich genommen.

Und es ist, als sollt' es sich
Hier entschlagen aller Leiden,
Während es so sänftiglich
Lispelt in den Trauerweiden.

A. Schadenberg.

Gehört der nordischen Wind- und Nebelrichtung an, womit vielleicht frommen Germanisten, aber schwerlich der Kunst gedient sein möchte.

Nordische Liebe.

Einst blühte in Nordlands eisigen Au'n
Gida, beneidet von Mädchen und Frau'n.
Die Tochter war sie des reichen Alf,
Der jung einst Island erobern half.
Sie ward ringsum im nordischen Land
Nur Gida die Alpenrose genannt.
Viel Freier flehten um ihre Gunst,
Doch keinem gelang die Minnekunst. —
Wenn Halward nur, der Jugendgespiel,
Sie grüsste, da dachte sie träumend viel.
Dem armen Seemannssohne, verwaist,
Wohl nimmer der Vater die Tochter verheisst;
Drum auch vor aller Augen verhüllt
Trug Jedes im Herzen des Anderen Bild.

Sie waren getrennt. Nur in der Nacht,
Wenn über den Gletschern die Sternwelt wacht,
Da fanden sie sich im Gebirg, am Rand
Der Kluft, wo jäh der Pfad sich wand;
In schwindelnder Tiefe, nebelgleich,
Schläft Skandinaviens Felsenreich.
Da lauschten sie oft dem Wasserfall
Und schauten sinnend in's Weltenall,
Dort flimmern die Sonnen, und Nordlichtschein
Hüllt rosig die schweigende Gegend ein.

Schon sind vom Herbst die Blätter verstreut,
Die Bergesrücken im weissen Kleid;
Nur einmal noch auf den Felsenhöhn
Will sich das Paar vor Winter sehn. —
Und Halward harrt am Felsrand und lauscht,
Was dumpf der Wind herauf ihm rauscht.
Da kommt die Geliebte, da steht sie bei ihm,
So hehr und bleich, wie ein Seraphim.
„Warum, meine Gida, die Wange so blass,
Von welcher Thräne das Auge nass?" —
„Dem Vater ist unsere Liebe bekannt;
Er hat mir Olaf als Bräut'gam genannt,
Und morgen soll die Vermählung sein.
Eh' sterben mit dir am Opferstein;
Die Norne, sie lächelt so trüb' im Gesicht." —
„Nur Wolken sind es, die Norne nicht,
Nein leben, Gida, leben für mich;
Zum Trotze den Göttern ich rette dich!" —
„O frevle nicht!" — Und betrübt von Schmerz
Sinkt sie an Halwards pochendes Herz.
Und fester umschlingt er die theure Last,
Da gleitet ein Kiesel, — er taumelt, er fasst
Nur Luft — und heulend der Schneesturm erwacht,
Er wirbelt und stöbert die ganze Nacht. —
Am andern Morgen ist tief verschneit
Die Kluft und das Dorf und die Gegend weit.

Zu dem Verse „So hehr und bleich wie ein Seraphim" ist zu bemerken, dass „Seraphim" ein Pluralis ist, während hier der Singular

Seraph anzuwenden war. Man würde ausserdem auch wohl besser thun, sich die hübschen Seraphim fein heiter und rosenfarben, als bleich vorzustellen, zu welcher ungesunden Farbe kein Wahrscheinlichkeitsgrund vorliegt. Im Interesse des supranaturalen Kostüms mag dieses Colorit ein für allemal in Vorschlag gebracht sein.

Das Gedicht „An den Präsidenten des deutschen Turnvereins zu Triest, k. k. Hauptmann, Herrn Büress," spricht für die heilige Sache der Turner. Das Turnwesen ist etwas durchaus Lobenswerthes, hat aber, ausser halsbrechenden Kunststücken, glänzenden Festversammlungen und hohlen Rodomontaden, zur geistigen und politischen Förderung des lieben Vaterlandes wenig beigetragen und dient auf einem Umwege eigentlich nur der Reaction. —

A. Graf S***.

Von diesem sind die meisten Beiträge und zwar epischen Inhalts.

„Die Liebe des Dämons," nach einer schottischen Ballade, gehört zu den unheimlichen Gespenstergeschichten, an denen der Norden so reich ist. Es ist unbegreiflich, wie man seit Herders Zeiten bis jetzt seine Mühe daran wenden konnte, solche vertracten, empfindsamen und hirnlosen Nebelgebilde auf deutschen Boden zu übertragen, der an ähnlichen Erzeugnissen von jeher schon keinen Mangel leidet.

„Aus dem dreissigjährigen Kriege" liefert zwei Darstellungen aus jener Zeit, deren erstere hier stehen mag.

Graf von Pappenheim.

Sein Gang ist stolz und fest, sein Blick,
Sein Herz ist kühn und stark die Faust.
So fröhnt er wild dem Kriegsgeschick,
Wo Tod und finstrer Schrecken haust.

Zwei Streifen glühn auf seiner Stirn;
Sie gleichen Schwertern, scharf gekreuzt;
Umwogen Träume sein Gehirn,
So schwillt die Ader zorngereizt.

Der Ausdruck „Träume" würde sich besser für das Gehirn eines deutschen Poeten, als für das des Generals Pappenheim eignen.

Bei Lützen donnert dumpf und schwer
Der Mordgeschütze lauter Schall;
Da stürmt er voller Hast zum Heer,
Als käme sonst sein Ruhm zu Fall.

Schon weicht des Kaisers starke Macht,
Und Wallenstein eilt durch die Reih'n.
Der flösst durch Hoheit und durch Pracht
Den Seinen Furcht und Hoffnung ein.

Doch wankt des Herzogs Schlachtenglück;
Die Schweden dringen mächtig an.
Die Böhmen fliehn bedrängt zurück,
Und Furcht ergreift so Mann für Mann.

Da kommt im Augenblick der Noth
Graf Pappenheim einhergesprengt,
Dem Teufel gleich, der stracks den Tod
Auf seine eigne Brust gelenkt.

Ein schwarzer Panzer hüllt ihn ein,
Sein schnaubend Ross bedeckt der Schaum,
Sein Schwert erblitzt wie Geisterschein,
Dem Helmbusch folgt das Auge kaum.

Achttausend Reiter hinter ihm
Zerschmettern nieder, was da lebt,
Und Nichts entgeht dem Ungestüm,
Ob dem die Erde dröhnt und bebt.

Zur Rechten Piccolomini
Bestürmt das blaue Regiment —
Und gleich wie Aehren fallen sie.
Als ob der Tod die Tapfern kennt.

Zur Linken starrt die gelbe Schaar,
Der bravste Trupp im Schwedenheer;
Dort sucht er selbst auf die Gefahr,
Und schreckt vor keiner Eisenwehr.

Durchbrochen sind der Feinde Reih'n,
Wie Helden sinken sie dahin;
Doch immer wilder dringt er ein
Und wilder glüht sein finstrer Sinn.

Nun plötzlich blutet seine Brust;
Zwei Kugeln trafen ihn zugleich,
Und dennoch hält des Krieges Lust
Ihn fest im grausen Kampfbereich.

„Den König zeigt mir in der Schlacht!
Erreicht ihn heute nicht mein Schwert,
Und stürzt nicht jählings seine Macht,
So sind wir nicht des Ruhmes werth!" —

„Ach, Herr, sein Ross kam angesprengt,
Doch reiterlos und ohne Gurt;
Vom Büchsenknall zur Flucht gedrängt
Durchschwamm es scheu der Saale Furt."

„Die Mähne stark mit Blut befleckt,
So floh es fern vom Schlachtgewühl,
Und jeder Schwede rief erschreckt,
Dass König Gustav Adolf fiel."

Nun wandte Pappenheim sein Ross
Und senkte tief erschöpft sein Schwert;
Wo hoch die Siegeseiche spross,
Da hob man blutend ihn vom Pferd.

Sobald er auf dem Boden lag,
Umschwebt sein Haupt ein dunkler Traum,
Er rief: „Das ist mein letzter Tag,
Ich gebe keiner Hoffnung Raum;

Eine Schlesische Dichterschule.

„Doch sagt dem Herzog Wallenstein,
Erloschen sei des Königs Stern;
Er wird mein Grabgefährte sein.
Und weil er fiel, so sterb' ich gern."
Die Fahne trug den Trauerflor,
Die Trommel tönte dumpfen Klang,
Und traurig hallt' der Krieger Chor,
Sobald er mit dem Tode rang.
Sein Ruhm war Oestreichs Schutz und Hort,
Erstickte jeden Neid im Keim,
Und donnerähnlich hallte fort
Der Name Graf von Pappenheim.

Der Inhalt der durch die Hauptperson nicht eben anziehenden, auch von manchen sprachlichen Unebenheiten und Härten nicht freien Darstellung lässt, zumal in dem für uns einzig gültigen Interesse des Protestantismus, etwas gleichgiltig.

Sodann die grösste Romanze der ganzen Sammlung, welche, abgesehen von manchen Uebertreibungen und Unebenheiten, ihres anziehenden Inhalts wegen als eine der besseren anzuerkennen ist.

Maria Potocka.

1.

Kein Weg — kein Steg auf weiter Au',
Kein Berg, so weit der Himmel blau!
Die tiefe Ebne weit und breit
Entrollt das Bild der Ewigkeit.
Kein Pflug entzieht im Furchengleis
Dem müden Bauer seinen Schweiss.
Nur Rinder schleichen mit Beschwerde
Im feuchten Gras der fetten Erde,
Und Trappen flattern scheu im Lauf
Mit trägem Flügelschlage auf.
Doch horch! Da kommt es angesprengt, —
Ein Pferdetrupp, der seitwärts drängt,
Und immer näher stürmt's heran.
Ein Schimmel führt die Heerde an.
Die Nüster schnauft, es webt der Schweif,
Noch feucht vom letzten Morgenreif:
Dahinter tobt der Rappen Schaar,
Ein Geisterbild, des Lichtes baar.
In reiner Luft, die blau und hell,
Entsprüht als Dampf des Athems Quell.
Des Wieherns Ruf, der Feuerblick,
Der Sehnen Mark, das Stahlgenick,
Das volle Haar, die dichte Mähne,
Das sind die Stuten der Ukraine!
Sie stutzen, bäumen, hart bedrängt;
Vielleicht hat sie ein Wolf zersprengt;
Vielleicht, dass sie des Sturmes Nahen
In einem Schneegewölke sahen.
Dann ist's der letzte Frost im Jahr:
Denn rings beut sich der Frühling dar.

Eine Schlesische Dichterschule.

Schon zieht der Krähen Schwarm nach Nord
Zum kältern Land der Düna fort;
Schon spriessen Blumen über Nacht
Im Boden auf voll bunter Pracht;
Und schon entfaltet die Natur
Den Zauberreiz der weiten Flur.
Am Horizont, am fernen Saum
Entschwebt ein Rauch zum Wolkenraum.
Das ist ein Dorf auf grüner Au',
Ein leichter Lehm- und Rasenbau.
Hier ruhen Hirten aus am Heerd,
Vom Druck der Steuern nicht beschwert.
Doch wo des Nebels Dunst zerfloss,
Erhebt sich stolz Potocki's Schloss,
Des Herrn von hundert Meilen Land,
Der jüngst aus Moskau ward verbannt.
Von Land? -- Nicht damit geizt Natur
Auf dieser herrenlosen Flur —
Nein, Fürst von zwanzigtausend Seelen,
Die ihn zu ihrem Pan erwählen. —
Was schützt das Schloss? — Ein hoher Wall,
Ein Wasserschlund mit tiefem Fall,
Ein Mauerwerk von dreizehn Thürmen,
So widersteht's den Steppenstürmen.

———

Was wirbelt fort wie Espenlaub,
Vom Wind gepeitscht im Wolkenstaub?
Sind's Waffen nicht, die weithin schimmern?
Ja, Fahnen wehn und Lanzen flimmern;
An funfzig Reiter jagen hin.
Was späht ihr Blick, was sucht ihr Sinn?
Ein Wort ertönt — ein mächtig „Halt!"
Des Führers Ruf übt schnell Gewalt.
Wie angewurzelt stehn die Pferde;
Kein Fusstritt stampft auf grüner Erde:
Und hastig sprengt, von Muth erfüllt,
In dichten Zobelpelz gehüllt,
Girei vor, der Tatar-Chan;
So stolz erschien noch nie ein Mann.
Der Steppenfürst trug ganz die Spur
Vom düstern Formbild der Natur.
Im Auge strahlt Melancholie,
Die seiner Stirn den Ernst verlieh.
Die Nase stumpf, die Züge wild, —
Das ist des echten Tataren Bild,
Geneigt zu Hass und Grausamkeit,
Doch stets der Tapferkeit geweiht.
Die Pfeile blinken auf der Brust,
Als eitles Bild der Kampfeslust,
Seitdem die magre, nerv'ge Hand
Geübt im Feuerlauf sich fand.
Des Tigers buntgefleckte Pranken
Bedecken seines Rosses Flanken,
Das, reinem Nedschidblut entstammt,
Sich selbst zur Kampfbegier entflammt.

Girei ruft: „Noch heute Nacht
Da fällt Potocki's stolze Macht!
Erschüttert sind die starken Hallen,
Die Wälle tief in Schutt verfallen.
Gesprengt sind sieben von den Thürmen, —
Euch bleibt der Ruhm, das Schloss zu stürmen.
Ihr sitzt dann ab, ihr dringt dann ein.
Doch fast geschlossen in den Reih'n.
Vernehmt ein Wort. Ich sag' es euch:
Ein Weib lebt in der Burg Bereich,
Wie schöner keins die Erde schuf;
Dann weithin geht sein Anmuthsruf,
Potocki's Stolz, des Landes Zier —
Ihr führt sie unverletzt zu mir.
Wer ihren Reizen Leides thut,
Der büsst es schwer mit seinem Blut!"
Girei winkt. — Im Augenblick
Entflieht die Schaar zum Zelt zurück.

Der Feind umschwärmt nun Potocki's Schloss. Der Graf eröffnet seiner Tochter die Unzulänglichkeit seiner Vertheidigungsmittel und macht ihr, um sie vor der Zudringlichkeit des Gegners zu wahren, den Vorschlag, zu Ross auf gut Glück einen Ausfall durch die Belagerer zu versuchen. Maria zeigt sich hierzu entschlossen. Als sie in der Nacht, wohlbewaffnet und von Dienern begleitet, soeben ihr Ross besteigen will, vernimmt man plötzlich einen Ueberfall der Belagerer. Sie erstürmen das Schloss und dringen, Alles niederhauend, siegreich ein. Der Graf und seine Tochter entfliehen zur Kapelle des Schlosses. Am Morgen sucht Girei die schöne Maria und findet sie dort, neben ihrem erschlagenen Vater, bleich und verzweiflungsvoll vor einem Kreuze niedergesunken. Er fühlt Mitleid mit der Schutzlosen und trägt sie auf seinen Armen von dem Schreckensorte fort.

Im Lager herrschte weit und breit
Des Krieges ernste Regsamkeit.
Dort schliesst des Abends tiefe Ruh'
Ein Zelt auf grünem Rasen zu.
Zwei finstre Wachen, vorgestellt,
Beschützen es im Sturm der Welt.
Hier ruht Maria still — allein,
Umringt von ihrem Tugendschein.
Doch wie des Mondes helles Licht
Den grauen Wolkenflor durchbricht,
Da fällt die Zeltwand schnell zurück,
Und gierig glänzt Girei's Blick.
Er spricht: „Bezwing' den Schmerz und Harm!
Denn stets beschützet dich fest mein Arm.
Den Trost, den dir ein Vater leiht, —
Ich biet' ihn dir zu jeder Zeit."

Eine Schlesische Dichterschule.

Maria.
„Dem Vater ähnlich willst du sein,
An dem mein Herz voll Liebe hing?
Hast du den Glauben gut und rein,
Der mich als Kleinod stets umfing?"

Girei.
„Dein Wort erklingt in sanften Tönen,
Der Glaube soll das Herz versöhnen;
Doch wieg' dich nicht in Träume ein,
Du stehst in dieser Welt allein."

Maria.
„Allein? Wacht Gott im Himmel nicht
Und wägt der Menschen Schuldgewicht?
Er ist dem Herzen immer nah,
Das voller Hoffnung auf ihn sah.

Drum meide mich und lass mich hier;
Gewähr' die einz'ge Bitte mir!
Der Gott, der Hagar nicht verliess,
Gewiss, dass er mich nicht verstiess."

Girei.
„Dein Schloss ist nur ein Aschenheerd,
Dein Vater todt. — Was hat noch Werth?
Der Irrsinn spricht aus deinem Geist;
Bedenke wohl, du bist verwaist." —

Girei grüsst mit Stolz und geht.
Umsonst, dass hier Maria fleht.
Sie wendet sich mit Thränen ab,
Und denkt an ihres Vaters Grab.

Girei's Schloss liegt hart am Meer,
Umringt von Felsen hoch und hehr,
Zehn Doggen lagern vor dem Thor
Und heulen wild zur Nacht im Chor.
Ein Ahornhain verdeckt den Gang
Am wildbewachsnen Bergeshang.
Doch innen hebt sich der Palast,
Von glatten Quadern eingefasst.
Dies soll Maria's Heimat sein,
Hier soll sie sich der Ruhe weihn;
Hier wird des Reichthums Ueppigkeit,
Ein Leben ohne Harm und Neid
Ihr schweigend sinnend Herz erfüllen
Und ihren tiefen Kummer stillen.
Und doch, Marie — du weinst, du klagst,
Sobald du nur zu sprechen wagst?
Erfreut dich nicht die Bergesluft,
Der Myrte Glanz, der Rosen Duft?
Nimmt nicht der Klang der Laute dort
Die Schwermuth deines Busens fort?
Hat nicht Girei gut und traut
Dir einen Altar selbst gebaut,
Damit ein frommes Heil'genbild
Dein junges Herz mit Andacht füllt?

Doch alles dies erfreut dich nicht,
Erheitert nicht dein Angesicht;
Du fühlst der Schwermuth tiefen Drang,
Du lauschst der Zukunft web und bang.
Da stellt Girei dir sich vor
Und sieht dich sanft zu sich empor.
Sein Blick ist diesmal gut und mild,
Sein Wort ist weichen Klangs erfüllt.
„Dein herb' Geschick, dein Lebenslauf
Schloss früh der Jugend Knospe auf,
Dein Herz ist jung und doch gestählt.
Ich hab' zur Gattin dich erwählt."
            Maria.
„Zur Gattin mich? Bewahrst du nicht
Bereits der Liebe Hand und Pflicht?
Und schwurst nicht anderm Herzen Treue?
Und fürchtest nicht Gewissensreue?"
Da runzelt sich Girei's Stirn.
„Was sucht dein Herz? Was denkt dein Hirn?"
Er winkt. — Ein Marabut tritt vor
Und breitet aus den Schleierflor.
Der beut den Ring, der spricht ein Wort
Von Weibertreu, von Schutz und Hort.
Gefügt ist schnell des Herzens Bau.
Maria ist Girei's Frau.

    In einer schönen Sommernacht naht sich Girei seiner neuen Gattin und fleht sie zärtlich dringend um Liebe an. Die immer noch trauernde lehnt seine schmeichelnden Bitten ab, indem sie erwiedert, dass sie, durch Kriegsrecht in seine Gewalt gerathen, ihn nur als ihren Gebieter ansehe und für sein Herzensanliegen kein Verständniss habe. Unmuthig über diese Zurückweisung entfernt sich der Chan, und in seinem Innern zerklüftet und unbefriedigt unternimmt er mit seinen Schaaren einen Kriegszug in die Ferne. Unter den Frauen, welche in seinem Schlosse zurückbleiben, zeichnet sich besonders die schöne Janizza aus, welche, von glühender Liebe zu ihm beseelt, jetzt seine Gunst schmerzlich vermisst.

        Janizza hat nicht Rast und Ruh',
        Kein Schlaf drückt ihr das Auge zu.
        Sie muss sie schaun von Angesicht,
        Das Kind mit blauem Augenlicht. —
        Sie sucht sie auf in Blumenwegen.
        Maria tritt ihr sanft entgegen.
        Janizza sieht der Schönheit Glanz,
        Der Anmuth leicht gewobnen Kranz.
        Da fühlt sie mit geheimer Macht,
        Die stets des Weibes Herz bewacht,
        Dass Etwas in Maria lebt,
        Was über Andre sie erhebt,
        Auch wenn kein Stolz nach Vorrang strebt. —

Eine Schlesische Dichterschule

Janizza's Busen wallt empor
Und sichtbar wogt ihr Schleierflor.
Das ist der Hass, das ist der Neid,
Der seinen Stachel plötzlich leiht;
Doch schwebt mit glattem Schlangensinn
Ein Wort auf ihren Lippen hin.
„Verschönert ist Girei's Hain;
Er schliesst dich sanft als Rose ein.
Drum blühe fort in holder Pracht,
Weil sich an deiner Schönheit Macht,
Mit der dich Gott so reich begabt,
Der Andern Sinn und Herz erlabt."
Der Rath tönt für Maria's Sinn
Wie fremder Märchenklang dahin.
Sie giebt mit sanft verhülltem Blick
Janizza weichen Laut zurück.
Doch dieser lagern auf der Stirn
Gedanken, die das Herz verwirr'n.
Ein düstrer Plan ward schnell erdacht;
Er sei am nächsten Tag vollbracht.
Janizza giebt ein Fest und Spiel,
Mit Scherz und heiterm Tanzgewühl.
Im Schloss ertönt der Harfen Klang,
Vermischt mit Lärm und Chorgesang,
Die muntern Mädchen toben wild,
Von Uebermuth und Lust erfüllt,
Wie Gemsen, die mit schnellen Sprüngen
Sich leicht von Fels zu Felsen schwingen.
Maria sieht mit Herzensruh'
Dem fremden Schauspiel sinnend zu.
Dort winkt zur Ruh ein Taburet,
Ein Mohrenkind kredenzt Sorbet.
Janizza selbst mit reger Müh'
Erweist sich stets besorgt um sie.
Der Raum ist schwül, die Luft ist heiss.
„Erwähl' das Glas mit süssem Eis."
Maria schüchtern nimmt den Trank
Mit Sanftmuth hin und Herzensdank.
Doch kaum dass ihre zarten Lippen
Vom Schaum des Purpursaftes nippen,
So wallt empor ihr Aderblut,
Ihr Puls erglüht in Flammenglut.
Ein Stich im Herzen, nie gekannt,
Hält ihren Athem festgebannt.
Das ist der Ohnmacht schwankes Bild,
Das sie mit düsterm Flor umhüllt.
Zur Noth, dass sie in Leid und Qual
Sich Gottes treuem Schutz empfahl, —
Dass sie das Kreuz in Demuth küsst,
Was sie am Halse nie vermisst.
Ein Athemzug, ein Herzensschlag!
Es war Maria's letzter Tag.

Janizza hüllt die Leiche ein
Und lässt ihr Sorgfalt angedeihn;
Dann drückt sie ihr das Auge zu:
„Nun gebe Gott ihr ew'ge Ruh'!"

Maria liegt als Leiche auf der Bahre. Girei kehrt eben vom Feldzuge zurück, erblickt sie, von heftigem Schmerze durchdrungen, und erhält von seinem Eunuchen eine Andeutung über den traurigen Vorgang. Er dringt sofort in Janizza, ihre Schuld zu gestehen. Sie thut dies in stolzer und trotziger Weise und wird auf Girei's Befehl sofort durch Ertränkung im Meere bestraft. Maria wird bestattet; ihren Grabhügel, von Girei mit selbstgepflanzten Rosen umgeben, schmückt ein Halbmond mit einem Kreuze. Der Fürst, in tiefe Trauer versunken, verlässt mit allen den Seinen nunmehr sein Schloss und sucht sich eine neue Heimath auf. Das alte Schloss verfiel und verödete mit der Zeit. Der die Gärten benetzende Brunnen, sanft und spärlich rieselnd, wird seitdem von dem Volke Baktschisarai, der Thränenquell, genannt. In neuerer Zeit hauste in dieser Gegend der uns bekannte Krieg, und oft fanden in dem klaren Sprudel jenes Quelles die verwundeten und kranken Kämpfer Kühlung und Erquickung.

Hugo Söderström.

Durch ein Gedicht vertreten, „Der Versammlung deutscher Schriftsteller. (Leipzig 18./19. August 1865)", welches, an jenen Congress grosse Hoffnungen knüpfend, die zu erringende Gedankenfreiheit als Grundlage einer wünschenswerthen volksthümlichen Entwicklung verherrlicht. In die, nach Massgabe des Stoffes, viel zu erregte Ausführung konnte, als satirischer Bestandtheil, die niederschlagende Erfahrung aufgenommen werden, dass in unserem praktischen Staatswesen, aller freieren Entwicklung zum Hohne, nicht Geist und Charakter., sondern nur die beschränkt-routinirte, für jeden gegebenen Zweck brauchbare Mittelmässigkeit Anerkennung und Beförderung findet.

K. Walter.

Ein Lyriker ohne eigenen und besonderen Inhalt. Sein Gedicht „An die Liebe," dem Schiller'schen Hymnus „An die Freude" in Stoff und Form mühselig und holperig nachgeverselt. wäre besser weggeblieben. Man höre unter andreren nur folgende Strofen:

> Ist auch dieser Ball zergliodert
> In der mannichfachsten Art,
> Alle Wesen sind verbrüdert,
> Weil der Stoff mit Stoff sich paart;
> Denn durch Elemente ewig
> Macht den Kreislauf diese Welt
> Und der Bildner hat uns gnädig
> Hoch zum Menschen auserwählt.

Liebe gab uns Menschen Leben,
Uns Verstand und Sprache nur;
In der Fülle der Natur
Hat sie uns den Thron gegeben!
Doch es schränkt die Macht der Liebe
Sich nicht auf das Schaffen ein;
Dem Erschaffnen giebt sie Triebe,
Webt sie ihm als Seele ein.
Wie sie Thieren, Pflanzen, Steinen
Nach Bedarf giebt Lebenskraft,
Zeugt, durch inniges Vereinen
Mit dem Geist, sie Wunderkraft.
Ja, durchs Menschenherz pulsiren
Gottesadern, wenn es liebt;
Sucht, was Liebe darin übt; —
Weiter — hiesse Gott nachspüren.

Solche unbeholfene und bleiche Nachbildungen sind wirkungslos.
— Das darauf folgende Epigramm:

An einen Schuhmacher.

Verbrecher, bedenk' deine Werke!
Dein Thun ist ein ewiges Scheiden;
Vom Vaterland trennst du die Völker;

ist so frostig und geschmacklos, wie es je nur ein missalungenes Epigramm gewesen ist. — Das darauf folgende, lyrisch-erzählende Gedicht „Die Todtenpost" gehört zu der Gattung der Nacht-, Wind- und Grabdichtungen, an denen wir Deutschen einen ertödtenden Ueberfluss haben. — Das letzte, „Unser Wissen," besingt die zwar nicht unrichtige, an sich aber sterile Erfahrung, dass unser Wissen Stückwerk ist, zu welcher der Verfasser künftig vielleicht selbst noch einige Belege liefern wird.

Albert Weiss.

Ein Romantiker, der sich Gründler und Consorten würdig anschliesst. Von ihm, nach einer alten böhmischen Volkssage:

Die Braut von Braunau.

Der Böhmenkönig zieht mit seinen Schaaren von einem Feldzuge siegreich heim. Die Stadt Braunau, festlich geschmückt, befindet sich in freudiger Aufregung. Doch ist mancher der trefflichen Krieger im Kampfe gefallen, unter welchen jetzt auch Sabina ihren Geliebten schmerzlich vermisst. Auf den Strassen, sodann in der Kirche, wo ein Dankgottesdienst abgehalten wird, sucht sie ihn vergeblich auf und flieht, von Irrsinn ergriffen, durch die versammelte Menge hinaus.

Die Strassen sind öde, die Plätze sind leer!
Der Liebste nicht kehrt aus den Schlachten?
Er ist nicht gestorben, ich glaub' es nicht mehr!
Heim ruft ihn mein liebendes Trachten.

> Und läg' er im Grabe klaftertief,
> Ihn doch die Stimme der Liebe rief!
> Und wär' er, wo oben der Himmel blaut,
> Von Gott selbst fordert den Bräut'gam die Braut!"

Alles unbeholfen und schief ausgedrückt! — Die Kirchen werden verlassen, und indem man sich freudiger Heiterkeit hingiebt, vermisst man die Braut und hört, dass sie in die felsigen Berghöhen entwichen sei. Zehn Jünglinge reiten ihr dorthin nach, um sie aufzusuchen. Auf steilem Gipfel der wildesten Felsenhöhen richtet sie, erwartungs- und sehnsuchtsvoll, drei Tage lang die forschenden Blicke in die Ferne. Um Mitternacht endlich erstirbt ihr Schmerz; da erblicken sie erfreut aus der nahen Tiefe die zehn Jünglinge. Sie schaut noch immer in die Felsen hinein, aber zu Stein erstarrt.

Die darauf folgende „Glosse" commentirt die Strofe:

> „Der Parteienkampf, der dreiste,
> Will dich überall verwirren;
> Aber du, lass dich nicht irren,
> Folge deinem guten Geiste,"

und damit den oft ausgesprochenen Grundsatz, dass der Dichter über den Parteien stehen solle. Damit ist freilich wenig genug gesagt. In der richtigen Schätzung der Dinge sich durch leidenschaftliches Parteitreiben nicht beirren und verflachen zu lassen, muss von jedem denkfähigen Menschen verlangt werden; aber ebenso bleibt es seine, und also auch des Dichters, unabweisbare Pflicht, in den zu einer gesunden staatlichen Entwickelung unentbehrlichen Gegensätzen irgend ein Princip zu ergreifen und an ihm mit aller Kraft und Stetigkeit festzuhalten. Thut er dies nicht, so steht er, seinem guten Geiste folgend, nicht etwa über den Parteien, sondern verfällt einfach der Geist- und Charakterlosigkeit, zu deren Ausdruck ungeschickte metrische Ergüsse völlig unnöthig sind.

Das Gedicht „Rundreim" und die Ballade „Lochlevin," das letzte Stück der Sammlung, entsprechen dem Angeführten in trüber Farblosigkeit.

Berlin.   Schaeffer.

Karthon, von Ossian.

Metrische Bearbeitung.

Inhalt.

Zur Zeit Kumhal's, des Vaters von Fingal, ward Klessamor, Fingal's Mutterbruder, durch einen Sturm in den Fluss Klutha (jetzt Clyde) getrieben, an dessen Ufern die Stadt der Briten, Balklutha, lag. Rurmar, das Oberhaupt des Orts, nahm ihn gastfreundlich auf und gab ihm seine Tochter Moina zur Ehe. Ein britischer junger Häuptling, der in Moina verliebt war, besuchte Rurmar und betrug sich übermüthig gegen Klessamor. Es erfolgte ein Gefecht, worin der Brite getödtet ward. Sein Gefolge aber griff Klessamor hart an und zwang ihn, in den Klutha zu springen und sich mit Schwimmen in sein Schiff zu retten. Da der Wind gerade günstig war, so ging er in See, mit dem Vorhaben, bei Nacht zurückzukehren und seine geliebte Moina abzuholen. Widrige Winde verhinderten diesen Plan, und Klessamor segelte nach seiner Heimath zurück. Moina, von Klessamor zurückgelassen, gebar einen Sohn, den Rurmar Karthon nannte, und starb bald nachher. Als Karthon drei Jahre alt war, nahm Kumhal, Fingal's Vater, auf einem Zuge gegen die Briten, die Stadt Balklutha ein und verbrannte sie. Rurmar kam um bei dieser Zerstörung. Karthon ward von seiner Wärterin gerettet, die zu den Briten ihre Zuflucht nahm. Als Karthon erwachsen war, fasste er den Entschluss, die Zerstörung Balklutha's an Kumhal's Nachkommen zu rächen. Er ging vom Klutha unter Segel und fiel in Morven ein.

Das Gedicht eröffnet sich mit der Nacht vor Karthon's Einfall, da eben Fingal von einem Kriegszuge zurückgekehrt ist. Apostrofe an Malvina, Toskar's Tochter und Gefährtin des Dichters in seinem Alter. Fingal vermisst beim Festmahl nach seiner Zurückkunft einen seiner Führer, Klessamor. Dieser erscheint bald nachher, aber sehr trübe. Auf Fingal's Verlangen erzählt er seine Reise nach Balklutha und die Vorfälle dort. Die Nacht vergeht unter Gesängen. Bei der Morgendämmerung erblickt Fingal eine Geistererscheinung, die Unglück für das Land vorbedeutet. Fingal befiehlt seinen Kriegern, sich zu waffnen. Sobald es hell wird, erscheint Karthon's Flotte und landet. Fingal lässt Karthon durch den Barden Ullin zum Mahl einladen. Karthon schlägt die Einladung aus und rückt mit seinen Kriegern an. Fingal schickt einen seiner Führer, Kathul, und, nachdem dieser geschlagen ist, einen andern, Konall, gegen Karthon ab. Dieser hat ein gleiches Schicksal. Hierauf wird der alte Klessamor abgesandt. Karthon weigert sich anfangs, mit dem Greise zu kämpfen; endlich beginnt der Kampf. Klessamor wird besiegt. Indem Karthon ihn binden will, stösst Klessamor jenem den Dolch in die Seite. Fingal, der Klessamor's Niederlage sieht, stürmt heran. Da Karthon verwundet ist, unterbleibt das Gefecht. Der sterhende Karthon überreicht Fingal sein Schwert zum Andenken und entdeckt ihm, dass er Moina's Sohn sei. Wirkung dieser Worte auf Klessamor. Dieser stirbt am vierten Tage vor Gram. Beide werden in ein Grab gelegt. Fingal befiehlt eine jährliche Feier dieses traurigen Tages. Apostrofe an die Sonne.

Karthon.

Wallender Lorastrom, dein Murmeln reget Entschwundner
Nahes Gedächtniss auf; dein waldiges Rauschen, Garmallar,
Tönt mit lieblichem Hall mir in's Ohr. Du Tochter der Helden,
Siehst du, Malvina, den ragenden Fels mit dem laubigen Gipfel
Drüben? Es beugen sich schräg von der Höh drei ragende Föhren, 5
Und mit lachendem Grün schmückt sanft ihm die Seite der Rasen.
Dort wiegt zierlich im Wind sich des Thales glänzende Blume,
Und auf dem Karn entstreuet den Bart die alternde Distel.
Halbversunken umzieht zwei Steine schwärzend des Feldes
Moos und Staub; scheu flüchtet der Hirsch von dem Rande des Denkmals.
Hingestreckt ruht drunter ein Held. Ein luftiger Schemen,
Schwach und kalt, senkt langsam sich auf den Hügel hernieder,
Denn die Helden umhüllet das Grab am Gestade des Meeres.

Wer ist dort der ragende Mann vom Lande der Fremden,
Welchem, gewaffnet in Stahl, viel Tausende folgen? Die Sonne 15
Strahlt um sein Haupt; es kämpft sein Gelock in dem Winde des Meeres.
Friedlich verklärten Gesichts blickt sanft er Ruhe, dem heitern
Abende gleich, wann westlich am Wald der Schimmer hinabsinkt
Auf das felsige Thal des mächtig rauschenden Kona.
Kumhal's ist es, des tapferen, Sohn, der gewaltige Fingal, 20
Herrlich bewährt im Kampfe zugleich und in trefflicher Tugend.'
Wieder schaut er sein rauhes Gebirg und des rüstigen Heeres
Unverminderte Zahl. Da sprach der begeisterte Barde:

„Auf, ihr Stimmen, wohlan! Furcht jagte den Feind durch das Blachfeld,
Ihn, den Spross der Ferne des Wests. Es grollet der Schildburg 25
Zürnender Fürst, rollt stolz die feurig glühenden Augen
Und zuckt drohend der Könige Schwerdt. Zerscheucht und geschlagen
Wandte sich über das Feld der Thaten der westlichen Fremdling!"

Hallend erwachte so die Stimme der trefflichen Barden,
Als der König die Burg des gastlichen Selma betreten. 30
Fackeln flammten empor zu Tausenden, Leuchtungen sprühend,
Mitten im drängenden Volk beim Mahl in der Halle des Sieges.
Schnell schwand ihnen die Nacht dahin in jubelnder Wonne.

Fingal, der mächtige Held mit den schönen Locken, begann jetzt:
„Wo ist der Kämpe des Felds, der Führer trefflicher Thaten, 35
Wo, bei der Wonne der Schaar, der holden Morna verwegner
Bruder? Ihm schleichen die Tag' in des Lora schaurigem Thale
Langsam, düster dahin. — Sieh, dort entsteigt er der Höhe.
Gleich dem Hengst, entzügelt und stolz, der auf grasiger Ebne
Rosse erschaut und den wehenden Duft einzieht in die Nüstern! — 40
Heil, o Klessamor, Heil dir, Gewaltiger! Wie nur so lange
Hieltest du säumend dich fern von dem gastlich heiteren Selma?"

Ihm erwiederte Klessamor drauf, der treffliche Führer:
„Kehrt der König zurück mit Ruhm zu dem Hügel der Hirsche?
Kehrt er mit Ehre zurück, wie im Kampf umdrängender Schilde 45
Kumhal, der reisige, einst? Oft schweiften wir über den Karun
Munter jagend zum Land und dem flüchtigen Wilde der Fremden.

Nicht unblutig kehrt' uns der Schild, dem tapferen Fürsten
Nicht zur Freude. — Warum der kriegrischen Zeiten Erinnrung?
Bis zum Scheitel ergraut ist mein Haar: nicht Kunde des Bogens 50
Hat noch die Hand; leicht wieget mein Speer, leicht wieget der Schild auch.
Kehrte die frühere Wonne mir doch, o käme sie wieder,
Als ich das Mädchen sah, das fremde, mit schneeigem Busen,
Moina, die edle. — besiegt mich jede der anderen Jungfraun —
Reizender Schönheit voll, holdblickend aus dunkelem Auge!" 55

Ihm erwiederte sanft mit freundlichen Worten der König:
„Gieb uns, trefflicher Fürst, ausreichende Kunde des Mädchens.
Düster umhüllt dich der Gram, wie Gewölk den verschleierten Lichtstrahl.
Trüb im Nebel schwimmt dir dein Geist, nachtschwarz der Gedanke
Dir, o du Schlachtensohn. Einsamer am hallenden Lora. 60
Sprich, erschliess' uns den Gram, den vergangenen früherer Jahre.
Schliesse die Nacht uns auf, die dein Alter traurig umdüstert!"

Ihm erwiederte Klessamor drauf, der tapfere Kriegsfürst:
„Tage des Friedens beglückten das Land, auf wogendem Meere
Naht' ich im dunkelen Schiff Balkluthas thürmenden Mauern. 65
Fördernd jagte der Wind die geschwellten Segel zum Hafen.
Festliches Mahl erhob drei Tage sich dorten in Rurmar's
Gastlicher Halle. Durchflammt erblickt' ich den Busen der Liebe,
Moina, die schöne, daselbst. die Blüthe der Burgen und Hallen.
Froh in gehobener Lust umkreist' uns die Freude der Muschel, 70
Und zum Eidam erwählt vertraute mir Rurmar die Jungfrau.
Wie der Schaum auf der Fluth schwoll zart ihr wogender Busen,
Gleich dem Völkergestirn hell schimmert' ihr strahlendes Auge,
Und ihr entrolltes Gelock umringelte schwärzlich den Nacken.
Herrlich schritt sie daher. die Reizende. Schöner als Alles 75
War ihr zartes Gemüth. Wie lieht' ich die Tochter der Herrscher,
Moina, die Schönste fürwahr ringsum der Ebnen und Höhen! —
Sieh, ein Fremdling erschien, ein Jüngling, die Schritte zu Moina
Rasch hinlenkend. und laut erscholl sein Wort in der Halle;
Drohend zuckt' er, zum Streite gefasst. die mächtige Klinge: 80
„Wo ist Kumhal, der Held, der schlachtenkundige Kämpfer?
Er, der Waller des Thals, des gebirgigen? Ist er denn selbst hier,
Ist es sein Heer? weil du so kühn, so keck und so trutzend?"
Ich versetzte darauf: „mein Muth, o trefflicher Führer,
Lodert mir hell in eigener Gluth. Vom Schilde beschirmet, 85
Kenn' ich nicht Furcht, umringten mich auch zu Tausend die Gegner.
Prahlend sprichst du, o Fremdling im Stahl, weil Klessamor eben
Wenig gedeckt; doch mir zittert mein Schwerdt bis zum eisernen Griff wach,
Mir die Hand zu füllen bestrebt. Von Kumhal, dem Helden.
Kein Wort mehr, Sohn Klutha's, den nie sein wallender Strom lässt!" 90
Zürnend in brausender Kraft fuhr auf der Jüngling und kämpfte.
Doch ihn stürzte mein Stahl, den feindlichen Führer. Von lautem
Kriegsruf bebend erscholl das Gestade des wallenden Klutha.
Rasselnd drohte die schimmernde Schaar speerschwingender Männer,
Muthig begann ich den Kampf; bald siegten die stärkeren Fremden. 95
Flüchtend entschwang ich mich schnell zum rettenden Strome; die Segel
Spannend dem günstigen Wind, durchschnitt ich die düsteren Fluthen.
Thränend folgte mir nach, gramvoll die Augen erhebend
Und mit traurigem Laut hellklagend, Moina, die arme.
Lenkend wendet' ich oft das Schiff; es siegte die Woge 100
Und der östliche Wind. Nie schaut' ich wieder den Klutha,
Noch die liebliche Braut, die dunkellockige Moina.
Bleich hinsank sie am Klutha entseelt; an dem Hügel erschien mir

Karthon, von Ossian.

Grausig ihr Schatten. Zur Nacht erkannt' ich der Schreitenden Tritte
Längs dem schaurigen Saum am Lora, schwebenden Schimmern, 105
Gleich dem wachsenden Mond, der aus himmlischen Nebel hervorblickt,
Wenn der Schnee vom Gewölke sich stürzt und die Welt sich umdüstert."

Fingal, der Schwinger des Schilds, rief jetzt die freundlichen Worte:
„Barden, erhebt den Gesang und preiset der lieblichen Moina 110
Unvergängliches Lob! Sanft schlummre sie unter der Höhen
Feiernden Klängen. Zum Land der Meerfluth ladet mit langsam
Hallendem Lied ihr schwankes Gebild. Sanft schreite sie wandelnd
An des Gebirges Saum in Morven, dem reizend die Jungfraun,
Strahlen entschwundener Zeit und Wonne der früheren Helden.
Wohl auch sah ich der Stadt am Klutha zertrümmerte Mauern; 115
Spärlich ertönte des Volks verminderte Stimme. Das Feuer
Hatte die Halle durchtobt; da kosten nicht Helden und Jungfraun.
Durch den stürzenden Schutt der zerrütteten Mauern verdrängt war,
Gleich dem Bache, der Strom; im Wind stand wehend die Distel,
Schaurig rasselt' am Thurme das Moos, in den Höhlen der Trümmer 120
Barg sich der lagernde Fuchs, umwallt vom Grase den Rücken.
Oed' ist der frühere Sitz der Sängerin Moina: verdunkelt
Liegt die Halle der Burg, die wimmelnde. Tönet, ihr Barden,
Trauergesang der Halle des Meers, die für immer dahin ist!
Unter dem Flügel ruhen schon längst die tapferen Helden; 125
Uns auch ereilt ihr vergänglichem Loos. Was erbaust du des Mahles(
Stattliche Halle, du Sohn des enteilend flüchtigen Zeitlaufs?
Schauend blickst du noch heut von kleinem Gethürme, doch morgen
Deckt dich des Hügels Gestein. Der Sturmflug schwindender Jahre
Weilt nicht; mächtig durchbraust er in düst-rem Wehen die stolzen 130
Hallen der Herrscher, die jäh in das Grab mit Schaaren versinken.
Komm, du düsterer Sturm! In leuchtendem Ruhme verharren
Unsere Tage; vergehn wird nie des geschwungenen Schwerdtes
Kräftige Spur, und es lebt mein Nam' in dem Liede der Barden.
Auf mit feierndem Klang! Lasst kreisen die wandernde Muschel, 135
Und frohlocket mit Preis um mich her! Sinkst einst du verschwindend,
Strahlendes Rund, sinkst je du einst, hehrerbimmernde Leuchte,
Lehst du in nichtiger Zeit, gleich Fingal, dem flüchtig der Lauf ist,
Hell wird dauern mein Ruhm, wie dein alldurchdringender Lichtstrahl!"

Also scholl des Königs Gesang in den Tagen des Siegsruhms: 140
Barden lauschten gebeugt, zahllose, der Stimme des Herrschers:
Glich sie an Wohllaut doch dem erklingenden Tone der Harfa,
Die aus dem Osten ein Hauch sanftwehend leise durchschauert.
Deine Gedanken, wie herrlich, o Held! Nacheifernd warum gleicht.
Schwächer, dein Sohn dir nicht, dein Ossian? Stehst du doch einzig, 145
Stehest allein! Wer gleicht an Ruhm dem Herrscher von Selma?

Schnell entschwand im Gesange die Nacht; mit heiterem Glanze
Stieg der Morgen empor. Hochfluthend ergrauten die Wellen;
Wonn' umschwebte das Meer, das bläuliche, schäumend umwallten
Wogenschwalle den Fels, den fern aufragend wir sahen. 150
Nehel rollte vom Meer zu dem Karn das trübe Gebilde
Eines Greises; nicht gleich dem Sterblichen regt' er die Glieder,
Noch als ein Ries' herschreitend vom Meer: aus Osten entschwebend
Trug es ein Schemen hinab zur Hälfte des Himmels, und sinkend
Schwamm, tiefdunkel wie Blut, das Gebild zum ragenden Selma. 155

Fingal sah die Gestalt, die schreckliche, sah der bewehrten
Krieger verhängten Tod. Der Heldenhalle sich nahend,
Fasst der gewaltige Fürst den Schild des trefflichen Kumhal.

Rasselnd erklingt der Stahl der bewegten Rüstung; in Eile
Richten die Krieger sich auf; verstummend harren die Tapfern 160
Rings in gewärtigem Kreis, auf den Herrscher die Augen gerichtet.
Flammende Kampfeslust durchschimmert des Herrlichen Antlitz;
Tod der Völker umkreist ihm den Speer; breithauchig und strahlend
Heben die Schilde sich auf zu Tausenden, glänzen die Schwerdter,
Tausende, blau und scharf, in Selma's ragender Halle. 165
Düster rasselt umher das Geklirr der beweglichen Waffen,
Dumpf der herrlichen Doggen Geheul; kein Wörtchen im Kreise,
Kein leichtschallender Laut. Auf das Schwerdt und die Farbe des Fürsten
Richten sie schauend den Blick. Er enthob der Schulter den Kampfspeer:

„Nicht, o du trefflicher Spross des heldenergiebigen Morven, 170
Nicht ist Zeit der Harf' und dem Fest. Krieg dämmert vor Augen
Trüb' uns, Tod umzieht des Gebirges Höhen verdüsternd.
Unseres Ruhmes Freund, ein Geist, verkündet der Feinde
Nahen vom Meer. Der Fluth entstieg der luftige Schatten,
Uns der hohen Gefahr schnellwarnendes Zeichen. Am glatten 175
Speer sei jegliche Hand, an Jedes Seite das scharfe
Schwerdt, auf jeglichem Haupt des Helmes Zierde, von jedem
Panzer glänze der Strahl. Kampf thürmt wie schwellender Sturm sich
Brausend auf uns und bald tönt schaurig die Stimme des Todes."

Fingal, der Herrscher, erhob sich jetzt; ihm folgte der Heerzug, 180
Gleich dem Wolkengewog, das gluthvoll krachend einherbraust,
Wenn von Westen mit Sturm dem zagenden Segler der Blitz zuckt.
Harrend weilte der Zug auf Kona's waldigem Bergthal.
Schauend betrachten ihn dort von der Höh' weissbusige Jungfraun,
Gleich des grünenden Walds tiefdichtem Gezweige; sie schauen 185
Ahnend den nahenden Tod der schlachtenkundigen Jugend.
Bang zu dem wogenden Meer hinspähn sie mit lauschendem Blicke,
Zu dem wirbelnden Schaum, der wie Segel schimmernd heranwallt.
Thränen beströmen der Schaar unschuldige Wangen; im Kampfe
Ist ihr bebendes Herz für die Tapferen, wie sie dahinziehn. 190
Nahend entstieg der Glanz dem wogenden Meere; wie Nebel
Deckten die Schiffe die Fluth, ausgiessend das Heer an's Gestade.
Ragend in Mitte der Schaar erhob sich ein herrlicher Kämpfer,
Aehnlich dem schweifenden Reh auf des Waldes laubigen Höhen;
Wölbig und stark sein Schild, weitschimmernd in strahlendem Glanze; 195
Kräftig und jugendlich schön er selbst, der Schwinger des Speeres,
Schritt den Schaaren voran von dem ebenen Strande des Meeres
Auf zu der lieblichen Höh' des luftig ragenden Selma.

„Geh' mit dem sanften Gesang des Friedens, trefflicher Ullin,
Geh' zu dem Führer hinab und künd' ihm mit ruhigen Worten: 200
„Wir sind tapfer im Streit; es vermehrt der Geschiedenen Schatten,
Wer uns im Kampf als Gegner besteht. Doch im Lande berühmt ist,
Wer mit uns aus das Mahl in geräumig gastlicher Halle.
Einst noch den Kindern zeigt er die Speer' aus dem Lande der tapfren
Fremden. Ein Wunder sind sie fürwahr dem trefflichen Ausland. 205
Glück wünscht dieses und Heil den Freunden des herrlichen Morven;
Fern in Weiten ertönt des Volkes glänzender Siegsruhm.
Vor dem Zorne des Volks erzittern die herrschenden Nachbarn,
Und laut rühmet die Welt das Land mit preisendem Lobe."

Ullin, der treffliche, ging mit dem Friedensgesange zur Ebne. 210
Aber der König, gelehnt an den Speer, der gewaltige Fingal,
Sah den Feind im Gefild. „Heil, Heil dem Erzeugten der Fremde!
Langsam, gross ist vom Meere dein Schritt!" so rief er hinüber.

"Gleich dem zuckenden Blitz aus dem Osten schimmert dein helles
Schwerdt dir zur Seite; dem Mond vergleich' ich, trefflicher Kämpfer,
Deinen gewaltigen Schild; irisch glänzen in röthlichem Schimmer
Dir die Wangen, es prangt in der Jugend kräftiger Fülle
Deine Gestalt, reich ziert dein Haupt die geringelte Locke.
Schnell, o wie schnell vielleicht, gestürzt von vernichtender Schärfe,
Fällt der herrliche Baum und höret sein Lob nicht im Thale.
Schmerz umdüstert alsdann die klagende Tochter des Meeres.
Wenn sie den spähenden Blick aussendet zur offenen Salzfluth.
Auch, erblickend ein Schiff, ruft laut das freudige Knäblein:
„Sieh, dort ist er, der König, o sieh!" Doch der Mutter entstürzen
Thränen ob deinem Schlaf, den du einsam schlummerst in Morven!"
So in hallendem Wort ertönte die Stimme des Königs.
Ullin kam indess, der Edle, zum feindlichen Führer,
Warf auf die Haide den Speer vor Karthon mit gastlichem Frieden,
Und mit leisem Gesang anhub er die freundlichen Worte:
„Komme zu Fingal's Mahl, Held Karthon, am Thale des Meeres;
Komm zu des Herrschers Mal; sonst rasch erliegend und sieglos
Zucke das Schwerdt. Viel sind der feindlichen Schaaren in diesem
Lande, berühmt im Kampf sind wir und unsere Freunde.
Ueberschaue das Feld, o Karthon. Ragend erheben
Viel sich der Hügel, die Stein' ummoost, umsauset vom Grase.
Feinde das Fingal sind's, die dort in dem Grabe verwesen,
Fremdlinge, die zum Streit des Meeres Pfade durchsegelt."
Ihm erwiederte drauf, dem Redner, der herrliche Karthon:
„Wie? sprachst etwa du hier zu Waffenschemen, o kühner
Barde von Morven? Erbleicht und schwindet mir weichend die Farbe,
Sohn des tönenden Lieds, der den Kampf unkundig vermeidet?
Hoffst du, bedrohend den Geist durch Kunde gefallener Krieger
Mir zu versenken in Nacht? Es erlagen Helden im Kampfe
Meiner würgenden Faust, und bekannt ist Vielen mein Schlachtruhm.
Kraftlos rühre die Hand am klingenden Liede; dem tapfern
Fingal beuge die sich! Sah ich nicht streitend Balkluths's
Segelreiches Gestad? So kampflos sollt' ich am Hügel
Sitzen? Verkünde denn dies, o Barde, dem Sohn des Kumhal,
Kumhal's, der in die Burg an dem strandaufragenden Klutha,
Meines Geschlechtes Sitz, eindringend den zündenden Brand warf.
Knabe noch war ich und Kind, nicht ahnend, warum die hochröthen
Jungfrauen klagten. Mein Aug' ergötzte der schwellende Gluthrauch,
Der weit lodernd sich hoch ergoss an den flammenden Mauern.
Freudig schaut' ich zurück, als weichend am Hügel die Freunde
Flüchteten. Aber gereiht zum Jünglinge sah ich der Mauern
Traurige Trümmer vor mir. Da stieg mit dem Morgen mein Seufzer,
Strömend stürzte bei Nacht die ergossene Thräne. „So muss ich
Thatlos, ach!" sprach oft ich zur trauernden Seele, „der Zeiten
Wechsel erharren! O wann, wann bricht der befreiende Tag an,
Wo ich im blutigen Streit das Geschlecht der Feinde bekämpfe?"
Nun kam endlich der Tag. Ja, kämpfen will ich, o Barde;
Mächtig fühl' ich den Geist mir entflammt von feurigem Kraftmuth."

Drängend umkreist den Helden sein Volk, die glänzenden Waffen
Zuckend. Er steht auf dem Platz, der Donnerwolke vergleichbar,
Und ihm verdunkelt das Aug' die schimmernde Zähre. Mit Trauer
Denkt er Balklutha's Fall; hochschwellend erhebt sich sein Unmuth.
Seitwärts rollt er zur Höhe den Blick, wo des Winkes gewärtig
Steht die gewaffnete Schaar. Ihm bebt in der Rechten der Kampfspeer,
Und er drohet gebeugt, so scheint's, dem gebietenden Herrscher.

Fingal schaute vom Hügel ihn an, der gewaltige Kampfheld;
„Soll ich," sprach er bei sich, „dem Jüngling begegnen auf einmal?
Eh noch sein Ruhm ihn hebt, ihn hemmen in Mitte des Laufes?
Sagen könnte dann einst vor Karthon's Grabe der Barde:
„Fingal stürmt' in die Schlacht mit der Heerkraft, eher nicht sank ihm
Karthon, der Held." Nein, Barde der kommenden Tage, nicht schmälern
Sollst du des Königes Ruhm! Im Streite bestehen den Jüngling
Meine Genossen und nah schaut Fingal selber dem Kampf zu.
Siegt er, dann stürz' ich in Kraft wie Kona's brüllender Strom her. —
Wer der Führer begehrt zu bestehn den gerüsteten Meerssohn?
Viele der Krieger sind ihm am Strand und stark ihm der Kampfspeer!"

Kathul machte sich auf, der Sohn des mächtigen Lormar,
Trefflich gerüstet, zum Kampf; dreihundert Jünglinge folgten
Schreitend ihm nach, ein Geschlecht der heimischen Ströme. Doch schwach war
Gegen Karthon sein Arm; er fiel, es entfloh sein Gefolge.

Rasch erneute den Kampf andringend der treffliche Konall;
Doch ihm zerbrach der Speer, der gewichtige. Mitten im Blachfeld
Lag er gebunden, sein Volk verfolgte der siegende Karthon.

„Klessamor, trefflicher Mann," sprach Morven's gerüsteter Herrscher,
„Wo ist dein eschener Speer, du Gewaltiger? Willst du gebunden
Unseren Konall sehn, den Freund am Strome von Lora?
Mach in schimmernden Stahl dich auf, des tapfren Kumhal
Edler Schlachtengenoss! Lass fühlen den Jüngling der Fremde,
Was das starke Geschlecht von Morven im Kampfe vermöge!" —

Eilend erhob sich der Greis in der Kraft des glänzenden Stahles,
Schüttelnd sein graues Gelock. Er fügte den Schild an die Seite,
Und in muthigem Stolz hinstürmt' er zum blutigen Kampfe.
Fest ihn erwartend stand an der Haid' aufragendem Felsen
Karthon, er sah erfreut herstürmen den trefflichen Helden,
Liebte die schreckende Freud' auf des Greises drohendem Antlitz
Und bei ergrauetem Haar den rüstig drängenden Kampfmuth.
„Schwing' ich," sprach er, „den Speer, der nicht mehr verwundet als einmal?
Soll ich mit friedlichem Wort erhalten das Leben des Kriegers?
Mit wie stattlichem Gang, bei herrlicher Neige des Alters,
Schreitet der Greis einher! Vielleicht ist dieser der edlen
Moina berühmter Gemahl, der Vater des reisigen Karthon.
Hört' ich doch oft, er wohn' an Lora's hallendem Strome!" —

Also sprach er für sich, da Klessamor schreitend herankam,
Hoch in der zielenden Hand den Speer ausschwingend. Am Schilde
Fing ihn der Jüngling auf und sprach die friedlichen Worte:

„Fehlt's denn, ergraueter Held, an Jünglingen, Schwingern des Speeres?
Ist dir kein Sohn, der den schirmenden Schild dem Vater erhebe?
Der des Jünglinges Arm besteht? Ist die liebende Gattin
Nicht mehr? weint sie vielleicht an dem Grab der geschiedenen Söhne?
Bist du vom hohen Geschlecht der Könige? wird er mir rühmlich
Werden, der blutige Sieg, wenn meinem Schwerdte du sinkest?" —

Ihm entgegnete Klessamor drauf, der gewaltige Kämpfer:
„Rühmlich wird er dir sein, du Stolzer. In tosenden Schlachten
Bin ich bewährt, doch nie sagt' feig ich den Namen dem Gegner.
Weiche mir, Sohn des Meeres, dann soll dir werden die Kunde,
Dass in Schlachten mein Schwerdt wohl kenntliche Spuren gelassen!"

Karthon entgegnet' ihm stolz, mit edelen Worten erwiedernd:
„Nie, speerkundiger Held, nie weich' ich. In blutigen Schlachten

Karthon, von Ossian.

Hab' ich auch selber gekämpft; schon seh' ich mir steigen den Nachruhm.
Nicht verachte mich, Fürst! Mein Arm ist stark und der Wurfspeer.
Kehre zu Freunden zurück; den Kampf lass jüngeren Kriegern!" 325
  Ihm entgegnete Klesamor drauf, unmuthigen Blickes:
"Warum kränkest du mir mit verwundendem Worte die Seele?
Zittert mir doch, von dem Alter gelähmt, im Gefechte der Arm nicht;
Noch erschwing' ich den Stahl. Soll fliehn ich im Auge des Herrschers,
In des Fingal-Gewicht, des gewaltigen, welchen ich liebe? 330
Nie, du Fremdling des Meeres, nie floh ich den Gegner. Doch muthig
Schicke zum Kampfe dich an und erhebe die Spitze des Speeres!" —
  Streitend fochten sie nun, wie zwei sich bekämpfende Winde,
Die mit gewirbeltem Hauch wetteifernd wälzen die Fluthen.
Karthon biess den geworfenen Speer abirren; noch immer 335
Dacht' er bei sich, der Feind sei Moina's Gatte. Den Schlachtsprer
Klesamor's brach er entzwei, entriss das blitzende Schwerdt ihm.
Doch als den Führer er band, da zog er den Dolch, der Erzeuger,
Und in die Seite des Feinds, die entblössete, bohrt' er das Eisen.
  Fingal sah, wie Klesamor fiel; in dem Klange des Stahles 340
Macht' er sich auf. Ringsum stand schweigend, zum König die Augen
Wendend, das Heer. Er kam, wie das dumpfe Gebrause des Luftzugs,
Eh einbrechend der Sturm sich erhebt; der Jäger vernimmt es
Lauschend im Thal und enteilt in der Felsen Geklüfte sich bergend.
  Regungslos stand dort an der Stätte der treffliche Karthon; 345
Rieselnd entstürzt' an der Seit' ihm das Blut. Des Königs Herabkunft
Sah er; ihm hob sich hell des Ruhmes glänzende Hoffnung.
Aber Blässe durchzieht ihm die Wangen, schwebend im Winde
Flattert sein loses Gelock; ihm wanket der Helm auf dem Haupte.
Matt ist des Tapferen Kraft, doch gross und stark ihm die Seele. 350
  Fingal schaute das Blut des erlegten Helden; er hemmte
Schnell den erhobenen Speer: "ergieb dich, fürstlicher Streiter,
Denn dir entströmt, ich sehe, das Blut! Gross warst du im furchtbar
Schmetternden Kampf und nimmer verkürzt wird schwinden dein Schlachtruhm"
  Ihm erwiederte forschend darauf der reisige Karthon: 355
"Bist du, sag' es mir an, der Gewaltige, den uns sein Ruhm nennt?
Bist du der tödtliche Brand, der vernichtend die Fürsten der Welt schreckt?
Aber warum doch frag' ich annoch? Er gleichet des Giessbachs
Reissendem Sturz, dem rieselnden Strom, dem fliegenden Adler.
Hätt' ich, o neidisches Glück! — doch mit ihm, dem Herrscher, gestritten,
Glänzender stieg' im Gesange mein Ruhm! Dann sagte der Jäger,
Schauend mein ragendes Grab: "hier kämpfte mit Fingal, dem Herrscher,
Karthon den blutigen Kampf." Jetzt ruhmlos endend im Lande
Stirbt er, Keinem gekannt; die Kraft ist vergeudet an Schwache!" —
  Ihm erwiederte freundlich darauf der König von Morven: 365
"Tröste dich, Held; du sollst nicht ruhmlos, Keinem gekannt nicht
Sterben im Land! Viel sind mir der trefflichen Barden, o Karthon;
Nieder zur Nachwelt steigt ihr Lied. An dem Ruhme des Karthon
Labt sich dereinst noch das ferne Geschlecht der kommenden Jahre,
Wann es gesellig vereint um die brennende Eiche sich lagert, 370
Und in die lauschende Nacht der Vorwelt Lieder verhallen.
Einst auch hört, auf des Bergs weitschauernder Haide sich ruhend,
Plötzlich des hauchenden Winds anbrausende Stösse der Jäger,
Seitwärts hebend das Aug' erblickt er den Felsen, wo streitend
Karthon erlag. Er zeigt, zum Sohne gewendet, die Stätte, 375
Wo die Helden gekämpft: "hier stritt Balklutha's Gebieter,
Tausend Strömen an Kraft und gewaltiger Schnelle vergleichbar!"

Freudig erheiterte sich das Gesicht des trefflichen Karthon:
Matt aufschauend erhob er die brechenden Augen und reichte
Fingal, dem Helden, sein Schwerdt, dass Balklutha's Herrscher ein Denkmal
Hoch als schmückende Zier es ruh' in der fürstlichen Halle.

Schweigend verstummt' im Gefilde die Schlacht; es ertönte des Barden
Hallender Friedensgesang; umkreist von den Führern ist Karthon,
Seufzend vernehmen sie rings, lautlos auf die Speere sich stützend,
Dicht andringend das Wort, wie es sprach der Fremdling des Meeres. 385
Flatternd spielt' in dem Winde sein Haar; die bebende Stimme
Lispelt gebrochen und dumpf. „Ruhmreicher König von Morven,"
Sprach er, „ich fall' in der Mitte des Laufs. Den Letzten vom Stamme
Kurmar's empfängt ein fremdes Grab in der Blüthe der Jahre.
Schauriges Dunkel wohnt in Balklutha's Mauern, am Krathmo 390
Kummer und Nacht. Mein Gedächtniss erhebt an dem wallenden Lora,
Wo mir vordem die Ahnen gewohnt. Vielleicht auch betrauert
Karthon's, des seinigen, Fall der Gatte der herrlichen Moina."

Klesamor's Herz traf grässlich sein Wort; mit schweigendem Schmerze
Fiel er auf seinen Sohn. Verstummt in düsterem Leide 395
Standen die Krieger umher; kein Laut ertönt' auf der Ebne.
Nächtliches Dunkel kam und nieder zum traurigen Felde
Schaut' aus Osten der Mond. In betrachtender Stille gefesselt
Starrten sie regungslos. So steht, Garmallar umkränzend,
Schweigend der Wald, wann ferne des Sturms Gebrause verhallt ist, 400
Und der entlaubende Herbst auf der kühleren Ebene dämmert.

Klagend betrauerten sie drei Tage den herrlichen Karthon;
Aber am vierten Tag starb Klesamor, folgend dem Sohne.
Liegend ruhen sie dort in dem engen Grunde des Felsens.
Trüb schwebt um der Geschiedenen Grab ein luftiger Schemen; 405
Oft erscheint dort Moina, die liebliche, wann um das Felshaupt
Schimmernd die Sonne sich zieht und ringsum Dunkel und Nacht wohnt.
Dort, Malwina, erscheint sie, doch nicht wie die Töchter der Höhen;
In der Fremde Gewand schwebt einsam immer ihr Schatten.

Fingal betrauerte selbst, der Herrscher, den trefflichen Karthon. 410
Seinen Barden gebot er, so oft graunebelend der Herbst kehrt,
Laut zu feiern den Tag. Oft hallte die jährige Feier
Und sie sangen des Tapferen Preis mit klingendem Laute:

„Wer naht schreitend heran von dem wildaufrauschenden Meere,
Gleich dem düstren Gewölk des stürmisch brausenden Herbstes? 415
Tod umzittert dem Helden die Hand, wie sprühende Flammen
Schimmert sein leuchtender Blick. Wer regt lautlosend an Lora's
Haide den Schritt? Wer ist's, als der schlachtenkundige Karthon?
Wie sinkt, mächtig geworfen, das Heer! Er schreitet, o schaut ihn!
Gleich dem furchtbaren Geist von Morven's reichen Gefilden! 420
Doch dort liegt er nunmehr, ein herrlich ragender Baumstamm,
Den ein plötzlicher Stoss anprallender Winde gestürzt hat!
Wann, wann hebst du dich wieder empor, du Wonne Balklutha's?
Wann, du getroffener Held, o Karthon, hebst du dich wieder?
Wer naht schreitend heran von dem wildaufrauschenden Meere, 425
Gleich dem düstren Gewölk des stürmisch brausenden Herbstes?" —

So mit feierndem Laut an dem kehrenden Tage der Trauer
Tönte der Barden Gesang. Oft fügte, begleitend das Preislied,
Ossian selber Gesang zu Gesang. Um den trefflichen Karthon
Trauerte klagend mein Herz: er fiel in den Tagen der Jugend. 430
Du auch, edelster Held, o Klesamor, wo ist die Wohnung

Dir in der wehenden Luft? Vergißt der Jüngling der Wunde,
Fliegt er vereint am Gewölke mit dir? — Ich fühle, Malwina,
Fühle den leuchtenden Strahl; hier laß mich der sinnenden Ruhe!
Leichtanschwebend erscheinen sie wohl mir im luftigen Traume;   435
Flüsternde Stimmen, deucht mir, umsäuseln mich; freundlich umschimmert
Karthon's Stätte der sonnige Strahl mit erwärmendem Lichtglanz.

Du, die gerundet du dort, wie der Schild des Führers, dahinrollst,
Herrliche Sonne, woher ward dir des belebenden Strahles
Unvergängliches Licht? Aufsteigest du in mächtiger Schönheit,   440
Scheidend verbergen den Lauf die verdunkelten Sterne des Himmels,
Und erbleichend verhüllt sich der Mond in westliche Wolken.
Du allein fortwandelst die Bahn; wer möchte verwegen
Dir sich nahen? Gefällt entstürzen den waldigen Berghöhn
Eichen; zerbröckelt vergeht der Karn und das ragende Felshaupt.   445
Wechselnd hebt sich und sinkt des Meeres wallende Stromfluth
Und mit entschwundenem Glanz verbirgt sich die Scheibe des Mondes.
Du nur allein siegprangst in des Lichtmeers ewiger Wonne.
Trüben in grausigem Sturm mit gezackt herrollendem Donner
Düstere Wetter die Welt, hervor aus dem wogenden Aufruhr   450
Schaust du mit reizendem Blick, holdlächelnd im tosenden Luftzug.
Doch mir, mir ist dahin dein Licht, und nimmer erblick' ich,
Holde, dein Antlitz mehr, magst über die Wolken des Ostens
Breiten du nun dein goldnes Gelock, magst scheidend im Westen
Röthlich zitternd des Meers tiefdüstere Pforten umschimmern.   455
Doch auch vielleicht nur gleichst du mir selbst, in wechselndem Zeitschwung
Stark und schwach! Uns gleiten gezählt an dem Himmel die Jahre,
Und zu dem Ziele vereint hinwallen sie schwankenden Laufes.
Freu', o Sonne, dich denn, weil unverwelklicher Jugend
Stärke dir blüht! Unhold mit verdrossenem Dunkel umhüllt uns   460
Starrend des Alters Frost, gleich schwachem Lichte des Mondes,
Blickend durch Wolken aufs Feld, wann Nebel die Gräber umdämmern
Und in des Nords kaltschauerndem Hauch der Wandrer dahinbebt.

Anmerkungen.

Vorbemerkung. Dieser Bearbeitung des Karthon liegt die treffliche
Uebersetzung Ahlwardt's (im III. Bde der Gedichte Ossian's, Leipzig 1839)
zum Grunde, eines Gelehrten, dessen künstlerisch-kritische Verdienste um die
Einbürgerung des gälischen Barden, in Betracht der von ihm angedeuteten,
für unsere Zeit wenig ehrenvollen Hindernisse, nicht genug anzuerkennen
sind. Die vorausgeschickte Inhaltsangabe und die hier beigefügten Anmerkungen (die letzteren verkürzt und accommodirt) sind dieser Ausgabe wörtlich entnommen.

V. 1. Lora — ist nicht ein kleiner Fluss, wie Macpherson behauptet,
sondern der zum Strome verengte See Eiti oder Etive, der sich etwa drei
englische Meilen über Oban, Dunstafnage gegenüber, in's Meer ergießt.
Nicht weit vom Ausfluss ist ein Wasserfall, den die Verfasserin der Kale-
donia, Bd. II. S. 207, so beschreibt: „Ein besonders merkwürdiger Gegenstand dieser Gegend ist ein Wassersturz, vielleicht der einzige seiner Art
in Europa. Der Loch Etive ist auf dieser Stelle sehr verengt und hat grosse
Felsklippen. In 24 Stunden tritt die Flut des Meeres zweimal in diesen
See und dringt durch den Orchay bis in den Loch Aw. Sowie nun die
Ebbe zurücktritt, stauchen sich die Wellen vor einer Felsenenge im Loch

Etive und wälzen sich über die Felsen mit grosser Gewalt und Geräusch. Es ist ein unbeschreiblich grosser, erhabener Anblick, die Wellen so ankommen, plötzlich stutzen und sich dann schäumend und donnernd ihren Weg bahnen zu sehen." — In dem Anhange zum 3. Bande des gälischen Ossian beschreibt A. Steward diesen Wasserfall so: „Er wird verursacht durch einen Felsen, der sich in der Gestalt eines Schwibbogens von der einen Seite des Canals zur anderen hinzieht. Ueber diesen Felsen stürzt sich zur Fluthzeit das Wasser mit grossem Ungestüm in den Loch Eiti. Steigt nun bei hoher Fluth das Wasser in dem See zu eben der Höhe wie das Meer, so ist der Wasserfall ganz ruhig, und Schiffe von beträchtlicher Grösse können ohne Gefahr über ihn hinsegeln; tritt aber die Ebbe wieder ein und die Wassermasse strömt zum Meere zurück und stürzt sich westlich über die abschüssige Seite des Felsens etwa 12 Fuss hoch hinab, so entsteht ein betäubendes Gebrüll, und der ganze Canal bis eine Meile unterhalb des Falls kocht und schäumt."

V. 2. Garmallar — das nur an dieser einzigen Stelle vorkommt, scheint eine waldige Anhöhe am Loch Etive gewesen zu sein.

V. 10. Man glaubte zu Ossian's Zeiten und glaubt noch jetzt in Schottland und hin und wieder in anderen Ländern, dass Hunde, Wild und Thiere überhaupt, wenn sie plötzlich zusammenfahren, Geister sehen.

V. 19. Kona — jetzt Coe, ein Strom in dem äusserst romantischen, von ihm benannten Thale Coe oder Glencoe. Von den umgebenden Bergen, deren einige 3—4000 Fuss Höhe haben, ergiesst sich eine ungeheure Menge kleinerer Ströme und Giessbäche in ihn hinab. Von diesem Thale, dem Lieblingsaufenthalt des Dichters, heisst er oft „die Stimme von Kona." Ausführliche Beschreibungen finden sich bei Garnett, Bd. I. S. 293—298, und in den Reisen durch Schottland und die Hebriden, Bd. I. S. 189—198.

V. 20. Kumbal's Sohn — Fingal, der von einem Kriegszuge zurückkehrt und von den Barden mit Triumphgesängen empfangen wird.

V. 31. Fackeln — nicht Wachsfackeln noch Wachslichter, sondern langgespaltenes trockenes Holz, oder auch zusammengedrehte trockene Baumwurzeln (leus), die noch jetzt bei der ärmeren Volksklasse in Schottland und auf den Hebriden die Stelle der Lichter vertreten.

V. 36. Morna — Fingal's Mutter und Klessamor's Schwester.

V. 42. Fingal, der zu Selma seinen Wohnsitz hatte, war wegen seiner Gastfreiheit berühmt.

V. 46. Karun — der Fluss Carron in der Grafschaft Stirling.

V. 65. Balklutha — wörtlich „die Stadt am Klutha." Der Klutha in den gälischen Gedichten ist unbezweifelt der Fluss Clyde, sowie Tuad oder Tuade der Tweed. Die Stadt am Klutha, wohin Klessamor durch einen Sturm verschlagen ward und in deren Gegend britische Häuptlinge wohnten, ist sehr wahrscheinlich Dunbarton. Man sehe Caledonia, Bd. I. S. 34.

V. 78 Ein Fremdling — ein britischer Häuptling. Nach Macpherson hiess er Reuda.

V. 81. Kumhal — Fingal's Vater.

V. 183. Konas waldiges Bergthal — dieser Name ist mit der Haide von Lora gleichbedeutend. Das Bergthal Kona, jetzt Glencoe, liegt eigentlich nordöstlich von der Gegend, wo einst Selma stand; der Name Kona scheint aber zu Ossian's Zeiten eine grössere Ausdehnung gehabt zu haben, als jetzt Glencoe, denn die Bai unter Selma, die sich bis zum Ausfluss des Loch Etive oder dem Wasserfall Lora hinabzieht, hiess Cala Chonain oder die Bai von Kona. An dieser Bai bis zum Wasserfall Lora, nördlich der Fähre von Conuil, ist eine Haide, ungefähr 1½ englische Meile lang und eben soviel breit. In der Bai von Kona landete Fingal. Auf der Haide von Lora fochten Fingal und seine Tapferen manche Schlacht; hier fiel auch Klessamor und Karthon. Noch heutzutage stehen 17—18 grössere und kleinere Karn oder Grabhügel auf dieser Haide. Vergl. V. 234—237.

V. 201. Der Sinn ist: die Feinde, die uns angreifen, werden von uns getödtet und vermehren die Zahl der uns umschwebenden Geister.

V. 204. Mit Fremden, die zum freundschaftlichen Besuche kamen, tauschte man die Waffen. Diese Waffen wurden als Denkmale der Freundschaft sorgfältig in den Familien aufbewahrt.

V. 239. Waffenschemen — Gebilde der Todten, die bewaffnet erscheinen und nicht schaden können.

V. 249. Zum Verständniss möchte Folgendes aus der Tradition, die Macpherson anführt, nicht überflüssig sein: Klessamor, von einem Sturm nach Balklutha getrieben, ward von dem Häuptling Rurmar gastfreundlich aufgenommen und heirathete dessen Tochter Moina. Ein Häuptling aus der Nähe, der diese Tochter liebte, kam nach Balklutha und betrug sich übermüthig gegen Klessamor. Ein Gefecht war die Folge, worin Klessamor den Häuptling tödtete, aber von dessen Begleitern so hart bedrängt wurde, dass er sich mit Schwimmen nach seinem Schiffe retten und in See gehen musste. Seine Versuche, bei Nacht zurückzukehren und seine Gattin abzuholen, wurden vom widrigen Winde verhindert, und er musste ohne diese nach Morven zurückkehren. Moina gebar einen Sohn, den Rurmar Karthon nannte, und starb bald darauf. Als Karthon drei Jahre alt war, unternahm Kumhal, Fingal's Vater, einen Zug gegen die britischen Häuptlinge am Klutha, eroberte Balklutha und steckte es in Brand. Rurmar kam bei dieser Eroberung um, Karthon ward von seiner Wärterin gerettet und weiter in's Land binein gebracht. Als Karthon zum Jüngling gereift war, beschloss er, die Zerstörung Balklutha's an Kumhal's Nachkommen zu rächen, landete in der Bai von Kona und rückte gegen Selma vor.

V. 318. Dem Feinde seinen Namen sagen war in dieser Heldenzeit so viel als Veranlassung suchen, sich dem Gefecht zu entziehen. Ergab sich bei Nennung des Namens, dass die Vorfahren der Streitenden freundschaftliche Verhältnisse mit einander unterhalten hatten, so hörte der Kampf sogleich auf. Ein Mensch, der dem Feinde seinen Namen sagt, und ein Feiger waren daher gleichbedeutend. Macpherson.

V. 390. Krathmo — was für ein Ort hier gemeint sei, lässt sich nicht bestimmen. Wahrscheinlich lag er am Klutha, nicht fern von Balklutha.

V. 409. Nach Ossian's Vorstellung schweben die Geister derer, die in einem fremden Lande sterben, nach ihrer Heimath zurück, vereinigen sich dort mit befreundeten Schemen und schweben in deren Gesellschaft am Gewölk oder im Winde. Weilen sie aber auch in der Fremde und besuchen ein fremdes Land, so vereinigen sie sich nie mit den Schemen des Landes, sondern schweben allein. Darum ist Ossian, V. 431, in Ungewissheit, ob selbst Karthon, der unerkannt als Fremdling und Feind von seinem eigenen Vater getödtet ward, nach dem Tode mit jenem zugleich am Gewölk hinschwebe.

Berlin.   Schaeffer.

Beurtheilungen und kurze Anzeigen.

Anzeiger für Kunde der deutschen Vorzeit. Organ des Germanischen Museums zu Nürnberg. Neue Folge. 13. Jahrgang. 1866. Nr. 1—4.

Der Fränkische Krieg. Von Jos. Baader. Nach einer kurzen Einleitung über die Ritter des Schlosses Absberg und deren Thätigkeit als Raubritter, besonders des Hans Thomas von Absberg, Zeitgenossen und in den Jahren 1507 bis 1512 Verbündeten des Hans von Geislingen und Götz von Berlichingen in der Fehde gegen Nürnberg, Augsburg und andere Reichsstädte, wird der Executionskrieg gegen H. Th. v. Absberg vom Jahre 1523 an aus einer gleichzeitigen Handschrift mitgetheilt.

Hanns Schneiders Spruch von 1492. Von Rect. Dr. Lochner. 198 Verse erzählen die Zusammenziehung einer Reichsarmee unter Anführung des Markgrafen Friedrich von Brandenburg gegen Albrecht von Baiern wegen Regensburg. Zugleich fordert „Königlicher Majestät Sprecher" den Kaiser Maximilian I. auf, eine Armee gegen den übermüthigen Französischen König Karl VIII., eine zweite gegen die Türken zu schicken. Der Herausgeber lässt dem Text einige erläuternde Anmerkungen folgen.

Ein Teppich mit Darstellungen aus der Geschichte Tristan's und Isolden's. Von Dr. A. von Eye. Ausführliche Beschreibung nebst artistischer Beilage.

Johannes Nas. Von Dr. Zingerle wird ein Schreiben Ilsung's aus dem Jahre 1677 an Erzherzog Ferdinand mitgetheilt, in welchem dieser gebeten wird, Joh. Nas nach Augsburg zu senden, damit er dort predige.

Beschreibung einer Pilgerfahrt in das gelobte Land aus dem 14. Jahrhundert. Von P. Pius Schmieder, Archivar zu Lambach in Oberösterreich. Eine in Pottharts Wegweiser etc. nicht erwähnte Schrift, die nähere Untersuchung verdient.

Alter Zauber- oder Segensspruch. Von Prof. Dr. Sighart in Freising. Acht untereinander gestellte Buchstaben, die auf einem „geschmackvollen" Tische aus dem 15. Jahrhundert zwei Mal angebracht sind. „Findet sich diese Inschrift auch anderswo, und wie ist sie zu erklären?"

Gengenbach's Bundschuh. Von E. Weller wird zu den drei Handschriften Gödeke's eine vierte aus dem Jahre 1415 nachgewiesen.

Verkauf eines Fabrikzeichens aus den Jahren 1433 und 1478.

Vom Fürsten zu Hohenlohe-Waldenburg aus zwei Urkunden mitgetheilt.

Zur Geschichte der Entdeckung und Erkennung der Pfahlbauten. Eine im Namen der Züricherischen antiquarischen Gesellschaft von L. Ettmüller mitgetheilte Beschreibung der ersten Auffindung solcher

Bauten im Züricher See. Danach ist Dr. Keller in Zürich derjenige, welcher zuerst diese alten, aus dem See hervorgeholten Reste untersucht und als zu Pfahlbauten gehörig anerkannt hat.

Heidnische Gräber in Böhmen. Ergänzungen der in Nr. 12 des Anzeigers von 1863 gebrachten kurzen Notizen von Dr. Födisch in Wien.

Wizenicer Ausgrabungen im Jahre 1865. Ebenfalls Ergänzungen zu früheren Notizen (in Nr. 11, 1864 des Anzeigers) von Dr. Födisch in Wien.

Papst Johann XXII. bevollmächtigt den Abt des Klosters St. Johann in Stamps zur Schlichtung von Streitigkeiten. Das Original dieser von Dr. Will, Archivsecretair des Germanischen Museums, mitgetheilten kurzen Urkunde befindet sich im Germanischen Museum.

Zur Frage nach dem Verfasser des Reineke Vos. Latendorf in Schwerin erklärt sich zu V. 6168 für Hoffmann's Ansicht, die er bereits in Mantzel's Bützow'schen Ruhestunden von 1765 vorfindet.

Des Hanns Frey Schwieger. Genealogische Notizen der Familie Frey aus dem 15. und 16. Jahrhundert von Dr. Lochner.

Hans Schneider Zusatz zu Nr. 1, p. 9 des Anzeigers von E. Weller.

Gesprächspiele. Zusatz zu Anzeiger 1862, S. 399.

Zur Fischart-Literatur. Zu E. Weller's Aufsatz in Nr. 6 von 1865 von Frank in Anweiler.

Der Lasterstein in Mösskirch. Aus einer noch ungedruckten Zimmern'schen Chronik theilt Dr. Barack mit, dass in Mösskirch (Baden) weibliche Personen, welche eines unzüchtigen Lebenswandels beschuldigt wurden, den Lasterstein durch die Stadt zu tragen hatten und dann diese wohl für immer verlassen mussten.

Die niederdeutsche Uebersetzung der Sprichwörter Agricola's. Nachtrag zu früheren Arbeiten (vom Jahre 1858) über denselben Gegenstand von Fr. Latendorf.

Die Juden zu Naumburg an der Saale. Von K. von Heister. Interessante, durch Auszüge und Quellenbelege aus dem 14. und 15. Jahrhundert wichtige Abhandlung.

Der Deutsche Michel. Mittheilung von Stellen aus S. Frank (um 1540), welche Grimm und Sanders als die älteste Autorität des Ausdrucks citiren. Von Fr. Latendorf.

Die Wachstafeln der Salzsieder zu Schwäbisch-Hall. Von Wattenbach in Heidelberg. Ueber Vorkommen und Beschaffenheit genannter Tafeln.

Die Krönungsinsignien des Mittelalters. Nach Bock's Werk: Die Kleinodien des heil. Röm. Reichs Deutscher Nation und ihre formverwandten Parallelen von A. Essenwein. Hinweisung auf die Wichtigkeit des genannten Werks durch eine ausführliche Besprechung des Inhalts.

Zur Miniaturmalerei des 14. Jahrhunderts nebst artistischer Beilage von Dr. A. von Eye.

Die schöne Maria. Bibliographische Notizen von E Weller über Gedichte von der schönen Maria zu Regensburg vom Jahre 1519.

Wann kamen die Wörter *Soldat* und *Prinzessin* in den Deutschen Sprachgebrauch? Von Baader in Nürnberg. Nach Baader wären diese Wörter erst in der Mitte des 16. Jahrhunderts in der jetzigen Bedeutung aus Spanien entlehnt in allgemeinen Gebrauch gekommen.

Chronik des Archivs, Chronik der historischen Vereine, Nachrichten, Literatur, Anfragen, Anzeigen u. dgl. m.

Berlin. Dr. Sachse.

Germania. Vierteljahrsschrift für deutsche Alterthumskunde. Herausgegeben von Franz Pfeiffer, 11. Jahrgang. 2. Heft. Wien 1866.
Zum Spiele von den zehn Jungfrauen. Von R. Bechstein.
Grammatischer und kritischer Nachtrag zu Ludwig Bechstein's Wartburg-Bibliothek. I.°
Zur Sage von Romulus und den Welfen. Von Fel. Liebrecht. Anknüpfend an Grimm's Worte in der Einleitung zu Reinhard Fuchs über das vertrautere Verhältniss zwischen Menschen und Thieren, wie es im Jugendalter der Menschheit Statt gefunden hat und in der Kinderwelt immer von Neuem sich findet, sammelt er eine Menge von mythischen Sagen der verschiedensten Völker, alter und neuer, um die Behauptung plausibel zu machen, dass die Zwillingsbrüder aller Wahrscheinlichkeit nach als Hunden entstammend gedacht wurden und man hierin selbstverständlich durchaus nichts Verächtliches erblickte.
Zur Slavischen Walthariussage. Von F. Liebrecht. Hinweis auf eine Bemerkung des Herrn Sophus Bugge (in der Videnskabs-Selskabets Forhandlingar Christiania 1862) über Verbreitung und Verwandtschaft älterer Sagen und Märchen.
Der ritta. Von Th. Vernaleken. Gegen Grimm's Ableitung von reiten ist Vernaleken für den Stamm ridan, ags. hridjan, mhd. riden, schütteln, sieben und giebt mehrere Beispiele eines personificirten Gebrauchs des Wortes.
Augenblick und Handumdrehen. Von J. V. Zingerle. Nachweis der Ausdrücke „im Augenblick" und „im Handumdrehen" aus älteren deutschen Schriften.
Phenich. J. V. Zingerle berichtigt das mittelhd. Wörterbuch, welches Phenich für Buchweizen hält. Er erklärt es für die Bezeichnung einer Hirsenart.
Runeninschriften eines gothischen Stammes auf den Wiener Goldgefässen des Banater Fundes. Von Franz Dietrich. Nebst Abbildung von 12 Inschriften und des Alphabets derselben. — Nach der Forschung des gründlichsten Kenners der Runen — als solcher hat sich Prof. Dietrich in der neuesten Zeit mehrfach bewährt — ist die Hauptmasse der Goldgefässe griech. Ursprungs und die ersten Inhaber derselben haben einem christlichen Volke des 4. und 6. Jahrhunderts angehört. Nach ausführlicher, sehr lehrreicher Beleuchtung der einzelnen Inschriften zieht der Verf. am Schlusse des Aufsatzes Folgerungen über den Volksstamm und die Heimat der Goldgefässe.
Zur Kritik und Erklärung des Heliand. Von C. W. M. Grein. Unter Bezugnahme auf die verdienstliche Ausgabe Heyne's werden einige gelegentliche Bemerkungen zu einzelnen Stellen mitgetheilt, wo Grein von Heyne's Auffassung abweicht.
Zu dem Gedicht von Hans Sachs: „die achtzehn schön einer juncfrauen." Von Reinhold Köhler. Heranziehung von Parallelstellen und Liedern, besonders aus der italienischen Literatur.
Literatur. Ulfilas von Stamm und Heyne, rec. von Holtzmann. — Heliand von Heyne, rec. von Holtzmann. — Garton Paris: Histoire poétique de Charlemagne, rec. von Karl Bartsch. — Die Magdeburger Fragen. Herausgegeben von Behrens, rec. von Siegel. — Koch: Die Satzlehre der englischen Sprache, rec. von Grein. — Proben eines Wörterbuchs der österreichischen Volkssprache von H. Mareta, rec. von Schröer.
Miscellen I. Zur Geschichte der Deutschen Philologie: Briefe von J. Grimm an den Herausgeber. Gegen die Herausgabe dieser sehr interessanten Reliquien hat Herm. Grimm, der Neffe Jacob's, in Nr. 16 des

Zarnekeschen Centralblatts, S. 435 figg., Protest eingelegt, den hoffentlich im nächsten Heft der Germania Pfeiffer beantworten wird.
Beilage. Für Herrn F. Zacher in Halle. Richtiger: Gegen Zacher und dessen Aufsatz in den Jahrbüchern für Philologie und Pädagogik zu Ende des vorigen Jahres. Auch über diese scharfe, mehr persönliche als wissenschaftliche Polemik Pfeiffers bietet der genannte Aufsatz Herrn. Grimm's einiges Hingehörige.

Berlin. Dr. Sachse.

Ergänzungsblätter zu jedem englischen Handwörterbuche von A. Pineas. Hannover. 1864.*)

Der Verf. giebt die Erklärung von, wenn wir richtig gezählt haben, 1794 Wörtern, die, wie es auf dem Titel heisst, bei neueren und neuesten Schriftstellern vorkommen, und über welche die vollständigsten Wörterbücher keine Auskunft geben. Diese Bemerkung hätte Hr. P. besser gethan, zu unterdrücken, und sich an der Notiz seines Verlegers auf dem Deckel genügen zu lassen, welche das Büchelchen „namentlich den Besitzern von Flügel's Practical Dictionary und Tauchnitz Collection of British Authors" empfiehlt. Denn hieraus, so wie aus Hrn. P.'s eignen Worten in der Vorrede, dass über die erklärten Wörter „selbst Flügel's Practical Dictionary, das seiner Zeit für neuere Literatur vollständigste englische Wörterbuch, keine Auskunft giebt," wird es wahrscheinlich, dass derselbe nicht die vollständigsten Wörterbücher, sondern eben den Flügel verglichen hat. Wir haben es hier bei Beurtheilung des Buches nicht mit dem Nutzen zu thun, den dasselbe für die Besitzer des Flügel, sondern mit dem, den es für das Studium des Englischen hat, und dürfen also den Massstab nach einem andern Wörterbuche anlegen, welches gegen das Flügel'sche einen Fortschritt gemacht hat. Schon in Bd. XXI dieses Archivs hat Büchmann darauf gedrungen, dass die Grundlage für ähnliche Vervollständigungen bis auf Weiteres das Lucas'sche Wörterbuch bilde: sonst wird immer schon Dagewesenes und Bekanntes wieder aufgewärmt werden. Wie wahr dies ist, ergiebt folgendes Zahlenverhältniss: von den durch P. erklärten 1794 Wörtern sind in Lucas, der bei der Abfassung der „Ergänzungsblätter" bereits seit 8 Jahren existirte, 606, d. h. mehr als ein Drittel, erklärt (wobei diejenigen beiden gemeinschaftlichen, die P. besser giebt, natürlich nicht mitgezählt sind). In einem Drittel des Buches wäre somit gegen bereits Geleistetes kein Fortschritt gemacht; aber es zeigt sich auch bei den Wörtern, in denen P. von L. abweicht, ein Rückschritt, den er hätte vermeiden können, wenn er es nicht verschmäht hätte, sich aus L. zu belehren. Die Zahl dieser Wörter ist im Verhältniss zu dem geringen Umfang des Buches nicht klein. P. z. B. giebt:

beak, s. slang, Magistratsperson; L Friedensrichter. P. fand das W. wohl durch magistrate erklärt; m. aber schlechtweg bedeutet für englische Verhältnisse den justice of the peace. Ab und an bedeutet b. einen policeman.

P. bunk. Schiffsbett, Lagerstätte. L giebt als unterscheidendes Merk-

---

*) Mit W. wird auf: Dictionary of the English Language, by Joseph E. Worcester; mit Sl. D. auf: The Slang-Dictionary, London, Hotten, 1864; mit L. auf: Lucas Englisch-Deutsches Wörterbuch, 1856, Rücksicht genommen.

mal, dass es bei Tage als Sitz, bei Nacht als Lagerstätte dient. Das „Schiff" ist Nebensache.
P. Cantabridgian; L. hätte ihn belehrt, dass es Cantabrigian heisst.
P. composition, Concordat bei einem Faillment. L.'s Vertrag, Accord, ist uns verständlicher.
P. cover. Dickicht von Ginster und ähnlichem niedren Gesträpp, worin Füchse gehegt werden. Der letzte Zusatz ist kaum wesentlich und L.'s Lager (eines Hasen, Fuchses u. dgl.) ziemlich entsprechend, namentlich da er Redensarten wie to break c., to draw a c. dabei erklärt.
P. to cram. v. a. slang, über den Daumen lesen. L. gut: zum Examen sich tüchtig präpariren, einarbeiten. Es ist gleich to coach u. to grind.
P. cranky-fretful. captions, L. lustig, vergnügt. ausgelassen. W. sprightly.
P. to crib, ans den Heften andrer Schüler abschreiben. Crib aber ist immer eine Uebersetzung, also hat L. gut: sich einer Eselsbrücke bedienen.
P. dashing, windbeutelig. L. hat mit Sausewind und Modenarr wol nicht ganz Recht, aber „Aufsehen erregend" ist doch richtiger; denn a dashing girl ist eine Dame, die durch Vornehmheit, Ausgesuchtheit in Toilette und Manieren imponirt und Aufsehen macht. So steht Dick. Sk. 145: a ashing whip = ein ganz famoser Kutscher; Sl. D. showy, fast.
P. to daze. Wenn' W. erklärt: to dazzle, so hat L. Recht zu schreiben: blenden, und P.'s verwirren, verdutzen, verlegen machen sind erst abgeleitete Bedeutungen.
P. fix, in a fix, ohne Geld: fix aber bezieht sich gar nicht immer auf Geldverlegenheiten. Das Slang-Dictionary erklärt: a predicament, a dilemma. Also sagt L. richtig: die unangenehme Lage, Verlegenheit.
P. flippers, Finger, aber d. Sl. D. fl., the hand, und so L.
P. godwit. s. eine Art Waldhuhn mit gelbem Schnabel und rothem Halse. W. a wading bird with a long straight bill of the family Scolopacidae, or snipes. L. die grosse Uferschnepfe.
P. goitrous, geschwollen. L. kropfartig, kropfig.
P. to grab. stehlen; W. to seize or attempt to seize with violence. to snatch etc.; Sl. D. to clutch, to seize; L. ergreifen, packen u. s. w.
P. ground glass. Milchglas; L. mattgeschliffnes Glas (beim Milchglas wird das Matte des Schéins durch die Composition hervorgebracht).
P. to hedge. wetten. Sl. D. to secure a doubtful bet by making others. L. kommt dem dort umständlich Erörterten wenigstens näher durch die obgleich nicht ganz treffende Erklärung: auf beiden Seiten, für und wider, wetten.
P. holystone, Putzzeug auf Schiffen. L. genauer: eine Art weicher Sandstein zum Scheuern der Verdecke.
P. hook. every man played on his own hook: jeder spielte seinen eignen Stiefel. L. on my own hook, auf meine eigne Faust. P.'s Ausdruck ist viel zu ordinär, und passt zu wenig.
P. lattice work, Gitterbrücke. — L. Gitterwerk, Bindwerk.
P. life-preserver = life-belt, Schwimmgürtel. L. eine Schwimmblase oder Jacke. um sich im Wasser das Leben zu retten: der Lebensrettungsapparat u. s. w.
P. mag = penny. Sl. D. halfpenny, und so L.
P. made-dish, ein französisches Gericht, bestehend aus allerlei gewürztem Fleisch mit verschiednen Gemüsen zusammengekocht. Es mag schon einmal ein bestimmtes Ragout oder dgl. made-dish κατ' ἐξοχήν genannt werden. Den allgemeinen Sinn giebt L. ganz richtig: Gerichte, zu deren Zubereitung mehrere Bestandtheile gehören, wie z. B. Hachees, Ragouts — nur dass statt mehrere ein bestimmteres Wort stehn sollte.
mawkin, Vogelscheuche. Wahrschl. aus Eliot, Ad. Bede, II, 65, T. geflossen: (if she were a mawkin in the field then she would be made of rags

inside and out) steht in der besseren Schreibweise malkin längst in den Wörterbüchern.

P. marrowbones and cleavers: das Geräusch, das die Metzger beim Knochenauerhacken machen, daher abgeleitet: Katzenmusik. L. Hauptinstrumente bei ehner sogen. Katzenmusik.

P. nob = gentleman. Sl. D. a person of high position, a „swell," a nobleman. L. der Mann von Stande, von Bedeutung, von Einfluss.

P. nonce. Absicht. For the n. absichtlich, geflissentlich. L. für dies Mal, für den Fall, die Gelegenheit. W. giebt gradezu als erste Bedeutung von n. the present time or purpose, a single occasion or exigency. s. z. B. Jerrold, St. Giles and St. James II, 216, Tauchn.: („There must be some honest people in the world," thought Snipeton,) and this charitable thought enhanced for the nonce St Giles. He could not have come in happier season. Dieser Gedanke brachte ihm hier einmal (in diesem Falle) Glück, während es ihm sonst in der Regel schlecht ging. „Absichtlich" wäre hier Unsinn, und so überall.

P. penal settlement, Strafanstalt; L. Strafcolonie.

P. pump-room, Trinkhalle (an Brunnenorten). L. der Cursaal (bes. zu Bath) u. s. w. Denn grade von Bath wurde dies Wort zunächst gebraucht.

P. ring-fence, Ringmauer. L. die um ein Gut ununterbrochen laufende Umzäunung.

P. to rollick = to frolick, scherzen, spassen, Possen treiben. L. hin und her taumeln, lärmen, toben. Bulwer erklärt, wenn ich nicht irre in What will he do with it, rollicking im Ton der Stimme sei dasselbe, was swaggering in Gang und Haltung. Vielleicht ist renommiren gut.

P. roly-poly, rund und dick, und dazu als Citat: roly-poly padding and: I think Miss D. a pretty r. p. thing. roly-p. ist nur die Mehlspeise; genauer als L. sie beschreibt: eine Schicht Teig und eine Schicht Gelee, zusammengerollt. Das kann dann auf kurze rundliche Personen übertragen werden. Nach P. wäre sein Citat: roly-poly pudding, ein runder und dicker Pudding zu übersetzen.

P. settler = home-thrust, Lungenstecher, bleibt uns unverständlich. L. momsstösslicher Beweisgrund; derber Schlag, der dem Gegner den Rest giebt. Es ist eine der üblichen Uebertragungen aus dem „ring."

P. stag, Speculant u. to stag, speculiren. L. Aktienschwindler. Sl. D. a speculator without capital, who took „scrip" in „Diddlesex Junction" . . . got the shares up to a premium, and then sold out.

P. Trifle, eine Art Creme. L. eine Art Auflauf, eine Art Kuchen.

P. vegetarian, von Pflanzen lebend; L. der Diät oder dem System der Gemüsespeisenden (vegetarians) angehörig.

Yankee, P. Amerikaner. L. neben einer Notiz über die Entstehung des Namens: der Neuengländer; (engl. cant) der Amerikaner; denn eigentlich wurden mit Y. nur die Bewohner von New England (Connecticut, Vermont, Maine, New Hampshire, Massachusets, Rhode Island) zum Unterschied von den holländischen und französischen Ansiedlern bezeichnet: und W. sagt über die allgemeine Bedeutung ausdrücklich: a cant term . . . sometimes applied by foraigners to an inhabitant or native of any part of the United States. — In den Südstaaten spricht man wieder von den Bewohnern der Nordstaaten als Yankees.

Wenn nach dem bisher Angeführten und mehreren später zu besprechenden Irrthümern der Schluss gestattet ist, dass Hr. P. nicht ganz aus vollem Holze schneidet, sondern, gleich uns, die Belehrung sich aus Büchern oder mündlichen Mittheilungen von Engländern mühsam zusammensucht, so wird es nicht beleidigend klingen, wenn wir vermuthen, dass er in Verdeutschung einiger Worte sich durch unverständige Erklärer hat irre leiten lassen. Auf S. 23 findet sich: Five's court, der Hof der Fünf (ein Gericht mit 5 Geschwornen). Gut wäre es gewesen, der Verf. hätte hier, wie an einigen andren Stellen, ein Citat gegeben: denn uns ist wie L. Fives-court nur als Bezeichnung des Gebäudes bekannt, das zum Ballspiel Fives nöthig ist (weil der Ball dabei gegen die Wand geschlagen werden und abprallen muss), so dass sich Hr. P. durch eine Erinnerung etwa an den venetianischen Rath der Drei hätte beirren lassen; wir sagen, es ist möglich — wenigstens ist es ein recht grosser Irrthum, wenn P. blast-pipe Blaseröhre übersetzt; dies wäre blow-pipe; W.'s Erklärung: „a pipe in a locomotive engine to convey the waste steum up the chimney and quicken the fire" zeigt, dass L. mit „Ausströmungsrohr (für den Dampf)" wenigstens das allgemein Richtige giebt. In einigen Punkten geht P. gleich irre wie L. Fogey, welches P. „pensionirter Officier," L. „der Invalide, der alte Kerl" übersetzt, ein Wort, das Thackeray gern anbringt, ist jetzt nur ein Ausdruck für einen wunderbaren alten Kauz; das Sl. D. sagt besonders: Grose says it is a nickname for an invalid soldier, from the French Fourgeaux, fierce or fiery; but it has lost this signification now. — go-a-step giebt P. mit L. mit Gänsemarsch: es bedeutet die bekannte Exercirübung der Soldaten, wo sie in sehr langsamen Tempo mit anliegenden Händen und vorgestreckter Brust die Beine vorn herauswerfen und hinten nachziehen müssen; Gänsemarsch kennen wir nur als Bezeichnung des bekannten Studentenscherzes. — pony, P. u. L. eine Wette um 25 Guineen; es bedeutet aber vielmehr auf dem turf die Summe von 25 Pfund, um die man wettet. to rusticate, L. relegiren, P. das consilium abuendi geben, kann beides nicht genügen, obgleich letztres dem Wahren näher kommt; die rustication ist eine Strafe, die den Studenten zwingt, sich einen oder mehrere terms von der Universität fern zu halten. — thimble-rig, P. Becherspiel und thimblerigging, Taschenspieler, der das Becherspiel macht; L. etwas genauer: Taschenspieler, der mit Erbsen und kleinen Bechern Kunststücke macht. Das Pikante bei dieser sogen. Taschenspielerei besteht eben darin, wie bei dem harmlosen „Kümmelblättchen." Der thimble-rigger legt eine Erbse hin und deckt von 3 Bechern einen darüber: der Zuschauer wird aufgefordert, zu rathen, unter welchem die Erbse liegt, glaubt dies genau gesehen zu haben, und verliert natürlich seinen Einsatz, da die Erbse längst sicher unter dem Nagel oder zwischen den Fingern des „Taschenspielers" sitzt. Dickens hat die Sache sehr spasshaft in seiner Skizze „Greenwich Fair" beschrieben.

Es ist dagegen Hrn. P. die Anerkennung nicht zu versagen, dass er für eine Anzahl von Wörtern Besseres giebt als L., namentlich indem er genauere oder treffendere, dem allgemeinen Gebrauch und Verständniss geläufigere Bedeutungen setzt, z. B.:

cad. L. der Junge, der hinten am Omnibus steht, den Schlag aufmacht etc. — P. 1) low fellow, 2) Omnibus-Condukteur.

cheroot. L. ostindische Cigarren, lang und dick und mit einigen Kümmelkörnern zwischen den Blättern. — P. Manilla-Cigarren (doch sollte zugesetzt werden, dass damit nur die Form gemeint ist).

emotional. L. die Bewegung betreffend. — P. rührend.

fin, L. Arm. — P. Hand (slang).

flare-up. L. ein plötzliches Auflodern, ein Aufruhr. — P. a disturbance, a riot, an altercation, a joyous orgy.

hunting watch, L. Jagduhr. — P. Savonetteuhr.

fly-fishing, L. v. fly-fish, mit Fliegen angeln. — P. Fischen mit einer Fliege an der Angel (unterscheidet sich von dem gewöhnlichen Fischen dadurch, dass der Fischer dabei nicht still steht, sondern gegen den Strom langsam hinaufgeht), wobei nur noch zu bemerken wäre, dass die Fliege stets eine künstliche ist, zu deren Aufbewahrung ein besonderes fly-book mitgenommen wird, dass man das Verfahren to whip (the stream) nennt, und dass statt Fischer besser Angler gesagt wäre. Aehnliche Besserungen enthalten ausser den Genannten die Artikel basement-story, bit, butty, Daddy long legs, foray, handicap, hob, highlows, manual exercise, moor, mate, punkab, queer-street, receiving house, scout, skip, skirmisher, stage-manager, stretcher, tip, toast-rack, weed — obgleich bei einigen die Erklärungen doch noch nicht erschöpfen können. L.'s Erklärung von handicap: eine Art Spiel, sagt gar nichts; aber P.'s „Wettrennen um einen Einsatz" genügt auch nur wenig; denn erstens kann man handicaps auch beim Schiessen, Billardspielen anwenden, und zweitens ist das Wesentliche, dass die natürlichen oder erworbnen Vortheile der Spielenden durch Erschwerung der Aufgabe für den Bevorzugten zum Theil aufgehoben werden. Bei einem handicap-Rennen also werden Pferden von verschiednen Altern, Kräften und Geschwindigkeit verhältnissmässig verschiedne Lasten gegeben; bei andern Spielen giebt der Geübtere dem Schwächern je nach Verhältniss eine Anzahl points vor, so dass die Chancen für den Gewinn möglichst gleich werden. — Wenn L. mute Leichenwärter übersetzt, so ist dies falsch, und P.'s Leichendiener gewiss entsprechender, aber sein Zusatz: der gemiethete, stumm Trauernde leitet entschieden irre, denn der mute macht eben so wenig den Anspruch, für einen (sham) mourner, einen trauernden Gentleman gehalten zu werden, als unsre Leichenträger darauf, für Leidtragende zu gelten.

Unter den übrigen Wörtern nun sind zunächst 148 geographische Namen auszuscheiden, für deren Auswahl kein Princip befolgt ist, ausser dass der Verf. vermuthet, dass „ihre Aussprache weniger bekannt sein möchte." Vielleicht darf man hierfür setzen, dass sie Hrn. P. selbst „seiner Zeit" unbekannt war. Manches ist ziemlich allgemein bekannt; dass das tausendmal angeführte Cholmondely = chumley gesprochen wird, glaubt P. aus Thackeray, Esmond, belegen zu müssen. Für den, dem kein Namenlexicon zu Gebot steht, ist die gegebene Zahl so gering, dass der Beitrag fast werthlos ist; und wer ein solches hat, wird die meisten der hier gegebenen Namen auch dort finden, ausserdem wird der Werth der gegebenen Aussprachen sehr dadurch beeinträchtigt, dass Verf. sich begnügt hat, Sylben abzutheilen, den Accent, und bisweilen lange und kurze Vokale und stumme Buchstaben anzuzeigen, aber nicht die Aussprache der einzelnen Laute anzugeben. So weiss man nicht, ob nach ihm Alleghany mit dem Laut von far oder von fate, ebenso Benares, Barbūda oder Barbōōda, Cel'ĕbĕs oder -ēr, Crimea oder Crimca zu sprechen ist. Wir haben die der ersten 22 Seiten mit Worcester verglichen, und 2 derselben, Ahheyleix (liese) und Banagher (g stumm) nicht bei W. gefunden. Araby the B'est kann nur für poetisch gelten; 20 stimmen mit W. in der Ausspr. überein. Bei 11 gestattet W. neben der von P. gegebenen eine andre, z. B. A'rgyle oder Argy'le, De'ocan oder Decca'n. Folgende sind, wenn wir W. für maassgebend annehmen, falsch:

P. Abergavenny, spr. gan'-y. — W. äbergävĕn'ny, vulg. äbergĕ'ny.
P. Andalusia, spr. see'-a. — W. andalū'ria.
P. Andaman, spr. dam'-an. — W. andama'n.
P. Auch, spr. osh. — W. öah.
P. Augsburgh, spr. os'-burg. — W. ganz gleich dem Deutschen (nur lang u).
P. Chimboraz'-o, spr. kim. — W. Chimborn'zo (a wie in far; cb wie gewöhnl).
P. Cirencester, spr. ser'-oncester. — W. Ci'-rĕncest-er, sis'ĕter, sis'ist-er.
P. Cordilleras, spr. ye'-ras. — W. Cordill'ĕras oder kordĕlyā'ras (a wie in marn).
P. Coire, ohne Ausspr. — W. kwar (a wie in far).
P. Diarbe'-kir (also wo! e wie in he?) — W. Diarbĕkir' (i wie in mien).
P. Drogheda, spr. draw'-e-da. — W. Drŏg'-beda.

Doch kann überhaupt dieser Theil der Sammlung mit dem Rest nicht auf eine Linie gestellt werden, da er einem Zweck (der Aussprache) gewidmet ist, der bei den andern Wörtern gar nicht in's Auge gefasst ist, obgleich dies bei den vielen ganz neuen Wörtern recht wünschenswerth wäre.

Die übrigen 1040 Wörter sind also entweder überhaupt neu, oder sie erscheinen in neuen Bedeutungen und Verbindungen. Unter ihnen befindet sich 1) eine ziemliche Anzahl, deren besondere Aufzeichnung im Lexicon überflüssig erscheinen dürfte; z. B. Composita, deren einzelne Bestandtheile längst im Wörterbuch stehen und den Begriff der Zusammensetzung genügend klar erkennen lassen. Wer z. B. clay und pipe weiss, bedarf des Wortes clay-pipe, Thonpfeife, offenbar nicht; shock, Mandel, Garbe (L.) erspart die Anführung corn-shock, Kornhaufe (P.), wer jean als ein Baumwollenzeug kennt, bedarf für jean-boots keiner Uebersetzung, namentlich nicht der als „Zeugstiefel," der den Specialbegriff des jean verwischt; eben so unnütz ist cloth-boots; wem to limn für „malen in Wasserfarben" bekannt ist, was soll dem eine Uebersetzung: limning talent. Talent zur Malerei, die noch dazu das Unterscheidende des ersten Begriffs fortlässt? Dasselbe lässt sich über business association, Geschäftsverbindung, culminating point, custom-house searcher, forward movement, gilt-lettered, image language, lady poisoner, lecture-room, shopping exposition, Ladenbesuch; art union, Kunstverein; bottom row, unterste Reihe; hoppocket, Hopfensack; judicial court, Gerichtshof; party feeling, Parteigeist u. A. sagen. Auch to clear one's throat, sich räuspern; step, Stufe (Vorschwelle) vor einem Hause u. dgl. würden aus gleichem Grunde überflüssig sein. — Ob Notizen wie „Cumming (Gordon), ein berühmter englischer Jäger der Neuzeit" in's Lexicon gehören, dürfte stark zu bezweifeln sein; wissenschaftlich betrachtet, gewiss nur dann, wenn der Eigenname in einen Gattungsnamen oder ein Zeitwort übergegangen ist, wie to burke. Eine Notiz wie Buhl, Hofschreiner Ludwig's XVI. hat im Lexicon nichts zu thun, wenn sich nicht die damit verbindet, dass alle mit Gold, Perlmutter u. dgl. ausgelegten Möbel und andre Holzarbeiten Buhl-work oder furniture heissen. Gut dagegen ist es, wenn man bei Jim-Crow hat, spitzer Filzhut, erfahrt, dass Jim Crow der Name eines Negers ist, der in einer sehr beliebten Posse 1836—37 die Hauptrolle machte. Angenehm ist es allerdings, wenn man, um bei der Lecture von Dickens' Sketches zu finden, dass Balzoni ein Pionier ägyptischer Wissenschaft war, dass Hoyle über Whist geschrieben hat, dass Mr. Warren ungeheuren Ruf als Wichsfabrikant hatte, nicht erst ein andres Buch als das Lexicon aufzuschlagen braucht; aber es bleibt doch noch eine ungezählte Masse von Preisfechtern, Kunstreitern, Verbrechern, die in demselben Buch auftreten; und wo soll die Gränze zwischen dem Wörterbuch und dem Conversationslexicon gemacht werden? Sollten solche Artikel gerechtfertigt sein, so müsste das Buch sich für etwas andres geben, als der Titel besagt. Bedenklich ist auch die Aufnahme von Artikeln wie: gal = girl, oder: lawk, corrumpirt aus lord. Es ist in der That selbst für den Geübteren häufig sehr schwer oder unmöglich, aus den Verdrehungen der Vulgärsprache, wenn sie gedruckt erscheinen, klug zu werden, und selbst eine George Elliot wetteifert in Einführung des Yorkshire Dialekts mit den Londoner Strassenjungen und Kahnführern bei Bulwer, Dickens, Lever, Trollope, Collins. Natürlich ist eine Anleitung zum Verständniss dieses Jargons sehr erwünscht; aber man könnte auch ebenso gut Formen wie: comin', I thinks, I seed, in der Grammatik erwähnen. Das zu erwägen ist indess Sache der Lexicographen, der solche Beiträge dereinst verwerthet; zu verwundern ist nur, wenn Hr. P. solche Corruptionen aufnehmen wollte, dass ihre Anzahl so gering geblieben ist. Ich möchte mich anheischig machen, bloss etwa aus Dickens' letztem Roman Our Mutual Friend das Buch um ein Drittel zu verstärken.

Es begegnet uns ferner eine gute Anzahl Wörter, deren Berechtigung, im Lexicon zu erscheinen, darum zu bezweifeln ist, weil sie nur der etwas weitgehenden Sucht modemer Schriftsteller ihre Existenz verdanken, nach bisweilen noch dazu falsch gefasster Analogie Neubildungen zu machen. Wenn nach der Analogie von empress heiress u. dgl. gebildet, adventuress jetzt allenfalls anerkannt sein dürfte, lässt sich dasselbe von Americaness, bankeress, baroneless, bishopess, citizeness, cockneyess, urchiness, peasantess sagen, wenn auch 4 dieser Artikel die Marke der Firma Thackeray, und drei die von Dickens trugen? Das Deminutiv cloudlet ist wol englisch (Worcester hat es) und kinglet mag im Scherz geschrieben werden, aber was soll man von royslet, scalet, houselet, sagen, deren Väter Dickens und Wraxall sind? Ist nicht schon der Begriff eines „Meerchens" ein Unding? Aehnlich steht es mit Verbalbildungen wie be-built, bebaut, be-peopled, bevölkert, to be-speechify, haranguiren, sundayfied, sonntäglich; Substantiven wie die Deminutive beastie, Thierchen, bookling, Büchlein, rabbitling, junges Kaninchen; mit blanketeer, Preller, Spötter; dis-sight, hässlicher Anblick; well-to-do-ism, Wohlhabenheit; dressiness, Putzsucht; at-Homeishness, das Zuhauseseio; hätte nicht dieselbe Berechtigung wie letztere das Dickens'sche (Pickw. I, 101 T.) a touch-me-not-ishness in the walk, oder a little man with a puffy „Say-nothing-to-me,-or-I'll-contradict-yon" sort of countenance? Ihnen reihen sich die Adjective an: earthquaken, durch Erdbeben erschüttert; embracive, einer der gern umarmt, headachy (in der Verbindung on headachy or rainy days, Mrs. Gore), fanny, adj. v. farm, laughy, der gern lacht; lessony und teachy (als Prädikat von Gouvernanten von derselben Schriftstellerin gewagt); marquessatorial, was zum Marquis gehört, prerailwayite voreisenbahnig; slangular, zum slang gehörig (was fast an das bekannte slantingdicular erinnert), unhomeish, unheimisch. Solche Neubildungen geben häufig aus falschem Sprachgefühl hervor, und sind Afterformen zu nennen, wie z. B. wenn Mrs. Gore das Subst. mismatchment, Missheirath, bildet, Carlyle chronisch outlook dem Deutschen nachmacht; wenn nach dem richtig gebildeten subst. quill-driver ein verb „to quill-drive" erfunden wird; wenn (wahrschl.) Thackeray aus dem franz. tutoyer ein englisches to tuoy macht; wenn Dickens einmal people-song dem deutschen „Volkslied" nachbildet. — Nur Umschreibung eines sonst anders bezeichneten Begriffs scheinen Wörter zu sein wie stroke of state, Staatsstreich, wofür man in den Zeitungen in der Regel nur coup d'état liest. Wenn Thackeray mit loaded wine verfälschten Wein bezeichnet (es ist in Lovel the Widower p. 211 ed. Tauchn.), so ist dies doch wol nur eine gesuchte Uebertragung von falschen Würfeln, loaded dice; spirit Hunter, „der wilde Jäger" wird wol gewöhnlich the wild huntsman genannt; und line und walk, der Scheitel, sind doch vermuthlich nur augenblickliche Scherze für das übliche parting. Dafür werden doch whiskerado „ein Bartmann" (Thack.), scalp, Perrücke (ders.) und ähnliche auch nur gelten dürfen. — Zu bezweifeln ist auch, ob antigropelos, anaxandrian bi-unique, poncho, siphonia, „Namen für einen gewissen Rock" und ähnliche Ausgeburten einer Schneiderphantasie, mögen sie auch bei Dickens und Kingsley Aufnahme gefunden haben, gleich bereitwillig in's Lexicon werden zugelassen werden. Ihnen schliessen sich die wissenschaftlichen Ausdrücke gewisser Gastronomen an, wie Ostracide, ein Austernöffner; und wenn man erst einer Schnapssorte „Cream of the valley" die Spalten geöffnet hat, warum nicht dem ganzen Preiscourant: The Out-and-out; the No Mistake; The Good for Mixing; The real knock-me-down; The celebrated Butter-Gin, the regular Flare-up, Cordial Old Tom u. s. w.? Darüber indess muss der künftige Lexicograph zu Gericht sitzen, und noch so bedenkliche Wörter demselben vorzuführen, kann einer Hülfsarbeit wie die vorliegende keineswegs zum Vorwurf gereichen; im Gegentheil wird eine recht reichhaltige Sammlung dem Lexicographen erwünscht sein müssen.

Bei vielen Wörtern ist die Verdeutschung mangelhaft, da zu enge oder zu weite oder überhaupt nicht treffende Bedeutungen gesetzt sind: article ist nicht = man, sondern, wie das Sl. D. sich ausdrückt, a derisive term for a weak specimen of humanity. — Wenn back-board übersetzt wird: Rückenbrett (um grade zu gehen), so ist dies, abgesehen von dem Soloecismus „um - zu," nicht verständlich. Das b. b. besteht aus zwei runden, ähnlich wie die Gläser einer Brille verbundenen Holzbrettern, welche auf die

Schulterblätter passen; seitwärts (wo bei dem Brillenglas die Bügel ansitzen) befinden sich als Verlängerung zwei feste Stangen, über welche der Patient die Arme rückwärts schlägt: natürlich wird dadurch die Brust sehr gedehnt und herausgebracht, und man geht damit kürzere oder längere Zeit im Zimmer umher. — bagatelle-board. Kegelspiel für's Zimmer. So weit wir wissen, befinden sich auf einem b. b. keine Kegel, sondern nur numerirte Löcher, in welche vermittelst kurzer Queues Kugeln gestossen werden. — bagman. lud. Handlungsreisender; das lud. ist kaum gerechtfertigt; das Wort ist nur ein weniger feines Wort als commercial traveller. — brandy-pawnee, P. ein ostindisches Getränk. br. p. ist nur der anglo-indische Name für brandy and water. — breech ist nicht Pulverkammer (diese ist chamber), sondern beim Gewehr der Theil der Schwanzschraube, bei der Kanone überhaupt das hintere Ende; und breech-loading revolver beschränkt die Sache zu sehr: Revolver, Büchsen, Flinten und Kanonen heissen breech-loaders, wenn sie von hinten geladen werden. — buffer kann man doch nicht einfach Mann übersetzen; es ist etwa = jolly old fellow; eine nicht eben respektvolle Kneipbezeichnung meist eines alten Herren. — canny, P. schlau, pfiffig; L. hübsch, zierlich. Worz. constatirt nach Jamieson, dass das Wort beides umfasst, und setzt zu: it is applied to persons or things having pleasing or useful qualities. — cotton-wool, Watte. So kann aber nur das Material bezeichnet werden; sobald es in der Gestalt erscheint, in der es zum Wattiren von Kleidungsstücken gebraucht wird, heisst es wadding. commercial room, Gastzimmer, Saal im Gasthofe. In englischen country-inns finden sich gewöhnlich im Parterre zwei Fremdenzimmer zu beiden Seiten des Eingangs: ein coffee-room und ein commercial-room; letzteres ist für die commercial travellers bestimmt, und es werden für sie mässigere Preise gerechnet; daher halten dieselben darauf, dass nicht andre Reisende sich dort aufhalten. Darüber kann man Trollope's Roman Orley Farm nachlesen, namentlich Bd. I, p. 63 u. 114. — copus, ein Getränk, kann nicht genügen, denn es bedeutet Ale, das mit Gewürz und Spirituosen versetzt ist. cobbler ist allerdings „ein Getränk," aber aus Sherry mit Zucker und Eis, und wird durch einen Strohhalm aus dem Glasse eingesogen. — daft, P. merry foolish, giddy, deprived of reason; L. dumm, einfältig. Nach W. heisst es beides: silly, stupid — playful, frolicsome. — general practitioner: studirter Arzt, der aber nicht promovirt hat; gewöhnlich ist er zugleich Apotheker; dies ist im Allgemeinen richtig: so weit wir wissen, ist das Wesentliche, dass der g. pr. als surgeon und als physician prakticirt; in der ersteren Eigenschaft wird er meist selbst dispensiren, und führt nicht den Titel Doktor, wie es für gewöhnlich kein surgeon thut. — hardbake, zerlassener Zucker. h. ist dasselbe wie toffy: es ist eine Bonbonmasse, aus geschmolznem Braunzucker, mit einem Zusatz von Butter, Syrup und Citronensaft. — Horse-Guards, das Kriegsministerium in London. Es ist richtig zugesetzt, dass der Name daher rührt, „dass zwei Gardecavalleristen zu Pferde davor Wache stehen" (sic! Reiten?); aber „das Kriegsministerium" leitet doch irre; an officer in the Horse-G. ist doch kein Beamter im Kriegsministerium; es muss also heissen: Name des Kriegsministerial-Gebäudes; denn allerdings befinden sich dort die Bureaux des Kriegsministeriums. — jackal general, Faktotum. Jackal nennt man den, der beschwerliche oder gefährliche Arbeit für einen andern zu verrichten hat, welcher Geld oder Ehre dadurch erwirbt. Dies erhellt u. A. aus Dickens Two Cit. Buch 2. Cap. 5, wo der geniale aber lüderliche Sidney Carton dem grossen Rechtsanwalt Stryver über Nacht die Vorarbeiten zum Plaidoyer des nächsten Morgens macht. Die Benennung beruht auf dem Glauben, dass der Schakal dem Löwen die Beute aufbringen und zutreiben muss. — Life-belt, Schwimmgürtel, kann leicht missverstanden werden; denn es ist, wie life-buoy, ein Geräth, welches auf Schiffen, besonders auf amerikanischen Flüssen gehalten wird, um bei Lebensgefahr Personen über dem Wasser zu halten, entweder in Gestalt einer Jacke oder eines Ringes (Arch. 35, p. 60). — Malapropism, unpassender Ausdruck, hat wenig Werth ohne Erwähnung der Mrs. Malaprop aus Sheridan's Rivals, und die Angabe, worin das Unpassende der Malapropismen besteht; Julia sagt dort: Mrs. M... with her select words so ingeniously misapplied, without being mispronounced. — mufsen, Blätterkuchen. Ein muflin besteht aus lockrem Teig, ist rund und hat eine Vertiefung in der Mitte, in die, so lange der Kuchen warm ist, frische Butter gethan wird, die theilweis einzieht. Dass ein m. Blätterteig enthalte ist uns unbekannt. — nondescript, der, das Namenlose; wenn Dickens einen Unterhausknecht stable-nondescript nennt, von nondescript messengers spricht, oder wenn es in einem Satze heisst: „and nondescript enough was the usual result of these cogitations," so ist mit der hier gegebnen Bedeutung wenig zu machen (Arch. XXX, p. 325). — off-night, freier Abend: gemeint ist das Richtige: wenn irgend eine Sache z. B. einen Tag um den andern Statt findet, so sind die dazwischen liegenden die off-days; frei wird meist nur passen, wenn die Sache ein Dienst, Geschäft u. dgl. ist. — to put up, aufbieten; was wir darunter verstehen, heisst to read oder proclaim the bans; to put up kann es nur heissen, wenn man sich die Kirchenthür dazu denkt, an der die Namen der Brautleute ausgehängt, angeschlagen (to put up) werden. — Sawney, schleppend, träge, ist ungenügend, insofern Sawney nur der Spottname des Schotten ist; nur in Folge der ungünstigen Meinung, die der Engländer vom Schotten hegt, wird Sawney überhaupt a sluggish, stupid, silly fellow. — screw ist nicht ein Pferd ohne Weitres, sondern an unsound, or broken down horse, that requires both whip and spur to get him along (Sl. D.) — sausage roll ist ein rundes Gebäck (Knüppelchen), in welches ein Saucischen eingebacken ist; Wurstbrödchen lässt uns an ein mit Wurstscheiben belegtes Brödchen denken. — shaving tackle kann doch „Rasirzeug" nur in scherzhafter Uebertragung vom Angelgeräth bedeuten. — Bei „to square up to one, streitsüchtig auf einen los gehen" musste bemerkt werden, dass der Ausdruck aus dem „ring" stammt, und das Versetzen in die Boxstellung, (beide Arme gekreuzt vor der Brust und die Fäuste geballt) bedeutet; die Bewegung derselben vor dem Schlage heisst dann sparring. —

Bisweilen fehlt die treffende Bedeutung ganz: bei adobe wäre der Zusatz: bricks baked in the sun durch die Verdeutschung: Luftsteine, überflüssig geworden; manche Verdeutschung dürfte nicht allgemein verständlich sein. wie cabinet piano, piano à la Giraffe; cabinet-p. wird = cottage-piano, Pianino sein. Hessian boots, Suwarov-Stiefel; es sind hochschäftige Stiefel; eigentlich wol über den Hosen getragen. Wenn home-thrust und settler, „Lungenfuchser" und cut stone Haustein übersetzt werden, so ist uns das Englische verständlicher als das Deutsche.

Es folgt eine Anzahl von Wörtern, deren Bedeutung wir, so weit unsre Kenntniss reicht, als unrichtig angegeben bezeichnen müssen. to send backword heisst nicht absagen lassen, sondern: Antwort sagen lassen; basket buttons sind nicht convexe, halb eichelförmige Knöpfe, sondern geprägte Knöpfe mit einer Art Muster, das Flechtwerk ähnlich sieht. — beer-chiller kann nicht ein Bierkübler sein. Man wärmt des Bier in England vielmehr, als dass man es kühlt; man setzt es warm „to take the chill off," vergl. Dickens Sketch. 454, chilling the beer on the hob. L. hat also Recht, wenn er to chill the beer giebt: Bier eben verschlagen lassen. — benedict ist nicht Junggeselle und wenn die angeführte Stelle aus Lever richtig verstanden ist, so hat er sich selbst in der Anwendung des Slang-Ausdrucks geirrt; die Bezeichnung ist von der Figur in Shakesp. Much ado hergenommen und bedeutet a married man (so d. Sl. D. u. W.) — Dass für best man die Bed. Brautführer nicht genügend ist, ist Arch. XXXIV, 111 und XXVIII, 388 gezeigt worden. — betel, Meissel, mit dem Citat: its timber is worked with no other tools than an axe, a betel and some wedges

(D. II. W. 30, 349): dies kann nur eine andre Schreibart für beetle sein, welches W. erklärt: a heavy mallet or wooden hammer und schon I. in der Baltg. hat. — biggin ist nicht die ganze Kaffemaschine, sondern dient zum Durchgiessen des Kaffes, also Kaffebeutel oder Kaffesieb. — running knot (unter black kn.) ist nicht, was wir wenigstens eine Schleife nennen (bow; eine solche kann man durch Ziehen an einem Ende des Fadens lösen) sondern ein schiebbarer Knoten, wie man ihn zum Schnüren und zu Schlingen braucht, die sich zuziehen. — blush ist kein Adjectiv: blassroth, sondern blushrose eben der Name für eine Rosenart. — brake-wheel ist nicht Zahnrad, Kammrad (cogwheel), sondern a wheel acted upon by a brake (W.) ein Rad mit einer Hemmvorrichtung. — checked heisst nicht: schwarz und weiss carrirt, sondern bedeutet jedes carrirte Muster. — clouted cream ist nicht dicke Milch, sondern cream produced on the surface of milk by setting it in a pan on a hot hearth (W.) — continuations sind nicht nur Beinkleider, sondern oft Gamaschen, vgl. Dickens Sketch. p. 413: in drab shorts and continuations. — fatigue-duty ist nicht Strafdienst bei Soldaten, sondern Graben, Schanzen, Holzfällen u. dgl. Detachements, die dazu beordert sind, heissen fatigue-parties, und sie tragen dabei nicht die gewöhnliche Uniform, sondern fatigue-jackets, was also bloss mit Jacke schlecht wiedergegeben ist.

fielder, Fänger im Cricketspiel. Dieser Ausdruck ist von dem Begriff des fielder grade so weit entfernt, wie unser Ballspiel vom Cricket: bei beiden ist ein Schläger und eine Anzahl Personen vorhanden, die auf den geschlagnen Ball Jagd machen und dem Schläger feindlich sind, die den Ball fangen und werfen, wodurch sie den Schläger „aus" machen. Doch hat das „out" englisch eine andre Bedeutung als bei uns. Es spielen nämlich zwei Parteien von je 11 gegen einander: die einen sind „dran," „are in" oder „have their innings." Sie stehen nach der Reihe mit dem bat, der „Kelle" vor dem wicket, treiben den Ball so weit wie möglich, und laufen, während derselbe fliegt, zwischen den beiden wickets hin und her. Je öfter die Strecke zurückgelegt wird, desto mehr zählt dies für die Partei, die daran ist. Der Schläger wird aber out, wenn es einem von der andren Partei gelingt, das wicket zu treffen oder den Ball zu fangen: im ersten Fall ist er bowled out, im zweiten caught out. Die 11 Personen dieser Gegenpartei nun, müssen, um den Ball, wohin er auch fliegen mag, leicht zu bekommen, sich auf dem Felde vertheilen; darum heissen sie fielders; sie suchen den Ball nicht bloss aus der Luft zu fangen, sondern überhaupt anzuhalten, und ihn schnell an den eigentlichen bowler zu befördern, der das wicket zu treffen suchen muss, ehe der Schläger es schützen kann: die ganze Partei heisst „the field," die einzelnen Personen fielders.

front, Haartour. front ist der falsche Scheitel nur bei Damen.

lushington, sl. (in Australien) Trunkenbold. Das Sl. D. zeigt, dass der Ausdruck dem Londoner Slang angehört; vor mehreren Jahren habe es sogar einen Lushington Club in Bow-Street, Covent Garden gegeben. L. soll ein Londoner Brauer gewesen sein.

maroon, kastanienbraune Farbe; in den Lexicis fehlt das Wort, aber W. hat es in der Form marone und erklärt: an impure colour or pigment in which red predominates. Es ist etwa die Farbe, die Burgunderwein gegen das Licht gesehen hat.

mawleys, Hände. Vielmehr Fäuste; es hängt mit mall zusammen.

to maunder. P. to talk like one raving or foolishly. Dagegen W. to speak like a beggar, to mutter, to murmur, und Sl. D. maund, to beg; „maundering on the fly," begging of people in the street. L. also richtiger: brummen, in den Bart für sich reden.

mill-head, Mühlenteich; L's Gefälle einer Mühle dürfte näher kommen, es ist das Wasser oberhalb der Mühle, ob es sich in einem Teich sammelt oder nicht.

post-haste, mit Extrapost; vielleicht soll dieser Ausdruck übertragen gebraucht sein; dann ist er allenfalls richtig, das musste aber dabei gesagt sein; p. h. stammt aus der Zeit, wo die Post oder ein Courier noch als Sinnbild grösster Geschwindigkeit gelten konnte; so hat es Shakesp. in der Bedeutung: in grösster Eile.

private clothes, Civil-Kleider. pr. cl. kann nur heissen eigne Kleider; Civilkleider zum Unterschied von Uniform ist plain clothes.

shelved, slang, beseitigt. Der Ausdruck ist nicht slang zu nennen.

slot-hound ist nicht Spürhund, sondern Bluthund nach W.

spoffish, geckenhaft, Dickens Sk. 384; das Wort kommt in diesem Buche noch ein Mal (p. 363) und schwerlich sonst wo vor; es ist jedenfalls dasselbe wie spoffy, worüber Sl. D. sagt: a bustling busybody is said to be spoffy.

tiptopper ist nicht ohne Weitres = gentleman, sondern „ein Haupthahn," oder „ein ganz feiner Kerl," a swell.

triposes. Abstufung unter den Studenten in Cambridge. tripos ist vielmehr = examination for the degrees oder for honors und es giebt demgemäss ein classical und ein mathematical tripos. P. dachte wol unbestimmt an die Klassen der wranglers, senior optimes, junior optimes, in welchen nach Ausfall der Prüfung die Examinanden rangiren.

Wellingtons sind nicht Halbstiefel, sondern die gewöhnlichen hochschäftigen Stiefel; dies beweist z. B. Dick. Sk. 137 (T.): his boots were of the Wellington form, pulled up to meet his corduroy smalls.

whipped eggs sind nicht Rühreier, sondern mit der Schneeruthe geschlagne Eier.

hat-reviver kann wol eine Hutbürste nur zum Scherz genannt werden. to revive ist das Verb für einen Prozess, vermittelst dessen man durch Anwendung gewisser Färbemittel Kleidern und Hüten den geschwundnen Glanz, wenn auch flüchtig, wiedergiebt. Was das Subst. anbetrifft, so nennt Dick. das Färbemittel so; Sketches 260 T: Tis a deceitful liquid that black and blue reviver; we have watched its effects on many a shabby-genteel man. It betrays its victims into a temporary assumption of importance etc. Unser slang nennt es „aufmuntern."

Natürlich finden sich in einem derartigen Buche, das alle Seltsamkeiten aufspeichert, die sich bei der Lectüre angesammelt haben, eine gute Zahl, die wir selbst nie, oder doch in dieser Bedeutung nie gelesen, aber einen Theil wovon aber auch mancher gebildete Engländer in Verlegenheit gerathen würde. Die bisher bemerkten Unrichtigkeiten lassen es wenigstens als möglich erscheinen, dass Verf. geirrt hat; sollten z. B. folgende ganz richtig sein?

affiant! wenn dies in Amerika einen bedeutet, der ein affidavit abgiebt, so ist es zu verwundern, dass Worc. ein Wort nicht enthält, dass tausendfältig im täglichen Gebrauch vorkommen muss.

back-tooth, Backzahn (sonst double oder molar tooth; grinder).

brake, viersitziger Wagen, gewöhnlich mit 4 Pferden gefahren (W. a carriage used for breaking horses) — work for the bishop = gratis.

bunder, Brückenpfeiler. Es ist uns nicht gelungen, über das Wort irgendwo etwas zu finden.

dead-alive, scheintodt.

to coventry = to cut. Das Verb ist uns unbekannt, sending a man to C. ist eine von einer Genossenschaft gegen einen einzelnen aus ihrer Mitte verabredete Massregel, mit ihm nicht zu sprechen, nicht umzugeben; oft z. B. als Strafe bei strikes gegen die sogen. knobsticks angewandt. cutting ist die Handlungsweise eines Einzelnen, der thut als kenne er einen andern nicht.

done rare, halbgar (sonst underdone), (wol nur in America).

double ganger, Doppelgänger (sonst nur a double).

fixing mit dem Citat: columns with Corinthian fixings; Säulencapitäl; doch wol kaum; da „Am." hinzugesetzt ist, so wird das Wort hier wol nur ebenso wie das später mit „gesalznes Schweinefleisch" wiedergegebne pork fixings gebraucht sein, mit dem Amerikanischen Vulgarismus, der to fix für alle nur denkbaren Handlungen braucht; nach dem to fix the hair = to dress the h., to fix the table =: to lay the t., to fix the fire = to make the f. (cf. Worc.); nach dem man ganz bequem sagt: fix me a new coat, oder fix me a mutton-chop, a glass of brandy u. dgl.

fluffy. 1) kahl, windig, 2) weich. Die ersten beiden Worte sind, wenn sie in der eigentlichen Bedeutung genommen werden sollen, falsch; in der übertragnen geben sie keine rechte Vorstellung. fluff ist die durch weichen Flaum, Haare oder Fasern gebildete Bedeckung eines Gegenstandes. Daraus erklärt sich „fluffy carpets" und „fluffy chickens," welche angeführt werden, fluffy classes, „fuselige Klassen," aber kann in Dickens Hard T. 257, wo ein gentleman von den Arbeitern in den mills spricht, nur auf den fluff bezogen werden, mit dem diese Leute stets zu thun haben, mit dem man sie stets bedeckt sieht; denn fluff heissen die Fasertheilchen der Baumwolle, mit denen in cotton-mills die ganze Luft erfüllt ist. Gaskell North & South, p. 98 erklärt fluff: little bits as fly off fro' the cotton, when they're carding it, and fill the air till it looks all fine white dust. Dies stimmt dann mit der Anwendung von fluffy in einer andern Stelle von Hard Times, p. 152: Walking through this extraordinarily black town, I asked .... a fellow .. one of the working people — who appeared to have been taking a showerbath of something fluffy, which I assume to be the raw material. Wenn endlich in Dickens „Mutual Friend" Bella, die es liebt, ihres Vaters weiches Haar kraus durcheinander zu zausen, Bd. II, 167 (T.) erklärt: Now, you are deliciously fluffy, Pa — und Thackeray in Lovel the Widower, 182 (T.) von fluffy whiskers spricht, so stimmt dies mit „fluffy chickens" und ist nicht einfach = weich, sondern locker, wie der Flaum der Küchlein, nicht anliegend, wie die Federn ausgewachsner Vögel und das Haar vierfüssiger Thiere.

forby, (schott.) ausser. L. giebt: nebenan, W. ebenso: near, close by.

gatter, Branntwein. Das Sl. D. dagegen: beer.

grabbers, Stiefel; d. Sl. D; the hand. — henery, Am. Hühnerhof, wofür Langdon angeführt wird. Sollte sich das Wort wirklich als englisch vertreten lassen?

junk-bottle, Korbflasche (W. a strong glass bottle for porter, ale etc.). — kidney table, Tisch fournirt mit einem feinen Holze, dessen Maser Aehnlichkeit mit den Schattirungen hat, die man an einer durchgeschnittnen Niere sieht. — Kitchen-physic, Hausarznei; L. sagt: gute, gesunde Speise. — phoebe-bird (W. Irving), Kiebitz.

ko'ran, der Koran. Das gewöhnliche ist entschieden ko'ran.

to rap one's teeth, die Zähne zusammenbeissen.

to remand an order, einen Auftrag zurücknehmen. Dies wird doch kaum richtig sein; denn wenn auch W. erklärt: to send or order back, so ist dies zu verstehen: den Befehl geben zurückzukehren, zurückbeordern; wie sein Beispiel zeigt: the better sort ... fled into England, and never returned, though many laws were made to remand them back; und damit stimmt die gewöhnlichste Bedeutung des W: to remand a prisoner, den Gefangnen nach dem Verhör behufs weiterer Untersuchung der Sache in's Gefängniss zurückführen (L. nicht ganz genau: ein letztes Urtheil aufschieben). Einen Auftrag zurücknehmen heisst für gewöhnlich: to countermand an order; s. Dick. Sketch. 158: people who have ordered supper, countermand it.

sack. to give (get) the s. (vulg.) einen Korb geben (bekommen). Sicher ist, dass to be sacked oder to get the sack (s. Arch. XXXI, 118) heisst:

aus dem Dienst entlassen, abgelobnt werden; dass also auch eine Dame die mit einiger Freiheit über so delikate Verhältnisse sprechen darf, von ihrem Anbeter, den sie „hat schiessen lassen," sagen kann: I gave him the sack. Darum wäre dies aber noch nicht der deckende Ausdruck für: einen Korb bekommen. Schon L. sagt zu to get the s. aus dem Dienste geschickt werden.

saloop-stall, Trödelbude.

sap, Gelehrter; Sl. D. erklärt: a poor green simpleton with no heart for work; wenn also Mrs. Marsh: a sapping fellow in der That in dieser Bedeutung braucht, so hat sie das slang nicht verstanden, und vielleicht an sapiens gedacht; denn auch Worc. giebt: a simpleton, a ninny, a blockhead.

scratch-wig, Stutzperrücke; W. a thin rough wig.

skeery (Dickens) streitsüchtig, gefährlich.

succession-house, Gewächshaus.

stodgy, dick, steif (Sl. D. hat to stodge .–: to surfeit, gorge, clog with food).

tights, enge Ballhose. Es ist doch wohl dem Wortsinne gemäss ein eng anschliessendes Beinkleid, zu welcher Gelegenheit es auch getragen werde.

violet ebony, Palissanderholz: höchstens der Name einer besonderen, eigenthümlich gefärbten Gattung. Was bei uns gewöhnlich unter Polisanderholz verstanden wird, heisst überall rosewood, und die durch Beize und Politur hervorgebrachte Nachahmung davon stained wood.

wiffet, ein Knirps, mit dem Citat aus W. Irving: a little wiffet of a man. wrap-rascal, a comforter (also ein Halashawl, Cache-nez); dagegen W. a great coat, a cant term for a coarse upper-coat.

An das Verzeichniss englischer Wörter (52 Seiten) schliesst sich dann ein deutsch-englischer Theil, der auf 26 Seiten die englische Bedeutung von etwa 1500 deutschen Wörtern giebt. Ein grosser Theil davon ist in dem nun fast vollendeten deutsch-englischen Theil von Lucas enthalten; doch dürfen wir auf die Vergleichung mit diesem Buch kein kritisches Urtheil begründen, weil 1863, wo die vorliegende Compilation verfasst wurde, noch wenig davon erschienen war. Unter den gegebnen nun ist eine nicht unbeträchtliche Anzahl von Wörtern, die hauptsächlich moderne Begriffe aus dem gemeinen Umgangsleben bezeichnen, und die in ganz geschickter Weise wiedergegeben sind. Aber es entsteht gegen eine grosse Anzahl derselben von einem andern Gesichtspunkt aus ein erhebliches Bedenken. Der Zweck des deutsch-englischen Theiles eines Wörterbuches ist ein nicht wesentlich wissenschaftlicher, sondern ein praktischer. Derselbe soll dem Deutschen ein möglichst bequemes Mittel darbieten, für jeden Begriff und jede Wendung des deutschen das entsprechend deckende englische Wort und die englische Wendung zu geben. Das erste Erforderniss hierfür ist, dass das gegebne englische Wort vom Lexicographen richtig verstanden sei; das zweite, dass man dem Hülfsbedürftigen das gebe, was er sucht, einen klaren, ungefärbten Ausdruck, ein ernstes, nicht scherzhaft oder ironisch gebrauchtes, für ein gewöhnliches deutsches kein ungewöhnliches, oder monströs gebildetes englisches Wort. In dem vorliegenden Verzeichniss findet sich nun ein grosser Theil der englischen Wörter wieder, die im ersten Theile nicht richtig verstanden sind: abschreiben, to crib, absichtlich und geflissentlich, for the nonce, blassroth, blush, aus Cambridge, Cantabridgian (mit dem d), über den Daumen lesen, to cram (a book), Gelehrsamkeit, sapping und Gelehrter sap, Gitterbrücke, lattice-work, Haartour, front, Junggeselle, Benedict, Meissel, betel, Magistratsperson, beak u. s. w. Einzelnes, wo sich die Ungenauigkeit der Uebertragung aus dem Englischen durch den Mangel eines deckenden deutschen Ausdrucks entschuldigen lässt, gewinnt ein viel schlimmeres Ansehen, wenn man die Sache umkehrt. Wenn z. B. muffin mit Blätterkuchen wiedergegeben ist, so ist das Unheil nicht gross, wenn man aber den deutschen Begriff eines Kuchens aus Blätterteig mit muffin wiedergeben wollte, so würde man gewaltig fehl gehen. Ebenso steht es mit: Ballhose (enge) tights, Becherspieler thimble-rigger. — Horse-Guards, Kriegsministerium kann bloss für einen ungenauen Ausdruck gelten; welcher Unsinn wird aber herauskommen, wenn Jemand für Kriegsministerium überall Horse-Guards setzen will? — gammon, Pöbelsprache, ist allenfalls zu entschuldigen; aber Pöbelsprache, gammon, ist entschieden falsch, denn gammon ist überhaupt: a deceit, a humbug, Flausen. Dazu kommen dann andre Irrthümer, die im ersten Theile noch nicht enthalten sind, wie in dem Artikel: Oberlicht, sky-light — fan-light; beide drücken gar nicht dasselbe aus: sky-light ist ein Fenster im Dach, im Schiffsverdeck — fau-light ein Fenster über der Thür (meist der Strassenthür). Oder: Abtretung, goodwill, und dasselbe Wort unter „Cession." Das ist ein sehr grober Irrthum: von goodwill spricht man bei der Uebernahme eines Geschäfts, wenn man sich zur Bedingung macht, dass auch die ganze Kundschaft mit überlassen werde; man kauft also das good-will des alten Besitzers mit dem Geschäfte. — Wir finden ferner für übliche gute deutsche Worte die ganze Liste der gezwungen gebildeten oder nur scherzhaft fabrizirten englischen: Amerikanerin, Americaness, Bäuerin, peasantess, Bürgerin, citizeness u. s. w.; Anblick, hässlicher, dis-sight, verfälscht (Wein) loaded, bebaut, be-built, bevölkert, be-peopled, Büchlein, bookling, Kaninchen, jonges, rabbitling, Königlein, kinglet, royalet, und auch Meer, kleines, sealet; dutzen, to tutoy; Austernöffner, ostracide, Aussicht, outlook und Volkslied people-song, Bartmann, whiskerado, Doppelgänger, double-ganger, durch Erdbeben erschüttert werden, to be earthquaken, erbittlich, biddable, ein Greenwicher, Greenwichils, geputztes Aussehen, dressiness, Missheirath, mismatchment, ja sogar der Artikel: Nichtstbun, do-nothingism und ohne weitren Zusatz: fertig, reach me down; wonach der Schüler: „er spricht fertig englisch, he speaks English reach-me-downly zu übersetzen berechtigt wäre. Wenn Hr. P. solche Ausdrücke dem Deutschen, der Englisch schreiben will, empfiehlt, so zeigt er eben, dass er das Ungewöhnliche, Gesuchte in demselben gar nicht fühlt, sie als ganz berechtigt ansieht. — Ich würde in einem deutsch-englischen Wörterbuch selbst den Artikel: alt machen, to age, streichen, da einmal das Verb für gewöhnlich nur in der Bedeutung „alt werden" üblich ist. Auch vulgäre, und selbst familiäre Ausdrücke würde ich meiden, sobald nicht das Deutsche selbst darauf führt; ausgemacht out and out z. B. kann nicht als congruent betrachtet werden; so ist es mit allen getrübten, gefärbten, und vom Gewöhnlichen abweichenden Wörtern; geben wir die ganz gewöhnlichen geraden Begriffe, nur mit Angabe der nöthigen Nüancirungen, so wird, glaube ich, das deutsch-englische Wörterbuch schon genügend anschwellen. Ich würde also Kopfrechnen nicht durch „reckoning by the head" geben, wo „mental arithmetic," Leihbibliothek nicht mit „lending oder subscription library," wo „circulating library;" „body-coat" nicht für Leibrock, wo „dress-coat" das übliche ist; geschweige denn, dass man Worte wie: Lerche, dickey-bird, rund und dick, roly-poly geben sollte. Den grössten Unfug aber treibt der Verf. mit slangartigen oder wirkl. slang Ausdrücken. Solche können natürlich nur dann hier Platz finden, wenn sie dazu dienen, deutsche Slang-Ausdrücke wiederzugeben; so würde also gegen „der Alte, governor; Ulk, a lark, a spree, durchbrennen, to levant, to mizzle; verdrnften (= sich entfernen) to evaporate; nichts wesentliches einzuwenden sein, sobald man die deutschen Wörter überhaupt zulassen will. Hr. P. macht bei Einzelnen diesen Versuch, obgleich er nicht immer gelingt; wenn er „dass es eine Art hat" mit: with a vengeance wiedergiebt, so ist zu viel, und wenn er „aufgedonnert" mit: smart wiedergiebt, so ist viel zu wenig slang in dem englischen Worte. Wenn aber „der Alte, governor" etwas für sich hat, so ist ein Artikel: Vater, governor, und hundert ähnliche bei P. ganz thöricht; was soll daraus werden, wenn man Jemand, der des Englischen noch nicht Herr ist, den Rath giebt, Henker mit Jack Ketch und Galgen mit Tyburn tree, Garde mit Brahmin, Advocat mit Intimat zu übersetzen? Mit gleichem Rechte könnte der englische Verfasser eines Englisch-Deutschen Wörterbuchs, einen alten Witz benutzend, unter „wig" hinsetzen: falsche Behauptung. Was würde Hr. P. dazu sagen? Witze zu machen, überlasse man doch der Fertigkeit des Schreibenden selbst, wenn seine Kenntnisse dazu ausreichen. Es schwirrt der Kopf, wenn man z. B. folgende Artikel liest: Beinkleider: lower clothing; enge, für Bälle, tights, Scherzhafte Benennungen: abridgements, continuations, indescribables, ineffables, inexplicables, inexpressibles, unmentionables. — Oder: Betrunken: inebriated, Slang-Ausdrücke: in drink, in liquor, the worse for liquor, disguised therein, so disguised, lushy, bosky, buffy, boozy, mops and brooms, half seas over, fargone, tight, not able to see a hole through a ladder, three sheets in the wind, foggy, screwed, hazy, sewed up, mooney, muddled, muzzy, swipey, lumpy, obfuscated, muggy, beery, winey, slewed, on the ran-tan, on the ree-raw, groggy, ploughed, cut, in his cups. Wenn Hr. P. sich die Mühe geben will, das Sl. D. einzusehen, so wird er sich überzeugen, dass ihm immer noch 15 bis 20 Ausdrücke für den beneidenswerthen Zustand entgangen sind. Und wie ärmlich ist seine Sammlung für Geld: tin, rhino, blunt, rowdy, stumpy, dibbs, browns, stuff, ready, mopuses, shiners, clust, chips, chinkers, pewter, horsenails, brads, wenn er eben da liest, dass Geld und was dazu gehört 120 Slang-Wörter umfasst. Sehr praktisch für den Unerfahrnen ist auch der Artikel: Schuhe und Stiefel. Verschiedene Arten: Wellingtons, Bluchers, Hessians, Prince Georges, Clarences and Alberts, Oxonians, Cambridge, Cambridge ties, side-springs, tops, spring-tops, waterproof, shooting, hunting, strong-boy, French dress, strong walking, front lace, side lace, highlows, double-channel, mit dem wohlthätigen Citat D. II. W. 19, 37 am Ende; namentlich wenn man unter Stiefel ausserdem mit folgender Sammlung erheitert wird: crabshells, trotter cases, grabbers; Jeder spielte seinen eignen Stiefel: every man played upon his own hook. vulg. Wie würde sich der Verleger gefreut haben, wenn der Verf. so das ganze Slang-Dictionär in's Deutsch-Englische Lexicon hineingearbeitet hätte. Am spassbaftesten klingen Artikel wie: Halbcollegiat (des Magdalenen Collegiums in Oxford): demy. — Königlich: er ist königlicher als der König: be is out-beroding Herod (man sieht, Verf. hat seinen Hamlet mit Nutzen gelesen) oder wenn das deutsche Wort pence englisch durch: browns, coppers, mags, magpies, oder das deutsche Sixpence durch bender, fiddler, tanner, tester, tizzy, oder schliesslich „Gentleman" durch swell, nob, uptopper wiedergegeben wird. Die gegebnen Beispiele liessen sich leicht verzehnfachen. — Es ist schade, dass der Verf. den guten Eindruck, den einzelnes Gelungene machen könnte, durch den gänzlichen Mangel an Kritik und die überwuchernde Menge solchen Zeuges beeinträchtigt hat. Wie das kleine Buch jetzt vor uns liegt, bedauern wir, nicht in das unbedingte Lob einstimmen zu können, mit dem es im vorigen Jahre im litterarischen Centralblatt begrüsst wurde; manches darin ist entschieden oberflächlich und urtheilslos; immerhin aber bleibt (für den der es auszuscheiden weiss) noch immer so viel Neues und Richtiges, dass es für den geringen Preis nicht zu theuer erkauft scheinen dürfte, und auch für den zukünftigen Lexicographen werden die Beiträge nicht ganz ohne Werth sein.

Berlin.   Dr. A. Hoppe.

Programmenschau.

Faut-il voir dans le changement de forme et de sens qu'ont subi les mots latins en passant au français une infériorité de cette langue? — Abhandlung vom Oberlehrer Dr. Franz Scholle. Michaelisprogramm der Dorotheenstädtischen Realschule zu Berlin: 1866.

Selten haben wir eine Abhandlung gelesen, welche auf einem so geringen Umfange eine so gründliche und gediegene Controverse geführt und ihren Gegenstand so vollständig und schlagend erledigt hätte, wie die vorliegende, und die daher allen Denen, die in neuerer Zeit so laut ihre Stimme für eine ganze oder theilweise Beseitigung der Programm-Abhandlungen erhoben haben, als ein evidentes Beispiel ihres Nutzens entgegengehalten werden kann. — Der Verf. erhebt sich nämlich gegen die in neuerer Zeit vielfach ausgesprochene und zum Theil von namhaften Gelehrten, wie Städler, Heyse, Steinthal, vertretene Ansicht, dass die jetzigen romanischen Sprachen, und namentlich das Französische, Nichts weiter als eine Corruption und Deterioration des klassischen Latein seien — eine Ansicht, die, wenn begründet, dem Studium des Französischen allen formalen Werth auf Schulen rauben und demselben höchstens noch den einer praktischen Utilität lassen würde. Die Vertheidiger dieser Ansicht berufen sich darauf, dass namentlich im Französischen theils die grammatischen Formen des Lateinischen, theils der ursprüngliche Sinn seiner Wörter häufig bis zur Unkenntlichkeit entstellt und letzterer vornämlich von seiner ursprünglichen naturgemässen Grundlage oft so weit entfernt worden sei, dass dem französischen Worte alle Anschaulichkeit des analogen lateinischen abhanden gekommen. Gestützt auf die Aussprüche so competenter Sprachforscher, wie Bopp, Grimm, Ritschl, aber auch auf selbständige Studien und Forschungen, weist nun der Herr Verf. dieser Abhandlung in der evidentesten und schlagendsten Weise nach, dass alle jene Vorwürfe, welche man dem Französischen aus der Abschleifung der lateinischen Formen und der Sinnesveränderung der lateinischen Wörter macht, wenn aus diesen Veränderungen wirklich ein Vorwurf herzuleiten wäre, das Deutsche, das doch eine Stammesprache ist, und das Lateinische selbst ebenso gut treffen würden. Er erinnert sehr treffend daran, dass die Flexionsformen des Lateinischen meist eine Abschwächung der Formen des Sanskrit sind, und dass diese selben Endungen in letzterer Sprache zum Theil noch selbständige Begriffswörter waren, wie sich namentlich in den lateinischen Flexionsformen avi, evi, ivi zeigt, die aus dem Perfect der Sanskritwurzel bhu, sein, babhûva, entstanden sind. Auch die Wortformen des Lateinischen und Deutschen haben auf ihrem tausendjährigen Entwicklungsgange, soweit wir für die erstere Sprache denselben noch nachzuweisen im Stande sind, Veränderungen und Umformungen durchgemacht, welche denen des jetzigen Französischen im Verhältniss zum klassischen Latein Nichts nachgeben. Er citirt z. B. nach Benfey proelium aus prodvilium, clam, corusco, cicer, earcer aus der Wurzel cel-o. Deutsch hel-en, und innerhalb der klassischen Periode selbst prudens aus providens, sella aus sedela, nonus aus novenus, auscullo aus ausiculto u. s. w. Denselben Prozess hat das Deutsche durchgemacht, aus dem altdeutschen agalastra, wahrscheinlich von der Wurzel galar, singen, ist das neudeutsche Nachtigall geworden, aus adel-ar, adelaere (edler Aar) Adler. aus anschillh oder anagalih von Üch unser ähnlich, heute aus hiů tagů, heuer aus hiů jarů u. s. w. — Diese Corruption der ursprünglichen Form, wenn man es so nennen will, ist aber kein wirklicher Verlust für die Sprache, vielmehr sagt Grimm: „Der geistige Fortschritt der Sprache scheint Abnahme ihres sinnlichen Elements nach sich gezogen, wo nicht gefordert zu haben." — Die Gegner des Französischen geben dies bis auf einen gewissen Grad auch zu, nur behaupten sie, dass die Töchtersprachen des Lateinischen in diesem Prozesse der „Desorganisation" viel weiter gegangen seien, als z. B. das Deutsche, welches auch in der neudeutschen Form Wurzel, Stamm und Sprossformen eines Wortes noch auf eine leicht erkennbare Weise zusammenhalte, während das im Französischen durchaus nicht der Fall sei. Der Verf. weist nun in einer Reihe von Beispielen nach, wie das Französische im Gegentheil oft einen weit grösseren Umfang von Sprachformen um ein Stammwort gruppirt, als sowohl das Lateinische wie das Deutsche. Ebenso schlagend weist er an einer anderen Reihe von Beispielen die Ansicht von der mangelnden Entwicklungsfähigkeit des Französischen in Bezug auf die Bildung von Neuformen zurück; dieselben sind Schriftstellern und Druckwerken der Gegenwart, wie der G. Sand, der Revue des deux Mondes und der Tagespresse entnommen, und allerdings bei Weitem nicht alle, namentlich die aus Sand's Schriften, wie archi-décidé, corrélativité, démodé u. s. w. nachahmungswürdig, andrerseits auch lange nicht vollständig, wie z. B. neben anthropologiste noch anthropopathie, anthroposophie, anthropotomie, anthropomorphiste &c., zu admonestation noch admonestement, zu époussateur noch époussetoir, zu finalité noch finaliste, zu latitudinal noch latitudinaire, zu marchandage noch marchandsiller von Boiste Pan-Lexique, Paris 1843 angeführt werden.

Hierauf untersucht der Verf. die Behauptung, dass das Französische und die andern romanischen Tochtersprachen in seinen uneigentlichen und bildlichen Ausdrücken, sowie in seiner Phraseologie den ursprünglichen Sinn der Wörter oft so sehr verändert habe, dass darüber alle Anschaulichkeit und Concretion des Begriffes verloren gegangen sei; aber auch hier setzt der Verf. den französischen Beispielen Steinthal's analoge deutsche sowohl wie lateinische und griechische entgegen, in denen dies nicht minder der Fall ist. — Der Verf. wirft schliesslich die Frage auf, woher bei so gelehrten, auf dem Gebiete der Sprachwissenschaft so ausgezeichneten Männern wie Steinthal, Städler, Heyse die Ungunst gegen das Französische kommen könne und er glaubt den Gymnasialunterricht dafür verantwortlich machen zu müssen, welcher grade die Tüchtigeren vornämlich mit aller Macht der Jugenderinnerungen an die klassischen Sprachen, besonders das Lateinische, fessele und dadurch dem an diese Formen gewöhnten Ohre und Auge, dem in diese Vorstellungsweisen eingelebten Verstande die Abweichungen von denselben, welche das Französische darbiete, um so unangenehmer und widerwärtiger mache, als das Letztere denn doch immer wieder durch seine ganze Organisation an seine lateinische Quelle erinnere und auf dieselbe zurückführe. Wir glauben, dass der geehrte Verf. auch in dieser Beziehung im Wesentlichen das Richtige getroffen hat und indem wir von demselben mit vieler Dankbarkeit für seine hübsche Arbeit scheiden, erlauben wir uns zu bemerken, dass dieselbe Frage, welche von dem Verf. hier in so gründlicher und allseitiger Weise erledigt worden ist, von einem unserer vielgelesensten deutschen Schriftsteller der Gegenwart in scherzhafter Weise behandelt worden, einem, bei dem man Dergleichen wohl am Wenigsten suchen möchte. Es ist dies Fritz Reuter, der Wiederbeleber des Plattdeutschen, in seinem neuesten Werk: „Dörchläuchting." Dort lässt er nämlich einen alten Conrector der lateinischen Schule zu Neubrandenburg in Mecklenburg-Strelitz aus dem vorigen Jahrhundert auftreten, der einen Schüler zur Aufnahme in die Secunda zu examiniren hat. Der junge Mann macht seine Sachen im Lateinischen und Griechischen recht gut, als es nun aber an das Französische gehen soll, gesteht er mit Zittern und Zagen, dass er von dieser Sprache bei seinem Hauslehrer gar Nichts gelernt habe. Schon glaubt er das Donnerwort des Conrectors zu hören, dass dann aus seiner Aufnahme in Secunda Nichts werden könne, allein im Gegentheil, das Gesicht des alten Herrn erheitert sich vielmehr; er meint schmunzelnd, dass das Französische auch gar nicht der Mühe verlohne, ernstlich studirt zu werden, da es Nichts weiter als corrumpirtes Latein sei und sich durch Abstreichen von Endungen, kleine Ansätze u. s. w. ohne Weiteres aus diesem ohne alles Studium bilden lasse; er lässt ihn auf diese Weise selbst durch derartige Abstreichen und Ansetzen die Wörter la table aus tabula, la fenêtre aus fenestra, la porte aus porta bilden und fragt ihn denn schliesslich auch, wie der Tag auf Französisch heisse und da nun der Schüler hier, wie in allen den anderen Fällen, stets von Neuem seine gänzliche Unkenntniss des Französischen betheuert, so meint der gute Conrector: Das ist ja aber ganz einfach, wie heisst denn der Tag auf Lateinisch? — dies. Nun wohl, also auf Französisch le di, le di, le di!

Sprottau.   Dr. M. Maass.

Beiträge zur Geschichte der französischen Sprache aus Rabelais' Werken. Von Dr. W. Schönermark. Zwei Programme der höhern Töchterschule zu St. Maria Magdalena zu Breslau. 1861 u. 1866.

In den vorliegenden Programmabhandlungen begrüssen wir zwei recht dankenswerthe Beiträge zur historischen Grammatik. Rabelais gehört einer Periode an, die in Bezug auf die Sprache den Uebergang bildet vom Altfranzösischen zum Neufranzösischen, die also in sprachlicher Beziehung in hohem Grade wichtig ist, und mehr Aufmerksamkeit verdient, als sie bisher gefunden hat.

So reichhaltig nun auch der grammatische Stoff ist, den der Verfasser uns bietet, so werden wir doch, bei einem so wichtigen Schriftsteller wie Rabelais, stets den Wunsch nach möglichster Vollständigkeit haben, und bedauern, dass der beschränkte Raum eines Schulprogrammes dem Verfasser Schranken geboten hat. Der Verfasser behandelt zuerst die Verben auf er, ir, oir, re der Form nach. Ein zweites Capitel bespricht die Participialconstructionen und die Veränderlichkeit der Participien; ein drittes bespricht eingehend den Gebrauch des Infinitivs.

Die zweite Abhandlung vom Jahre 1866 behandelt ausführlich den Subjonctif, den Artikel, das Substantif; das Adjectif, Zahlwort, die Fürwörter.

Auf Einzelheiten weiter einzugehen, halte ich für überflüssig; diejenigen, welche sich für jene Sprachepoche interessiren, werden eine sehr reiche grammatische Ausbeute finden.   M.

Zur englischen Etymologie. Von Eduard Müller. Programm des Gymnasiums in Coethen. 1865.

Die vorliegende interessante abhandlung zerfällt in drei abteilungen. Im ersten abschnitte erörtert der verfasser die verschiedene auffassung des begriffes und der umgweite des wortes etymologie im altertum und in der neuesten zeit; bespricht die zwar zuweilen sinnreiche und gelehrte, aber regellose, unkritische und unwissenschaftliche metode des altertums und mittelalters gegenüber der streng kritisch-comparativen auf dem heutigen standpuncte der wissenschaftlichen sprachforschung.

Im zweiten abschnitte präcisirt der verfasser sehr klar und deutlich p. 15 die aufgabe der etymologie, insofern sie sich auf eine einzelne sprache beschränkt und setzt die schwierigkeiten einer streng wissenschaftlichen etymologie, wie sie die englische sprache in folge der grösseren mischung aus verschiedenen bestandteilen, der häufig durch contraction, assimilation, metathese, zum zweck bequemerer aussprache etc. geänderten wörter, bietet, aus einander.

Sodann bespricht er ganz kurz 'die bisherigen leistungen auf dem gebiete der englischen etymologie von Skinner's Etymologicon linguae Anglicanae bis auf Webster, Worcester und Wedgwood.

Der dritte abschnitt zerfällt wieder in drei unterabteilungen.

In der ersten wird an verschiedenen beispielen (wie knave, varlet, villain, clown, churl etc.) gezeigt, wie sie im laufe der zeit eine unedlere, niedrigere bedeutung erhielten.

In der zweiten abteilung handelt der verfasser über wörter, welche im anlaut am n erweitert oder verkürzt sind, teils durch agglutination der verneinungspartikel ne mit dem folgenden worte, teils durch verschmelzung des wortes mit dem unbestimmten artikel an, vielfach auch durch verkürzung aus mine, besonders vor eigennamen, liebkosenden wörtern etc.

In der dritten unterabteilung zeigt der verfasser an der wurzel hap kopf mit ihren ableitungen im englischen, die theils aus den germanischen sprachen, theils aus dem lateinischen, altfranzösischen, italienischen etc. entnommen sind, die mannigfaltigkeit der im englischen enthaltenen elemente. Niemand wird one hohe befriedigung die kleine interessante schrift aus der hand legen.

Hottenrott.

Miscellen.

Während eines vierwöchentlichen Aufenthaltes auf Sylt, der grössten Insel der nordfriesischen Gruppe, hatte ich mehrfach Gelegenheit, mit dem alten treuen Pfleger syltischen Lebens und altfriesischer Sitte, C. P. Hansen, zu verkehren, der in längerer, gewissenhafter Amtsführung ein derbes Geschlecht von tüchtigen Seefahrern herangebildet und durch seine zahlreichen Schriften die Anhänglichkeit an die jährlich mehr dem Meere ausgesetzte Scholle gepflegt hat, und von ihm manche interessante Einzelheit über sein theures, hoffentlich auf immer mit dem grossen Vaterlande verknüpftes Ländchen zu vernehmen. Aus einer alten Familie entsprossen, die seit langer Zeit in Keitum den Schullehrerposten in würdigster Weise verwaltete,*) hat der nunmehr 62jährige, seit 4 Jahren pensionirte würdige Alte sich die Sammlung der Sagen und naturhistorischen Schätze seiner Heimathinsel zur Aufgabe gemacht und trotz dänischer Chicanen redlich den Sinn für die Zusammengehörigkeit mit Deutschland erhalten. Mit seinem ziemlich ausgedehnten Museum bildet er für den nach Westerland ziehenden Badegast einen der Hauptanziehungspunkte des durch seine Lage besonders bevorzugten, durch die Geburtsstätte Uwe Jens Lornsen's bekannteren Hauptdorfes der Insel Keitum; die zahlreichen von ihm herausgegebenen Schriften aber **) sind wohl zum grösseren Theil nur in geringem Maasse bekannt, und so wird es als gerechtfertigt erscheinen, wenn wir im Folgenden besonders aus einem derselben, das in sprachlicher Hinsicht sich vor anderen, mehr geschichtlichen Zwecken gewidmeten Werken auszeichnet, einzelne Partien excerpiren. Für den Kundigen bedarf es keiner weiteren Ausführung, dass wir uns in

---

*) Sein Vater, Jap. P. Hansen, veröffentlichte: Nahrung für Leselust in nordfriesischer Sprache. 1. Der Geizhals auf der Insel Sylt oder der Sylter Petritag, ein Lustspiel. 1809; 2. Der glückliche Steuermann, ein Enkel des Geizhalses, eine Erzählung; 3. Lieder — 2. Auflage, Sonderburg, 1833.

**) 1. Chronik der friesischen Uthlande von P. Hansen. Altona, 1856.
2. Beiträge zur friesischen Geschichte in den Jahrbüchern für Landeskunde der Herzogthümer Schleswig-Holstein und Lauenburg.
3. Friesische Sagen und Erzählungen. Altona 1858; id. Uald' Söldring Tialen. Mögeltonder, 1858. 8.
4. Fremdenführer für die Insel Sylt. Mögeltonder, 1859. 8.
5. Die Insel Sylt wie sie war und wie ist. Leipzig, 1859.
6. Der Sylter Friese, geschichtliche Notizen, chronologisch geordnet und benutzt zur Schilderung der Sitten, Rechte, Kämpfe und Leiden, Niederlagen und Erhebungen des sylter Volks. Kiel, 1860. 8.
7. Das schleswig'sche Wattenmeer und die friesischen Inseln. Glogau, 1865. 8. Volkserzählungen: 1. Ubbo der Friese.

Westerland, ³/₄ Stunden südlich von dem bei dem Dorfe Wenningstedt gelegenen Risgap, auf einem für englische Geschichte classischen Boden befinden, von wo aus, mag man auch manches Sagenhafte abziehen und auf die im Laufe der Jahrhunderte bedeutende Zerstörung durch die ewig tosenden Fluthen der Nordsee Rücksicht nehmen, die Angelsachsen dereinst in einer ihrer bedeutendsten Partien gen Westen abgezogen sind. Engen Zusammenhang mit dem Idiom des jetzigen Albion zeigt noch heute die Sprache des Volkes in jenen Gegenden; hört man Aeusserungen wie: ich habe gewesen (I have been), wie lange h a b e n sie es gehabt (how long h a v e you had it), die Milch hat gedreht (the milk has turned, sc. soor), ich erinnere es (I remember it) und vieles Aehnliche, so muss man unwillkürlich an das Englische denken, auf das die mannigfachen Reste friesischer Sprache auf Schritt und Tritt verweisen.

Das erwähnte Schriftchen lautet: Jens Ualden's Katekismus fuar sin Seen, jinkluadet ön Söldring Sprekuarder und enthält eine grosse Anzahl sprüchwörtlicher Redensarten nach der folgenden Einkleidung: Jens Ual*d*en, dear fuar bok höndert Jaaren lewwet, hed en Seen, dear hold (sprich *d* = engl. th, Webster) wal liir (learn) wildt, en Jens Ual*d*en önderrogbt höm sallew (himself) Dear de Dräng wugsen waad, maast bi ütfen, om sin Braad tö fortünin. Hi fraaget de Faader om fult Dingen, jer üs hi wegreiset. Jens Ual*d*en dör höm dearüp Antwurd, en de Seen skreew dit altemaal sp, sa üs dit jir fölligt. Der besseren Uebersicht wegen ordnen wir eine Anzahl der im Dialoge eingeflochtenen Sprüchwörter und Lebensregeln alphabetisch.

Ark heed sin Plog en Haref (harrow).
Aadbere me burlegb.
Alle Baat helpt. Alles heed en Jend, olter Huuduast Riin en uald Wüffens Küwing (Keifen).
Ark Ding heed sin Haak. Ark mut sin ein Stört (Sterz) fuarbed.
Ark heed misttid Süürkuald (Sauerkohl) nog it hüüs.
Ark Függel sjungt üs höm de Näål wugset es.
Ark Huan well faa Meister üp sin ein Haagen wiis.
Breede ek muar, üs uk tornken ond Kjen.
Beeft (abaft) sin Regh (Rücken) und nün man daad sleien.
Dear und nün Meister gebooren.
Dit pumet üs de fifst weel ön de wein (wain, waggon).
Dit heed holpen, üs wan em Weeter öp en Gnuu (goose) stört.
Dit Oog well nk wat haa.
Dit Werk laawet sin Meister.
Dear lapt eeder fangen Jäsk, kumt tüs me led*rr*ig Därk (disb).
Dear emet me en Söndgreewling fangt well saft en Kahalao.
De Wareld es ek ön jen Dei skaapen.
Dit wear en Reis fuar de Prens. (cf travailler pour le roi de Prusse)
Dear well sett, de mei sin Rukkin let.
Dear ek hiir well mut fööl.
Dear Jam (sc. den Grossen) de Waarheil seid, sent niin Harbarig.
De Forstand kumt ek fuar de Jaaren.
Dear de Dik liigst (lowest) is, geid de Flöd jest aar.
Dear de Skaad heed, heed de Skemp tö.
Da wilt de Müss aar Staal spölle, wan de Katt ek it hüüs wear.
Dear höm bei let tö Stjälen, de mut höm twing let tö hingin.
Dear helpt öntökrammin, de mut uk help oftöitten.
Dear A seid, mut nk B sii.
De Jen Hand (eine Hand) tanet de üd*d*er.
De Sjürt (shirt) is neier üs de Knappesic (Unterjacke).
Dear sproong de Haas üt de Halmtott.
Dear bold Brii mei, spakket fuul fon gratt.

Miscellen.

De Waarbeid klingt üs en Klok.
Dear de Düiwel näämt and, dear well er wiis.
Dear en füll Mjüd beed, de mat uk en stark Regh haa.
Dit Ei will klooker wüs üs de Hen.
Dear barket (back), seid wat er knarket.
Dit stelst weeter beed do düpst gründ.
Deart breed beed, let et bread hinge.
Dear wat beed, dear wat kjen.
Dear hoog stapt, de falt liig.
Dear fuul beed, wel muar haa.
Dear de Düiwel tö Frinj beed, kjen saagt ön Hel kum.
Dit Jüggelke well hen, burt ütbröddet es.
Dear lüft en dääd üs sin Neiber (neighbour), de feid niin Striid.
Dear en Hünd slaa well, fend aagt en Stok.
De Klooker dääd eeder.
Dit jen nurd bint dit üdder.
Dear de Skuar passe, müs öntü.
Dear leest laghet, de laghet bääst.
Dear höm skiljig wees, de flügbt.
De Hingster, dear dit Haawer fuartüne, faat ek altid.
Dit Jend skell dit Läts bing.
Em kjen aaff tau Flüggen slaa me jen Klapp.
En slagt Müss dear man jen Hoff bed.
En litj Hear es beeter üs en gurt Kneght.
En gud Fuarbeskiid maaket frii fan Eederklapp (Nachklapp).
En litj Müss beed ak Haren.
En Hurd, en Hurd; en Man, en Man.
En Narr kjen muar fraage, üs tiin wissen beswaare kjen.
Erk sin Möög (Geschmack), Ik it Füigen.
En Güthals en en Swin kum jest tö Gaagen, waus duad sen.
En skelm forlet sin ein Flag.
En skelm dääd muar üs er kjen.
Eeder Rün föligt Senskiin.
Fat dreft boowen (above). Fan Nönt kumt Nönt.
Fan Dank (1. Dank; 2. Beulenschlagen) stuarf de Smeds Kat.
Fuarspreeken os carelk, man boalden es beswärelk.
Faarsjuk ek en suurt Sjip wit tö tauin.
Gabi (gap) ek töögen en Baakaun.
Gurt Liddens Gönst en Spuun Jöld waaret man Kuart.
Gunglik tö, dit es de neist W'ei.
Grip ek eeder de Mann.
Hj reed ek de Dei, dear hi saadelt.
Hi wear gud om eeder de Duad tö stzüüren.
Hat geid me höm üs en Lüs üp en tearet Präsenning.
Hat es ek gud uald Hünder dit Böllin to lüren.
Hungrig Lüss bit skarp.
Hü muar Katzer, bü tenner Slabbe (Getränk).
Hunger es de bääst Kok.
Hi beed en Gewcten üs en Slaghterbünd.
Huald ek bi de Plekk en let de Marigfaal.
Hi well skit en well er niin Eaars ti dó.
Hat früst leght wedder üp uald Hial.
Jen Függel ön de Pona es beeter üs tiin ön de Loght.
Jit (eat) ek me lüng Ted (teeth), went uk smakt iis Bneppel üp Hand.
Juje-en-Miareus-Reil kumt ek aff aurjen.
Jer de Hünd klaar waad, wear de Haas aur de Barig.
Kumt Tid, kumt Reed.

Klattig Föölen audaast de büüst Ilingster.
Kraak spikt sin Maat.
Kumt em aur Hüud, da kumt em uk aur Stört.
Leddig Hund (Hand) klaud üdder Jend.
Lewwer Plog stunn let üs Hunger eare (earn).
Lewwer duad üs Slaawe.
Lewwe en lewwe let. Let mar wei.
Let din Aun (Ofen) ek olte wakker warm uud.
Lek (luck) en Glääs sen sköür.
Müss heet uk Haren.
Manning Hünder sen de Hans sin Duad.
Nemmen Koopot en Katt ön de Sak.
Niin Meet (meat) sönder Knaak.
Nönt es büüst ön de oogen.
Pluuge ek me üdderlids Kualwer.
Podden (platt: l'adde) brödde nüin Sjungfügler üt.
Pogster sin niin Fegster.
Pua Moddors *) wild nün ruad Knappesii haa, om dat hi niinen faa Küd.
Rid ek üp Uedderliüs Hingster.
Spänd de Hingster ek beust de Wein.
Spänd de Böög ek olte hoog, dat er ek springt.
Siriüng Hearen roght ek lung.
Sa üs dü mi, sa ik di.
Sääl de Tearing eeder de Nearing.
Spütte ek ür de Kual, üdders skel en sallef ofiit **).
Skear niin Strimmels iit Ueddermaans Ledder.
Spaare bi de Briad: want tö de Buuden kumt: est tö leet (late).
Säll nün Lüs ön Süst (Schafspelz der alten, jetzt aufgegebenen Nationaltracht).
Skaren (der schlechte) es nün Tal.
Sommen (some) haa jaa en kei (key) tö allemans Ears (Hinterthüren).
man niinen tö jaar ein.
Selv wat wo moi is dat. Sütter bliif bi din Leester.
Saagt hoog dearman doogt.
Süss de Spikker üp Haud (head).
Tan hard Stüner maale ek gud töhop.
Taagten sen tollfrii.
Truuheid geid aur Alles.
Untruuheid sleid sin ein Hear.
Uast en Wääst, it hüüs est bääst.
Üt en litj Funk kjen en gurt Jöld kum.
Wan de Nuad gurst es, es de Help neist.
Wan de Böög aurspäänt nud, da brakt hi.
Wat dit Oog ek sjoght, of dit Uar ek jert (hört), dääd dit Hart ek siir (sore).
Wüs ek kuurt fuar Haud.

*) Ein Sylter, von dem allerhand Streiche erzählt werden, aus dem Dorfe Rantum gebürtig, als Strandläufer im Anfange des XVII. Jahrhunderts verrufen.

**) Der lange Peter auf Hörnum, später unter dem Namen Pidder Ling als Seeräuber gefürchtet, der sich einen Rächer seines Volkes, der Dänen Verheerer, der Bremer Verzehrer, der Hamburger Belüger und der Holländer Betrüger nannte, erstickte um 1470 den Sohn des übermüthigen Amtmanns Henning Pogwisch von Tondern mit diesen Worten in seiner Schüssel, als jener ihm aus Hohn in die Kohlschüssel gespieen hatte.

Wiss Hennen kjen nk ön Blasnern (Nesseln) warp.
Wan wat seist, wiis kuort en bündig.
Wat em thänkt, dit beed em tö.
Wääl (whet) din Kniff (Knife) ek üp en Tungklait.
Wat em ek weet, dit kjen em bääst swügge.

Wir beschliessen diese Proben friesischer Weisheit mit einigen, unseres
Wissens noch nirgends veröffentlichten Reimen in der Sylterfriesischen Mundart, deren Mittheilung wir der Güte Hansen's verdanken.

1.
Meik döör de Boorig rid?
De Borrig es forbööden.
Hokken heed dit seid?
Dear leest kumt de skelt tö weeten fo.

2.
Rid, rid me Korf bi Sid·
Mearen kumt de Brid
Me höör road Aspler,
Me höör Waagstaapler,
Me guld Knoppen üp böör Sliif;
Jü well de hiile Wunter bliif.

3.
Sül, sül tö Kaagelönd
Me en Skeep fol Roghel hen,
Wan de Rogge rippet,
Wan de Berre piipet,
Hen om Waagstaapler,
Om en Lääs fol Aspler,
Wan wü da de Asplerfas,
Da skedt dü uk hokken paa.

4.
Karen en Maren jat toogoon en Roop;
Karen wild en Bridmann has, en Maren wild ook.
Karen noom en Stiin
En smeet Maren aur Biin:
„Uha min Biin! hur bleef de Stiin?"
De Stiin de seet ön Maren höör Biin.

5.
Sei en Mei
Stöndt ap fuar Dei.
Jat bok jaar Broad;
Jat bruud jaar Biir
Jat slaghtet jaar Stiir,
En da seid Sei tö Mei:
„Hat es jit soowen Stünd fuar Dei."

6.
Die Friesinn und ihre Freier.
a. Der Sylter als Freier.
Bub Piirken wild Marri Hennerken frii,
Man sin Mooter wilt ek liid.
Jü seid: min Drääng fortiine jest wat,
Din Arfdeel maaket de Kual ek fat,
Wü sen jit de jest fjuurtein Jaar
Ek tünet me en Snaar.

Miscellen.

Buh wild böm da tö See ütiif
En fjuurtein Jaar fan Hüs of blüf;
Man arem Mught bi hold nün Uurd:
Hi sätt üp See aur Boord.

b. Der Jüte als Freier.

Dear kam en litj Mantje fan Nauden
Me soowen polüg Jauden,
Me soowen Ausen fuar sin Plogh,
Me soowen Griskin ön sin Skogh.
Hi raaket Hennerk Jerkens Skün,
En ging aur Haagen de Bööster ün.
Hi seid tö Marrike:
„Minkjäre litj Faamen, wan dü well mi hau,
Saa skell dü alle min Griskin faa."
Jü swaaret böm:
„Kjenst dit forstnun:
Grip eeder da Munn,
En bring mi de
Da feist dü mi."

c. Der Holsteiner als Freier.

Dear kam en Skep bi Südder Sid
Me trii jung Friiers ön de Floot
Hokken wear de förderst?
Dit wear Peter Rothgrün
Hur säät hi sin Spöören?
Fuar Hennerk Jerkens Düür?
Hokken kam tö Düür?
Marrike sallef
Me Kruken Bekker ön de jen Hund,
En gulde Ringer aur de tidder Hund.
Jü noodigt böm en sin Hingst in,
Dod de Hingst Haawer en Peter Wün.
„Toonk, toonk fuar des gud Deil"
Al de Brid en Bridmaaner of Wei
Otter Marrike en Peter alliining.
Jü look böm iin tö Kest,
En wild böm nimmer muar mest.

7. Des Vogels Klage.

„Klüre, Klüre, Klödtj!
Ik warp min Eier üp en rilgbe Tötj.
Dear kumt en Arm en geids forbi.
Dear kumt en Rik en nemt jam me.
Klüre, Klüre, Klödtj!"

8. Räthsel.

Gleesoogi seet üp Stinkenbarig,
Stinkenbarig broan önder:
Gleesoogi floog naa de Hinger. —
Wat wear dit?

Dr. Sachs.

Mira Gaja.

In den Romancero der Spanier und Portugiesen, jene verdienstvolle Liedersammlung, durch welche Em. Geibel und Frhr. v. Schack in geschmackvoller Wiedergabe mit den Dichtungen des hesperischen Volkes bekannt und befreundet machten, nahm Frhr. v. Schack, der sich die portugiesischen Volkslieder zum Antheil nahm, im Verhältniss wenig Proben auf; unter diesen finden sich nun auch solche Dichtungen, die, wie es bei geschichtlichen Volksliedern so häufig vorkommt, wegen mangelnder Motivirungen und Zwischenglieder, dem ferner stehenden Leser unklar bleiben! Ich erinnere hier an das Gedicht Bernhard der Franzose in obiger Sammlung.

Visconde Almeida Garret, gewiss einer der hervorragendsten portugiesischen Prosaiker und ein Dichter, der mit unserm Heine in der Hinneigung zum Volksliede verwandt ist, hat nun mehrere solcher theilweise apokryph gewordener Poesien aus jener Zeit des Kampfes zwischen Christen und Mauren mit einsiger Forschung nach den verschiedenen — sit venia verbo — Lesarten, nach Bruchstücken etc., kurz durch geschickte Redigirung dem Verständniss nah gerückt. In diese Kategorie gehört denn auch der bereits erwähnte Bernal Frances.

Eines der schönsten Stücke bildet die Sage Mira Gaja. Vielleicht ist die Mittheilung nach Garret's Redaction Manchem als eine Ergänzung erwünscht, da sie sich bei Schack nicht findet.

Was den Titel anlangt, so ist Gaja (franz. joie, ital. gioja) der Name der Königin von Milhor; mira ist der Imperativ von mirar = schauen.

Bezüglich meiner Uebersetzung bemerke ich, dass ich dem Original möglichst treu zu bleiben bemüht war, jedoch ohne jene Aengstlichkeit, die auf Kosten des poetischen Ausdrucks auch prosaische Wendungen und hie und da auftretende geschwätzige Breite photographisch genau reproducirt.

Mira Gaja!

I.

Schön bist du, o Nacht, und herrlich
In dem mondenlosen Dunkel.
Wer vermag's, wer zählt der Sterne
Millionenfach Gefunkel?

Wer die Blätter in dem Haine?
In dem Meere wer den Sand?
Alle sind Gesetzesletter,
Buchstaben von Gottes Hand.

Weh dem Prahler, der sich brüstet,
Diese Lettern zu entziffern:
Steh'n doch in dem Gottesbuche
Für die Engel selbst nur Chiffern! —

Sorglos spielte Don Ramiro
Kosend mit der Liebsten Haupte.
Ein von Gott verlass'ner Jude
Sprach ihm zu, dass er sie raubte.

Aus der Sternenschrift vermass sich
Ihn der Jude zu bethören,
Dass die Blume aller Schönheit,
Sara, solle ihm gehören.

Und herüber schlich der König,
— Doiro's and'res Ufer war's —
Stahl das schöne Maurenmädchen,
Stahl die Schwester Alboasar's,

Brachte sie in's meerumfloss'ne,
In sein Königreich Milhor;
Doch des Reichs blieb er vergessen,
Seit die Maurin er erkor.

Trostlos weinte seine Gattin,
Und sie konnte sich nicht fassen,

Mira Gaja.

Dass ihr Gatte sie so schmachvoll
Um ein Maurenweib verlassen.

Tiefe Nacht war eingebrochen.
Vom Balkone klagt die Dame
In das mondenlose Dunkel
Worte voll von Schmerz und Grame.

„Don Ramiro, treuvergess'ner,
Hab' ich Anlass Dir gegeben,
Sei's des Leibes, sei's der Seele,
Dass ich solches muss erleben?

Rühmest Du der Mohrin Schönheit,
Ihres Leibes Zauberpracht?
Ehdem, o mein König, priesest
Du auch meiner Schönheit Macht.

Sie ist jung, im Lenz des Lebens?
Als mein Gatte mich erwählt,
Zählt' ich erst der Jahre siebzehn,
Zähle drei, seit ich vermählt.

Doch — sie hat ja schwarze Augen,
Augen, die befehlen können.
Meinen armen blauen Augen
Willst Du nur zu weinen gönnen.

Sara heisst die Wunderblume?
Gaja — Freude — heisse ich,
Ehedem umfing mich Freude,
Aber jetzt verlässt sie mich.

Wär' ich Mann, und könnt' ich reiten,
Waffen, rief ich, reicht mir dar!
Reiten würd' ich, spornstreichs reiten
Zu dem Mauren Alboasar." —

Ihre Blicke schweiften abwärts,
Als das Wort noch kaum verklungen,
Und von schattenhaften Wesen
Sah sie den Palast umrungen.

„Peronella, Peronella,"
Ruft der Magd sie, „schleunig gehe,
Was für schattenhafte.Wesen
Sind's, die ich dort schleichen sehe?"

Keine Antwort Peronella's —
Soll sie etwa eingestehen,
Dass Kleinode, Gold und Kleider
Sic bestochen, nichts zu sehen?

Ihren Dienern ruft die Donna,
Sie erhebt sich, flüchtet weiter;
Aber sie umringen plötzlich
Sieben dunkle Mauren-Reiter.

Ihrer Diener — ob gefangen,
Ob bestochen? — kommet keiner:
Die Geknebelte zu Rosse
Zwingt vor sich der Reiter einer.

Ohne Unterlass ein Traben
Ueber Berg und Fluss und Graben.
Meeresufer! Welch' Gewässer
Mag hier seine Mündung haben?

„Doiro, Doiro, viel gefürchtet,
Für die Schiffer voll Gefahren,
Sage mir, woher entnimmst du
Diese Wasser, diese klaren?"

„Wo ich meine Perlen raube?
Sagen will ich Dir's, woher:
Büche rinnen in die Flüsse,
Und die Flüsse nach dem Meer."

„Der mir meinen Schatz gestohlen,
Stehlen will ich Dir den Deinen."
Sang der Mohr in Gaja's Augen,
Gaja blickte in die seinen.

Schau' ihn an, o Gaja, schaue!
Schöner wird er stets dir dünken —
„Welche Schiffe seh' ich warten?
Wessen Schloss dort seh' ich blinken?"
„Dieses Schiff harrt Dein — befahr's!
Jenes Schloss ist Alboassar's!"

II.

Don Ramiro, der die Treue
Brach, um kurze Liebeswonnen,
Böse Schicksalsfäden wurden
Dir von bösen Fee'n gesponnen:

Mira Gaja.

Ueberdruss an dem Errung'nen,
Nach Verlor'nem heiss Begehren. —
Sara, deiner Sorgfalt Blume,
Weiss dir nichts mehr zu gewähren.

Deine Gattin, welche dein war,
Jetzt durch deine Schuld verloren,
Willst du eifersücht'gen Schmerzes
Rückgewinnen von dem Mohren? —

Wessen Schiffe trägt der Doiro
Heimlich durch die nächt'gen Schatten?
Zwischen niedern Weidenbüschen
Geht die Landung still von Statten.

Und ein Mann entspringt dem Nachen.
Mann mit Pilgerhut und Tasche,
Mit dem frommen Rosenkranze,
Wohin eilt dein Schritt, der rasche? . . . .

Und die Sonne stieg, den Nebel
Ueber'm Fluss siegreich durchdringend;
An dem Fuss des Marmorschlosses
Schlenderte der Pilger singend:

„Fern, San Jago von Galiza,
Ist Dein Altar zu verehren;
Wird der Wand'rer, der dorthin wallt,
Wieder in die Heimat kehren?"

Dort am Fuss des Marmorschlosses
Wo dumpf murmelnd Brunnen rauschen,
Hebt ein Mädchen an, den Worten
Jenes Wandersmanns zu lauschen.

Ob der Krug auch überfliesse,
Lauscht die Jungfrau doch den Klängen;
„Gottwillkommen, Gottwillkommen
Euern heiligen Gesängen,

Euern heiligen Gesängen,
Liedern aus der Kindheit Tagen,
Wie wir sie im Land der Mauren
Nimmer anzustimmen wagen."

„Gott erhalt' Euch, theure Jungfrau,
Euch und Eurer Worte Milde,

Unverhofft im Maurenlande
Selbst im kühnsten Traumgebilde.

Lasst mich Dürstenden hier laben
An den frischen Quell mich treten,
Kann nicht weiter, bin ermattet,
Will für Euch am Brunnen beten."

„Setzt Euch, Pilger, guter Pilger,
Ruht Euch aus an dieser Stelle;
Keiner von den andern Brunnen
Gleicht der süssen, frischen Quelle.

Diese hat besondern Vorzug:
Nur von ihr an jedem Morgen
Hol' ich Wasser meiner Donna,
Und es lindert ihre Sorgen.

Trinkt aus ihrem Quell und Becher!
Blendender als Gold erblinkt
Dieses Silber, d'raus die Fürstin,
Aber nie ein Maure trinkt.

Zwar — was spräche Donna Gaja,
Würd' ihr solches offenbar,
Dass Ihr trinkt aus ihrem Becher?
Und was thäte Albossar?

Doch er ging den Eber jagen;
Und was meine Herrin spricht?
Wer aus lauterm Gold genossen
Frägt um eitel Silber nicht." —

„Sagt ihr, Jungfrau, von dem Pilger
Kundschaft, der ihr bringen müsse
Eines um sie Gramverstorb'nen
Ring und seine letzten Grüsse!"

Einen Ring vom Finger streift er,
Lässt ihn in den Becher sinken:
„Dieser Ring wird sie gemahnen,
Wenn sie wird dies Wasser trinken."

Und die Magd, als schlüge Feuer
Unter'm Fuss schon aus dem Grunde,
Eilt von dannen, auf der Zunge
Brennt ihr schon die neue Kunde.

„Peronella, unlenksame!
Peronella! Hurtig! Schnell!
Lässt verdürsten Deine Herrin;
Hast gewiss gespielt am Quell?"

„Hab' gespielt nicht, liess mich wiegen
Sehnend nur von einem Traume
Fort aus diesem Heidenlande
Nach Melhor am Meeressaume.

Dort, ja dort nur gab's ein Leben
Stets in lustorhellten Tagen,
Dienend unserm wahren Gotte.
Nimmer kann ich's hier ertragen." —

„Schweige, Peronella, suche
Nimmer an mein Herz zu rühren;
Nicht mit eig'nem Willen liess ich
In dies Heidenland mich führen.

Aber dem, der mich geraubt hat
Hab' ich lange schon vergeben.
Besser, denn als Fürstin trauern,
Ist's, als Magd zufrieden leben.

Ja bei Gott, das war ein Leben,
Einer Fürstin angemessen,
Wo am Platze der Verlass'nen
Jenes Maurenweib gesessen."

Jeder Kränkung denkt sie wieder,
Und ihr Blick erglüht im Zorne.
Löschen will sie diese Gluten
In der Flut vom Schlosshofborne.

„Willst Du mich mit Gift bezaubern?
In dem Wasser glüht ein Feuer,
Und doch gleicht der Wasserkälte
Kaum ein Winterschnee, ein neuer."

„Liesse gern mich so bezaubern!
Einem Mann — er sei gesegnet! —
Einem Pilgersmann, o Herrin,
Bin ich bei dem Quell begegnet.

Dieser warf die Flammensteine
In den Becher. Mit dem Ringe,

Sprach er, meld' er sich als Boten,
Der Euch frohe Märe bringe."

„Will ihn sprechen; lass ihn kommen!
Mit so königlichen Spenden
Wie der Ring, vermag als Boten
Nur ein König ihn zu senden."

III.

„Höret auf, mir meine Hände
Wie Reliquien zu küssen;
Stehet auf, o guter Pilger,
Stehet auf von meinen Füssen!"

Doch der Pilger ihr zu Füssen
Küsst inbrünstig ihre Hände,
Küsst sie immer, immer wieder,
Küsst sie immer ohne Ende.

Schon dem ungestümen Pilger
Will Ramiro's Gattin grollen —
Sich, da fühlt sie dicke Thränen
Schwer auf ihre Hände rollen.

„Frommer Pilger, welch' Gebresten
Mag Dein Herz so stark beschweren?
Sprich es aus, vielleicht vermag ich
Deiner Kümmerniss zu wehren."

„Für die Todten gibt's kein Leiden,
Meine Qual gehört nicht mir.
Das verloren ich, das Leben,
Ist verloren, ach! an Dir.

Meine Qual ist nicht die meine,
Ist um Dich ein nagend Leiden:
Eine Christenfürstin fand ich
Heimisch hier im Land der Heiden."

„Pilger, lasst um mich die Sorge,
Bin der Sorge nicht begehrlich;
Was ich war, das ist vergessen,
Was ich bin, das bin ich ehrlich.

Gott wird meiner sich erbarmen,
Ich nicht bin ein Missethäter;

Mira Gaja.

Aber strenges Recht erwartet
Don Ramiro, den Verräther." —

„Warte nicht, bis Gottes Rechtsspruch
Werde zwischen uns entscheiden.
Don Ramiro ist zur Stelle,
Von Dir Strafe zu erleiden."

Auf vom Boden springt der König,
Seine raschen Hände reissen
Sich das weisse Haar vom Scheitel
Und den Bart sich ab, den weissen.

Niedergleitet Stock und Mantel,
Und der Pilgerhut zur Erde;
Fürstlich schön ist sein Geschmeide,
Fürstlich jegliche Geberde.

Gaja's Auge — wer hat jemals
Wieder solchen Blick gesehen?
Und wer fühlte solch Empfinden
Je durch seine Seele gehen?

Während Zucken, scheues Lächeln
Ueber Gaja's Züge ziehen,
Wird ihr glühend heiss die Wange:
Doch es ist ein farblos Glühen.

Also spiegelt sich im Antlitz
Der Empfindungen Gedränge,
Wie sie auf- und niederwogen
Gleich der Flut der Meeresenge.

Wonne ist dem Mann die Rache,
Für das Weib ist's höchste Gier.
Er verzeiht und lebet weiter,
Tod ist das Verzeihen ihr.

Von den wechselnden Entschlüssen,
Die auftauchten und versanken,
Hielt den ersten sie und letzten
Fest: auf Rache den Gedanken.

Doch. ein Herz, das ehdem ihr, war
Rückgekehrt vor ihre Füsse —
Solch ein Sieg für eitle Frauen
Wie verführerisch, wie süsse!

Mit den Seinen ist der Maure
In die Berge fortgezogen,
Sie allein im Thurm — mit Listen
Sucht den Gatten sie zu fangen.

Jeden Schatten aus den Zügen
Kann ihr tödtlich Lächeln werfen,
Und sie zähmt den Blitz der Augen,
Um ihn zündender zu schärfen.

Ihrer Stimme Zaubertöne,
Wie sie sich zum Herzen schmeicheln!
Mit der Hölle in dem Busen
Weiss den Himmel sie zu heucheln.

Sanfter werden schon die Klagen,
Milder schon, erstickt von Zähren.
Nicht mehr strenges Recht — Vergebung
Scheint das Weib ihm zu gewähren.

Zwar die schönen Lippen schwören,
Dass sie nie verzeihen werden.
Aber zu dem Nein des Mundes
Sprechen Ja Blick und Geberden.

Er erniedrigt sich zu knieen,
Heiss zu flehen, zu beschwören.
Ach gewiss! Schon schwankt ihr Wille,
Endlich wird sie ihn erhören.

Aber plötzlich aus den fernen
Bergen nieder nach dem Thale
Schmettern in dem Augenblicke,
Froh der Heimkehr, Hornsignale.

„Rasch verbirg Dich, Don Ramiro,
Heimgekehrt ist Alboasar,
Rasch verbirg Dich, und Du rettest
Mich vor tödtlicher Gefahr!"

Kaum noch hatte sie den Schlüssel
Umgedreht zum dritten Male
Und im Aermel ihn verborgen,
Stand der Maure schon im Saale.

„Schlimme Kunde, meine Gaja,
Hab' ich müssen heut erfahren,

Mira Gaja.

Ein Erlebniss, wie ich keines
Noch erlebt in dreien Jahren.

Stiess doch heut auch in mein Jagdhorn,
Als den Heimweg ich genommen;
Aber leer sah ich den Söller,
Keinen Gruss und kein Willkommen.

Hast verwöhnt mich, stets zu sehen
Wink und Grüsse meiner Schönen;
'Warum willst Du, meine Freundin,
Dieser Freude mich entwöhnen?" —

Könnte jetzt der Maurenkönig
In dem Herzen Gaja's lesen,
Wild zerrissen von Gedanken,
Was sie ward, was sie gewesen!

Lust nach früherm Herrscherglanze,
Liebe zu dem Maurenfürsten
Wühlt und wirbelt durch den Busen
Und ein heisses Rachedürsten.

Lieb' und Rache, eines Weibes
Höchste Wollust, triumphiren:
Nimm den Schlüssel; eine Kunde
Bergen jener Kammer Thüren.

Alboassar gespannter Seele
Ueberschreitet jene Schwellen —
Jene Worte, die dort fielen,
Wer vermag sie darzustellen?

Höret, wie mit Don Ramiro
Alboassar ging in's Gericht:
„Deine Ehre ist verloren,
Doch Dein Leben will ich nicht.

Einmal hast Du mich bestohlen,
Entgelt wusst' ich zu gewinnen;
Heut genügt's, wenn Don Ramiro
Tief beschämt entweicht von hinnen."

Don Ramiro sprach, der König,
Sprach es gram- und schamverzehrt:
„All zu gross ist mein Vergehen,
Ist nur sühnbar durch Dein Schwert.

In Dein Schloss bin ich gekommen,
Auszuliefern mich den Händen
Meines Rächers, mächt'ger Maure,
Unter Deiner Hand zu enden.

So befahl es mir mein Beicht'ger,
Um zum Himmel einzugehen:
Oeffentlich sei meine Busse,
Oeffentlich war mein Vergehen.

Stoss' ins Horn, und mag es bersten,
Ruf' die Mannen vor die Halle!
Alle sollen sehn mein Ende,
Meiner denken sollen Alle." —

Gross war seine Sünde, grösser
War die Sühne, die er bot.
Ihm verzeihen will der Maure,
Aber Gaja seinen Tod.

Alles Maurenvolk versammelt
Sich vor'm Schloss von fern und nah;
Mitten in dem Kreise stehet
Don Ramiro aufrecht da.

Und er schwellt den Ton des Hornes,
Dass es barst am Maurenmunde;
Seinen schrillen Laut vernahm man
Viele Meilen in der Runde.

Hörte man wol auf das Schmettern
Bis hinunter an das Meer?
Sicher! Von Ramiro's Schiffen
Scholl an's Schloss ein Rufen her.

IV.

Bei San Jago, weit geöffnet
Sind des Thurmes Thore alle,
Keine Wachen auf den Mauern
Schützen vor dem Ueberfalle.

Ringsum rennt den Ueberraschten
Eingedrung'nes Volk entgegen:
Löwenkrieger*) Don Ramiro's.
Don Ramiro zieht den Degen.

---
*) Bezeichnung der Leibgarde nach dem Löwenbanner des Königs.

Mira Gaja!
Zücket ihn mit einem Zuge
Blitzschnell ohne Zeitverlust,
Spaltet tief das Haupt des Mauren,
Spaltet es bis an die Brust.

Alles todt oder in Banden,
Und das Schloss umlobt vom Feuer —
„Nach den Schiffen mit der Beutel
In die Schiffe! An die Steuer!"

Um vom Ufer abzustossen,
Seht, wie sich die Segler sputen
Nach des Doiro anderm Ufer!
Wiehern tönt von fernen Stuten.

„Seht, die Löwenbanner flattern,
Wollen uns entgegenwinken!
Rudert, Leute, wo so nah schon
Uns'rer Heimat Ufer winken.

Diesseits liegt das Maurenufer
Von Coimbra bis Tolmar,
Rasch durchschneidet mir den Doiro!
Trauet nicht! Hier droht Gefahr." —

Auf dem Gransen steht des Schiffes
Don Ramiro, hält geschlungen
Seinen rechten Arm um Gaja
Wie von Liebe tief durchdrungen.

Stumm, das Auge festgeheftet
Nach des Wassers Wogenspiele,
Lehnt an seiner Seite Gaja,
Gleich als schau' sie and're Ziele.

Merkt's der Fürst? Will er's nicht merken?
Mitten in den Fluss gekommen
War von ihm nicht, war von ihr nicht
Noch ein einzig Wort vernommen."

Und es glühet noch und leuchtet
Fernher Alboassar's Ruine.
Endlich hebt ihr Antlitz Gaja,
Schaut sie an mit düst'rer Miene.

Thräne rollt um Thräne nieder,
Und sie schluchzt — sie weiss es nicht —

Nimmer schweigt der König, wähnend,
Dass durch's Auge Reue bricht,

Reuethränen, dass aus Rache
Sie dem Mauren sich ergeben,
Und er spricht mit sanfter Stimme:
„Was beweinst Du, süsses Leben?

Was geschehen, ist geschehen" — —
„Wohl geschehen," stöhnt die Dame,
Und sie schluchzet auf, als müsste
Brechen ihr das Herz vor Grame.

„Wunderbar und wohl geschehen,
Eines hohen Königs wert,
Lieder sollen einst erzählen
Von dem ritterlichen Schwert.

Ihn hast meuchlings Du gemordet,
Der das Leben Dir geschont.
Unmann Du, der solchem Manne,
Eine feige Memme, lohnt.

Hast mit Tücke den gemordet,
Der ganz unvergleichlich war
Unter Christen, unter Mauren,
Hast gemordet Alboassar.

Was ich weine, kannst Du fragen,
Du verräterischer Mann?
Dass ich ihn im Arm nicht habe,
Dass ich bin in Deinem Bann.

Was ich weine, kannst Du fragen?
Soll Dir's meine Lippe hauchen?
Von den Trümmern lass Dir's sagen,
Die dort gegen Himmel rauchen.

Wenn mein Auge dort nur thränte
Von des Glücks, der Liebe Thaue,
Wenn dort Herz mir liegt und Leben,
Frägst Du noch, wonach ich schaue?"

„Schaue, Gaja," rief Ramiro,
Rief es aus und griff zum Stahl,
„Schaue hin, o Gaja, schaue,
Denn es ist zum letzten Mal!"

Und es flog ihr Haupt vom Rumpfe,
Und ihr Leichnam über Bord.
„Wälze sie, mein guter Doiro,
Wälze sie zum Meere fort!"

Treulich wird noch von der Donna
Im Gedächtniss fort verkündet;
Gaja ist des Schlosses Name,
Das um Gaja ward entzündet.

Und des Doiro and'res Ufer,
Wo Ramiro landen wollte,
Wo er „Schaue, Gaja!" ausrief,
Wo ihr Haupt vom Leibe rollte,

Mira Gaja heisst's noch immer
In dem Munde aller Frauen,
In dem Munde aller Männer
Von dem unheilvollen Schauen.

Aschaffenburg. Prof. M. Beilhack.

Sitzungen der Berliner Gesellschaft

für das

Studium der neueren Sprachen.

123. Sitzung vom 13. März 1866. Herr Michaelis sprach über den Uebelstand der englischen Bezeichnung ea für ē, ĭ und ĕ, und die Möglichkeit der Beseitigung desselben. Den dritten Laut betreffend, rechtfertigt sich das Beibehalten des ea aus keinem der 12 von Mätzner (I, 100) aufgeführten Ursprünge, und phonetisch lässt sich für mean, meant und read, read gegenüber cleave, cleft und lead, led oder sleep, slept, bleed, bled, nichts anführen, was den Unterschied rechtfertigte. Dasselbe gilt von sonstigen Ableitungsendungen: welth (v. weal); brekfast (v. break), derth (v. dear) müssen mit demselben Recht geschrieben werden wie width (v. wide), theft (v. thieve) u. s. w.; und von einsylbigen Wörtern mit einfacher Schlussconsonanz: nur led (Blei) und bred (Brot) wäre naturgemässe Schreibung. Noch naturwidriger ist die diphthongische Schreibung, wo der kurze Laut in offner Sylbe stehen soll, wie in weather, feather; wobei nebenbei die Richtigkeit des „offen" noch sehr zu beanstanden ist. — Für das Etymologische ist mit ea für keins der romanischen Wörter mehr gewonnen als mit ĕ, womit dieselben auch im 13. bis 15. saec. geschrieben wurden; selbst in realm gehört das a nur der Ableitungssilbe des zu supponirenden regalimen an; ebensowenig für die germanischen mit kurzem Wurzellaut; für die aus dem langen (eā, eō, a und â) ist doch auch das ē die angemessenere Bezeichnung der Kürzung. Respectable etymologische Gründe liessen sich allein für deaf, threat, lead, death, head anführen, welche ags. eá hatten; hier aber würde der phonetische Grund, dass faktisch doch das kurze e unwiederbringlich eingetreten ist, zu def, deth u. s. w. mit Nothwendigkeit zwingen. — Ueber die Bezeichnung „offne Sylbe" in weather u. A. erhob sich eine kurze Discussion, an der sich die Herren Mahn, Strack und Beneke betheiligten. — Herr Mahn sprach über die Etymologie der Flussnamen Oder und Weser: die Form Viadrus für den ersteren ist moderne Erfindung. Die älteste Autorität ist Ptolemaeus, er schreibt den Namen Οὐίαδος

und diese Form entspricht genau dem Ursprung aus dem armorikan. gwâz, Strom, Bach, da das moderne z dem älteren d, und gw einem ursprünglichen uu, w entspricht. Urform sei vād, skr. und, madidum esse; die spätre Form ist durch littauischen oder germanischen Einfluss modificirt: adura aus celtischem dūr, a ist Rest des celtischen Artikels. Die Weser nennt Strabo Βίσουργις, Ptolemaeus Οὐίσουργος. Die älteste deutsche Form Wisuraha scheint entstanden aus celt. uisg Wasser und surgis (vgl. Zorge im Harz; Sorgues in Frankreich u. A.) aus skr. sru, fliessen, so dass srulach (für sruthlach) = rinsing, u. d. Stamm „fliessendes Wasser" bedeutet; aba ist deutscher Zusatz mit der Bedeutung Wasser.

Herr Märker zeigte eine Horazübersetzung von Frhrn. v. Nordenflycht an; der Verfasser ist der Meinung, dass durch den gewöhnlichen Unterricht dem Lernenden aller Geschmack am Dichter benommen werde: um nun die Lebensweisheit desselben dem Leser zugänglich zu machen, werden mancherlei moderne Begriffe und Sprachwendungen eingeführt: dergleichen, nicht ganz ungeeignet für leichtere Gattungen, Liebeslieder u. dergl., verwischt doch zu sehr den antiken Gedanken. Wir sollen uns beim Lesen einer Uebersetzung eben in ein Fremdes versetzen, es soll uns dadurch ein neuer Gesichtskreis geöffnet werden. Im Prosodischen kommt der Verfasser den von ihm selbst aufgestellten Forderungen nicht nach, indem er Wörter wie „Deine" u. A. als Pyrrhichien braucht. — Es wird eine Schrift von Herm. Goß überreicht, die Frage behandelnd, ob für höhere Bürgerschulen die Einführung des Lateinischen nothwendig sei. — Von Ihrer Majestät der Königin ist dem Stipendienfonds ein Beitrag von 5 Friedrichsd'or zugegangen. — Vorgelegt wurde durch Herrn Michaelis der Jahrgang 1865 des Phonetic Journal.

124. Sitzung vom 27. März 1866. Herr Schönberner sprach über das Verhältniss der Geberdensprache zur Lautsprache. Aufgabe der Zeichensprache ist es, Gedanken nicht für das Ohr, sondern für das Auge vernehmbar zu machen. Diese Sprache ist neben der Lautsprache von den ältesten Zeiten her in Gebrauch gewesen, und hat ihre Schriftsprache in den Hieroglyphen. Sie ist auf der ersten Stufe sehr weitläuftig und ausführlich, macht aber analog der Lautsprache einen verkürzenden und abschleifenden Process durch: zu der Darstellung des bloss Sinnenfälligen und Concreten kommt der Ausdruck durch analoge Zeichen, die nicht mehr der realen Natur entsprechen sollen, die, wo sie Abstractes ausdrücken sollen, willkürlich, ohne innern Zusammenhang mit dem sinnlich Natürlichen sind (entsprechend der Priester- und demotischen Schrift neben den Hieroglyphen). Auf die Entwicklungsstufen der Geberdensprache übergehend, wies Hr. Sch. drei Stufen nach: die erste, unmittelbarer Erguss des Gefühls in Blick, Haltung, Gesichtsausdruck; sie ist allgemein verständlich und angewandt,

auch in der Kunst (Mimik), reicht aber nur für den Ausdruck der Gefühle aus. — 2. Die Geberde als Begleiterin der Rede; auch sie kann nur 'aus dem Gefühle zum Gefühle reden. — 3. Als selbständiger Ausdruck von Gedanken malt sie Zeichen in die Luft. Sie bedient sich durchweg elliptischer Redeweise, und bedarf conventioneller Zeichen, die, wenn nicht erlernt, unverständlich sind. Der Taubstumme hat die Sprache der ersten Stufe im höchsten Grade; er ahmt jeden Gefühlsausdruck sehr gut nach, doch hängt diese Sprache natürlich sehr von subjectiven Auffassungen ab. Auch die mit conventionellen Zeichen systematisch hergestellte, bei uns gelehrte Sprache der Taubstummen entbehrt mit Nothwendigkeit der Bezeichnung für die Beziehungen der Begriffe, d. h. muss sich auf den Ausdruck von Substantiv, Adjectiv und Verbum beschränken; für sie syntaktische und grammatische Verbindungen zu finden, ist sehr schwer. Dagegen hat man in Frankreich eine Geberdensprache erfunden, welche zu jeder Begriffsbezeichnung ein Zeichen für das grammatische Verhältniss zufügt, was die Sprache sehr umständlich und schwierig macht. Andrerseits erreicht der Taubstumme bei uns durch sorgfältigen Unterricht die Fähigkeit, schriftlich über grammatische und syntaktische Verhältnisse mit Klarheit zu gebieten, ja französisch und englisch zu correspondiren. Auf Aufforderung des Vorsitzenden sprach der Vortr. das Vaterunser in der Taubstummensprache vor, erläuterte die Zeichen und gab eine Reihe interessanter Notizen über den Unterricht und über die geistige Fähigkeit der Taubstummen. — Herr Friedberg stellte im Gegensatz zum Vortr. die Behauptung auf, dass Taubstumme mit regelmässig gebildetem Gehirne zur Fassung und zum Ausdruck aller Abstractionen fähig wären; es käme nur darauf an, ihm in Zeichen die Worte für die Abstractionen genügend deutlich zuzuführen, um ihn zu gleicher Fertigkeit zu bringen wie den Vollsinnigen; ein Zusammenwirken des Lehrers mit dem Arzte sei erforderlich. — Herr Sch. wies dagegen aus der Erfahrung nach, dass das Fassen abstracter Begriffe den meisten Taubstummen unüberwindliche Schwierigkeiten bereite. Erscheinungen wie Laboureux de Fontenaye seien Ausnahmen. Gegen die Aeusserung, dass in der Heilkunde auf dem Gebiet der Gehörskrankheiten viel Charlatanerie herrsche, protestirt Hr. Friedberg, indem er darauf hinweist, dass beim Mangel einer physiologischen Basis noch keine richtige therapeutische Behandlung erwartet werden könne. — Hierauf erörterte Hr. Bandow über einige Stellen aus Dickens' Cricket on the Hearth. — Für die Bibliothek wurde der Bericht des russischen Ministeriums der Volksaufklärung übergeben, und von Hrn. Friedberg wurden Mittheilungen des Comités der Boppstiftung in Paris und Venedig gegeben.

125. Sitzung vom 12. April 1866. Die ganze Sitzung wurde durch die Discussion über die Frage eingenommen, wie die Aussprache des Englischen am besten zu lehren. Veranlasst durch den von Hrn.

Beneke in der 119. Sitzung (9. Jan.) gehaltenen Vortrag stellte Herr Franz die Behauptung auf, dass Bezeichnungen der Aussprache, sei es durch Strich, Zahl oder Zeichen, nur Verwirrung erregen. Das einzig Praktische sei, ein Spelling Book zu haben, und für die Aussprache der Laute Walker zur Norm zu nehmen. Die dem Englischen eigenthümlichen Laute werden dem Schüler, vielleicht mit Hülfe nahe liegender deutscher und französischer klar gemacht, vorgesprochen und er spricht die reimenden Worte des Sp. B. dann nach; mit Hülfe weniger leichter Regeln, wie über die Tonlosigkeit der Vor- und der dem Accent folgenden Sylben geht man dann zu mehrsylbigen Wörtern über; Sätze mit einsylbigen Wörtern, wie: his pen has no ink in it, und dann leichte Erzählungen, die unter Angabe aller Gründe für die Aussprache gelesen werden, führen den Schüler bei 4 wöchentlichen Stunden in einem halben Jahre zu einer ziemlichen Fertigkeit, geläufig zu lesen. — Hierauf vertheidigte zunächst H. van Dalen die entgegengesetzte Ansicht unter Berufung auf die, durch die von ihm verfassten Langenscheidtschen Unterrichtsbriefe erzielten Resultate: verschiedene Personen hätten sich nach denselben, bloss der schriftlichen Anweisung folgend, eine so genügende Kenntniss der Sprache angeeignet, dass sie sich in England selbst eine Existenz gründen konnten. Man komme für die Bezeichnung der Aussprache mit verhältnissmässig einfachen Mitteln aus. Uebrigens könne jeder Weg, der nicht unvernünftig sei, an der Hand eines tüchtigen Lehrers zum Ziele führen. — Walker könne nicht mehr als höchste Autorität gelten. Smart, Webster und Worcester hätten ihn weit hinter sich gelassen. — Hr. Beneke erörterte seine früher ausgesprochene Ansicht nochmals: es müsse zwischen der Fertigkeit, die englischen Laute hervorzubringen, und der, mit den Buchstabencombinationen' der vorliegenden Wörter die richtigen Laute zu verbinden, unterschieden werden. Erstere lasse sich beschreiben, werde aber am Besten durch Vor- und Nachsprechen erlernt; nicht durch Ziffern oder Zeichen: diese seien nur ein Mittel für das Auge, sich des richtigen Lautes beim Anblick des Zeichens sofort zu erinnern; dienen also einmal dem Gedächtniss als Anhaltepunkt, dann auch als Mittel für die Präparation; denn eine solche müsse auch für die Aussprache bei einem gewissenhaften Unterricht verlangt werden. Für den ersten Zweck sei ein Spelling Book sehr nützlich (nur müssten die englischen Wörter die deutschen Bedeutungen bei sich haben). Für den letzten sind Zeichen oder Ziffern gleichgültig, sobald man eine Anzahl key-words (wie Worcester es thut) aufstellt, und für den betreffenden Laut in jedem dieser Wörter ein Zeichen oder eine Ziffer bestimmt. — Herr Mahn schloss sich der letztern Ansicht, für die er bereits seit 1826 fechte, mit grosser Entschiedenheit an, nur müssten die Laute mit Buchstaben, die der Sprache selbst entnommen sind, nicht mit Ziffern bezeichnet werden. Die Methode des Vor- und Nachsprechens gebe stets ein unsicheres Resultat. Mit zwei Sinnen gefasst, lerne sich jede Sache besser. — Hr. Michaelis macht für den Gegenstand auf das ausgezeichnete Buch v. Ellis: Essentials of phonetics aufmerksam. — Der Vorsitzende bringt einen Antrag auf Einrichtung eines Fragekastens und einen auf gemeinschaftliche Durchforschung der Vorläufer und Zeitgenossen Shakespeare's behufs der Kritik des letztern ein.

126. Sitzung vom 2. Mai 1866. Hr. Hoppe besprach: Ergänzungsblätter zu jedem englischen Handwörterbuche etc. von A. Pineas (Hannover, 1864). Der Verfasser giebt die Verdeutschung von etwas über 1800 englischen Wörtern auf 46 Seiten, und fügt einen deutsch-englischen Theil (25 S.) hinzu. Da er Flügel's practical Dictionary zur Grundlage seiner Ergänzungen nimmt, Flügel aber von Lucas längst übertroffen ist, so ist mehr als ein Drittel der gesammelten Wörter, weil in Lucas längst enthalten, überflüssig; für eine beträchtliche Anzahl hätte P. sogar aus ihm bessere Belehrung schöpfen können. Dagegen ist anzuerkennen, dass in einer geringeren Zahl von beiden gemeinschaftlichen Wörtern P. über L. hinausgeht. Unter dem Rest befinden sich zunächst 148 geographische Namen, die der Aussprache wegen registrirt sind; dieselbe ist häufig sehr unvollkommen angedeutet, und, wenn man Worcester's Verzeichniss als normal ansehen darf, nicht selten incorrect. Die übrigen, etwa 650 Wörter, sind theils Slang-Ausdrücke, die meist in Dickens' Household Words erklärt und daraus entnommen sind, theils sehr willkürlich, barock, oft sprachwidrig von modernen Schriftstellern erfundne Seltsamkeiten, die kaum je in den allgemeinen Sprachschatz übergehen werden. Insofern aber ein solches Verzeichniss wie das vorliegende nur als Vorarbeit für den künftigen Lexicographen gelten soll, ist auch die Sammlung solcher Seltsamkeiten zu billigen. In einzelnen Wörtern finden sich recht auffallende Missverständnisse. Doch ist immerhin des Neuen und Richtigen genug vorhanden, um für den geringen Preis des Büchleins nicht zu theuer erkauft zu sein. Wenn aber Pineas im deutsch-englischen Theile nicht nur seine eigenen Missverständnisse, sondern auch fast die sämmtlichen barocken Formationen des ersten Theiles wiederholt (wie z. B. Wohlhabenheit: well-to-do-ism; verfälscht (Wein): loaded; Amerikanerin: Americaness; schreiben: to quill-drive u. s. w.); oder unter „Geld" 17 Slang-Ausdrücke giebt, und Artikel bringt wie: Pence: browns, coppers, mags, magpies; Mann: cove, chap, cull, article, cadger, buffer; so ist solcher Unfug höchlichst zu missbilligen. — Hr. v. Nordenskjold gab eine etymologisch-sprachvergleichende Betrachtung der vier Jahreszeiten auf dem Gebiete der germanischen Sprachen. Lenz, von dem alten v. langizan, deutet auf das Längerwerden der Tage von der Tag- und Nachtgleiche bis zum längsten Tage. Frühling bedeutet jedes frühe Ding, dann die Zeit der nach dem Winterschlafe erwachenden Natur; woneben Frühjahr den ersten, Frühling den zweiten, und Lenz den dritten Zeitabschnitt der erwachenden Natur

bezeichnet. „Vorjahr" führt zum Verständniss des schwed. vár (Frühling), aus der präp. for und år (Jahr), analog dem norveg. formar = Lenz, holl. voorjaar, ditmarsch. Vaerjahr. Engl. spring dagegen von ags. springan, apriessen, Nebenf. engl. to sprout. — Sommer, wie Sonne, von skr. su, erzeugen, bed. die Wärme und Fruchtfülle. — Herbst (ags. earnian, ahd. arnen; von Grimm auf goth. asans, Ernte, zurückgeführt) die Erwerbung und Einsammlung der Feldfrüchte. Damit ist das isländ. haust und das in Pommern, Mecklenburg und der Priegnitz übliche Aust, Ernte, identisch. — Winter, in allen germanischen Sprachen nahezu unverändert erhalten, (aus der Wurzel wi, wehen) bedeutet „das Wehende" und ist nichts andres als die aus derselben Wurzel abzuleitenden Wörter: Wind und Wetter. Zum Schluss las der Vortr. ein von ihm übertragenes Frühlingslied des schwedischen Dichters C. F. Dalgren.

127. Sitzung vom 17. Sept. 1866. Hr. Michaelis gab einen Bericht über die Foier des 25jährigen Bestehens der Stolze'schen Stenographie, wie dieselbe am 19. und 20. Mai v. J. gehalten wurde. Nach einem historischen Rückblick auf die Begründung des stenographischen Vereins durch Schüler Wilhelm Stolze's 1841, seine Förderung durch die polytechnische Gesellschaft und seine allmälige Verbreitung durch Zweigvereine über Deutschland und die Schweiz (jetzt weit über hundert), schilderte der Vortr., wie weit das Hauptziel des Vereins, die Stenographie praktisch als Correspondenz- und Gebrauchsschrift angewandt zu sehen, erreicht sei; ging näher auf den praktischen und pädagogischen Werth des Stolze'schen Systems ein, und berichtete dann, wie der Verein eine Denkschrift in 8000 Exemplaren vertheilt und eine Feier in der Aula des Friedrichs-Gymnasiums zu Berlin veranstaltet, bei welcher Hr. Michaelis einen Vortrag über die wissenschaftliche und pädagogische Bedeutung der Stolze'schen Stenographie hielt (im Druck erschienen zum Besten eines Fonds für die Zwecke der St.) Am 20. Mai versammelten sich die Comité-Mitglieder am Lager ihres schwer kranken Meisters zur Beglückwünschung und Ueberreichung eines silbernen Pokals. Der Vortr. verlas die überreichte Adresse, sowie die Antwort des Meisters, die zur Einigkeit im Werke und zum rüstigen Vorwärtsstreben aufforderte.

Hr. Mahn fuhr in seinen etymologischen Vorträgen fort; er leitete das engl. cloud vom ags. clúd (Felsen, Hügel) ab; engl. wave aus angs. wegan, bewegen; lēvin, Blitz, vom angs. lêgen, Flamme; engl. rogue vom norm. hrókr, anmassend; engl. rascal vom celtischen rhasgl, dünnes Messer; scoundrel von Schandkerl durch eine niederländische Form des Wortes; to mock durch frz. moquer aus griech. μωκᾶν; die Diminutivform Dick für Richard rechtfertigte er durch Analogieen, wie auris — audio; meridies — medidies und häufige Erscheinungen im Baskischen; und entschied die Frage für die Aussprache des frz. Namens Aix mit dem Laut des deutschen ß aus der etymologischen Ableitung aus dem am häufigsten gebrauchten Casus Aquis; wie auch der deutsche Name Achen aus der Form des Dat. Plur. Ahom von aha, Wasser, entstanden.

Hr. Hoppe versuchte eine von der Auffassung Niemeyer's und Düntzer's abweichende Interpretation zweier Stellen aus Nathan d. W.*) Mitgetheilt wurde eine Ansprache der deutschen Shakespearegesellschaft und die Jahresrechnung derselben, sowie ein Verzeichniss der für die Bopp-Stiftung eingelaufenen Beiträge, wozu die Ges. f. d. St. d. n. Spr. 25 Thlr. beigetragen.

128. Sitzung vom 9. Oct. 1866. Herr Michaelis gab nach dem Jahrbuche „L'année scientifique et industrielle par L. Figuier, Xme année," einen Bericht über die Discussion der Frage über die Localisation des Vermögens der articulirten Sprache, die sich 1865 im Schoosse der Académie de médicine bei Gelegenheit eines Berichtes des M. Lelut über ein Mémoire des Dr. Dax, betreffend jenen Gegenstand, erhoben. Nach einem Rückblick auf die geniale Theorie Gall's, der die Mehrheit und Unabhängigkeit der intellectuellen Functionen zuerst begriffen, sowie auf seine Verirrungen in der Phrenologie, ging der Vortr. auf die Frage ein, ob, nachdem die drei Vermögen des Denkens, der Bewegung und der Perception im Gehirne localisirt sind, man anderen speziellen Functionen, namentlich der Sprache, einen bestimmten Sitz anweisen dürfe. Der richtige Weg für eine Annäherung an die Lösung des Problems, der das Studiums des Gehirns durch die Krankheiten desselben, ist erst spät betreten worden. Auf ihm ist Bouillaud schon 1825 dazu gelangt, festzustellen, dass die Sprache zum Sitze die vorderen Lappen des Gehirnes über der Augenhöhle habe. Die Sache ruhte bis 1861, wo dieselbe in der anthropologischen Gesellschaft wieder angeregt wurde. Mr. Broca localisirte die Sprache in der dritten Windung des vorderen Gehirnlappens. Aus den Erörterungen der Presse während des J. 1865 über Alalie, Aphasie, Aphemie u. s. w. wurde nun eine Reihe interessanter Phänomene vorgeführt, welche zu dem Ergebniss führen: es existirt ein Centralorgan in der dritten frontalen Windung der vordren Hirnlappen, welches die Sprache

---

*) 1) N. I, 1. „Der Engel einer, deren Schutze sich" bis „als Tempelherr hervorgetreten " Die Ergänzung „gewesen sei" zu „verhüllt," und „habe" zu „geschwebt" thue der Sprache Gewalt an; und das fehlende Relativ, das den Satz „auch noch im Feuer u. s. w." an „Wolke" anknüpfe, sei unerträglich. Schon das Komma hinter „Feuer," nöthige „verhüllt" als Participium zu nehmen, so dass der Sinn ist: „aus einer Wolke, in die verhüllt er sonst, und auch noch im Feuer um sie geschwebt — qua velatus et alias et inter incendium eam circumvolitasset. — 2) I, 4: „Sie essen? — Und als Tempelherr?" Dass es für einen europäischen Templer im Orient unanständig gewesen, ein Paar Datteln auf der Strasse zu essen, sei eine reine Fiktion der Interpreten. Nathan stichelt blos auf Daja's Engelglauben; die Worte heissen: Dein Engel isst also? und erscheint sogar wieder als Tempelherr? Dies beweist namentlich D's Erwiederung: „Was quält Ihr mich?"

oder vielmehr das Gedächtniss für die Worte beherrscht. Die Aphasie, der Verlust der Sprache, ist nur ein gemeinschaftliches Symptom für verschiedene Verletzungen; meist rührt sie von Abwesenheit des Gedächtnisses her. Das Kind weiss die zahlreichen Organe noch nicht zusammenwirken zu lassen; der Aphatische ist wieder Kind geworden, d. h. das erstre hat noch nichts gelernt, der letztre hat alles vergessen. — Hr. Giovanoly berichtete über die nach dem Erscheinen der Tragödie Martin Luther 1834 vollkommen umgearbeitete, bedeutend verkürzte und von den Schlacken gereinigte französische Bearbeitung von Werner's „Weihe der Kraft" durch Léon Halevy, die so eben erschienen, und deren Aufführung in Paris durch die katholische Geistlichkeit verhindert worden. — Hr. Märker stellte den Satz zur Discussion auf, dass die griechische Form des Hexameters für das Lehrgedicht die einzig angemessene sei; er suchte an Beispielen die Untauglichkeit der Terzine, die Herzlosigkeit des Alexandriners, die Langweiligkeit des Jambus nachzuweisen, indem er Proben aus der Danteübersetzung Müller's gab, und schliesslich eine eigene Bearbeitung von Plutarch's γαμικά παραγγέλματα in Hexametern mittheilte.

129. Sitzung. Stiftungsfest am 3. Nov. 1866. Nachdem der Schriftführer den üblichen Bericht über die Thätigkeit der Gesellschaft im verflossenen Jahre gegeben, theilte der Vorsitzende das verwerfende Urtheil der Sachverständigen über eine aus England eingelaufene Lösung einer der bei Gelegenheit des Shakespearefestes 1864 gestellten Preisaufgaben und folgenden Beschluss der Gesellschaft mit:

Die Gesellschaft für das Studium der neueren Sprachen beabsichtigt zu einer wissenschaftlichen Reise nach England oder Frankreich ein einmaliges Stipendium von mindestens 300 Thalern zu verleihen. — Bewerber um dies Stipendium haben eine selbstverfasste wissenschaftliche Arbeit über einen Gegenstand aus der französischen oder englischen Sprache und Literatur bis zum 31. Decbr. c. bei dem Secretär der Gesellschaft einzureichen. — Die Verleihung des Stipendiums erfolgt im Februar 1867; das wissenschaftliche Ergebniss der Reise verpflichtet sich der Stipendiat der Gesellschaft unentgeltlich zum Abdruck in dem Archiv für neuere Sprachen zu überlassen.

Hierauf sprach Hr. David Müller über Racine, Port Royal und die religiösen Dramen Esther und Athalie. Der Vortr. skizzirte zunächst die religiöse Richtung der Einsiedler von Port Royal in der Vorstadt St. Jaques in Paris, dem Tochterkloster des alten Cistercienserklosters Port Royal des Champs bei Chevreuse, die Stellung derselben unter dem Abte St. Cyran zum Jansenismus, gegenüber Richelieu und den Jesuiten, sowie ihre fromme Askese gegenüber dem üppigen Hofleben, und ihre pädagogische Wirksamkeit in den „Granges", um dann zu zeigen, wie durch diese Einflüsse dem Genius Racine's die erste Richtung gegeben wurde; das Verhältniss frommer Pietät wurde, nachdem R. das Institut verlassen, durch die Berührung mit dem Hofeinfluss, in Folge der Anerkennung der Ode auf die Vermählung des Königs, gelockert, und die Kluft erweitert, seit R. sich nach seiner Rückkehr von der südfranzösischen Reise der Bühne widmete, bis in Folge eines vermeintlichen Angriffs in Nicole's Briefen der vollständige Bruch eintrat. Die Heftigkeit des Tones in R's Briefen (der seit Pascal üblich gewordnen Form der Streitschriften) fand selbst die Missbilligung Boileau's. Nach einer ästhetischen Würdigung des Standpunktes, den R. in seinen weltlichen Dramen errungen, gab der Vortr. die Gründe, die den Dichter bewogen, vor dem 40. Jahre der anscheinend glänzenden Laufbahn zu entsagen, die ihm nur Dornen trug, und unter Annahme des Hofamtes als Historiograph des Königs in den Hafen einer prosaischen Ehe einzulaufen. Was R. in dieser Periode zur grössten Zierde gereicht, ist die durch Boileau vermittelte, vom weichen Nicole leicht, von Dr. Arnauld schwerer, und nur auf den Knieen errungene Versöhnung mit Port Royal, in Folge deren der Dichter eine Wiedergeburt und Verherrlichung in den religiösen Dramen sich bereitete. Der Vortr. stellte die Gründe, welche eine Rückkehr des Dramas zu seinem ursprünglichen Dienst der Religion veranlassten, die Bigotterie Ludwig's, das Schützeramt der Maintenon über die Fräulein v. St. Cyr, die Aufregung der jungen Damen bei Darstellung weltlicher Dramen (Andromaque) in's Licht und deutete in der naiven Unschuld der Darstellerinnen, der Auswahl des Publicums, dem Pomp der Ausstattung, den Beziehungen auf Zeitverhältnisse, der Neuheit und Wirksamkeit des Chors, die Gründe an, warum die bei allen Vorzügen schwächere Esther grösseren Erfolg errang, als die Athalie, welche, in St. Cyr nur zwei Mal aufgeführt, allein in Boileau einen eifrigen Vertheidiger ihrer Vorzüge fand, die erst 1702 von dem Hofe und 1720 von dem Publicum anerkannt wurden. Eine eingehende Charakterschilderung der Personen und Darstellung des Ganges der Handlung, welche das Stück als die Perle der französischen Literatur erscheinen liessen, schloss den Vortrag. — Hr. Schmidt aus Falkenberg gab hierauf eine kurze Schilderung der Jugendjahre Milton's. Er gab Nachrichten über seine Geburtsstätte, die Schönheit seiner äussern Erscheinung; die religiöse Stellung der Familie und die Opfer, welche dieselbe kostete, den Einfluss der im Hause waltenden innigen Frömmigkeit, die in tiefem Zusammenhange stand mit der heiligen Musik; den Gang der Bildung, die ihm unter Dr. Gill in St. Paul's Cathedral School gegeben wurde und die Vollendung der klassischen Studien, den Einfluss der vaterländischen Dichter (Shakespeare, Spencer, Sylvester), besonders der Spencer'schen (arkadischen) Schule und daneben der römischen Elegiker. Nachdem der Vortr. einen flüchtigen Blick auf die Studienjahre (1625 bis 1632) zu Cambridge und einige laudläufige Anekdoten über denselben und auf den folgenden Landaufenthalt beim Vater in Windsor geworfen, hob er den Einfluss der ferneren klassischen Studien (namentlich Euripides) und die Früchte in den Erstlingswerken (Comus und Lycidas) und den

Einfluss der Reise nach Italien (die ital. Akademien; Grotius, Galilei) hervor, von der ihn die Vorboten des ausbrechenden Sturms nach England zurückriefen. Der Vortr. schloss mit einer Würdigung des Charakters M's als Mensch und Dichter, worin seine absolute Mündigkeit und sein hoher Idealismus, seine Selbstthätigkeit auch auf theoretischem Gebiete, sein Versenken in den Styl der verschiedenen Jahrhunderte, aber auch seine Mängel hervorgehoben wurden, die Unfähigkeit, die Erscheinungen der Natur in ruhigen und grossen Massen zu begreifen; die mangelnde Gunst der Stimmung, die Wandellosigkeit, die ihn zwang, stets nur er selbst zu sein; der fehlende Sinn für „den Tand, der so durchgetändelt wird." Kurz ihm fehlen die sinnlichen Momente des Poeten. Doch gewinnt bei ihm der sittliche Charakter, was dem poetischen Genius abgeht: den tiefen und milden Ernst des Puritaners im schönsten Sinne des Wortes, ohne seine Engherzigkeit. Die nachstehenden Bemerkungen von Hrn. W. L. Rushton in Liverpool wurden schliesslich der Gesellschaft vorgelegt. — Ein heitres Mahl mit Damen beschloss das Fest.

Shakespeare Illustrated by Old Authors.
(Continued.)

Valentine.
As you enjoin'd me, I have writ your letter,
Unto the secret nameless friend of yours;
Which I was much unwilling to proceed in,
But for my duty to your ladyship.

Silvia.
I thank you, gentle servant: 'tis very clerkly done.

Valentine.
Now trust me, madam, it came hardly off;
For, being ignorant to whom it goes,
I writ at random, very doubtfully.

Silvia.
Perchance you think too much of so much pains?

Valentine.
No, madam; so it stead you, I will write,
Please you command, a thousand times as much:
And yet, —

Silvia.
A pretty period! Well, I guess the sequel;
And yet I will not name it: — and yet I care not; —
And yet take this again; — and yet I thank you;
Meaning henceforth to trouble you no more.

Speed.
And yet you will; and yet another yet.
Two Gentlemen of Verona, Act 2, Scene 1.

Not much unlike the wondrer have ye another figure called the doubtfull, because oftentimes we will seeme to cast perils, and make doubt of

things when by a plaine manner of speech we might affirme or deny him,
as that of a cruell mother who mordred her owne child.

    Whether the cruell mother were more to blame,
    Or the shrewd childe come of so curst a dame:
    Or whether some smatch of the fathers blood,
    Whose kinne were never kinde, nor never good.
    Mooved her thereto &c.
        Puttenham, The Arte of English Poesie, Lib. III, Chap. XIX.

                Salanio.
    Believe me, sir, had I such venture forth,
    The better part of my affections would
    Be with my hopes abroad. I should be still
    Plucking the grass, to know where sits the wind.
        Merchant of Venice, Act 1, Scene 1.

„The wind is sometime plain up and down, which is commonly most certain, and requireth least knowledge, wherein a mean shooter, with mean gear, if he can shoot home, may make best shift. A side wind trieth an archer and good gear very much. Sometime it bloweth aloft, sometime hard by the ground; sometime it bloweth by blasts, and sometime it continueth all in one; sometime full side wind, sometime quarter with him, and more; and likewise against him, as a man with casting up light grass, or, else if he take good heed, shall sensibly learn by experience."
        Joxophilus, Part. II, Ascham.

        2 Citizen.
Would you proceed especially against Cajus Marcius?
        Citizen.
Against him first; he's a very dog to the commonalty.
        Coriolanus, Act 1, Scene 1.

τί οὖν οὑτός ἐστι; κύων νὴ Δία, φασί τινες, τοῦ δήμου. ποδαπός; οἷος οὓς μὲν αἰτιᾶται λύκους εἶναι μὴ δάκνειν, ἃ δέ φησι φυλάττειν πρόβατα αὐτὸς κατεσθίειν.   ΔΗΜΟΣΘΕΝΟΥΣ. ΚΑΤΑ ΑΡΙΣΤΟΓΕΙΤΟΝΟΣ. Α.

            Suffolk.
    Suffolk's imperial tongue is stern and rough,
    Used to command, untaught to plead for favour.
    Far be it, we should honour such as these
    With humble suit: no, rather let my head
    Stoop to the block, than these knees bow to any,
    Save to the God of heaven, and to my king;
        2 Henry VI., Act 4, Scene 1.

    O, then his lines would ravish savage ears,
    And plant in tyrants mild humility.
    From women's eyes this doctrine I derive:
    They sparkle still the right Promethean fire;
    They are the books, the arts, the academes,
    That show, contain, and nourish all the world;
    Else, none at all in aught proves excellent:
    Then fools you were these women to forswear;
    Or, keeping what is sworn, you will prove fools.
    For wisdom's sake, a word that all men love;
    Or for love's sake, a word that loves all men;
    Or for men's sake, the authors of these women;
    Or women's sake, by whom we men are men;
    Let us once lose our oaths, to find ourselves,

Or else we lose ourselves to keep our oaths:
It is religion to be thus forsworn:
For charity itself fulfils the law;
And who can sever love from charity?
Love's Labour's Lost, Act. 4, Scene 3.

„Philino brings him into a place where behind an arras cloth he himselfe spake in manner of an oracle in these meeters, for so did all the Sybils and sothsaiers in old times give their answers.:

Your best way to worke and mark my words well,
Not money: nor many,
Nor any: but any,
Not weemen, but weemen beare the bell.

And the subtiltie lay in the accent and orthographie of these two wordes any and weemen for any being divided, soundes a nie or neere person to the king: and weemen being divided, soundes wee men, and not weemen and so by this meane Philino served all turnes and shifted himselfe from blame." Puttenham, The Arte of English Poesie, Lib. II, Chap. XIII.

In this passage Shakespeare evidently plays upon the word women which being divided, sounds we men and the reader will perceive that Suffolk uses the word „knees" and „any" in connection with the word king and Puttenham says „any being divided, sounds a nie or neere person to the king.

Salarino.
A kinder gentleman treads not the earth.
I saw Bassanio and Antonio part:
Bassanio told him, he would make some speed
Of his return; — he answer'd — Do not so,
Slubber not business for my sake, Bassanio,
But stay the very riping of the time;
Merchant of Venice.

Duke.
The Turk with a most mighty preparation makes for Cyprus: — Othello, the fortitude of the place is best known to you: And though we have there a substitute of most allowed sufficiency, yet opinion, a sovereign mistress of effects, throws a more safer voice on you: you must therefore be content to slubber the gloss of your new fortunes with this more stubborn and boisterous expedition. Othello.

„The house itself was built of faire and strong stone, not affecting so much any extraordinarie kind of finnesse, as an honourable representing of a firme statelinesse: The lights, doores and staires rather directed to the use of the guest, than to the eye of the artificer, and yet as the one chiefly heeded, so the other not neglected; each place handsome without curiositie, and homely without loathsomnesse; not so daintie as not to be trode on, nor yet slubbered up with good fellowship; all more lasting than beautifull, but that the consideration of the exceeding lastingnesse made the eye beleeve it was exceeding beautifull."
Sidney's Arcadia, Lib. 1, Page 7.

Kent.
I thought the king had more affected the duke of Albany, than Cornwall.

Gloster.
It did always seem so to us: but now, in the division of the kingdom, it appears not which of the dukes he values most; for equalities are so weigh'd, that curiosity in neither can make choice of either's moiety.
Lear, Act 1, Scene 1.

Apemantus.

The middle of humanity thou never knewest, but the extremity of both ends: When thou wast in thy gilt, and thy perfume, they mocked thee for too much curiosity; in thy rags thou knowest none, but art despised for the contrary. Timon of Athens, Act 4, Scene 3.

Edmund.

Thou, nature, art my goddess; to thy law
My services are bound: Wherefore should I
Stand in the plague of custom, and permit
The curiosity of nations to deprive me,
For that I am some twelve or fourteen moonshines
Lag of a brother? Lear, Act 1, Scene 2.

„The Poet or makers speech becomes vicious and unpleasant by nothing more then by using too much surplusage: and this lieth not only in a word or two more than ordinary but in whole clauses and peradventure large sentences impertinently spoken or with more labour and curiositie than a requisite." Puttenham, Lib. III, Chap. XXII.

Lear.

No, they cannot touch me for coining; I am the king himself.
Act 4, Scene 6.

Monetandi jus comprehenditur in regalibus quae nunquam a regio sceptro abdicantur. Dav. 18.

God save the king! — Will no man say Amen?
Am I both priest and clerk? well then, Amen.
God save the king! although I be not he;
And yet, Amen, if Heaven do think him me. —
Richard II., Act 4, Scene 1.

Omnes reges dicuntur clerici. Dav. 4.
Rex est persona sacra et mixta cum sacerdote. S. Co., Eccl. L.

Jaques.

And will you, being a man of your breeding, be married under a bush, like a beggar? Get you to church, and have a good priest, that can tell you what marriage is: this fellow will but join you together as they join wainscot; then one of you will prove a shrunk pannel, and, like green timber, warp, warp. As You Like It, Act 3, Scene 3.

„Pannell is an English word, and signifieth a little part; for a pane is a part, and a pannell is a little part; as a pannell of wainscot, a pannell of a saddle, and a pannell of parchment wherein the jurors names be written and annexed to the writ. And a jury is said to be impannelled, when the sheriff hath entered their names into the pannell, or little peece of parchment, in pannello assisae." Coke I. Institute 158. b.

Bardolf.

Hear me, hear me what I say: — he that strikes the first stroke, I 'll run him up to the hilts, as I am a soldier. (Draws.)

Pistol.

An oath of mickle might; and fury shall abate,
Give me thy fist, thy fore-foot to me give;
Thy spirits are most tall. Henry V., Act 2, Scene 1.

„See an ancient record, Rot. de finibus, Termino Mich. II., E. 2. Sir Rich. Rockesley knight did hold lands at Seaton by Serjeanty to be Vantrarius regis, that is, to be the king's fore-foot-man when the king went into Gascoigne, donec perasus fuit pari solearum pretii 4 d. that is, until he had worn out a pair of shoes of the price of four pence. And this service being admitted to be performed when the king went to Gascoigne to make warre, is knights service." Coke 1, Institute 69 b.

Richardus Rokesley, Miles, tenebat Terras Scatoniae in Com. Hantiae, per Serjantiam esse Vantrarium Regis in Gasconia donec perasus fuit pari Solitariam Pretii IIII d. Rot. fin. Mich. II. Edw. II.

Boult.

I warrant you, mistress, thunder shall not so awake the beds of eels, as my giving out her beauty stir up the lewdly-inclined. I'll bring home some to-night. Pericles, Act 4, Scene 3.

ὅπερ γὰρ οἱ τὰς ἐγχέλεις θηρώμενοι πέπονθας.
ὅταν μὲν ἡ λίμνη καταστῇ, λαμβάνουσιν οὐδὲν
ἐὰν δ' ἄνω τε καὶ κάτω τὸν βόρβορον κυκῶσιν
αἱροῦσι καὶ σὺ λαμβάνεις, ἢν τὴν πόλιν ταράττῃς. 867.
Aristophanes. *ΙΠΠΗΣ*.

Scene 4. — A Monastery.
Enter Duke and Friar Thomas.

Duke.
No, holy father; throw away that thought;
Believe not, that the dribbling dart of love
Can pierce a complete bosom: why I desire thee
To give me secret harbour, hath a purpose
More grave and wrinkled than the aims and ends
Of burning youth.
Measure For Measure, Act 1, Scene 4.

„If a man be never so apt to shoot nor never so well taught in his youth to shoot, yet if he give it over, and not use to shoot, truly when he shall be either compelled in wartime for his country sake, or else provoked at home for his pleasure sake, to fall to his bow, he shall become, of a fair archer, a stark squirter and dribber. Joxophilus. Ascham.

Macbeth.
If thou couldst, doctor, cast
The water of my land, find her diesease,
And purge it to a sound and pristine health,
I would applaud thee to the very echo.
That should applaud again. Act 5, Scene 3.

χαλεπὸν μὲν καὶ δεινῆς γνώμης καὶ μείζονος ἢ 'πὶ τρυγῳδοῖς
ἰάσασθαι νόσον ἀρχαίαν ἐν τῇ πόλει ἐντετοκυῖαν. 661.
Aristophanes. *ΣΦΗΚΕΣ*.

Many an old wife or country woman doth often more good with a few known and common garden herbs, then our bumbast physicians, with all their prodigious, sumptuous, far-fetched, rare, conjecturall medicines.
Burton's Anat. Melan.

Re-enter Falstaff.
Here comes lean Jack, here comes bare-bone. How now, my sweet creature of bombast? How long is 't ago, Jack, since thou sawest thine own knee? 1 Henry IV., Act 2, Scene 4.

Princesse.
We have received your letters, full of love;
Your favours, the ambassadors of love;
And, in our maiden council, rated them

At courtship, pleasant jest, and courtesy,
As bombast, and as lining to the time:
But more devout than this, in our respects,
Have we not been; and therefore met your loves
In their own fashion, like a merriment.
Love's Labour's Lost, Act 5, Scene 2.

"If he can hawk and hunt, ride an horse, play at cards and dice, swagger, drink and swear, take tobacco with a grace, sing, dance, wear his clothes in fashion, court and please his mistris, talk big fustian.

Cassio.
I will rather sue to be despised, then to deceive so good a commander, with so slight, so drunken, and so indiscreet an officer. Drunk? and speak parrot? and squabble? swagger? swear? and discourse fustian with one's own shadow?—O thou invisible spirit of wine, if thou hast no name to be known by, let us call thee — devil!
Othello, Act 3, Scene 2.

insult, scorn, strut, contemn others, and use a little mimical and apish complement above the rest, he is a compleat, (Egregiam vero laudem) a well qualified gentleman: these are most of their imployments, this their greatest commendation." Anatomy of Melancholy, Part 2, Sec. 3, Mem. 2. (See Archiv. XXXIV Band, Page 349.)

We steal as in a castle, cock-sure; we have the receipt of fern-seed, we walk invisible.
Chamfellow.
Nay, by my faith; I think you are more beholden to the night, than to fern-seed, for your walking invisible.
1 Henry IV., Act 2, Scene 1.

Falstaff.
By the Lord, thou say'st true, lad. And is not my hostess of the tavern a most sweet wench?
Prince Henry.
As the honey of Hybla, my old lad of the castle. And is not a buff jerkin a most sweet robe of durance?
Falstaff.
How now, how now, mad wag? what, in thy quips, and thy quiddities? what a plague have I to do with a buff jerkin?
Prince Henry.
Why, what a pox have I to do with my hostess of the tavern?
1 Henry IV., Act 1. Scene 2.

"King Henry VIII. suppressed all the stews or brothel-houses, which long had continued on the Bankside in Southwark. Before the reign of Henry VII. there were eighteen of these infamous houses, and Henry VII. for a time forbad them: but afterwards twelve only ware permitted, and had signs painted on their walls; as a Boars head, the Cross keys, the Gun, the Castle, the Crane, the Cardinals hat, the Bell, the Swan etc."
Coke 3 Institute 205.

Coke gives the names of eight of the twelve brothels which were permitted; and to one of them, the Castle, Shakespeare may allude in these passages. Prince Henry calls Falstaff "my old lad of the castle" implying probably that he frequented a brothel which had the name of one of the twelve and therefore likely to be well known, by reputation at least, to the frequenters of the globe Theatre; and Gadshill uses a word after the word castle which may be considered to make the allusion to a brothel called the Castle still more probable.

Elbow.
I say, sir, I will detest myself also, as well as she, that this house, if it be not a bawd's house, it is pity of her life, for it is a naughty house.

Escalus.
How dost thou know that, constable!

Elbow.
Marry, sir, by my wife; who, if she had been a woman cardinally given, might have been accused in fornication, adultery, and all uncleanliness there.
    Measure For Measure, Act 2, Scene 1.

Shakespeare plays upon the word cardinally and he may also allude to the Cardinal's hat one of the twelve brothels mentioned by Coke; so that a frequenter of the Cardinal's hat might be said to be both cardinally and carnally given.

Prince.
Where sups he? doth the old boar feed in the old frank?

Bardolph.
At the old place, mylord, in Eastcheap.
    2 Henry IV., Act 2, Scene 2.

Shakespeare here refers to the Boarshead which was a tavern in Eastcheap, a scene in this play and the name of one of the „infamous houses" mentioned by Coke.

Sicinius.
What is the city, but the people?

Citizen.
       True,
The people are the city. Coriolanus, Act 3, Scene 1.

Civitas et urbs in hoc differunt, quod incolae dicuntur civitas, urbs vero complectitur aedificia. Mirror cap. 2, Sec. 18. Co. Litt. 109. b.

Bastard.
O inglorious league!
Shall we, upon the footing of our land,
Send fair-play orders, and make compromise,
Insinuation, parley, and base truce,
To arms invasive? shall a beardless boy,
A cocker'd silken wanton, brave our fields,
And flesh his spirit in a warlike soil,
Mocking the air with colours idly spread,
And find no check? Let us, my liege, to arms:
Perchance, the cardinal cannot make your peace;
They saw we had a purpose of defence.
    King John, Act 5. Scene 1.

„Princes, being children, ought to be brought up in shooting, both because it is an exercise most wholesome, and also a pastime most honest; wherein labour prepareth the body to hardness, the mind to courageousness, suffering neither the one to be marred with tenderness nor yet the other to be hurt with idleness, as we read how Sardanapalus and such other were, because the were not brought up with outward honest painful pastimes to be men, but cockered up with inward, naughty, idle wantonces to be women." Joxophilus. Ascham.

Posthumus.
Two boys, an old man twice a boy, 'a lane,
Preserved the Britons was the Roman's bane.
Cymbeline, Act 5, Scene 3.

Jaques.
Last scene of all,
That ends this strange eventful history,
Is second childishness, and mere oblivion;
Sans teeth, sans eyes, sans taste, sans every.
As You Like It.

Hamlet.
Hark you, Guildenstern; — and you, too: — at each ear a bearer; that great baby, you see there, is not yet out of his swaddling-clouts.

Rosenstern.
Happily, he's the second time come to them; for they say, an old man is twice a child.

φήσεις νομίζεσθαι σὺ παιδὸς τοῦτο τοὔργον εἶναι.
ἐγὼ δὲ γ'ἀντειποιμ' ἂν ὡς δὶς παῖδες οἱ γέροντες. 1417.
Aristophanes ΝΕΦΑΛΙ.

Antonio S.
Who heard me to deny it or forswear it?

Merchant.
These ears of mine, thou knowest, did bear thee;
Fy on thee, wretch! 'tis pity, that thou livest
To walk where any honest men resort.
Comedy of Errors, Act 5, Scene 1.

Nurse.
I saw the wound, I saw it with mine eyes,
God save the mark! — here on his manly breast:
A piteous corse, a bloody piteous corse;
Pale, pale as ashes, all bedaub'd in blood,
All in gore blood; — I swoonded at the sight.
Romeo and Juliet, Act 1, Scene 1.

„The first surplussage the Greeks call Pleonasmus, I call him (too full speech) and is no great fault, as if one should say, I heard it with mine eares, and saw it with mine eyes, as if a man could heare with his heeles, or see with his nose. We ourselves used this superfluous speech in a verse written of our mistresse, nevertheles not much to be misliked, for even a vice sometime being seasonably used, hath a pretie grace,

For ever may my true love live and never die
And that mine eyes may see her crownde a Queene.

As, if she lived ever, she could ever die, or that one might see her crowned without his eyes."
Puttenham, The Arte of English Poesie, Lib III, Chap. XXII.

Falstaff.
Pistol. —

Pistol.
He hears with ears.

Evans.
The tevil and his tam! what phrase is this,
He hears with eares? Why, it is affectations.
Merry Wives of Windsor, Act 1, Scene 1.

Shakespeare, in these passage probably refers to the vice of surplusage which Puttenham calls "too full speech" and Evans who says "what phrase is this, he hears with ears? why, it is affectatious," seems to conform "too full speech" with "another manner of speech" which Puttenham thus describes.

Nathaniel.

I praise God for you, sir: your reasons at dinner have been sharp and sententious: pleasant without scurrility, witty without affections, audacious without impudency, learned without opinion, and strange without heresy. I did converse this quondam day with a companion of the king's, who is intituled, nominated, or called, Don Adriano de Armado.

He is too picked, too spruce, too affected, too odd, as it were, too peregrinate, as I may call it.

Nathaniel.

A most singular and choice epithet.

(Takes out his table-book.)

Holofernes.

He draweth out the thread of his verbosity finer than the staple of his argument. I abhor such fanatical phantasms, such insociable and point-devise companions; such rackers of orthography, as to speak, dout, fine, when he should say, doubt; det, when he should pronounce, debt; d, e, b, t; not d, e, t: he clepeth a calf, cauf; half, hauf; neigbour, vocatur, nebour, neigh, abbreviated, ne: This is abhominable, (which he would call abominable,) it insinuateth me of insanie; Ne intelligis, domine? to make frantic, lunatic.

Love's Labour's Lost, Act 5, Scene 1.

Hamlet.

I remember, one said, there were no sallets in the lines, to make the matter savoury: nor no matter in the phrase, that might indite the author of affection; but called it, an honest method, as wholesome as sweet, and by very much more handsome than fine. Act 2, Scene 1.

O! never will I trust to speeches penn'd,
Nor to the motion of a school-boy's tongue
Nor never come in visor to my friend;
Nor woo in rhyme, like a blind harper's song:
Taffata phrases, silken terms precise,
Three-piled hyperboles, spruce affectation,
Figures pedantical: these summer-flies
Have blown me full of maggot ostentation.

Love's Labour's Lost, Act 5, Scene 2.

"Ye have another intollerable ill manner of speach, which by the Greeks originall (Cacozelia) we may call fonde affectation, and is when we affect new words and phrases other than the good speakers and writers in any language, or then custome hath allowed, and is the common fault of young schollers not halfe well studied before they come from the universitie or schooles, and when they come to their friends, or happen to get some benefice or other promotion in their countreys, will seeme to coigne fine words as out of the Latin, and to use new fangled speaches, thereby to shew themselves among the ignorant the better learned."

Puttenham, The Arte of English Poesie, Lib. III, Chapter XXII.

Biron.

Why should I joy in an abortive birth?
At Christmas I no more desire a rose,
Than wish a snow in May's new-fangled shows;
But like of each thing, that in season grows.

Love's Labour's Lost, Act 1, Scene 1.

Orlando.

For ever, and a day.

Rosalind.

Say a day, without the ever: No, no, Orlando; men are April when they woo, December when they wed; maids are May when they are maids, but the sky changes when they are wives. I will be more jealous of thee than a Barbary cock-pigeon over his hen; more clamourous than a parrot against rain; more new-fangled than an ape; more giddy in my desires than a monkey.
As You Like It, Act 4, Scene 1.

In the Index to the Arts of English Poesie this word is spelt „affection" as it is in Love's Labour's Lost and Hamlet thus, — „Cacozelia, or fond affection," and „Fond affection or Cacozelia."

Marcus.

My lord, kneel down with me; Lavinia, kneel;
And kneel, sweet boy, the Roman Hector's hope;
And swear with me, — as with the woful feere,
And father, of that chaste dishonour'd dame,
Lord Junius Brutus sware for Lucrece' rape, —
That we will prosecute, by good advice,
Mortal' revenge upon these traitorous Goths,
And see their blood, or die with this reproach.
Titus Andronicus, Act 4, Scene 1.

King Stephen was a worthy peer.
His breeches cost him but a crown;
He held them sixpence all too dear,
With that he call'd the tailor — lown.
He was a wight of high renown,
And thou art but of low degree:
'Tis pride that pulls the country down,
Then take thine auld cloak about thee.
Othello, Act 1, Scene 3.

XXVIII.

She was a ladie of great dignitie,
And lifted up to honorable place,
Famous through all the land of Faërie:
Though of meane parentage and kindred base,
Yet deckt with wondrous giftes of natures grace,
That all men did her person much admire,
And praise the feature of her goodly face;
The beames whereof did kindle lovely fire
In th' harts of many a knight, and many a gentle squire.

XXIX.

But she thereof grew proud and insolent,
That none she worthie thought to be her fere,
But scornd them all that love unto her ment:
Yet was she lov'd of many a worthy pere:
Unworthy she to be belov'd so dere,
That could not weigh of worthinesse aright:
For beautie is more glorious bright and clere,
The more it is admir'd of many a wight,
And noblest she that served is of noblest knight.
Faerie Queene Book VI, Canto VII.

The word „feere" or „fere" used by Shakespeare and Spenser in these passages evidently signifies husband.

Rosalind.
Oft have I heard of you, my lord Biron,
Before I saw you: and the world's large tongue
Proclaims you for a man replete with mocks;
Full of comparisons and wounding floutes;
Which you on all estates will execute,
That lie within the mercy of your wit.
Love's Labour's Lost, Act 5, Scene 2.

Helena.
O, when she's angry, she is keen and shrewd:
She was a vixen when she went to school;
And, though she be but little, she is fierce.

Hermia.
Little again? nothing but low and little? —
Why will you suffer her to flout me thus?
Let me come to her.

Lysander.
Get you gone, you dwarf;
You minimus, of hind'ring knot-grass made:
You bead, you acorn.
Midsummer Night's Dream, Act 3, Scene 2.

Scene II. London. A Street.
Enter Sir John Falstaff, with his Page,
bearing his Sword and Buckler.

Falstaff.
Sirrah, you giant, what says the doctor to my water?
2 Henry IV., Act 1, Scene 2.

„When we deride by plaine and flat contradiction, as he that saw a dwarfe go in a street said to his companion that walked with him: See younder gyant: and to a Negro or a woman blackmoore, in good sooth ye are a faire one we may call it the broad floute.

Lysander.
And run through fire I will, for thy sweet sake.
(Waking.)
Transparent Helena! Nature here shows art,
That through thy bosom make me see thy heart.
Where is Demetrius? O, how fit a word
Is that vile name, to perish on my sword?

Helena.
Do not say so, Lysander; say not so:
What though he love your Hermia? Lord, what though?
Yet Hermia still loves you: then be content.

Lysander.
Content with Hermia? No: I do repent
The tedious minutes I with her have spent.
Not Hermia, but Helena I love:
Who will not change a raven for a dove?
The will of man is by his reason sway'd:
And reason says you are the worthier maid.
Things growing are not ripe until their season;
So I, being young, till now ripe not to reason;

And touching now the point of human skill,
Reason becomes the marshal to my will,
And leads me to your eyes; where I o'erlook
Love's stories, written in love's richest book.
Helena.
Wherefore was I to this keen mockery born?
When, at your hands, did I deserve this scorn?
Is't not enough, is't not enough, young man,
That I did never, no, nor never can,
Deserve a sweet look from Demetrius' eye,
But you must flout my insufficiency?
Good troth, you do me wrong, good sooth, you do,
In such disdainful manner me to woo.
But fare you well: perforce I must confess,
I thought you lord of more true gentleness.
O, that a lady, of one man refused,
Should, of another, therefore be abused!
Midsummer Night's Dream, Act 2, Scene 3.

When ye give a mocke under smooth and lowly wordes as he that hard one call him all to nought and say, thou art sure to be hanged ere thou dye: quoth th'other very soberly. Sir I know your maistership speakes but in jest, the Greeks call it (charientismus) we may call it the privy nippe, or a myld and appeasing mockery: all these be soldiers to the figure allegoria and fight under the banner of dissimulation.
Puttenham, The Arte of English Poesie, Lib. III, Chapter XVIII.

Dromio S.
I did not see you since you sent me hence,
Home to the Centaur, with the gold you gave me.
Antipholis S.
Villain, thou didst deny the gold's receipt;
And told'st me of a mistress, and a dinner;
For which, I hope, thou felt'st I was displeased.
Dromio S.
I am glad to see you in this merry vein:
What means this jest? I pray you, master, tell me.
Antipholis S.
Yes, dost thou jeer, and flout me in the teeth?
Think'st thou, I jest? Hold, take thou that, and that.
(Beating him.)

Dromio S.
Hold, sir, for God's sake: now your jest is earnest:
Upon what bargain do you give it me?
Comedy of Errors, Act 2, Scene 2.

Falstaff evidently uses the „broad floute" when he calls the Page a giant, and the word „mock" which Puttenham uses in describing this figure is sometimes used by Shakespeare in connection with the word „flout."

Enter Prologue.
Prologue.
If we offend, it is with our good will.
That you should think, we come not to offend,
But with good will. To shew our simple skill,
That is the true beginning of our end.

Consider then, we come but in despite.
We do not come as minding to content you,
Our true intent is. All for your delight,
We are not here. That you should here repent you,
The actors are at hand; and, by their show,
You shall know all, that you are like to know.
             Midsummer Night's Dream, Act 5, Scene I.

Puck.
If we shadows have offended,
Think but this, (and all is mended,)
That you have but slumber'd here.
While these visions did appear.
And this weak and idle theme,
No more yielding but a dream,
Gentles, do not reprehend;
If you pardon, we will mend.
And, as I'm an honest Puck,
If we have unearned luck
Now to 'scape the serpent's tongue,
We will make amends, ere long:
Else the Puck a liar call,
So, good-night nnto you all.
Give me your hands, if we be friends,
And Robin shall restore amends.
              Midsummer Night's Dream, Act 5, Scene I.

„The fine and subtill persuader when his intent is to sting his adversary or else to declare his mind in broad and liberal speeches which might breede offence or scandall, he will seeme to bespeake pardon before hand, whereby his licentiousnes may be the better borne with all, as he that said:

If my speech hap t'offend you any way,
Think it their fault, that fence me so to say."
     Puttenham, The Arte of English Poesie, Lib III, Chap. XIX.

Jago.
Come, come, good wine is a good familiar creature, if it be well used:
exclaim no more against it.   Othello, Act 2, Scene 3.

Οἶνός σε τρώει μελιηδής, ὅστε καὶ ἄλλους
βλάπτει, ὅς ἄν μιν χανδὸν ἕλῃ, μηδ' αἴσιμα πίνῃ. 294.
                                Homer, ΟΔΥΣΣΕΙΑΣ. Φ.

Petrucio.
Why came I hither, but to that intent?
Think you, a little din can daunt mine ears?
Have I not in my time heard lions roar?
Have I not heard the sea, puff'd up with winds,
Rage like an angry boar, chafed with sweat?
Have I not heard great ordnance in the field,
And heaven's artillery thunder in the skies?
Have I not in the pitched battle heard
Loud 'larums, neighing steeds, and trumpets' clang?
And do you tell me of a woman's tongue,
That gives not half so great a blow to the ear,
As will a chestnut in a farmer's fire?
Tush! tush! fear boys with bugs,
                 Taming The Shrew, Act I, Scene 2.

XXV.

All these, and thousand thousands many more,
And more deformed monsters thousand fold,
With dreadful noise and hollow rombling rore
Came rushing, in the fomy waves enrold
Which seem'd to fly for feare them to behold:
No wonder, if these did the knight appall;
For all that here on earth we dreadful hold,
Be but as bugs to fearen babes withall,
Compared to the creatures in the seas entrall.
        Spenser, Faerie Queene, Book II, Canto XII.

IX.

„Item, that where any person shall demise any dye-house or brew-house, with implements convenient and necessary for dying or brewing, reserving a rent upon the same, as well in respect of such implements, as in respect of such dye-house or brew-house; that then the tenant shall pay his tithes after such rate as is abovesaid, the third peny abated:

Falstaff.

Will you tell me, master Shallow, how to choose a man? Care I for the limb, the thewes, the stature, bulk, and big assemblance of a man? Give me the spirit, master Shallow. — Here's Wart; — you see what a ragged appearance it is; he shall charge you, and discharge you, with the motion of a pewterer's hammer; come off, and on, swifter than he that gibbets on the brewers bucket.   2 Henry IV., Act 3, Scene 2.

and that every principal house or houses, with key or wharf, having any crane or gibet belonging to the same shall pay after the like rate of their rents, as is aforesaid, the third peny abated; and that other wharfs belonging to houses having no crane or gibet, shall pay for his tithes as shall be paid for mansion houses, in form aforesaid."
        37. Henry VIII., Cap. 12.

'Edmond.

The duke be here to-night? The better! Best:
This weaves itself perforce into my business!
My father hath set guard to take my brother;
And I have one thing, of a queazy question;
Which I must act. — Briefness and fortune, work! —
        Lear, Act 2, Scene 1.

„In a manner these instruments make a man's wit so soft and smooth, so tender and quaisy, that they be less able to brook strong and tough study."   Ascham. Joscophilus.

„I will speake somewhat touching these viscosities of language particularly and briefly, learning no little to the Grammarians for maintenance of the scholastical warre, and altercations: we for our part condescending in this devise of ours, to the appetite of Princely personages and other so tender and queasie complexions in Court, as are annoyed with nothing more than long lessons and overmuch good order."
        Puttenham, The Arte of English Poesie, Lib. III, Chap. XXI.

Miranda.
        I do not know
One of my sex; no woman's face remember,
Save, from my glass, mine own; nor have I seen
More that I may call men, than you, good friend,
And my dear father: how features are abroad,
I am skill-less of; but, by my modesty,
(The jewel in my dower,) I would not wish

Any companion in the world but you;
Nor can imagination form a shape,
Besides yourself, to like of — But I prattle
Something too wildly, and my father's precepts
Therein forget.   Tempest, Act 3, Scene 1.

Do ti lex favet; premium pudoris est, ideo parcatur. C. Litt. 31.

Edgar.
O undistinguish'd space of woman's will:
A plot upon her virtuous husband's life;
And the exchange, my brother!

Ὡς οὐκ αἰνότερον καὶ κύντερον ἄλλο γυναικός,
ἥτις δὴ τοιαῦτα μετὰ φρεσὶν ἔργα βάληται·
οἶον δὴ καὶ κείνη ἐμήσατο ἔργον ἀεικές,
κουριδίῳ τεύξασα πόσει φόνον.   430.
                              Homer, ΟΔΥΣΣΕΙΑΣ. Λ.

Capulet.
So many guests invite as here are writ. —
                                    (Exit Servant.)
Sirrah, go hire me twenty cunning cooks.

2 Servant.
You shall have none ill, sir; for I'll try if they can lick their fingers.

Capulet.
How canst thou try them so?

2 Servant.
Marry, sir, 'tis an ill cook that cannot lick his owne fingers; therefore he, that cannot lick his own fingers, goes not with me.
                              Romeo and Juliet, Act 4, Scene 2.

„We dissemble after a sort, when we speake by common proverbs, or, as we use to call them, old said sawes, as thus:
As the olde cocke crowes so doeth the chick:
A bad Cook that cannot his owne fingers lick.
Meaning by the first, that the young learne by the olde, either to be good or evill in their behaviours: by the second, that he is not to be counted a wise man, who being in authority and having the administration of many good and great things, will not serve his owne turne and his friends whilest he may, and many such proverbiall speeches: as, Totnesse is turned French, for a strange alteration: Skarborow warning, for a sodaine commandement, allowing no respect or delay to bethinke a man of his busines. Note neverthelesse a diversitie, for the two last examples be proverbs, the two first proverbiall speeches."

Helena.
You shall not bob us out of our melody: If you do, our melancholy upon your head!
                              Troilus and Cressida, Act 3, Scene 1.

Thersites.
Lo, lo, lo, lo, what modicums of wit he utters! his evasion have ears thus long. I have bobbed his brain, more than he has beat my bones.
                              Troilus and Cressida, Act 2, Scene 1.

He that a fool doth very wisely hit,
Doth very foolishly, although he smart,
Not 'to seem senseless of the bob; if not,
The wise man's folly is anatomized
Even by the squand'ring glances of the fool.
                              As You Like, Act 2, Scene 7.

Jago.
I have rubb'd this young quat almost to the sense,
And he grows angry. Now, whether he kill Cassio,
Or Cassio him, or each do kill the other,
Every way makes my gain: Live Roderigo,
He calls me to a restitution large
Of gold, and jewels, that I bobb'd from him.
Othello, Act 5, Scene 1.

„But as they were in the midst of those unfained ceremonies, a Gitterne, ill-playd on, accompanied with a hourse voyce (who seemd to sing manger the Muses, and to be merry in spite of Fortune) made them look the way of the ill-noysed song. The song was this.

A hatefull cure with hate to heale:
A bloody helpe with blond to save:
A foolish thing with fooles to deale.
Let him be bobd that bobs will have,
But who by meanes of wisedome his
Hath sav'd his charge? it is even I."
Sydney's Arcadia, Lib. II, Page 203.

Putskie.
Nay, there's no striving; they have a hand upon us,
A heavy and a hard one.

Ancient.
Now I have it;
We have yet some gentlemen, some boys of mettle,
(What, are we bobb'd thus still, colted, and carted?)
And one mad trick we'll have to shame these vipers!
Shall I bless 'em.
Beaumont and Fletcher, The Loyal Subject, Act 3, Scene 1.

Prince Henry.
Peace, ye fat-guts! lie down; lay thine ear close to the ground, and list if thou canst hear the tread of travellers.

Fastaff.
Have you any levers to lift me up again, being down? 'Sblood, I'll not bear mine own flesh so far afoot again, for all the coin in thy father's exchequer. What a plague mean ye to colt me thus?

Prince Henry.
Thou liest, thou art not colted, thou art uncolted.
1 Henry IV., Act 2, Scene 2.

„But what boots it to break a colt and to let him straight run loose at random! So were these people at first well handled and wisely brought to acknowledge allegiance to the kings of England; but being straight left unto themselves and their own inordinate life and manners, they eftsoons forgot what before they were taught, and so soon as they were out of sight, by themselves shook of their bridles, and began to colt anew, more licentiously than before." Spenser, A View of the State of Ireland.

Pisanio.
It cannot be,
But that my master is abused:
Some villain, ay, and singular in his art,
Hath done you both this cursed injury.
Cymbeline, Act 3, Scene 4.

„Thus farre therefore we will adventure and not beyond, to th'intent

to shew some singularitie in our arte that every man hath not heretofore observed, and (her majesty good liking always had) whether we make the common readers to laugh or to loure, all is a matter, since our intent is not so exactlie to prosecute the purpose, nor so earnestly, as to think it should by authority of our owne judgement be generally applauded as to the discredit of our forefathers manner of vulgar Poesie.
   Puttenham, The Arte of English Poesie, Lib. II, Chap. XII.

      Shallow.
Did her grandsire leave her seven hundred pound?

      Evans.
Ay, and her father is make her a petter penny.
    Merry Wives of Windsor, Act 1, Scene 1.

  These be the wayes, by which without reward
  Livings in court be gotten, though full hard;
  For nothing there is done without a fee:
  The courtier needes must recompenced bee
  With a benevolence, or have in gage
  The primities of your parsonage
  Scarse can a bishoprick forpas them by,
  But that it must be gelt in privitie.
  Doo not thou therefore seeke a living there,
  But of more private persons seeke elsewhere,
  Whereas thou maist compound a better penie,
  Ne let thy learning question'd be of anie.
     Spenser, Mother Hubberd's Tale.

     Thisbe.
  Asleep, my love?
  What, dead, my dove?
O Pyramus, arise.
  Speak, speak. Quite dumb?
  Dead, dead? A tomb
Must cover thy sweet eyes.
  These lily brows,
  This cherry nose,
These yellow cowslip cheaks,
  Are gone, are gone:
  Lovers, make moan!
   Midsummer Night's Dream, Act 5, Scene 1.

    Song.
    Clo.
 Come away, come away, death,
And in sad cypress let me be laid;
 Fly away, fly away, breath;
I am slain by a fair cruel maid.
My shroud of white, stuck all with yew,
  O prepare it:
My part of death no one so true
  Did share it.
 Not a flower, not a flower sweet,
On my black coffin let there be strown
 Not a friend, not a friend greet
My poor corpse, where my bones shall be thrown;

A thousand thousand sighs to save,
Lay me, O, where
Sad true lover ne'er find my grave,
To weep there.
Twelfth Night, Act 2, Scene 4.

„Ye have another sort of repetition when in one verse or clause of a verse, ye iterate one word without any intermission, as thus:
It was Maryne, Maryne that wrought mine woe.
And this bemoaning the departure of a deare friend.
The chiefest staffe of mine assured stay,
With no small griefe, is gon, is gon away.
And that of Sir Walter Raleigh's very sweet.
With wisdomes eyes had but blind fortune seene,
Than had my love, my love for ever beene.

The Greeks call him Epizeuxis, the Latines Subjunctio, we may call him the underlay, me thinks if we regard his manner of iteration, and would depart from the originall, we might very properly, in our vulgar and for pleasure call him the cuckowspell, for right as the cuckow repeats his lay, which is but one manner of note, and doth not insert any other time betwixt, and sometimes for bast stommers out two or three of them one immediately after another as cuck, cock, cuckow, so doth the figure Epizeuxis in the former verses, Maryne, Maryne, without any intermission at all.
Puttenham, The Arte of English Poesie, Lib. III, Chap. XIX.

CXLIII.

Lo, as a careful house-wife runs to catch
One of her feather'd creatures broke away,
Sets down her babe and makes all swift despatch
In pursuit of the thing she would have stay;
Whilest her neglected child holds her in chase,
Cries to catch her whose busy care is bent
To follow that which flies before her face,
Not prizing her poor infant's discontent;
So run'st thou after that which flies from thee,
Whilst I thy babe chase thee afar behind;
But if thou catch thy hope, turn back to me,
And play the mother's part, kiss me, be kind:
So will I pray that thou may'st have thy will.
If thou turn back, and my loud crying still.

Sonnet.

Τέττε δεδακρυσαι, Πατρόκλεις, ήύτε κούρη
νηπίη, ήδ' άμα μητρί θέουσ ανελέσθαι ανώγει,
είανου άπτομένη, και τ'έσσυμένην κατερύκει,
δακρυόεσσα, δέ μιν ποτιδέρκεται, οφρά ελήται.
τῇ ἵκελος, Πάτροκλε, τέρεν κατά δακρυον είβεις
Homer, ΙΛΙΑΔΟΣ, XVI.

Lear.

Through tatter'd clothes small vices do appear;
Robes, and furr'd gowns hide all. Plate sin with gold,
And the strong lance of justice hurtless breaks:
Arm it in rags, a pigmy's straw doth pierce it.
Act 4, Scene 6.

άλλ' έαν μέν πένης ών τις δι ένθειαν αμάρτη, τοῖς έσχάτοις έπιτιμίοις ένέξεται, έαν δέ πλούσιος ών δι' αίσχροκερδίαν ταύτα ποιήση, συγγνώμης τεύξεται;
ΔΗΜΟΣΘΕΝΟΥΣ, ΠΕΡΙ ΤΟΥ ΣΤΕΦΑΝΟΥ ΤΗΣ ΤΡΙΗΠΑΡΧΙΑΣ. 1229.

Falstaff.

I pressed me none but such toasts and butter, with hearts in their bellies no bigger than pins' heads, and they have bought out their services; and now my whole charge consists of ancients, corporals, lieutenants, gentlemen of companies, slaves as ragged as Lazarus in the painted cloth, where the glutton's dogs licked his sores: and such as, indeed, were never soldiers; but discarded unjust serving-men, younger sons to younger brothers, revolted tapsters, and ostlers trade-fallen: the cankers of a calm world, and a long peace. 1 Henry IV., Act 4, Scene 2.

Sermo haud multum diversus: in deposcendis periculis eadem audacia; et, ubi advenere, in detrectandis eadem formido: plus tamen ferociae Britanni praefuerunt, ut quos nondum longa pax emollierit: nam Gallos quoque in bellis floruisse accepimus: mox segnitia cum otio intravit, amissa virtute pariter ac libertate: quod Britannorum olim victis evenit: ceteri manent, quales Galli fuerunt. Tacitus, Agricola, XL

Othello.

Behold, I have a weapon
A better never did itself sustain
Upon a soldier's thigh: I have seen the day,
That with this little arm and this good sword,
I have made my way through more impediments
Than twenty times your stop! but, O vain boast!
Who can controul his fate? 'tis not so now.
Act 5, Scene 2.

XXVII.

„Most haplesse well ye may
Me iustly terme, that to this shame am brought,
And made the scorne of knighthood this same day:
But who can scape what his owne fate hath wrought?
The worke of heavens will surpasseth humaine thought.
Faerie Queene, Book V, Canto IV.

York.

I'll tell thee, Suffolk, why I am unmeet,
First, for I cannot flatter thee in pride:
Next, if I be appointed for the place,
My Lord of Somerset will keep me here,
Without discharge, money, or furniture,
Till France be won into the Dauphin's hands.
Last time, I danced attendance on his will,
Till Paris was besieged, famish'd, and lost.

Warwick.

That I can witness; and a fouler fact
Did never traitor in the land commit.
2 Henry VI., Act 1, Scene 3.

„Now for the shutting up of this Chapter, will I remember you farther of that manner of speech which the Greekes call Synecdoche, and we the figure of quick conceite who for the reasons before alledged, may be put under the speeches allegoricall, because of the darkenes and duplicitie of his sceense: as when one would tell me how the French king was overthrowen at Saint Quintans, I am enforced to think that it was not the king himselfe in person, but the Constable of France with the French king's power. Or if one would say, the towne of Andwerpe were famished, it is not so to be taken, but of the people of the towne of Andwerp, and this conceit being drawn aside, and (as it were) from one thing to another, it encumbers the minde with a certain imagination what it may be that is meant and not expressed! as he that said to a young gentlewoman, who was in her chamber making herselfe unready."

The French leap over the walls in their shirts. Enter several ways, Bastard, Alençon, Reignier, half ready and half unready.

Alençon.
How now, my lords? what, all unready so?

Bastard.
Unready?; ay, and glad we 'scaped so well.

Reignier.
'Twas time, I trow, to wake and leave our beds,
Hearing alarums at our chamber doors.
1 Henry VI., Act 2, Scene 1.

"Mistresse will ye geve me leave to unlase your peticote, meaning (perchance) the other thing that might follow such unlasing."
Puttenham, The Arte of English Poesie, Lib. III. Chap. XVIII.

Belarius.
How hard it is, to hide the sparks of nature!
These boys know little they are sons to the king;
Nor Cymbeline dreams that they are alive.
They think they are mine: and though train'd up thus meanly
I'the cave, whereip they bow, their thoughts do hit
The roofs of palaces; and nature prompts them,
In simple and low things, to prince it, much
Beyond the trick of others. Cymbeline, Act 3, Scene 3.

I.

O, what an easie thing is to descry
The gentle blond, however it be wrapt
In sad misfortunes foule deformity
And wretched sorrowes, which have often hapt!
For howsoever it may grow mis-shapt,
Like this wyld man being undisciplynd,
That to all vertue it may seeme unapt;
Yet will it shew some sparkes of gentle mynd,
And at the last breake forth in his owne proper kind.

II.

That plainely may in this wyld man be red,
Who, though he were still in this desert wood,
Mongst salvage beasts, both rudely borne and bred,
Ne ever saw faire guize, ne learned good,
Yet shewd some token of his gentle blood
By gentle usage of that wretched dame:
For certes he was borne of noble blood,
However by hard hap he hether came;
As ye may know, when time shall be to tell the same.
Faerie Queene, Book VI, Canto V.

Nathaniel.
A rare talent!

Dull.
If a talent be a claw, look how he claws him with a talent.
Love's Labour's Lost, Act 4, Scene 2.

Don John.

I cannot hide what I am: I must be sad when I have cause, and smile at no man's jests; eat when I have stomach, and wait for no man's leisure; sleep when I am drowsy, and tend on no man's businesse; laugh when I am merry, and claw no man in his humour.

Much Ado About Nothing, Act 1, Scene 8.

„A Herald at armes sent by Charles the fifth Emperor, to Frances the first French king, bringing him a message of defiance, and thinking to qualifie the bitternesse of his message with words pompous and magnificent for the kings honor, used much this terme (sacred Majestee) which was not usually geven to the French king, but to say for the most part (Sire) the French king neither liking his errand, nor yet of his pompous speech, said somewhat sharply, I pray thee good fellow clawe me not where I itch not with thy sacred majestie, but goe to thy businesse, and tell thine errand in such termes as are decent betwixt enemies, for thy master is not my frend, and turned him to a Prince of the bloud who stoode by, saying, me thinks this fellow speakes like Bishop Nicholas, for on Saint Nicholas night commonly the scholars of the Country make them a Bishop, who like a foolish boy, goeth about blessing and preaching with so childish termes, as maketh the people laugh at his counterfaite speeches.

Puttenham, The Arte of English Poesie, Lib. III, Chap. XXIII.

Gadshill

Sirrah, if they meet not with Saint Nicholas' clerks, I'll give thee this neck.

Chamberlain.

No, I'll none of it: I pr'ythee, keep that for the hangman; for, I know, thou worship'st Saint Nicholas as truly as a man of falsehood may.

1 Henry IV., Act 2, Scene 1.

Puttenham says „on Saint Nicholas night commonly the scholars of the Country make them a Bishop, who like a foolish boy, maketh the people laugh at his counterfaite speeches," and the Chamberlain says „I know, thou worship'st Saint Nicholas as truly as a man of falsehood may."

Macbeth.

If thou speak'st false
Upon the next tree shalt thou hang alive,
Till famine cling thee: if thy speech be sooth
I care not it thou dost for me as much. —

Act 5, Scene 5.

„For sure the liberal hand that hath no heart to spare.
This fading wealth, but poures it forth, it is a virtue rare:
That makes wealth slave to need, and gold become his thrall,
Clings not his gusts with niggish fare, to heap his chest withal."

The Earl of Surrey's Poems Ecclesiastes, Chap. V.

Cleon.

Those mothers, who, to nousle up their babes,
Thought nought too curious, are ready now,
To eat those little darlings, whom they loved.

Pericles, Act 1, Scene 4.

XXIII.

So long in secret cabin there he held
Her captive to his sensuall desyre;

Till that with timely fruit her belly swald,
And bore a boy onto that salvage syre:
Then home he suffred her for to retyre;
For ransome leaving him the late-borne childe:
Whom, till to ryper years he gan aspyre,
He nousled up in life and maners wilde,
Emongst wild beastes and woods, from laws of men exilde.
Spenser, Faerie Queen, Book I, Canto VI.

„He commanded further, that all the youth of his realme, should exercise running, wrestling, shooting, throwing of the dart and bowle so to avoid slothfullnesse, that their bodies might with such exercises be made the more able to endure paines and travell: and for the same purpose he took order, that they should be upon the bare boords, with one mantell onelie throwen under them, so that they should tast nothing neither by day nor night, that might noosell them in anie wanton delights or effemin at pleasures."
The Historie of Scotland. Holinshed.

King Richard.
Marshal, demand of yonder champion
The cause of his arrival here in arms:
Ask him his name; and orderly proceed
To swear him in the justice of his cause.

Marshal.
In God's name and the king's, say who thou art,
And why thou comest, thus knightly clad in arms;
Against what man thou comest, and what thy quarrel:
Speak truly, on thy knighthood, and thy oath:
And so defend thee Heaven, and thy valour!

Norfolk.
My name is Thomas Mowbray, duke of Norfolk;
Who hither come engaged by my oath,
(Which, Heaven defend, a knight should violate!)
Richard II., Act 1, Scene 3.

XVIII.
There he arriving boldly did present
The fearefull lady to her father deare,
Most perfect pure, and guiltlesse innocent
Of blame, as he did on his knighthood sweare,
Since first he saw her, and did free from feare
Of a discourteous knight, who her had reft
And by outragious force away did beare:
Witnesse thereof he shew'd his head there left,
And wretched life forlorne for vengement of his theft.
Faerie Queene, Book VI, Canto III.

1 Carrier.
Heigh ho! An't be not four by the day, I'll be hanged: Charles' wain is over the new chimney, and yet our horse not packed. What, ostler!

Ostler.
(Within.) Anon, anon.

2 Carrier.
I pr'ythee, Tom, beat Cut's saddle, put a few flocks in the point; the poor jade is wrung in the withers out of all cess.
1 Henry IV., Act 2, Scene 1.

Eudox.
But what is that which you call cess? it is a word, sure, unused amongst us here; therefore I pray you, expound the same.

Iren.

Cess is none other than that which you yourself called imposition, but is in a kind unacquainted perhaps unto you; for there are cesses of sundry sorts: one is, the cessing of soldiers upon the country; for Ireland being a country of war, as it is handled, and always full of soldiers, they which have the government, whether they find it the most ease to the queen's purse, or the most ready means at hand for victualling of the soldier, or that necessity enforceth them thereunto, do scatter the army abroad in the country, and place them in villages to take their victuals of them, at such vacant times as they lie not in camp, nor are otherwise employed in service. Another kind of cess is, the imposing of provision for the governors' housekeeping, which, though it be most necessary, and be also (for avoiding of all the evils formerly therein used) lately brought to a composition: yet it is not without great inconveniences, no less than here in England, or rather much more. The like cess is also charged upon the country sometimes for victualling of the soldiers, when they lie in garrison, at such times as there is none remaining in the queen's store, or that the same cannot be conveniently conveyed to their place of garrison."

Spenser, A View of the State of Ireland.

Romeo.
Courage, man; the hurt cannot be much.

Mercutio.
No, 'tis not so deep as a well, nor so wide as a church-door; but 'tis enough, 'twill serve: ask for me to-morrow, and you shall find me a grave man.

Romeo and Juliet, Act 3, Scene 1.

Shakespeare probably plays upon the word grave in this passage, using it in its ordinary sense as an adjective and also as a participle signifying buried as Chaucer uses it in the Frankleine's Tale,

„Here at your feet God wold that I were grave." 11268.

and also in the Wife of Bathes Tale,

„For though that I be olde foule and pore,
I n'olde for all the metal ne the ore,
That under erth is grave, or lith above,
But if thy wif I were and eke thy love." 6848.

Emilia.
But, I do think, it is their husbands' faults,
If wives do fall: Say, that they slack their duties,
And pour our treasures into foreign laps;
Or else break out in peevish jealousies.
Throwing restraint upon us; or, say, they strike us,
Or scant our former having in despite;
Why, we have galls; and, though we have some grace,
Yet we have some revenge. Let husbands know,
Their wives have sense like them: they see and smell,
And have their palates both for sweet and sour,
As husbands have. What is it that they do,
When they change us for others? Is it sport?
I think it is; and doth affection breed it?
I think it doth; is't frailty that thus errs?
It is so too: And have not we affections?
Desires for sport? and frailty, as men have?
Then, let them use us well: else let them know,
The ills we do, their ills instruct us to.

Othello, Act 4, Scene 3.

μῶρον μὲν οὖν γυναῖκες, οὐκ ἄλλως λέγω.
ὅταν δ', ὑπόντος τοῦδ' ἁμαρτάνῃ πόσις,
τἄνδον παρῶσα λέκτρα, μιμεῖσθαι φίλον.
μήποτ' ἐν ἡμῖν σφογος λαμπρύνεται,
οἴδ' αἴτιοι τῶνδ' οὐκλίους' ἄνδρες κακοῖς. 1040.
                                                Euripides, *ΗΛΕΚΤΡΑ.*

Rosalind.
Farewell, monsieur traveller: Look, you lisp, and wear strange suits; disable all the benefits of your own country; be out of love with your nativity, and almost chide God for making you that countenance you are; or I will scarce think you have swam in a gondola.
                                As You Like It, Act 4, Scene 1.

Silvia.
Too low a mistress for so high a servant.

Proteus.
Not so, sweet lady; but too mean a servant
To have a look of such a worthy mistress.

Valentine.
Leave off discourse of disability:
Sweet lady, entertain him for your servant.

Proteus.
My duty will I boast of; nothing else.

Silvia.
And duty never yet did want his meed:
Servant, you are welcome to a worthless mistress.
                                Two Gentlemen of Verona, Act 2, Scene 4.

Morocco.
What says the silver, with her virgin hue?
Who chooseth me, shall get as much as he deserves,
As much as he deserves? — Pause there, Morocco.
And weigh thy value with an even hand:
If thou be'st rated by thy estimation,
Thou dost deserve enough; and yet enough
May not extend so far as to the lady;
And yet to be afear'd of my deserving,
Were but a weak disabling of myself.
As much as I deserve! Why, that's the lady;
I do in birth deserve her, and in fortunes,
In graces, and in qualities of breeding;
But more than these, in love I do deserve.
                                Merchant of Venice, Act 2, Scene 7.

Margaret.
Margaret my name; and daughter to a king,
The king of Naples, whosoe'er thou art.

Suffolk.
An earl I am, and Suffolk am I call'd.
Be not offended, nature's miracle,
Thou art allotted to be ta'en by me:
So doth the swan her downy cygnets save,
Keeping them prisoners underneath her wings.
Yet, if this servile usage once offend,
Go, and be free again as Suffolk's friend.
                                (She turns away as going.)

O stay!—I have no power to let her pass;
My hand would free her, but my heart says — no.
As plays the sun upon the glassy streams,
Twinkling another counterfeited beam,
So seems this gorgeous beauty to mine eyes.
Fain wood I woo her, yet I dare not speak:
I'll call for pen and ink, and write my mind:
Fy, De la Poole! disable not thyself;
Hast not a tongue? Is she not here thy prisoner?
Wilt thou be daunted at a woman's sight?
Ay; beauty's princely majesty is such,
Confounds the tongue, and makes the senses rough.
1 Henry VI., Act 5, Scene 3.

After the avancer followeth the abbaser working by wordes and sentences of extenuation or diminution. Whereupon we call him the Disabler or figure of Extenuation: and this extenuation is used to divers purposes, sometimes for modesties sake, and to avoide the opinion of arrogance, speaking of ourselves or of ours, as be that disabled himselfe to his mistress, thus:

Not all the skill I have to speake or do,
Which little is Godwot (set love apart:)
Live loud nor life, and put them both thereto
Can counterfeite the due of your desert.
Puttenham, The Art of English Poesie, Lib. III, Chapter XIX.

Shakespeare may refer in these passages to the Disabler or figure of extenuation.

Lady Macbeth.
I have given suck; and know
How tender 'tis to love the babe that milks me:
I would, while it was smiling in my face,
Have pluck'd my nipple from his boneless gums,
And dash'd the brains out, had I so sworn, as you
Have done to this.
Act 1, Scene 8.

πρῶτον μέν, ἵνα σοι πρῶτα τοῦτ' ὀνειδίσω
ἔγημας ἄκουσάν με λαβὲς βίᾳ,
τὸν πρόσθεν ἄνδρα Τάνταλον κατακτανών,
βρέφος τε τοὐμὸν ζῶν προσούδισας πέδῳ.
μαστῶν βιαίως τῶν ἐμῶν ἀποσπάσας. 1152.
Euripides. ΙΦΙΓΕΝΙΕΙΑ Η ΕΝ ΑΤΑΙΔΙ.

In these passages the action and the words used in describing it are similar.

Parolles.
Five or six thousand horse, I said, — I will say true, — or thereabouts, set down, — for I'll speak truth.

1 Lord.
He's very near the truth in this.

Bertram.
But con him no thanks for't, in the nature he delivers it.
All's Well That Ends Well, Act 4, Scene 8.

1 Thief.
We cannot live on grass, on berries, water,
As beasts, and birds, and fishes.

Timon.
Nor on the beasts themselves, the birds, and fishes;
You must eat men. Yet thanks I must you con,
That you are thieves profess'd; that you work not
In holier shapes: for there is boundless theft
In limited professions. Timon of Athens, Act 4, Scene 3.

Eudox.
I do now well understand you. But now when all things are brought to this pass, and all filled with these rueful spectacles of so many wretched carcasses starving, goodly countries wasted, so huge desolation and confusion, that even I that do but hear it from you, and do picture it in my mind, do greatly pity and commiserate it; if it shall happen, that the state of this misery and lamentable image of things shall be told, and feelingly presented to her sacred majesty, being by nature full of mercy and clemency, who is most inclinable to such pitiful complaints, and will not endure to bear such tragedies made of her poor people and subjects, as some about her may insinuate; then she, perhaps, for very compassion of such calamities, will not only stop the stream of such violences, and return to her wonted mildness, but also conn then little thanks which have been the authors and counsellors of such bloody platforms."
Spenser, A View of the State of Ireland.

Marshal.
Sir, yond's your place.
Pericles.
Some other is more fit.
1 Knight.
Contend not, sir; for we are gentlemen,
That neither in our hearts nor outward eyes,
Envy the great, nor do the low despise.
Pericles, Act 2, Scene 3.

And this same bias, this commodity,
This bawd, 'this broker, this all-changing word,
Clapp'd on the outward eye of fickle France,
Hath drawn him from his own determined aid,
From a resolved and honourable war,
To a most base and vile-concluded peace. —
King John, Act 2. Scene 2.

For, well you know, we of the offering side
Must keep aloof from strict arbitrement;
And stop all sight-holes, every loop, from whence
The eye of reason may pry in upon us:
This absence of your father's draws a curtain,
That shews the ignorant a kind of fear
Before not dreamt of.
1 Henry IV., Act 4, Scene 1,

„When the first man Adam was created, he received of God a double eye, that is to say, an outward eye, whereby he might see visible things, and know his bodily enemies, and eschew them, and an inward eye, that is the eye of reason, whereby he might see his spiritual enemies that fight against his soul, and beware of them."
Doctor and Student, Dialogue I, Cap. XIV.

Bardolf.
By this sword, he that makes the first thrust, I'll kill him; by this sword, I will.

Pistol.
Sword is an oath, and oaths must have their course.
Henry V., Act 2, Scene 1.

Hotspur.
The king hath many marching in his coats.

Douglas.
Now, by my sword, I will kill all his coats;
I'll murder all his wardrobe, piece by piece,
Until I meet the king.   1 Henry IV., Act 5, Scene 3.

Officer.
You here shall swear upon the sword of justice,
That you, Cleomenes and Dion, have
Been both at Delphos; and from thence have brought
This seal'd-up oracle, by the hand deliver'd
Of great Apollo's priest; and that, since then,
You have not dared to break the holy seal,
Nor read the secrets in't.

Cleomenes. Dion.
All this we swear.
Winter's Tale, Act 3, Scene 2.

Antigonus.
                Any thing, my lord,
That my ability may undergo,
And nobleness impose; at least, thus much;
I'll pawn the little blood which I have left,
To save the innocent: any thing possible.

Leontes.
It shall be possible: Swear by this sword,
Thou wilt perform my bidding.

Antigonus.
I will, my lord.
Winter's Tale, Act 2, Scene 3.

Bolingbroke.
Pale trembling coward, there I throw my gage,
Disclaiming here the kindred of a king;
And lay aside my high blood's royalty,
Which fear, not reverence, makes thee to except:
If guilty dread hath left thee so much strength,
As to take up mine honour's pawn, then stoop;
By that, and all the rights of knighthood else,
Will I make good against thee, arm to arm,
What I have spoke, or thou canst worse devise.

Norfolk.
I take it up; and, by that sword I swear,
Which gently lay'd my knighthood on my shoulder
I'll answer thee in any fair degree,
Or chivalrous design of knightly trial:
And, when I mount, alive may I not light,
If I be traitor, or unjustly fight!
Richard II; Act 1, Scene 1.

As you are friends, scholars, and soldiers,
Give me one poor request.

Sitzungen der Berliner Gesellschaft

   Horatio.
     What is't my lord?
We will.
   Hamlet.
    Never make known what you have seen to-night.
   Horatio. Marcellus.
      My lord, we will not.
   Hamlet.
     Nay, but swear't.
   Horatio.
     In faith,
My lord, not I.
   Marcellus.
Nor I, my lord, in faith.
   Hamlet.
     Upon my sword.
   Marcellus.
We have sworn, my lord, already.
   Hamlet.
    Indeed, upon my sword, indeed.
   Ghost.
(Beneath.) Swear.
   Hamlet.
Ha, ha, boy! say'st thou so; art thou there, true-penny?
Come on,—you hear this fellow in the cellarage,—
Consent to swear.
   Horatio.
    Propose the oath, my lord.
   Hamlet.
Never to speak of this that you have seen,
Swear by my sword.
   Ghost.
     (Beneath.) Swear.
   Hamlet
Ilic et ubique? then we'll shift our ground:—
Come hither, gentlemen,
And lay your hands again upon my sword:
Swear by my sword,
Never to speak of this that you have heard.
   Ghost.
(Beneath.) Swear by this sword.
      Act 1, Scene 5.

XIII.

The prince much mused at such villanie,
And sayd: „Now sure ye well have earn'd your meed;
For th'one is dead, and th'other soone shall die,
Unlesse to me thou hither bring with speed
The wretch that hyr'd you to this wicked deed."
He glad of life, and willing eke to wreake
The guilt on him which did this mischiefe breed,
Swore by his sword, that neither day nor weeke
He would surceasse, but him whereso he were would seeke.
   Spenser, Faerie Queene, Book VI, Canto VII.

XXXII.

„And more; I graunt to thy great misery
Gratious respect; thy wife shall backe be sent:
And that vile knight, whoever that he bee,
Which hath thy lady reft and knighthood ahent,
By Sanglamort my sword, whose deadly dent
The blood hath of so many thousands shedd,
I sweare ere long shall dearely it repent;
Ne he twixt heven and earth shall hide his hedd,
But soone he shall be fownd, and shortly doen be dedd."

Spenser, Faerie Queene, Book III, Canto X.

XIV.

„But, sith ye please that both our blames shall die,
Amends may for the trespasse soone be made,
Since neither is endamadg'd much thereby."
So can they both themselves full eath perswade
To faire accordaunce, and both faults to shade,
Either embracing other lovingly,
And swearing faith to either on his blade,
Never thenceforth to nourish enmity,
But either others cause to maintaine mutually.

Faerie Queene, Book II, Canto VIII.

„Plutarch (as I remember) in his treatise of Homer, endeavouring to search out the truth, what countryman Homer was, proveth it most strongly (as he thinketh) that he was an Æolian born, for that in describing a sacrifice of the Greeks, he omitted the loin, the which all the other Grecians (saving the Æolis) use to burn in their sacrifices: also for that he makes the entrails to be roasted on five spits, which was the proper manner of the Æolians, who only, of all the nations of Grecia, used to sacrifice in that sort. By which he inferreth necessarily, that Homer was an Æolian. And by the same reason may I as reasonably conclude, that the Irish are descended from the Scythians; for that they use (even to this day) some of the same ceremonies which the Scythians anciently used. As, for example, you may read in Lucian, in that sweet dialogue, which is entitled Toxeris, or of friendship, that the common oath of the Scythians was by the sword, and by the fire; for that they accounted those two special Divine Powers, which should work vengeance on the perjurers. So do the Irish at this day, when they go to battle, say certain prayers or charms to their swords, making a cross therewith upon the earth, and thrusting the points of their blades into the ground, thinking thereby to have the better success in fight. Also they use commonly to swear by their swords."

Spenser, A View of the State of Ireland.

It seems to have been usual for men before the Christian era to swear by or upon their swords, but amongst Christians this custom may have originated in the form of the Cross the sword presents where the guard crosses the blade, and which I may now represent by the common sign of reference in books shaped like a straight sword thus, — †. I have somewhere read that the blades of swords had formerly the sign of the cross upon them and I remember a stanza in Spenser's Faerie Queene which may support this statement:

XLIII.

The wretched man, that all this while did dwell
In dread of death, his beasts did gladly beare,
And promist to performe his precept well,
And whatsoever else he would requere.

So, suffing him to rise, he made him sweare
By his owne sword, and by the crosse thereon,
To take Briana for his loving fere
Withouten dowre or composition;
But to release his former foule condition.
Book V, Canto I.

but it may be considered doubtful whether reference is made here to the
form of the cross impressed on the blade, or to the form of the cross a
sword presents where the guard crosses the blade.

Salisbury.
Now, by my sword, well hast thou fought to-day;
By the mass, so did we all.

Salisbury probably plays upon the word mass using it not only in the
sense of the mass by which men swore but also as signifying quantity, or
multitude for he says by the mass so did we all.

Constance.
O lord, my boy, my Arthur, my fair son!
My life, my joy, my food, my all the world!
My widow-comfort, and my sorrow's cure.
King John, Act 3, Scene 4.

Antipholis S.
No;
It is thyself, mine own self's better part;
Mine eye's clear eye, my dear heart's dearer heart;
My foot, my fortune, and my sweet hope's aim,
My sole earth's heaven, and my heaven's claim.
Comedy of Errors, Act 3, Scene 2.

Nurse.
There's no trust,
No faith, no honesty in men; all perjured,
All forsworn, all naught, all dissemblers. —
Ah, where's my man? give me some aqua vitae:
These griefs, these woes, the sorrows make me old.
Romeo and Juliet, Act 3, Scene 2.

Nathaniel.
Very reverent sport, truly; and done in the testimony of a good conscience.

Holofernes.
The deer was, as you know, in sanguis, — blood; ripe as a pomewater,
who now hangeth like a jewel in the ear of coelo, — the sky, the welkin, the heaven; and anon falleth like a crab on the face of terra, — the
soil, the land, the earth.

Nathaniel.
Truly, master Holofernes, the epithets are sweetly varied, like a scholar at the least: But, sir, I assure ye, it was a buck of the first head.

Holofernes.
Sir Nathaniel, haud credo.

Dull.
'Twas not a haud credo, 'twas a pricket.

Holofernes.
Most barbarous intimation! yet a kind of insinuation, as it were, in via,
in way of explication; facere, as it were, replication, or rather ostentare, to

shew, as it were, his inclination, — after his undressed, unpolished,
uneducated, unpruned, untrained or rather unlettered, or ratherest, un-
confirmed fashion, — to insert again my hand credo for a deer.
        Love's Labour's Lost, Act 4, Scene 2.

 In these passages Shakespeare uses the figure of Store thus described
by Puttenham.

 „Whensoever we multiply our speech by many words or clauses of one
sence, the Greekes call it Sinonimia, as who would say, like or consenting
names: the Latines having no fitte terme to give him, called it by a name
of event, for (said they) many words of one nature and sence, one of them
doth expound another. And therefore they called him the figure of store
because plenty of one manner of thing in our vulgar we call so. Aeneas
asking whether his Captaine Orontes were dead or alive, used this store of
speeches all to one purpose.

   Is he alive,
   Is he as I left him queaving and quick,
   And hath he not yet geven up the ghost,
   Among the rest of those that I have lost?

Or if it be in single words, then thus:
   What is become of that beautiful face,
   Those lovely lookes, that favour amiable,
   Those sweete features, and visage full of grace,
   That countenance which is alonly able
   To kill and cure?

Ye see that all these words, face, lookes, favour, features, visage, countenance, are in sence but all one. Which store, nevertheless doeth much
beautifie and inlarge the matter. So said another:
   My faith, my hope, my trust, my God and also my Guide,
   Stretch forth thy hand to save the soule, what are the body bide.
Here faith, hope and trust be words of one effect, allowed us by this
figure of store.
      Puttenham, The Art of English Poesie, Lib. III, Chap. XIX.

       Falstaff.
Setting thy womanhood aside, thou art a beast to say otherwise.
       Hostess.
Say, what beast, thou knave thou?
       Falstaff.
What beast? why, an otter.
       Prince Henry.
An otter, Sir John? why an otter?
       Falstaff.
Why? she's neither fish nor flesh; a man knows not where to have her.
       Hostess.
Thou art an unjust man in saying so; thou or any man knows where to
have me, thou knave thou!   1 Henry IV., Act 3, Scene 3.

 „Running, leaping, and quoiting be too vile for scholars, and so not
fit by Aristotle's judgment walking alone into the field hath no token of
courage in it, a pastime like a simple man which is neither flesh nor
fish." Ascham. Toxophilus.
       Othello.
  Why, how now, ho! from whence ariseth this?
  Are we turn'd Turks; and to ourselves do that,

> Which Heaven hath the Ottomites?
> For Christian shame, put by this barbarous brawl.
> Act 2, Scene 3.

„For as much as of late divers and many outragious and barbarous behaviours and acts have been used and committed by divers ungodly and irreligious persons, by quarrelling, brawling, fraying and fighting openly in churches and church-yards: there it is enacted that if any person whatsoever, shall at any time after the first day of May next coming, by words only, quarrel, chide or brawl in any church or church-yard, that then it shall be lawful unto the ordinary of the place where the same offence shall be done, and proved by two lawful witnesses, to suspend every person so offending; that is to say, if he be a layman, ab ingressu Ecclesiae, and if he be a clerk, from the ministration of his office, for so long time as the ordinary shall by his discretion think meet and convenient, according to the fault."

> Marcus.
> Fy, brother, fy! teach her not thus to lay
> Such violent hands upon her tender life.
>
> Titus.
> How now! has sorrow made thee dote already?
> Why, Marcus, no man should be mad but I.
> What violent hands can she lay on her life?
> Titus Andronicus, Act 2, Scene 3.

„And further it is enacted that if any person or persons after the said first day of May shall smite or lay violent hands upon any other, either in any church or church-yard, that then ipso facto every person so offending shall be deemed excommunicate, and be excluded from the fellowship and communion of Christ's congregation and also it is enacted that if any person after the said first day of May shall maliciously strike any person with any weapon in any church or church-yard, or after the same first day of May shall draw any weapon in any church or church-yard to the intent to strike another with the same weapon. That then every person so offending, and thereof being convicted by verdict of XII men, or by his own confession, or by two lawful witnesses, before the justices of assise, justices of Oyer and Determiner, or justices of peace in their sessions, by force of this act, shall be adjudged by the same justices before whom such person shall be convicted, to have one of his ears cut off."

> Gadshill.
> What talkest thou to me of the hang-man? if I hang, I'll make a fat pair of gallows: for if I hang, old Sir John hangs with me, and thou knowest he is no starveling. Tut! there are other Trojans that thou dreamest not of, the which for sport sake are content to do the profession some grace; that would, if matters should be looked into, for their own credit sake, make all whole. I am joined with no foot-land rakers, no long-staff sixpenny strikers, none of these mad mustachio purple-hued malt-worms; but with nobility and tranquillity, burgomasters and great oneyers, such as can hold in, such as will strike sooner than speak, and speak sooner than drink, and drink sooner than pray.
> 1 Henry IV., Act 2, Scene 1.

And if the person or persons so offending have none ears, whereby they should receive such punishment as is before declared, that then be or they to be marked and burned in the cheek with an hot iron, having the letter F therein, whereby he or they may be known and taken for fray-makers and fighters; and besides that, every such person to be and stand ipso facto excommunicated, as is aforesaid." 5 and 6 Edward VI, Chapter 4.

Cutting off one ear was the punishment inflicted upon those who maliciously struck any person in any church or churchyard and Gadshill says he is joined with no six penny strikers &c. but great oneyers such as can hold in, such as will strike sooner than speak &c., and it may be worthy of consideration whether Shakespeare does not mean by oneyers, persons upon whom this punishment, for striking, had been inflicted and who had consequently only „one ear."

Prince Henry.
Why, thou owest God a death. (Exit.)

Falstaff.
'Tis not due yet; I would be loath to pay him before his day. What need I be so forward with him that calls not on me? Well, 'tis no matter: Honour pricks me on. Yes, but how if honour prick me off, when I come on? how then? Can honour set to a leg? No. Or an arm? No. Or take away the grief of a wound? No. Honour hath no skill in surgery then? No. What is honour? A word. What is in that word honour? What is that honour? Air. A trim reckoning! — Who hath it? He that died o'Wednesday. Doth he feel it? No. Doth he hear it? No. Is it insensible then? Yes, to the dead. But will it not live with the living? No. Why? Detraction will not suffer it: — therefore I'll none of it: Honour is a mere scutcheon, and so ends my catechism. (Exit.)

1 Henry IV., Act 5, Scene 1.

καὶ μὴν τῶν μὲν ἄλλων ἀγαθῶν οὐ μέτεστι τοῖς τεθνεῶσιν, οἱ δ'ἐπὶ τοῖς καλῶς πραχθεῖσιν ἔπαινοι τῶν οὕτω τετελευτηκότων ἴδιον κτῆμά εἰσιν οὐδὲ γὰρ ὁ φθόνος αὐτοῖς ἔτι ἐγκαλυπτ' ἐναντιοῦται.

Demosthenes, ΠΕΡΙ ΤΗΣ ΠΑΡΑΠΡΕΣΒΕΙΑΣ.

Falstaff says he that died on Wednesday hath honour, that it will not live with the living because detraction will not suffer it and Demosthenes says that praise for having done well is the peculiar property of those who have died for it, for then envy opposes them no further.

York.
Please it your majesty,
This is the day appointed for the combat;
And ready are the appellant and defendant,
The armourer and his man, to enter the lists,
So please your highness to behold the fight.

Queen Margaret.
Ay, good my lord; for purposely therefore
Left I the court to see this quarrel tried.

King Henry.
O' God's name see the lists and all things fit;
Here let them end it, and God defend the right!

York.
I never saw a fellow worse bested,
Or more afraid to fight, than is the appellant,
The servant of this armourer, my lords.

Enter on one side, Horner, and his neighbours, drinking to him so much that he is drunk; and he enters bearing his staff with a sand-bag fastened to it; a drum before him; at the other side, Peter, with a drum and a similar staff; accompanied by Prentices drinking to him.

1 Neighbour.
Here, neighbour Horner. I drink to you in a cup of sack; and fear not, neighbour, you shall do well enough.

2 Neighbour.
And here, neighbour, here's a cup of charneco.

3 Neighbour.
And here's a pot of good double beer, neighbour: drink, and fear not your man.

Horner.
Let it come, i'faith, and I'll pledge you all, and a fig for Peter!

1 Prentice.
Here, Peter, I drink to thee; and be not afraid.

2 Prentice.
Be merry, Peter, and fear not thy master; fight for credit of the prentices.

Peter.
I thank you all: I drink, and pray you for me, I pray you: for, I think, I have taken to my last draught in this world. — Here, Robin, an if I die, I give thee my apron: and, Will, thou shalt have my hammer: — and here, Tom, take all the money that I have. — O Lord, bless me, I pray God! for I am never able to deal with my master, he hath learnt so much fence already.

Salisbury.
Come, leave your drinking, and fall to blows. — Sirrah, what's thy name?

Peter.
Peter, forsooth.

Salisbury.
Peter! what more?

Peter.
Thump.

Salisbury.
Thump! then see thou thump the master well.

Horner.
Masters, I am come hither, as it were, upon my man's instigation, to prove him a knave, and myself an honest man: and touching the duke of York, — will take my death, I never meant him any ill, nor the king not the queen: And, therefore, Peter, have at thee with a downright blow, as Bevis of Southampton fell upon Ascupart.

York.
Despatch: — this knave's tongue begins to double.
Sound trumpets, alarum to the combatants.
(Alarum. They fight, and Peter strikes down his master.)

Horner.
Hold, Peter, hold! I confess treason. (Dies.)

York.
Take away his weapon: — Fellow,
Thank God, and the good wine in thy master's way.
2 Henry VI., Act 2, Scene 3.

In this passage Shakespeare may refer to a trial battle which took place in the reign of Henry VI, thus reported by Selden:
„John David falsely appealed his master William Catur, an armourer in Fleetstreet, of treason; the battel waged, the place appointed in Smith-

field. Catur was so merry with his friends before the combat, that when he had most cause of circumspect observation, an Icarian shadow so darkened his eye-sight, and weakened his forces, that he was unluckily there by his most offending servant overcome and slain."
Selden, The Duello or Single Combat, Chapter XI.

For the reader will perceive that Peter and John David appeal their masters, who are armourers, of treason; Horner and Catur make merry with their friends, and in consequence of the influence of drink Horner and Catur are slain.

King Henry.
Ah, simple men, you know not what you swear.
Look, as I blow this feather from my face,
And as the air blows it to me again,
Obeying with my wind when I do blow,
And yielding to another when it blows,
Commanded always by the greater gust;
Such is the lightness of you common men.
3 Henry VI., Act 3, Scene 1

ὁ μὲν δῆμός ἐστιν ἀσταθμητότατον πρᾶγμα τῶν πάντων καὶ ἀσυνθετώτατον, ὥσπερ ἐν θαλάττῃ πνεῦμα ἀκατάστατον, ὡς ἂν τύχῃ, κινούμενον. ὁ μὲν ἦλθεν, ὁ δ' ἀπῆλθεν·
Demosthenes, ΠΕΡΙ ΤΗΣ ΠΑΡΑΠΡΕΣΒΕΙΑΣ.

Lear.
Through tatter'd clothes small vices do appear;
Robes, and furr'd gowns hide all. Plate sin with gold,
And the strong lance of justice hurtless breaks;
Arm it in rags, a pigmy's straw doth pierce it.
Act 4, Scene 4.

ἀλλ' ἐὰν μὲν πένης ὢν τις δι' ἔνδειαν ἁμάρτῃ, τοῖς ἐσχάτοις ἐπιτιμίοις ἐνέξεται, ἐὰν δὲ πλούσιος ὢν δι' αἰσχροκερδίαν ταὐτὰ ποιήσῃ, συγγνώμης τεύξεται.
Demosthenes, ΠΕΡΙ ΤΟΥ ΣΤΕΦ. ΤΗΣ ΤΡΙΗΡΑΡΧ.

Cornwall.
This is some fellow,
Who, having been praised for bluntness, doth affect
A saucy roughness; and constrains the garb,
Quite from his nature: He cannot flatter, he! —
An honest mind and plain, — he must speak truth:
And they will take it, so; if not, he's plain.
These kind of knaves I know, which in this plainness
Harbour more craft, and more corrupter ends,
Than twenty silly ducking observants,
That stretch their duties nicely.
Lear, Act 2, Scene 2.

οἷς δ' ὑπὸ πάντων διεχρανίνεται, τούτοις τὴν διάνοιαν ἀγάλλεται, αἰσχροφημοσύνῃ καιτῷ διηγεῖσθαι ταῦτ' ἐφ' οἷς ἀλγοῦσιν οἱ ἀκούοντες· ὅδ', ὡς ἀφελὴς καὶ παρρησίας μεστός, οὐ παύεται.
Demosthenes, ΕΠΙΣΤΟΛΗ Δ.

Cade.
Thou hast most traitorously corrupted the youth of the realm in erecting a grammar school: and whereas, before, our fore-fathers had no other books but the score and the tally thou hast caused printing to be used. and, contrary to the king, his crown and dignity, thou hast built a paper-mill.
2 Henry VI., Act 4, Scene 7.

CXXII.

Thy gift, thy tables, are within my brain
Full character'd with lasting memory,
Which shall above that idle rank remain
Beyond all date, even to eternity;
Or at the least, so long as brain and heart
Have faculty by nature to subsist;
Till each to razed oblivion yield his part
Of thee, thy record never can be miss'd.
That poor retention could not so much hold,
Nor need I tallies thy dear love to score;
Therefore to give them from me was I bold,
To trust those tables that receive thee more:
  To keep an adjunct to remember thee
  Were to import forgetfulness in me.   Sonnet.

Tally (bois taillé, of tailler, Fr, to cut taglia, It., taja Sp.) is a cleft piece of wood or stick in conformity to another, to score up an account upon by notches; such as is given at the king's Exchequer to those who pay in money there upon their loans.

Tallagium facere, signifies to give up accounts into the Exchequer, where the method of accounting is by tallies. Talley is a stick cut in two parts, on each whereof was marked with notches what was due between debtor and creditor, which was the ancient method of keeping accounts; one part of this talley being kept by the debtor, and the other by the creditor. There are two sorts of tallies mentioned to have been long in use in the Exchequer; the one whereof is termed tallies of debt, that is to say, a kind of acquittance for debt paid to the king; upon payment of which each debtor receives one of those tallies, who upon carrying them to the Clerk of the Pipe-office, has an acquittance there given him in parchment for his full discharge. The other kind of tallies, are tallies of reward, which are taken to be an allowance or recompence made to sheriffs for such matters as they have performed to their charge, or for such sums as they of course have cast upon them in their accounts but cannot levy &c. (See Cowel).

Biron.
But love, first learned in a lady's eyes,
Lives not alone immured in the brain;
But with the motion of all elements,
Courses of swift as thought in every power;
And gives to every power a double power,
Above their functions and their offices.
It adds a precious seeing to the eye,
A lover's eyes will gaze an eagle blind.
  Love's Labour's Lost, Act 4, Scene 3,

For lovers eyes more sharply sighted bee
Than other mens, and in deare loves delight
See more than any other eyes can see,
Through mutual receipt of beames bright,
Which carrie privie message to the spright,
And to their eyes that inmost faire display,
As plaine as light discovers dawning day. 238.
  Spenser. An Hymne in Honour of Beautie.

Angelo.
  Be you content, fair maid;
It is the law, not I, condemns your brother.
  Measure For Measure.

„Neither have judges power to judge according to that which they think to be fit, but that which out of the laws they know to be right and consonant to law. Judex bonus nihil ex arbitrio suo faciat, nec proposito domesticae voluntatis, sed juxta leges et jura pronunciet.
7. Co. Rep. 27.

Angelo says, beside:
  Were he my kinsman, brother, or my son,
  It should be thus with him; — he must die to-morrow,

and according to another maxim in the Law of England Justitia non novit patrem nec matrem, solam veritatem spectat justitia.   I Bulst. 199.

    Juliet.
  Come, gentle night; come, loving, black brow'd night,
  Give me my Romeo: and, when he shall die,
  Take him and cut him out in little stars,
  And he will make the face of heaven so fine,
  That all the world will be in love with night,
  And pay the worship to the garish sun. —
      Romeo and Juliet, Act 3, Scene 2.

    ΟΙΚΕΤΗΣ.
 οὐκ ἦν ἄρ' οὐδ' ἃ λέγουσι κατὰ τὸν ἀέρα,
 ὡς ἀστέρες γιγνόμεϑ', ὅταν τις ἀποϑάνῃ;

    ΤΡΥΓΑΙΟΣ
μάλιστα.   835.
       Aristophanes, *ΕΙΡΗΝΗ*.

Scene V. — The same. The Senate-House.
The Senate sitting. Enter Alcibiades, attended.

    1 Senator.
My lord, you have my voice to't; the fault's
Bloody; 'tis necessary he should die:
Nothing emboldens sin so much as mercy.

    2 Senator.
Most true; the law shall bruise him.

    Alcibiades.
Honour, health, and compassion to the senate.

    1 Senator.
Now, captain?

    Alcibiades.
I am an humble suitor to your virtues;
For pity is the virtue of the law,
And none but tyrants use it cruelly.
It pleases time, and fortune, to lie heavy
Upon a friend of mine, who, in hot blood,
Hath stepp'd into the law, which is past depth
To those that, without heed, do plunge into it.
      Timon of Athens, Act 3, Scene 5.

„And here it is to be observed, that the law of England is a law of mercie, Lex Angliae est lex misericordiae.   Co. 2, Institute 315.

    Isabella.
    Yet, shew some pity.

Angelo.
I shew it most of all, when I shew justice;
For then I pity those I do not know,
Which a dismiss'd offence would after gall;
And do him right, that, answering one foul wrong,
Lives not to act another. Be satisfied;
Your brother dies to-morrow; be content.
Measure For Measure, Act 2, Scene 2.

„The wisdom of the law abhors that great offences should go unpunished, which was grounded without question upon these ancient maxims of law and state: Maleficia non debent remanere impunita, et impunitas continuum affectum tribuit delinquenti, et minatur innocentes qui parcit nocentibus. 4. Co. Rep. 45.

O hard condition! twin born with greatness,
Subjected to the breath of every fool,
Whose sense no more can feel but his own wringing!
What infinite heart's ease must kings neglect,
That private men enjoy?
And what have kings, that privates have not too,
Save ceremony, save general ceremony?
Henry V., Act 4, Scene 1.

καίτοι λοιδορίας χωρίς, εἴ τις ἔροιτο, εἰπέ μοι, τί δὴ γιγνώσκων ἀμφιβόλως Ἀριστόδημε, οὐδεὶς γὰρ τὰ τοιαῦτ' ἀγνοεῖ, τὸν μὲν τῶν ἰδιωτῶν βίον ἀσφαλῆ καὶ ἀπράγμονα καὶ ἀκίνδυνον ὄντα, τὸν δὲ τῶν πολιτευομένων φιλαίτιον καὶ σφαλερὸν καὶ καθ' ἑκάστην ἡμέραν ἀγώνων καὶ κακῶν μεστόν, οὐ τὸν ἥσυχον καὶ ἀπράγμονα, ἀλλὰ τὸν ἐν τοῖς κινδύνοις αἱρῇ;
Demosthenes, ΚΑΤΑ ΦΙΛΙΠΠΟΥ Δ.

Demosthenes says, the life of private men is safe, free from the affairs of state and danger, — the life of those conducting the government, is open to blame, precarious, and each day full of trials and evils, and Shakespeare contrasts the hard condition of kings with the enjoyment of private men, and as the kings of England had formerly almost the entire government of the country in their hands this verb πολιτεύομαι might be correctly used in speaking of one in king Henry's position: moreover Shakespeare here speaks of private men, which is the plural of the English of the word ἰδιώτης used by Demosthenes in this passage.

Liverpool. W. L. Bushton.

Beurtheilungen und kurze Anzeigen.

Shakespearestudien von Rümelin.

Der auf diesem Gebiete bisher nicht als Schriftsteller aufgetretene Verfasser, so viel wir wissen, ein würtembergischer Staatsmann, bemüht sich, den Auffassungen von Ulrici und Gervinus gegenüber, die poetische Bedeutung Shakespeare's vorurtheilslos festzustellen, die Entwicklung des Dichters aus den wirklich gegebenen Verhältnissen abzuleiten, und zugleich die beiden grossen deutschen Dramatiker, besonders Goethe, in die ihnen durch die Ueberschwenglichkeit der modernen Shakespeare-Enthusiasten bestrittenen Rechte wieder einzusetzen. Wir erkennen in seiner Schrift eine berechtigte Reaction der älteren Anschauungen, wie sie bei Lessing, Goethe, Herder hervorgetreten, gegen eine, man möchte sagen, scholastische Behandlungsweise, die, von dem Dogma ausgehend, dass Shakespeare in Allem vollkommen sein müsse, nicht nur seine Mängel in Vorzüge verwandeln, sondern auch unter Herbeiziehung ganz fremdartiger Momente sich überreden will, alles das in ihm zu finden, worauf man irgendwie persönlich Werth legt, z. B. die eigene politische Ueberzeugung; — gegen eine Exegese, welche das freie Werk eines schöpferischen Geistes in ein vollkommenes Rechenexempel verwandelt, dessen Facit eine sogenannte Idee, in der That eine blasse Phrase oder ein Gemeinplatz ist. Diese ursprünglich von der Hegelschen Schule ausgegangene Weise, einen Dichter in ein „weltgeschichtliches" Licht zu stellen, wurde namentlich früher viel auf unsere deutschen Dichter angewandt. Wir erinnern uns u. a. eines ästhetischen Nachweises, dass Schiller in der Maria Stuart die Idee der Oeffentlichkeit habe versinnlichen wollen; es war nämlich die Zeit, wo die Tagesblätter nach Oeffentlichkeit, Mündlichkeit und Geschwornengerichten riefen. Der Verf. befürchtet von dieser Kritik, die er nur in Bezug auf Shakespeare in Betracht zieht, eine vollständige Missleitung des öffentlichen ästhetischen Urtheils. Diese ist aber unserer Meinung nach in nicht geringem Maasse schon längst eingetreten, ja, es ist auch der aller allzuhoch gespannten Scholastik drohende Rückschlag schon vor längerer Zeit erfolgt. Das beschränkteste Philisterthum hat sich mit souveräner Dreistigkeit zum Richter über die Werke des Genius aufzuwerfen vermocht, und seine Herrschaft ist kaum gebrochen. Es herrscht in Sachen des Geschmacks jetzt jene Anarchie, die nach alter Erfahrung einen Uebergang zu einer neuen Periode anzudeuten scheint. Gerade in diesem Augenblicke können unbefangene Stimmen, wie die, mit der wir uns beschäftigen, von bedeutendem Werthe sein.

Von einer unbedingten Zustimmung zu den Behauptungen des Verf. kann jedoch, trotzdem wir die Grundgedanken für richtig halten, unsererseits um so weniger die Rede sein, als der Verf., abgesehen von manchen einseitig subjectiven Geschmacksurtheilen, zuweilen gewagte Consequenzen zieht, zuweilen auch in der Beurtheilung einzelner Shakespeare'scher Stellen offenbare Irrthümer begeht. Wir werden im Folgenden den Gedankengang in seinen Grundzügen darzustellen suchen, ohne uns dabei irgendwie an die Reihenfolge der Capitel zu binden, indem das Buch, aus einer Zusammenstellung von Artikeln, die ursprünglich im „Morgenblatte" erschienen sind, entstanden, einer systematischen Anordnung ermangelt, und in jedem Abschnitte dieselben Fragen von Neuem berührt — ein Umstand, der der Darstellung etwas Frisches, Conversationsartiges verleiht, dem kritischen Leser aber die Arbeit sehr erschwert.

Der Verf. bestreitet zunächst die in den letzten Decennien aufgekommene Meinung, als sei das englische Theater jener Zeit eine Art von Nationalinstitut, eine anerkannte und geachtete Bildungsschule und Vergnügungsquelle zugleich gewesen, wie das Altgriechische, das Spanische und selbst das Französische des 17. Jahrhunderts. Nicht die Blüthe der Nation lauschte hier den Worten seiner Dichter; weit entfernt, dass alle Klassen der Gesellschaft (la cour et la ville!) hier vertreten gewesen wären, sah man vor der Bühne, auf welcher Shakespeare spielte, mit Ausnahme junger Edelleute, denen man eine noble Passion der Art nicht übel nahm, und der Literaten von Fache, deren moralische Autorität auch nicht schwer wog, nur die untersten Stände, bis herab zum niedrigsten Pöbel. Frauen, auch der Mittelstände, wagten nur höchst selten maskirt in diesen Räumen zu erscheinen. Alles, was auf Ehrbarkeit Gewicht legte, hielt sich fern. So schildert Nash das Bühnenpublikum seiner Zeit. Das Theater erschien in der öffentlichen Meinung, als ein frivoles Institut; ja, es war der Gegenstand des Abscheus aller, die auf Sittenstrenge hielten. Die Ansicht, dass die heftigen und fortdauernden Angriffe des Londoner Gemeinderathes auf die Theater nur eine Nachwirkung veralteter Vorurtheile und ohnmächtig gegen die Strömung der Zeit gewesen seien, bestreitet der Verf., wie wir glauben, mit vollem Rechte; sie waren nur die Aeusserungen der bereits den Mittelstand beherrschenden und die öffentliche Meinung wesentlich bestimmenden puritanischen Weltanschauung. Der Stand des Schauspielers war ein verachteter, etwa wie der heutigen Kunstreiter und Seiltänzer; in den Gesetzen der Elisabeth werden sie mit den verächtlichsten Ausdrücken belegt; Shakespeare selbst spricht in den Sonetten von der Schmach seines Berufes. Dass Shakespeare für seine Person eine wesentlich höhere gesellschaftliche Stellung eingenommen, als seine Berufsgenossen, lässt sich durch nichts erweisen. Die Freundschaft des Grafen Southampton und anderer junger Mitglieder der Aristokratie, so vortheilhaft sie für seine geistige Entwicklung (auch für die Begründung seiner geschäftlichen und finanziellen Selbständigkeit) gewesen zu sein scheint, so sehr sie ihn in seinen eigenen Augen gehoben haben mag, hat doch sicher nicht vermocht, den sittlichen Bann von ihm zu nehmen. (Es sei uns erlaubt, hier an einen vielleicht ähnlichen Fall zu erinnern. Goethe war mit dem Scharfrichter von Karlsbad befreundet; — ob wohl ein ehrsamer Bürger der Stadt dem Letzteren deshalb seine Tochter gegeben, ja auch nur seinen Umgang wünschenswerth gefunden haben möchte?) Shakespeare hat ohne Zweifel vor der Königin Elisabeth gespielt, vielleicht auch von ihr den Auftrag erhalten, Falstaff als Liebhaber darzustellen; — dass er ihr irgendwie näher gestanden, sich ihrer Gunst erfreut habe, ist ganz unerweislich. Seine Bewerbungen um ein untergeordnetes Hofamt, um Uebertragung des mütterlichen Adels auf ihn, waren vergeblich, und nicht er wurde Laureatus. Dass Jacob I. ihm in einem eigenhändigen Schreiben für die schmeichelhaften Vorhersagungen in Macbeth gedankt habe, hält Herr Rümelin für Erfindung.

So richtig diese Auseinandersetzungen im Ganzen sein mögen, müssen wir doch, ehe wir uns zu den wichtigen Folgerungen wenden, die der Verf. daraus zieht, im Einzelnen gewisse Einschränkungen machen. Es ist sehr schwer, aus vereinzelten, wenn auch zahlreichen Kundgebungen die wirkliche öffentliche Meinung einer längst vergangenen Zeit mathematisch festzustellen; man läuft stets Gefahr, gewisse Seiten, gewisse Modificationen ganz zu übersehen. Es mag ein Unterschied stattgefunden haben zwischen jenen wandernden Schauspielern, von denen die Edicte sprechen, und den Londonern. Es ist gewiss, dass zur Zeit der Elisabeth die puritanische Ansicht noch nicht die alleinherrschende, auch nicht im Mittelstande, war; es wird auch in diesem nicht an Personen gefehlt haben, welche sich durch die Praxis des Hofes bestimmen liessen; dass aber dieser die Schauspieler in minder verächtlichem Lichte angesehen, als der Verf. anzunehmen scheint, dass namentlich zu Gunsten Shakespeare's eine ausnahmsweise Berücksichtigung seiner Persönlichkeit stattgefunden habe, ist wenigstens nicht unwahrscheinlich. Das dauernde Freundschaftsverhältniss (als ein solches bezeichnet es Rümelin selbst) zu Southampton wäre undenkbar, wenn in den Augen der Standesgenossen des Letzteren der vertraute Umgang mit einem Comödianten durchaus etwas Beschimpfendes hätte haben können. Der Verf. behauptet, Shakespeare habe wohl niemals Gelegenheit gehabt, in den Kreisen edler Frauen sich zu bewegen; er vermag aber nicht genügend zu erklären, woher denn doch die Lebenswahrheit stamme, mit der Shakespeare solche Frauen schildere. Wer eine Desdemona, eine Julia zu zeichnen versteht und seine Studien doch nur in den Kreisen der feilen Schönheit gemacht hat, der muss in der That ein übernatürliches Talent besitzen. Endlich die unverkennbare Missachtung, welche, wenn auch den Zeiten nach in verschiedenem Grade, von damals bis heute auf dem berufsmässigen Schauspielerstande gelastet hat, und die ganz verschwinden zu sehen man schwerlich wünschen kann, da sie in einem ursprünglich wahren sittlichen Gefühle wurzelt, — diese Missachtung hat sich von jeher sehr gut vertragen mit einer dem Künstler wie dem Menschen gezollten Werthschätzung. Umgekehrt ausgedrückt: ein Schauspieler kann von den Höchsten nicht bloss, sondern auch von den Besten geachtet werden und doch die Schmach seines Berufes empfinden müssen. Molière, der königliche Kammerdiener, wurde von Ludwig selbst mit hoher Auszeichnung behandelt, während seine Collegen im Dienste sich durch seine Kameradschaft beschimpft fühlten. Napoleon hatte einst nicht verschmäht, von Talma allerlei Freundschaftsdienste anzunehmen, und doch verweigerte er dem so hoch von ihm geschätzten Künstler das Kreuz der Ehrenlegion, weil er nur ein Komödiant sei.

Der Beweis für die beinahe unbedingte Ausschliessung Shakespeare's aus der Gesellschaft scheint uns also nicht genügend geführt. Dass er dagegen mit dem Mittelstande im Ganzen nur wenige Berührung gehabt habe, ist nicht unwahrscheinlich. Der Verf. gründet auf seine Hypothese eine Reihe von Schlüssen, denen eine gewisse Richtigkeit zum Theile nicht abgesprochen werden kann, wenn sie auch sehr grossen Einschränkungen unterliegen. Shakespeare, meint er, ausgestossen von der bürgerlichen Gesellschaft, habe seine Existenz gänzlich im Theater gefunden. Bei einer unvollkommenen Schulbildung verdanke er alle Entwicklung und Bereicherung seines Geistes dem Bühnenleben, sowohl der innern als der äussern Seite desselben, indem er nicht nur Schauspieler und Theaterdichter, sondern auch Regisseur und Director gewesen sei. In diesem vielseitigen Verkehre mit dem Bühnenpersonale, das überall eine Welt im Kleinen bilde, habe er jene bewunderungswürdige Menschenkenntniss erworben, jene Vertrautheit mit den Leidenschaften, die von jeher am meisten an ihm bewundert worden sind. Aber zugleich sei ihm in Folge dieses Entwicklungsganges das wirkliche Leben völlig fremd geblieben, er habe nie, weder in die bürgerlichen Verhältnisse noch in das Staatsleben einen tieferen Blick gethan. In Folge dessen ermangelten seine Stücke in der Regel eines befriedigenden Zusammenhanges, die Motivirung sei häufig ungenügend, die an sich wahren Charaktere seien in falsche Situationen gesetzt und erschienen dadurch selbst unwahr. Shakespeare, der wohl wisse, wie die Menschen dichten, habe keine Ahnung davon, wie selten der Mensch direct seinen eigentlichen Neigungen und Ansichten folge, wie vielfache Rücksicht auf andere, auf die Gesellschaft, auf die Verhältnisse, bei jedem Wort und jeder That genommen werde, aus wie komplizirten Fäden sich jede Handlung hervorspinne.

Begründe nun schon dies tiefgehende Mängel seiner Stücke, so habe seine Stellung noch nach zwei Seiten hin einen grösstentheils schädlichen Einfluss auf seine Produktionen gehabt. Erstens habe er im Drange jener vielseitigen theatralischen Beschäftigung, und weil er, der theatralischen Wirkung ganz kundig, den Effekt der einzelnen Scenen auf Kosten einer rein ästhetischen Gesammtwirkung besonders berücksichtigt habe, überwiegend scenenweise gearbeitet. Er habe seine ganze Kraft in die jedesmalige Situation versenkt, und so zwar dieser eine unvorwelkliche Frische gegeben, aber damit zugleich das ganze Stück in eine blosse Perlenschnur vn Scenen verwandelt. Er habe nie die Zeit gefunden, vielleicht nicht das Bedürfniss gefühlt, die dramatischen Ideen, welche ihn beschäftigten, in sich rein werden zu lassen; er habe nicht wie Goethe den Gedanken des Stückes jahrelang mit sich herumgetragen, den Stoff in sich neu erzeugt, die Fabel sich abklären lassen; daher das vielfach sittlich Unbefriedigende, die psychologischen Unerklärlichkeiten und wiederum der Mangel an Einheit und Zusammenhang. Denn habe zweitens die oben geschilderte Zusammensetzung des Publikums wesentlich auf ihn gewirkt. Nicht den Kern der Nation habe er vor sich gehabt, sondern einestheils die niedrigsten Volksklassen, anderseits einen jungen, strebsamen, genusssüchtigen, unreifen Adel, beide Theile enthusiastisch, aber beide Theile ohne richtiges Urtheil. Für beide habe er zu sorgen gehabt, daher einerseits die Volks- und Pöbelscenen, welche die reine Wirkung seiner Schauspiele beeinträchtigten, anderseits jene bis auf's Aeusserste gehetzten Wortspiele, jene Witzreden à la Mercutio, in denen jene jungen Leute sich, wie bei uns z. B. die Studenten, gefallen haben möchten; daher ferner die Hyperbeln, an denen er so reich ist. Andererseits freilich habe die Beziehung zu dem ihm nahestehenden aristokratischen Theile des Publikums die Lebendigkeit der Darstellung erhöht; die geselligen Scenen und Conversationen, an denen Shakespeare betheiligt gewesen, hätten sich, meint Rümelin, auf dem Theater unter fremder Maske nicht nur wiederholt, sondern fortgesponnen; Shakespeare habe sich wohl vielfach von der Bühne herab mit seinen Freunden unterhalten, und Unzähliges, dessen Sinn uns jetzt unverständlich geworden, möge sich daraus erklären. Weiter glaubt Rümelin annehmen zu dürfen, dass der Dichter seinen Freunden, als sie anfingen in die politische Laufbahn einzutreten, in mehreren seiner Stücke Lehre und Mahnung habe geben wollen.

Davon abgesehen, sei er durchaus Theaterdichter gewesen, habe immer nur auf die augenblickliche Wirkung gerechnet, diese aber mit Meisterschaft hervorzubringen gewusst. Rümelin findet es unbegreiflich, wie Goethe habe sagen dürfen, Shakespeare habe gar nicht an das Theater gedacht, d. h. Rümelin, der doch ohne Zweifel den wahren Sinn der Goethe'schen Aeusserung versteht, leugnet, dass Shakespeare ein Publikum ausserhalb der Zuschauerräume, das will vor allem sagen, ein Publikum der kommenden Jahrhunderte, vor Augen gehabt hat. In der That sei er auch während seiner Lebenszeit als Dichter in grösseren Kreisen nur durch seinen Adonis u. s. w. bekannt geworden; ein berühmter Dichter könne er nicht gewesen sein, sonst hätte sein Name auf mehr als ein Jahrhundert hinaus so spurlos nicht verschwinden können.

Wir wollen mit der letzten dieser Behauptungen beginnen.

Es ist nichts Selteneres, dass Dichter, die während ihres Lebens hohen Ruhm genossen, bald nachher völig vergessen werden, und wenn man einwenden wollte, dass dies nur solchen geschehen, welche die falschen Geschmacksrichtungen ihres Zeitalters jene vorübergehende Grösse verdankten, wie ein Ronsard, Lohenstein, oder auch ein Wieland, so ist zu erwiedern, dass ganz ebenso gut auch der verkehrte Geschmack der nachfolgenden Periode gegen die

Grösse der Vergangenheit blind machen kann, und oft genug blind gemacht hat. Hier aber musste dies in vollstem Maasse der Fall sein. Als die puritanische Sündfluth, die von keinem Dichter etwas wissen wollte, abgelaufen war, trat mit dem zurückkehrenden Stuart's der französische Geschmack seine Herrschaft an. Wie hätte in einem Zeitalter, das nur buhlerische Intriguen auf dem Theater zu ertragen vermochte, oder wie hätte später, in der Zeit von Addison's Kato, Shakespeare geharnischter Geist über die Bretter schreiten können? Es liegen aber auch directe Zeugnisse vor, dass Shakespeare als Schauspieldichter sich eines hohen Ansehens erfreut hat. Wird er doch von Zeitgenossen als der römische Terenz besungen. Dass eine bedeutende Dichter- und Literatenschule, die übrigens, mit Ausnahme Ben Johnson's, bald ebenso vergessen sein sollte wie er, und die nur der Beziehung zu ihm ihre späte Wiederauferweckung verdankt, mit Geringschätzung auf ihn gesehen, ist ja richtig, und Baudissin mag hier der Wahrheit am nächsten gekommen sein, wenn er sagt, diese Leute hätten Shakespeare wohl mit ähnlichen Augen angesehen, wie die Weimarer den Kotzebue, oder um die hinkende Vergleichung anders zu drehen, — wie vor den Schlegels Goethe zwar ein berühmter Name, aber in den Augen der Böttiger und unzähliger Anderer doch nur klein gegen einen Wieland, ja gegen einen Kotzebue gewesen; so mag es auch Shakespeare ähnlich ergangen sein. Dass ihm das Bewusstsein und mehr noch die Hoffnung eines grossen Namens gefehlt habe, ist undenkbar, falls man überhaupt annimmt, dass er nach einem solchen gerungen. Der Strom seiner Dichtung hätte nach allen psychologischen Erfahrungen vertrocknen müssen, oder doch wenigstens sich ein anderes Bett graben, wenn fortdauernder Kaltsinn sich ihm entgegengestellt hätte. Ihm aber dieses Streben abzusprechen, ihn, — wie der Verf. allerdings thut, doch, wie es scheint, mehr in der Hitze des Gefechtes, als mit vollem Bewusstsein der Consequenzen, — zum bewussten Verfasser vorübergehender Amüsements machen, das reimt sich wenig mit der auch von Rümelin anerkannten Tiefe seines Empfindens.

Was sodann den angeblichen Mangel eines rechten Publikums betrifft, so erlauben wir uns die Frage: Wo bei uns Neueren darf denn der Dichter durch den Mund des Schauspielers zu dem Kerne der Nation zu reden hoffen? Die Analyse des literarischen Publikums, welche Lessing im Streite gegen Klotz liefert, ist so ziemlich auch eine Analyse des Theaterpublikums, auch in den besseren Zeiten der Bühne. Glückseliger Jüngling, möchten wir vielmehr ausrufen, dem es vergönnt war, ein noch ganz der Begeisterung fähiges, unabgestumpftes Publikum vor sich zu sehen, das doch die beiden Pole der Bildung, wie sie der Matrose und der Kavalier aus Raleigh's Zeit darstellten, in sich schloss!

Sehr treffend dagegen erscheint uns, was Rümelin über den Ursprung jener masslosen, wenn auch immer geisterfüllten Wort- und Witzspielerei sagt. In ihnen eine besondere Grösse Shakespeare zu sehen, wie manche Schriftsteller gethan, erscheint als eine Verirrung.

Anders mit den sogenannten Pöbelscenen. Was Rümelin gegen diese vorbringt, hätte er schärfer ausgedrückt schon bei Lessing finden können, wenn er sich mit der Dramaturgie eingehender beschäftigt hätte, als dies, wie wir noch sehen werden, leider der Fall gewesen zu sein scheint. Aber er würde dann auch bei ihm gefunden haben, was sie von höherem Gesichtspunkte aus rechtfertigt. Einen harmonischen, innerlich nothwendigen Zusammenhang der ernsten mit den lustig-tollen Scenen verlangt Lessing, wenn ihre Vermischung erlaubt sein soll; und dieser Zusammenhang ist in den meisten Fällen bei Shakespeare gar nicht zu verkennen, was auch Lessing's Meinung zu sein scheint, der freilich in dieser ganzen Untersuchung Shakespeare gar nicht nennt. Sicher nicht bloss um des Volkes vor der Bühne willen sind diese Volksscenen eingefügt. Sie dienen zunächst als

Ruhepunkte für das durch tragische Aufregungen erschöpfte Gefühl, sie geben in der natürlichsten Weise das Bewusstsein eines Zeitverlaufes zwischen den einzelnen Haupthandlungen, sie erhöben in einzelnen Fällen auf eine furchtbare Weise das Tragische des Momentes. Letzteres z. B. in der von Rümelin sehr geistreich gedeuteten Pförtnerscene im Macbeth, bei der man nicht vergessen darf, dass der betrunkene Pförtner ganz aus dem Leben jener Zeit genommen war. Dass des Guten zuweilen zuviel geschehe, wollen wir nicht ableugnen, und die abgeschmackten Zoten der Amme im Romeo möchten auch wir gern mit Goethe und Rümelin missen, jedoch nur darum, weil sie Zoten und weil sie abgeschmackt sind.

Wir kommen nun zu dem tiefer gehenden Vorwurfe, dass Shakespeare sich nicht die Zeit gelassen, den gefundenen Stoff in sein inneres Gemüths- und Phantasieleben genügend zu versenken und neugeboren aus ihm hervorgehen zu lassen, dass daher zuweilen die rohe Fabel störend hervortrete, der Begebenheit die innre Wahrheit, der Boden subjectiver Wahrscheinlichkeit und der innre Zusammenhang entzogen bleibe. Wir würden diesen Vorwurf als einen äusserst gewichtigen anzuerkennen haben, wenn nicht gerade fast alle die Stücke, auf die es sich mit einem gewissen Rechte beziehen lässt, jener Gattung angehörten, in denen wir den Boden der Märchenwelt betreten. Aber gerade unser Verf. hat mit grösserer Klarheit und Schärfe als irgend jemand vor ihm das nicht im vollen Sinne Ernsthaftgemeinte aller dieser Stücke betont, und wir rechnen es ihm zum besonderen Verdienste an, dass er, soviel wir wissen, zum ersten Male den Kaufmann von Venedig in das rechte Licht gestellt hat. Gewiss, wenn wir dieses Stück als ernstes Schauspiel fassen, ein tragisches und sogar ein hochtragisches Moment in ihm finden, so müssen wir es für vollständig verfehlt halten, aller seiner Schönheiten ungeachtet. Aber Rümelin hat unzweifelhaft Recht, wenn er auf innere Gründe wie auf äussere Zeugnisse gestützt, die Rolle des Shylock iher aus einem Missverständnisse der Bühnenkünstler hervorgegangenen „weltgeschichtlichen" Bedeutung entkleidet und als eine komisch gemeinte darstellt. Jene falsche Auffassung des Shylock, als des tragischen Repräsentanten jüdischen Weltschmerzes, verdirbt bei der Aufführung das ganze Stück, giebt ihm etwas Gezwungenes, Puppenspielartiges. Wie das Losen mit den Kästchen, so ist auch die Gerichtsscene durchaus nicht als bitterer Ernst zu nehmen, vielmehr sinken beide in diesem Falle in's Abgeschmackte herab. Das Ganze ist ein heitres Spiel, worin, wie Rümelin treffend sagt, das vorübergehende Grauen nur dazu dienen soll, die Lust zu erhöhen. Ein Shylock, der auf der Bühne rast, kniet, sein Messer gen Himmel schwingt, ist zu schwer für dies feine Gewebe. Er muss, unserer Ueberzeugung nach, nie, auch vor Gericht nicht, aus seinem tückisch-kriechenden Wesen heraustreten, ausser da, wo er mit seinem Diener spricht. — In wiefern übrigens in diesen märchenhaften Stücken der doch immer erforderliche Grad einer gewissen Wahrscheinlichkeit, ohne die kein Schauspiel denkbar, festgehalten worden sei, ist eine besondere Frage; aber auch hier glauben wir, thut der Verf. Shakespeare häufig Unrecht. So soll im Wintermärchen das Meer an Böhmens Küste und der Bär auf der Bühne von vornherein die Illusion zerstören, während merkwürdigerweise andere gerade in ihnen eine absichtliche und kunstvolle Aufforderung des Dichters an den Zuschauer erblicken, den Boden der starren Wirklichkeit zu verlassen. Wir glauben, dass beide Theile irren. Der Bär kann nicht unnatürlich erscheinen in einer Zeit, wo man nach London zum Behufe der Bärenhetzen diese Thiere vom Festlande häufig einführte, sich also die Wälder des Continents davon erfüllt denken mochte, und da er nur ganz flüchtig auftritt, nicht wie der Hund des Aubry eine spielende Person sein will, so dürfte auch von Seiten der Schicklichkeit nicht viel gegen ihn einzuwenden sein. Die Küste von Böhmen aber beruht doch wohl sicher, was auch die Erklärer sagen mögen, auf geographischer Unkenntniss. Bei einem seefahrenden Volke? Nun, wer wüsste nicht, dass auch die gebildetsten Engländer noch bis in unser Jahrhundert hinein, ebenso wie die Franzosen, durch ihre schreiende Unkenntniss der Geographie, namentlich der europäisch-continentalen, berühmt gewesen sind. Wenn noch gegen Ende des vorigen Jahrhunderts englische Zeitungen ihr Bedauern äussern konnten, dass widrige Winde die Söhne Georg's III. abgehalten hätten, in Göttingen selbst zu landen und was dergleichen mehr ist; — wenn sogar ein englischer Colonialminister vor etwa 100 Jahren gelegentlich Befehle an den Gouverneur der Insel Jamaica im Mittelländischen Meere erlassen konnte, — so darf man sich nicht wundern, dass Shakespeare mit den geographischen Verhältnissen eines Landes unbekannt war, das erst nach seinem Tode die Augen der Engländer auf sich zog. — Was die Degen- und Mantelstücke betrifft, namentlich „Viel Lärm um Nichts," so gestehen wir dem Verf. zu, dass die lahmen Ebeschliessungen und dergleichen das sittliche Gefühl verletzen; aber wir wüssten in der That nicht zu sagen, was aus diesen frivolen Objecten, denn das sind sie ihrem Kerne nach, durch Vertiefung sich hätte machen lassen. Sie scheinen uns ziemlich in gleichem Range mit Goethe's Mitschuldigen zu stehen. „Maass für Maass" aber, an dem Rümelin grossen Anstoss zu nehmen scheint, ist ein tiefgedachtes Gericht über den pharisäischen Legismus, der, wie bekannt, in England lange geherrscht hat. Allerdings hätte der Dichter aus dem Stoffe noch etwas ganz anderes machen können, wenn er dem Angelo die gewinnsüchtige Gemeinheit nahm und ihm dafür einen ideellen Hauch mittheilte; aber er hat es eben nicht gewollt. — Auf die geschichtlichen Dramen Shakespeare's scheint Rümelin's Vorwurf namentlich auch gemünzt zu sein, doch erklärt er sich nicht näher; auf eine verwandte Beschuldigung, die er gegen sie erhebt, werden wir zurückkommen. — Hamlet ist ohne Zweifel dasjenige Stück, an welches der Verf. zumeist denkt; und welches ihm auch das bequemste Angriffsfeld darbietet. Hier erfahren wir auch, was er eigentlich über das scenenweise Arbeiten denkt. Nach ihm ist Shakespeare fern davon gewesen, in Hamlet die Seele darzustellen, auf der eine grosse Verpflichtung ruht, ohne dass die Kraft dazu gegeben wäre. Er hat zunächst nur die gegebene Fabel dramatisiren wollen; aber indem er dem Helden einen Theil seines innern Ichs lieh, und dies in Gesprächen, sammt dem Monologe, hervortreten liess, die eigentlich nicht zum Gange des Stückes gehören, indem er anderweitige Anspielungen auf Zeitverhältnisse einmischte und ausspann (z. B. die Schauspielerscene), fühlte er, dass die Bewegung des Stückes eine zu schleppende wurde; Hamlet musste sich daher von Zeit zu Zeit der Säumniss anklagen, und so entstand wider den Willen des Dichters jener träumerische Anstrich, der zu dem feurigen Hamlet nicht passt. Wir können uns nicht entschliessen, Rümelin's Ansicht zu adoptiren. So in's Blaue hinein hat Shakespeare gewiss nicht gearbeitet. Dann möchten wir ihm beistimmen, dass Unzusammenhängendes im Stücke auf wunderbar künstliche Weise verwebt sei, aber wir möchten eher darin den Grund vermuthen, dass, wie in Schiller's „Don Carlos" zwei verschiedene Stücke einander bekämpfen: im letzteren die „Familiengeschichte eines fürstlichen Hauses" mit Carlos als Mittelpunkt und das weltgeschichtliche liberale Posastück, in Hamlet das altnordische, macbethartige Drama der Blutrache. und die modern-sentimale Darstellung der von Gedankenblässe angekränkelten That. Ohne uns übrigens weiter im Geringsten in den Hamletstreit zu vertiefen, indem wir gern zugestehen, dass für schärfere Augen die Harmonie des Ganzen sichtbar sein möge, wollen wir uns nur zu unserer und auch zu Rümelin's Entschuldigung darauf berufen, dass ein Stück, zu dessen Erforschung halbe Bibliotheken geschrieben werden müssen, wohl „tief," aber nicht „klar wie der Aether" sein kann.

Den ganzen Vorwurf der Nichtabklärung des Stoffes, dem wir also dem Hamlet gegenüber eine gewisse Berechtigung zuzugestehen uns gedrungen fühlen, müssen wir im Uebrigen als bedeutungslos zurückweisen. In den meisten Fällen wird über den Plan und Gang des Stückes der erste Wurf entscheiden. Viel seltener wird sich dem ersten Plane ein völlig anderer, ein ganz neues Stück entwinden. Dagegen aber die Vertiefung der Charaktere, die Verfeinerung der Situationen und der ganzen Zeichnung wird bei langem Aufschub unzweifelhaft gewinnen; nun aber hat Shakespeare, wie wir wissen, seine Stücke oft und viel überarbeitet, und zwar, nachdem er sie aufgeführt gesehen. Sodann aber, — was wäre denn in den grossen Stücken, die seinen Ruhm vornehmlich begründen, im Romeo, im Othello, im Macbeth, in den englischen Geschichtsdramen, was wir in der Anlage und im Plane anders wünschen möchten?

Wir kommen zu der Behauptung, dass Shakespeare sehr ungenügend motivire, dass er wegen Mangel an Erfahrung die Menschen ihren Leidenschaften gemäss, aber ohne Rücksicht auf die mitwirkenden Factoren handeln lasse. Dass das Handeln seiner Personen ein mehr unvermitteltes ist, als im Leben, geben wir zu; es kann aber dieser Vorwurf nur den Grad des Mangels treffen, denn es ist aller Dichtung eigen, durch Concentrirung der Handlung in das Bewusstsein und Schicksal weniger Personen eine unendliche Fülle von Mittelgliedern und Verbindungsfäden zu beseitigen, worauf ja das Wesen aller volksthümlichen historischen Poesie beruht. Rümelin erkennt an, dass Shakespeare's Personen eine ungewöhnliche Frische und Lebendigkeit besitzen, dass ihnen gegenüber die Gestalten anderer Dichter, auch Goethe's, abgeblasst erscheinen; diesen Vortheil erreiche Shakespeare dadurch, dass er jeder Figur nur einige wenige charakteristische Züge verleihe, diese aber in ungewöhnlicher Stärke. Gewiss! War aber eben nicht damit schon der Verzicht verbunden auf jene feinere Seelenmalerei, auf die Ausführung jener psychologischen Zusammenhänge, jener objectiven Einwirkungen und Hemmnisse, die wir bei Goethe unnachahmlich gezeichnet finden? Mit einem Worte, muss nicht der Dichter wählen, ob er die derbe Leidenschaft oder die vermittelte Wirklichkeit darstellen will? Ist es also ein wirklicher Vorwurf für Shakespeare, dass er, seine eigenthümliche Aufgabe richtig erkennend, der Darstellung der Leidenschaften alles opferte, was die Energie ihres Ausdrucks hätte beschränken können? Was aber diejenige Motivirung betrifft, welche auch unter diesen Umständen noch nothwendig bleibt, und welche der Zuschauer unwillkürlich verlangt, so dürfte der Mangel derselben viel seltener nachzuweisen sein, als der Verf. meint. Wie kann es auch anders sein bei einem Manne, der selbst Schauspieler ist, und, wie oben gesagt, seine Stücke von neuem sorgfältig zu bearbeiten pflegt! Wir geben zu, dass das Verfahren Richard's III. gegen Buckingham unerklärlich bleibt; auch uns scheint es, so dürfe der König zu dem ehemaligen Günstlinge nur sprechen, wenn der Verhaftsbefehl gegen ihn bereits ausgestellt ist; aber wir möchten in diesem, wie bei einigen andern Fällen darauf aufmerksam machen, dass das Spiel der gleichzeitigen Schauspieler, von dem wir nichts wissen, da ja die bei uns gewöhnlichen Fingerzeige damals dem Texte nicht beigefügt wurden, diese Scene und überhaupt den ganzen Richard vielleicht in ein anderes Licht gerückt haben könne, als in dem sie uns erscheinen. Kann der Dichter den Richard nicht als einen, bei aller Tucke und Selbstbeherrschung, jähzornigen Aufwallungen ausgesetzten Mann sich gedacht haben? Man denke an Napoleon I.; er verstand es ebenso gut, den Wüthenden zu spielen wie die Wuth zu unterdrücken, und doch brach sie zuweilen in ursprünglicher Frische hervor. In Heinrich VI. wird Richard wirklich so gezeichnet; wir erinnern an die Ermordung des jungen Eduard, die ohne diese Annahme alles Salz verliert. — In einem Falle, den Rümelin anführt, hat er ganz offenbar Unrecht. Als Desdemona die Abberufung des Othello erfährt, sagt sie: „Das freut mich." Nimmermehr, meint Rümelin, habe sie so sprechen können, da es sich um eine schimpfliche Zurückberufung ihres Mannes gehandelt habe, die ihrerseits gar nicht motivirt sei. Aber diese Auffassung, die sich wohl beim er-

einem flüchtigen Leser aufdrängen kann, löst sich bei genauerer Betrachtung auf. Wir sind überzeugt, dass auch Rümelin selbst, wenn er die Stelle noch einmal ruhig durchläse (er hat sie wahrscheinlich seit längerer Zeit nicht vor Augen gehabt) den Ungrund seiner Meinung sogleich erkennen würde. Von Schimpf ist gar nicht die Rede, vielmehr von Ehre; das zeigen deutlich die Worte des Lodovico: „Ist dies der edle Mohr, den der Senat sein Ein und Alles nennt?" u. s. w. Das zeigt sein grenzenloses Erstaunen, welches sinnlos wäre, wenn dem Othello wirklich eine schwere Beleidigung zu Theil geworden; das zeigt schon die Art, wie er den Brief des Senats übergiebt, die, im Zusammenhange mit dem, was er gleich darauf zu Desdemona sagt, unmöglich durch die heuchlerische Zurückhaltung eines Mannes verhängnissvoller Botschaft wird erklärt werden können, da er sich ja im Uebrigen durchaus vertraulich und als Verwandter benimmt. Jene Worte an Desdemona, dass den Mohren der Inhalt der Briefe vielleicht verdriesse, ist ja nur eine Vermuthung, durch die er das Erschrecken der jungen Frau über Othello's Benehmen beseitigen will. Othello ist nicht abgesetzt, er ist zurückberufen, weil der Senat ihn, sein Ein und Alles, an einer wichtigeren Stelle braucht. Aber die Abberufung, so ehrenvoll an sich, kann ihm möglicherweise in diesem Augenblicke unangenehm sein, — das ist der Sinn von Lodovico's Worten, und anders fasst auch Desdemona die Sache nicht auf. Ihr: „Das freut mich" bezieht sich zunächst auf die Rückkehr an der Seite ihres neuen Ehren entgegengehenden Othello's, dann erst auf die Beförderung des Cassio, die sie ihm gönnt, weil er, wie sie meint, unter der disciplinarischen Strenge ihres Mannes zu sehr gelitten hat; sie ahnt auch gar nicht, dass Othello sie hört, der ihrer Meinung nach ganz in den Brief versenkt ist. — Und so dürften, auch ohne alle Anwendung von Sophistik, die uns ebenso widerwärtig ist wie Herrn Rümelin, die meisten jener Anstösse schwinden, wenn die betreffenden Stellen vorurtheilslos gelesen werden, oder doch nur mit dem Vorurtheile, dass Shakespeare nicht so leicht Sinnloses schreiben werde. Wir kommen hier nebenbei noch auf die Bemerkung unseres Verf., dass sich bei Shakespeare zwar viel des Zarten, aber wenig oder nichts des eigentlich Rührenden finde, dass die an sich rührenden Situationen durch eine schreckliche oder phantastische Beigabe getrübt zu werden pflegten. Dies ist nicht ganz ohne Grund, doch erinnern wir z. B. an das letzte Gespräch der beiden Talbot, während allerdings die Todesscene York's zu furchtbar ist, um reine Rührung aufkommen zu lassen. Aber die phantastischen Beigaben dürften sich nicht als so störend erweisen, wenn man auch hier das Spiel der Darsteller hinzudenkt. Wir denken namentlich an die Scene des Wintermärchens, wo die Königin ihrem Gemahl zurückgegeben wird, und die vielleicht Rümelin gleichfalls im Sinne gehabt hat. Wieland findet in ihr ein echtes Pröbchen Shakespeare'schen Unsinns, und seltsam mag sie auf den ersten Blick einem Jeden erscheinen. Uns will bedünken, der König, und in geringerm Grade die übrigen Zuschauer, müsse als von vornherein durch die überwältigende Aehnlichkeit der Bildsäule in einen Zustand von Aufregung gesetzt gedacht werden, der etwas von einer Entrückung hat und sich von Stufe zu Stufe steigert, bis der Unterschied zwischen Wirklichkeit und Schein ihm verschwindet, und der Schauspieler habe die allerdings sehr schwierige Aufgabe, ein Analogon dieser Stimmung im Zuschauer hervorzurufen, so dass schliesslich nicht sowohl die Ueberraschung, als vielmehr die Befriedigung des Wunsches hervortritt. Die Oelfarben der Bildsäule, die zu oft und zu früh erwähnt werden, um für einen Scherz Paulinen's im letzten Augenblicke gelten zu können, werden allerdings so lange anstössig bleiben, als die Ansicht einiger Aesthetiker von der Bemalung der Bildsäulen im Alterthume nicht in die Praxis gedrungen ist. Wird man vielleicht behaupten, Shakespeare habe auch hier aus immenser Gelehrsamkeit herausgesprochen, und den Künstlern seiner Zeit einen Fingerzeig geben wollen?

Mit den Schauspielen aus der englischen Geschichte ist Rümelin besonders unzufrieden; aber was er vorbringt, hört sich seltsam an. Wenn man ein solches Stück gelesen, fühle man sich nicht getrieben, es gleich noch einmal vorzunehmen, — was jedenfalls eine äusserst subjective Behauptung ist, — sondern man habe das Verlangen, sich aus einem Geschichtswerke noch genauer zu unterrichten, — was gewiss richtig ist, aber gewiss nichts gegen den Werth des Stückes beweist. Der eigentliche Grund seines Widerwillens liegt wohl in den überschwänglichen Complimenten, welche Gervinus u. A. Shakespeare über seinen tiefen Einblick in die geschichtlichen Verhältnisse gemacht haben. Diese angebliche politische Einsicht hat Rümelin in ihnen gesucht und nicht gefunden, und dies scheint ihn verstimmt zu haben. In den Scenen des Goethe'schen Egmont zwischen der Regentin, Macchiavell, Egmont, Oranien und Alba, sagt er, sei mehr Verständniss der politischen Dinge als im ganzen Shakespeare und Schiller zusammengenommen. Dies gewiss mit Recht. Sodann habe Shakespeare von dem Unterschiede der Zeiten keine Ahnung: von der Kriegsführung habe er kindliche Begriffe; seine Weltanschauung sei eine durchaus aristokratische. Wir werden dies zugestehen müssen, wenigstens würde der Einwand, dass Shakespeare nur die aristokratische Grundlage der Gesellschaft, wie sie einmal war, dargestellt habe, selbst aber freieren Blickes gewesen sei, kaum irgend einen Beleg beizubringen im Stande sein, und doch müsste man erwarten, dass ein so selbstständiger Geist bei aller Objectivität gelegentlich den Drang gefühlt haben würde, seine tieferen Ansichten der einen oder andern seiner Personen in den Mund zu legen. Dass er das bürgerliche Drama bei Seite lässt und nur Aristokratie und Pöbel auf die Bühne bringt, würde an sich noch nichts beweisen, denn diese beiden Klassen sind es ja, deren Leben in einer Oeffentlichkeit verläuft, welche sie für theatralische Zwecke besonders geeignet macht, während das Bürgerthum, der Mittelstand, für die tragischen Seiten seines Lebens nur dann Publicität erwirbt, wenn sie zu gemeinen Verbrechen führen, daher das bürgerliche Drama nie den criminalistischen Beigeschmack los wird. — Tiefes Verständniss für politische Dinge im engeren Sinne und für ihre Behandlung wird man bei Shakespeare nicht finden, aber, und das hätte Rümelin noch stärker betonen sollen, wer wird sie denn auch bei ihm suchen? Wer sonst, als ein von Vorurtheilen verblendeter und des reinen Blickes für das Schöne ermangelnder Parteimann. Dagegen beruht die sonstige Opposition Rümelin's gegen diese Schauspiele auf einer krankhaften Uberspannung seines Kunstbegriffes. Er leugnet allen Unterschied zwischen objectiver und subjectiver Dichtung; er versteigt sich so weit, zu behaupten, man wolle auch im Schauspiele nur den Dichter sehen, und da er sich nun dem gewaltigen Eindrucke jener Dramen gerade in ihrer Geschichtlichkeit nicht entziehen kann, so erklärt er diese Geschichtlichkeit für einen Fehler; er findet, dass Shakespeare immer da am grössten ist, wo er den Stoff ganz aus sich erzeugt, und er macht ihm zum Vorwurfe, die englische Geschichte genommen zu haben, wie sie war, d. h. äusserlich war. Er sagt bei dieser Gelegenheit viel Gutes über die Unzuverlässigkeit der Geschichte, über die Schwierigkeit, ein politisches Factum auch nur annähernd richtig aufzufassen, wenn man nicht dabei thätig gewesen; aber alles, was er hier vorbringt, trifft wohl Gervinus und die Andern, welche dem geschichtlichen Dichter eine ganz unnatürliche Stellung als Lehrer der Politik geben, nicht aber Shakespeare. Auch Lessing bekommt hier eine recht schulmeisterliche Abfertigung. Er habe dem Dichter erlaubt, mit den geschichtlichen Thatsachen ganz nach Belieben umzuspringen, dagegen müsse er die Charaktere sorgfältig conserviren. Das sei baarer Widersinn. Weit eher lasse sich die Ansicht hören, der Dichter dürfe einen historischen Charakter nur nicht gerade in sein Gegentheil verkehren; aber auch diese Ansicht sei im Grunde haltlos; der Dichter müsse mit Charakteren und Thatsachen ganz frei umspringen können. Nun hat aber Lessing gesagt, man dürfe, wenn man einmal historische Persönlichkeiten behandeln wolle, die Grundzüge ihres Charakters nicht ändern, sondern nöthigenfalls verschärfen; eben aber um den Charakter reiner hervortreten zu lassen, dürfe man die Facta, die ja im Schauspiele als das Erzeugniss der Charaktere auftreten, nach seinen Zwecken gestalten. Er hat also im Wesentlichen gerade das gesagt, was Rümelin für viel besser als die Lessing'sche Meinung erklärt, und hat es aus sehr guten Gründen gesagt. Wolle man auch den Charakter in seinen Grundzügen nicht behalten, so solle man zu erdichteten Personen greifen. Lessing hat übrigens Shakespeare hierbei nicht im Auge; er spricht von französischen Dichtern und denkt nur an jene Art des geschichtlichen Schauspiels, die Rümelin nur allein als zulässig anzuerkennen scheint, wo nämlich der geschichtliche Vorfall als reine Anekdote, in gleicher Weise wie jeder erfundene Vorfall, eben nur die Fabel liefern soll. Unzweifelhaft aber giebt es noch eine andre Art, die Geschichte zu behandeln, indem man sie selbst in ihrem innern Zusammenhange, natürlich nur in grossen Zügen, wie die allgemeine Erinnerung sie auffasst, als ein Gericht über die Leidenschaften darstellt. Das hat Shakespeare gethan, und freilich wird es ihm wohl keiner nachthun; — aber weil es trotz aller Epiker keinen zweiten Homer gegeben hat, ist darum Homer kein regelrechter Dichter? Wahr ist es, dass die meisten dieser Shakespeare'schen Stücke, namentlich die einzelnen Theile Heinrich's IV. und Heinrich's VI., in sich nicht die volle Abgeschlossenheit zeigen, wie wir sie an andern Tragödien gewohnt sind, dass sie etwas Rhapsodisches haben, auf einander hinweisen, wie ja auch die Theile des Schiller'schen Wallenstein. Aber dieser durch die Nothwendigkeit hervorgerufene Mangel wird überreichlich ersetzt durch den erhabenen Zusammenklang, in den ein jeder von ihnen seine reichen Schönheiten mitbringt. Gerade diese Dramen werden, wenn irgend welche, für ewig beweisen, dass Shakespeare mehr gewollt, als einem passageren Publikum einen heitern Abend zu verschaffen. Was aus gleichem Stoffe ein begabter Dichter, der aber nicht Shakespeare war, hat machen können, zeigt Marlowe's Eduard II.

Werfen wir noch einen Blick auf Shakespeare's Charakter und seine Weltanschauungen, wie Rümelin beide, und zwar die erstere via negationis, d. h. aus demjenigen, was sich in seinen Stücken nicht findet, darzustellen sucht. Es ist viel Ansprechendes darin. Shakespeare erscheint als ein ungemein bewegliches, fast weibliches Gemüth, voll unbefriedigten Strebens, mehr und mehr in Ernst, ja in Melancholie versinkend. Dies mag nicht unrichtig sein, obwohl es immer nur Hypothese bleibt. Niemals aber werden wir glauben, dass Shakespeare das Glück der Einsamkeit nicht gekannt oder nicht geschätzt habe. Er, grade in seinem vielbewegten Tagesleben, er sollte nicht mit Begierde die wohl kärglich zugemessenen Augenblicke stillen Sinnens ergriffen haben, sei es auch nur während einer Aufführung, an der er nicht direkt betheiligt war, oder mitten im Taumel der Gesellschaft? Oder glaubt Rümelin im Ernste, dass er seine Poesien aus dem Aermel geschüttelt habe? Und woher diese Behauptung? „Shakespeare stellt immer die Neigung zur Einsamkeit als Zeichen der Verliebtheit oder irgend einer Geistesstörung dar." Ich dächte, das wäre ein deutlicher Fingerzeig, wie bedenklich es mit dieser ganzen via negationis und mit allen diesen Wahrscheinlichkeitsbeweisen stehe, was Rümelin, der Jurist und Staatsmann, am ersten hätte fühlen müssen. — Shakespeare's Weltanschauung sei im Ganzen eine pessimistische gewesen. Das lässt sich allerdings nicht verkennen; überhaupt aber sind tiefe Geister nur in ganz ausnahmsweisen Fällen von Natur Optimisten, wie allerdings Goethe; wohl aber können sie es werden als Menschen von sehr inniger Frömmigkeit, indem ja Religion, wenn sie ihren Namen verdient, nichts anderes ist als ein zum Optimismus verklärter Pessimismus. Welche Gestalt die Frömmigkeit Shakespeare's gehabt habe, wird so wenig mit Sicherheit auszumachen sein, als so viel anderes von seinen persönlichen Meinungen. Rümelin hebt hervor, dass er sich immer nur in dem allgemein Christlichen, ja allgemein Religiösen bewege, dass er zwar ohne die Reformation nicht denkbar sei, aber nichts specifisch Protestantisches zeige. Diesen Eindruck hat Shakespeare auch auf den Referenten in sehr frühen Jahren gemacht. Es bildete sich in ihm die Ueberzeugung, Shakespeare sei ein heimlicher Katholik gewesen. Er hat diese Ansicht, die ja neuerdings in der Literatur ihre Vertreter gefunden hat, seinerseits längst aufgegeben, wohl aber möchte er es nicht unwahrscheinlich finden, dass Shakespeare zwischen beiden Confessionen geschwankt und dabei zugleich, was sich damit sehr wohl verträgt, einer gewissen Opposition gegen alles Kirchenwesen nicht fern gestanden habe. Diese Opposition glaubt auch Rümelin herauszufühlen, und allerdings bleibt hier Alles Gefühlssache. Jedenfalls aber spricht für Shakespeare's feines Gefühl in Sachen der Religion die Zurückhaltung und Mässigung, die er seinen Gegnern, den Puritanern, gegenüber beweist. Wir wenigstens vermögen nicht zu finden, dass er, nach Rümelin's und Anderer Behauptung, wie freilich viele andere Dichter jener Zeit, die Puritaner häufig zum Gegenstande seines Spottes gemacht habe.

Eine sehr gut ausgeführte Parallele zwischen Shakespeare und Goethe macht den Schluss des Rümelin'schen Buches. Die ganz unerhörten Uebertreibungen von Gervinus und Ulrici, „Goethe und Schiller hätten an Shakespeare wie an ihrem Meister hinaufzublicken; Shakespeare vereinige die Vorzüge beider ohne ihre Fehler," werden hier in ebenso gründlicher wie geistreicher Weise in ihr Nichts zurückgewiesen.

Endlich, um auch das noch zu erwähnen, beschäftigt sich Rümelin mit der Gervinus'schen Behauptung, dass Shakespeare der sicherste Führer durch's Leben sei, den man sich wählen könne. Er bezieht dieselbe, was doch wohl nicht Gervinus' Sinn ist, auf die Sentenzen, die sich bei Shakespeare finden, und indem er viel Gutes über sie sagt, weist er nach, dass dieselben gleich den Volkssprüchwörtern, denen sie in der Form so ähnlich sind, für das Handeln keinen sichern Anhalt geben können. Wir unsererseits müssen gestehen, dass wir uns bei dem Gervinus'schen Ausdrucke schlechterdings nichts denken können. Sich einen Dichter zum Führer durch's Leben zu wählen, hat etwas von einer Stammbuchphrase; aber wenn es sich etwa nur um Goethe oder Schiller handelte, so würden wir doch wenigstens wissen, was gemeint sei: dort der frische Lebensmuth, hier die ideelle Ansicht aller Dinge; — aber Shakespeare? Ebenso gut scheint es uns, könnte man Raphael oder Michel Angelo zu Lebensführern wählen.

Und was ist nun unser Schlussurtheil über dieses kleine aber inhaltsvolle Buch? Es wird uns Shakespeare, den weisen Dichter, Shakespeare, den Propheten des Gemüthes, den Schöpfergeist, nicht rauben, ob es sich gleich öfter die Miene giebt, das zu versuchen, aber gegen Shakespeare, den ästhetischen Rechenmeister, gegen Shakespeare, den politischen Professor, hat es Stösse geführt, von denen diese beiden Herren sich sobald nicht erholen werden. Fort mit ihnen zur Unterwelt, wo sie sich von den Dramaturgen mögen umheulen lassen!

Berlin.   A. Bucher.

Kurze hochdeutsche Sprachlehre von H. Krause, Director der Grossen Stadtschule zu Rostock. 3. verbesserte Auflage. Stade. Fr. Steudel sen., 1866.

Ueber dieses Buch können wir uns kurz fassen. Es besitzt den unbestreitbaren Vorzug, dass es, für Norddeutsche bestimmt, zuweilen (unserer Meinung nach nicht oft genug) auf das Plattdeutsche Bezug nimmt und den an Letzteres gewöhnten Schüler auf die Unterschiede desselben vom Hochdeutschen aufmerksam macht. Im Uebrigen ist zu bemerken, dass es systematisch, nicht methodisch geordnet ist, eine Weise der Anordnung, der wir bei einer Schulgrammatik niemals zustimmen können, es wäre denn, dass sie in Gestalt eines ganz kurzen Repetir-Büchleins aufträte, was bei der vorliegenden nicht der Fall ist. Endlich haben wir ein Curiosum zu berichten, das uns der Mühe überhebt, weiter auf Einzelheiten einzugehen. Auf S. 29 steht als Beispiel vom Gebrauche des „hinweisenden" der, die, das: Die Männer, deren Andenken ans theuer ist. Als Seitenstück dazu finden wir auf S. 30 unter den Beispielsätzen zum „beziehenden" der, die, das: Viel Aussätzige waren in Israel, und derer (jetzt: deren) keiner ward gereinigt. In einer dritten, verbesserten Auflage!

Dr. Marthe.

Das Latein auf der Realschule. Zwei Gutachten (1859 und 1864) von Dr. H. Wendt. Rostock, Stiller'sche Hofbuchhandlung, 1865.

Die vielbestrittene Frage des lateinischen Unterrichts auf der Realschule berührt die Interessen und Tendenzen, welche das Archiv vertritt, zu nahe, als dass es nicht erlaubt sein sollte, in demselben von literarischen Erscheinungen Notiz zu nehmen, welche sich in dem einen oder dem andern Sinne mit Lösung derselben beschäftigen. Andrerseits jedoch ist für eine der Wichtigkeit der Sache angemessene, ausführliche Erörterung jener Frage, das engebaute kritische Hinterhaus des Archivs nicht der geeignete Ort. Wir tragen daher zwar kein Bedenken, die unter obigem Titel erschienene Broschüre hier in Fach und Reihe zu stellen, enthalten uns aber einer Kritik der in ihr verflochtenen Sache.

Der Verfasser tritt warm, scharf und lebendig für das Latein ein. „Aller Jugendunterricht, bis etwa zum Eintritt der Pubertätsperiode, hat für Alle die Eine ungetheilte Aufgabe der Weckung und Uebung der geistigen Kräfte mittelst der allgemein bildenden Disciplinen, gemäss dem Bildungsideale der Zeit: erst mit dem angegebenen Zeitpunkte beginnt die specielle Vorbereitung auf den künftigen Beruf." Das Latein nimmt unter den „allgemein bildenden" Disciplinen die erste Stelle ein; Gymnasium und Realschule müssen darum in ihrem Ausgange eins sein; erst nach Tertia scheiden sich ihre Wege; auf dem gemeinsamen Unterbau der untern Klassen erhebt sich einerseits ein zweijähriger Realcursus (hierauf reducirt sich die ganze eigentliche Realschule), andrerseits der Cursus der gymnasialen Oberklassen. Der Verfasser scheut nicht das Odium, dass seine Vorschläge „Manchem als eine befremdliche Rückkehr zu einem längst überwundenen Standpunkt erscheinen" mögen, sondern entwickelt tapfer die Consequenzen, die sich daraus hinsichtlich der Lehrgegenstände in den unteren Klassen ergeben. Alle seine Erwägungen beherrscht der Gedanke, dass zur Grundlegung einer höheren, über das Niveau der Volksschule hinausreichenden Jugendbildung das Latein unentbehrlich ist, und man kann ihm zugeben, dass die Argumente, die er für letzteres in's Gefecht führt, ohne neu und erschöpfend zu sein, doch frisch, klar und bündig vorgetragen werden. Die oben bezeichneten reformatorischen Vorschläge sind in dem ersten Gutachten niedergelegt, das bei Gelegenheit einer beabsichtigten Umgestaltung der Rostocker Realschule im Jahre 1859 eingereicht wurde. Aus dem zweiten ergiebt sich, dass die Reform zum Theil nach den Wünschen des Verfassers (Combination der untern Klassen bis Unterquarta) in's Leben getreten ist, dass sie aber mannigfache Angriffe zu bestehen gehabt hat. Er versucht also hier, einestheils sie zu rechtfertigen, anderntheils zur Fortführung derselben im Sinne seines ersten Gutachtens anzuspornen. In letzterer Beziehung namentlich befürwortet er die bis dahin unterbliebene Einführung des Lateins in die Realklassen jenseits Quarta, wobei er seine im ersten Gutachten angestellten Erörterungen hauptsächlich durch Anführung von Autoritäten zu ergänzen weiss. Beide Gutachten enthalten nicht nur in der von ihnen behandelten Capitalfrage, sondern überhaupt in Sachen der Realschule für Freund und Feind Beherzigenswerthes. Dr. Marthe.

Jean Paul Friedrich Richter als Pädagoge, nebst einer Auswahl pädagogischer Kernstellen aus Jean Paul's Werken. Lehrern und Erziehern dargeboten von G. Wirth. Brandenburg, Ad. Müller, 1865.

Wenngleich dieses Büchlein auf einen weitern Leserkreis berechnet ist, als der des Archivs zu sein pflegt, so darf es doch seiner trefflichen Tendenz wegen auch hier auf Beachtung Anspruch machen. Jean Paul's Schriften sind eine unerschöpfliche Fundgrube von Geist, Gemüth und Phantasie nährenden Gedanken, nur schade, dass sie mehr oder weniger gleich rohen Diamanten — ohne Fassung daliegen. In Jean Paul pulsirt ferner eine starke pädagogische Ader. Mit Vorliebe schildert er, bald ernst, bald launig, die Freuden und Leiden des Lehrerberufs; ihn begeistert der Gedanke eines pädagogischen Romans, der freilich in der unsichtbaren Loge nur unvollkommen zur Ausführung gelangt; er giebt endlich in der Levana eine nach seinem Begriff vollständige Erziehlehre. Mit wie warmem Herzen ist diese geschrieben, mit welch innigem, geistreichem, liebevollem Verständniss der Kindesseele! Nur schade, dass auch hier das blendende Flimmern und Funkeln geistreicher Metaphern, origineller Bilder den Leser unserer Zeit allzusehr stört und zu ruhigem Genuss kaum gelangen lässt! Aus diesem Schatze aber nur die Körner reinen Goldes abzuheben und übersichtlich zusammenzulegen ist ein verdienstvolles Werk, welchem herzlicher Dank gebührt. Wir zollen ihn dem Herausgeber obigen Büchleins, dem wir auch dann den Dank nicht vorenthalten würden, wenn er noch mehr gesichtet und folglich noch weniger von den edlen Früchten des reichen Jean Paul'schen Gemüths uns dargereicht hätte. Der „Auswahl pädagogischer Kernstellen" geht — die erste Hälfte des Büchleins ausfüllend — eine Lebensgeschichte Jean Paul's voran, die mit Recht ausführlicher bei seiner Kindheit, sodann bei seinem Wirken als Lehrer in Schwarzenbach verweilt. Dieser Lebensabriss ist zum Verstehen der so eigenthümlichen Persönlichkeit Jean Paul's genügend und wird den Lesern, denen das Buch hauptsächlich zugedacht ist, willkommen sein. Dr. Marthe.

Memorir- und Repetitionsstoff aus der französischen Grammatik. Zusammengestellt von Dr. Christian Vogel, Director der Lehr- und Erziehungsanstalt zu Greiz im Voigtland. Erster Theil: Formenlehre.

Der Herr Verfasser geht von der Meinung aus, „dass bei gediegenem Unterricht, allerdings wenn angebracht mit möglichster Bezugnahme auf die alten, die neuern Sprachen mit demselben Nutzen für den Schüler zu betreiben sind, um ihn in seiner Ausbildung, falls er nicht eine academische Laufbahn einschlagen will, ebenso weit zu fördern, als es überhaupt durch die altclassischen Sprachen geschieht."

Wir erfahren aus der Vorrede noch, „dass die vom Herrn Verfasser geleitete Anstalt ausser vier Elementarclassen und einer Progymnasialclasse bis jetzt nur aus Realclassen besteht, in welchen letzteren das Lateinische nur deswegen obligatorisch gelehrt wird, weil in jetziger Zeit der Geschäftsmann und Kaufmann einiger Kenntniss desselben nicht entbehren kann und darf. Was die neuern Sprachen betrifft, sagt der Verf., so mache ich mich verbindlich, durch meinen Unterricht in denselben meine Schüler in ihrer allgemeinen Ausbildung ebensoweit zu bringen, als jeder Lehrer der altelassischen Sprachen es mit seinem Lehrobjecte vermag; natürlich basire ich deshalb durchaus auf Grammatik und verdamme jedes oberflächliche Treiben, wozu uns besonders solche Methoden, durch die man innerhalb 6 Monaten, ja sogar in 24 Stunden eine Sprache zu erlernen im Stande sein soll, verleiten können und müssen."

Obwohl das Vorstehende eigentlich mit dem vorliegenden Buch wenig zu schaffen hat, so glaubte ich es dennoch nicht unterdrücken zu dürfen.

Der Verf. hat nun, „um im Unterrichte das Möglichste zu erzielen, „sowohl für die englischen wie für die französischen Stunden einen Memorirstoff zusammengestellt, „der neben und mit dem sonst noch gebrauchten Uebungsbuch vom Schüler benutzt wird." Welches dies Uebungsbuch ist und ob sich vorliegendes Buch (wie doch zu erwarten wäre) demselben genau anschliesst, erfahren wir nicht; doch scheint dasselbe wenigstens keine Elementargrammatik, sondern nur ein Uebersetzungsbuch zu sein, denn der Verf. will die für die jedesmalige Stunde durchzunehmenden Regeln des Memorirstoffes nach seiner Aufstellung mit den Schülern ausführlich behandeln.

Ein mehrjähriger Gebrauch an den verschiedenen Unterrichtsanstalten hat dem Verf. die Ueberzeugung geliefert, „dass die betreffenden Bücher wirklich brauchbare Hülfsmittel sind, die viel dazu beitragen, dass der Unterricht in den neuern Sprachen mehr dem der alten Sprachen gleichkommt, dasselbe wie dieser erreicht, und besonders an jener Oberflächlichkeit verliert, die ihm leider durch manche unserer jetzigen Lehrbücher auch ohne Absicht des Lehrers nur zu oft aufgeprägt wird."

Der zweite Theil, die Orthographie und Syntax behandelnd, soll später nachfolgen. — Ist vielleicht schon geschehen?

Wenden wir uns nun zu dem Buche selbst.

§ 1 — 12. Alphabet, Accente und Artikel, anderthalb Seiten umfassend, bieten nichts Bemerkenswerthes.

§ 12 — 36 behandelt die Genusregeln erst nach der Bedeutung, der Hauptwörter, dann nach ihrer Endung, mit einigen Beispielen und keineswegs erschöpfenden Ausnahmen. Wenn der Schüler § 13 lernt: Männlich sind die Hauptwörter, welche männliche Wesen bezeichnen, und § 14: Männlich sind die Namen der Tage, Monate und Jahreszeiten, so wären einige Ausnahmen hier durchaus nicht überflüssig gewesen z. B. la sentinelle, la dupe, la recrue, la Saint-Jean, la Saint-Michel, la mi-carême etc. — Die beiden ersteren finden sich freilich an anderen Stellen, § 50. Noch misslicher ist der Versuch, nach den Endungen das Genus der französischen Hauptwörter (wie es die characteristischen, wesentlich verschiedenen lateinischen Endungen erlauben) zu bestimmen; ein Versuch, dies durchzuführen, war stets vergeblich. Daher denn solche unbestimmte Regeln: die meisten Hauptwörter etc. § 25, § 28, § 30; viele Hauptwörter § 32 etc. Dann sind Regeln und Ausnahmen so wenig erschöpfend, dass ganz bekannte, dem Schüler häufig vorkommende Wörter vermisst werden: Le vice, la façon, la raison, la chanson, l'intérieur etc. Für eine Unzahl Wörter würde er vergeblich selbst nach der betreffenden Regel suchen z. B. soif, clef, voix, vis, part, tour, cour, forêt, nuit, mort, loi, foi, peau, eau, service etc. etc. Was nützen nun, fragen wir, solche Genusregeln?

§ 37 — 50 behandeln die Ableitung weiblicher Hauptwörter von männlichen, bei solchen, die lebende Wesen bezeichnen. Auch diese Paragraphen haben viele Lücken.

§ 51 führt 18 gleichlautende Substantiva auf, die bei verschiedenem Geschlechte verschiedene Bedeutung haben. Dass der Hr. Verf. hier einige Wörter ausgeschieden hat, mag seinen Grund haben; doch *souris* hätte wohl mit aufgeführt werden können.

§ 53 die Pluralbildung der Substantive. § 57 und § 58 vermisse ich (da die Regeln wohl vollständig sein wollen): bocal, nopal. pal, — plumail.

§ 76 — 88 die Bildung des Femininums der Adjective ist, wenn auch im Allgemeinen auf die bekanntesten Eigenschaftswörter Rücksicht nehmend, in der Fassung der Regeln mit mancher Unvollständigkeit behaftet.

In dem Capitel der Fürwörter ist mir die Eintheilung in bestimmte und unbestimmte Relativpronomen aufgefallen: qui, lequel welcher — qui, quoi, was.

Das Capitel von den Verben, § 143 — 263, behandelt ausführlich: avoir, être und die vier Conjugationen (er, ir, oir, re). Die Theilung aim-erai, aim-eras etc., fin-issais, fin-issant (Prés.) etc. möchte wohl nicht geeignet sein, den Schüler fest mit den Verbendungen vertraut zu machen; mindestens wird ihm die Sache unnütz erschwert, wenn er für das Futur und Imparfait z. B. die Endungen in jeder Conjugation besonders zu lernen hat. Es stimmt dies auch nicht mit der vom Verf. angegebenen Ableitung der Zeiten (§ 162). Die Ableitung von je *reçoive* aus *recevant*, „indem man evant in oive verwandelt," (§ 165) ist seltsam Der Verf. conjugirt nun das Passivum (§ 170 — 171) und das reflexive Zeitwort *se tromper* (§ 172).

Es folgen dann eine Reihe Verben, die im Französischen reflexiv, es im Deutschen aber nicht sind, so wie solche, die im Deutschen reflexiv, es im Französischen aber nicht sind.

§ 175 behandelt das unpersönliche Verb neiger, und die §§ 176 — 203 geben die Stammzeiten und die Unregelmässigkeiten der Ableitung der unregelmässigen Verben.

§ 264 — 280 behandeln das Adverb, die Bildung und Steigerung desselben, eine Zahl Adverbien der Zeit, des Ortes, der Menge, der Vergleichung, der Ordnung, der Bejahung, der Verneinung, der Frage.

Die § 281 — 288 geben die Präpositionen, die Conjunctionen (hier sind die, welche den Conjunctiv erfordern, von denen geschieden, die den Indicativ nach sich haben) und die Interjectionen.

Der in vorliegendem Buche gesammelte Memorir- und Repetitionsstoff ist auf 288 Paragraphen oder 80 Seiten vertheilt, und ist gewissermassen ein Auszug aus einer systematischen Grammatik. Knebel z. B. braucht in seiner Grammatik für die Formlehre nur 70 Seiten, doch was bieten diese nach Form und Inhalt dieser Zusammenstellung gegenüber! Ich glaube kaum, dass irgend ein Lehrer sich entschliessen wird, eine gute Schulgrammatik mit diesem Buche zu vertauschen; soll dasselbe aber neben einer Grammatik zur Repetition gebraucht werden, so scheint mir der Nutzen sehr zweifelhaft, wenn der grammatische Repetitionsstoff sich nicht der gebrauchten Grammatik eng anschliesst und wenigstens auf die Hälfte des zur Verwendung gekommenen Raumes zusammengedrängt wird. Wenn zur Repetition der beiden Hulfsverben und der vier regelmässigen Conjugationen 24 Seiten verbraucht werden, so ist dies jedenfalls zu viel.

Eine empfindliche Lücke, die ein solches Buch nicht haben darf, muss ich zum Schluss noch erwähnen. Es ist in demselben auch nicht mit einem Wort der Aussprache Erwähnung gethan. In einzelnen Fällen musste sogar darauf Bedacht genommen werden: Wie sprechen die Schüler ai in den einzelnen Formen von aimer? wie j'acquiers, faisons, parlerai, gisons etc. die vielen Substantive gar nicht zu gedenken. Dr. Moret.

Anleitung zum Uebersetzen aus dem Deutschen in das Französische von Dr. Gotthold Reinhold Sievers. Hamburg. Meissner, 1865. Erster und zweiter Cursus.

Obwohl wir hier eine „zweite verbesserte Auflage" vor uns haben, so möchte wohl vielen meiner Herren Collegen bis jetzt das Büchelchen noch nicht zu Gesicht gekommen sein, und bei dem Mangel an wirklich practischen derartigen Uebungsbüchern werden die Herren, hoffe ich, es mir Dank wissen, wenn ich Einiges darüber mittheile. Auch Herr Schmitz giebt in seiner Encyclopädie von dem Buch nur den nackten Titel, der uns über das zu Erwartende vollständig im Unklaren lässt.

Der Herr Verfasser ist Lehrer an der Realschule des Johanneums in Hamburg. Hat jene Anstalt dieselbe Organisation wie unsere Realschulen, so würde das in den Uebungssätzen des Buches uns gebotene Material kaum das Pensum der Quinta umfassen. Der erste Cursus beginnt mit Beispielen wie folgende: 1. de thé — le café — le vin etc. 2. der Kampf — ein Kampf — der Fürst — die Fürstin — eine Jahreszeit — die Jahreszeit — eine Consine — die Tante — der Caffee etc. Der zweite Cursus hingegen schliesst mit folgenden Sätzen: Der General würde die Stadt ohne die Soldaten vertheidigen. (!) Er stieg vom Thurme herab (Déf.). Würde er nicht ein Vorurtheil gegen die Franzosen haben? ... Ich bemerke noch, dass auf einen Absatz französischer Sätze stets zwei dergleichen deutscher Sätze kommen.

Das Buch schliesst sich nun nicht etwa an irgend eine französische Elementargrammatik an, sondern soll seiner Einrichtung nach, die ich gleich näher andeuten werde, unabhängig von einer solchen gebraucht werden.

Das mir vorliegende Exemplar enthält nur eine Vorrede zur zweiten Auflage, in der der Verfasser bemerkt: „Wenn auch die Einrichtung dieser beiden Kurse der Anleitung im Ganzen dieselbe geblieben ist, so habe ich es doch für zweckmässiger gehalten, einige nicht unbedeutende Aenderungen vorzunehmen. So habe ich z. B. immer zwei deutschen Stücken ein französisches hinzugefügt. Das geschah einerseits in der Hoffnung, dass dadurch die Auffassung der Regel erleichtert werden würde, andrerseits war mir von verschiedenen Seiten der Wunsch geäussert worden, dass in diesen ersten Cursen auch das Uebersetzen aus dem Französischen Berücksichtigung finden möchte. Hierdurch aber wurde ich zugleich veranlasst, einige Regeln über die Aussprache vorauszuschicken, wobei es mir freilieb wieder recht deutlich geworden ist, wie ungenügend und misslich eine solche Aufstellung ist, und wie wenig sie ohne die Einwirkung eines Lehrers nützen würde."

Ich muss offen gestehen, dass es mir ganz unbegreiflich ist, wie der Verfasser, trotz dieser Einsicht, seinem Buche das Capitel über die Aussprache hat voranstellen können. Was Kinder damit sollen, verstehe ich nicht, und für den Lehrer will er es doch nicht geschrieben haben? Meine Herren Collegen, deren Zustimmung in diesem Punkt zu erlangen, ich ganz sicher bin, mögen selbst urtheilen; wenn ich ihnen Einiges aus den 30 Regeln dieses Capitels hier folgen lasse:

3) e lautet wie ö; am Ende der Wörter wird es gar nicht gesprochen.
7) eu und oeu lauten wie ö;
le feu, la fleur.

Soll das ö dasselbe sein wie in der ersten Regel? Auch scheint dem Verfasser der Unterschied der beiden eu in den angeführten Wörtern der letzteren Regel nicht bekannt zu sein.

8) ai und ei lauten wie ä:

Abgesehen davon, dass unser ä selbst vielfache Nüancen bietet, möchte ich nur fragen: Sollen die Kinder den Laut auch in j'aurai etc. pag. 13 so sprechen?

14. h im Anfange der Wörter wird gewöhnlich gar nicht ausgesprochen; doch wird es ausgesprochen in: hardi, kühn; la haine, der Hass. Nur diese Beispiele sind angeführt.
19. ti vor einem Vocal lautet oft wie ßi: doch ti in la partie.
24. Die Endung er wird zuweilen nicht ausgesprochen: in officier, le berger, donner, porter.
25. en und em lauten wie en, in und em wie an: [1] le vent; un emperear; un empire; un enfant; le prince, le vin, le voisin, le jardin, fin. Doch das genügt wohl, um das vom Verfasser selbst gefällte Urtheil vollständig gerechtfertigt zu finden?

Seite 6 beginnt nun der erste Kursus, dessen Uebungsbeispielen 95 kurze Paragraphen vorangeschickt sind. Es wird genügen, auch von diesen einzelne einfach herauszugreifen:

§ 6. Sehr oft haben die Substantive im Französischen ein anderes Geschlecht als im Deutschen.

§ 7. Viele Substantive sind im Französischen feminin, während sie im Deutschen masculin sind; z. B. der Mond, la lune.

Feminin ist wohl ein Druckfehler, obwohl § 1, § 3, § 8, § 9 das Wort in dieser Orthographie geben.

§ 8. Viele Substantive sind im Französischen masculin, während sie im Deutschen feminin sind; z. B. die Sonne heisst le soleil.

§ 12. Man declinirt die Substantive im Französischen nicht, drückt aber den Genitiv im Deutschen dadurch aus, dass man vor den Nominativ de setzt, den Dativ, dass man vor den Nominativ à setzt. Der Accusativ ist dem Nominativ gleich. De bedeutet eigentlich von.

§ 16. De Solon heisst eigentlich von Solon und kann auch so übersetzt werden.

Wie heisst denn eigentlich à Solon? höre ich da einen wissbegierigen Schüler fragen. Der Verfasser aber bleibt die Antwort schuldig.

§ 32. Declinirt combat, und nochmals wird nicht vergessen: du combat heisst eigentlich von dem Kampf, des combats von den Kämpfen.

§ 34. Im Französischen steht das Adjectiv bald vor, bald nach seinem Substantiv.

§ 35. Vor dem Substantiv stehen die Adjective: grand, seul, méchant, joli, petit.

Die andern vorkommenden Adjectiva, schliesst der Schüler, stehen alle nach dem Substantiv.

§ 43. Bei dem Verb wird auch die Zeit berücksichtigt.

Die §§ 50 — 91 enthalten die Hülfszeitwörter avoir und être vollständig, auch fragend und fragend verneinend.

Eine Blumenlese aus den dem zweiten Cursus vorstehenden 90 Paragraphen, die einige dürftige Regeln über die Mehrzahlbildung der Substantive, über Adjective und die Conjugationen auf er, ir und re geben, kann mir nach Vorstehendem wohl erlassen werden. Ich constatire nur noch, dass der Schüler, der die Verben punir, mordre etc. conjugiren lernt, mit Ausnahme des ersten Falles der pronoms personnels conjoints von den übrigen Fürwörtern nichts zu hören bekommt. Auch von den Zahlwörtern, Umstandswörtern etc. hört er nicht eine Silbe.

Berlin.   Dr. Muret.

Handbuch französischer Aussprache, nach den besten Pariser Quellen bearbeitet u. s. w. von August Waldow. Berlin, Nicolaische Verlagshandlung, 1866.

Ein übersichtliches gedrängtes Handbuch der französischen Aussprache, welches dem practischen Bedürfniss vollkommen genügt, ist eine für uns Deutsche noch nicht gelöste Aufgabe. Wir haben nächst den grossen orthoepistischen Werken und grösseren die Aussprache behandelnden Grammatiken freilich eine Reihe kleinerer Handbücher, die jene Lücke auszufüllen streben; doch wenngleich einzelne derselben (ich rechne hierher auch das vorliegende Buch) eifrig bestrebt sind, alle Ausspracheregeln in möglichster Kürze, Gründlichkeit und Uebersichtlichkeit darzustellen, so ist damit immer noch nicht dem practischen Bedürfniss genügt.

Wer sich mit der französischen Sprache eingehender beschäftigt, der wird die diesen Büchern zu Grunde liegenden Originalwerke (ich nenne nur Malvin-Cazel und Steffenhagen) nicht entbehren können, und wird derselbe jene Auszüge und Zusammenstellungen nur dankbar annehmen, wenn sie ihm die Aussprache der einzelnen Vocal- und Consonantenverbindungen kürzer und übersichtlicher geben, als die genannten grösseren Werke, und im günstigsten Falle bei den Beispielen gleichzeitig die Vertreter der betreffenden Aussprache bezeichnen. Für jeden Andern aber, dem es daran liegt, schnell über die Aussprache eines Wortes Auskunft zu erlangen (und sogar viele Lehrer des Französischen kommen häufig in diesen Fall) sind bei der besten Anordnung des Stoffes diese Bücher nicht practisch, da die meisten fraglichen Wörter ein mehrfaches Nachschlagen und Suchen unter den einzelnen Consonanten und Vocalen erfordern. Für diese practische Seite ist meiner Ansicht nach die alphabetische Anordnung das einzig Richtige. Dass eine solche bei guter Bezeichnung (ich meine weder durch Zahlen noch mit deutscher Nachbildung des Lautes) durchaus nicht zu umfangreich wird, da für diejenigen, die nach einem solchen Buche greifen, ja nur die Unregelmässigkeiten zu verzeichnen sind, hat Herr Dr. Plifke durch sein Büchelchen: Petit dictionnaire de prononciation française, Lahr 1862, Geiger, bewiesen, und hoffe ich in Kurzem durch ein erschöpfenderes Wörterbuch der Aussprache zu zeigen.

Doch kommen wir zu der vorliegenden Schrift, die wohl Empfehlung verdient. Der Verfasser hat sich darin die Aufgabe gestellt, „die Aussprache des Französischen kurz, vollständig und gründlich darzustellen." „Er hat keine Mühe gescheut und aus den besten Quellen geschöpft, denn seine Gewährsmänner sind die Academie selbst, einzelne Mitglieder derselben wie Charles Nodier, Universitäts- und Gymnasialprofessoren, wie Malvin-Cazal und Lemare, ausgezeichnete Lexicographen und Grammatiker, wie Napoleon Landais und Girault-Duvivier," das heisst mit andern Worten, Herr Waldow hat sich bemüht, den ihm durch diese Gewährsmänner gegebenen Stoff übersichtlich zu ordnen. In den ersten 69 Paragraphen des 116 Seiten starken Buches behandelt er die Regeln für die Aussprache der Consonanten, § 70 — 99 besprechen die Nasallaute und § 100 — 123 die Vocale. Herr Waldow giebt demnach ein 320 Wörter umfassendes Verzeichniss von solchen Wörtern, deren Aussprache ihm besonders merkenswerth erscheint. Ein derartiges kurzes Verzeichniss hat stets das Missliche, dass es von den am meisten gebräuchlichen Wörtern die nach Ansicht des Verfassers unregelmässigsten anführt, somit doch nur sehr lückenhaft sein kann. Die vorliegende Liste leidet ausserdem noch an dem schon oben gerügten Mangel. Wir erhalten nämlich bei den angeführten Wörtern durchaus nicht gleich die Aussprache, sondern werden auf die betreffenden §§ hingewiesen (der Verfasser hätte entschieden besser gethan, hier statt der §§ die Seitenzahl anzugeben) wir müssen bei einzelnen Wörtern 2 bis 3 verschiedene Paragraphen nachschlagen, was uns der Verfasser noch dadurch erschwert, dass er nur bei grossen Listen eine gute alphabetische Anordnung der Wörter giebt, sonst aber dieselben bunt durcheinander stellt. Das nun folgende Register der Silben, Laute und Buchstaben erleichtert das Nachschlagen. Ueber Betonung findet sich nichts.

Wenn ich im Nachfolgenden aus den mir gesammelten Einzelheiten noch Einiges anführe, so geschieht dies einmal, um dem Verfasser die beruhigende Ueberzeugung zu geben, dass ich sein Buch nicht oberflächlich durchblättert, sondern gründlich durchgearbeitet habe; ferner um ihn auf Einzelheiten aufmerksam zu machen, die wohl bei einer neuen Auflage, die ich dem Buche recht bald wünsche, zu berücksichtigen wären.

Was erstens die Vollständigkeit betrifft, auf die der Herr Verf. mit grossem Recht viel Werth legt, so muss auch ich wünschen, dass ein derartiges Handbuch der Aussprache mindestens über alle in grösseren Wörterbüchern (z. Bescherelle) enthaltenen Wörter Auskunft giebt. Beginnt man erst einmal mit dem Ausscheiden der selten vorkommenden Wörter, so weiss man sehr bald nicht mehr, wo dabei die Grenzlinie zu ziehen ist. Aus diesem Gesichtspunkte hat der Verf. wohl sehr viele botanische und überhaupt naturwissenschaftliche und technische Ausdrücke aufgenommen, da die meisten derselben fremden Sprachen entlehnt sind, und daher Unregelmässigkeiten in der Aussprache aufweisen. Ich werde jedoch im Folgenden zeigen können, dass der Verf. von einer Vollständigkeit (wie solche überhaupt erreichbar ist) noch fern ist, dass man sogar einzelne häufig vorkommende Wörter vergeblich suchen wird. Es ist natürlich klar, dass in Betreff der zu berücksichtigenden Eigennamen eine annähernde Vollständigkeit noch viel schwerer zu erreichen ist.

S. 2. „In der Conversation sprechen Viele c wie g in prone de reine Claude (Dumarsais, Gir., Les., Malv., Restant, Sicard) und in secret und seinen Ableitungen secrète, secrétaire etc. (Domergne, Mal., Restaut, Rousseau, Sicard)."

Hierbei möchte ich in Bezug auf das ganze Buch erstens bemerken, dass es wohl gut gewesen wäre, der Verf. hätte alle Titel der citirten Werke zu Ende seines Buches vollständig mit der Jahreszahl angegeben. Die für die jetzige Aussprache wichtigsten Bücher, die Wörterbücher von Bescherelle und Littré, kennt der Verfasser gar nicht. Was haben Sicard, Rousseau, Restaut, Francœeon dagegen für die jetzige Aussprache für einen Werth? Was nun obiges reine Claude betrifft, so bemerke ich, dass Malvin-Cazal für diese Aussprache des c in der Conversation auch noch die Phrasen: C'est un glaude. — Il n'est pas si glaude (Claude), pour dire sot, imbécile hinzufügt; dagegen von secrète behauptet er: Dans secrète (oraison que le prêtre dit tout bas à la messe), le c conserve toujours son articulation gutturale: se-crè-t; Malv. konnte somit nicht unbedingt als Gewährsmann angegeben werden.

S. 3. c ist stumm in: cric (A. B. Lem.), arsenic (Gir., Land., Malv.), porc (A., Land., Nod.) etc.; ferner das stumme c wird laut vor einem Vocal oder stummen h in: arsenic (Les., Mal., Moz.), porc-épic (Gir., Les., Malv.). Nun, und cric, das der Gewährsmann Malv. in derselben Anmerkung bespricht? Derselbe sagt: Dans les mots cric (machine) et arsenic, le c final ne se fait entendre et ne se lie que lorsque le mot qui suit commence par une voyelle ou une h non aspirée; hors le cas, le c est toujours muet. Auch für porc möchte ich eintreten. Malv. sagt in Bezug auf dieses Wort pag. 437: Le c se fait très-légèrement sentir quand ce mot est final. Ebenso Bescherelle: On ne prononce le c que devant une voyelle ou à la fin des phrases; auch Féline (Dict. de la prononciation de la langue fr., Paris, 1851) bestätigt dies.

Ferner soll mit alleiniger Ausnahme von onc, fonc, donc (in gewisser Beziehung) nach einem ton nasal (B., Gir., Lau., Les., Lem., Mal.) stumm sein. Hat hier der Verfasser wirklich Malvin-Cazal pag. 437, Anm. 1. und p. 447 Anmerkung 1 gelesen, und spricht er selbst wirklich un franc' original ohne hörbares c? Ferner hält er etwa das, was Malv. über franc und banc sagt, nicht für richtig?

S. 4. Die Liste der Wörter, in denen ch wie k lautet, wird man vollständiger wünschen, denn warum die angeführten Wörter grade „besonders zu merken" sind, ist nicht begreiflich. Ebenso wichtig wie die beliebig herausgegriffenen Wörter: épichole, épichorde, épichérème etc. sind doch wohl inachie, inachus, inchoation, loch, tricho..., troch..., psycha..., psychi..., ochra..., ochré...und viele andere; ferner das Seite 51 angeführte schème; auch schème oder schema, schématique etc., scholaire etc.., das freilich meist sc. geschrieben wird.

S. 8: es stumm in lacs etc. Der Verfasser hätte anführen müssen, dass er hier nicht die Mehrzahl von lac, See, meint. In Bezug auf § 8 möchte ich fragen, wie Verfasser verdict spricht; nach dem angeführten Mal. ist strict das einzige Wort auf ict, dessen t hörbar ist.

S. 14. In der Liste der Wörter, in denen gn getrennt gesprochen wird, finde ich erstens: imprégnation (Lem., Mal., Wailly). Der Verfasser hat wohl die Bemerkung seines Gewährsmannes Malvin-Cazal nur flüchtig gelesen? Dieselbe lautet pag. 414: Le dictionnaire de l'Academie ne parle point de la prononciation des mots imprégner, imprégnation; mais Wailly, Gattel, Rolland, Le Tellier, Lavaux et autres, disent que le premier se prononce avec le ton mouillé, et le second imprég-nation; ce que nous contestons formellement quand à ce dernier mot, dans lequel l'accent de l'é fermé qui précède le g serait inutile, s'il se prononçait comme le disent ces auteurs, on doit donc dire, et on dit en effet impré-gnation.

Dann lese ich physiognomie (Laud., Mal., Nod.). Dies ist wohl ein Druckfehler für physiognomonie (Mal.). Désignatif führt freilich Steffenhagen und Lesaint, dagegen nicht Malvin-Cazal, Féline und Bescherelle als hierher gehörig an. Es fehlen endlich auch in dieser Liste viele Wörter, z. B. igus..., ignifère, ignigène, ignivore etc., pignon, recognitif, signifère etc. Wie spricht man z. B. Ignace, prégnant?

S. 15. Die Liste der Wörter, in denen u nach g in gu gesprochen wird, lässt auch noch Lücken, z. B. onguis, onguiculé etc. Auch die Stadt Guise war anzuführen.

S. 16. Auch die Liste der Wörter mit aspirirtem h lässt Lücken. Ich vermisse halali, hamac, hamster, hautin etc.; auch hätte die Liste der Eigennamen vollständiger sein können. Harengerie (B., Mal., Moz.) finde ich bei Mal. nicht; soll es etwa das bei Mal. stehende und hier nicht angeführte hargnerie sein? Dagegen steht es bei Steffenhagen.

S. 24. „Das l ist stumm in ... pluriel (D., Gér., Mal., Moz., Fr.) — la plupart prononcent plurié A. Doch sind Land., Les. und Nod. mehr für die Aussprache von plurièle." Er hätte diesen auch Bescherelle und Féline (dict. de prononciation) hinzufügen können. Wo er aber bei Malvin-Cazal diese Aussprache gefunden haben will, weiss ich nicht. Selbiger sagt pag. 397: L conserve l'articulation qui lui est propre... 3) dans les mots terminent en el., autel, ciel, cruel, Azaël, casuel, Gabriel, tel etc. sans exception. Doch Steffenhagen sagt pag. 232: N. B. Statt pluriel] schreiben Viele plurier; wer plurier schreibt, spricht plu-rié. Er fügt ferner noch in einer Anmerkung bei: die Academie sagt unter Pluriel: Quelques-uns écrivent plurier et la plupart prononcent plurié. Gir. Duvivier Gram., II Rem. dét., pag. 129, dem Vaugelas (Rem. 447) folgend, verwirft diese Aussprache ganz entschieden.

S. 24: il wird mouillirt in avril (A., B., Lem.) etc.... Warum wird hier Malvin-Cazal nicht citirt, der pag. 397 avril (mois) ohne mouillirtes l spricht? Ich bemerke noch, dass Bescherelle die Aussprache dieses Wortes a-vri-le ou a-vri-ie bezeichnet, und Féline kennt hier gleichfalls den ton mouillé nicht.

S. 24: „l ist stumm in gril (fam.) A., Gir., Lem., und l wird mouilliri in gril (A., B., Gir.)." Malvin-Cazal will ein stummes e, doch er fügt hinzu: Le dictionnaire de l'Académie dit: L'l finale du mot gril ne se prononce point dans le discours familier, mais elle se mouille dans le discours soutenu, même devant une consonne, et par conséquent aussi quand on doit la lier. Bescherelle und Féline kennen auch nur gril mit stummem l.

S. 30. In der Liste der mit hörbarem doppelten l finde ich gallinacées (Land., Mal., Steff.); gallium (Lem., Steff.). Bei Mal. finde ich das erstere Wort pag. 404; ich meine aber, es muss gallinacés heissen. Das andere habe ich weder bei Steffenhagen noch sonst in einem Wörterbuch finden können.

S. 37 vermisse ich unter anderm Aquilée, poquil (Besch.), aquifolium, obliquité und noch andere.

S. 41 sagt Regel 1: s wird wie ß gesprochen am Anfang und Ende eines Wortes, und S. 43, Regel 1: s ist stumm am Ende eines Wortes. Die dann folgende Liste der Wörter mit lautem End-s lässt erstens mehrere Wörter vermissen, dann finde ich obus, dessen s nach pag. 41 wie z zu lesen ist. Auch finden sich hier viele Eigennamen, obwohl später noch eine lange Liste mit Eigennamen folgt. Unter diesen ist auch Mons-Cenis, doch ohne Angabe, welches s hier gemeint ist. Auch Damas ist angeführt, das wir S. 50 mit stummem Schluss-s finden.

S. 45: „os (un). Lem., Mal., Féraud, Anm., Lesaint, Laudais und Nodier sprechen ô." Dem möchte ich hinzufügen: Bescherelle spricht „ô à la fin des phrases et devant une consonne, os devant une voyelle ou h muet. Dahingegen sagt Féline: On dit toujours ô au pluriel. Souvent aussi on prononce ô au singulier.

S. 46. In Bezug auf fils verweise ich den Herrn Verfasser auf Steffenhagen. Hätte er dessen Anmerkung gelesen, so würden wir über beau-fils Einiges erfahren.

In Bezug auf ils werden die angeführten Gewährsmänner (D., Roq., Tr, Ham., Frings), wohl nicht gewichtig genug sein, die fehlerhafte Aussprache des i zu vertreten.

S. 46: s ist laut in plus (plûce Gir., Les., Mal., R., Ham., Steff.) (vor Vocalen pluze) vor einer wirklichen oder möglichen Pause. — Mal. 356 spricht das s nur in il y a plus — je dis plus — plusque parfait. Auch Steffenhagen spricht sich obenso kurz aus. Lesaint dagegen ist mit mehr Recht als Gewährsmann angegeben worden. Doch ist dessen Fassung der Regel mindestens sehr unklar. Plus soll plu lauten vor einem Worte, das von ihm nicht bestimmt wird oder von ihm nicht abhängt, und als Beispiele finden sich plus d'intérêt, plus content.

S. 55 vermisse ich gratuit. Das Wort war mindestens zu erwähnen, weil die Aussprache schwankt. Bei Mal. ist das t stumm, bei Besch. und Féline laut.

S. 60. Wozu die doppelte Anführung Vera-Crux, und Seite 61 Vera-Crus?

S 71: aen wird wie ang (an) gesprochen; als Beispiel folgt Jean.

Ich breche hiermit ab und will nur noch auf einige Druckfehler aufmerksam machen: Seite 80 métempsychose statt métempsycose.

Seite 110 muss neben maëstrel statt 120, 102 stehen. Seite 108 vermisse ich bei bourg § 21.

Schliesslich noch dies. „Zwei Eigenthümlichkeiten, sagt der Verfasser, sind es besonders, ich möchte sie gern Vorzüge nennen, wodurch sich meine Arbeit von den bisherigen über diese Materie unterscheidet. An der Spitze jedes Buchstabens steht nämlich eine Uebersicht seiner verschiedenen Laute, genau bezeichnet und mit deutschen Wörtern verglichen etc." Der Verfasser darf dabei jedoch nicht vergessen, dass nur unter, der einen Bedingung dadurch das erstrebte Ziel erreicht wird, nämlich wenn Jeder das Deutsche gerade so ausspricht wie er selbst, und das ist im grossen Deutschland doch wohl nicht überall der Fall? Dahingegen halte ich es für viel wichtiger (und ich wünschte, es wäre durchweg geschehen), dass der Verfasser die französische Aussprachebezeichnung seiner Gewährsmänner dabei setzt; denn ich wiederhole, Niemand, der nicht schon das Französische lesen kann und sich überhaupt schon mit der Sprache mehrfach beschäftigt hat, wird nach einem derartigen Handbuch greifen, und thäte er es dennoch, ohne jene Vorbedingungen zu erfüllen, so hälte dies für ihn auch nicht den geringsten Werth, trotz aller deutschen Lautbezeichnungen.

Berlin . Dr. Muret.

Lehrbuch der französischen Sprache für Schüler. Mit besonderer Berücksichtigung der Aussprache und Angabe derselben nach dem System der Methode Toussaint-Langenscheidt. Erster Cursus. Von Charles Toussaint und G. Langenscheidt.

Die Verfasser sind durch ihre französischen und englischen Unterrichtsbriefe allgemein bekannt. Diese Briefe, nach der von den Verfassern zweckmässig geänderten Robertson'schen Methode abgefasst, sind zum Selbstunterrichte für Erwachsene bestimmt, und haben in weitesten Kreisen Anerkennung gefunden. Sie haben diese nicht allein durch eine zweckmässige Vertheilung des reichen Stoffes, sondern besonders durch die die möglichste Vollkommenheit erstrebende Aussprachebezeichnung, wohl verdient. Die Verfasser sind nun damit beschäftigt, eine Reihe von Wörterbüchern, Vocabularien etc. mit Zugrundelegung ihrer Aussprachebezeichnung erscheinen zu lassen, und auf dem Gebiete der neueren Sprachen rühmlichst bekannte Männer, wie Herr Dr. Mahn in Berlin und Herr Dr. Sachs in Brandenburg, haben einen Theil der Arbeiten übernommen. Das erste aus diesem Cyclus erschienene Buch soll ein Schulbuch sein und ist von den Unternehmern selbst bearbeitet worden.

„Die nächste Veranlassung zur Herausgabe dieses Buches war," so geben die Verfasser in der Vorrede an, „der uns vielseitig von Lehrern ausgesprochene Wunsch, das in den französischen, resp. englischen Unterrichtsbriefen gegebene System der Darstellung der Aussprache auch auf ein französisches Schulbuch angewandt zu sehen. Ein weiteres Motiv für das Entstehen dieses Werkes liegt in der Thatsache, dass es bis jetzt an einem französischen Schulbuch fehlte, welches auch die Aussprache in genügender Weise berücksichtigt und in dieser Beziehung einen zuverlässigen Anhalt für Lehrer und Schüler bietet. — Ohne den Werth der Regel auch für die Aussprache zu unterschätzen, können wir dieselbe doch nicht — selbst beim richtigen Vorsprechen eines tüchtigen Lehrers — allein für genügend erachten." [!]

Die Verfasser meinen, es gäbe gar viele Schüler, die, trotz des vielfachen richtigen Vorsprechens eines tüchtigen Lehrers, trotz aller Kenntniss aller Ausspracheregeln, gewisse Laute oder Wörter stets falsch sprächen; diesen soll nun durch eine bildliche, sich an die Schrift der Muttersprache anschliessende, genaue Versinnlichung der Aussprache etwas Greifbares, Bleibendes geboten werden; das Auge würde das ihm vorgeführte Bild der Aussprache für immer behalten.

Ich muss gestehen, dass meine Ansicht über diesen Punkt, meiner practischen Erfahrung nach, eine ganz andere ist. Ich meine erstens, dass die Schüler (ich spreche natürlich von solchen, denen nicht schon eine falsche Aussprache angelernt ist), mit denen „der tüchtigste Lehrer" auf dem ersten, allein natürlichen Weg sein Ziel nicht erreicht, wenn sie sonst gesunden Geistes sind, zerfahrene, zerstreute, träge Schüler sind, denen die Ausspracheregeln keineswegs ganz sicher bekannt sind. Ich behaupte ferner, dass gerade solche Schüler, die in dem Buch in einer selbst strebsame Schüler ermüdenden Weise durchgeführte Darstellung der Aussprache ebenso theilnahmlos anstarren werden, wie sie, nach Annahme der Herren Verfasser, dem Worte des Lehrers ihr Ohr leihen. — Die Methode der Herren Verfasser mag sicherlich beim Selbstunterrichte solcher Erwachsenen, denen es ernstlich darum zu thun war, die Sprache zu lernen, recht anerkennungswerthe Resultate ergeben haben; wenn aber nun die Verfasser den Schluss ziehen, sie müsste darum auch für die Schule die beste Methode sein, so ist dieser Schluss wohl nur dann gerechtfertigt, wenn sie Lehrer voraussetzen, die selbst erst aus dem Buche die Aussprache erlernen müssen, die durch das Buch gezwungen werden, „sich selbst gehörig zu überwachen, denn der Schüler besitzt in seinem ihm sicherlich lieb werdenden Buche ein Mittel, eine von der Darstellung abweichende Aussprache des Lehrers sofort zu bemerken." [1] Und die Herren Verfasser versprechen sich, dass eine derartige Controlle der Aussprache des Lehrers durch seine Schüler auf den Sprachunterricht in der Klasse fördernd wirken muss. [1]

Die Aussprachebezeichnung ist nun, nicht allein bei den den einzelnen Lectionen vorangeschickten Vocabeln und Verbformen, sondern auch bei den französischen Uebungssätzen etc. bis zur letzten Lection mit einer eisernen Consequenz durchgeführt, welche die Selbstthätigkeit des Schülers nach dieser Richtung hin vollständig vernichtet. Derselbe wird von dem Buche bis zur letzten Seite am Gängelband geführt. Ein Wort mag noch so oft vorkommen, er findet stets daneben oder darunter die Aussprachebezeichnung. Dieselbe ist bei den Uebungssätzen ganz überflüssig, denn die vorkommenden Wörter sind schon darüber mit derselben angegeben, und die Bindungen wären leicht, wenn die Verfasser dieselben dem Lehrer nicht überlassen wollen, durch Zeichen (‿), wie es ja auch geschehen, anzudeuten. Man betrachte ferner nur Lection 23, in der unter anderm die Zahlen von 1 — 100 alle vollständig ausgeschrieben, mit daneben stehender Aussprachebezeichnung, angeführt sind. Die Verfasser hätten viel Raum sparen können, und dafür vielleicht doppelte deutsche Stücke geben können.

Was die Aussprachebezeichnung betrifft, so kann man wohl sagen, einen so unheimlichen Eindruck dieselbe auch beim ersten Anblick macht, die Verfasser sind bemüht gewesen, ihre Aussprache durch deutsche Buchstaben und sonstige Hülfszeichen so vollkommen wie nur möglich nachzubilden. Aber nur so vollkommen, als bei Voraussetzung einer richtigen hochdeutschen Sprache möglich; Einzelnes ist aber unmöglich nachzubilden. Ich rechne zuerst hierher die Gruppe der Nasallaute in, ain, un. Hier hilft alles Anschauen nichts, der Schüler muss hören, da die deutsche Sprache diese Laute eben nicht kennt.

Man gebe dem Schüler die Regel pag. 5: „Aim, ain, oin im, in, ym, yn. Diese verschiedenartig geschriebenen Silben lauten alle gleichmässig, ähnlich dem „än" in än-gstlich, Aussprachebezeichnung „äng."

„Hierbei muss jedoch das ä von äng sehr offen lauten, noch offener als das „ä" in Bär", so dass es sich merklich dem a nähert, ohne indess diesen Laut zu erreichen. Niemals darf „äng" wie „ang" oder wie „eng" gesprochen werden." Was der Schüler mit der letzten Vorschrift soll, wie er sich von dem offenen ä dem a nähern soll, um einen Laut zu finden, der dem äng in ängstlich ähnlich ist, und der dem französischen Laut in entspricht, das alles ist schwer zu begreifen. Wer den Laut nur nach Regeln lernt, wird z. B fin stets fäng sprechen; niemals aber den richtigen Laut finden. Aehnlich verhält es sich mit dem Nasallaut un.

Noch schwieriger ist die Darstellung der Bindung der Nasallaute, da hierin selbst französische Orthoepisten nicht einig sind. Spricht man z. B. mon ami = mo-n'ami oder mon-n'aini?

„Das End-n von mon, ton, son wird mit dem darauf folgenden Worte verbunden, wenn letzteres ein Hauptwort oder Adjectiv ist und mit einem Vocal oder stummen h beginnt. Bei dieser Verbindung wird die Nasalität von mon, ton, son wesentlich gemildert, besonders wenn man schnell spricht; sie darf aber niemals ganz verschwinden." Was heisst das? wie mildert der Schüler die Nasalität ohne sie verschwinden zu lassen? Nach der Bezeichnung wird er stets mon n'umi sprechen.

In Betreff der Aussprache möchte ich jedoch noch einige Einzelheiten aus dem Buche hervorheben.

S. 18: cet officier soll lauten ßät-o-fi-ßjé, also französisch bezeichnet etwa cè-t'oßicier. Die Verfasser sagen in ihrer Vorrede: „Ueber die Aussprache von „cet" wird viel gestritten; einige namhafte Orthoepisten [welche?] wollen dieses Wörtchen ßät oder ßt ausgesprochen haben; andere behaupten, dass ßäet richtiger sei. Wir haben cet mit ßäet bezeichnet, weil diese Aussprache in den gebildeteren Kreisen Frankreichs am gebräuchlichsten ist; sie muss indessen hier sehr kurz gesprochen werden. Cette hat dieselbe Aussprache wie cet und wird von uns ebenfalls mit ßäet bezeichnet; doch macht sich in diesem Falle der (immer kurz verbleibende) Zwischenlaut je etwas fühlbarer, als in der männlichen Form cet." — Tant de bruit pour une omelette! Die Verfasser vergessen, dass das Wörtchen cet niemals allein vorkommt, sondern immer eng verschmolzen mit dem folgenden vocalisch anlautenden Substantiv oder Adjectiv. Ich habe eine Aussprache, wie die Verfasser sie wollen, wohl von einigen Schweizern, nie aber von Franzosen gehört. Man spricht allgemein ce-t'officier (Malvin-Cazal 313). Nicht cet und cette sind gleichlautend, sondern cet und ce. und das t dient nur zur Bindung. Die Aussprache der Herren Verfasser würde die von sept officiers sein. Dies behaupte ich trotz Littré, den die Verf. scheinbar auf ihrer Seite haben.

S. 24. Dass in donc das c sehr oft gesprochen wird (Malvin-Cazal 446) hätte wohl angeführt werden können, wenigstens in einigen Beispielen.

S. 25. Die Bezeichnung tu es = tü je, halte ich auch nicht für richtig; das e hat keineswegs hier den Laut ë, sondern den des nicht gedehnten è (Malvin-Cazal 40).

S. 33: une église: ün e-ghlish; muss heissen u-n'église.

S. 37: le peuple, eu = ő; muss heissen ö; der erste Laut wäre richtig für il peuple etc. (Malvin-Cazal 16).

S. 36. La Prusse = prüß. Soll das ü lang oder kurz sein? Dasselbe möchte ich in Bezug auf Russe (pag. 68) fragen.

S. 59. „Das Wort ville wird stets wil ausgesprochen (nicht wil oder gar wlj). Auch in den mit ville zusammengesetzten Wörtern behält ville das kurze, aber ungetrübte i." Ich gestehe, diese Aussprache war für mich ganz neu. Ich weiss wohl, dass einige Orthoepisten, z. B. Steffenhagen, die Homonyma vil, vile, ville als Kürzen bezeichnen; dessenungeachtet aber würde obige Aussprachebezeichnung eine nirgends gehörte Aussprache veranlassen.

Anknüpfend hieran möchte ich bemerken, dass die Verfasser sich bemüht haben, auch die Quantität der Silben durch Zeichen zu veranschaulichen. Ich verkenne keineswegs die grossen Schwierigkeiten, die sich dieser Bezeichnung entgegenstellen; vielleicht ist sie Schuld gewesen, dass die Verfasser in vielen Fällen ihre Quantitätszeichen (=) nicht gesetzt haben. Wir finden pag. XII: - kurz: bald, Feld, Bild, Moral', Null.

— lang: Tadel, edel, Lilie, Pôle, Blut.

Doch darf ich nicht verschweigen, dass durch diese Bezeichnung mehrfach eine falsche Aussprache veranlasst wird. Es gilt dies besonders in Bezug auf das kurze I, wie schon die oben angeführten Beispiele zeigen. Diesen füge ich noch hinzu: artisan, public, magnifique, mille, environ, divisé, fille, famille, Mexique, Madrid etc.; wenn der Schüler in diesen Wörtern das I nach obigem Worte „Bild" spräche, so würden selbst die Herren Verfasser seine Aussprache nicht billigen.

S. 78. Les gens. Nach der Aussprachebezeichnung ist das s hörbar. Es ist dies jedoch nicht Regel, sondern Ausnahme (Malvin-Cazal, 462).

Doch sei es nun genug von der Aussprache; man wird erkannt haben, dass die Controlle der Lehrer durch die Schüler in Betreff der Aussprache doch auf manche Schwierigkeiten stossen möchte.

Was nun den grammatischen Inhalt dieses ersten Cursus betrifft, dem Ostern 1867 ein zweiter und 1868 ein dritter (Schulgrammatik) folgen soll, so bietet derselbe in seinen 44 Lectionen oder 84 Paragraphen ein reichhaltiges Material, dem man, sobald man sich mit der Methode der Anordnung und Vertheilung des Stoffes einverstanden erklärt hat, in Rücksicht auf die Bearbeitung sein Lob nicht vorenthalten darf. Es ist das für diese Stufe Wichtigste aus dem Capitel des Hauptworts, Eigenschaftsworts, Fürworts, Zahlworts, Umstandsworts und Zeitworts (von letzterm sind ausser den Hülfszeitwörtern die vier regelmässigen Conjugationen auf er, ir, evoir (!) und re behandelt) in den 44 Lectionen vorhanden. Es folgt dann eine Wiederholung des französischen Theils der Uebungsaufgaben (ohne Bezeichnung der Aussprache) und ein alphabetisches Register der vorkommenden Wörter. Einzelheiten aus dem grammatischen Theil des Buches will ich nicht herausgreifen; erst die practische Anwendung des Buches in der Classe wird die Vortheile und etwaigen Nachtheile deutlicher hervortreten lassen. Es ist mir nicht bekannt, ob und wo das Buch schon eingeführt ist; die Verfasser sagen in ihrer vom Frühjahr datirten Vorrede, dass die Einführung des Buches in vielen Schulen zu Ostern 1866 bereits gesichert ist und somit eine neue Auflage voraussichtlich schon im nächsten Jahre erforderlich sein wird.

Damit man aber sehen kann, wie weit die Schüler gefördert werden, so will ich zum Schluss im Interesse des Buches aus den letzten Lectionen einige französische Uebungssätze folgen lassen:

§ 80. Je vous dois et je vous devrai tout mon bonheur, même celui qui me vient des autres. Quand j'étais encore enfant, je concevais souvent des idées qui furent approuvées par mon père.

§ 81. Vous attendez en vain qu'on vous donne cette place, un autre l'a déjà reçue. Nous perdrions le goût d'apprendre la langue française, si nous n'avions pas un si bon maître.

§ 82 und 83. Ma mère veut que nous finissons nos thèmes jusqu'à six heures. — Le roi ordonna qu'on achetât les chevaux nécessaires pour la cavalerie et qu'on vendît ceux qui étaient trop faibles. Il faut que tu répondes demain à la lettre de ta cousine. — Nos amis veulent que nous chantions ensemble. — Il est impossible que vous ayez conçu un tel projet. — Ma tante désirerait que vous restassiez ici jusqu'à ce qu'elle soit guérie.

Berlin. Dr. Morel.

Dr. H. A. Manitius: Lehrbuch der englischen Sprache für den Schul-, Privat-, und Selbstunterricht. Nach vereinfachter und leicht fasslicher Methode. Dritte, durchaus verbesserte Auflage. Dresden. Verlag von Gustav Dietze.

In der von neuem abgedruckten Vorrede zur ersten Auflage erklärt sich der Verfasser gegen Ahn's Methode, weil dieser die Beispiele ohne Regel hinstelle. „Weil aber die Schüler früher oder später selbst in ihrer Muttersprache zu unterrichten seien, müssten sie sogleich (d. h. bei dem Erlernen des Englischen) mit den ersten Grundsätzen der Sprache auf eine ihrem Fassungsvermögen angemessene Weise vertraut gemacht werden. Dazu kommt, erörtert der Verfasser weiter, dass namentlich auf höheren Anstalten, wo keine alte Sprache getrieben wird, sich das Bedürfniss immer mehr herausstellt, die wissenschaftliche Bildung der Zöglinge durch gründlichen Unterricht in neueren Sprachen zu fördern, da doch dieser nichts Anderes als angewandte Logik ist, welche in dem Geiste des Schülers nur entwickelt zu werden braucht."

Ich habe diese Stelle herausgehoben, um zu zeigen, welche Ansicht der Verfasser im Allgemeinen von der Art und Weise, eine Sprache zu lehren, habe. Sieht man von seiner seltsamen Auffassung des deutschen Unterrichts ab und fasst man nur den Sinn seiner Worte in's Auge, so sollte man meinen, er werde in seinem Lehrbuche die Resultate wissenschaftlicher Behandlung der englischen Sprache mit den durch den Unterricht bedingten Forderungen hinsichtlich der praktischen Gestaltung des Stoffes vereinigt geben. Wie es sich damit verhält, soll das Folgende zeigen.

Auf Seite 1 — 8 wird die Aussprache mit Hülfe der Walker'schen Bezifferung nebst den Accentregeln gelehrt. Gut ist daran zweierlei, erstens, dass Manitius eine allgemein gültige Bezeichnung der Aussprache angewandt; zweitens, dass er den als Beispiel dienenden Wörtern die deutsche Bedeutung hinzugefügt hat. Wie soll man sich aber die Benutzung dieses Abschnittes denken? Auf acht Seiten ist Aussprache der Vocale, der Digraphen (um mich dieses von Sheridan zuerst gebrauchten Namens zu bedienen), der Consonanten und die Lehre vom Accent zusammengedrängt, also ein Material, welches der Lernende erst allmählig im Verlauf des Unterrichts überwältigen kann. Wie soll nun der Lehrer solche Zusammenstellung verwerthen? Soll er etwa das Ganze Zeile für Zeile durchnehmen, oder soll er sich beliebig Einzelnes heraussuchen? Das Erstere ist geradezu unannehmbar; das Zweite, was wenigstens zunächst für die Vocale und für gewisse Consonanten geschehen muss, da die Einzelheiten über den Accent noch gar nicht in den Anfangsunterricht gehören, lässt uns einen Mangel der Anordnung des Lehrstoffs erkennen, der vielen englischen und französischen Schulgrammatiken gemeinsam ist. In solchen Büchern, welche methodisch in die Sprache einzuführen haben, muss zunächst nicht auf Vollständigkeit eines Abschnitts gesehen, sondern geprüft werden, was der Lernende zuerst und am nothwendigsten zu wissen hat. Dieser Gesichtspunkt muss durch das ganze Buch hindurch massgebend sein, und sogar die Wahl von Vocabeln, Musterwörtern und Uebungssätzen beeinflussen. Was braucht ein Anfänger schon Wörter wie z. B. S. 7: strappado, virago, declaimer, cassock, to rusticate u. dergl. zu lernen? So meine ich es auch mit der Aussprache. Erst lehre man die Vocale, an den dazu gebrauchten Paradigmata gleich darauf das Declinationsverhältniss, to have und to be; dann ist bereits genug vorgearbeitet, um dem Schüler einfache Uebungssätze vorzuführen. Hierauf bespreche man die Consonanten in derselben Weise, d. h. mit Wörtern zur Verdeutlichung wie bei den Vocalen, nehme dann etwa das regelmässige Verb, dessen Hinzunahme die Anwendung englischer und deutscher Uebungssätze schon weit leichter macht und eine grössere Mannigfaltigkeit des Inhalts ermöglicht; lasse sodann die Digraphen folgen und mache damit in Betreff der Untermischung des grammatischen Lehrstoffs und der zur Einübung der Aussprache dienenden Paragraphen einen Abschluss. Während von diesem Punkte an die eigentliche Aufgabe des Lehrbuchs, Formenlehre und Syntaktisches, allein weiter geführt wird, muss die Lehre von der Aussprache, wenn anders darin etwas Genügendes geleistet werden soll, nebenher eine selbständige Behandlung bis zu dem Ausgangspunkte des Unterrichts erfahren. Ich verweise in Bezug hierauf auf Band XXXVIII, Heft 3 und 4 des Archivs, Seite 245, auf meinen Vortrag „Ueber die Nothwendigkeit, beim Unterricht im Englischen die Lehre von der Aussprache als einen besondern Zweig des Lehrstoffs zu behandeln u. s. w.

Seite 10 folgt nun bei Manitius Rechtschreibung, Silbenabtheilung, Interpunktion, über eine Seite Gebrauch des Apostrophs in Fällen wie ga' statt gave, I've, tho' u. dergl. — genug, lauter Dinge, die kein Mensch mit einem Anfänger durchnimmt.

Offenbar ist es auch nicht die Meinung des Verfassers, dass man sein Buch in der von ihm aufgestellten Reihenfolge benutze. Das ganze Buch ist so geordnet, dass derjenige, welcher nach demselben unterrichtet, ad libitum auswählen mag. Jede Seite zeigt dies. Es ist eine von den Grammatiken, welche den Stoff nach den Wörterklassen behandeln, mit dem Artikel beginnen, mit der Interjection aufhören. Zur Einübung der Formenlehre und zu den einzelnen Regeln sind Seite für Seite englische und deutsche Uebungsabschnitte eingelegt, und die dazu gehörigen Vocabeln vorangestellt. Den Schluss bildet ein Anhang über den englischen Versbau (sechs Seiten) Uebungen zum Uebersetzen aus dem Englischen in's Deutsche, Dialogues, Letters, Miscellaneous Pieces (15 Seiten) nebst etwa sechs Seiten mit Gedichten. Auf den letzten zehn Seiten stehen noch einige zusammenhängende Stücke zum Uebersetzen aus dem Deutschen in's Englische.

Die Vertheilung des Lehrstoffs nach den Wörterklassen, wobei der Verfasser immer zunächst das Nöthige aus der Formenlehre und dann das Syntaktische zusammenstellt, führt den Uebelstand mit sich, dass bei den Uebungsstücken alles noch nicht Besprochene, z. B. vor Absolvirung des Verbs und des Pronomens, fast in jedem Satze Verbal- und Pronominalformen als Vocabeln beigegeben werden müssen. Diese Art der Anordnung für den Gebrauch beim Unterricht für Schüler, welche erst in die Kenntniss einer fremden Sprache eingeführt werden sollen, ist entschieden mangelhaft und veraltet. Das ganze Wesen des Buches von Munitius erinnert daher sehr an die älteren französischen Schulgrammatiken, z. B. an die Hirzel's, wiewohl dieser, was Fassung der Regeln betrifft, gklarer und schärfer ist. Wie unangemessen eine derartige Behandlung des grammatischen Lehrstoffs ist, fällt in die Augen, wenn man z. B. Seite 97 nachdem der Schüler bereits 96 Seiten Uebungsaufgaben über die abweichende Anwendung oder Weglassung des Artikels, über das Geschlecht der Substantiva, über alle Arten der Zahlwörter u. s. w. durchübersetzt hat, to have und zur Einübung desselben vier lange Abschnitte findet. Ebenso ist es gleich von Seite 100 an mit to be und to praise. Nimmt man die ausführliche Einübung der unregelmässigen Verben, welche sich auf vierzig Seiten erstreckt, hinzu, so erkennt man, dass es mehr in der Absicht des Verfassers lag, durch Fülle von Uebungsaufgaben die englischen Lehrstunden auszufüllen, als eine concise Auswahl des Grammatischen zu geben.

Ueberhaupt halte ich die Ueberfüllung grammatischer Lehrbücher mit Uebersetzungsbeispielen für falsch. Einen Schüler durch so viele Uebungsaufgaben mit zum Theil recht langweiligen, nichtssagenden Sätzen von Stunde zu Stunde hindurchzuschleppen, bringt Einförmigkeit des Unterrichts und Abstumpfung des Schülers hervor. Wenn nichtsdestoweniger gerade solche Lehrbücher, welche auf jeder Seite zu jeder Einzelheit Uebersetzungsmaterial bieten, bei einer Anzahl von Lehrern Anklang finden, so erklärt sich dies aus der Bequemlichkeit, welche dadurch dem Lehrer gewährt wird. Ueber die wenigen Regeln wird schnell hinweggegangen, die Hauptsache ist ja die Einübung durch die Sätze; damit gestaltet sich der Verlauf der Lehrstunde gemüthlich; viel zu denken bleibt für Lehrer und Schüler nicht, da alles Nöthige an Vocabeln und Formen vor oder hinter den Uebungsstücken steht, die deutsche Wortfolge womöglich der englischen accommodirt ist, wie bei Plate, z. B. Theil I, S. 63 der sechsten Auflage: Meine Mutter wollte backen Brot gestern, aber sie konnte nicht erhalten Mehl — oder bei Plötz, Cursus II, durch beigesetzte Ziffern. Und so wickelt sich Stunde für Stunde in derselben eintönigen Weise ab. Für ein solches Verfahren ist nun das Lehrbuch von Munitius angelegt. Zur Vertheidigung und Begründung pflegt behauptet zu werden, der Schüler müsse unausgesetzt Uebung im Lesen und Uebersetzen des Englischen und im Uebertragen des Deutschen in die fremde

Sprache haben. Ganz richtig. Aber diese fortwährende Uebung darf nicht darin bestehen, dass man ihn Jahre lang mit englischen und deutschen einzelnen Sätzen abspeist. Das muss auf die Dauer ermüden und in dem Schüler Trägheit des Denkens und Langeweile hervorrufen, zumal wenn, wie in der Arbeit von Manitius, ein grosser Theil solcher Uebungssätze den nüchternsten Inhalt bietet. Ich muss die Aeusserung von Schmitz wiederholen: „Einzelne Sätze machen auf die Dauer kein Glück beim Unterricht," — eine Ansicht, der man beipflichten muss.

Wie verhält es sich nun aber mit der Anwendung von Uebungssätzen? Man muss sich klar machen, welche Ausdehnung man denselben einzuräumen habe; bis zu welcher Stufe des Unterrichts davon Gebrauch zu machen sei; welche Abschnitte der Formenlehre und der Syntax der Hinzunahme von Uebungsbeispielen bedürfen.

Um darüber zur Klarheit zu gelangen, hat man davon auszugehen, dass der Anfänger derselben mehr bedarf als der Geübtere; ferner, dass es vor allen Dingen darauf ankommt, festzusetzen, was von dem grammatischen Lehrstoff für den Anfänger als das Nothwendigste und Unentbehrlichste vorweg zu nehmen sei. Um nicht zu sehr in's Einzelne zu gehen, begnüge ich mich mit der Annahme, dass die Auswahl, welche Fölsing und Schmitz in ihren Elementarbüchern getroffen haben, etwa als eine zulässige Umgrenzung desjenigen Lehrstoffs, mit welchem der Schüler zuerst bekannt gemacht werden muss, angesehen werden kann. Bei einer solchen Sonderung des Materials aber stellt sich von vornherein die Eintheilung nach den Wörterklassen, wie sie das ganze Buch von Manitius durchzieht, als unstatthaft heraus. Was nun den Hauptpunkt, um den es sich eben handelt, die Anwendung von Uebungssätzen, betrifft, so ist für die Formenlehre der Umfang des in Fölsing's Buch Enthaltenen ausreichend. Denken wir uns dann den Schüler auf einer zweiten Lehrstufe, wo er hinreichend vorbereitet ist, um das Erforderliche aus der Syntax zu lernen, so erscheint es wünschenswerth, dass für gewisse Partien der Syntax, z. B. für eigenthümliche Rection der Verben mit of, from, to, in u. dergl.; für den Gebrauch des Particips in Fällen wie: I prefer walking. für die schwierige Uebersetzung des Verbs lassen und andere Sachen, die einer besondern Einübung bedürfen, einzelne Sätze in englischen und deutschen Uebungsabschnitten dem Lehrer zu Gebote stehen. Unnöthig aber ist es z. B., wie es bei Manitius geschieht, das Declinationsverhältniss der Eigennamen, die defective verbs, den mit dem Deutschen übereinstimmenden Gebrauch der einzelnen Tempora des Verbums, den Infinitiv mit to, den Indicativ u. dergl. mehr durch lange Uebungsaufgaben hindurchzuwinden.

Die Vertheidiger der vielen Uebungssätze kommen immer auf die Behauptung zurück, dass sie den Lernenden unablässig im Lesen und Uebersetzen geübt wissen wollen. Dieser Ansicht bin ich auch, aber mit anderer Auffassung. Nicht mit einzelnen Sätzen beschäftige man unnöthig lange den Schüler, sondern benutze dieselben nur zur Einübung des nöthigen grammatischen Stoffes. Dagegen, sobald man den ersten Grund gelegt hat, sobald Declination und Conjugation gelernt sind, gehe man zur Lectüre zusammenhängender Lesestücke über. An passenden Büchern für den ersten Unterricht fehlt es nicht; als besonders empfehlenswerth nenne ich dazu das Reading Book von Westley, Leipzig, 1860. Auf Lectüre also richte man ein besonderes Augenmerk, theile die Stunden möglichst bald in grammatische und Lectürestunden, dränge allmählig den Schwerpunkt des Unterrichts von den einzelnen Sätzen fort zur Lectüre, sowie andererseits zur Uebersetzung zusammenhängender Stücke aus dem Deutschen in's Englische: mit einem Wort, man beschränke die Zahl der Uebungsaufgaben mit einzelnen Sätzen auf das nöthige Mass, und erreiche durch sorgfältige, controllirende Einübung des geringeren Quantums die erforderliche Sicherheit in der Anwendung der Formenlehre und des Syntaktischen. Lectüre und Exercitien, namentlich aber eine solche Behandlung der Lectüre, dass daraus mit oder ohne Hinzunahme des grammatischen Lehrbuchs eine Bereicherung nicht bloss des lexikalischen, sondern auch des grammatischen Wissens der Schüler hervorgeht, wird dann zu einer besseren und gründlicheren Kenntniss der Sprache verhelfen, wird Lehrer und Lernende gespannter erhalten, und die geistige Thätigkeit Beider in weit geeigneter Weise in Anspruch nehmen, als das ewige Einerlei der einzelnen Sätze.

Nach diesen Grundsätzen scheint mir das Lehrbuch des Dr. Manitius zu gedehnt, die Anordnung nach den Wörterklassen ungeeignet.

Was die Fassung der Regeln betrifft, so vermisst man darin, wie überhaupt in den Erklärungen bei Manitius, philologische Schärfe. Es ist eigenthümlich, dass der Verfasser nicht Bücher, wie z. B. das von Schmitz, zur Vergleichung benutzt hat, um bei Aufstellung von Regeln und Angabe von Unterschieden sicherer zu gehen. Einen unnöthigen Raum nehmen die Erklärungen von Wörterklassen ein; wer englisch lernt, braucht nicht erst in seiner englischen Grammatik zu erfahren, was ein Substantiv ist. Alle solche Dinge lassen das Lehrbuch von Manitius als eine Arbeit erscheinen, welche keinen Fortschritt in der Schul-Litteratur bezeichnet. Es lässt sich daher nicht für den Unterricht empfehlen. Wenn überhaupt solche Bücher noch Verwendung finden, so ist der Grund davon unter anderm der, dass in den neueren Sprachen eine Menge von Personen unterrichten, die, ohne philologische Vorbildung, gern nach Lehrbüchern greifen, die ihnen eine bequeme Ausfüllung der Lehrstunde ermöglichen. Namentlich Engländer und Engländerinnen, die in Deutschland unterrichten, oft ohne des Deutschen in erforderlichem Grade mächtig zu sein, greifen in ihrer Noth nach solchen Büchern, an welchen sie dann ihren Unterricht abwickeln. Für Schulen aber, besonders für höhere Lehranstalten, von welchen der Verfasser in der Vorrede spricht, erfüllt das Buch nicht das, was ich zu Anfang dieser Besprechung aus dem Vorworte aufgenommen hatte: es dient nicht zur wissenschaftlichen Förderung des Schülers.

Berlin.   Alb. Benecke.

Dr. H. A. Manitius: Grammatisch-praktischer Lehrgang der englischen Sprache zu deren möglichst leichter, schneller und gründlicher Erlernung. Für den ersten Anfang in Schulen und anderen Bildungsanstalten, sowie zum Privatunterrichte. Eine Vorschule zu des Verfassers Lehrbuch der englischen Sprache. Zweite, sorgfältig verbesserte Auflage. Dresden. Verlag von G. Dietze.

Dass der Verfasser die Erfahrung gemacht hat, dass sein grösseres Lehrbuch der englischen Sprache, wie er selber andeutet, einem späteren und letzten Lehrcurse vorbehalten bleiben müsse, mit andern Worten, dass es sich zur Einführung in die englische Sprache nicht recht eignet, beweist das Erscheinen des jetzt zu beurtheilenden Buches. Dasselbe kann als ein Auszug aus des Verfassers grösserem Lehrgange angesehen werden und verdankt seine Entstehung augenscheinlich dem Umstande, dass Dr. Manitius auf die zu grosse Dehnung und Weitschweifigkeit seines grösseren Lehrganges aufmerksam geworden ist.

Die Einrichtung ist wie in dem grösseren Buche. Zuerst ist auf neun Seiten die Aussprache aufgeführt, wobei S. 2 das Wort doll falsch mit langem o steht, S. 5 weiches g und j in herkömmlicher Weise schlecht durch d s ch erklärt ist. Ungenügend ist die Angabe über th auf S. 6. Statt zu sagen, wie th lautet, hätte gesagt werden müssen, wie man es auszufangen hat, um es hervorzubringen: eine Angabe, welche man in vielen Lehrbüchern vernachlässigt findet. Dann sind von Seite 11 an die einzelnen Wörterklassen, Artikel, Substantiv, Adjectiv, Zahlwort, Pronomen, Verbum u. s. w. mit den nöthigen Musterwörtern, Declinations- und Conjugationstabellen und sonstigem Apparat an Regeln der Reihe nach vorgeführt, und jede Seite, hinter jedem Abschnitt, mit englischen und deutschen Uebungsstücken und dem dazu gehörigen Vocabelvorrath versehen. Trat schon bei dem grösseren Lehrgange die Unangemessenheit jener Reihenfolge störend hervor, so ist es bei diesem Buche, welches nach des Verfassers Worten für den „ersten Anfang" geschrieben ist, noch weit mehr der Fall. Einen Schüler erst 50 Seiten mit 70 Uebungsabschnitten lernen und übersetzen zu lassen, und ihm dann to have in etwa 22 neuen derartigen Abschnitten, und dahinter in gleicher Weise to he und to hope vorzuführen, heisst eine unrichtige Auffassung der Art und Weise haben, wie man den Lehrstoff für die ersten Lehrstunden zu vertheilen hat. Man kann es nicht oft genug wiederholen: Declinations- und Conjugationsverhältniss muss im Englischen zuerst gelehrt, to have, to be, to hope gleich nach dem Wenigen, was von der Declination zu lernen ist, dem Gedächtniss eingeprägt werden. Sobald der Schüler damit fertig ist, lässt sich das Uebrige, was von dem Grammatischen besonders nothwendig erscheint, leicht zusammenstellen. Als Bestimmungsgrund für die Auswahl und Aufeinanderfolge des grammatischen Lehrstoffs diene die Rücksicht auf dasjenige, was Jemand bereits wissen muss, um Lectüre leichter, zusammenhängender Lesestücke anzufangen. Wenn ich aber Jemand erst Bruch-, Wiederholungs-, Vervielfaltigungs-, Sammelzahlen, eigenthümliche Zeitangaben (ich führe die vom Verfasser gewählten Benennungen an) und dergl. lernen lasse, und ihn dann erst mit to have und to be bekannt mache: so heisst das, Jemand mit den Fingern essen lassen und ihm erst gegen Ende der Mahlzeit Messer und Gabel reichen.

Abgesehen von der Reihenfolge des Lehrstoffs, die eine andere sein muss, ist auch die Auswahl desjenigen, was der Anfänger zur Einführung in das Englische gebraucht, meiner Ansicht nach verfehlt. Es ist zu viel aufgenommen. Ueberflüssig ist für den Anfang S. 26, Nr. 3: über Eigenthümlichkeiten der Pluralbildung, S. 28: Singularis tantum, S. 29: Substantiva mit verschiedener Bedeutung im Singular und Plural; S. 32: Bildung des weiblichen Geschlechts in Fällen wie author und authoress. S. 42 die oben erwähnten Zahlwörter, ferner die Beispiele über den Conjunctiv S. 64 und an andern Stellen, und manches Andere, was der Anfänger noch nicht zu lernen braucht. Ein besonders bequemes Mittel, den Stoff der Lehrbücher dieser Art in die Länge zu ziehen, ist die Einübung der unregelmässigen Verba mit englischen und deutschen Uebungsaufgaben. So auch hier S. 96 — 120. Ich will die Frage offen lassen, ob man zur Einübung der unregelmässigen Verba halbe Jahre lang nur Uebungen darüber im Englischen und Französischen durchübersetzen lassen muss. Doch kann ich aus eigener Erfahrung beim Unterricht versichern, dass sorgfältiges Memoriren der abweichenden Formen der unregelmässigen Verba, etwa in der Art, dass man von Stunde zu Stunde auf der Lehrstufe, in welche das Erlernen dieser Zeitwörter gehört, eine gewisse Anzahl derselben aufsagen lässt; ferner die Beachtung derselben bei der Lectüre, wo man sich bei einzelnen vorkommenden Verben sich durch Fragen vergewissert, ob die Schüler noch diese Formen inne haben; endlich die Anwendung derselben beim mündlichen und schriftlichen Gebrauche dieselben oml bessere Dienste thut, als jene langausgesponnene Einübung. Die Masse des übersetzten Materials schafft nicht die Kenntniss in den Schüler hinein; nach vorausgegangenem Auswendiglernen bei jeder passenden Gelegenheit, also vorzüglich in der Lectüre, auf die früher im Zusammenhange gelernten Verbalformen zurückkommen und sich immer von neuem überzeugen, wie es mit dem Behaltenhaben und der sicheren Aneignung solcher Formen steht, bewirkt eine genauere und selbstbewusstere Kenntniss darin, als ein Durchübersetzen vieler Uebungssätze. Doch, wie gesagt, ich lasse diesen Punkt dahingestellt: nur spreche ich mich dahin aus, dass man die Einübung der unregelmässigen Verba nicht zum Gegenstand des Unterrichts voller Semester mache, wozu die Menge der Uebungsaufgaben bei Manitius, ähnlich wie bei Plötz, und die Gemächlichkeit, mit der sich bei Benutzung eines solchen sehr bequem zurechtgemachten Uebersetzungsstoffes die Lehrstunden geben lassen, sehr leicht verlockt.

Im Vorworte sagt Manitius: "Die zur Einübung der Sprachelemente gegebenen Aufgaben sind durchgängig in leicht verständlicher, edler Umgangssprache verfasst." Beispiele dieser edlen Diction: Friedrich ist ein plumper Mensch, er hat mich mehrere Male auf den Fuss getreten. — Tretet der Katze nicht auf den Schwanz. — Anton hat oft Träume von Affen und Katzen. — Man sagt, dass die Deutschen viele Cigarren rauchen. — Wir würden uns die Hände waschen, wenn sie schmutzig wären. — Wenn geht die Sonne jetzt auf? Die Querpfeifen der Soldaten sind nicht immer gut. — Diese Gräfinnen haben kostbare Müffe. — Diese Frauen haben grosse Füsse. — Diese Französin hat schwarze Oberzähne.

In der Vorrede zur zweiten Auflage sagt Manitius: "Vorliegender Lehrgang ... ist von jedem Druckfehler auf's sorgfältigste und durchweg rein hergestellt worden." Druckfehler in der Aussprachebezeichnung finden sich bei folgenden Wörtern: housedoor, housemaid, writes, prince, resembles, chocolate, branch, knife, some, chief, Japanese, remarkable, expence, advice, stallion, husband, friar, renowned, market, island, July, powerful, watch. Druckfehler in der Bezeichnung der Aussprache sind schlimmer, als wenn ein deutsches oder englisches Wort einmal falsch gedruckt ist.

Als Anhang enthält das Lehrbuch von Manitius kleinere Erzählungen, Beschreibungen, Gespräche, Briefe, poetische Stücke, im Ganzen 35 Seiten. Ein solches Material zum Uebersetzen, resp. Memoriren ist für Elementarbücher recht wünschenswerth, da es dem Lehrer angenehm sein muss, solchen Lehrstoff gleich zur Verfügung zu haben. Die Auswahl der betreffenden Stücke ist recht gut. Praktisch ist dabei auch, dass diesem Anhange ebenfalls die Vocabeln beigegeben sind, da Schüler auf der ersten Lehrstufe, auf der ihnen das Englische noch so fremd und wegen der Aussprache so schwierig entgegentritt, ohne eigenes Aufsuchen im Wörterbuche den erforderlichen Wörtervorrath erhalten müssen. In dieser Beziehung und, was mit Anerkennung hervorzuheben ist, darin, dass Manitius sich der verbreitetsten Aussprachebezeichnung (der Walker'schen) bedient hat, zeichnet sich seine Arbeit vor vielen andern aus, welche den Schüler nur auf das Vorsprechen des Lehrers anweisen und ihn nicht in den Stand setzen, sich selbständig im Dictionär die Aussprache eines Wortes aufzusuchen.

Berlin.   Alb. Benecke.

Programmenschau.

Zwei Abschnitte aus dem neuen Grundlehrplan. Im Programm des Gymnasiums zu Frankfurt a. O. 1866.

Das Programm enthält den genauen Lehrplan für den deutschen und lateinischen Unterricht am Frankfurter Gymnasium. Beide Pläne zeugen von gründlicher Erwägung der Gegenstände und praktischem Talent und verdienen die Beachtung aller Fachlehrer. Der Stoff ist nach den Classen abgetheilt. Als Einzelheiten seien hier hervorgehoben: In allen Classen ist im Deutschen das Lesebuch von Hopf und Paulsick eingeführt. In Sexta Einübung der Satzlehre am besten beim Uebersetzen aus dem Lateinischen in's Deutsche und umgekehrt. Als schriftliche Uebungen nur ein orthographisches Dictat, ebenso auch in Quinta. In Quarta Abschluss der Satzlehre; schriftliche Uebungen zunächst nur Wiedergabe von Erlebtem und Gelesenem, besonders Geschichtliches. In Tertia-B Zergliederung längerer Perioden, die Lehre von der starken und schwachen Flexion, vom Umlaut, Ablaut u. s. w., besondern der mündliche Ausdruck bei den Uebersetzungen zu bilden. In Tertia A Ueberblick über die Stilgattungen im Anschluss an die Lectüre; schriftlich Entwicklung der Gedanken nach gegebenen Gesichtspunkten; Fabel, Erzählung, Schein. In Secunda B Elemente der mittelhochdeutschen Grammatik und als Classenlectüre mittelhochdeutsche Gedichte, als Privatlectüre epische Gedichte des 18. Jahrh., Lessing's Minna von Barnhelm und Emilie Galotti; Einleitungen in die epischen Gedichte des Mittelalters; freie Vorträge über literarhistorische und historische Themata; schriftliche Arbeiten über möglichst concrete Gegenstände, jedes Thema vorher besprochen und disponiert. In Secunda A Lyriker des Mittelalters als Classenlectüre als Privatlectüre Klopstock's, Schiller's, Goethe's lyrische und episch-lyrische Gedichte, Schiller's Dramen; literaturgeschichtlich Lyrik des Mittelalters. In Prima 2 St. 1 Semester aristotelische Logik, Einzelnes aus der Psychologie bei den Aufsätzen oder der Lectüre; die bedeutendsten Dramen von Goethe und die wichtigeren Abhandlungen von Schiller und Goethe als Privatlectüre; Literaturgeschichte 1. Semester: Luther bis zum Hainbund; 2. Sem. preussische Dichter, Lessing, Wieland, Herder; 3. Sem. Schiller und Goethe.

Lessing's Laokoon als Lectüre in Prima auf Gymnasium und Realschule von Dr. Eiselen. Im Programm der Realschule zu Wittstock. 1866. 22 S. 4.

Die Abhandlung hat den Zweck, an der Behandlung des Laokoon zu zeigen, welche fruchtbare Belebrung, welche treffliche geistige Uebung sich an demselben für die Schule gewinnen lässt. Soll die Schule folgerichtig denken und in einfacher Form die Gedanken ausdrücken lehren, so sind dazu besonders die Abhandlungen Lessing's, namentlich der Laokoon brauchbar. Wie er ihn gebraucht hat, zeigt der Verf. ausführlich, wie man in der Schrift selbst nachsehen mag. Die Behandlung ist sehr genau und gewiss das geistige Leben der Schüler zu fördern sehr geeignet; einige Voraussetzungen sind dabei allerdings gemacht, die sich wohl nicht überall werden befriedigen lassen.

Ueber die Berechtigung des Idealen in der Kunst, von Dr. Fr. Braun. Programm des Gymnasiums zu Rinteln. 1865. 42 S. 8.

Die Abhandlung gibt mehr als der Titel verheisst; erst nachdem der Begriff des Idealen ausführlich behandelt und die Erscheinung desselben in der Kunst nachgewiesen ist, wird die Berechtigung bewiesen. Mit Recht wendet sich der Verf. gegen die heutige übergrosse Hervorhebung des realistischen Elements. Er handelt also, wie bemerkt, zuerst vom Idealen. Das Ideale ist zunächst etwas in seiner Allgemeinheit noch Unbestimmtes, das noch prädicatlose Substantielle des Ideals. Es stellt sich aber dar als ein Lebendiges, als eine Thätigkeit, die im einheitlichen Organismus unseres Geistes aprioristisch liegt, näher bestimmt durch ihr Objekt. Die das Ideal hervorbringende Thätigkeit des Geistes nennen wir die idealisierende. Sie findet sich aber nicht in jedem Geist. Nicht das Subjekt noch das Objekt bringt sie hervor Genie und Talent sind eine besondre, einen bestimmten Zweck involvierende Disposition Gottes in der menschlichen Seele, ähnlich wie die Thätigkeit des Gewissens eine in die Seele reichende Offenbarungsform des Göttlichen ist. Das Ideal nun ist das Produkt der idealisierenden Thätigkeit des Geistes und des Objekts, auf welches diese gerichtet ist. Im Ideal in unserer Vorstellung sehen wir den Stoff nicht mehr in seiner Unmittelbarkeit, sondern von der idealisierenden Thätigkeit des Geistes verarbeitet. Das Phantasiebild muss stets seine Analogie in der objektiven Welt finden und zieht aus ihr seine Nahrung, das Ideale aber schöpft seinen substantiellen Gehalt aus höheren, durch die Offenbarung uns zugekommenen Begriffen, den Ideen und verarbeitet nach derselben das Objekt. Ohne echt religiösen Fond und Gehalt gibt es keine Idealität; nur sie erhebt und befriedigt. 2) Das Ideale findet sich wirklich in den Werken der Kunst und zwar a) in der Architektur. Der griechische Tempel entspricht vollkommen dem Gesetz der Schönheit und dabei bleibt für den Gedanken noch so viel übrig, dass die Form von diesem durchdrungen erscheint; der Grieche fand hier den ihn befriedigenden Ausdruck seiner Religion; wir aber, da wir mit unsern religiösen Ideen uns zu denen der Griechen in vollständigem Widerspruch finden, messen ihm nur eine negative Idealität bei, uns befriedigt vom religiösen Standpunkt der gothische Dom; b) in der Sculptur. Wir wählen die Laokoongruppe, wir haben Laokoon als Priester und Patrioten uns vorzustellen, dadurch ist sein Kampf ein tragischer; aber er denkt nicht an seine Rettung, sondern nur an die Söhne, deshalb unterdrückt er seinen eigenen Schmerz, und zugleich ist der Schmerz idealisiert durch die geistige Bemeisterung, welche in dem Gedanken ihren Grund hat, dass das Unheil eine göttliche Schickung sei, der gegenüber er sich seiner Pflicht bewusst ist; c) in der Malerei, hier vor Allem in Raphael's Madonnen und der Magdalena Morillo's; d) in der Musik. Das ideale Gefühl sowie der daraus entspringende Gedanke ist das eigentliche Wesen der Musik. Das

Ideale erscheint vorzugsweise in der Kirchenmusik, indem der Choral die Wahrheit der christlichen Religion in der Form der Töne ist, dann in der weltlichen Musik in vielen Volksmelodieen; e) in der Poesie. Auf dem Boden des classischen Alterthums gibt es gar kein absolutes Ideal, aber ein relativ Ideales ist die Antigone des Sophokles, Hektor's Abschied bei Homer u. A. Ganz im Stil des Idealen ist Klopstock's Messias gehalten, aber nicht realistisch genug. In Goethe's Gedichten tritt die ideale Seite der Poesie besonders in der Iphigenie hervor. Der idealste unter den deutschen Dichtern ist Schiller. Im Tell z. B. tritt Idealität am meisten im Charakter und im Handeln der Bertha hervor. In der romantischen Schule ist das Ideale nicht selten zum Idealistischen verzerrt und aus dieser Richtung gingen die dämonischen und phantastischen Nachtgebilde der Poesie hervor, die eine krankhafte Erscheinung der Dichtkunst sind. 3) Die Argumente von der Berechtigung des Idealen in der Kunst. a) Was in der Kunst darstellbar ist, hat auch eine gewisse Berechtigung zur Darstellung, folglich auch das darstellbare Ideale, da weder aus der Natur des Idealen noch aus den Forderungen des Lebens sich Gründe dagegen auffinden lassen. b) Das Ideale findet sich in den Kunstwerken verschiedener Zeiten c) Der Begriff der Kunst besteht grade in der adäquaten Darstellung der höchsten von sittlichen und religiösen Ideen getragenen Begriffe. d) Nach dem Organismus der menschlichen Seele erregt die Idealisierte Darstellung der Natur die höchste Befriedigung. e) Die ideale Schönheit afficiert mehr als die Schönheit der Form unsere ästhetische Anschauung. f) Wenn für das künstlerisch schaffende Individuum als Mensch die sittlichen und religiösen Grundsätze des Christenthums gelten, so nicht minder für dasselbe als Künstler.

Ueber den Begriff des Tragischen. Vom ord. Lehrer Dr. Arthur Jung. Programm des Gymnasiums zu Inowraclaw. 1866. 14 S. 4.

Die Philosophie, sagt der Verf., ist das Nachdenken über den Tod. Wir gelangen zu dem Lichte, welches uns den Tod als Versöhner und Vollender, nicht als Zerstörer darstellt, wenn wir den Begriff des Tragischen betrachten. Dieselbe erscheint uns im Leben, ist zweitens Gegenstand der Kunst, drittens Weltbetrachtung. Traurig ist, was in irgend einer Form auf den Stillstand der Lebensbewegung hindeutet; was traurig ist, wird wieder froh. Das Tragische aber deutet auf etwas Bleibendes, Unabwendbares. Im Leben selbst ist schon etwas Tragisches, dahin gehören die Verwandtschaft des Lebens mit dem Tode, die Kurzsichtigkeit des menschlichen Verstandes in Bezug auf tägliche Begegnisse, Abhängigkeit von den Leidenschaften u. s. Es gibt bei gewissen Personen eine Prädestination zum Tragischen. Ebenso machen einzelne Perioden der Geschichte einen vorwiegend tragischen Eindruck, so der Untergang der alten Welt, die Reformation. Das Tragische im Leben tritt namentlich im Leben grosser Männer entgegen, die ganzen Jahrhunderten eine neue Richtung geben sollen; ihr Leben ist ein steter Kampf, sei es in ihrem eigenen Innern bis zur Läuterung der sie begeisternden Ideen, sei es gegen die äussere Welt. Am klarsten erscheint das Tragische in der Kunst. So gewiss uns das wechselvolle Leben interessirt, so gewiss sein Bild, die Tragödie, welche eben das Ringen des Menschen nach dem Vollkommenen darstellt. Dies Ringen zeigt sich zunächst in grosser Thätigkeit, dann in der Fähigkeit zum Leiden. Sehen wir nun den Unschuldigen leiden, so muss die Tugend etwas von dem Leiden Unberührbares sein und des äussern Lebens nicht bedürfen. Das Alterthum trennte nicht das Subjekt und das Objekt, dort erschien der Mensch als ein verschwindend kleiner Punkt dem allgewaltigen Schicksal gegenüber; wir reflectieren mehr, wir haben einen tiefern Einblick in das Gemüth des Menschen gewonnen. 'Das Kennzeichen der neuern Tragödie ist besonders der Kampf des freien Willens mit dem Schicksal, welches nicht mehr in weiter Ferne liegt, sondern die Gesellschaft in ihren verschiedenen Formen ist. Das Tragische gewährt ein besonderes Vergnügen, weil beim Anschauen eines Trauerspiels das ganze geistige Vermögen in ein freies Spiel der Kräfte versetzt wird; aber den erregten Sturm der Gefühle muss der Dichter auch beschwören. Dies geschieht dadurch, dass die dem Menschen vorschwebenden Ideen der sittlichen Vollkommenheit nach wie vor unveränderlich bleiben. So kommt uns der Tod nicht mehr als schrecklich vor, er hat keinen Theil an dem Vollkommenen in den Menschen, welche wir ihn so eben haben erleiden sehen; somit bedeutet er nur den letzten Läuterungsprocess, den jeder Mensch durchzumachen hat, um in das Ewige, Göttliche aufgenommen zu werden. Die unvertilgbar in dem Menschen lebende Idee einer ewigen Gerechtigkeit fordert es, dass der Tod als eine allgemeine Schuldforderung aufgefasst wird, die jeder Sterbliche zu zahlen hat.

Zusammenstellung der Fremdwörter des Alt- und Mittelhochdeutschen nach sachlichen Kategorien. Vom Oberlehrer Wilh. Wendler. Programm des Gymnasiums zu Zwickau. 1865. 34 S. 4.

Das höchst verdienstliche Programm ist ein Beitrag zur Etymologie. Die Vorarbeiten sind mit grossem Fleiss und Urtheil benutzt, manche 'neue Etymologie zugefügt. Die Kategorien sind 1) Kirche, 2) Staat, a) Frieden: Rechtsverhältnisse, Fürst und Hof, Münzen u. s. w., Handel und Handwerk, Schreiben, Schiffahrt, b) Krieg, 3) Kunst und Wissenschaft, 4) Privatleben, mit zahlreichen Unterabtheilungen. Die Fülle des Stoffes zeigt recht deutlich den ausserordentlichen Einfluss des Romanenthums auf das Deutsche, und aus diesem Einfluss auf die Sprache kann man sich leicht culturgeschichtliche Schlüsse ziehen. Am verwandtesten ist Ebel's Abhandlung über die Lehnwörter, einerseits behandelt diese aber dem gegenwärtigen Programm fern liegende Wörter, andererseits dagegen ist unsere Abhandlung weit ausführlicher. Man wird in der Erklärung fast durchweg dem Verf. zustimmen müssen, auch seine eigenen Etymologien sind aller Beachtung werth. Einzelnes sei hier noch beleuchtet. Kranz soll nicht von corona direct herkommen, sondern von coronatum. Aber muss es Lehnwort sein? kann es nicht mit Kreis zusammenhangen? Graf will der Verf. für ein germanisches Wort gehalten wissen. Leo Meyer in Kuhn's Zeits. V, 155 sqq. denkt an goth. grêfan = beschliessen, vorschreiben, gebieten. Mesores wird abgeleitet nicht von Messe, sondern von goth. mêss, lat. mensa, der den Tisch des Altars besorgende; Andere aber leiten das ahd. mesinari, mhd. mesnaere von mansionarius. Bursa, Börse, Haus der Studenten, wird von bursa, Beutel, abgeleitet, wegen der gemeinsamen Kasse; Grimm Gesch. d. d. Spr. 134 vermuthete, dass Bursa bezeichnet habe einen Zusammentritt verbündeter Genossen auf der Stierhaut (βύρσα), woher auch Bursch. Firlei wird hergeleitet von virelai, Ringellied, von Verb. virer, wenden, drehen; firlefei, firlefanz seien davon Verstümmelungen. Grimm im Wörterb. III, 1672 fasst funz = frischer, lustiger Kerl, firlo von fer (fern), Fremdling; firlefanz und alefanz synonym, zuerst ausländischer Tanz, dann alles Altfränkische, Eulenspiegelische.

Die Familiennamen von Stolp mit Berücksichtigung der Umgegend, vom Oberl. Albert Heintze. Programm des Gymnasiums zu Stolp. 1866. 37 S. 4.

Das Namengebiet, welches der Verf. zur Betrachtung sich ausgewählt hat, ist ein besonders interessantes. Stolp ist Jahrhunderte lang ein Vorposten deutscher Sprache gegen das Slaventhum gewesen, es liegt noch jetzt an der Grenze zweier ganz verschiedener Nationalitäten, der niederdeutschen und der kassubisch-polnischen, die Mischungsverhältnisse treten auch im Bereiche der Namen bezeichnend hervor. Der Verf. will zunächst das Interesse der nächsten Leser für ihre Heimath erhöhen, aber es verdient in vollem Masse die fleissige und sorgfältige Arbeit der Beachtung aller empfohlen zu werden, die für ihre deutsche Sprache und Sitte ein warmes Gefühl haben.

Dem gleich stark hervortretenden Deutschthum trat in Stolp mit Zähigkeit das Wendenthum entgegen. Am Ende des 18. Jahrh. war der Lupow-Fluss die Grenze des deutschen Sprachgebiets nach Osten hin, jetzt ist dies bedeutend weiter vorgeschritten und kassubische Predigt kommt nur noch in zwei Kirchspielen vor; in Pommern überhaupt fanden sich 1861 nur noch 3677 Personen mit slavischer Familiensprache, nämlich in den Kreisen Stolp, Lauenburg, Bütow. Dagegen in den Familiennamen tritt östlich von der Lupow das Kassubische in den Vordergrund und westlich ist es ebenso stark als das Deutsche vertreten. In der Stadt Stolp ist noch in den Familiennamen in der Altstadt der wendische, in der eigentlichen Stadt der deutsche Grundstock nicht zu verkennen. Nach der Reformation nahmen die Familiennamen grösstentheils ein hochdeutsches Gewand an. Späterhin haben sich durch Einwanderung an den deutsch-kassubischen Stamm neue Elemente angesetzt, besonders polnische, auch romanische und litauische. In Stolp finden sich über 1800 verschiedene Familiennamen. Bei der Schichtung derselben stellt der Verf. das Deutsche in den Vordergrund, und zwar als 1. Classe die ältesten, die ursprünglichen Personnamen, die hier wie überall stark vertreten sind und nach den neuesten Forschungen erläutert werden. Die Genitiv-Bildungen, die in andern Gegenden, namentlich im westlichen Deutschland, so verbreitet sind, sind in Pommern selten und nicht einheimisch, ebenso wenig die Zusammensetzungen mit son und sen, von denen es bekanntlich in Schleswig wimmelt; dagegen die Deminutiv-Endungen mit k (niederd.) und z (hochd.) sind sehr zahlreich. Sollte aber wohl die Nebenform Fritsch zu Fritze durch slavischen Einfluss vergröbert sein, da sie im westlichen Deutschland so sehr verbreitet ist? Beide Endungen vereinigt als zke kommen auch vor. Daneben die slavischen Bildungen auf slav oder slaf oder zlaf, von denen die deutschen auf laf sich durch das Fehlen des Zischlautes unterscheiden; so ist nach dem Verf. der öfters in Pommern vorkommende Name Gützlaff slavisch, aus Gustislaw, ein Name, welcher aber auch am Niederrhein erscheint. Als zweite Schicht betrachtet der Verf. die fremdländisch-kirchlichen Namen, ursprünglich Personnamen. Die Zahl derselben ist eine beschränkte, wenn auch einzelne sich weit verbreitet haben in reiner und veränderter Form. Die Namen auf ke sind nicht immer deutschen Ursprungs, manche können aus slavischer Quelle stammen; ihre Zahl ist sehr gross, in Stolp nahezu 6 Procent. Die dritte Schicht, Familiennamen jüngster Periode, bilden zunächst die Handwerksnamen, sehr zahlreich, besonders deutsche, aber auch slavische; dann die von Ortsbenennungen entlehnten, sowohl Bezeichnungen nach allgemeinen Oertlichkeiten als nach Ortseigennamen. Dahin gehören auch einige Comp. mit mann, wie Grundmann u. s. w. und die eigentlichen Adelsnamen. Neben den deutschen Ortsnamen stellt sich eine gleich lange Reihe slavischer gegenüber; dahin gehören die vielen auf ow, auch wohl in au geändert, und auf in und itz. In dieselbe Classe fallen die Volks- und Stammesbezeichnungen auch wohl mit der adj. Endung er und der polnischen ski. Als dritte Unterabtheilung der dritten Schicht fungiren die Namen von Eigenschaften, körperlichen und geistigen, weit weniger zahlreich; von diesen sind die interessantesten die imperativischen. Endlich sind zu erwähnen die Namen von Gliedern und Körpertheilen, Kleidungsstücken, Speisen, Geräthen, Thieren, Pflanzen, Naturerscheinungen.

Ueber einige volksthümliche Begriffsverstärkungen bei deutschen und englischen Adjectiven. Von Dr. Alexis Dony. Im Programm der höheren Bürgerschule zu Spremberg. 1866. 20 S. 4.

Eine zahlreiche Menge der merkwürdigsten im Munde des Volkes üblichen Begriffsverstärkungen ist hier nicht bloss zusammengestellt, sondern auch, so weit es möglich war, erklärt, begründet, mit ähnlichen verglichen. Sie beruhen alle zunächst auf dem Streben, recht anschaulich darzustellen, dem Ja auch die beliebte Ausdrucksweise allgemeiner Sätze in Form von Beispielen ihren Ursprung verdankt, die selbst dann noch üblich sind, wenn ihr Sinn nicht Jedermann gleich klar ist (vgl. „schlafen wie eine Ratze," d. i. wie der Siebenschläfer, Haselmaus). Mit der Anschaulichkeit hängt die dem Hörer sich gleichsam mit Gewalt aufdrängende Hyperbel auf; das Volk wie der Dichter liebt sie. Diejenigen componirten Adjective, die den hohen Grad bezeichnen sollen, erscheinen nicht alle gleich auflösbar; „blitzschnell, blutjung, steinreich" unterscheiden sich so. Wir sagen: blitzschnell, schnell wie ein Blitz, schneller als der Blitz, aber nicht: er ist ein Blitz; aber wohl: „er ist dumm wie ein Klotz" und: „er ist ein Klotz." Der Sprachgeist ist also eigensinnig. Wir haben im Ganzen vier Formen: „stehlen wie ein Rabe, spiegelblank, nasser als eine Katze, Falkenauge." Die Formen der zweiten Art werden dann ausführlich betrachtet und zwar zuerst die zusammengesetzten Adjective, deren erster Theil aus einem Substantiv besteht. Es wird überall die niederdeutsche, englische, lateinische, griechische Sprache in ihren ähnlichen Erscheinungen berücksichtigt. Als Unterabtheilungen gilt, dass a) die Zusammenstellung auf dem Vergleiche der Eigenschaft beruht, welche das Adjectiv ausdrückt, mit einer charakteristischen Eigenschaft des durch das Substantiv bezeichneten Gegenstandes. So: baumfest, bombenfest, baumlang, baumstill u. s. w., bildhübsch, blitzschnell (pfeilschnell, windschnell), bocksteif, blutroth, eisgrau, essigsauer, engelsgut, -rein, -süss, faustdick (fingerdick, knüppeldick, ellenhoch, meilenweit, handbreit u. a.), federleicht, feuerroth, gallenbitter, geisterbleich u. s. w., b) die Vergleichung nicht auf die charakteristische Eigenschaft eines Gegenstandes überhaupt geht, sondern auf die Beschaffenheit desselben, insoweit ihm auch die genannte Eigenschaft zukommt, so: krebsroth, d. h. nicht wie ein Krebs, sondern wie ein rother Krebs; fadengrade, fuchswild, hundsmüde, nagelneu, funkelnagelneu (d. i. wie ein unmittelbar aus der Esse kommender Nagel), splitternackt u. a., c) das erste Wort der Zusammensetzung bestehe in einem Fluch oder bekräftigenden Ausruf, wie: blitzblau, kreuzbrav n. a., d) die Zusammensetzung eine freiere Zusammensetzung eines aus mehreren Begriffen bestehenden Ausdrucks sei und meist nur durch einen Satz aufgelöst werden könne, so: blutjung, fadennackt, hageldicht, mutterseelenallein (entstellt aus: mutterseligallein : so dass keine von einer Mutter geborene Seele, d. i. kein Mensch da ist), spinnefeind u. a., e) das Substantiv ohne begrifflichen Zusammenhang mit dem Adjectiv reine Verstärkung sei, so: haarscharf, steinalt, stockblind u. a., f) im Substantiv ein adverbialischer bekräftigender Zusatz enthalten sei ohne vorhandenen Vergleich, so: bombenfest, grundböse, herzinnig, kerngesund, menschenmöglich u. a.; wozu denn g) Varia kommen: eheleiblich, hundsgemein, kunterbunt u. a. Die zweite Classe sind die Adjective, deren Verstärkungswort ein Verbum ist: bettelarm, brühewarm, klapperdürr, knallroth u. a., die dritte, deren Verstärkungswort ein denselben Begriff wie das verstärkte Adjectiv ausdrückendes Adjectiv ist, wie: huntscheckig, helllicht, lichterloh, wildfremd u. a., die vierte, wo es ein Adverb ist, wie: bitterböse, bitterkalt u. a., die fünfte Pronomen und Adjectiv, wie: allein, allbereits u. a., die sechste Präposition und Adjectiv, wie: extrafein, superfein, überselig, urgemütblich u. a., die siebente zweifelhafte Bildungen: brandroth, piekfein, dundersnett, die achte mehrere Verstärkungen neben einander: pechrabenschwarz, sternhagelvoll, splitterfasernackt u. a.

Ueber die deutsche Sprache in dem polnischen Oberschlesien. Von Professor Heimbrod. Programm des Gymnasiums zu Gleiwitz. 1865. 23. S. 4.

Die vorliegende Abhandlung beschäftigt sich nicht, wie der Titel erwarten lässt, mit der Eigenthümlichkeit der deutschen Mundart in dem genannten Theile Schlesiens, sondern enthält nur einen Bericht der Bemühungen der preussischen Regierung um die Verbreitung der deutschen Sprache daselbst. Wir erfahren daraus, dass die Verordnungen im vorigen Jahrhundert sehr wenig Erfolg hatten, dass es erst in unserer Zeit besser geworden ist, dass namentlich die Stiftung des Gymnasiums zu Gleiwitz sehr günstig gewirkt hat, aber auch noch gegenwärtig es auf dem Lande sehr an Kenntniss der deutschen Sprache fehlt, also noch sehr viel zu thun gibt.

Zu Konrad's von Fussesbrunnen Kindheit Jesu. Von Dr. Alb. Gombert. Programm des Gymnasiums zu Königsberg i. d. N. 1866. 17 S. 4.

Konrad schrieb im 13. Jahrhundert; das folgt aus der deutlichen Nachahmung Hartmann's, namentlich des Erec und des Gregorius. Seine Heimath suchte schon Pfeiffer in Niederöstreich. Diemer hat einen Konrad von Fussesbrunnen in Urkunden in der Nähe von Krems gefunden, der wahrscheinlich der Dichter ist; nach ihm ist Konrad zwischen 1160 und 1165 geboren. Darnach hat Konrad in reiferem Mannesalter die Kindheit Jesu geschrieben; früher schrieb er weltliche Gedichte und wollte den ihm daher nach seiner Meinung anhängenden Sündenfleck durch das geistliche Gedicht tilgen. Sein Muster ist also jetzt die milde und massvolle Schreibart Hartmann's, aber er ahmt ihn nicht ungeschickt und sklavisch nach, seine Verse fliessen leicht, nur mitunter durch die unpoetische Ueberlieferung gehemmt. Er erreicht ihn in Reim, Verschluss und überhaupt der metrischen Form nicht, aber verdiente von Rudolf von Ems nicht bloss gelobt, sondern auch im Wilhelm und Barlaam nachgeahmt zu werden, wie denn sein Ansehen daraus erhellt, dass ein grosser Theil seines Gedichts später in das Passional übergegangen ist. Seine Quelle ist das Pseudoevangelium Matthäi, er schiebt oft lateinische Verse ein, besonders in der ersten Hälfte, die spätere Erzählung, mehr weltlichen Charakters, ist von den kanonischen Evangelien unabhängig. Weil hier daher solcher Citate weit weniger sind, darf man daraus nicht mit dem Herausgeber Feifelik folgern, dass die von ihm ausgelassenen, in der von ihm mit Unrecht zu Grunde gelegten Handschrift A fehlenden 1100 Verse unecht seien. Seine lateinischen Citate übersetzt Konrad bald wörtlich, bald frei. Da sein Stoff bekannt war, verweist er für die frühere Lebensgeschichte der Jungfrau auf zwei deutsche Darstellungen, auf Meister Heinrich's Lied von unser Frauen, und auf eines Ungenannten Anegenge; beide sind verloren, für das letztere ist nicht mit W. Wackernagel das in Hahn's Gedichten S. 1—40 abgedruckte sehr mangelhafte Gedicht zu halten. Ebenso wenig ist mit Wackernagel anzunehmen, dass das Gedicht Urstende (bei Hahn Ged. des 12. und 13. Jahrh., S. 103—28) von Konrad herrühre; dies ist vielmehr ein Gedicht des Konrad von Heimesfürte, der von unserm Konrad zu trennen ist. Somit ist das einzige uns erhaltene Werk Konrad's von Fussesbrunnen die Kindheit Jesu. Da der letzte Herausgeber Feifelik (1859) mit Unrecht die Handschrift A zu Grunde gelegt hat, so theilt den Anfang des Gedichts schliesslich der Verf. nach der allein zu Grunde zu legenden Handschrift B, die auch Hahn abdrucken liess, mit; von der dritten ebenfalls mit Vorsicht zu gebrauchenden früher Lassberg'schen Handschrift C ist ihm für eine beabsichtigte vollständige Ausgabe eine Abschrift von F. Pfeiffer zugekommen.

Ueber das Redentiner Osterspiel. Vom Oberlehrer Drosihn. Im Programm des Gymnasiums zu Neustettin. 1866. 36 S. 4.

Das im Jahre 1464 zu Redentin bei Wismar aufgeführte niederdeutsche Spiel ist der einzige Repräsentant dieses Zweiges der niederd. Volkspoesie, ein Beweis, dass die Osterspiele auch in Niederdeutschland Eingang gefunden, zuerst von Mone in den Schauspielen des Mittelalters, dann von Ettmüller unter dem Titel „dat spil fan der upstandinge" herausgegeben. Es ist die Frage, ob das Spiel Original, oder mit andern Worten: ob es in den Bereich der Volks- oder Kunstpoesie gehöre. Die Frage zu beantworten, verfolgt der Verf., ausführlich in den Inhalt vieler Stücke eingehend, die Geschichte der Osterspiele. Die ältesten sind die lateinischen Osterspiele. Ihr Keim findet sich seit der Mitte des 12. Jahrh. in den Klöstern Süddeutschlands. Mit der damals üblichen Osterfeier stimmt im Wesentlichen die in Frankreich im 13. Jahrh. gebräuchliche überein. Solche lateinische Osterspiele finden sich in Süddeutschland bis gegen Ende des 14. Jahrh. Ihr Gegenstand war die Engelsbotschaft von der Auferstehung Christi und die weitere Verkündigung dieser Botschaft an die Jünger. Dann regte sich das Bedürfnis nach deutscher Predigt. Ihm kamen besonders die Brüder vom gemeinsamen Leben entgegen. Die ausgebildete deutsche Kunstlyrik, die weltliche und die geistliche und zwar besonders die Mariendichtung waren von Einfluss auf die weitere Entwicklung der Osterspiele; die deutschen Marienklagen haben schon viel dramatisches Leben. So kommen wir zu den lateinisch-deutschen Osterspielen des 13. Jahrh., dem Lichtenthaler, dem ludus paschalis Burunus, d. i. von Benedictbeuern. Hierauf zu den deutschlateinischen Osterspielen. Die Zahl der auftretenden Personen hat sich bedeutend gemehrt, daher sind Laien zur Aufführung mit nothwendig; neben dem lateinischen Texte geht eine deutsche Paraphrase, neben der Erbauung soll auch für Unterhaltung gesorgt werden, das komische Element dringt ein, der Krämer, der an Maria die Salben verkauft, wird zu einem marktschreierischen Quacksalber. So das Osterspiel bei Mone S. 109—144, aus der Mitte des 14. Jahrh. In allen deutsch-lateinischen Osterspielen kommen Prügelscenen zwischen den Dienern des Krämers vor. Solche Scenen machten es nothwendig, dass die Aufführung nicht mehr in der Kirche, sondern auf dem Markte stattfand. Weiter wurde in den Kreis des Osterspieles auch die Höllenfahrt Christi und die Erlösung der Altväter aus der Vorhölle und dabei ein komisches Teufelspiel hineingezogen. Für die Höllenfahrt war Grundlage das auf dem apokryphischen Nicodemus-Evangelium beruhende Ritual. Beispiele bei Mone. In der ganzen Anlage stimmt mit denselben das Redentiner Spiel. Für dasselbe ist nicht der Bericht des Nicodemus-Evangeliums, unmittelbare Quelle, sondern ein oberdeutsches Spiel. Gemeinsam ist demselben mit den oberdeutschen Spielen die Gruppirung der Begebenheiten, so wie die Uebertragung deutscher Sitten auf die Fremde, Land und Leute; eine Consequenz derselben ist die Verlegung des Schauplatzes nach Redentin. Eigenthümlich ist der Reichthum an Sprichwörtern und sprichwörtlichen Redensarten. Das Resultat der Untersuchung ist also, dass das Redentiner Spiel kein originelles Spiel ist, sondern nur eine besondere Phase innerhalb der Entwicklung der volksmässigen Osterspiele.

Zur Kritik und Erklärung des Reineke Vos, von Dr. Friedr. Latendorf. Programm des Gymnasiums zu Schwerin. 1865. 35 S. 4.

Die Abhandlung bezweckt, den Text des Gedichts in vielen Stellen zu seiner ursprünglichen Reinheit zurückzuführen und dasselbe besser zu erklären. Sie erreicht diese Zwecke in hohem Grade. Der Verf. stellt den Grundsatz an die Spitze, dass allein die Lübecker Ausgabe von 1498 handschriftlichen Werth hat, dass keine der ihr bis jetzt gefolgten Ausgaben eine kritische Textrecension zu heissen verdient. Die Ausgaben des 16. und 17. Jahrh. verschlimmerten immer mehr den Text. Im 18. Jahrh. ging Hartmann von Helmstadt auf den Lübecker Druck von 1498 zurück; seine Ausgabe ist noch ncentbehrlich. Der Werth der Ausgabe Hoffmann's von Fallersleben liegt mehr in der Erklärung als in der Textesconstituirung. Er weicht öfters vom Originaldruck ab, öfter als er angibt. An 42 Stellen ist die Abweichung vom Lübecker Text gleich für's Auge ersichtlich; diese Aenderungen gehen fast sämmtlich auf den Rostocker Druck von 1539 zurück, kaum ein Viertel derselben aber ist nothwendig oder wahrscheinlich. In den Versen 199, 2193, 2885, 5318, 6046, 6493 scheint dem Verf. eine Aenderung wahrscheinlich, die andern 33 Aenderungen aber als unbegründet, wie des Weiteren erörtert wird. Die von Hoffmann nicht angegebenen Abweichungen im Texte betrachtet der Verf. mit gleichem Misstrauen; schon weil seine Anführungen aus der unkritischen Rostocker Ausgabe von 1539, mit der die von 1549 identisch ist, unvollständig sind. Andere Aenderungen billigt er, die meisten aber verwirft er, weil die grammatische Begründung falsch sei. Zum Beweise bestreitet er mit zahlreichen Beispielen die Behauptungen Hoffmann's, dass das schwache Adjectiv nicht verbunden werde a) mit dem Femininum, b) mit dem Neutrum, c) mit dem Masculinum. — Für die literargeschichtliche Frage, schliesslich sich an Goedeke's Urtheil anschliessend, modificiert der Verf. es dahin: Der ursprüngliche niederländische Reinardt gehört in's 12., nicht 13. Jahrh.; er wurde im 14. Jahrh. überarbeitet und fortgesetzt. Im 15. Jahrh. erhielt die Ueberarbeitung Capitelüberschriften und eine prosaische Glosse, die auf Hinrik von Alkmar zurückgeführt werden, wovon sich Bruchstücke erhalten haben. Aus derselben Quelle, aus der das niederländische Volksbuch entlehnt hat, hat der Reineke geschöpft. Es ist nicht unwahrscheinlich, dass der gedruckte latein. Reinardus vulpes auf Hinrik von Alkmar Einfluss gehabt hat. Die Glosse des Reineke weist deutlich auf niederl. Ursprung. Dass der niederl. Uebersetzer mit der westfälischen Sprache bekannt gewesen sei, ist nicht anzunehmen. Der niederdeutsche Uebersetzer ist in Lübeck zu suchen; sein Name ist aber unbekannt, weder Nic. Baumann noch Herm. Barckhusen sind als Autoren anzusehen.

Lobspruch der Stadt Gross-Glogau, zum ersten Male nach einer Handschrift aus dem 16. Jahrhundert vollständig herausgegeben vom Oberlehrer F. W. von Razcek. Programm des kathol. Gymnasiums zu Glogau. 1865. 18 S. 4.

Die Handschrift befindet sich in der Glogauer Gymnasialbibliothek. Das Gedicht beschreibt die Stadt Glogau von einem Ende zum andern und knüpft daran historische Notizen; es ist poetisch nicht werthvoll, aber wohl für die Geschichte. In der Handschrift schliesst sich an das Gedicht eine Chronik. Den Versen steht zur Seite die Inhaltsangabe. Der Verfasser war ein Geistlicher, wahrscheinlich ein geborner Glogauer, er hat nicht über 1611 hinaus gelebt, das Gedicht ist innerhalb der Jahre 1570 und 1580 geschrieben, Einzelnes aber später nachgetragen. Die Anzahl der Verse beträgt 1686. Da Lobsprüche auf Städte nicht viele erhalten, wenigstens noch nicht bekannt gemacht sind, ist die Veröffentlichung dieses Gedichts in einem Schulprogramm genug gerechtfertigt.

Anna Luise Karschin. Eine biographische und literaturgeschichtliche Skizze vom Oberlehrer Theodor Heinze. Programm des Gymnasiums zu Anclam. 1866. 20 S. 4.

Der Verf. hat mit Sorgsamkeit das Material für das Leben der einst viel gepriesenen Dichterin nicht bloss zusammengestellt, sondern auch den richtigen Massstab für ihre Würdigung angelegt. Die traurigen Schicksale ihrer Jugend, zum Theil freilich durch ihre eigene Lebensunerfahrenheit veranlasst, lassen um so mehr die uns unterdrückte Strebsamkeit ihres Geistes anerkennen. Ihr Leid nahm erst ein Ende, als sie von ihrem Manne Karsch befreit war und 1761 in Berlin anlangte. Aber ihre Geldverlegenheit hörte doch nicht auf, und hätte Gleim ihr nicht zur Seite gestanden, sie wäre auf sich allein angewiesen gewesen; denn wie karg der grosse König gegen sie blieb, ist bekannt genug. Endlich erhielt sie von König Friedrich Wilhelm III. ein bescheidenes Haus geschenkt; sie starb aber bald darauf 12. Okt. 1791.

In Berlin war sie Sulzer und Ramler näher getreten; Ramler übernahm die Feile an ihren grammatisch und metrisch fehlerhaften Gedichten; Lessing bekümmerte sich nicht um sie. Sulzer bewunderte sie zuerst sehr, nachher ist sein Lob eingeschränkt; auch Klopstock zollte ihr Beifall. Die Gedichte ihrer ersten Periode, bis zur Ankunft in Berlin, zeugen von leichter Versification, aber die Sprache wird misshandelt. Sie las was ihr in die Hände fiel, und dadurch wurde ihr Geschmack oft irregeleitet, aber oft bricht ein reines und starkes Naturgefühl hervor. Als sie zu den gelehrten Männern nach Berlin kam, suchte sie sich hinaufzuschrauben; die historische und mythologische Gelehrsamkeit, die sie sich aneignete, passte schlecht zu ihrem Wesen; dazu verliessen sie ihre Kenntnisse nicht selten. Aber wenn sie ein erhabenes Lied singt, erkennt man doch die geborne Dichterin. Nur als sie mehr nachahmte und nachbildete, entfremdete sie sich ihrer eigenen Natur, und in der letzten Periode, etwa seit 1767, als sie des Erwerbs wegen dichtete, ihre Verse hervorsprudelte, ohne je daran zu feilen, gewöhnte sie sich an die verwegensten Ausdrücke und opferte dem Reim oder Rhythmus die Correctheit, da war sie aus der Dichterin eine Improvisatorin geworden, und nur die zwei Trauerlieder auf Friedrich's des Grossen Tod sind ihrer würdig.

Schiller und Goethe. Ein Vortrag. Vom Oberlehrer Friedr. Regentke. Programm des Gymnasiums zu Ostrowo. 1865. 16 S. 4.

Der Vortrag charakterisirt kurz und wesentlich die Unterschiede der beiden Dichter; er bezeichnet richtig Goethe als den grössten Lyriker und Epiker, Schiller als den grössten Dramatiker, so wie auch richtig die Ursachen angegeben werden, die beide auf ihren Weg führten.

Ideenentwicklung des Spazierganges von Schiller. Von Patriz Anzoletti. Programm des Gymnasiums zu Bozen. 1865. 50 S. 8.

Auf die schöne Abhandlung von H. Deinhardt über den Spaziergang in den Beiträgen zur Würdigung und zum Verständnisse Schiller's I, 158—197 nimmt der Verf. keine Rücksicht. Dennoch ist es ihm gelungen, seine Schrift so weit auszudehnen. Er gibt nicht bloss eine Paraphrase, sondern mischt auch eine Fülle ureigner Reflexionen bei. Darüber ist nun nicht viel zu sagen, aber einige auffallende Ansichten kommen doch vor. So meint er, Schiller hätte gut gethan, wenn er das Griechenvolk nicht so sehr in den Vordergrund gestellt hätte, das habe dem unmittelbaren Verständniss und der harmonischen Wirkung des sonst unvergleichlichen Gedichts Eintrag gethan. Der Beweis ist nicht beigebracht. Ferner rufe nicht die strenge Logik, sondern der angenehme Wechsel der Scenen auf dem Spaziergange die eine Idee aus der andern hervor, nicht der kalte Verstand, sondern die vom höheren Geiste der Kunst getragene Phantasie leite die Gedanken. Ebenso wunderlich. Elegie heisse das Gedicht, weil wir hier die schönsten Güter des Menschen und all sein Glück in wechselndem Bestande sehen; über alle Bilder sei ein Hauch der Wehmuth ausgegossen und die Grundstimmung sei tief elegisch. »Welch eine absonderliche Vorstellung von Elegie klingt daraus hervor, und wer möchte wohl mit dem Verf. die wehmüthige Grundstimmung heraus finden, die sich durch das Ganze ziehen soll! Zeigt sich hieraus schon Mangel an Klarheit bei dem Verf., so nachher noch mehr in den mit den Haaren herbeigezogenen Digressionen. so folgt selbst eine Abschweifung über Schiller als Historiker, der natürlich abgekanzelt wird ob seiner total verkehrten Darstellung aller Geschichtshelden, eines Alba, Philipp, Oranien, Egmont, Gustav Adolf u. a., weiter über den Vers: Freiheit ruft die Vernunft und Freiheit die wilde Begierde, der Veranlassung gibt, Schiller's Widerspruch mit dem Christenthum zu erhärten; folgen dann Auszüge aus dem 2. Theil des Faust, einigen preussischen Schulprogrammen und der Abhandlung von Friedrich Schlegel über die Sophisten, die noch existiren sollen, wozu als Beweis die neuliche Anrede des heiligen Vaters Pius IX. in St. Athanasius citiert wird. Hiernach wird der schwierige Satz, dass, wenn die staatlichen Einrichtungen sich halten wollen, sie zum Wohle des Volkes beitragen müssen, durch die schöne Entwicklung des Franzosenkaisers Napoleon III. in seiner Geschichte Julius Cäsar's bewiesen. „Wenn die Sprache der Kirche im Staate nur mehr der Stimme des Rufenden in der Wüste gleicht, dann wankt der Thron. Pfeiler um Pfeiler brechen dann zusammen, und die stehenden Heere und die Argosaugen der öffentlichen Sicherheitsbeamten und alle die reichbezahlten Federn der Zeitungsschreiber vermögen nicht das fallende Gebäude festzustützen." Hierauf folgt wieder eine Abschweifung über Schiller's Entwicklung als politischer Dichter von den Spielen seiner Kindheit an bis zum Wilhelm Tell hin, bis er dann zum Schluss als der Weltdichter anerkannt wird, dessen ein Zeugniss sei das Schillerfest von 1859. Dem wird gegenübergestellt das Dantefest von 1865, dessen schändlicher Missbrauch zu ersehen „aus der ganz besonderen Huldigung, welche dem Raubkönige Victor Emanuel mit dem prächtigen Degen von Pascia mit Inschriften aus Dante dargebracht wurde." Aber der Schluss des Spazierganges befriedigt nicht, die Natur kann nicht unsere höchste Lehrerin sein. „Aber es gibt eine Anstalt, die der Sohn des Höchsten selbst gegründet, welche alle streitenden Mächte versöhnt und eine süsse Friedensbotschaft, ein sanftes Friede sei mit dir! in das Herz des Einzelnen, wie in die gesammte Menschheit hineinruft, und diese Anstalt ist die katholische Kirche. Hätte sich Schiller in diese geflüchtet, so wäre ihm der Friede geworden, nach welchem sein Herz sich rastlos gesehnt und welchen so mancher Harfenschläger der romantischen Schule wirklich gefunden. Nur die treues Festhalten an Glauben und Gesetz, nur die herzinnige Liebe zur heiligen katholischen Kirche vermag den Einzelnen, die Familie, den Staat und die Gesellschaft zu verjüngen und zu erneuern. Die katholische, sie ist die den Protestanten verlorengegangene Kirche, deren dumpfes Läuten wohl von jedem Redlichen oft vernommen, aber kaum mehr von der Sage recht gedeutet wird. Uhland vernahm wohl deutlich den Klang der verlorenen Kirche; nur die wahre. d. h. die katholische Kirche, kündigt uns das Evangelium, die gute Nachricht, und sie allein ist jene heilige Anstalt, welche züchtig und fromm das alte Gesetz ehrte und ehrt, die sich im Laufe der Zeiten nie geändert, welche niemals gealtert u. s. w."

Zur Entwicklungsgeschichte der deutschen Historiographie. Von Dr. Ad. H. Horawitz. Programm des Josephstädter Gymnasiums. 1865. 45 S. 8.

Die Abhandlung bezieht sich auf die Geschichtswissenschaft unseres Jahrhunderts. In etwas stark pathetischer Redeweise setzt der Verf. auseinander, wie unter dem äussern Druck eine nationale Geschichtschreibung entstand. Bahnbrechend ist das Werk Niebuhr's, es hat den Ernst der Forschung und die Kritik geweckt, die Vaterlandsliebe und liberale Grundsätze wurden verbreitet durch die Werke von Luden und Rotteck, so viele Mängel sie auch sonst haben mögen. Auf die Entwicklung der deutschen Geschichtswissenschaft wirkte bedeutend ein das Unternehmen des Freiherrn von Stein, die deutschen Geschichtquellen kritisch zu bearbeiten; an diesem bildeten sich G. H. Pertz und L. Ranke heran, dann deren Schüler Waitz, Wattenbach, Köpke, Abel u. s. w.; Stenzel und W. Giesebrecht bearbeiteten einzelne Theile der Kaisergeschichte. Vorher schon war Schlosser aufgetreten, der die Geschichte populär machte und zu einer Lehrerin für Gegenwart und Zukunft; er hat den nachhaltigsten Einfluss auf die moralische Weltbetrachtung und das politische Urtheil des Volkes ausgeübt. Eine vermittelnde Stellung zur Ranke'schen Schule nehmen Aschbach, Gervinus, Häusser, Lappenberg, Stenzel und die andern Verfasser der Werke der

Heeren-Uckert'schen Sammlung ein; in der Behandlung der Quellen nehmen Lappenberg und Stenzel besonders eine hohe Stelle ein. Besonders auf das Politische haben ihren Blick gerichtet die zwei Historiker Raumer und Dahlmann. Niebuhr's Werk der Kritik setzte Ranke fort, indem er die leitenden Grundsätze für die historische Forschung aufstellte und in seinen bedeutenden Werken praktisch durchführte; für Entwicklung von Verhältnissen und Charakteristik von Persönlichkeiten besitzt er eine besondere Begabung; er ist der Vater der rein objektiven Darstellungsweise geworden. Als seine Schüler lassen sich bezeichnen Waitz, Mommsen, Droysen, Dunker, v. Sybel, Curtius, W. Giesebrecht, Wattenbach, G. Voigt, Hirsch, Köpke, Büdinger, Hegel.

Während der Verf. der Ranke'schen Methode vor der Schlosser's den Preis zuerkennt, hebt er wegen der Verbindung des eingehendsten Quellenstudiums mit dem warmen Gefühl für alles Menschliche vor Allem Gervinus hervor.

Gefördert ist die historische Wissenschaft in neuester Zeit durch die Arbeiten der vielen Geschichtsvereine und die Herausgabe der Urkunden-Auszüge, zuletzt durch die Gründung der historischen Commission in München. Die Culturgeschichte liegt trotz einzelner tüchtiger Arbeiter noch sehr darnieder. Das Verdienst Gustav Freytag's hebt der Verf. mit Recht hervor.

So giebt diese Abhandlung eine fassliche Uebersicht über die wichtigsten historischen Erscheinungen. Der Verf. zeigt eine liebenswürdige Begeisterung für die rüstige historische Arbeit unserer Tage. Wenn er aber unserer Geschichtswissenschaft nachrühmt, dass sie mehr als die englische auf die Bildung des Volkes schon gewirkt habe, so möchte er sich doch wohl in einem Irrthum befinden.

Herford. Hölscher.

Miscellen.

Mundartliche Proben aus der älteren Nürnberger Volkssprache.

In einem Nürnberger Trachtenbuch quer 4° des 17. Jahrhunderts finden sich unter den Figuren Reimereien.

Unter der „Milchbäuerin" mit dem Rückenkorbe und dem Teller mit Butter steht:

Kaaft gouta milch, ihr weiber!
Schöina schmooltz, gouten keesi (?)
Gouta Butlermilch!

Eine Reihe Bauerntänze sind bildlich dargestellt; unten jedesmal ein Liedlein. Das Hochdeutsche steht über der Linie klein gedruckt; ich hebe nur die erklärenden Wörter heraus.

1.
Die Gröitl und der Hansl.
Ihr schnodert*) dou an hauffn hen
Von kochn und viel schwänkn
Eba wenn a ans drunter wös,
doi möcht öns böthn denkn.

2.
Die Maigl und der Stoffl.
Su laust as baltas lusti sayn
In unsern gunga gourn**)
Die Fränd vergöit wuhl mit der zait
Bey unnern groubn hourn.

3.
Der Poiter und sein Mila.
Das böthn soll für alln sagn
Die arbet a darnöbn;
Und wenn döj zwas soyn wuhl verricht
Su kon ih lustj löben.

4.
Der Sixla und sein Öltz.
Ih spring oix immer wadli***) drain
mit meiner loiba Ölzn (Ölse)

*) schnottert.
**) in unsern jungen Jahren.
***) wacker.

Ih wüß wenn ih soll lustj sayn
Und wenn ih Böam soll peltzn.

5.
Die Dorl and jhr Görg.

Mir säyn halt denist g'steifta*) Leut
Mia böthn in der körchn
Und wenn mein arbet ist verricht
Su danz ih mit n Görgn.

6.
Der Fritz und sein Zusl.

Und ih bin aml a kein Narr
Kan foechten (ausgerissen) mitn
Fritz umr a Zusl — in d'händ
Fäst wacker — SchlegL

7.
Der Sima und die Ketbl.

Denk wuhl! wöi solls denn annerst säyn?
Es haut all ding säyn zeit
Und wenn a mensch prav g'arbet haut
Su schaffern halt a fräud.

8.
Die Appel und der Velta.

Potz plunder, Fritz, doss gfällt mer wuhl!
du konst die madla lubn
Koin möyh mi nit verdröfn soll
denn jugend mouß verdubn.

9.
De Steffa und sein Annala.

Eha brouder du bist röcht wuhl dron
dain mainung gfällt mer wuhl,
denn wer sih su dräin schikn kon
Ist glück und sögns ful.

10.
Die Lisl und ihr Gouckl. (Jacob).

Pfeiff Pfeiffer aufl pfeiff wacker drauff!
Und thou den Sock prav trückn
Hebt mj der Gouckl wadlj auf,
Dass kon mein bloot erquikn.

Ein anderes Blatt trägt den Titel: „ein (in)-ländischer Bauren-
danz mit einem beigefügten bäurischen Hochzeit Disconos, bey
welchem euch die teutschen Buchstaben die bäurischen Reden
anzeiget und durch die lateinischen erkläret werden."

1.
Der Schalmeyen pfeiffer fängt an zu reden.

Su bald als ih ins maul nain schöib
den Stiel mainer Schalmaya;
Dau thörna sih die Gröitla schon
Afs gumpn wadli fräyt.

---

*) brave.

Miscellen.

2.
Die Brant Kuntel und jhr Bräutigam der Connz.

Oizt wörd der Counz main löiber mon
Drum will ih fräundli lachn
Ea walm, das ih wuhl kochn kon
und gouta köuchla backn.

3.
Der Mörtl und sein Öils.

Doss thouts halt werzi nicht allan
ma mouss a wacker dischn
Gout wörs wenn ma sa löbn kont
von schleker und von — (dischn?)

4.
Die Modl und jhr Vaitla.

Der knolln vaitla macht sich gsteifft
Mit sainen langa dögn
Es plaudert mir an hauffn für
Von waschn und von fögn.

5.
Der Clons und die Orschl.

Es g'hoirt halt würzi *) a der zou
wenn ma will röcht houss haltn
Mia machens imma noach und nouch
wöj umma loibn Alto.

*) gewisslich.

Dr. A. Birlinger.

Druckfehler-Berichtigung:

Band 39, S. 125: Z. 14 von unten lies indirizzata statt indivizzata.
    Z. 9 von unten lies intorno statt inturno.
 S. 126; Z. 8 Scrittore statt Scritora.

W. Studemund.

Bibliographischer Anzeiger.

Allgemeines.

J. G. Th. Graesse, Trésor de livres rares et précieux. 87 Livr. (Dresden, Kuntze.) 2 Thlr.
I. Lattmann, Zur Methodik des grammatischen Unterrichts im Lateinischen und Deutschen. (Goettingen, Vandenhoek.) 8. Sgr.
K. Hartsch, Bibliographische Uebersicht der Erscheinungen auf dem Gebiete d. germanistischen Philologie im J. 1865. (Wien, Gerold.) 10 Sgr.

Lexicographie.

J. & W. Grimm, Deutsches Wörterbuch. Fortgesetzt von R. Hildebrand & K. Weigand. 4. Bd. 2. Lfg. und 5. Bd. 3. Lfg. (Leipzig. Hirzel,) à 20· Sgr.
S. Rameau, Neues Wörterbuch der französischen und deutschen Sprache. 2 Bde. (Leipzig, Günther.) 2 Thlr.
H. B. Wheatley, Dictionary of reduplicated words in the english language. (Berlin, Ascher.) 1 Thlr.
E. Müller, Etymologisches Wörterbuch der englischen Sprache. 2 Thl. 1. & 2. Lfg. (Coethen, Schettler.) à ⅕ Thlr.
F. H. Strathmann, Dictionary of the English language in the 13, 14 & 15 centuries. l'art IV. (Crefeld, Gehrich.) 1 Thlr. 8½ Sgr.

Grammatisches.

Erhardt, Grammatikalien zum Verständniss des Nibelungen-Liedes. (Tübingen, Fues.) 9 Sgr.
L. Englmann, Mittelhochdeutsche Grammatik. (München, Lindauer.) 4 Sgr.
G. Bornhak, Grammatik der hochdeutschen Sprache. 2. Thl. Die Wortbildung. (Nordhausen, Förstemann.) 1 Thlr.
M. Pelissier, La langue française depuis son origine jusqu'à nos jours. (Paris, Didier.) 3 fr.

Literatur.

Uhland's Schriften zur Geschichte der Dichtung und Sage. 3 Bd. (Cotta, Stuttgart.) 3½ Thlr.
F. Rückert, Lieder und Sprüche. Aus dem lyrischen Nachlasse des Verfassers. (Frankfurt, Sauerlaender.) 1 Thlr.
R. v. Liliencron, Die historischen Volkslieder der Deutschen vom 13. — 16. Jahrhundert. 2 Bd. (Leipzig, Vogel.) 3½ Thlr.
Oeuvres complètes, publiées par Blanchemain. Tome V. (Paris, Frank.) 1⅔ Thlr.

K. Rosenkranz, Diderot's Leben und Werke. 2 Bde. Leipzig, Brockhaus.) 5 Thlr.
Macaire, Chanson de geste, publiée d'après le manusc. de Venise par M. Guessard. (Paris, Frank).
K. Bartsch, Chrestomathie de l'ancien français, accompagnée d'une grammaire et d'un glossaire. (Leipzig, Vogel.) 3 Thlr.
Byron's hebräische Gesänge übersetzt von Stadelmann. (Memmingen, Hartnig.) 7½ Sgr.
K. Brunnemann, Geschichte der nordamerikanischen Literatur. (Leipzig, Grunow.) 20 Sgr.
Schiller, Le chant de la cloche, traduit par J. Duchesne. (Nancy, Mémoires de l'Académie.)
Schiller's nephew as uncle with english notes by Meissner. (London, Thimm.) 1 s. 6 d.
Lessing, Fables en prose et en vers, publiées par L. Schlesinger (Paris, Dramard.) 1 fr.

Hilfsbücher.

J. F. Guth, Leitfaden für den auf das Lesebuch basirten deutschen Sprachunterricht. (Stuttgart, Aue.) 8 Sgr.
K. Panitz, Leitfaden für den Unterricht in der Grammatik der deutschen Sprache. 5. Hft. (Leipzig, Klinkhardt.) 10 Sgr.
Engelien, Leitfaden für den deutschen Sprachunterricht. 3 Tbl. Grammatik der neuhochdeutschen Sprache. (Berlin, W. Schulze.) 1 Thlr. 26 Sgr.
Th. Scherr, Elementarsprachbildung. 40 Taf. (Zürich, Orell & Füssli.) 4½ Thlr.
Englmann, mittelhochdeutsches Lesebuch mit Anmerkungen, Grammatik und Wörterbuch. (München, Lindauer.) 1 Thlr. 2 Sgr.
J. Mehrwald Französische Schulgrammatik. (Augsburg, Schlosser.) 22 Sgr.
J. W. Körbitz, Lehr- und Uebungsbuch der französischen Sprache. 2. Cursus. (Dresden, Ehlermann.) 12 Sgr.
E. Fritsche, Select extracts from english poetry for youth. (Leipzig, Graefe.) 20 Sgr.
C. A. Flügel, Do you speak english? Mit beigefügter Aussprache. (Herendson, Hamburg.) 6 Sgr.
H. Keller, Schulgrammatik der englischen Sprache für höhere Lehranstalten.) 1. Thl. Die Formenlehre. (Aarau, Sauerlaender.) 18 Sgr.

Joseph von Petrasch.

Zu meinem Befremden thut weder K. Goedeke in seinem vortrefflichen Grundriss des Joseph von Petrasch als Schriftsteller irgend eine Erwähnung, noch haben Koberstein, Gervinus oder Kurz seinen Namen in ihren Werken auch nur vorübergehend genannt. Und doch besitzen wir von Petrasch ausser zwei Bänden lyrischer Gedichte zwei Bände Lustspiele, von denen der erste nicht weniger als 944, der zweite 684 Seiten umfasst.

Ich erlaube mir im folgenden die Leser auf den über den glänzenderen Erscheinungen seines Jahrhunderts ganz vergessnen Mann kurz wieder aufmerksam zu machen. Meine Hauptquelle dabei ist: (Pelzel,) Abbildungen böhmischer und mährischer Gelehrten und Künstler, Prag 1777, dritter Band, p. 185.

Joseph von Petrasch wurde zu Brod an der slawonischen Militärgrenze, wo sein Vater „Befehlshaber" war, am 19. October 1714 geboren. Zu Olmütz, unter Leitung der Jesuiten, studirte er Philosophie, doctorirte, trieb dann in Löwen Jurisprudenz. Von weiten Reisen zurückgekehrt, nahm er Kriegsdienste und machte als Adjudant des Prinzen Eugen einige Feldzüge am Rheine mit. „Er erhielt eine Compagnie unter dem Daunischen Regimente, da er erst das 17. Jahr seines Alters zurückgelegt hatte." Zu dichten begann er 1734.*) Nach dem Friedensschlusse zwischen Oestreich und Frankreich besuchte er wieder deutsche Universitäten und nach vorübergehendem Aufenthalt zu Olmütz, Griechenland und Italien. Neuerdings nach Mähren

---
*) Vgl. Gedichte II, 171.

zurückgekehrt, gründete er 1747 die gelehrte Gesellschaft der „Unbekannten," die erste deutsche gelehrte Gesellschaft in den östreichischen Erblanden. Im Jahre 1749 wendete man sich von Wien aus an ihn, um den Plan zu einer kaiserlichen Akademie der Wissenschaften zu entwerfen. Der Plan wurde entworfen,*) die Akademie kam nicht zu Stande. Nachdem die Gesellschaft der Unbekannten eingegangen war, verliess Petrasch Olmütz und zog sich auf sein Gut Neuschloss im Hradischler Kreise zurück. Er war Mitglied der gelehrten Gesellschaften zu Kempten, Altorf und Augsburg; 1758 wurde er der letztern Präsident. Bis an sein Ende vielfach thätig, starb er zu Neuschloss am 15. Mai 1772.

Ich besitze von ihm:

Des Freyherrn | Joseph von Petrasch | sämtliche | Lustspiele, | herausgegeben | von | der deutschen Gesellschaft | zu Altdorf. | Erster Theil. | Vignette.

Nürnberg zu finden bei Carl Fellsecker, 1765. — 944 Seiten. — 8°.

Enthaltend: Tiefsinn, oder das Geheimnissvolle, in fünf Aufzügen. Das Eiland der Bucklichten, in einem Aufzuge.**) Der Dichter in fünf Aufzügen. Pantoffel oder der übelgerathene Länderreiser, in fünf Aufzügen. Der lächerliche Erforscher, in fünf Aufzügen. Die altväterische Erziehung, oder der Mensch allezeit einerley, in fünf Aufzügen.***) Der Redliche, in fünf Aufzügen.

Zweiter Theil. Ebenso. — 684 Seiten.

Enthaltend: Der Tag nach der Hochzeit, in fünf Aufzügen. Der Beruf, in fünf Aufzügen. Der Hof der Schauspieler, in fünf Aufzügen. Der Ungefällige, in fünf Aufzügen.

Ferner besitze ich:

---

*) Den Inhalt dieses Entwurfes theilt ausführlich mit Josef Feil: „Versuche zur Gründung einer Akademie der Wissenschaften unter Maria Theresia" im Wiener Jahrbuch für vaterl. Geschichte, I. Jahrg., Wien, Gerold, 1861. (p. 321 ff).

**) Vgl. zu diesem Stück das gleichnamige und auffallend ähnliche Lustspiel von Lieberkühn im 3. Bande des Theaters der Deutschen, Berlin, Königsberg und Leipzig, 1769.

***) Laut Vorrede bereits im ersten Bande der altdorfischen Bibliothek der schönen Wissenschaften zur Probe abgedruckt.

Joseph von Petrasch.

Sammlung | verschiedner deutscher | Gedichte | eines | Sclavoniers, | des Freyherrns | Joseph von Petrasch. Vignette. Erster Theil. | Frankfurt und Leipzig, | Im Jahr 1767. — 191 Seiten. 8°.

Zweyter und letzter Theil. Frankf. u. Leipz. Im Jahr 1768. — 189 Seiten.

In seinem Verzeichniss der gedruckten Werke des Freiherrn von Petrasch zählt Pelzel die ebenangeführten Drucke nicht mit auf. Möglich indessen, dass mit Nr. 4 „Der Slawonische Dichter" die vor mir liegende Ausgabe der lyrischen Dichtungen gemeint ist. Pelzel und, wie es scheint, auch sein Gewährsmann Wratislaw Monse hatten keine Ausgabe derselben vor sich.

Der dramatischen Werke gedenkt Pelzel in einer andern Ausgabe:

Dreyssig Schauspiele zur Besserung der deutschen Schaubühne. Nürnberg 1765. 8. Drey Bände.

(In oben genannter Ausgabe nur 11 Lustspiele.)

Die übrigen gedruckten Schriften P.'s enthalten keine dichterischen Versuche. Es sind Abhandlungen über verschiedene literarische und historische Gegenstände, nur zum Theil deutsch geschrieben: Petri Cinerii [Peter Asch] Dissertationes litterariae varia hebdomade publicatae, Florens, 1742.

Monatliche Auszüge alter und neuer gelehrten Sachen. Zwey Bände. Olmütz, 1747. 8. Das meiste ist des Petrasch Arbeit, setzt Pelzel zur Angabe dieses Titels hinzu. — Ausser einigen Journalartikeln zählt Pelzel in seinen „Abbildungen" auch noch die ungedruckten Werke des Freiherrn auf. Darunter „die Träume," ein Gedicht „nach der Art des Dantes." Nach Petrasch's gedruckten Werken zu schliessen, haben wir es nicht zu bedauern, dass dies Gedicht nicht gedruckt worden ist. Denn seine uns vorliegenden lyrischen Versuche, wie seine Lustspiele, sind vom allergeringsten aesthetischen Werth und erinnern oft an das abgeschmackteste aus dem abgeschmackten 17. Jahrhundert. Mögen die Lustspiele immerhin, wie die altdorfische Gesellschaft versichert,*) auf den Bühnen zu Wien,

---
*) Vgl. die Vorrede zu der eben beschriebenen Ausgabe der Lustspiele.

Pressburg, Prag, Olmütz und Brünn mit Beifall aufgeführt worden sein, das Urtheil, welches die „Briefe, die neueste Litteratur betreffend" im 288. Briefe*) über sie abgegeben, scheint mir ein vollständig gerechtfertigtes zu sein. Ja es würden mich jene Lustspiele nicht einmal zu diesen Zeilen veranlasst haben, wenn ich es nicht für die Pflicht der Litteraturgeschichte erachtete, auch über das aesthetisch Unbedeutendste wenigstens Buch und Rechnung zu führen.

*) Berlin, bei Fr. Nicolai, 1764. (XIX. Theil.)

Aarau.   Dr. L. Hirzel.

Altdeutsche
Predigt auf den heiligen Johannes den Täufer.

(Blatt 17 a.)*) disi wort hât man hût gelesen in dem êvangèlio vnd schribt sanctus Marcus von der marter Johannes wie vnschuldklich or sin blut vergôsz vm Got vnd durch sin gerechtikât. sanctus Marcus schribt alsô: dasz der kung Hêrôdes sin botten sant vnd hiesz sant Johannes in ain kercker werfen durch sinner bôsen frôwen willen, die hiesz Hêrôdia, die hât er sinem aigenn bruder genumen vnd hât si ze hûs gesezt. dô sprach Johannes zu im: du sôt wissen das du es mit recht nit tun mâst, das du dins bruder wîb ze bûs setzist. vm dise wort wart im die frôw alsô vind das si in allzît gern het ertôt. Hêrôdes, der vorcht in, wan er wist wol das er ain gerechter hailiger man was vnd er hôrt vil gutz von im sagen vnd sach vnd hôrt in gern vnd was im alsô hold, das er meng ding durch sinen willen liesz, das er sust nit het tûn. vnd ains tags ward dô machet Hêrôdes ain grôsz hochzît vnd ladet all sin fürsten vnd all sin dienstman vnd die fürsten von dem land Galilêa, das si im mit frôden hulfin begôn den tag als er geborn ward. vnd dô sii (Blatt 17 b.) ze tisch sâssen mit frôden, dô kam die jungfrôw ingegangen, der selben frôwen tochter vnd sang vnd sprang vor dem tisch. das geviel dem kung Hêrôdes alsô wol vnd allen dennn, die dâ ze tisch sâssen. dô sprach der kung zu der tochter: jungfrô! bit mich was du wellist, das wil ich dir geben vnd schwôr des ain aid. vnd sprach: wit du min kungrich halben, das wil ich dir geben? dô zehand gêng die jungfrôw zu ier muter vnd frâget si, war vm si bitten solt; dô ward die muter gar frô vnd sprach: du solt in bitten, das er dir geb Johannes des tôffers hôpt in ainer schussel. dô lif die jungfrôw bald wider zu dem kung: hèrre, der kung, ich bitt

---

*) Aus dem cgm. 358. Die hs hat bedeutende alem. Spuren an sich. Vergl. meine Abhdlg. über das Rotweiler Stadtr. München 1865 (Lautlehre). Der 1. Thl. d. hs. im Chilianeum abgedruckt (Würzb., Stahl 1865). Nicodemuslegende.

dich, das du mir des töffers höpt gebiet in ainner schussel. dó ward
der kung betrüpt vnt den aid, den er geschworn het, vnd doch wöt er'
die jungfrówen nit entèrren vnd sant hin ain enthöpter zu dem kerker
vnd gebot dem das er sant Johannes höpt bråchti in ainner schussel.
dó géng (Blatt 18 a.) er in den kerker vnd enthöptet in vnd nam das
hailig höpt vnd let es in ain schussel vnd trug es vir den tisch vnd
gab es der jungfrówen vnd die gab es ier muter vnd alsó ward das
hailig höpt vm getragen vor dem tisch. vnd dó die iåmerlich mêr sin
jünger erhörten, dó kamen si vnd lêta sin hailigen lichnam in ain grab.
die ist das hailig évangélium kurtzlich geset.

Hérodes der vorcht Johannem; dar uber spricht der guldin mund:
es was ain wunderlich ding, er het in gebunden vnd gefangen in sinnem kerker vnd vorcht in dennocht: das tet er von dryer sach wegen.
zu dem ersten mál, wann er ain man was; zu dem anndern mál, wann
er gerecht was; zu dem tritten mål wann er hailig was. von dem ersten was er ain man was, das er an allen tugenden volkumen was. er
was ain gerecht man, er ret die wårhåt vnd liess das durch nieman;
er torst wol gróssi vnd mügliche ding bestûn; es was in allen dem
land nieman der ain wort torst reden wider den kung Hérodes; aber
sant Johannes vorcht in nit, er ret strencklich (Blatt 18 b.) mit im vnd
stråfet in vm sin vnrecht; er achtet nit wie find im die kungion was;
er wist wol das si alzit dar vf gieng, wie si in ertötti. dar vm liesz
ers nit, er stråffet si hertlich vm ier vnrecht vnd wie lieb sant Johannes dem kung was, dó zwang in doch die min, die er zu der frówen
het, ê er si wöt låssen, er wöt sant Johannem ertötten. nun ståt in
dem êwangélio: dó die jungfro das höpt iesch vnd der kung Hérodes
das ersach vnd trûrig ward vm den aid, den er geschworen het, das was
ain falschen trûrikåt, wann es spricht Johannes mit dem guldin mund:
das er [si] vor langem wêr zertit worden mit der frówen, wie er in ertötti vnd satzt das höchzit dar vm vf. zu dem anndern mál vorcht
Hérodes sant Johannes, wann er wol wist, das er gerecht was, ain mensch
mecht só gerecht sin, gerech es sich nimér, só rech es doch got.
nun erkant Hérodes wol, das sant Johannes gerecht was vnd het ain
forcht in im selber vnd gedåcht: alsó ist das du disem menschien kain
laid tust, só låt es got nimér vngerochen als öch darnåch geschach
vnd wol bewert wart an dem iåmerlichen tött, den die fröw nam vnd
wirt öch gerochen an alle dennen, (Blatt 19 a.) die von ierm geschlecht sind kumen. das sant Johannes gerecht wêr des gab im vnser

auf den heiligen Johannes den Taufer.

hére ain vrkund, dó er zu im kam in den Jordan, das er von im getöfft wurd; des tůcht sich sant Johannes nit wert vnd sprach dëmůtiklich: hére ich sol von dir getöfft werden, só kumst du zu mir. dó sprach vnser hér zu im: Johannes vertrag es mir vnd dir, es ziulpt wol das wier erfulli all gerechtikāt: wann als ich von gottlicher natůr ainen rainnen lib hůn, das kain sund an mich vallen mag also bist du öch gehailigt von gnåden é du geborn wurt, das öch kain sund an dich gevallen mag. dó von zimpt dir vnd mir wol vnd allain das wier gerechtikāt erfullen. nun spricht Johannes mit dem guldin mund: sant Johannes ist ain regel aller gerechtkāt, vnd wer ain regel aller tugend woll lernen, der sech sanct Johannes an, wann er vint an im volkumenhāt aller tugend. nun vind ich sunderlich sechs tugend an im, die ain jeglichem menschen wol ain lér migend sin; die érst ist willigi armut; die ander fröliche ellend; die dritt mässikāt des libs; die vierd grössi gestrenckāt; die fünft dëmutikāt; die sechst gedultikāt. die érst (Blatt 19 b.) wiligi armut. er was als arm, das er bi allen sinen tagen nie só vil wöt bůn als ain algenn rock, nun ist kain mensch só arm, es hab ain stat, dâ er sich selber schirm vor hagel vnd vor wind. aber der gut her sant Johannes, der wöt als arm sin, das er nie kain statt vf ertrich gewan, das er sich selb beschirmte vor dem wetter. wie kalt der winter was, só kam er nie vnder kain tach. die annder tugend das was frölich ellend: er liesz vater vnd muter, dó er ain klains kind was vnd géng in das ellend vnd was der vil nâch drissig Jâr, das er von kainem menschen liplichen tróst nie enpfieng, wann nun ain mensch in dem ellend ist, só ist es von natúr das es iámer håt nåch siner haimat: das berfirt sin hertz nie mit aim gedank, wie grós sin ellend was. disz ellend mocht in nit darzu bringen das sin hertz ie bewegt wurd ze iâmer oder ze tróricktāt nåch kainem zergencklichen ding. die dryt tugend, das was mässikāt des libs; also mässig was er an essen vnd an trinken, dasz er dick dry oder vier tag nimmer nuntz ausz vnd só die natůr nit mé mocht, só ausz er ăn wénig vnd also kranckj (Blatt 20 a.) dasz sin mund kům enpfand; in allen sinem leben enbaisz er nie kains bróts noch kains dings, das bi für nie erwarmet. sant Bernhart spricht, das er als krancker spisz leplin, das sin mag nie kains dings gewar ward des er ie enbaisz, er versucht nie kains wins; er trank eltwin wasser, das was doch selten, wann in der wiessti was kain wasser. der jordan der was öch als ver von im, das er ain verren weg must gân é dasz im ain trunk wassers wart. wier lesin

von Moyses, dö er nun fierzig tag fastat, das er wirdig was, das er
das volk mit Got verainti. aber der gut sant Johannes, der ward erzo-
gen mit vasten von sinen kintlichen tagen, wano er solt ain sunnær sin
vnd werden zwischend Got vnd dem menschen. er brächt die wunnen-
klichen botschafft, die vor im erhört wart, das der entschlossen wêr
vnd sich got versunt het mit allem menschlichen geschlecht. Hèlias
der fastat fierzig tag vnd darnâch wart im gewalt geben, das er die
töten erkickt; aber sant Johannes vastat nit allain fierzig tag: er fastet
all sin tag, dasz er liplicher spise nie enbaisz: wann er wöt werden ain
(Blatt 20 b.) erkicker der tötten hertzen, die wâren in der vinstrin vnder dem schatten des tôts; die wurden von sinen wercken vnd von siner
lêr erlûcht zu dem êwigen leben. wann alli die sini werck und wort
sâhen vnd hörten, die mueten erkickt werden ze minn vnd zu erkaut-
nust gen Got. die vierd tugend, das was grössi gestrenkāt; er was als
gestrengs lebes, das er bi allen sinen tagen nie kain betstat gewan, so
er als lang wachet, das es die natûr nit mé erliden mocht, só naigt er
sin hopt vf ain stain vntz er ain klain wil geruwet; es kam nie kain
schuch an sin fusz; er trug nie linni noch wulli gewand an siner hût;
sin gewand was von hertem hâr zemen gesetzt vnd wer als hert von
dornen vnd von herti des hârs das das blut all zit von sinem lib ran.
sant Anshalm gedâcht zu sinnem mâl in sinem andâcht an sant Johannes getronckāt vnd ret mit im selber vnd sprach alsó: ach lieber (Blatt
21 a.) hêrre sant Johannes! wenn ich gedenck, das du só hailklich kampt
an dies welt vnd din herz noch din sêl mit kainner sund noch nie
vermâssgot ward vnd du doch só kranklîch lebtest als obt nin grösser
sunder wêrist gewesen, só erschrick ich vnd erzittra in minen hortzen,
das ich armer sunder mir selb ie só vil vertrug vnd mir selb ie só vil
muttwillen gnb. die fûnfft tugend das was grössi dêmuttikāt. man
vint vil lût die dâmutig sind só man si verschmâhet, der ist aber luzel
die dêmutig sigin só man in êr vnd lob erbllt. die gröst dêmûtikāt, die
der mensch gehaben mag, das ist, das er sich selber nidert vnd verschmâhet in êr vnd in wirdikāt. disi dêmutikāt het sant Johannes
volcklich an im: wann er was dêmutigest mensch, der is geborn ward
wie vil man im êr ie erbot, só dêmutiget er sich all zit; im ward gröss
lob vnd êr erbotten vf ertrich; er ward gelopt von den wissagen lang
ê er geborn ward; er ward gelopt von den englen nit enlain von den
nidren englen, er ward gelopt von den höhen fürstenglen vnd von
aller menge des folkes vnd sprâchen er wêr selber Cristus. die werd

auf den heiligen Johannes den Täufer.

magt Marià bôt (Blatt 21 b) im selber lob vnd ér dô sich Got menschlich in ier selbs lib beschlossen hêt vnd dennat im dâ er geborn ward vnd vf ertrich gêng in menschlicher natûr, dô prediat er selb von im vnd lopt in vir alli die von wibes lib ie geborn wurden. die hailig driveltikât bot im èr; die grôsz wirdikât vnd alles das mocht in der zu nit bringen, das sin hertz ie bewegt wurd zu kainer hôfart als vil als mit sinnem gedanck. sant Johannes was als dêmutig, das er sich selb nit wirdig dunckt, das er vnserm hèrren den riemen bund an sinem schuch; sid er nun der dêmutigest mensch was der vf die ertrich ie geborn ward, sô ist ôch kain zwifel, er sy in dem himelrich vor Got och erhôcht über all engel vnd hailigen. die sechst tugend das was grôssi gedultikât in widerwertigen dingen. dô in Hèródes hiesz fâhen vnd binden vnd in sin kerker werffen dô ward er alsô fast gebunden, das im das blut zu den nageln vsz trang, das er nie kain vngedultig wort sprach. er lag vil nâch zwai iâr in dem kerker, das er nie kainner liplichen splsz enbaisz, wan Hèródes hêt es verbotten, (Blatt 22 a.) das im niemant weder zetrinckend noch zessend geb vnd maint er wêt in alsô verderben. alli die gebresten vnd arbat, d:e er in dem karker laid, die laid er alsô willklich vnd als gedultklich vnd sô guttekllch, das er nie kain vngedultigen gedanck gewan; er empfieng ôch sin vnschuldigen tôd frôhlich vnd gedultklich, wann dô im der engegen gêng, der in tôtten wot, dô stund er enmitten in dem karker vnd rufft mit lûter stim vnd sprach: hère min Got, ich gib dir min gaist iu din hand! vnd dô er dis wort sprach, dô naigt er sin hôpt vnder das schwert. zu dem tritten mâl vorcht Hèródes sant Johannes, wan er wist wol, das er hailig was; es ist ôch von rechter natûr, das kain mensch sô bôsz noch sô vnraines lebens ist, sicht es ain menschen der un der wârhât bailig ist, es hab ain vorcht in sinem hertzen gen im vnd mocht gedencken: wellist du den menschen nit éren durch sin hailikât, sô sôttist du in doch éren durch Got, der all zit bi im ist; wie aber Hèródes der erlûchtung nit hêt, noch der erkanttnust, des glôben des was doch sant Johannes alsô vol der gothât vnd gotlicher tuget; sin leben vnd (Blatt 22 b.) sin wandel was got als gollich, das Hèródes selber sprach, dar nâch dô er sant Johannes enthôptet hêt vnd vnser hèrre bredin ward: ich waisz nit wer der mag sin, es si denn sant Johannes der toffer, den ich enthôptet hân. wan nun die gothât lûcht in sinem hertzen vnd vswendig an allen sinen werken, dô von must in Hèródes fürchten. es spricht Orígenes, es was billch, das Hèródes sant Johannes forckt, wann er trug den hèrren vnd den Got all zit in siner sêl vnd in sinem hertzen von des gewalt himel vnd ertrich erzittret. das sant Johannes hailig wer, das bediut vnser hêrre selber von im, dô er die lût frâget, wenn sie in gesenben hette in der wiesti vnd sêt dem volk vil von siner lêr vnd von siner hailkât. sant Augustînus spricht: nun hân ich allain vs dem behalter aller diser welt der von der magt geborn ward, wann ellain die von wibes lib ie geborn sind die sind all vnder Johannes dem tôffer. wier habi öch bilt gelesen in der metti ain gut wort von siner hailkât das spricht ain (Blatt 23 a.) hailiger bischoff, haisset Johannes, der gehailigôt was, der wöt noch hailiger werden; er wart drivalt gehailgôt: in benûgt nit, das er gehailigôt was vnd erfûlt mit dem hailigen gaist ê das er geborn ward, wann er hailiget sich selber all zit mit dem aller gestrengôsten leben, das ie kain mensch vf ertrich gewan. als sin leben was alsô gestreng vnd alsô hailig, das er nie stund gelept vf ertrich si brécht im ain sunderlichen hailkât; er wöt öch zu dem tritten mâl hailig werden in sins salbs blut, als wier hât begangen, dasz er sin lib gab in den tôd vnd sin hailig blut vnschulklig vergôsz, ê das er ain angstlich wort vermiden wêt, das wider die gerechtikât was. das all hailkât an im volbrâcht wurd, spricht Johannes mit dem guldin mund von im, Johannes ist ain schul aller tugend, er ist ain form der hailigen dryveltikât, er ist ain regel der gerechtikât, er ist ain spiegel des magtums; er ist ain bild der küschbât; er ist ain weg der ruwigen; er ist ain applâsz der siinder; er ist ain festung des glöbens. Johannes ist erhôcht über menschliche natûr er ist glich (Blatt 23 b.) den engeln; er ist ain hailkât des êvangêliô; er ist ain stim der botten, er ist ain still schwigender wissag; wann alles das die wissagen ie gesêtten, das was recht als die glocken, die kain hal hûnd vnz das die sûs stim kam sant Johannes, dô er bredia ward. Johannes ist ain brinnende lucern aller diser welt, er ist ain ruffer des richters, er ist ain zistern vnsers hêrren Jhêsu Cristi, er ist ain gezûg Gots, er ist ain mittler der hailgen dryveltikât. der gut hêrre sant Johannes, der ward geschaffen mit wunderlicher ordnung der hailigen dryveltikât, wann der vater vnd der sun vnd der hailig gaist beten sunderlichen rât dar zu dô si sant Johannes schôphen wolten vnd dô das ilplich volbrâcht ward in der muter lib, dô sprach der vater zu dem hailigen gaist: far hinab vnd sunder das gold von dem rost vnd erfull das aller lûttrest fasz, das ie geschaffen ward vnd erlûcht es alsô das es mînem aingebornen sun den weg vorgangen sy mit allen tugenden; er erlûcht die weg vnsers hērron vnd gēng im vor als sant Augustinus spricht: Johannes gēng (Blatt 24 a.) vnserm hērrn vor dem liecht als die stim vor dem wort, als die lucarn vor dem liecht, als der morgen rōt vor dem tag, als der stern vor der sunnen, als der ruff vor dem richter, als der frūnd vor dem gemahel; der hailig gaist erlūcht sant Johannes, dō er in siner muter lib was vnd erlūcht in sunderlich mit sechs dingen. bi dem ērsten mâl erfūlt er in mit volkumner rainnikāt der sēl vnd des libs; alsō der vater sprach zu dem hailigen gaist: nim das gold von dem rost vnd erfūll das aller lūtirast faaz bi dem gold. ist betūt rainnikāt; wann als das gold gelūttrat wirt von dem rost in der hitz des fūres, alsō ward der gut sant Johannes gelūtrat vnd gerainget in dem fūr vnd in der hitz des hailigen gaistes von aller erbsūnd; der baillg gaist berait in alsō, dasz kain gebresl der an menschlichi natūr gevallen mag von sunden in sin hertz noch in sin sēl nie berut vntz an sin tōd. das ander mâl dâ mit der hailig gaist sant Johannes erfūllt, das was vester glōb, dō er in sloner muter lib beschlossen was vnd er noch denn nit reden kund, dō brediat (Blatt 24 b.) er mit den werken vnd bewart, das er gewārrer mensch was; er was der ērst der cristenn glōbenn ie gebrediat, wann er fieng zittlich an vnd brediat den glōben mit sinen worten vnd mit sinom gestrengen leben bis vf sin end. das tryt dâ mit sant Johannes erlūcht ward von dem hailigen gaist in siner muter lib, das was erkanttnust gottlicher vnd ēwiger ding. sant Augustinus vnd sant Bernhart die sprechend, ē das einni gelider volbrācht wurden an dem lib, dō dennsta si Got, vnd ē das hertz ain geschōpfft gewan, dō er kant es Got, ē dasz der sēl gantz leben ingossen ward, dō minet si Got, er lobt Got in im selber, ē dasz er das liplich liecht gesach mit den ōgen, dō er kant er in inwendig das vaser liecht, das den englen lūcht in dom himel. zu dem vierden mâl erlūcht der hailig gaist sant Johannes in siner muter lib mit gotlicher minn; er hēt als grōssi minn zu vnserm hērren, dasz die werck, die er in siner mutter lib worcht lōns wert wāren vor Got; er worcht wunderlich, dō er dennocht beschlossen was in siner mutar lib. er stund vf vnd knūwet vir sin schōpffer (Blatt 25 a.) der dâ gegenwirtig was in der magt lib, das er sinem hērren vnd sinem Got die min erzōgtin, die er hēt in sinem hertzen. er buck sin rucken zu sinnem zaichen, das er zittlich vf sich wēt niemen die schwēren vnd die gestrengen burdi, die er vnserm hērren vortrug; er naigt ōch sin hopt, das er dēmuttekllch wōt enpfahen die gebot vnsers hērren; er betūt ōch in siner muter lib vnd bezaichnet dâ mit das er sot werden ain bekérer des volks vnd ain brediar der ewigen wårhät. als sin leben was ain urkund grösser min zaichen, die der mensch vf ertrich haben mag. der gut Johannes hét mé arbät vnd lebt strencklicher durch die minn vnsers hérren denn ie kain mensch. es spricht Johannes mit dem guldin mund: aller hailigen leben mag sich sinem leben nit gelichen, er gab durch die min vnsers hérren, das er im selber nuntz liesz vnd das er sél vnd lib vnd lehen samenthäfftig by sinem geminten Got liess. das fünft då mit der hailig gaist sant Johannes erlücht, das was gotlichi vorcht, die was bi im in allen sinen wercken. man list von im dô er vnsern hérren töfft vnd er gedåcht, das er vnsern hérren vnder sinen henden hêt (Blatt 25 b.) vor des antlit alli die fürstengel mit forchten stůnd in dem himel, dô erzittrat er vnd ruff mit lůter stym vnd sprach: hérre min behalter! ich wol von dir gehailgôt werden vnd sô wittu gehailgôt vnd gereingôt von mir werden? die sechst då mit der hailig gaist sant Johannes erlücht håt, das was stätikät der tugend vnd sicherät des éwigen lebens. er ward gesichert é dasz er geborn ward, das er von Got nimmér geschaiden söt werden, sô sin kindlin geborn wirt, sturb es denn vnder töff, sô gesèch es Gots angesicht nimmér mé; von den sunden ward er allain gefrit mit der gnåd des hailigen gaist. wér er tôtt dô er dennnocht beschlossen was, in mutter lib, er wér dennnocht wirdig gewesen, das er das antlit vnsers hérran immér éwklich söt hån gesenhen. mann lobt die hailigen dar vm sunderlich, das si vnser hérre sichert vnd man in die ór bôt vn end, dasz er si wöt behalten vnd ist öch grôsz lobs werl. die sicherhät enpfieng sant Johannes in siner muter lib, wann dô sichert in vnser lieber hérre mit sinem hailigen gaist das er in nimmér von im geschaiden wët. nun (Blatt 26 a.) solli wier bitten den werden löffer des tag hût ist, das er vns låsz geniessen sins vnschuldigen tôts vnd das wier sim hailigen leben alsô nåch volgin, dasz wier sicherhät vnd tröst enpfåhin an vnserm end vnd vns arwerb an Got dem almechtigen, das wier von im nimmér geschaiden werdi: das helf vns allen Got.

Vom Zauberer Simon.*)

Sanctus Petrus ward gesent von Antiochia gen Rôm; wann er was sin fürst vnd sin höpt der cristenhät. dô er gen Rôm kum, dô brediat

---

*) In der hs. der Predigt angehängt.

Vom Zauberer Simon. 385

er von vnserm hêrren Jhésum Cristum vnd sant Paulus kam óch dar vnd lêrten béd vnd bekérten vnmássen vil lût. dó was zu den selben zîten ain zôbrär ze Rôm der hiess Symon, der sprach, er wêr Got vnd machet mit zôbry, das sich ain érini schlang ragt vnd das die staininen sûl lachetta vnd das man in in den lufften sach. Sant Pêter hiess dâ wider die tóten vf stûn vnd vertraib die tûfel von den lûten vnd machet die blinden gesenhen vnd die siechen gesund, werlay der siechtag was; disi hêrren kâmen vir den kaisser. dó verwandlet sich der zôbrer vor dem kayser, das er ain wil ward ain kind. zum (Blatt 26 b) annder mâl ain junglin, zum triten mâl ain allter man vnd sprach, er wêr Got. dó sprach sant Pêter vor dem kayser, er wêr ain zôbrer vnd ain betrieger vnd sprach zu im: sigistû Got, só sag mir, was ich gedenck vnd nem hainlich ain brót in die hand. der zóbrer kund im das nit geaagen vnd ruft das gröss hund kémmin und sant Pêttern frèssin. sant Pêter bót den hundeu das brót, das or in sinnen henden het, zehand verschwunden die hund. dó sprach der zóbrâr zu dem kayser, das du wissist das ich Got sy, só haiss mich haimlich enthöpten vnd erstand ich nit an dem tritten tag, só glob mir nuntz. vnd dó man in enthöpten sól, dó schuf er mit zóbrî, das ain wider vir in enthöptet ward vnd er verbarg sich dry tag vnd an dem dryten tag erzôgt sich der zôbrär vor dem kayser vnd sprach: baiss mir beraitten ain hóhen turn vor der stat. so wel ich dar vf kumen vnd wil ze himel farn zu angesicht aller der welt. der kayser hiess den turn beraitten vf dem feld vnd gebót das allas land dar kêm vnd sêch die vffart. sant Pêter vnd sant Paulus kâmen óch dar. dó sprach sant Paulus zu sant Pêtern: ich sol ligen vf minen knûwen vnd sol bitten vnd an ruffen vnsern hêrran, só soltu gebietten, ist das der (Blatt 27 a) zôbrär etwas gröss will beginnen. dó sprach der zôbrär zu dem kayser: du sót wissen zehand als bald ich ze himmel bin gefarn só wil ich minen engel nach dir senden, dass du óch zu mir kumist in den himmel. mit der red gêng der zôbrär vf den turn vnd machet ain krantz vf sîn höpt von lorbómenlób vnd was alsó gekrónt vnd zerspên sinni arm vnd fur vf in die luft vor aller der welt. dó das sant Pêter ersach, dó sprach er zu sant Paulus : richt vf dîn höpt vnd lug wie der zôbrär flügt. dó in sant Paulus ersach, dó sprach er: Pêtre, wess baittest du só lang? zerstór disen grössen vnglóben. dó sach Pêtrus vf vnd sprach: „adjuro vos angeli sathane," ich beschwer dich engel des tüffels, das die lût dâ nit betrogen werdi vnd gebût ûch bi Got dem schôoffer aller ding vnd bî sinem aingebornen sun vnserm hérren Jésum Cristum, der an dem tritten tag erstund von dem tód, das ier in nit lenger fürind vnd in lässind vallen her ab. dó viel er zehand in ain gassen haisset sacra via vnd zerbrach an vier stuck vnd fiel ieglichs tail vf ain stain, die noch hüt dis tags dâ sichtig sind zu ainer gezûgnust des sigs der hailigen zwelfboten. dar vm hiess der kayser sant Pétern krützgen vnd sant (Blatt 27 b) Paulum enthöpten. dó sant Péter gefûrt ward zu dem crütz, dó sprach er: min hére Jhésus Cristus kam von dem himel herab vf dis ertrích, das er vns erlósti an dem crutz vnd er stund an dem crutz vf recht vnd wenn ich von der erden wil vf kumen zu himel, só sollend ier mir das höpt vnder sich kérn gén der erden vnd die fuss vf gén dem himel. alsó schied er von diser welt vnd wart sant Paulus enthöptet vor der stat; dar vm solli wier sy mit gantzem fliss éren vnd begûn mit fasten vnd mit strren mit allen guten worten vnd werken, wann sy vrtail werdend sprechen über alli menschen.

Anmerkung. Der cod. germ. 6 (1362) derselben Bibliothek bringt 2 kleine Predigten auf unsere Heiligen, die aber so mager und ganz nach dem Musterbuch der Legenda Aurea sind. Diese hier ist die vollständigste Predigt, die mir über St. Johannes bekannt ist.
Vergl. auch hieher Dr. Sachse „Ueber Johannes den Täufer im Mittelalter." Programm, Berlin 1866.

München, April 1867.   Dr. A. Birlinger.

Ein Spil von der Urstend Christi.
XVI. Jarhundert.*)

Hienach volgt die vorrede von der urstennd Cristi.

Dürchleüchtig Fürsten Hochgebornn
Adls vnnd Tugennt aüsserkorn!
Aüch hochgebornne Fürstin Rain
Ir Fürstlich gnad ich aüch hie main,
Wollgebornn Edl gestrenng!
Damit ichs spil nit in die lenng:
Erwirdig geistlich Hochgelert,
Fürnem vnnd weyss aüch wolgeert
Genedig vnnd gebiettend Herrn:
In vnnderthenigkeit zü Eern!
Dessgleich zü dinstlichem gevallen
Anndern Herrn vnnd Frawen allen.
Ainer ersamen gmain darbey,
Was wird vnnd stannd ain yedes sey.
Von gott dem Herrn Jesü Crist
Wie er vom Tod erstannden ist
Vnnd abgefarn zü der Höll,
Aüch abkart vanser vngevöll.
Darzü erlöst von Clag vnnd pein
Die altvatter vnnd liebsten sein.
Wie er alls dann schnall vnnd behent
Hat geoffenwart sein Clar vrstenndt,
Alls Er dann seiner Müetter Rainen maid
Erschinen ist on alles laid.

---

*) Cgm. 147. 4°. Perg. hs. XVI. jarhd. 27 bl. ex electorali bibliotheca Sereniss. vtriusque Bavar. Duc. Titelblatt abgeschnitten, die Hdschr. ein Prachtexemplar.

Der grossen püesserin deßgleich
Marien Magdalenen Reich.
Darbey sein liebsten Jüngern werdt
Vnnd Petro der was hart beschwerdt.
Dem außzerwöllten werden Gott
Zü lob vnnd Eer an allen spott,
Wöll wir hallten dise figūr
Auß schüldes pflicht der natūr.
Das bedenngken in vnnserm leben,
Damit wöll wir das spil anheben.

  Darauf singen die Engel allso:
Ir Fürsten thünd ewre thor abkeren:
so mag ein gern der Künig der Eern!

  Dann so spricht der Enngel Raphael:
Ir Fürsten öffnend ewre thor
der eern kunig ist darvor!
darumb so lasst von ewrm gschöll
thūndt auf die portten schnöll der höll.
damit der schöpffer lobeson
on hindernus darein müg gon.

  Der aunder Enngel Athonael genant:
Ir Fürsten diser peinlicheit
ewer offen Thor sey schnell berait.
dem eern Künig kurtzer frisst,
der hie vor ewrer portten ist.
hert auf mit ewren groben wortten
vnnd thūn schnell auf der helle portten!

  Darauf fragt der Teufl Belial:
Nūn wer ist dann der Künig der Ern?
den wessten wir hie allso gern.

 Daruber lasst der Sallvator ain grossen glantz zu den alltvatern
  in die hölle vnnd Adam sagt allso:
Das liecht ist Gott dess schöpfers mein
der wil erlösen vns von pein:
alls er vnns vor verhaissen hat
dūrch sein gottliche maiestat.
dann Isaias der prophet
vnns warlich das verkünnden thet.
der vatter Abraham desßgleich,
er wöll vnns furn in sein reich.

Ein Spil von der Urstend Christi.

Vollgt hernach Esaias:
Das ist das liecht wie ich gesagt hab
vnnd vnns der himblisch vatter gab.
er ist der ware gottes sün
das söllen wir glaubn nün.
da ich noch in dem leben was,
dürch Gottes gnad verkönndt ich das:
des volk in der vinsternüsz
thet wanndern dort on all verdrüsz,
hat ain vil grosses liecht gesehen:
alls wie dann jetzünd ist beschehen.

Darauf der allt Simeon:
So ward ich gehaissen Simeon,
seyd ich üch hor reden darvon.
dess freudt sich inniglich mein hertz,
verschwünden ist mir all mein schmertz.
wir sollen eern gottes sün,
der vnns dann ist erschinen nün.
dann alls Jhesüs geborn ward
aüs Marien der Jungkfraü zart.
alls ich bin in den tempel ganngen
hab ich den in mein arm empfangen.
alls aüch der heilig geist das wollt,
da redt ich alls ich billich sollt.
vnnd hab allso gesprochen recht:
Herr lasz in frid nün deinen knecht!
nach deinem wort die aügen mein
haben gesehen das haile Dein,
das dü herr himblischer glast,
vor allem vollk beraittet hast,
ein liecht zü offenwar der haiden,
das nit werden abgeschaiden.
vnnd die Er deins vollks Jsrael:
desshalb frey ich mich arme sel!

Allsdann Johannes der tauffer:
So pin ich Johannes genant,
hab Cristum taufft mit meiner hanndt.
alls ich hab lere von Ime empfanngen,
bin ich Im seinen weg vorganngen.
ich zaigt den mit dem finger mein
mit disen wortten in dem schain.
sein weg beraittennd in seim leben
hab allso zeügknüs von im geben.

Ein Spil von der Urstend Christi.

nembt war das Lamb vnnd gottes kind,
das da aůfhebt der wellte sind!
vnnd ŏch sŏllchs aůch nit verschwigen
vnnd bin darŭmb herabgestigen,
damit ich ůchs verkůnden wer
das aller neckst; die gŏttlich eer
wŭrd zů ůch komen kŭrtzer frist,
allsdann nůn jetzt beschehen ist.

Darnach Seth, Adams sune:

So haiss ich Seth, red in dem schein
vnnd Adam was der vatter mein.
alls er warde krannk, gienng ich gewyss
eylends hin in das paradis,
zu pitten Gott, das Er mir senndt
einen der enngel eyl vnd behendt,
der mir zůgeben wer berait
des ŏls gŏttlich parmhertzigkait,
das ich dem leib dess vatters mein
vertrib damit sein wehe vnnd pain.
darauf erschin mir zu der stundt
sannd Michael vnnd thet mir kunt,
ich sollte meiner pitt abstan
vnnd deszhalb nit mer arbait han:
wann das mŏcht kainesswegs beschehen,
bis das ich vor die zeit thet spehen:
Ja das vergangnen wern gar
fŭnftaůsent vnnd zwayhůndert Jar!
dieselbig zeit ist jetzt dahin,
darůmb ich hoch erfreiet bin.

Vollgt hernach Zacherias:

Zacharias bin ich genannt
hŏrt zůe was mach ůch bekannt!
dŭrch gotliche gnad was ich verzehen,
ich hab mit meinen aůgen gesehen
Froloküng gnůg den Tŏchtern schon
Jerůsalem vnnd aůch Sion!
hab ine verkŏnndet mit wortten slecht:
dein kŭnig wirt dir komen gerecht!
der hailmacher der gannzen wellt,
wiewol er his wirt arm gemellt.
so er reyt auf ainer Eslin ein
zaigt an diemůt vnnd tůgent sein.
rd wird zestreien, ward ich sagen,
es den vierraederigen wagen.

der pog des streyts wirt abgewenndet,
dem Effraym der frid gesenndet.
Jch was aũch sagen gleich dermassen
hast aũs der grüb der gefenngkhnüs glassen
der ort darinn kain wasser was:
in deinem blũt bezeügest das.
dann dein gefanngen haben vernomen,
das ins ir hofnũng ist zũegekomen.
Jetzt merkt ir lieben Brüeder mein,
weyl ir dann gesehen habt den schein
vnnd warlich gottes Sũn ist gewesen
will er vnns von der pein erlösen:
so lob wir pillich Jhesum Crist,
der vnns warlich erschinen ist.

Darnach kombt Moises:

So wird ich Moyses gemellt
dieweil ich lebt in jener wellt.
der zeit im allten testament
ward ich ain patriarch genent.
desszgleichen ward mir da von Got
zulernen dwellt die zehen pot
an zwaien stainen tafeln geben,
hab ich mit vleyss in meinem leben
das Jsraelisch vollk gelert
allein den gottes dinst begert.
darinn bin ich gestorben ab:
darũmb ich güete Hofnũng hab.
zũ Got main Herrn Jhesũm Crist:
er werde mich zũ diser frist
aũch flern, pitt ich hertzlich gar,
mit diser ausserwoellten schar.

Darauf redt Davit:

So haiss ich Davit merkt fũrbas!
thũn ũch von Got beschaiden das,
was ich ettwas geweyssagt hab,
alls ich empfannd des geistes gab.
dem herrn werden sy bekennen
wo man sein namen wirt ernennen.
Er hat zerknisst ire thor
mit sein enngln schwebend darvor
wirt jetzt beschehen zũder stũndt,
allso hab wir den rechten gründt.

Daruber beschleust Abraham:

So frey Ich mich der seligen stůnd,
die mir von ůch ist worden kůnt
vnnd auch die liebsten brüder mein:
Got wil erlesen vnns aůs pein.
Jch sag eůch war im rechten gründ,
das wir verhiess der gőtlich mund:
wie Er (hab ich vernomen recht)
wollt selig machen mein geschlecht
von jetzt bis in die ewigkeit!
Nun ist vnns jetzt sein hillff berait:
das vnns der heilig schein bedeůt
dann jetzt verschinen ist die zeit.

Jetzt wider die posen veind:

Jr schnoden wicht der teufl schar
eůr gwallt wirdt ůch genomen gar,
den ir mit vnns getriben haben:
das ewig fewer wirt ůch jetzt laben!

Darauf sagt der Satanas allso wider seinen Fursten Jnfernum:

Nůn berait dich fůrst mit Freyden sůe,
vernim was Ich dir sagen thůe.
du waisst, der sich hat gehaissen Crist,
der jetzt am Kreůtz verschaiden ist,
vnnd sich tet nennen Gottes Sůn,
den wirstů balld empfahen nun.
Er was ain mensch fürchtend den tod.
mergk da er sprach vor seiner not:
mein seel betrübt ist vnnd beschwert
bis in den Tod! redt er auf erdt.
doch hat er gar vil gsundt gemacht,
die ich hab zů der krankheit bracht.
darzůe die krummen macht Er grad;
der Hoffnung das Er vnns nit schad.

Dagegen Jnfernus:

Pistů mechtig so merk hiebey,
sag mir, wer diser mennsch hie sey?
Jesůs der fürchten soll den Todt.
wehe dir dů kombst in ewig not!
Er widersagt doch deiner macht,
Zefahen dich ist er bedacht.

Ein Spil von der Urstend Christi.

Darauf annturt Sathanas:
Jch hab in aüf ain zeit versücht,
das volk bewegt, gen im verzücht,
das sy in prachten zü der pein
vnnd im namen das leben sein.
hab im gschörpfft zü derselben frist
das sper, damit er gestochen ist.
auch im gemischt essich mit gall,
damit in trennkt der Juden schall.
vnnd ime das Kreütz aüch züberait,
daran er tod vnnd marter laidt.
da ist er gstorben hart vnd schwer;
Jetzt bring ich dir in gfanngen her.

Darauf fragt der Jnfernus:
Jsts aber der der mich erschrekt
vnnd Laserüm von dem tod erweckht?

Anntwurt Sathana:
Ja Fürst, er ist derselb geschikt,
der Lasarum vom Todt erquickt.

Dagegen sagt Jnfernus:
So beschwer ich dich vnnd bin bedacht
bey deiner vnnd bey meiner macht:
das dü ine fürast verr von mir
nach im so hab ich kain begir.
ich reds aüch wol an allen spot,
alls ich vernam seins worttes pot,
das ich davon erzittert gar
mitsambt der ganntze höll schar.
vnnd ich aüch zü derselben stünd
Lasarümb nit mer hallten kund.

Jetz singend die enngel alls wievor:
Jr Fürsten thünd ewre thor abkeren:
so mag eingeen der Künig der eeren!

Darauf spricht der Raphael:
Jr Fürsten diser bölle pein:
thünd aüf vnnd lasst den Fürsten ein!
erhebt eür portten kürtzer stündt:
ich beschaid üch hie den rechten gründt;
das enntlich zü üch komen ist
der ern künig kürtzer frist.

Ein Spil von der Urstend Christi.

Der Belial wievor:
wer ist dann etc.
vnd singen die eungel wievor
vnd spricht der Athonael allso:
Jr Fürsten lasst von ewrm trütz
vnnd fügt den seelen süe kain schmütz!
Thündt ewre rigl dannen kern,
so wirt eingeen der Kunig der Ern.
Jr Fürsten diser hölle pein:
thünd aüf vnnd lasst den künig ein!

Der Sallvator stosst die Hölle auf, daruber fragt der Bellzebub:
Der künig der Ern: wer ist der,
der vnns hie macht so gross beschwer?
aüch vnns erschrekt so graüssamblich
mit grossem gwalt erzaigt er sich?
von wannen ist der stark, der rain,
der dringt in vnnser gefenngknüs ein?
fürtrefflich clar vnnd rain on maasz,
vnns vormals vnnderworffen was.
der wil erlösen hie aüs pein,
die pillich bey vnns sollten sein.
nembt war: die von der hölle gaben
sollten bey vnns ersounfizet haben,
erfreyen sich zu diser frist,
seyd in ir trost erschinen ist.
haben nit trost allein empfanngen
Sy trawen vnns alle den gefanngen,
nun wer hats aber mer vernomen,
das gfanngnen sollch freyd sey komen?
oder wo synndt mans ye geschriben,
das sy solch hoffart haben triben?
wer ist der clar erschreklich man,
dem niemand widerstreben kan?

Daruber anntwurt David:
Er ist ein herr der croffien gmellt,
thüt regiern die ganntzen wellt,
des himels vnnd der holle schar:
des werden ir jetz nemen war.

Dess beclagt sich der Belial gegen seinem Fursten allso sprechend:
O vnnser Furst erst wirt gemert,
dein pein, dein Freüd in laid verkert,

so du nit waist den grossen schaden
der vnnser höll ist auferladen!
bist doch bericht, das warer Crist
am Creütz kürtzlich verschaiden ist?
durdürch wir sain ser betrogen
vnnd wirt dir dein gewallt entzogen.

Darauf heulen die Teufl:
Advenisti desiderabilis que expectabamus intenebris, ut educeres
hac nocte vinculatos de claustris.

Vnnd Adam spricht allso:
O pisst dü komen siesser Herr,
dem wir nachrüfften hert vnd schwer!
in diser Fürsten Hüll so weyt,
offt wünsten wir das käm ain streyt.
ob der himel würd aüfgethon
vnnd käm der schöpffer lobesson,
das er fiert aüs gefonngknüs vnns hie
von pein vnnd not aüs aller mye.
o herr mein got hilff vnns aüs pein,
nün say wie ye die schöpffung dein
fier vnns in deins vattern reich:
O gott mein sind dü mir verzeich!
dein pot hab vberganngen ich,
schwerlich gesyundet wider dich!
beschwert mich hart vnnd retiet mich seer,
darumb ich deiner gnaden geer:
dü wöllest mir parmbhertzig sein,
benügen han an diser pein,
die wir lannge zeit gelitten haben
thüe vnns dürch ewig frewd begaben.

Darnach redet Eva:
O got mein Herr erparm dich mein
lass mich dir heüt bevolhen sein!
dein pot hab ich gross vbergaungen,
ich vollgt dem Rat laydiger schlanngen.
prach von dem paum den Apffl ab,
den Adam meinem gmahl gab.
Er ward darnach dürch mich verfiert,
damit so haben wir bayde geirrt.
da trübst vnns aüs dem paradeisz.
O herr, mein Got, an vnns beweysz
dein gnad vnnd gross Barmhertzigkeit!
mein got wie ist mir so leidt!

auch rewt es mich von hertzen seer,
das ich gesindet hab so schwer.
verzeich mirs dü mein Herr vnd Got,
hillf vnns aus diser angst vnd not,
vnnd füer vnns in das ewig leben,
die Freyd wüllest vnns genedig geben!

Darauf nimbt der Sallvator den Adam bey der haund sprechent:

Der Frid mit eüch! gehabt üch wol:
Er ist hie der üch trösten sol.
seiet frölich nün zü diser stündt,
eüch ist warlich hoffnüng künth.
dann was ir lanngs zeit habt begert
des seit ir jetz völlig gewert.
kombt her ir aüszerwöllten mein
ir seit erlöst aüs aller pein!
ich füer üch in meins vatters reich,
daselb ich üch gross Freüdt verleich,
salige rüe vnnd ewigs leben;
das thün ich üch mit freyden geben.

Der Sallvator zum enngel Michael:

Säliger Enngl Michael:
nim hin die süszerwöllten seel,
die gewarttend haben hört vnd schwer,
bis ich bin komen zu In her,
vnnd sy von pein erledigt hab!
fürs mit dir zü der sälligen gab,
aldorthin in das paradiss
ewiger Frewd sind sy gewysz!

Darauf annturt der enngel:

O süesser Herr vnnd reicher Got
dü vberwynnder aller not:
dein gnad vnnd gros parmhertzigkeit
wie balld ist sy millt vnd berait.
wie schnöll ist er von dir gewert,
wer sy von gründt seins hertzen ert.
alls sich an diser schar befynndt,
doch sein Sy pillich dein gesynndt.
seind dir gewesen vnnderthan;
des willtü sy geniessen lan.
Jetzt wil ichs fiern kortzer frist
da ganntz volkomen freyde ist.

Jetz sagt der enngl zu den Seelen allso:
Nün komend her ir gottes kind:
ich wil üch fiern behend geschwind
zu grossen freyden vnd aüch rat,
da üch got hin geordnet hat.
so vollgt hernach den süllgen weg:
Got wirt üch han in seiner pfleg.

Vnd wann alsdann die zwen Sun Simeonis in das Paradis komen,
so spricht der ain sun genant Carinus zum Enoch vnnd Eliam allso:
Vnns wündert recht zü diser stundt,
Bitt üch, sagt vuns den rechten gründt,
wer ir doch seit so grosser Er
oder von wannen kümbt ir her?
so ir nit habt versucht den todt
seyd die natür vnns allen pot,
das wir im zeit all müessen sterben
Ehe wir die ewig Freüdt erwerben.
so sech wir üch mit aügen gewiss
gesetzt hie in das paradisz.
warmit habt ir verdient die Cron,
das ir von Got begabt seiet schon?
vnnd ir aüch nit zü vnns in pein
seyt komen vnnd habt muessen sein?

Die Anntwurt Enocha:
Der ist Elias merk mich recht,
was allezeit Got ain trewer knecht.
so bin ich Enoch ain profeth,
die Got darzü verordnen thet:
wir sollten haben leib vnnd leben
bis das der Anntcrist thet vmbschweben.
vnnd so derselb nün komen thüt,
dann werden wir dürch gottes huet
wider ine streitten hert vnnd schwer
vnnd anzaigen die göttlich Eer.
die der änterisst thüt eebezwingen,
werd wir ains tails zum glaüben bringen.
Alladann allbed von ime erslagen
darff niembt die leib zum grab hin tragen,
bis das vergeet dritthalber tag,
dem ist allso recht wie ich sag.

Die Anntwurt Elie:
Elias der prophet bin ich,
dermass Enoch hat beschaiden dich.

darümb verwünder dich nit seer
vnns ist aüfgelegt ain grosse Eer,
die vnns Got zügaaignet hat,
der hellf vnns aüf den rechten pfat,
das wir mit freyden sign an
dem Anntcrist teyflichen man,
das wir das vollk thün widerkern
vnnd dann der enngl sebar mit mern.
allszdann laid wir pillich den todt;
Got will vnns hellfen aüs der nott
vnnd darzü ewig lonen schon,
vnns ziern mit der enngl cron.
also hastü den beschaid vernomen,
wie wir an dise stat sind komen.

Darnach redt der annder Sun Leucius genannt wider den schacher
Imparadis:
Mich wündert recht in meinem müel
warümb dü bast verdient das güt:
seyd das dich Got begabet hat
vnnd dir verleicht die heilig stat.
Ehe dü dort hin zu vnns bist komen,
die straff hast vmb dein sind genomen.

Die Anntwurt dess schachers:
Das lassz dich nit verwündern bart,
so ich daher verordnet wardt.
du waist, das Gottes Barmhertzigkeit
dem rewer sein will schnell berait.
den er mit warer puesz befynndt,
demselben lasst er ab sein sindt.
Jch pin gewesen ain schacher schned,
schenntlich, in meinen synnen pled.
da ward ich gefanngen zü der frist
als warer Got gecreützigt ist.
mit im ward ich ans kreutz gehenkt:
mein Hertz in grosses Laid versennkt
vmb mein sind, die ich hab verschulldt;
forcht seer, ich käme nit mer zübuldt.
was laidig, so ich dacht daran,
da rüfft ich zü dem heiligen man,
den ich erkannt alls waren Got,
das er mir hüllf aüs aller not.
Jch sprach: Got herr vnnd schöpffer mein,
vmb das dü gelitten hast die pain,

dein götllich gnad dü mir verleich
so dü kombst in daine vattern reich!
da sprach der Herr zü mir fürwar
aüs seim götlichen münd so clar:
heüt wirstü sain, das bis gawis,
bey mir dort im paradise!
vnnd gab mir da eins Zeichens schein
das kroütz der pittern martter sein.
des sollt ich tragen an die Stat,
da er mich hin geordent hat.
wann ich kem in das paradisz
vnnd mich der enngl nit einliss,
dann sollt ich sagen zü der fart:
Cristüs der jetzt gecreützigt wart,
der hat mich her zü dir gesannd,
das ich dir werde dardüch bekannt.
vnnd als ich dise ding verbracht
hett sich der enngl schon bedacht.
vnnd setzt mich zü der grechten schon,
alls wie ich han geredt darvon
allso hab ich beschaiden dich
darümb dü hast gefrnget mich.

Jetzt farn die zwoo seelen der Sune Simeonis der mass alls geen Jherusalem mit namen Carinus vnnd Leucius die werden von Iren Fursten beschworn; der erst Caiphas beschwörung allso sprechennd:

Jch Chayphas beschwor dich one spot
bey dem vatter vnnd warn got!
bistü ain geyst, so sag mir behennt,
von wannen dü seist her gesanndt?
oder was hastü aber gesehen:
die warhait thüe mir recht verjehen?
lass mich aüch recht im gründt verstan
etlich provetben zaigen an,
wie das der war Messias recht
werdt selig machen das geslecht
des Abrahambs vnnd Israell,
wer auch abfarn zü der Höll,
vnnd ledig machen aüs der pein
die Alltvätter vnnd liebsten sein.
werd sy fürn aüs dem ollenndt.
darauf bericht mich schnell vnd bohendt:
der jetzt ist an dem kreutz gestorben,
hat er in sollch gnad erworben?
wann er sich nennet gottes süu,
so wer aüch Elias nün.

Ein Spil von der Urstend Christi.

Bistú dann von der Höll herkomen,
sag an, hastú dessgleich vernomen?

Darüber redt Annas:
Dessgleich thüe ich beschwörn dich,
den Bischof Annas nen ich mich.
seydt dü ain geist gesehen bist,
was dir in kürtz begegnet ist,
dann alls der man hat hie gelert:
das volk von vnnserm glauben kert,
hat er gesagt den Jüngern sein,
ehe das ir glitten habt die pein
vnnd an dem Creütz gestorben ist
der sich genennt hat Jhesum Crist:
Er werd ersteen am dritten tag,
darauf hab ich gesetzt mein frag.
hastu der hölle straff gesehen?
sag mir, was ist daselb beschehen?

Die Anntwurt Carini:
Alls ich noch was der in der pein
bey den vättern: da kam ein Schein,
was golldes vnnd aüch pürpor far
ein künigclich liecht erleicht vnns gar:
darvon die veindt erschragken seer,
das sich kainer thet regen mer.

Darauf Nicodemus wider Leucium:
Nicodemüs derselb bin ich,
bey Got thüe ich beschwern dich:
dürch Jesüm den vil heiligen man,
der willig an das Creutz tet gan
vnnd vberwünden hat den todt,
das dü mir sagest on allen spodt:
bis dü ein geyst aüs pein herkomen,
was hast von Crist wünder vernomen?

Josep von Aramathia:
Von Aromathia bin ich,
Joseph genannt, beschwer aünh dich
bey dem vil warn Gottes sün,
das dü mir aüch jetzt sagest nün,
von dem heylmacher Jesum Crist,
seyd dü von pein herkomen bist,
was er hab tun für hülffes schein
dürch trost mit den erwölten sein?

Ein Spil von der Urstend Christi.

Zum Letsten Gamaliel:
Gamaliel hin ich genannt,
die warhait mach mir hie bekannt!
das peüt ich dir on allen spot
bey dem vatter vnnd warn got!
bist dü ain geyst vom leyb geschaiden,
du seist ain Crist oder ain haiden:
kompstü her von der fynnstern pein,
so sag mir von dem schöpffer mein,
las mich im rechten gründt verstan,
was er daselb hab wůnder tan?

Darauf anntwurt Leucius:
Leüciům den nenn ich mich:
der sach wil ich berichten dich.
vnnd Nicodemům desssgeleich,
die vätter warn freydenreich,
alls Jesůs zů der hölle kam
sein aůszerwöllten heraůs nam.
zům ersten liess er einen schein
dranng dürch die ganntz hölle ein,
was pürpür vnnd golldfare rot.
alsdann den schneden reintten pot
durch sein Enngl sprechend darvor:
ir Fürsten erhept eůre thor,
das ein mog geen in kürtzer frist
der Heylmacher Jhesus Crist!
mit vnstöemigkeit alls balld
stiess Er die höll aůf mit gewallt.
gab trost den aller liebsten sein
erlost sy da von aller pein.
setzt sy alsdann ins paradisz.
also seyd ir der sach gewysz,
das solches alles beschehen ist
von Got dem Herrn Jesu Crist?

Nachmals alls Cristus erstannden ist sennd er den enngel Gabrielem zu trost Marien seiner Muetter: sagt allso:
Merk Gabriel dů rainer pot,
ich sag dir das on allen spot:
seyd dich der himblisch vatter mein
ordnet, das dů der pot sollt sein,
mich zůverkünnden zů der maid,
die mich empfieng on alles laid
mit keuschait rain in iren leib:
far hin, gries mir das selig weyb,

die allerliebsten müetter mein,
trost sy nach grosser klag vnd pein,
die sy gelytten hab vmb mich:
das sy mög wol erfreüen sich.
deszgleichen glaüb mit Hertz vnd synn
das ich vom tod erstannden pin.
selber aüch zü ir komen will
vnnd sy trosten nach kürtzem zyll.

Dagegen Anntwurt der enngl:
O lieber Herr, wie gar pillich
mit euessem trost erzaigsta dich
dort bey der liebsten Mnetter dein,
die gelitten hat schmertz vnd pein.
mit Hertz vnnd Synn in grosser not
vmb dein leyden vnnd bittern Todt.
damit ir schmertz werd abgewendt,
wann sy verniinbt dein clar vrstendt.

Dann so spricht der enngl zu vnnser lieben Frauen:
Grüst bis Maria voll gnnad!
der Herr mich zü dir her gesanndt hat,
bis frölich nun du raine maid,
lasz fern bin jetzt alles laid
wann got dein sün Herr Jhesüs Crist
warlich vom tod erstannden ist.
dü pist ain himelkünigin,
das nun frölich in deinen syn.
was dü begerst wirt dir berait,
darümb bit für die Cristenhait.
dü sollt aüch warlich glaüben mir
das er selbs wil komen zü dir.

Die Anntwurt Marie:
O Gabriel dü enngl clar!
mein frewd ist gros, das glaub furwar,
vnnd dannk dir hoch der potschafft dein,
seyd das der Herr vnd Süne mein
ist aüf erstannden von dem Todt
hat vberwünden all sein not
vnnd hoch erfrewt mich armes weyb
mit seim clarificierten leyb.
frey mich noch mer der selligen stündt
die mir von dir ist worden künt:
das er wil selber komen zu mir
dess sen ich mich hertzlich mit gyr.

Ein Spil von der Urstend Christi.

Unnd jetzt erscheint ir der Sallvator allso sprechendt:
Nim hin' den grüs von meinem münd,
hertzliebste Muetter dir sey künt
vnnd glaüb aůch das, wie ich dir gynn,
das ich vom tod erstannden bin!
vmb das du gross laid hast getragen
mit schmertzn, wainen vnd mit clagen;
vmb mich vnnd dürch das leyden mein
ain Himelkünigin sollt sein.
vnnd was dü alls dann wirst begern
durch fürbit thůn ich dich erhoern.

Marie der Jungkfrauen Antwurt:
Jesü, mein liebster Sůn vnnd Herr,
wie was mein trost vnd Freüd soverr,
ehe ich vernam dein clar vrstendt!
mein trawren ist in freyd gewendt.
darümb empfach ich dich vom tod
nach deiner vrstend mein Herr vnd Got!
Ach dü mein wůnn vnd begir,
mit Freyden pist erschynen mir!
mein allerliebster Sůn vnnd wůnn,
dein lieb ist clarer dann die Sůnn!
mein freyd ich nit aůssprechen kan,
die ich von dir empfangen han.
ich pitt dich dürch die vrstennd dein,
lass mich dir heůt bevolhen sein!

Des Sallvators Anntwort dagegen:
Mein liebste Muetter gehab dich wol,
du sollt werden der Freyden voll
wann ettlich zeit vor ist erganngen
wirdestü gar schön von mir empfanngen.
sollt sein in ewig freyd gesetzt
vnnd alles deins laids von mir ergetzt.
damit far ich dahin mein strassen,
mit trost wil ich dich nit verlassen.

Nachmalls reden die Marien miteinander, wie sy hin zu dem Grab wollen geen vnd Magdalen spricht allso:
Ir lieben Frawen, ratten züe:
mein hertz hat weder rast noch růe,
bis ich erfar den rechten grund
vnnd mir die warhait ganntz wirt kunt.
Lucas zaigt an das herrn tag,
er werd erstieen am dritten tag.

vnnd ob ich vollg aüch bey üch hab,
so wöll wir gern zü dem grab,
vnnd salben da des Herrn leib;
darumb rat zü ir werden weib!

Die Annturnrt Marie Salome.
Mir ist desszgleichen aüch allso.
villeicht wir werden innen do,
wie es stee vmb den Herrn Crist,
durch Joseph des die grebnüs ist.
vnnd rat ganntz wol, wir geen dahin;
wann ich in grossem traüren bin.
der hofnüng vnns werd angezeigt
dardürch sy traürn von vnns naigt.

Die Annturnrt Marie Jacobe:
Nun bin ich laides vnnd vnmüets vol,
lieben Frawen, ich rat es wol,
das wir hingeend jetzt auf der fart:
ach got wie sen ich mich so hart!
vnnd zweyfl nit, wann er redt war
er werd ersteen sichtig vnnd clar.
sein leib sol wir auch salben schon
wie Magdalena redt darvon.

Darauf redt Magdalena allso:
So komend her ir lieben frawen:
last vnns den herrn Jesum schaüen!
aüch trettend her ir werden weyb
vnnd last vnns salben seinen leyb!

Allszdann singen die Frauen.
Wer thüet vnns von der Thür wölltzen den Stain, den wir haben
gesehen legen auf dess Herrn Grab.

Darauf redt Salome allso:
Wer thüt vnns von des grabes thür
den grossen stain, den fürchten wir?
dann ir wiest wol das grab ist gefeltzt
ain grosser Stain darauf gewelltzt.
wer thüet denselben vnns herab,
wann ich fast grosse sorg darauf hab.
wen suchennd ir, ir zytrennde weyber
bey disem Grab allso wainen?

Ein Spil von der Urstend Christi.

Allsdann so redt der enngl Raphael:
Wen suechend ir, ir frawen rainen
so zyttern vnnd schwerlich waynen,
bey disem grab so trawrend seer?
sagt an, was ist doch Ewr beschwer?
oder was wöllt ir für ain gab,
das ir so frue kombt zů dem grab?

Daruber singen die frauen mer.
Jhesum Nazarenum, der gekreutziget ist, denselben wir suechen.

Vnnd Maria Jacobe sagt allso:
Wir suechen warlich Jesům Crist
von Nazaret, der kreützigt ist.
Hofnůng vnnd trost ewiger gaben,
den wollten wir gesalbet haben,
nach im so hab wir grosse clag:
er sollt ersteen am dritten tag,
non hab wir in noch nit gesehen,
der hofnung, es werd geschehen.

Daruber der enngl sanng:
Er ist nit hie den ir da suechet: aber eylennts geet hin verkündets den sein Jüngern vnd Petro, dann warumb Jhesus ist erstannden.

Vnnd sagt der enngl Athonael:
Ir Fraŭen dürffent kainer müe,
den ir da sücht der ist nit hie:
er ist erstannden sicherlich:
Darumb ir Fraŭen mergken mich,
sagt seinen Jüngern kurtz frist,
das er warlich erstannden ist.
vnnd sonder Petro zaigends an:
wann der ist gar ain traŭrig man!
sagt im des herrn war vrstend,
vnnd das er sainen weg hinlennd.
er geet ŭch vor in Gallilee
alls er eŭch aŭch verkŭndet ee.

Auch jetzund singen die Frauen wider:
Wir kamen seyftzende hin zu dem grab, den enngel des Herren hab wir gesehen sitzennd vnnd sprechennd: nembt war Jhesůs ist erstannden.

Vnd spricht Salome allso:
Vernemend recht ir man vnnd weyb,
wir haben gesůcht des Herrn leib.

dann alls wir all drey hie stennd Fraŭen
gienngen das grab hin zubeschaŭen.
mit clagen seüftzen vnnd mit wainen
hört wir der enngl sprechen ainen,
der zwen gesessen sind im Grab:
nŭn was begert ir für ain gab?
sŭcht ir den herrn Jesŭm Crist,
glaŭbt mir das der erstannden ist.

*Dann so erscheint der Sallvator Magdalene in garttners weyss vnd
Magdalena sagt allso:*
Nun sag mir dŭ vil gŭetter man,
wo hastŭ meinen herrn than?
der an die stat begraben ward?
nach im sen ich mich hertzlich hart.
wo hastŭ mir ine hin begraben?
wir wollten den gesalbet haben.

Mit verkerung seiner beclaidung alls ain urstend claitt spricht Er:
Maria!

Daruf spricht Magdalena allso:
O liebster Herr vnnd Jesŭs süss,
günn mir zu küssen deine füss.

Die Anntwurt dess Sallvators:
Tritt hindersich, dŭ werdes weyb
sollt nit berŭrn meinen leib!

Die begerung der gnaden spricht Magdalena:
Jhesŭ du höchste hofnŭng mein,
wie hastŭ mich erlöst aŭs pein!
seyd dŭ mein got vnnd warer Crist
vom tod jetzt aŭferstannden bist.
Ich bitt, das mich dein genad empind
vom schweren last meiner grossen sind.
sennd rew vnnd laid mir in mein hertz
mit pittrigkeit vnnd grossem schmertz.
vmb all mein sind vnnd missetath
gib mir zu piessen zeit vnnd stat.
O herr wie schwerlich reŭt es mich,
das ich gesynndet wider dich!
lass mich dein göttlich gnad erwerben,
das mein sel nit muess ewig sterben!

Dess Salvators trost.
Maria du sollt frölich sein,
ich lass dir ab all synnde dein!

vmb deln sind dich nit mer betrib,
wann du hast mich gehebt vil lieb:
alls dü an mir bewysen hast,
da ich bey Simon was ain gast
hast mir gesalbet meinen leib
desszhalb bist trost dü werdes weyb.
mein füess mit deinen zehern zwagen
vmb dein sind grossen schmertzon tragen.
mit deinem har drūgknet mein füess
deln freyd wirt dir im himel süess!
stebe aüf Maria vnnd freye dich:
dü hast in gnad erwarben mich,
gee hin jetzt zü don Jüngern mein,
verkhind in aūch der freyden schein,
das ich vom tod erstannden bin:
wann traurig ist mir müt vnd syn,
vnnd sag das Petro gleich so vast,
wie du die sach vornomen hast.

Die Dannksagung Magdalene.

O herr ich sag dir lob vnnd dannk!
vor synnden was ich schwach vnnd krannk,
ehe ich dein süessen trost vernam
vnnd mir dein gnad zu hillfe kam.
Jetzt bin ich aller freüden vol
deiner vrstennd, alls ich pillich sol.
so mir mein sind seind jetzt verzygen.
O herr ich wil nach mein vermügen
dein lob in alle wellt verkünden,
das man gross gnad bey dir mag fynnden,
wie schwer ich mich versynndet hab,
noch lasst dü mir das alles ab.
lob sey dir in der ewigkait!
Jetzt sol mein weg sein schnell berait,
Petrūm zesūchen nach dain pot:
dūrch Jamer leyd er grosse not.

Jetzt erscheint der Sallvator Marie Jacobe vnnd Salome also sprechend:

Seiet frölich nün zü diser stünd,
empfahet den trost von meinem mündt!
Ich bin erstannden von dem Tod,
hab vberwünden all mein not.
secht an mein seytten, hennd vnnd füesss:
ir habt mich lieb on all verdriess.

darůmb ich üch die freyd verleich
in meins himblischen vatters reich.

Die Anntwurt Salome:

O milter Got von ewigkeit
verhaist vnns dein reich sein bereit.
darumb sag wir dir lob vnnd Eer
in ewigkeit mein lieber Her.
aůch loben wir stet vngewent
mit hertz vnnd synn dein clar vrstendt;
darinn hab wir grosz freyd empfangen
alls trawrn ist vmb vnns vorganngen.

*Darnach geet Magdalena zu Petro vnd verkundt ime dess herrn
vrstend.*

Petre vermerk zů diser stůndt
was grosser Freüd thů ich dir kůnt
von meinem Herrn Jesů Crist,
vermerk mich recht vnnd bis gerisst:
Er ist erstannden von dem Todt,
der hailmacher vnnd ware got.
Er hat mich her zu dir gesennt
dein laid vnnd clag er wol erkennt.
das ich dir das verkynnden sol,
des magstů dich erfrewen wol.
sollt aůch Johanni zaigen das
sein laid ist gros on vnderlas.
vnnd mit ime geen in Gallilee
da fynnden in den barrn mer.

Die frag Petri daruber.

Maria vnnd ist dem allso?
dess pin ich doch von hertzn fro.
nit leennger las ich das an steen,
sonnder bin zů Johannes geen.

Die Anntwurt Magdalene.

Ja glaůb mir Petro das ist war
gehe frölich hin, kain weyl nit spar.
zwen enngel warn in dem grab
davon ichs recht vernomen hab.
das vnnser hailmacher Jhesůs Crist
warlich vom tod erstannden ist.
ich mags aůch für ain warheit jehen:
mir ist gros gnad von ime beschahen.
Er hat mir all mein sind vergeben,
versprochen auch das ewig leben.

Ein Spil von der Urstend Christi.

Jetzt verkündt Petrus das Joanni:
Johannes Brüeder komb zü mir,
wie grosse freüd verkünn ich dir
von meinem Herrn Jesu Crist,
das er vom tod erstannden ist.
doch woll wir selb auch geen zům grab,
von Fraüen ich vernomen hab.

Die Frag Johannis daruber:
Sag an, Petre, den rechten gründt
von weme ward dir die gros freüd kunt?
oder war has den herrn gesehen
nit grösser freüdt möcht mir beschehen!
so mag mein hertz nit haben rüe,
dů florest mich dann aůch darzůe.

Die Arntwurt Petri:
So merk dů lieber Brůeder mein,
das ich erfyll den willen dein.
Ja Magdalena kam zů mir
erfüllt mir meines hertzen gir;
sagt wie sy von dem grab her kům:
nicht darinn, wann ain tuch vernäm,
vnnd aůch zween engel weisser wat,
der niner irs gesaget hat:
das vnnser hergot Jhesůs Crist
warlich vom tod erstannden ist.
sy hab den herrn selb gesehen
ir sey gross gnad von ime beschehen:
all sind ir abgelassen hab,
ir versprochen der freyden gab.

Johannes redt zu Petro:
O trost vnnd frewd meins hertzen lab
die ich von ime empfanngen hab.
seit das mein herr vnnd warer got
ist auferstanndon von dem Todt.
nit vnnderwegen woll wirs lassen
vnnd vnns beraitten aůf die strassen.

Allsdann so erzaigt sich Johannes schnel zu geen vnd spricht Petrus:
Ach Brueder peyt, lass dir die weil
vnnd mich des wegs nit vbereill
ich hingk vnnd kan nit hinnach komen:
hast nit der Fraůen rede vernomen?

du pist ganntz schnell aüf den Füessen,
lass dich ain clain weil nit verdriessen.
Brüeder achts nit für ain spot
vnnd lab mich aüch mit dir dürch got.

Dann so singen sy beed:
Currebant duo simul et ille alius discipulus praecurrit citius Petro
et venit prior ad monumentum.

Dann sagt Johannes:
Hie secht ir werden Cristenloüt,
was vnns das tüch im grab bedeüt.
dann ich habe ye darinn gefunden,
gelobt sein dicselben stünden!
darinn der Herr verwügklet was,
darümb so gen wir jetzt fürbas
geen Gallileam in das lannd,
daselb wirt vnns der Herr bekant.
der leib ist hin dess herrn Crist,
der warlich aüferstannden ist.

*Allsdann erzaigen sy sich den Herrn zesuchen in Gallilea vnnd so
sy den synnden sellt Petrus auf seine Knie sprechend:*
O Jhesü dü mein lieber Herr,
dein gütlich guad von mir nit ker!
ich bitt dich dürch die marter dein,
dü wöllest mir parmhertzig sein!
mein Herr, ich hab vnrecht gethan,
sagend, ich wollt bey dir bestan.
wollt willig mit dir geen in Todt
ich hab dich gelassen in der not.
dreymal ich hab verlaügnet dein,
verzeich mir Herr die synnde mein,
richt nit nach meiner vbelthat,
wann es mich ser gerewet hat!
mittail mir dein Barmbhertzigkeit
zü püessen ger ich sein berait!

Die Anntwurt Sallvatoris:
Petre dü lieber Jünger mein,
ich lass dir ab all sünde dein.
ich hab gelitten marter vnnd laid
für dich vnnd alle cristenhait.
vil angst maltter vnnd schmehe wort
von den Jüden an manchem Ort.
wer mich thüt vmb mein leyden clagen
vnd ist mir lob vnnd dannk drümbsagen.

dem auch kein sind sein hertzlich laidt
vnnd ist mit warer puesz berait,
denselben wirt ir sind vergeben
vnnd disem das ewig leben,
weil ich dann wais trawrigs Hertz,
das dů tregst laid vnnd grossen schmertz
vmb dein sind, die dů hast verbracht,
so wirt der nimermer gedacht.
ich wird dich setzen kůrtz frist,
das dů der Cristen vorganng bist.
des ampts wöllest mit treûem pflegen,
damit gib ich dir meinen segen.
ich wil dir lonen sicherlich
in meins himblischen vatters reich.

Die dangksagung Petri daruber.

Sûesser Jhesů mein herr vnnd Got,
dů hast mir gehollffen aûs der not:
důrch deinen trost vnnd milltigkeit,
seid das mir dein gnad ist bereit.
wiewol ich schwerlich gesynndet hab
bistů geen mir einer milltcn gab.
darůmb sage ich dir danngk, lob vnd Eer
in ewigkeit mein lieber Herr
vnnd das mir möglich ist,
bin ich willig vnnd aûch geryst.
in deinem dinst allzeit mit vleysz
die menneschen allzeit vnnderweysz.
das sy dein glaûben recht erkennen
vnnd dich Got im herrn nennen.
Herr gib mir darzů dein gnad,
das mir kain peser veind nit schad!

Nun vollgt aber hernach wie die huetter bey dem grab zu krieg komen seind alls sy den Herrn verlorn haben (nit also ergangnen, allein ertichtl) vnnd sagt der zennturio also:

Stett aûf ir Brûeder, tret herzůe,
merkt, was ich ûch sagen thûe.
verlorn haben wir den Man:
nůn hab ich zwar kain schulld daran.
mit vleys hab ich gehiettet recht,
mich gehallten wie ain trewer knecht.

Jetzt redt Decurio:

Ey secht nůr zůe was sagt vnns der,
verkündt vnns selltzam neûe mer.

spricht wie der man verlorn sey;
will haben doch kain schulld darbey.
wie hat Er aber gehiet so wol,
ich main der man sey schalghet vol.
er sollte gleich wol auch daneben
den leyb den Jüngern haben geben,
vnnd sprechen dann die Jünger sein:
er sey derstannden von der pein.
　　　Darauf redt der Miles:
Ach waffen, wee vnnd imer waffen!
wie hab wir nün ain sach verschaffen,
seyd vnns der mon gestolen ist,
das bringt vnns schandt zu aller frisst.
die Jüden werden sprechen das:
wir sollten han gehiettet bas,
oder wir habens selb gethan.
ir geellen wie wirts vnns ergan?
Sy werden zü vnns thün die clag,
die niemand widersprechen mag.
das ainer nit schülldig sey der sach
sein all bestellt auf die wach.
cennturio enntschülldigt sich:
dasselb auch gros verwündert mich:
er ist ain rechter hollwannger*)
seiner hanndlüng enntgellt wir seer.
　　　Darwider Cennturio:
Warumb wollt ich gedüllden das
ir sagt mir bed zu neyd vnnd Hass.
ir' habt geschmecht vnnd gechollten mich
dardürch wird seer gelessert ich.
sollt ich der sein den ir mich nennt
ich wollt ehe das ir würdt geschennt.
er ich tet solchs von üch leyden
ich wollt ehe Lannd vnnd leüt darümb meyden.
vnnd nemblich gib ich üchs nit nach
das ir mir zuemesst sölhe schmach.
　　　Vnnd jetzt redt Lonnginus:
Ach wie ist mir mein hertz so schwer,
was sein nün jetzt der newen mer,
seyd ir all so still habt geschwigen
vnnd der vnns aüs dem grab ist gstigen.
auch vnnser kainer erwachet ist,
das ist mir ye ain selltzam list.

---
*) Einer der verstellt zu Gefallen redet. Schmell. IV, 116.

Ein Spil von der Urstend Christi.

vnnd thündt jetzt geen einannder průmen,
man hab ine aůs dem Grab genomen.
ich glaůb es habs cwr ainer than
vnnd wölle glaůben an ine han.
was werden nůn die Jůden sprechen?
ja zwar ich wil mich an üch rechen,
wil an üch wagen meinen leyb,
ob ich schon bey dem Grab beleyb.
vil wäger můsz mir sein der Todt,
wenn das ich leyd der Jůden spot
daraůf so hab ich mich gerůsst
tret nůn herzůe der fraydig ist!
ich gib im balldt eins aůf sein schnulu,
das er hin zů der erde thůt fallen.

Dagegen decurio:
So bin ich er ders wagen wil
vnnd setzt dir gleich nin kürtzes zyl.
dann ich der sach trag aůch kain nůtz,
mich můet gar seer dein poch vnnd trůtz.
wie důnkt dů dich so freydig sein,
man fynndt doch wol den gleichen dein.

Darwider Miles:
Wolumb, wol an, der trett herbey,
wer lůst hab zů der hadcrey?
ich sich doch wol es wil sych machen,
hab mich gericht jetzt zů der sachen.
dů bist ein rechte Haderkatz
das sich der teürannd mit dir kratz!

Dann so stahen Sy zusamen. Vnd als zu morgen dem osterlichen tags komen die Fursten vnd Obristen der Briester an die huetter des grabs vnd der Chayphas spricht also:
Hietter wie habt ir so gethan
soyd das verlorn ist der man?
wyst ir was eůch bevolhen was?
ir solltet han gehiettet pas.
habt ir geslaffen also seer,
das man den stain, so grob vnnd schwer,
hat also von dem grab gerist
vnnd der man daraůs komen ist.
das wirt eůch allen zemal ain spot.

Centurio:
Wir glaůben, das er sey war got.
Er ist erstannden gewalltigclich

Ein Spil von der Urstend Christi.

ja kainer kunt bewegen sich.
reist heraus clar von dem grab.

Annas:
Wer thet im nun den Stain herub?
schwayget darzu lieben gesellen mein,
das wurd vons erst ganntz spöttlich sein,
wo man das in der gmain tett sagen.

Lonuginus:
Den Stain kind er wol dannen tragen.
Er ist erstannden sichtig clar,
des hab wir wol genomen war,
der Stain thet allso dannen prechen
das vnnser ainer kain wort kunt sprechen.
wir muessen ime bezeügen das.

Cayphas:
Lieben gesellen gedennkt uch das,
vnnd thundt die sach nit offenwarn
wir lassen uch drumb widerfaru
zu widerleg ain tapffer gellt,
dann wann die sach käm in die wellt,
vnnd man sollt gruntlich wissen das:
ain gmain trieg vnns neyd vnnd hass.
die irrung wurd nöch grösser sein.

Decurio:
Nūn was ist die vorhaissung dein
vnns zügeben? so schweygen wir,
versprechen das zu hallten dir.
willd vnns drümb geben zehen pfündt?

Annas:
Die geb wir üch zü diser stündt,
das es dabey gehallten werdt.

Miles:
Du sollt darinn han kain beschwerdt
seyet ir nün still in güeter rüe:
dann genntzlich schweig wir still dazüe.

Die Figur wie die Bruder geen Emaus ganngen sind spricht
Cleophas allso:
Ich Cleophas trag grössen schmertz
vnnd hart beschwert mir ist mein Hertz

vmb das leyden vnnd schmelien tod,
so gelitten hat mein Herr mit not.
Nun hofften wir er sollt ersteen.

Lucas:
Lieben Brüeder, so lust vnns geen.
ich Lücas leyd aüch grosse schwer,
sen mich nach ime! O du mein Herr,
sollt wir dich aber wider sehen!

In der verporgenhait spricht Cristus genannt der Sallvator:
Ir Brüeder was ist uch beschehen?
die red so ir zilsamen tragen,
warumb thündt ir so hertzlich clagen,
weil ir da Got trawret so seer?

Cleophas:
Waist du das nit, so du bist der
ein pillgram von Jerüsalem
vnnd kannst nit sagen aüch von dem,
so beschehen ist in disen tagen?

Sallvator:
Hierauf so thün ich dich darümb fragen,
was doselben beschehen ist.

Cleophas:
Seyd das du mich dann fragen bist:
Ain man Jhesus von Nazareth,
im wort mechtig, grosser proveth,
in seinen wergken wünderpar,
darümb hasset in der Juden schar.
was gkrecht vor Got vnnd vor der wellt
die Fürsten gaben Judas gellt,
das Er inn sein Herrn verhies,
Judas thet das on all verdriesz.
alls Jhesus gienng bin in den Gartten:
Judas thet mit der schar sein wartten.
Gab in den Juden in ir hennd,
die fürtten in schnell vnnd behend
zu den fürsten der Briesterschafft
die haben in schmechlich gestrafft.
aus grossem neyd behenntlich bedacht
mit fallsch zeügen Pylato bracht.
der liessz in gaislen, krönen hart
mit dörn scharff den Herrn zart.

der in darnach verurtlen that
das man in schmertzlich gekreutzigt hat.
daselben gab Er auf sein sel,
Nun hofften wir das Israel
durch seinen tod erlöst werden,
wann er vnns das verhiesz auf erden.
so ist es heut der dritte tag,
nach im so hab wir grosse clag!
etlich aus vnns der weyb vnnd man
haben vnns gleichwol zaiget an.
Sy wärn frue zum grab hinkomen:
des herrn leib nit mer vernomen.
aber gasahen der enngl gsicht,
die hetten sy genntzlich bericht
vnnd auf ir frag dio Antwurt geben:
er wer erstannden vnnd thet leben.
den wir all haben auszerkorn.

Sallvator:
O ir vnweisen vnnd ir torn!
wie träg sind eur Hertz zuglauben,
kynnd ir schrifften nit zamen clauben.
was thundt üch die propheten sagen,
das Cristum zymbt hat disen tagen.
zu leyden tod vnnd martter schwer
vnnd alleo eingeen in sein Eer.
lest Esaiam vnnd Moisen
auch Jeremiam vnd alls dann
annder provethen in gemain
durch Sy werd ir bericht ganntz rain,
So synndt ir, das hat mucssen sein.

*Dann erzeigt er sich von in zugeen vnnd spricht Lucas zu
ime allso:*
Pleib bey vnns lieber prueder mein
an vonser herberg ist mein rat,
wann es gleich nun ist worden spat
der tag hat sich jetzt fast genaigt,
dir wirt Fruntschafft von vnns erzaigt.

*Dann so geet er mit inen zu dem Tisch, pricht das Prot, darinn
sie in erkennen, verpürgt sich vor inen so spricht Lucas allso:*
O Bruder ist es nit allso,
das vnnser Hertzn warn fro,
vnnd prannen recht insprünstigelich
alls nun der Herr ernechnet sich.

vnnd mit vnns redet in dem weg,
darumb ich mich in freyden reg
er zaigt vnns die Propheten an.

Cleophas:
Erkannt sollt wir in pillich han.
wie sey wir nur so plindt gewesen,
das wir den Herrn auszerlösen
haben mit danngkperkait nit geert
Es das er sich von vnns hett kert.
Brueder vnnd ist es dir genüm
so geen wir geen Jerusalem
vnnd thunds den vnnsern allen sagen.

Lucas:
Prueder darfst mich nit drumb fragen
es fuet mir gleich so wol alls dir.

Cleophas:
wol auf Brueder so ganngen wir.

Vnd so sy komen zu Petro vnd Joanni. Spricht zu inen Cleophas allso:
Ir lieben Brueder mergkent mich:
was grosser Freüd verkund ich,
das Got mein her erstannden ist,
des frey ich mich zu diser frist.
alls wir giengen geen Ebmaus hin,
von erst wir nit erkannten in
in pillgram weyss er zu vnns kam
an der herberg das prot her nam,
vnnd prachs alls ob es gschnitten wer
allsdann darnach verschwannde er.
daselb wir in erkannten recht
da zohen wir her des weges slecht,
der mainung euch dasselb zesagen.

Die Anntwurt Johannis:
Lieber prueder, in denen tagen
hab wir den Herrn gesehen ee,
desgleichen ettliche Frawen mee,
die vnns das auch vor zaigten an:
er hiet in grosse gnad gethan.
inen ir sind gelassen ab;
darumb ich gross freyd empfanngen hab.

Nachmalls kompt Thomas zu Joanni fragend was in für Freid zuekomen sey.
Lieber Johannes thu mir sagen?

Johannes:
Thoman sag an was willtu fragen?

Thomas:
Ir bedunkt mich so frölich sein
vnnd wisst das Cristus lytt die pein:
vnsäglich schmertz bis in den Tod
vnnd starb am Creutz mit grosser not.
darumb mein Hertz ist laides vol,
wie mugt ir ûch gehaben wol,
was ist ûch neues für Frewd beschchen?

Johannes:
Den herrn Jhesum hab wir gesehen,
der ist erstannden ganntz warlich!
des mag Petrus berichten dich.
vermerk, was ich dir sagen thue:
er hat im fröntlich gesprochen zue.
darumb frag du in zn diser stundt.

Thomas zu Petro:
Petre sag mir den rechten grundt:
hastu gesehen den herrn mein?

Petrus:
Thoman du sollt on zweyfl sein,
er ist erstannden rain vnnd clar,
das sag ich dir genntzlich fürwar.
hab in erpeten vmb genad:
mein Sind er mir verzigen hat
vnnd mir bevolhen grosse ding;
wöll Got, das ich es recht verbring:
darumb ich in von hertzen pitt.

Thomas zu Petro:
Petre, ich glaub das warlich nit,
das er vom Todt erstannden sey.
ich kom dann selber anch darbey,
vnnd in löcher der negl leg
mein finger; mir zaig auch den weg.

Ein Spil von der Urstend Christi.

sech die wunden der seytten sein
vnnd leg darzue mein hennd darein.
sunst glaub ichs nit das wiss fürwar!

Sallvator gegen Thoman:
Thoman, komb her erfar dich gar!
leich her dein finger, sich den weg,
die in die löcher der negl leg.
in die wunnden der seytten mein:
komb her vnnd leg dein hannd darein!
bis nit vnglaubig merk den sin
vnnd glaub, das ich es selber bin:
daran sollt du nit zweiflen mer!

Thomas:
O du mein got vnnd du mein Herr!
ich glaube vnnd mir kain zweyfl ist,
das du pist mein got Jesus Crist!
o liebster Herr, beschaffer mein,
du wollest mir parmbhertzig sein:
so ich im glauben zweyfelt hab!

Sallvator:
Thoman, ich lass dirs alles ab,
so du hast griffen vnnd gesehen,
thustu den glauben recht verzehen.
selig sind, die da glauben recht,
den nit sehen verstanndnus precht.
seyd das du hast gesehen mich,
sollt du leer beraitten dich!
von meiner vrsteand in deinem leben
magstu ain ewig zeugknus geben.

Thomas:
Ich sag dir lob mein lieber Herr
mit dannkperkeit vnnd grosser Eer,
so du den zweyfl nimst von mir:
mit höchstem vleyss so wil ich dir
bezeugen du mein Herr vnnd got,
bist war erstannden von dem tod!
dir zu aim lob vnnd hohen Eern
den glauben in der wellt wil mern.

Vollgt hernach der beslus.
Also verenndet sich das Spil.
darumb ich herzlich bitten wil

Ein Spil von der Urstend Christi.

ganntz vnnderthenig vnd mit vleis,
das man es nun zum pessten weys:
ob dises spil nit wär verbracht,
wie es ist Got zu lob erdacht;
ob ainich Misfell darinn wern,
das man es thue zum pesten kern:
wöll darab haben kain verdriessen!
damit thue ich das spil besliessen.
      Gott sei lob!

München, im April 1867.   Dr. A. Birlinger.

Die Aussprache des deutschen G.*)

Ich weiss freilich nicht, ob ich durch das, was ich in Nachfolgendem mitzutheilen gedenke, mich nicht etwa der Gefahr aussetze, Eulen nach Athen zu tragen; indessen handelt es sich um eine Angelegenheit, die mich schon seit längerer Zeit mit einem gewissen Ingrimm erfüllt. Da es nun jedenfalls besser ist, seine Galle auszuschütten, als seinen Aerger herunterzuschlucken, so möge die Sache ihren Lauf haben. Es handelt sich nämlich um nichts Grösseres und nichts Geringeres als um die Aussprache des deutschen G, in welcher Beziehung unter wissenschaftlich Gebildeten wie unter Laien eine Verwirrung herrscht, aus der die Meisten sich kaum herausfinden können. Während Einige das G in Wörtern wie: Tag, Weg, neigt, zeigt nach Art des ch, also weich aussprechen, sagen Andere: Tak, Wek, neikt, zeikt, und zwar mit einer Consequenz, welche die augenscheinlichsten Kennzeichen der Leidenschaftlichkeit an sich trägt. Erwägt man nun, dass nicht selten Lehrer einer und derselben Anstalt, und noch dazu Lehrer der deutschen Sprache, die es mit dem mündlichen Vortrag zu thun haben, das G ganz verschieden aussprechen; ja dass in Lehrerbildungsanstalten geradezu das Unrichtige gelehrt wird: so muss man die Jugend wirklich bedauern, die in der That nicht mehr weiss, woran sie ist. Ein Lehrer, der consequent taktäklich und königlich sagte, antwortete mir auf meine Interpellation: „Ich habe immer gehört: G ist G." Das sollte nun wohl so viel heissen, als er hatte sich um die Sache gar

---

*) Nachfolgender Vortrag ist von dem Unterzeichneten in der Gesellschaft für das Studium der neueren Sprachen frei gehalten und nachher aus dem Gedächtniss niedergeschrieben worden, wobei indessen einige dem Verfasser ertheilte werthvolle Winke eine angemessene Berücksichtigung erfahren haben.

nicht bekümmert. Ein Anderer, der das Deutsche im Auslande gelernt, aber in Deutschland unterrichtet, bezeichnete es geradezu als fehlerhaft, wenn man das G nicht immer nach Art des K aussprechen wollte. Was würden wohl die Franzosen sagen, wenn wir die verschiedenartige Aussprache ihres c, g und s als eine fehlerhafte bezeichnen und ihnen für jeden dieser Buchstaben eine einzige octroyiren wollten? Wonach soll man sich nun aber richten? Eine Academie, die wir in Betreff der Aussprache als gesetzgebenden Körper zu betrachten hätten, fehlt uns zur Zeit. Dass die Kanzel und das Katheder uns im Stich lassen, ist eine Wahrheit, von der man sich jeden Tag überzeugen kann. Und die Hofbühnen, welche vor Allem die Aufgabe hätten, eine mustergültige Aussprache zu pflegen, bieten uns, seitdem die Wirkungen der Iffland'schen Schule im Erlöschen begriffen sind, auch keine Bürgschaft mehr für ein correctes Sprechen. Die Verwirrung ist also eine allgemeine, und wer mit dem alttestamentlichen Standpunkte vertraut ist, weiss, welchem Ereigniss wir dieselbe zu verdanken haben. Sollen wir uns nun vielleicht mit den Worten der Jungfrau von Orleans (V, 4) trösten: „Der die Verwirrung sandte, wird sie lösen!" Das möchte doch ein wenig lange dauern. Vielleicht ist es besser, wir erinnern uns des Sprüchwortes: „Aide-toi et Dieu t'aidera," fahren einstweilen selbst hernieder und sehen, ob wir nicht das umgekehrte Experiment machen und Ordnung in eine Angelegenheit bringen können, die keinesweges zu den gleichgültigen gehört.

Sieht man sich den orthoepischen Theil unserer deutschen Grammatiken an, so findet man allerdings einzelne Winke und Bemerkungen über die Aussprache der Buchstaben, wobei zugleich der Dialectverschiedenheiten erwähnt wird; was aber für den künstlerischen Vortrag als zu Recht bestehend zu betrachten ist, eine vernünftige Theorie der Aussprache, das ist bis jetzt ein höchst dürftig angebautes Feld. Der beste Versuch, der in dieser Beziehung gemacht worden ist, liegt in einem Werke unseres beliebten Lustspieldichters Roderich Benedix vor, betitelt: „Der mündliche Vortrag"[*]), in dessen erstem Theile: „Die reine und deutliche Aussprache des Hochdeutschen" er sich in eingehender Weise über sämmtliche Buchstaben ausspricht.

Indem wir das, was er Seite 37 über die Gaumenlaute sagt, der

---

[*]) Leipzig, bei J. J. Weber. 1859. 3 Theile.

Die Aussprache des deutschen G.

nachfolgenden Auseinandersetzung zu Grunde legen, wollen wir das den Buchstaben G Betreffende etwas genauer zu erörtern und vor Allem durch eine entsprechende Anzahl von Beispielen zu belegen suchen. Wir gehen hierbei von der Ansicht aus, dass bei einer lebenden, der fortdauernden Entwickelung unterworfenen Sprache der Gebrauch, wie er sich in guten Schriftstellern documentirt, allein massgebend sein kann.

Nach R. Benedix sind die durch j, g, ch und k bezeichneten Gaumenlaute mit einander verwandt, und zwar so, dass sie von dem weichhauchenden j bis zum hart abgestossenen k aufsteigen. Das j wie das k haben nur einen Laut; die dazwischen liegenden Abstufungen werden durch g und ch bezeichnet. Mit dem letzteren wird im Ganzen weniger Unfug getrieben; höchstens dass Einzelne, obwohl sie nach und hoch sagen, doch consequent nākatens und hōkatens sprechen; das g aber wird wahrhaft maltraitirt.

Das G hat vier Laute:

1) einen weichhauchenden (*g*),*) ähnlich dem j, wie in begen, bewegen, biegen, siegen, lügen, trügen.

2) einen harthauchenden (g), nahe an r streifend, wie in nagen, klagen, Bogen, Wogen, Lug, Trug, Augen.

3) einen anschlagenden (**g**), dem k sich nähernd, wie in Gabe, Gott, gut, glatt, gross.

4) in Verbindung mit n einen nasalen, wie in Ring, Ding, lange, bange.

Betrachten wir nunmehr das G in seinen verschiedenen Stellungen, als Anlaut, als Auslaut und als Inlaut.

I. G als Anlaut wird durchweg gelindanschlagend ausgesprochen, also dem k verwandt, nur nicht ganz so kräftig; also: **G**abe, **G**eber, **G**icht, **G**ott, **G**unst, **G**yps, **G**las, **G**raf. In diesem Punkte sind wohl alle Gebildeten einig.

Eine Ausnahme von dieser Regel bilden die Augmentsilben der Participialformen solcher Zeitwörter, deren Infinitiv mit g, k oder q anfängt. Diese Augmentsilben werden aus Rücksichten des Wohlklanges weich ausgesprochen; also: ge*g*angen, ge*g*eben, ge*g*olten, ge*g*annt, geknickt, gequält, gequetscht. Wer kein feines Ohr hat,

---
*) Wir werden in dem Nachfolgenden, um unsern Lesern verständlich zu werden, die drei Laute, wie hier: 1) mit Cursivschrift, 2) mit gewöhnlicher, 3) mit fetter Schrift bezeichnen.

wird hierauf allerdings nichts geben, war aber Sinn für einen schönen Vortrag hat, wird gewiss verlangen:

„Der Herr, der mir's gegeben;"
„Ich sehe dich gegürtet und gerüstet."

II. G als Auslaut hat eine zweifache Aussprache.

1) harthauchend, d. h. ganz wie das in dem hinteren Theile der Mundhöhle hervorgebrachte ch, nach den tiefen Vocalen a, o, u, also: Tag, log, bog, Lug, Trug.

2) weichhauchend, d. h. fast wie j oder das im vorderen Theile der Mundhöhle hervorgebrachte ch, nach den hohen Vocalen e und i, wie auch nach l und r; also: Weg, Steg, Sieg, Krieg, Balg, Talg, Berg, Burg.*)

Gegen diese Regeln wird am meisten gesündigt, trotz unserer besten Dichter, die dreist g mit ch reimen; man vergleiche:

„Sass ein Fischer an dem Bach,
Wollte Fischlein fangen;
Doch es blieb den ganzen Tag
Leer die Angel hangen." (Eine bekannte Fabel.)

„Diese stehn wie Felsenburg,
Diese fechten alles durch." (Arndt, deutscher Trost.)

„Dringe durch, dringe durch
Recht freudevoll,
Mein Lied von der Burg
In das Sturmesgeroll." (Baron de la Motte Fouqué, Thurmwächters Lied.)

„Und dies geheimnissvolle Buch
Von Nostradamus eigner Hand
Ist dir es nicht Geleit genug?" (Göthe, Faust.)

„Des Geistes Fluthstrom ebbet nach und nach;
Zu neuen Ufern lockt ein neuer Tag." (Göthe, Faust.)

Ja selbst der in Betreff des Rhythmus und des Reimes so strenge Platen reimt:

„Es war die britt'sche Klinge,
Die mit gewalt'gem Schlag
Die tausend Eisenringe
Der Sclavenkette brach." (Epistel an Joseph Xylander.)

---

*) Mit der Aussprache des G im Deutschen ist es also gerade umgekehrt wie im Französischen und Italienischen, wo sie von dem nachfolgenden Vocal abhängt.

„Im Schatten des Waldes im Buchengezweig
Da regt sich's und raschelt und flüstert zugleich."*)
(E. Geibel, Zigeunerleben.)

Den eben angeführten Dichterstellen wird man doch nicht den Vorwurf machen wollen, dass sie consonantisch unreine Reime enthalten, wie Boden und Todten, heute und Freude, Musse und Grusse, sandten und fanden? Vocalisch unreine Reime gestatten unsere Dichter sich eher. Wer den Anfang von Schiller's Klage der Ceres vortragen hört:

„Ist der holde Lenz erschienen?
Hat die Erde sich verjüngt?
Die besonnten Hügel grünen,
Und des Eises Rinde springt
Aus der Ströme blauem Spiegel
Lacht der unbewölkte Zeus,
Milder weben Zephyr's Flügel,
Augen treibt das junge Reis."

der achtet gewiss kaum darauf, dass hier kein einziger Reim vocalisch rein ist, während Platen's consonantisch unreine Reime:

„Zu Zeugen ruf' ich unsre deutsche Muse.
Mir zeugt der Musengott, das Licht der Welt:
Schon lange hätt' ich deinem lieben Grusse
Auch meine Grüsse liebend zugesellt."
(Epistel an Nathan Schlichtegroll.)

„Freund, unser deutscher Krieger
Hat gern aus jenem Land
Der fränkischen Betrüger
Die Schritte weggewandt."
(Epistel an Joseph Xylander.)

für das Ohr wie für das Auge zugleich höchst störend wirken. Uebrigens ist mir keine Verslehre bekannt, welche die oben angeführten Dichterstellen, oder überhaupt Reime von g und ch als consonantisch unreine bezeichnete. Warum will man also Tag, Weg, genug, königlich sagen, während doch Niemand König, sondern König sagt. Und nun denke man sich Berg, Burg, Sarg, Balg, klug, was man leider nicht nur hört, sondern was in Schulen sogar gelehrt wird; oder gar: Sieg, Krieg, heftig, hastig, er belog mich. Es ist kaum

---

*) In Bezug auf das letzte Beispiel bemerken wir, dass das ch nach den tiefen Vocalen a, o, u die harthauchende, nach den hohen Vocalen e und i, sowie nach l und r, die weichhauchende Aussprache hat, also mit g denselben Gesetzen unterworfen ist. Man vergleiche: nach, hoch, Tuch; Bloch, erblich, reich; welch, horch. Auch nach n, wie in manch' wird es weich ausgesprochen, was mit ng aber nicht zusammentrifft.

zu begreifen, wie dergleichen Thorheiten sich bei uns haben einschleichen können. Vielleicht verdanken wir diese fehlerhafte Aussprache der Lautirmethode, die um der Einfachheit willen allerdings genöthigt ist, einen einzigen Laut festzuhalten. Aber wie wir von dem Lautiren durch das Syllabiren nach und nach zum fliessenden Lesen fortschreiten, und dabei manche Härten abschleifen, so kann auch die harte Aussprache des g abgeschliffen werden, was auch gewiss geschehen würde, wenn die Lehrenden nur mit den Gesetzen der Aussprache vertraut wären. — Andererseits ist der Grund für den gerügten Fehler in dem gesteigerten Verkehr zu suchen, der die verschiedenen Dialecte näher aneinander gebracht hat. In Oberdeutschland werden uns die Gulden allerdings mit der Aussprache: zwanzi**g**, dreissi**g**, vierzi**g** etc. aufgezählt; und eben so schallt das „ferti**g**!" der Conducteure von dem letzten Waggon wie ein Lauffeuer bis zu dem Locomotivführer hin. Desgleichen habe ich in der Schweiz Aussprachen wie: „das ist ganz prä**chtig**" und „das ist sehr wi**chtig**"*) zu verschiedenen Malen gehört, Aussprachen, bei denen wir Norddeutsche uns die Zunge verrenken könnten. Indessen wissen wir auch, dass der Gebildete sich von dem, was Dialect heisst, frei zu machen sucht, wie denn die Hofbühnen zu Berlin, Dresden, Wien u. s. w. von jeher einer dialectfreien Aussprache gehuldigt haben.

Dass auch die besten Dichter ihren ursprünglichen Dialect nicht immer verleugnen, zeigen uns einige Schiller'sche Reime, wie:

„Und ein Edelknecht sanft und keck
Tritt aus der Knappen zagendem Chor,
Und den Gürtel wirft er, den Mantel we**g**."
(Der Taucher.)

„Des Lebens Aengsten, er wirft sie wo**g**
Er reitet dem Schicksal entgegen keck."
(Reiterlied in Wallenstein's Lager.)

In solchen Fällen wird man ausnahmsweise we**g** zu sprechen haben, wie auch die französischen Schauspieler ihrem Molière zu Liebe im Misanthrope (Acte I, Sc. 1, v. 37 u. 38):

„Lorsqu'un homme vous vient embrasser avec joie
Il faut bien le payer de la même monnoie."

monnoie statt monnaie sprechen; aber massgebend können dergleichen unreine Reime für unsere Aussprache nie werden.

---

*) Zugleich mit hartgehauchtem ch.

Die Aussprache des deutschen G.

Und nun denke man sich folgende Stellen:

„Wenn keiner sie ergründen mag;
Die unbegreiflich hohen Werke
Sind herrlich wie am ersten Tag." (Göthe, Faust.)

„Ich mag*) nicht fein sein, mag nicht überreden, mag mein Näschen nicht in Alles stecken, mag mein Händchen nicht in Allem haben."
(Lessing, Nathan IV, 1.)

„Sie lächelte, sie sprach: du siehst, wie klug,
Wie nöthig war's euch wenig zu enthüllen!
Kaum bist du sicher vor dem gröbsten Trug,
Kaum bist du Herr vom ersten Kinderwillen,
So glaubst du dich schon Uebermensch genug.
Versäumst die Pflicht des Mannes zu erfüllen!"
(Göthe, Zueignung, Nr. 8.)

„Und tausend Stimmen rufen: Sieg!
Vorbei, geendigt ist der Krieg."
(Schiller, Ring des Polykrates.)

mit anschlagendem g gesprochen, und frage sich, ob die Klänge in diesen Fällen nicht wahrhaft abscheulich lauten, ob Schiller und Göthe nicht entschieden Protest dagegen erheben würden.

III. **G als Inlaut**, d. h. im Innern eines Stammwortes, hat eine zweifache Aussprache, die **harthauchende** und die **weichhauchende**, wobei folgende vier Fälle eine besondere Beachtung verdienen.

1) Nach den **tiefen Vocalen a, o, u**, so wie nach dem Diphthongen **au** muss es **harthauchend** (an r streifend), aber nicht anschlagend ausgesprochen werden, wie in: sagen, wagen, klagen, Bogen, Wogen, schlugen, trugen, Augen, taugen; so dass zwischen **wagen** und **waren**, **klagen** und **klaren** sich nur ein ganz geringer Unterschied bemerklich machen wird.

2) Nach den **hohen Vocalen e, i**, so wie nach den Diphthongen, in welchen ein hoher Vocal enthalten ist, wie **ä, ö, ü, ei, eu, äu** muss es **weichhauchend** (an j streifend) ausgesprochen werden, wie in: Segen, hegen, wiegen, siegen, wägen, lägen, rögen, lögen, trügen, genügen, zeigen, steigen, beugen, säugen; deshalb erlaubt sich Göthe sogar die allerdings nicht ganz reinen Reime:

„Wie Himmelskräfte auf- und nieder**steigen**
Und sich die goldnen Eimer **reichen**!" (Faust.)

---

*) Habe ich in München **mahk** sprechen hören.

Die Aussprache des deutschen G.

„Ich werde jetzt dich keinem Nachbar reichen,
Ich werde meinen Witz an deiner Kunst nicht zeigen."
(ebendas.)

3) Geht dem g ein l oder r voraus, in welchen Fällen es die folgende Silbe (meist eine Formsilbe) anlautet, wie in folgen, schwelgen, bergen, Särgen, so ist der weichhauchende Laut als Regel zu betrachten, der anschlagende jedoch gestattet. Man kann also sprechen:

„Noch köstlicheren Samen bergen (od. bergen)
Wir trauernd in der Erde Schooss
Und hoffen, dass er aus den Särgen (od. Särgen)
Erblühen soll zu schönerm Loos." (Schiller, Glocke.)

4) Folgt auf g ein Consonant, wie t oder st, so muss es weichhauchend ausgesprochen werden; also: neigt, beugt, lügt, folgt, sorgt, schlägst, trägst, nicht aber neigt, beugt, schlägst, trägst etc. Auch in diesen Fällen wird viel gesündigt; indessen scheinen nur die betonten Silben von diesem Schicksal betroffen zu werden, denn gepredigt, entschuldigt, vertheidigt wird man so leicht nicht zu hören bekommen. Für die Richtigkeit der eben angeführten Regel sprechen viele Dichterstellen, wie:

„Wo sind wir? Schlummerst Du? — Hannchen schweigt,
Und endlich hat er das Dorf erreicht."
(Gerhard, der Bettler und sein Kind.)

„Wenn er nicht selbst das Thier verscheucht,
Das sich vertrauend zu ihm neigt."
(Houwald, die Kinder im Walde.)

„Auf drei mal dreissig Stufen steigt
Der Pilgrim zu der steilen Höhe,
Und hat er schwindelnd sie erreicht."
(Schiller, Kampf mit dem Drachen.)

„Wie schwer sind nicht die Mittel zu erwerben,
Durch die man zu den Quellen steigt!
Und hat man nur das halbe Ziel erreicht,
Muss wohl ein armer Teufel sterben. (Göthe, Faust.)

Dagegen denke man sich folgenden Stellen mit anschlagendem g ausgesprochen und frage sich, ob sie nicht wahrhaft empörend klingen?

„Und wenn ihr die schwarzen Jäger fragt,
Das ist Lützow's wilde verwegene Jagd."
(Körner, Lützow's wilde Jagd.)

„Ich sehe nicht, warum du fragst,
Ich habe jetzt dich kennen lernen,
Besuche nun mich, wie du magst." (Göthe, Faust.)

> „Verflucht sei Mammon, wenn mit Schätzen
> Er uns zu kühnen Thaten regt,
> Wenn er zu müssigem Ergetzen
> Die Polster uns zurechte legt."   (Göthe, Faust.)

> „Mit Spezereien — Hatten wir ihn gepflegt,
> Wir seine Treuen — Hatten ihn hingelegt."
>   (Göthe, Faust.)

> „Bis die Liebliche sich zeigte,
> Bis das theure Bild
> Sich in's Thal herunter neigte
> Ruhig engelmild."   (Schiller, Ritter Toggenburg.)

Würde durch eine solche Aussprache nicht der ganze musikalische Zauber dieser Stellen zerstört werden? Ja ist es im Entferntesten denkbar, dass die Dichter hier an eine anschlagende Aussprache gedacht haben? Und dennoch giebt es Leute genug, die dergleichen nicht nur vertheidigen, sondern sogar lehren. Wenn das so fortgeht, so bedarf es nur einer geringen Verstärkung des Anschlags und die ärgsten Missverständnisse werden unvermeidlich sein. Man wird dann nicht mehr wissen, ob der Landmann gepfl**o**gt oder gepfl**ü**ckt hat, ob etwas ger**a**gt oder ger**ü**ckt worden ist, ob ein Glied sich ger**e**gt oder ger**e**ckt hat, ob Wünsche geh**e**gt oder geh**e**ckt, Leute bef**ra**gt oder befr**a**ckt worden sind; ja unsere Kellner werden nicht mehr wissen, ob sie uns ein bele**g**tes oder ein bele**ck**tes Butterbrod bringen sollen.

IV. Das nasale **ng** ist ein Laut, der an das Französische erinnert. Dies hat Viele zu dem Irrthum verleitet, als müsse die französische Aussprache hier massgebend sein; sie wollen daher Ring, Ding, Hoffnung, Bildung ohne allen Anschlag gesprochen haben. Nimmt man aber eine Vocabel wie der Rang, le rang, so sieht man gleich, wie lächerlich es wäre, das Wort in beiden Sprachen übereinstimmend auszusprechen. Der Grund, dass das g am Ende nicht wie k klingen dürfe, ist eine reine Spitzfindigkeit, so eine Schulmeistererfindung, die sich gelegentlich breit und zugleich lächerlich macht. Eben so wenig wie wir in der Aussprache einen Unterschied zwischen Schild und schilt, zwischen Wald und wallt machen, eben so wenig brauchen wir besorgt zu sein, man werde Fink und fing, Schwank und schwang, sank und sang miteinander verwechseln können. Der Scherz, der in den Versen liegt:

> „Und als die Träger sangen,
> Da sank der Todte mit."

ist in dieser Beziehung bezeichnend genug. Unterlassen wir es daher, unserer kräftigen, ausdrucksvollen Sprache das Gepräge eines fremden Idioms aufzudrücken. Einem Jeden das Seine. Wir stehen am Schluss. Mag Mancher sagen: „Es lickt mer nix dran, ob so oder so gesprochen wird;" wir sind der Meinung, dass jede Kunst ihre Gesetze hat, die ihr nicht von aussen her octroyirt worden sind, sondern die man an guten Mustern beobachtet und zu einer Theorie zusammengestellt hat. Als eine Kunst aber ist auch der schöne mündliche Vortrag anzusehen, für welchen es gleichfalls Gesetze und Regeln geben muss, denen man sich vernünftigerweise zu fügen hat. Für die von uns vertheidigte verschiedenartige Aussprache des g finden wir übrigens ein Analogon in den durch *st* und *sp* bezeichneten Lauten. Es liegt in dem Charakter unserer Aussprache, diese Doppelconsonanten am Anfange volltönender und kräftiger zu sprechen, sie dagegen in der Mitte und am Ende abzuschwächen. Wir sagen daher: Stab, Stern, Stock (wie scht), aber: Waste, Küste, Büste; Bast, Wurst, Durst; und ebenso: Spaten, Speer, Spitze, Spott, Spruch, aber: Wespe, Knospe, lispeln. Es darf daher Niemand wundern, wenn wir uns bei dem g ähnlich verhalten. Es giebt in der Orthographie eine ziemlich schlechte Regel: „Schreibe, wie du sprichst." Sollen wir uns auf dem Gebiete der Orthoepie die umgekehrte octroyiren lassen: „Sprich, wie du schreibst?" Vorläufig hat Niederdeutschland über Oberdeutschland gesiegt; kämpfen wir dafür, dass uns auch in Betreff der Aussprache die Hegemonie verbleibe.

Berlin. L. Rudolph.

Ueber die Aussprache des Altfranzöfischen.

In Bezug auf die Aussprache des Altfranzöfischen ist bei den neueren französischen Forschern eine Verschidenheit der Anfichten hervorgetreten, welche wol um fo weniger unbeachtet bleiben darf, als man in neuster Zeit in Frankreich angefangen hat, das Studinm des Altfranzöfischen in den Unterrichtsplan der höheren Schulen aufzunemen. Die früheren französischen Sprachforscher erblickten in dem Altfranzöfischen meist nur eine rohe und barbarische Sprache. Dife Anficht von der großen Sprachbarbarei des Mittelalters geht von der Mitte des 16. Jarhunderts ab fast durch die ganze französische Litteratur hindurch; die Worte „wild" und „barbarisch" treten einem da fortwärend entgegen, und fo fagt auch noch Voltaire: „Toutes les lettres qu'on a retranchées, depuis le moyen âge, dans la prononciation, mais qu'on a conservées en écrivant, sont nos anciens habits de sauvage," und an einer andern Stelle: „Notre langue s'est formée du latin en abrégeant les mots, parce-que c'est le propre des barbares que d'abréger tous les mots." (Vgl. Francis Wey, Histoire des révolutions du langage en France. Paris; Didot 1848. S. 268).

Auch die neuste Zeit bringt die in Rede stehende Anficht noch oft genug an den Tag.

Wenn man aber auch von der naturgemäßen, nach bestimmten Gefetzen der Formschwächung und der Lautveränderungen erfolgenden Entwicklung der neueren Sprachen aus den ältern Volksdialekten lange Zeit keine richtige Vorstellung hatte, fo nam man doch fast allgemein an; dass die altfranz. Schreiber, wenn auch mit mannigfachen abweichenden Conventionen, welche bei der großen Beschränktheit des lat. Alphabets unvermeidlich waren, doch im ganzen jeder feinen Dialekt im wefentlichen fo geschrieben habe, wie er ihn aussprach. — Dife Anficht hat auch noch heute die gewichtigsten Vertreter, fowol in Frankreich, wie namentlich auch unter den deutschen Forschern. So spricht sich u. a. Wilh. Wackernagel (Altfr. Lieder S. 124—5) folgendermaßen aus:

„Bei einem Idiom, das solchermaßen wie das französische die Grundlaute verändert und häufig denselben Buchstab je nach Gelegenheit bald so, bald anders ausspricht, muss in notwendiger Folge die schriftliche Darstellung etwas ungewisses erhalten und hier und dorthin schwanken zwischen dem alten und dem neuen Laute, zwischen dem, was Etymologie, und dem, was lebendig geltende Aussprache fordert. Das Neufranzösische hält sich, im ganzen genommen, an jene und sucht auch da, wo der Laut nicht mer der lateinische ist, doch mit dem lateinischen Zeichen auszukommen; ja es schreibt Laute, die gar nicht mer gesprochen werden. Anders das Altfranzösische. Hier übt in der Schreibung die wirkliche Aussprache ein stark überwiegendes Recht gegen die Etymologie. Zwar eine consequente Durchführung: die war nicht wol möglich; aber auch so immer lerreich und mer als eine Frage entscheidend. Wo die schriftliche Darstellung eines Lautes zwischen beiden Principien schwankt, erfaren wir damit, welcher Etymologie man sich wol bewusst gewesen, wie aber doch die lebendige Sprache davon abgewichen sei; wo die Schreibung überall sich gleich bleibt, geht daraus hervor, dass sie noch den lebendigen Laut getroffen und man das Wort gerade so auch gesprochen habe.

Es gab mithin im Altfr. noch kein stummes s: difer Consonant ward noch überall gehört: denn man schreibt ihn noch überall — Xours (nfr. sourd), consous (conçu), oraixe (oaasse), laissier und baixier: mithin x ein geschärftes und gleich einem doppelten s."

Immer also ist z. B. das geschriebene s oder x noch ein wirklich ausgesprochener Dentallaut.

X erscheint schon früh im Vulgärlatein assimilirt zu ss und daraus erklärt sich am einfachsten sein häufiger Gebrauch für scharfes s. Schuchardt, der Vocalismus des Vulgärlateins, Leipzig 1866, sagt darüber S. 22: „X ging durch gs in ss oder s über; für x gewären die Denkmäler schon der ersten Jarhunderte nach Chr. nicht selten ss und s, aber meines Wissens nur eine einzige und späte Inschrift gs: vigsid (Mai Inscr. Chr. 485, 1.)"

Ferner S. 182 f.: „Am frühsten trat x vor e und i in s über: sescenti; sescen(tas); sescentiens; Sestius; praetestati." Umgekerte Schreibung x. B. in textam.
Sodann am Ende der Wörter: mers; felatris; Vinatris; Felix; subornatris; coius; es. — Umgekerte Schreibung: Tigrix; Atimetux; milex etc.
Am spätesten vor Vocalen: conflississet; obstrinserit Zeusis; Masimilla; visit, vissit, vist; Alesander. — Umgekerte Schreibung: Daximia, Eufraxia, Sucexus.
Aus christlichen Denkmälern lassen fich difs Beispile wenigstens um das fünffache vermeren. Die ältesten Handschriften find voll von folchen. Häufig ist die Schreibung s — x = x — s, fowie x — s = s — x: Epitensix, Xersex, Xystus, xesus, xes. Man bemerke die verschidenen Bezeichnungen x, cs, cx, cxs, xs, xx, ss, s. Statt x wurde zuweilen auch z geschriben: Alezandro, bizit, zenodochium und umgekert x für z: Xeno, Xion."
S. 75. Noch im 10. und 11. Jarh. nach Chr. s = x: conius, prosima, donatris. X = s: potenx, iuxione. (Die näheren Angaben der Belegstellen fehe man a. a. O).
Über das z = weichem s fagt Schuchardt S. 74: „Z fr. = weichem s hat uralte Antecedenzien. Z ist für das Carmen Saliare bezeugt; wir lefen Cozano auf einer Münze, die wol dem Ende des 5. Jarh. der Stadt angehört. Schreibungen wie Azmeni, Cozmi, Lezbius, zmaragdus find in der Kaiferzeit gäng und gäbe; feltener kommt z = s zwischen zwei Vocalen vor, fo Zozima. Sogar für anlautendes (alfo fcharfes s) fehen wir es gebraucht in Zora, Zolonius, zinnum (= signum) u. a. Auslautendes s vertritt z in Fereles, Znlix. In Frankreich wurde die Geltung des z als weiches s durchgeführt."

Wackernagel bespricht verschidene Einzelnheiten der altfranz. Aussprache, foweit fie fich auf die von ihm herausgegebenen Liedertexte beziehen. Manches ist natürlich noch schwankend; fo wird z. B. der Laut des jetzigen eu bald durch eu bald durch ue dargestellt u. drgl. Immer aber wird als Hauptgrundfatz festgehalten, dass das phonetische Princip das entschiden herschende ist, und dass die geschribenen Buchstaben auch wirklich ausgesprochen wurden, und difs Anficht ist auch überhaupt in der neueren philologischen Schule die vorherschende.

Eine difer gerade entgegengefetzte Anficht ist nun aber von einem

414   Ueber die Ausspracbe des Altfranzöfischen.

neueren franz. Gelerten aufgestellt, der fich um die altfranz. Litteratur vilfache Verdienste erworben hat, nemlich von *Génin* (Variations du langage français). Difer stellt als Grundfatz auf: dass die altfranz. Wörter im ganzen schon nach neufranz. Weife ausgesprochen feien, und dass die im Neufranzöfischen stummen Buchstaben auch schon im Altfranz. durchweg stumm gewefen feien. Génin fagt ausdrücklich, um hier aus den zalreichen Beispilen nur ein par hervorzuheben, u. a., dass in coup das p in jeder Periode des Franz. stumm gewefen fei, ebenfo das b in debte, debteur: „Debt, debteur ont toujours été prononcés: dette, detteur. Le XVIe siècle très pédant avait retabli le b sur le papier, pour rappeler l'étymologie debitum, debitor."

Ferner hat Génin, fich auf Palsgrave ftützend, den Satz aufgestellt, dass von zwei oder mereren unmittelbar zufammenstofsenden Confonanten nur der lezte ausgesprochen worden fei.

Mir scheint nun dife von Génin aufgestellte Theorie, fo geschickt fie auch von ihm motivirt ist, doch den gröfsten Bedenken zu unterligen. Diefelbe ist wol hauptfächlich aus zwei Gründen hervorgegangen, nemlich 1) aus dem Streben, dem dem Mittelalter von den Franzofen fortwärend in der Obertribensten Weife gemachten Vorwurf einer vermeintlichen Sprachbarbarei entgegenzutreten, und 2) aus dem Streben, den Unterricht im Altfranz. innerhalb der Collèges zu erleichtern.

Schon in Frankreich felbst haben fich bald Stimmen gegen die Génin'sche Theorie erhoben, fo u. a. Francis Wey in dem schon oben angeführten Werke. In difem heifst es S. 65:

„Au moyen âge l'orthographe devait varier comme la prononciation, puisqu'elle n'en était que le calque." — „Les auteurs s'efforçaient de copier le son de la parole." und S. 67: „J'ai remarqué que les paysans qui écrivent sans presque avoir lu et qui ne savent pas la grammaire, orthographient tous les mots qu'ils prononcent encore comme on dut le faire au moyen âge, de la même manière que les copistes du 13ème siècle, et que les variations qu'on trouverait entre leurs textes ne vont pas au delà de celles qu'introduisaient alors les divergences de dialectes ou d'accents. Ne saurait-on en conclure que ceux-ci créaient leur orthographe d'après les mêmes données?"

Dennoch find einige neuere franz. Schriftsteller widerum ganz der Theorie Génin's beigetreten, fo namentlich Littré und Pelissier.

Littré (Histoire de la langue française, T. I, Paris 1868, p. 322—27) spricht fich darüber folgendermafsen aus:

"In einer Unterfuchung über das Altfranzöfifche darf die Orthographie nicht mit Schweigen übergangen werden. Sie weicht in fo vilen Punkten von unferm modernen Systeme ab, und bietet in fich felbst fo vile Variationen dar, dass es einer gewissen Übung bedarf, um die alten Texte trotz des Gewandes, in dem fie uns geboten find, fließend zu lefen. Da die Orthographie rein Sache der Convention ist, fo habe ich mich in meinem Übertragungsverfuche*) der neuen Orthographie zugeneigt, welche den Vorzug hat, unfern Augen vertraut zu fein, aber ich habe mich ir zugeneigt, one die alte Orthographie erheblich zu ändern.

Die abweichende Orthographie, wenn fie auch den Grund der Dinge nicht berürt, stört nichts desto weniger die erste Befchäftigung mit unferer alten Sprache fer. Jede Darstellung von Lauten durch Buchstaben ist eine Convention. Wendet man fich nun zu den mittelalterlichen Texten, fo begegnet man einer ganz verfchidenen Convention, welche erst die Augen und dann den Geist vollstündig irre fürt. So stellen wir allgemein den Laut eu durch eu dar: il peut; das Mittelalter stellt ihn häufig durch ue dar: il puet; cuer ist cœur, ues ist œufs. Für eux der heutigen Sprache steht in den Manuscripten gewönlich ex: ferner yex ist unfer yeux, Diex unfer Dieu, miex unfer mieux; ebenfo ax für die Endung aux: chevax ist unfer chevaux, beax unfer beaux etc.

Oft bewart auch das Mittelalter die Etymologie; die Silbe au stellt es durch al dar: altre ist unfer autre, halt unfer baut, helme unfer baume. Um fich eine Vorstellung davon zu machen, in welche Irrtümer uns dife Abweichung der Orthographie fast unvermeidlich fürt, neme man nur einmal an, dass man die Conventionen nicht kenne, durch welche wir gewissen Buchstabencombinationen einen speciellen Laut beilegen; dann würde unfer Wort dieux zu diéücs, autre zu aütre werden, und alles würde aufhören erkennbar zu fein. Dis muss aber unvermeidlich eintreten, wenn man einen Text des Mittelalters lift; man spreche die Wörter fo aus, wie fie geschrieben find in iex, diex, miex, ues, altre, und man erstaunt über das Befremdende difer Töne, welche fich jedoch von den unfern nur durch die Darstellung unterfcheiden. Entfernet dife Quelle des Irrtums von dem Auge, deutet an: dass das alte Französifch überall, wo die Worte

---

*) Ueberfetzung des ersten Buchs der Ilias ins Altfranzöfische.

identisch sind, wie das neue ausgesprochen wurde, und ir sonst dem Altfranzöſiſchen die Marke, welche es entstellt, denn es ist in der Tat für uns eine Entstellung, es ſo auszuſprechen, wie es geſchrieben ist. In ſeinem Werke über die „Variations du langage français," welches vile neue und ware Anſichten enthält, hat Génin eine merkwürdige Erscheinung ans Licht gezogen, nemlich die Rückwirkung der Schrift auf die Aussprache. Unſere Sprache wimmelt von Wörtern, in denen die Schrift die Aussprache getötet hat, d. h. in denen zwar geschriebene, aber nicht ausgesprochene Buchstaben über die Tradition triumphirt und ſich dem Ore ſo haben hören lassen, wie ſie ſich dem Auge zeigen. Diſer Einfluss zeigt ſich in ſeiner verderblichsten Wirkung, wenn man heute altfranzöſiſche Texte liſt; man vergisst, dass es außer der ursprünglichen Convention, welche jedem Buchstaben einen einfachen Laut beilegt, noch eine Menge von ſecundären Conventionen gibt, welche dazu dienen ſollen, Laute zu repräſentiren, welche außerhalb des Ramens unſeres Alphabetes ligen, und dass diſe ſecundären Conventionen für das Altfranzöſiſche möglicherweiſe nicht dieſelben ſind wie für das Neufranzöſiſche. Dann wendet man one weitere Überlegung unsere Aussprache auf die alte Schreibweiſe an und verwandelt ſo die einfachsten und vertrautesten Dinge in fremde und monströſe.

Génin hat mit großem Scharfſinn und Nutzen den Satz aufgestellt, dass im Grunde die moderne Aussprache die alte Aussprache darstelle und dass die Zal der Abweichungen weit beschränkter ist, als man es nach den Abweichungen der Schreibweise vermuten sollte. Man wende diſen Grundſatz auf die Leſung eines alten Stückes an, beachte die Schrift gar nicht und spreche die Worte ſo aus, wie wenn ſie mit moderner Orthographie dargestellt wären, und man wird ſehen, wie leicht das Verständnis ſelbst für diejenigen ſein wird, welche nicht mit unſerer alten Sprache vertraut ſind. Man ſpreche im Gegenſatz dazu diex, yex etc., ſo wie wir es geschrieben ſehen, und man wird ein furchtbar barbariſches, ſelbst den geübtesten Oren ganz unverständliches Jargon hervorbringen. Ich ſage: barbariſch; denn, in der Tat, woher ſoll denn ein x in die Aussprache des Wortes iex gekommen ſein? Dises Wort kommt her von oculus und die Etymologie zeigt, dass das x im Altfranzöſiſchen ebenſo ſtumm ist wie im Neufranzöſiſchen. Handelt man anders, ſo begeht man einen offenbaren Barbarismus und fürt in die Aussprache einen Buchstaben

Ueber die Aussprache des Altfranzöfischen. 417

ein, welcher immer nur ein orthographischer gewesen ist. Unsere Vorfaren hatten die Convention, die Silbe eux durch ex darzustellen; dise Convention verkennen, heißt inen ebenso großes Unrecht tun, als man uns tun würde, wenn man das x in yeux oder mieux aussprechen wollte. Wenn man also den alten Worten die moderne Aussprache gibt, so bewart man sie — weit entfernt sie zu alteriren — wenigstens in vilen Fällen in irer Integrität und stellt ire ware Physiognomie wider her.

Hätte das Feudalsystem länger bestanden, hätten die trouvères fortgefaren, ire Lieder von Schloss zu Schloss, zu singen und vor allem hätte eins diser Gedichte durch hervorragende Schönheiten sich eine dauernde Gunst erworben, so würde die Transscription den Modificationen der gesprochenen Sprache gefolgt sein und das Werk wäre immer verständlich gebliben. So war es mit Homer. Fortgepflanzt von Mund zu Mund durch die Rhapsoden, mit Bewunderung angehört von den hellenischen Stämmen, erneute sich der alte Dichter von Jarhundert zu Jarhundert und in dem Maße, wie die Sprache sich modificirte, modificirte sich auch der alte Vers, soweit es der Rhythmus erlaubte. Zahllose Spuren sind noch sichtbar, welche bezeugen, dass die Aussprache Homers wesentlich abwich von der, welche zu der Zeit herschte, wo der Text definitiv fixirt wurde. Man hat versucht, nach disen Spuren die alte Aussprache und die alte Orthographie Homers wider herzustellen. Gewiss ist, dass, je mer dises Unternemen der Restauration geglückt wäre, um so befremdender und unerkennbarer würde der so hergestellte Text den Zeitgenossen Alexanders, Plato's und Sophokles' erschinen sein. Das Interesse, welches die Griechen an dise alten Recitationen fesselte, der mächtige Reiz diser immer so einfachen und oft so erhabenen Poesie, und der traditionelle Gesang der Rhapsoden schützten die Iliade und die Odyssee davor, in die Sprache des 9. vorchristlichen Jarhunderts eingesargt zu ligen und den Griechen der späteren Zeiten unverständlich zu werden, wie die saturnischen Gedichte den römischen Zeitgenossen Cicero's und Augusts wurden, und uns unsere alten Lieder geworden sind.

Meine Absicht ist es nicht, das Studium der alten Orthographie zu verbannen — ein Studium, welches immer des Interesses würdig ist. Die alte Orthographie gibt uns nützliche Belerungen über die Etymologie und die Grammatik, sie wird auch, wenn man nur will, gute Winke für die Reform unserer modernen Orthographie geben,

418   Ueber die Aussprache des Altfranzöfischen.

welche fo vil Überladungen, Inconfequenzen und felerhafte Gebräuche enthält. So dürfte der in den alten Texten herschende Gebrauch, keine nicht ausgesprochenen Confonantenverdoppelungen zu schreiben, alfo zu fetzen: arester, doner, apeler etc., verdienen, auf unfere neue Orthographie übertragen zu werden. Man schreibt in den alten Texten die Plurale enfans, puissans etc. one t. Dife lange schon von Voltaire vorgeschlagene Orthographie ist ein Archaismus, welcher Widerherstellung verdiente. Diejenigen, welche vor einer Veränderung unferer Orthographie erschrecken würden, mögen fich nur keine Illufionen machen über das scheinbare Feststehen der Schreibweife, deren fie fich bedienen. Man braucht nur die Schreibweife einer etwas entfernten Zeit, etwa des 17. Jarhunderts, mit der unfrigen zu vergleichen, um zu erkennen, wie vile Modificationen fie erlitten hat. Da folche Modificationen unvermeidlich find, fo kommt es darauf an, dass fie mit System und wissenschaftlichem Tacte gemacht werden. Offenbar verlangt difer, dass die Orthographie immer einfacher werde, und das System verlangt dife Vereinfachungen fo zu verbinden, dass fie stufenweife geschehen und fich fo vil als möglich der Tradition und der Etymologie anschliefsen."

Die von Littré ausgesprochene Anficht über die neufranzöfische Orthographie werden wir uns wol im ganzen gefallen lassen können, namentlich ist es nicht zu verkennen dass die französische Aussprache specifisch dazu neigt, Doppelconfonanten als einfache auszusprechen, und es fragt fich allerdings, ob man nicht mit demfelben Rechte, mit welchem man bereits adresse schreibt (im Gegenfatz zu dem engl. address), agréger (im Gegenfatz zu unferm aggregiren), abrutir, apercevoir u. dgl., dem Genius der franz. Sprache gemäß auch: arêter, ariver, alonger, afaire, afiche, ataquer, anposer, symetrie, dificulté etc. schreiben follte, wie auch schon Richelet in feinem berühmten Wörterbuche vom J. 1680 (Dictionnaire françois, contenant les mots et les choses, plusieurs nouvelles remarques sur la langue françoise: — ses expressions propres, figurées et burlesques, la prononciation des mots les plus difficiles, le genre des noms, le régime des verbes: — avec les termes les plus connus des arts et des sciences; le tout tiré de l'usage et des bons auteurs de la langue françoise, Genève 1680) vorgeschlagen hatte, mit Answerfung des im Lateinischen meist assimilirten Endconfonanten des Präfixes.

Es würde dis der Art entsprechen, wie auch in der Stolzeschen

Stenographie die Assimilationen der Präfixe ad, sub, syn etc. behandelt worden sind.

Dagegen erregen die von Littré adoptirten Anſichten über die Ausspruche des Altfranzöſiſchen große Bedenken. Dennoch hat ſich ihnen auch Pelissier angeschlossen in einem neuen ſer anziehend geschriebenen Werkchen: Pelissier, la Langue française, Tableau historique de sa formation et de ses progrès. Paris 1866. Darin heißt es:

„Gleich beim ersten Verſuche, das Französische des Mittelalters zu studiren, tritt uns ein Hindernis in den Weg, welches uns aufhält und oft zurückschreckt, nemlich die Eigentümlichkeit der Aussprache, zu der wir uns verurteilt glauben. Nichts ist entmutigender als in jeder Zeile auf unverständliche Wörter zu stoßen, welche von den unsrigen, ungeachtet des gemeinſamen Ursprungs, ſo ſer verschiden scheinen, wie nies, altre, nepould, il donet, eslire, cuer, muete, bues, cos, iex, suer, anme etc.

Man muſs gestehen, dass alle diſe Wörter hart, barbarisch und unverſtändlich ſind, wenn wir ſie ſo aussprechen, wie ſie geschriben ſind, d. h. wie wir ſie heutzutage aussprechen würden, wenn wir mit Sorgfalt alle einzelnen Buchstaben hervorzubringen ſuchen. Aber ſo aussprechen hieße ſich durch ein Vorurteil in die Irre führen lassen, von dem man um ſo mer geheilt wird, je mer Sprachen man studirt. Die Erfarung lert in der Tat, dass in den Beziehungen zwischen geschribenen Zeichen und gesprochenen Lauten alles auf Convention beruht und daſs namentlich für gewisse abgeleitete Laute, wie eu, au nicht mer Grund vorhanden ist ſie ſo zu schreiben, wie wir es tun, als wie es unſere Vorfaren taten: ue, al.

Diſe erste allgemeine Überlegung spricht schon das Mittelalter von dem Vorwurfe der Barbarei frei, welchen ihm noch der Pedantismus der Unwissenheit ſo reichlich macht.

Übrigens verschwindet fast jede Schwirigkeit durch einige ſer einfache Bemerkungen und einige ſer praktische Regeln; mit wenig Überlegung und Übung wird es vilmer leicht die meisten altfranzöſiſchen Wörter zu leſen, zu verſtehen und jedem Zuhörer verſtändlich zu machen; obwol wir allerdings über diſen Punkt, wie über manche andere, keineswegs feste und ausnamslose Regeln beſitzen. Im Gegenteil ist die philologische Wissenschaft nirgends zu mer Conjecturen verurteilt gewesen, weil unſere einzigen autentiſchen Texte fast nur

Manuscripte des 13. Jarh. find, deren Verfasser vor allem der Orthographie ires Landstriches folgen und fich nach der Ausspracbe ires Dialektes richten.

Die politischen und moralischen Bedingungen, unter denen der Übergang vom Lateinischen in das Altfranzöfische stattgefunden hat, haben auf die Aussprache und die Orthographie noch mer Einfluss ausgeübt als auf den Wortschatz und den Satzbau. Von der einen Seite bringt die große Unkentnis der Bevölkerungen, welche die Sprache je nach irem Bedürfnis umformen, in die Neuerungen, alle Widersprüche der menschlichen Natur; nirgends Sorge um Ausnamen, nirgends das Streben gewisse feste Relationen zwischen den Lauten und den fie darstellenden Zeichen herzustellen! — Von der andern Seite leisten die Gelerten Widerstand; fie möchten die Wörter an iren Ursprung anknüpfen, fie kämpfen zu Gunsten der Überlieferung und der lateinischen Orthographie. Ferner hat jedes feudale Gebiet Frankreichs feinen befondern Dialekt, d. h. feine eigentümliche Aussprache und Orthographie, was dazu beiträgt, die Feststellung einer gemeinfamen und bestimmten Orthographie und Aussprache aufzuhalten. Aus Mangel an einer höheren Leitung herschte überall Willkür und Anarchie, und man muss auf eine uniforme, regelmäßige, unbestrittene Gefetzgebung verzichten.

Übrigens muss uns in difem Punkte, wie in vilen andern, ein Blick auf uns felbst nachfichtig machen. Bedenken wir, wie verschiden noch heute von Paris bis Lille oder Rennes, bis Bayonne oder Marseille unfer Französisch gesprochen wird, denken wir an die Schwirigkeiten, welche noch heute ein Lexikograph zu überwinden hat, welcher unfere moderne Aussprache auf Regeln zurückführen will, und wir werden lernen weniger Ansprüche an unfere Vorfaren zu machen, welche jeder Beihilfe entberten und weder die Überlieferung großer Vorbilder, noch Grammatiker, noch eine Akademie, noch die Schnelligkeit unferer Mitteilungen hatten, die es uns fo leicht macht, das Gute zu verbreiten und das Schlechte zu verbessern.

Das Altfranzöfische wurde schon lange Zeit gesprochen, ehe es geschriben wurde, und die Wörter mussten taufend Umwandelungen erleiden, ehe man daran dachte fie durch die Schrift zu fixiren. Es folgt daraus, dass bei dem ersten Verfuche, dife neue Sprache, welche das unwissende Volk den gebildeten Klassen auferlegte, zu schreiben, die Schwirigkeit außerordentlich groß fein musste. In der Tat entspann fich ein Kampf zwischen der Achtung vor der Etymologie und der Unterwerfung unter die Gewohheiten einer Aussprache, welche selten der Orthographie des zu Grunde ligenden Latein entsprach. Wärend z. B. die Etymologie forderte, die aus **gloria** und **alter** abgeleiteten Wörter: **gloria** und **altre** zu schreiben, forderte die übliche Aussprache villeicht: **gloire** und **autre**.

Inmitten der Spuren, welche die Routine und die Gelersamkeit in entgegengesetztem Sinne hinterlassen haben, hat Génin, ein geistreicher Anhänger der Routine, eine für einfache und leicht anwendbare Regel der Aussprache aufgestellt, welche — das versteht sich von selbst — gerade wegen irer Einfachheit auch vile Ausnamen zulässt.

Ebenso wie unser **geschribenes** Französisch im Allgemeinen eine Erneuerung des Altfranzösischen ist, so muss auch nach natürlicher Analogie unser **gesprochenes** Französisch in der Merzal der Laute und Articulationen das Idiom des Mittelalters erneuern. Alles dises muss uns mit dem Wortschatz überlifert worden sein. Daher dise allgemeine Regel: **die alten Worte wurden so ausgesprochen wie die sie ersetzenden nouen heute ausgesprochen werden.** So müssen die oben citirten Wörter gelesen werden wie unser: *nièce, autre, neveu, il donne, élire, cœur, meute, bœufs, coqs, yeux, sœur, âme.*

Die Anwendung diser allgemeinen Regel vereinfacht und erleichtert das Lesen der Texte des 12. und 13. Jarhunderts."

In iren Ansichten über die neufranz. Orthographie gehen Littré und Pelissier auseinander. Wärend Littré sich einer gemäßigten phonetischen Reform der neufranz. Orthographie im ganzen günstig erklärt hatte, ist Pelissier der entschidenste Gegner einer solchen und siht Voltaire als den bösen Dämon an, welcher das Unkraut der phonetischen Ketzerei in den blühenden Garten der neufranz. Orthographie hineingepflanzt habe. — "Voltaire, sagt er, trägt die Verantwortlichkeit für die absurden Versuche, welche man gemacht hat, die Orthographie umzustürzen, und nur ein blindes Streben nach Popularität macht die Anname eines so unvernünftigen Princips erklärlich, zur Richtschnur der Rechtschreibung dasjenige zu machen, was in der ganzen Welt das capriciöfeste und unfassbarste ist, die Aussprache. — Schrib denn Voltaire etwa für solche, die nicht lesen gelernt haben?"

Wenn Pelissier die Aussprache als etwas unfassbares, und das phonetische Princip überhaupt als etwas unvernünftiges bezeichnet, so wird es erklärlich, dass er auch für das Altfranzösische dises Princip mit Entschidenheit verlaügnet, um nicht den Vorwurf der Unvernunft auf seinen mittelalterlichen Vorfaren lasten zu lassen.

Sollte aber die französische Ausspruche wirklich etwas an sich absolut unfassbares und unbegreifliches sein — so dürfen wir doch mit Recht fragen: wie haben denn die Verteidiger diser Ansicht selbst und alle seine Landsleute überhaupt französisch sprechen gelernt, und wie kann überhaupt eine solche Sprache von irgend jemand gelernt werden? — Denn von der Idee, dass dem Kinde die Kentnis seiner Muttersprache oder auch nur der Laute derselben schon angeboren sei, ist man doch wol zurückgekommen. Aber selbst wenn sie dem Menschen schon angeboren wäre, so würde doch auch dann, und dann erst recht, nichts natürlicher sein, als dass man die geschriebenen Zeichen den gesprochenen Lauten möglichst entsprechen ließe.

Dass aber Voltaire nicht erst das phonetische Princip in die Welt gebracht habe, bedarf natürlich keiner Ausfürung, da offenbar schon mit der Erfindung des ersten alphabetischen Zeichens das Princip sich zu entwickeln anfing, und da jede etymologische Schreibweise eine phonetische als ire Grundlage absolut voraussetzt.

Es fragt sich jedenfalls, ob man nicht auf dem von Génin angebanten Wege in der Annäherung an das Neufranzösische zu weit gegangen sei, und so dem Studium des Altfranz. und damit auch dem gründlicheren Studium des Französischen überhaupt in Frankreich selbst leicht erheblichen Schaden bringen könnte.

Manche Anzeichen, welche die franz. Forscher mit Geist und Gewandtheit benutzt haben, sprechen allerdings dafür, dass die Veränderung und Abschleifung der Aussprache in vilen Fällen schon früher begonnen haben mag, als wir dis aus den Handschriften zu entnemen vermögen. Natürlich findet in der Sprache selbst beim Übergange von einer Form zur andern lange Zeit ein Schwanken zwischen dem Alten und dem Neuen statt. Im Ganzen aber müssen wir, glaube ich, davon ausgehn, dass im 12. und 13. Jarh., welchen die größere Zal der altfranzösischen Handschriften angehört, die Schrift noch, soweit es das Alphabet zulieſs, dem Laute des jedesmaligen Dialektes des Schreibenden entsprach — wie dis ja auch Pelissier selbst anerkennt — und dass dis so lange gedauert habe, bis wir einen positiven Beweis des Gegenteils füren können.

Wo freilich nur spätere Copien vorligen, welche bereits durch die

Hände von Abschreibern verschidener Dialekte gegangen find, da wird natürlich die kritische Unterfuchung eine außerordentlich schwirige. Wie mannigfach die franz. Dialekte zur Blütezeit des Altfranz. gewefen find, geht aus *Fallot*, (Recherches sur les formes grammaticales de la langue française et de ses dialectes au 13ᵐᵉ siècle, Par. 1839) hervor, wonach fich in den Schriftdenkmälern des 13. Jarh. wenigstens 7 litterarisch cultivirte Dialekte unterscheiden lassen, nemlich der der **Normandie, Picardie, Bourgogne, Isle de France, Lorraine** und **Poitevin**, wozu noch der in England ausgebildete anglonormandische kommt. Wie hätte man aber überhaupt dife verschidenen Dialekte anders unterscheiden follen und können, als nach dem Grundfatze, dass jeder **Dialekt** feine Eigentümlichkeiten in den schriftlichen Denkmälern **phonetisch darzustellen** fuchte, zu einer Zeit, wo es eine allgemeine conventionelle Schriftsprache noch nicht gab.

Diez fagt Gr. I, 129 f.: „Die **Mundarten** spilen im Franz. eine weit wichtigere Rolle als im Italiänischen, da fie in der **gefamten älteren Litteratur volle Gültigkeit hatten** und keine derfelben als **eigentliche Schriftsprache** anerkannt ward. — Kaum bedarf es der Erinnerung, dass die Lautgefetze in den Handschriften nirgends auf einer bestimmten Orthographie beruhen, dass alfo der Wert der Buchstaben fich nicht überall mit Sicherheit angeben läast. Da die Schreiber ons Zweifel Bücher aus den verschidensten Mundarten lafen, fo konnte es nicht ausbleiben, dass fie fremde **Schreibungen einmischten**, one die fremde Ausspracbe damit ausdrücken zu wollen; und dife Freiheit entschuldigt fich um fo leichter, da das Werk für das ganze Sprachgebiet, nicht für den engen Bezirk einer Mundart berechnet war."

Solche fromde **Einmischungen** baben natürlich überall stattgefunden und geben fich auch schon durch iro Abweichungen von den Normen des Dialektes für den grindlichen Kenner zu erkennen; aber eben dadurch find fie zugleich nicht ein Beweis *gegen*, fondern ein Beweis *für* das phonetische Princip, als die Grundlage für die damaligen Schreiber.

Eine allgemeine, von der phonetischen abweichende conventionelle Schreibweife wird überhaupt erst möglich durch eine weiter verbreitete fystematische schulmäßige Einwirkung, oder allenfalls auch durch die Autorität centralifirter Kanzeleien, wie wir fie aber für das 12. und 13. Jarhundert felbst für Frankreich noch nicht vorausfetzen können.

Die Anname, dass Buchstaben, welche in der heutigen allgemeinen franz. Schriftsprache stumm find, von jeher in allen franz. Dialekten stumm gewefen feien, würde nicht bloß den Unterschid der Dialekte vilfach verwischen, fondern auch, in iren Confequenzen durchgefürt, zu einem Verkennen der ganzen Entwicklung der Sprache und Schrift füren.

Wir müssen vilmer auch für das Franz., wie dis **Jacob Grimm** für die germanischen Sprachen getan hat, zunächst von der Anname ausgeben, dass in den frühern Sprachperioden Schrift und Sprache mit einander fo weit in Einklang stehen, als die das freilich auf eine zu geringe Zal von Buchstaben beschränkte von den Römern überkommene Alphabet zuließ.

Freilich hat difer gefunde und vernünftige Grundfatz auch in Deutschland vor einigen Jaren eine Anfechtung erlitten, welche nicht geringes Erstaunen bei den Gelerten erregte. Ein Süddeutscher, ein gewisser Prinzinger, trat nemlich mit der künen Behauptung auf, dass fast alles, was Jac. Grimm über die deutsche Lautlere, über Vocalwandelungen und Confonantenverschiebungen, gelert habe, nichts als Schein und Irrtum fei; nicht die Sprache habe die verschiedenen durch die Schrift dargestellten Phafen durchgemacht, fondern es feien vilmer die orthographischen Principien, welche die verschiedenen Wandelungen und Verschiebungen durchgemacht hätten; unfere deutschen Vorfaren schrieben nur andern als fie sprachen, fie sprachen damals, wie man auch jezt noch im gemeinen Leben spricht, schrieben aber ire Rede im Sinne und Geiste wälscher Zunge und nur daraus erklären fich die abweichenden alten Schreibweifen. —

Was follte wol aus dem deutschen Unterrichte in unfern Schulen werden, wenn man die Prinzinger'schen Grundfätze dabei zu Grunde legen wollte?

Die von mir angeführten neuern franz. Gelerten find weit davon entfernt, fo weit zu gehen, wie Prinzinger für das Deutsche gegangen ist, aber fie befinden fich mit irer Lere über die altfranz. Ausspräche dennoch auf einer geneigten Ban, welche, wenn man nicht zur rechten Zeit wider einlenkt, für das franz. Unterrichtswefen zu gefärlichen Folgen füren, und namentlich das Studium der älteren französischen Dialekte hemmen und verwirren könnte.

Man hat bereits in Frankreich einen kleinen Anfang gemacht, in historischen Schriften die ältern germanischen Eigennamen in irer ursprünglichen Form herzustellen, und wird fich allmählich davon entwönen, darin etwas barbarisches zu erblicken, und fo, meine ich, lässt fich hoffen, dass man auch von den Irrwegen, auf welche die Génin'sche Theorie über die Ausspräche des Altfranz. leicht füren kann, zurückkommen werde, und dass man fich immer mer daran gewönen werde, die älteren Schriftformen im allgemeinen als möglichst getreue Darstellungen der damaligen Lautformen aufzufassen, one dabei fortwärend an wüste Barbarei zu denken.

Berlin, im Jan. 1867.   G. Michaelis.

Beiträge zur französischen Lexicographie.

Im Programm der Dorotheenstädtischen Realschule vom 1. Oct. 1866 habe ich unter Anderem auch versucht, der so weit verbreiteten Ansicht entgegenzutreten, dass die französische Sprache zur Bildung neuer Wörter geradezu unfähig sei. Nicht nur in Bezug auf Neubildungen jedoch wird der französische Wortschatz für begränzt und abgeschlossen angesehen, auch die schon vorhandenen Wörter gelten meist für so feststehend in ihrer Bedeutung, dass sie keine Aenderung oder Erweiterung derselben zulassen. Der französische Schriftsteller, so glaubt man vielfach, darf die Wörter seiner Sprache eben nur in dem Sinn brauchen, der ihnen von den classischen Autoren einmal beigelegt worden. Daher kommt es denn auch, dass man so häufig von den *phrases toutes faites* des Französischen sprechen hört. Allerdings war wol diese Sprache, oder richtiger, waren die Franzosen weniger als andere Völker zu Neuerungen in der Sprache geneigt; aber das Französische gleichsam als eine Sammlung feststehender Redensarten betrachten zu wollen ist gewiss eben so irrthümlich, als zu glauben, dass andere Sprachen von jeder conventionellen Gebundenheit vollständig frei seien. Wie der Franzose viele Wendungen eines Ausländers für unfranzösisch erklären wird, so wird auch uns vieles, was ein Fremder im Deutschen sagt, für undeutsch gelten, ohne dass wir andere Gründe dafür anführen könnten, als dass der Ausdruck unser Sprachgefühl verletzt.

Jene Ansicht von der Stabilität des französischen Wortschatzes ist eigentlich schon unhaltbar geworden, seitdem wir wissen, dass jede Sprache in stetor Umbildung und Fortentwicklung begriffen ist. Doch hoffe ich, es wird nicht ganz ohne Interesse sein durch Beispiele aus

Schriften der neuesten Zeit Spuren der lexicalischen Umwandlungen zu zeigen, die sich gerade jetzt vollziehen. Dass diese Umwandlungen keine grossartigen sein können, liegt in der Natur der Sache, da die Sprachen sich zwar stetig aber langsam umbilden. Doch werden sich auch im Folgenden die Einflüsse zeigen, die sich hauptsächlich bei der lexicalischen Fortentwicklung jeder Sprache geltend machen. Schon bestehende Wörter werden in einem Sinne gebraucht, der von ihrem bisherigen mehr oder weniger abweicht; ihre Bedeutung wird entweder erweitert, namentlich die bildliche, oder auch beschränkt, mitunter zu einem Kunstausdruck mit ganz bestimmtem Sinne gemacht; auf Letzteres hat vor Allem der grosse Umschwung hingeführt, welchen Industrie und Wissenschaft in neuerer Zeit erfahren. Oder der Schriftsteller greift wieder auf den etymologisch ursprünglichen Sinn zurück, der in der bisherigen Anwendung mancher Wörter mehr oder weniger verdunkelt war. Es werden ferner Ausdrücke der familiären Sprechweise oder dialectische Wörter schriftsässig gemacht, von den letzteren namentlich solche, die sich auf nur in bestimmten Oertlichkeiten vorkommende Dinge beziehen. Auch Wörter fremder Sprachen werden eingebürgert, oder es werden geradezu neue Wörter gebildet, von denen ich auch wieder eine Anzahl aufgenommen, die mir erst nach Schluss des erwähnten Programmes aufgestossen sind.

Manche dieser Ausdrücke können allerdings als rein individuelle Schöpfungen, als Kinder augenblicklicher Laune angesehen werden, denen nur ein vorübergehendes Dasein bestimmt ist. Doch wer ist im Stande dies vorauszusagen? Oft genug ist Wörtern, die nur für den Augenblick geschaffen wurden, ein langes Leben beschieden. Immerhin sind sie Beweise, dass das Französische auch in lexicalischer Beziehung nicht dem Erstarrungsprocess verfallen ist.

Abîmer, schlecht von Jem. sprechen, ihn durchhecheln. Ça est bien chagrinant de t'entendre toujours *abîmer* (cursiv gedruckt). G. Sand. R. *) 15/10, 64, p. 811.

Aciérer, mit einer Stahlschicht überziehen, verstählen, z. B. la surface d'une planche gravée. Blerzy. R. 1/4, 64, p. 645. M. hat das Wort gar nicht; B. und L. geben nur *convertir le fer en acier*.

---

*) Abkürzungen. R. = Revue des deux Mondes. B. = Bescherelle, Dictionnaire etc. Paris, 1856. M. = Mozin-Peschier, Wörterbuch etc. Stuttgart und Augsburg, 1856. L. = Littré, Dictionnaire de la Langue française. Paris, 1863. Es ist erst bis II. inclusive erschienen.

Agrès. B. und L. geben nur *Schiffsrüstung*, M. auch *Aufrichtungszeug einer Schiffbrücke.* Gaudry. R. 15/6, 64, p. 948, braucht dies Wort wieder im Sinn von *Ausrüstung* überhaupt, den es im Altfranzösischen hatte (Diez, Wörterbuch). Le wagon de secours contenant des agrès de relevage wird bei Entgleisung eines Eisenbahnzuges geholt. Vgl. auch *Gréer.*

Ich erlaube mir hier zu bemerken, dass ich für französische Kunstausdrücke, die das Eisenbahnwesen betreffen, bei Eisenbahntechnikern vergeblich nach den entsprechenden deutschen gefragt habe; mir wurde die Antwort, dass sie eben nicht existiren.

Airolle, Arve, pinus cembro. Martins. R. 1/3, 64, passim. M. giebt *arole;* B. und L. haben das Wort nicht.

Allége (cursiv gedruckt), Postbureau in einem Eisenbahnzug, so genannt, weil es dem Hauptpostamt einen Theil der Arbeit abnimmt. du Camp. R. 1/1, 67, p. 184. B. und M. haben nur Lichterschiff, L. auch Teader einer Locomotive.

Antirationnel. Peut-être à la folie faudrait-il un traitement antirationnel. G. Sand. R. 1/8, 66, p. 531. Neubildung.*)

Apport, Anschwemmung. Les anciens ports se comblent, et ces phénomènes s'accomplissent avec assez de rapidité pour que le changement ne puisse pas être attribué seulement à l'apport des sables marins. Reclus. R. 1/1, 65, p. 67. B., L. und M. haben das Wort nicht in diesem, seinem ursprünglichen Sinne. Vgl. auch *Transport.*

Atrophier, verkümmern. Il faut donc prendre garde que les règles qui sont destinées à soutenir les côtés faibles de l'esprit n'en atrophient ou n'en étouffent les côtés puissants et féconds. Cl. Bernard. R. 1/6, 65, p. 663. M. giebt nur das Participium, B. nur *s'atrophier;* L. hat atrophier, aber wie B. nur im eigentlichen, medicinischen, Sinn.

Ich erlaube mir hier die Bemerkung, dass in Fällen, wo L. ein Wort oder eine Bedeutung eines Wortes giebt, die sich noch nicht im B. und M. finden, man wol meistens annehmen darf, dass das, was

---

*) Mit *Neubildung* bezeichne ich Wörter, die in den genannten Wörterbüchern nicht aufgeführt sind. Findet sich bei einem Wort gar keine Bemerkung, so ist das Wort zwar schon in den Wörterbüchern vorhanden, jedoch nicht in einem Sinn, der dem aus der citirten Stelle hervorgehenden nahe kommt.

L. aufführt, erst neueren Ursprungs ist, wenn auch hin und wieder
die beiden früheren Lexicographen schon Vorhandenes übersehen haben
mögen. Aus diesem Grunde habe ich auch mehrfach Wörter und
Bedeutungen angeführt, die sich im L. finden.

Attache. L'Assomption est devenue le grand port d'attache (Verbindungshafen) des bateaux descendant d'un côté vers Buenos Ayres et Montevideo, remontant de l'autre vers Albnquerque et Cuyaba. Reclus. R. 15/2, 65, p. 984.

Autoritaire, die Regierung betreffend, von ihr ausgehend. La nouvelle économie sociale tend à supprimer les monopoles et les combinaisons autoritaires dans le travail. Cochut. R. 1/8, 66, p. 710. Neubildung.

Avénement. L'expérience, le calcul et l'observation sont dans l'homme tout aussi bien à l'heure de son avénement qu'à l'heure de sa maturité, d. h. bei seiner Ankunft auf der Erde, bei seiner *Geburt*. G. Sand. R. 15/5, 64, p. 259. B. und M. geben nur: Thronbesteigung, Ankunft Christi. Auch L. hat es nicht in diesem Sinn.

Batteuse, ohne Zusatz des Wortes *machine*, Dreschmaschine. Règlement de l'Exposition universelle de 1867. Aehnliche Beispiele von Anwendung des Femininums der Wörter auf *eur* finden sich später. B. und M. haben dies Wort noch nicht, wol aber L.

Chef. Der juristische Ausdruck *au premier chef, ersten Grades* hat weitere Anwendung gefunden. C'est de la sottise au premier chef, Dummheit erster Classe. Forgues. R. 1/2, 64, p. 676. Les atomes éthérés sont impénétrables au premier chef (vor allen Dingen), ils le sont par définition. Saveney. R. 1/11, 66, p. 165. Espèce utile au premier chef. Journal Amusant.

Concevabilité, Begreifbarkeit. Littré. R. 15/8, 66, p. 837. Neubildung, die sich noch nicht einmal in L.'s eignem Wörterbuch findet.

Congénial (cursiv gedruckt, aber ohne weitere Erklärung des Sinnes). Il faut à présent que je vous montre M. Sumner chez lui, épanoui dans son élément congénial. Duvergier de Hauranne. R. 1/11, 65, p. 190. Das englische *congenial*. L. hat das Wort schon in diesem Sinn, während B. und M. es, nach der Academie, nur mit der Bedeutung *angeboren* aufführen, was L. für eine Verwechslung mit *congénital* erklärt.

Constellé. La lourde machine voguait lentement sur les eaux vertes, partout constellées du gouttes de pluie, wie mit Sternen, mit Sternbildern besät. Pavie. R. 15/1, 65, p. 515. L. giebt unter anderen Bedeutungen dem Wort auch die von *parsemé d'étoiles*, aber mit der wirklichen Bedeutung von étoiles.

Contourner. B. gibt als anatomischen Ausdruck: Ce muscle contourne telle partie, geht um den Theil herum, umgiebt ihn. M. hat das Wort in ähnlichem Sinn gar nicht. In den folgenden Beispielen hat es den Sinn von 1) *umgeben* überhaupt, 2) *umgehen.* Le Simato et l'Alcantara dont les vallées contournent le pied du volcan. Reclus. R. 1/7, 65, p. 133. Des crevasses (de glacier) qu'il fallait contourner retardèrent sa marche. Ch. Martins. R. 15/3, 65, p. 380. Die erste Bedeutung findet sich auch schon in L.

Contracter, beschränken. Quoique la Banque n'eût ni contracté l'escompte ni élevé le taux de l'intérêt. Ebenso *Contraction* de l'escompte. de Laveleye. R. 1/1, 65, p. 215.

Corser, se. 'l'on affaire (eine Duellangelegenheit) se corse, wird immer dicker, d. h. verwickelter. About. R. 15/10, 66, p. 798. Dies Wort ist offenbar aus dem adjectivischen *corsé*, ayant du corps, entstanden (vgl. *corset* in Diez's Wörterbuch), und ist eine der familiären Sprache entlehnte Neubildung.

Coureur de blocus, auch einfach *coureur*. Uebersetzung des englischen *blockade-runner*, Blockadebrecher. de Mars. R. 15/8, 65 mehrmals.

Crasserie, eine schmutzige, gemeine, beleidigende Handlung. Il paraît que vous lui avez fait, ... je suis trop poli pour dire une crasserie, mais enfin une chose qui ne se fait pas. About. R. 15/10, 66, p. 792. Das Wort ist einem ehemaligen Unterofficier in den Mund gelegt, und augenscheinlich eine der niederen Sprechweise entnommene Neubildung.

Crêter, se = lever la crête. Non, disait-elle, se crêtant comme une duchesse, non, ceci ne se fera point. Forgues. R. 1/9, 66, p. 55. Neubildung.

Criminalité. M. giebt das *Verbrecherische*, *Sträflichkeit*, *Schuld*; ähnlich B. und L. Einen weiteren, im Deutschen wol nicht durch ein Wort wiederzugebenden Sinn hat das Wort in folgenden Stellen. Le mouvement de la criminalité, etwa die *Veränderungen in der Statistik des Verbrechens*. Une analyse des éléments divers de la criminalité, der Bedingungen, die zur *Zahl und Grösse der Verbrechen* beitragen. Aylies. R. 1/6, 65, p. 711, 712, 719.

Débit, Abfluss. Les eaux pourraient noyer les travaux, si elles n'avaient pas leur prompt débit. Hudry-Menos. R. 15/', 65, p. 897. Ein merkwürdiges Beispiel von Aenderung des Sinnes eines Wortes: Verkauf auf Credit, Verkauf überhaupt, Absatz, Ertrag, d. h. Wasserreichthum einer Quelle (s. B. und L.), Abfluss derselben !

Déclanchement (mit a nicht mit e geschrieben). Le nerf ne fait que susciter l'action chimique (in einem Muskel), il n'opère en quelque sorte que le déclanchement d'un mécanisme. Saveney. R. 15/12, 66, p. 951. B. und M. geben das Wort noch nicht, wol aber L., der es mit *départ automatique d'un mécanisme* erklärt.

Dépoétiser, der Poesie entkleiden. Radau. R. 1/1, 67, p. 245. Neubildung.

Désencanailler, se. Les goûts bas contractés dès la jeunesse ne se désencanaillent jamais. About. R. 15/10, 66, p. 782. Neubildung.

Déverser, ergiassen. La quantité de lumière que le soleil déverse en moyenne sur une contrée. Radau. R. 1/11, 66, p. 222. Aujourd'hui l'émigration des Savoyards franchit les mers, se déverse sur l'Algérie. Hudry-Menos. R. 1/6, 64, p. 626. B. hat das Wort in diesem Sinn gar nicht; M. giebt nur figürlich: déverser l'infâmie, l'opprobre. L. dagegen hat es schon.

Dévestiture. Le vignoble (en Savoie) est une mosaïque composée de petits carrés, enclavés les uns dans les autres sans clôture ni dévestiture. Hudry-Menos. R. 1/6, 64, p. 597. Das Wort hat hier offenbar den Sinn von *Abgränzung*. M. giebt es gar nicht; B. und L. nur in dem Sinn von *dépossession* (d'une charge z. B.)

Dévisager, Jemandes Gesicht in seinen Einzelnheiten genau betrachten. Lorsque l'inconnu parut devant le banquier, celui-ci, abritant de sa main ses yeux affaiblis, le dévisagea tout à loisir. Forgues. R. 1/3, 66, p. 97. M. und B. nur = déchirer le visage. L. giebt die angeführte Bedeutung als populär.

Divitiaire, den Reichthum betreffend. Je consens à voir dans le droit de l'éducation gratuite une charge imposée par le pauvre au riche, un véritable impôt divitiaire. Duvergier de Hauranne. R 15/12, 65, p. 909. Des Lateinischen Unkundige werden diese Neubildung wol nicht verstehen.

Échappée. Dans les publications populaires, la forme littéraire doit aller de pair avec l'exactitude scientifique. Si une échappée philosophique se présente parfois à l'esprit, il faut savoir la saisir. Simonin. R. 15/3, 65, p. 528. Etwa: *Gerichtspunkt, Seitenblick*.

Éclisse, Stossscheibe (an den Weichen der Eisenbahnen), Règl. de l'Exp. univ. de 1867.

Emplacement. On arriverait à réduire à néant les erreurs commises par la poste, si de vastes salles offraient aux agents un emplacement convenable. B., L. und M. geben nur Baustelle, Lage eines Hauses u. s. w., Aufbewahren des Salzes.

Enguirlander. Le plus important de ces états, la Bavière, que l'on disait depuis quelque temps enguirlandé par M. de Bismark. Mit Blumenfesseln umgarnt. Forcade. R. 15/4, 66, p. 1062. B., L. und M. geben nur *garnir de guirlandes*.

Envasement, Verschlammung. Nicht im B. und M., wol aber in L. Blerzy. R. 1/10, 66, p. 526.

Équipe. B. und M. nur = Reihe aneinandergebundener Schiffe. L. dagegen giebt es auch = un certain nombre d'ouvriers attaché à un service spécial. — Le personnel des équipes de redressement de la voie (d. h. des Eisenbahndammes oder -Geleises). Si le cantonnier ne peut réparer la voie, il demande à la gare l'équipe d'ouvriers toujours prête. Gaudry. R. 15/6, 64, p. 947, 950.

Errement. B., L. und M. geben nur *errements*, Verfahren in einem Process, fig. Plan. Il ne faudrait pas s'imaginer toutefois qu'aucun de ces errements successifs de la science ait été inutile à ses progrès. Róville. R. 1/6, 66, p. 621. Das Einschlagen von Wegen, die sich später als unrichtig erwiesen.

Esthéticien. Aesthetiker. Levêque. R. 1/10, 66, p. 278. Neubildung.

Extra-lucide, aussergewöhnlich klarsehend. J'étais surexcité, extra-lucide peut-être. G. Sand. R. 1/8, 66, p. 538. Neubildung.

Faneuse, Heumaschine. Règl. de l'Exp. de 1867. Nicht im B. und M., wol aber bei L.

Faucheuse, Mähmaschine (beim Heuen, vgl. Moissonneuse). Ebendaselbst. Dies Wort ist selbst von L. noch nicht aufgeführt.

Feutrage, ein filzartiger Körper. B., L. und M. geben nur „das Filzen." Le blanc de champignon est un feutrage serré de filaments blancs. — Il enleva la pustule (eines Karbunkels), la sécha aussitôt, l'examina au microscope; c'était un feutrage exclusivement composé de bactérides. Jamin. R. 15/11, 64, p. 424, 443.

Fileterie. Au milieu la filature proprement dite; à droite la fileterie ou fabrique de fil à coudre. About. R. 1/12, 66, p. 691. Neubildung.

Garer un train, einen Zug auf einen andern Schienenstrang bringen, um das Hauptgeleise frei zu machen. Gaudry. R. 15,6, 64, p. 953. L. hat das Wort in diesem Sinn, B. und M. geben es nur als Schiffahrtsausdruck.

Gemmage, gemmer. (Zuerst cnrsiv gedruckt, also ein noch wenig bekannter Kunstausdruck). Le gemmage a, comme on sait, pour objet l'extraction de la résine des pins au moyen d'incisions plus ou moins profondes. Clavé. R. 15/5, 64, p. 375. Nicht im B., L., M.

Global, zusammenhängend, ein Ganzes ausmachend. Il attribue l'épître aux Hébreux à saint Paul, sans le (offenbar Druckfehler für la) ranger dans la masse globale des épîtres pauliniennes. Réville. 15/7, 64, p. 413. B. und L. haben dies Wort nicht, M. führt *globalement* = en masse, en totalité als ungebräuchlich an.

Gréer. Les pompes (à incendie) sont toujours gréées (à l'hôtel de poste). du Camp. R. 1,1, 67, p. 200. B., L. und M. geben dies Wort nur als Marineausdruck. Vgl. *Agrès*.

Homme-machine. C'est renverser toute la psychologie et revenir à l'hypothèse de l'homme-machine. Janet. R. 15,7, 65, p. 422. Diese Art der Zusammensetzung findet sich im Französischen nicht selten, kann aber im Deutschen nicht wol nachgeahmt werden; ihr Sinn ist meist nur durch Umschreibung wiederzugeben.

Hutin, Rebenguirlande, M. und B. Daher *vigne en hutins*, Weinberg, in dem die Rebstöcke nicht einzeln für sich stehen, sondern durch Ranken mit einander verbunden sind. Hudry-Menos. R. 1/6, 64, p. 593, 595. Merkwürdiger Weise hat L. dies Wort gar nicht, sondern nur das veraltete Adjectiv *hutin*.

Inconcevabilité, Unbegreiflichkeit. Littré. R. 15/8, 66, p. 837. Neubildung.

Insuffler des principes de temporisation. G. Sand. R. 15/8, 64, p. 780. B. und M. geben kein Beispiel für bildliche Anwendung dieses Wortes.

Intercontinental, z. B. communication intercontinentale, dépêches intercontinentales. Blerzy. R. 1/10, 66, p. 543, 548. Neubildung.

Intra-mercuriel. Planètes intramercurielles, zwischen Sonne und Mercur befindliche Planeten. Radau. R. 15/2, 66, p. 1058. Neubildung.

Invérification. Ce qui a graduellement ébranlé dans l'esprit des hommes les philosophies, théologique et métaphysique, c'est d'une part l'invérification qui leur est inhérente (il a toujours été impossible de *vérifier à posteriori* leur dire), etc. Littré. R. 15/8, 66, p. 838. Neubildung.

Lacet. Des rampes en lacet wird von einer Gebirgstrasse in Windungen (in der Schweiz Kehre oder Rank, pl. Ränke) gesagt. Feer-Herzog. R. 15/11, 65, p. 492.

Landais, Adjectiv von *landes*, Haide-. Régions landaises; sol landais. Reclus. R. 15/10, 64, p. 192. Neubildung.

Locomobile, substantivisch gebraucht, die transportable Dampfmaschine. Saveney. R. 15/9, 65, p. 958.

Maîtresse, adjectivisch gebraucht. Un jour viendra où la vérité de ses clartés maîtresses, triomphera. de Mazade. R. 1/2, 64, p. 664. — S'il se dégage de ces recherches une certaine idée maîtresse générale. Gourdault. R. 15/10, 64, p. 1022. Dieser Gebrauch des Wortes, als eines selbständigen, leicht mit anderen Wörtern zu verbindenden Adjectives ist nicht zu verwechseln mit einmal feststehenden Ausdrücken wie *maîtresse femme*, *maîtresse poutre*, wo es auch dem Substantivum vorausgeht, weil es mit ihm gleichsam zu einem Wort verschmolzen ist.

Manœuvre, Handhabung. Machines servant à la manœuvre des fardeaux. Règl. de l'Exp. univ. de 1867.

Maquis (nicht cursiv gedruckt). Comme les jungles de l'Inde, le maquis constitue la végétation spontanée du pays (nämlich Corsica). Clavé. R. 15/5, 64, p. 360 und noch mehrmals später. — *Prendre le maquis* = se faire bandit. p. 362. Nicht im B. und M.

Martelage. B. und M. das Bezeichnen der zum Fällen bestimmten Bäume. Les transformations et le martelage laborieux que subit à présent l'art dramatique. Gourdault. R. 1/11, 64, p. 264. Die ursprüngliche Bedeutung *Bearbeitung mit dem Hammer*, scheint hier bildlich für *Bearbeitung* im Allgemeinen genommen zu sein.

Mercuriel, quecksilberartig, leicht beweglich. Un esprit composé d'éléments aussi subtils et mercuriels que celui de Sterne. Montégut. R. 15/6, 65, p. 711. B. und M. geben nur *qui contient du mercure*.

Michelangesque, auf Michel Angelo bezüglich, von ihm gemacht etc. A. Houssage. R. 15/10, 66, p. 1025. Neubildung.

Moissonneuse, Mähmaschine (bei der Kornärnte). Saveney. R. 1/4, 65, p. 776. Règl. de l'Exp. univ. de 1867.

Névé, masc., der Firn. Ch. Martins. R. 1/3, 64, p. 60; 15/3, 65, p. 389. Saveney. R. 15/6, 65 passim. Vgl. Tschudi, Das

Thierleben der Alpenwelt, S. 446 der 7ten Auflage. Ursprünglich wol ein schweizerisch-savoyischer Provincialismus, jetzt aber schriftsässig; Martins lässt es nicht cursiv drucken, Saveney nur ein Mal.*)

Notairesse, die Frau eines Notars. Theuriot. R. 1/10, 66, p. 588. Neubildung.

Obscurément, kaum bemerkbar. A son origine, le cœur n'est qu'une vésicule obscurément contractile. Cl. Bernard. R. 1/3, 65, p. 242.

Ondoiement, Wellenbewegung, Welle. De larges lueurs et des éclairs subits que la paroi d'un ondoiement renvoie. Taine. R. 15/4, 66, p. 801. B. und M. geben nur Nothtaufe.

Opalescent, opalescirend. Des solutions légèrement opalescentes. Radau. R. 1/11, 66, p. 227. Neubildung.

Parasitaire. Des végétaux parasitaires, Schmarotzerpflanzen. Radau. R. 1/12, 66, p. 773. Neubildung.

Patinage (cursiv gedruckt). Le patinage des roues (einer Locomotive) tournant sur elles-mêmes, lorsqu'elles n'adhèrent plus suffisamment aux rails devenus glissants. Gaudry. R. 15/6, 64, p. 943. Ich habe dafür wol das *Stampfen der Räder* gehört, doch soll dies kein technischer Ausdruck sein.

Peuplement. Les essences qu'on choisit de préférence (um das Bois de Boulogne mit neuen Anpflanzungen zu versehen) furent le chêne et le bouleau, qui aujourd'hui encore forment la base du peuplement. Der Bestand eines Waldes. Clavé. R. 1/2, 65, p. 789.

Placer. Metallader, doch, wie es scheint, nur solche, die zu Tage treten; Edelsteingrube. Les Espagnols trouvaient le platine dans les placers de l'Amérique. Simonin. R. 15/11, 64, p. 518. Les placers (cursiv gedruckt) de la Californie, Goldgruben. Reclus. R. 15/2, 65, p. 986. Placers de diamants; placers métallifères. Radau. R. 1/1, 67, p. 249 und 250. Nicht im B. und M.

Pointé. D'abord se présente l'erreur du pointé, des Richtens trigonometrischer Instrumente. Bierzy. R. 1/4, 64, p. 631. Neubildung.

Prosélytisme. Veuillot citirt in der R. 1/1, 67, p. 208 von Lanfrey. Neubildung.

Répouser. About. R. 1/11, 66, p. 65. Neubildung.

Renflouer, wieder flott machen. Le plus souvent un blockade

---

*) Dass solche Provincialismen oft sehr schnell schriftsässig werden, kann man an dem Worte *chalet* sehen, das in des Genfers Töpfer ersten Werken noch durch cursiven Druck als Provincialismus bezeichnet wurde.

runner ne pouvait échapper à la poursuite qu'en se jetant à la côte. Les fédéraux attendaient alors le jour, soit pour essayer de renflouer le navire, soit pour le détruire à coups de canon, s'il était trop enfoncé. de Mars. R. 15/8, 65, p. 782. Neubildung.

Retraverser. de Rémusat. R. 1/11, 66, p. 10. Neubildung.

Révolution. Un décret préscrivit l'exploitation en taillis du bois de Boulogne à la révolution de trente ans, c'est-à-dire par coupes annuelles au trentième de l'étendue totale. Clavé. R. 1/2, 65, p. 790.

Rimaye, Gletscherspalte. Une de ces profondes crevasses que les montagnards savoisiens désignent sous le nom de rimaye (cursiv gedruckt). Ch. Martins. R. 15/3, 65, p. 393, 398.

Scindé. Publication scindée (*serial* disent nos voisins). Forgues. R. 15/6, 64, p. 925. Veröffentlichung eines Werkes in Lieferungen.

Sensible. Le monde sensible, die sinnliche Welt, dem monde intelligible gegenübergestellt. Janet. R. 15/7, 64, p. 490.

Sérac, Firnblock (auf Gletschern). Ch. Martins. R. 15/3, 65, mehrmals. Laveleye. R. 15/6, 65, p. 839. Reclus. R. 1/1, 67, p. 227. Nur Laveleye lässt diesen schweizerisch-savoyischen Provincialismus durch cursiven Druck als solchen bezeichnen.

Snobisme (mit einem b). Aus dem englischen ohne weitere Erklärung herüber genommen. About. R. 15/10, 65, p. 786.

Soit, oder, nämlich. Ce sont d'abord cinq livres historiques, soit les quatre Évangiles et les Actes des apôtres. Réville. R. 15/7, 64, p. 394. — Un capital d'environ quatre cent mille florins, soit un million de livres italiennes. P. de Musset. R. 15/12, 66, p. 980.

Sous-seign (plur. sous-seigns). Du Camp. R. 1/1, 67 mehrmals; p. 187 wird es erklärt durch droit de franchise. Eine Postsendung, die Portofreiheit geniesst. Nicht im B. und M.

Stopper. Marineausdruck, das englische *to stop*. Blerzy. R. 1/10, 66, p. 526.

Strate, fem. Stratuswolke. Laveleye. R. 15/6, 65, p. 848. B. und M. geben nur Felsschicht.

Surélever, immer mehr steigern. L'incidence des taxes les unes sur les autres surélève les frais de production. Clavé. R. 15/3, 64, p. 501.

Sylvicole, forstwissenschaftlich. C'était une faute au point de vue sylvicole. Clavé. R. 1/2, 65, p. 791. B. und M. geben nur *im Walde lebend.*

Tampon, Puffer an Eisenbahnwagen. Gaudry. R. 15/6, 64, p 952. — Règl. de l'Exp. univ. de 1867.

Textile, nicht nur *spinnbar*, wie in B. und M., sondern auch *auf Spinnerei bezüglich*, *Spinn-*. Industrie textiles. Audiganne. R. 15/6, 64, p. 890.

Tilleul, Lindenblüthenthee. Jennie me fit boire du tilleul. G. Sand. R. 1/9, 64, p. 54.

Train montant = s'éloignant de Paris. *Train descendant* = revenant vers Paris. Gaudry. R. 15/6, 64, p. 952. In England ist gerade die entgegengesetzte Bezeichnung üblich.

Trans-ouranien, jenseits des Uranus befindlich. Planète transouranienne. Radau. R. 15/2, 66, p. 1062. Neubildung.

Transport. Terrain de transport, angeschwemmter Boden. Reclus. 1/1, 65, p. 65. Vgl. *Apport*.

Trituration, das Sortiren der Briefe, Packete u. s. w. du Camp. R. 1/1, 67, mehrmals und nie cursiv gedruckt. B. und M. geben nur das Zerstampfen u. dgl.

Tsigane, Zigeuner. Perrot. R. 1/2, 65, p. 614. B. giebt Zingari, M. Szingane. Zu erstcrem habe ich noch das Femininum zingara gefunden. Rivière. R. 1/1, 67, p. 123.

Usuel. Arts usuels, gemeinnützige Gewerbe. Règl. de l'Exp. univ. de 1867.

Veston, Hausjacke. Ce mirliflore en veston de satin. About. R. 15/11, 66, p. 286. Neubildung.

Vigie. Der Sitz der Schaffner auf Eisenbahnzügen wird bezeichnet als vigie vitrée au sommet des fourgons placés en tête et en queue du train. Vigie hat also hier den Sinn von *Platz* des Wachthabenden. Gaudry. R. 15/6, 64, p. 957.

Berlin. Franz Scholle.

Beurtheilungen und kurze Anzeigen.

Germania. Vierteljahrsschrift für Deutsche Alterthumskunde. Herausgegeben von Franz Pfeiffer. 11. Jahrgang, 3. Heft. Wien 1866.

Ueber den syntactischen Gebrauch des Dativs im Gothischen von Artur Köhler. In dieser Abhandlung von etwas über 40 S., ursprünglich Doctordissertation in Göttingen, verbreitet sich der Verf. ausführlich über das ganze Gebiet dieses Casus im Gothischen: 1) über den eigentlichen Dativ; 2) über den ablativischen Dativ; 3) über den absoluten Dativ.

Althochdeutsche Glossen von A. M. Walz. Aus einer Salzburger Handschrift werden etwas über 150 Glossen mitgetheilt.

Zeugniss zur Deutschen Heldensage von W. Crecelius. Aus einer Chronik der Jahre 1155 bis 1165 mitgetheilt.

Hrafnagaldr Odhins. Von Theophil Rupp. Versuch einer Erklärung dieses schwierigen Eddaliedes.

Altes Zeugniss über die Mundarten und die Schriftsprache der Deutschen. Fr. Pfeiffer theilt eine Stelle aus Caspari's Scioppii comitis a Clara Valle aus d. J. 1626 über die verschiedenen deutschen Idiome mit.

Altsächsische Bruchstücke. Von Hoffmann von Fallersleben aus einer Handschrift der ehemaligen Frauenabtei Gernrode am Harz mitgetheilt. Gefunden und gerettet hat dieselben Herr Prof. von Heinemann, Herzogl. Archivar zu Bernburg.

Bibliographische Uebersicht der Erscheinungen auf dem Gebiete der germanischen Philologie im J. 1865. Specielles Verzeichniss aller hierhergehörigen Werke und Abhandlungen (645 Nummern) mit gewohnter Gründlichkeit von K. Bartsch angefertigt.

Miscellen. Zur Geschichte der Deutschen Philologie 4. Briefe von J. Grimm; B. F. Grimm's Briefe an Hoffmann von Fallersleben. (12 Briefe aus den Jahren 1816—1824 nebst einleitenden Worten von Hoffmann.)

Berlin.   Dr. Sachse.

Germania. Vierteljahrsschrift für Deutsche Alterthumskunde. Herausgegeben von Fr. Pfeiffer. 11. Jahrg. 4. Heft 1866.

Tristan und Isolde und das Märchen von der goldharigen Jungfrau und von den Wassern des Todes und des Lebens. Von Reinh. Köhler.

„Der Zug, dass der Held die Unbekannte, von welcher ein von einem Vogel fallen gelassenes Haar berrührt, suchen muss, kommt nicht nur in der Tristansage vor, sondern auch in ganz ähnlicher Weise in einigen Versionen eines europäischen Volksmärchens." Mehrere Märchen, ein jüdisches, böhmisches, französisches, neugriechisches und einige deutsche (Pröhle, Grimm) werden mitgetheilt und nach ihren Abweichungen von einander besprochen, ausserdem werden noch vier andere erwähnt. Als Beilage folgt eine Stelle A. des überarbeiteten Eilhartschen Tristan aus der Heidelberger Handschrift; B. aus der Dresdener Handschrift.

Bruchstücke aus dem Leben des heil. Eustachius und aus den sieben Schläfern. Von Fr. Roth. Beschreibung des Pergament-Doppelblatts, auf welchem die Bruchstücke stehen, und Mittheilung von 176 Versen des letztern Gedichts.

Holden am Niederrhein von Alex. Kaufmann. Aus einem niederdeutschen Manuscript des 15. oder Anf. des 16. Jhrdts. wird nach einigen vorausgeschickten literarhist. Notizen eine Stelle über die guten Holden oder weisen Frauen mitgetheilt.

Die gothischen absoluten Nominativ- und Accusativconstructionen. Von H. Rückert. Aufzählung und Besprechung der einzelnen Stellen.

Baldur. Von Theophil Rupp in Reutlingen. „Baldur oder Phol erscheint in deutschen Namen, Gebräuchen und sonstigen Ueberlieferungen als eine Verbildlichung des mit der Wintersonnenwende neu erstandenen und ↑zunehmenden Lichtes, welches, das Dunkel des Winters zerstreuend, die Frühlingswärme erzeugt, das neue Leben in Keimen, in Wurzeln und Quellen erschliesst und im erfrischenden Thau, in Blüthen und Blumen, in den Wirkungen der klaren, heilsamen Quelle seine Lieblichkeit kund giebt." In diesem Sinne werden alle einzelnen Stellen, die sich im Nordischen und Deutschen auf Baldur zurückführen lassen, ausgelegt.

Ein altes Kindergebot. Von Reinh. Köhler. Nachträge zu Germania V, 448 aus Deutschland, Niederlanden, Dänemark, England, Frankreich.

Ueber die Betonung viersilbiger Wörter im Mittelhochdeutschen. Fr. Pfeiffer behauptet, dass in viersilbigen Wörtern auf die erste, sonst immer kurze Silbe der Haupttons fallen kann und oft wirklich fällt.

Zur Deutschen Märchenkunde. Von Karl Schenkl. Erklärende Bemerkungen über 4 Grimm'sche Märchen.

Ueber die tonlangen Vocale des Niederdeutschen. Von Nerger in Rostock.

Zusammenhang der Indischen und Deutschen Thiersage. Nachgewiesen von A. Meier in Bremen aus Dr. Bastian's Werk: Die Völker des östl. Asiens verglichen mit Reinhart 1280—1300.

Literatur. Uhland's Schriften: Zur Geschichte Deutscher Dichtung und Sage. 1. Bd., Stuttgart 1865, angezeigt von K. Bartsch. — Rymkronyk van Vlaenderen, angezeigt von Kausler. — Tristan et Iseult, poëme de Gotfrit de Strasbourg comparé à d'autres poèmes de la même sujet par A. Bossert, angezeigt von Lambel.

Miscellen. Briefe von Jac. Grimm an Hoffmann von Fallersleben. Schluss. — Berichtigungen zu den Kosenamen der Germanen von Franz Stark.

Berlin.   Dr. Sachse.

Anzeiger für Kunde der Deutschen Vorzeit. Nürnberg 1866, Nr. 5—8.

„Die ersten Büchsenschützen, die an der Wange abschossen." Berichtigung des Artikels von Nr. 12 des vorjährigen Anzeigers von Toll in Coblenz.

Albertus mit dem Zopfe auf einem Glasgemälde zu St. Erhard in der Breitenau in Steiermark. Mit einer Abbildung. Historische Erklärung und Beschreibung derselben von Essenwein.

Der Niemand. „Eine der ältesten lustigen Figuren unserer Vorzeit und wahrscheinlich eine Tradition des vorchristlichen Alterthums ist der Niemand, dem man Alles in die Schuhe schiebt, der alle häuslichen Fatalitäten angerichtet haben, an jedem persönlichen Missgeschick Schuld sein soll." Beispiele seiner Verherrlichung in Poesie und Prosa werden in Menge von 1510—1794 von E. Weller nachgewiesen.

Spruch vom schönen Brunnen zu Nürnberg. Von Jos. Bader. Beschreibung dieses Brunnens und Mittheilung eines Reimspruchs aus einer Chronik des 15. Jhdts.

Die Kreuzigung Christi und der beiden Schächer, ein Holzschnitzwerk in der Michaelskirche zu Zeitz. Von Gust. Sommer. Nach der vorzüglichen Arbeit zu urtheilen ist dieselbe zwischen den Jahren 1470—1540 gefertigt.

Alter Spruch. Aus dem 15. Jhdt. mitgetheilt von Dr. Barack in Donaueschingen.

Ueber einige mittelalterliche Elfenbeinschnitzwerke etc. Von A. Essenwein. Allgemeineres über mittelalterliche sowohl religiöse als weltliche Darstellungen nebst specieller Erklärung der genannten Arbeit, die abbildlich dem Text einverleibt ist.

Die Ausgabe der Sprichwörter Agricola's v. J. 1548. Von F. Latendorf. Besprechung einiger streitigen Punkte und Berichtigung von Irrthümern sowohl litterarhistorischer hinsichtlich der Werke Agricola's, als des Agricola selbst.

Eine neue Flugschrift über den Englischen Schweiss des Jahres 1529. Von Prof. Häser zu Breslau. Eine aus dem Niederdeutschen in's Lat. von einem gewissen Bartholomæus Zehner übersetzte Abhandlung wird mitgetheilt.

Regensburgischer gsundttranckh. Von H.... ff aus einem grösseren Manuscript, welches 1072 Octavseiten füllt, 10 Lat. Tragödien und Dramen enthält und im Jahre 1656 geschrieben ist, mitgetheilt.

Unglückstage. Von Baader einem Kalender aus der 1. Hälfte des 15. Jhdts. entlehnt. Es werden ohne weitere Angabe 18 als „böse, verworfene" Tage verzeichnet, „an denen man weder kaufen noch verkaufen, nicht ein Weib nehmen, noch irgend eine Sache thun noch treiben darf."

• Sphragistische Aphorismen vom Fürsten zu Hohenlohe-Waldenburg. Allgemeineres über den Nutzen der Sphragistik, über den Mangel an wissenschaftlicher, diesem Felde gewidmeter Thätigkeit und Versuch eines sphragistischen Systems.

Ausgrabungen bei Rochsfeld. Von Dr. A. von Eye. Bericht über Beschaffenheit der Gegend und die dort aufgefundenen Gegenstände.

Zur Geschichte der Entdeckung und Erkennung der Pfahlbauten. Von Dr. Alb. Jahn in Bern. Schon Anfangs der vierziger Jahre wurde Herr Jahn auf Baureste im Bieler See aufmerksam. Es wurde im Laufe der Jahre nach und nach eine Menge Töpferware keltischen Ursprungs, Metallsachen u. A. zu Tage gefördert, und schon im Jahre 1850 wurde ein uraltes Pfahlwerk von der Substruction einer bedeutenden Ansiedlung beschrieben. Dies zur Berichtigung der Notiz im Anz. 1866 Nr. 2, p. 50.

Einige Bemerkungen zu dem bekannten Wappenschilde des

Landgrafen Conrad von Thüringen († 1241) in der St. Elisabethen-Kirche zu Marburg. Vom Fürsten zu Hohenlohe-Waldenburg.

Anweisung zum Pulvermachen aus dem 14. Jhdt. Von Dr. Kerler. „Man sol salpeter nemen und sol in legen in einen cyncin löffel u. s. w.

Verzeichniss der Ausgaben für den Bau einer Kapelle im Stifte Reun in Steiermark, aus dem Jahre 1409. Von Greiner in Gas.

Sphragistische Aphorismen vom Fürsten zu Hohenlohe-, Waldenburg. Abbildung und Beschreibung einzelner Siegel.

Beiträge zur schweizerischen Kunstgeschichte. Von Ed. His-Heusler in Basel.

Eine Darstellung des Erzvaters Adam. Von A. Essenwein. Beitrag zur Iconographie des Mittelalters.

Herzog Wilhelm von Bayern sucht Reliquien für die St. Michaelskirche zu München. Aus d. J. 1595.

Alte Dramen. E. Weller verzeichnet die Titel von 20 bisher unbekannten Dramen aus dem 16. Jhdt.

Altdeutscher Spruch. 5 kurze Reimpaare von Dr. Birlinger aus einem Bamberger Codex mitgetheilt. Die Beilagen zu den 4 Nummern enthalten, wie immer, die Chronik des Museums und Notizen aller Art.

Berlin. Dr. Sachse.

---

1. K. A. Hahn's Mittelhochdeutsche Grammatik. Neu ausgearbeitet von Dr. Friedrich Pfeiffer, Stadtbibliothekar zu Breslau. Frankfurt a. M., Heinr. Ludw. Brönner's Verlag. 1865. XIV u. 200 S. 8.

2. Lehrbuch der Mittelhochdeutschen Sprache für Gymnasien von A. Thurnwald, Prag 1864. Verlag von Friedrich Tempsky. VIII u. 199 S. 8.

Es versteht sich von selbst, dass, wenn Pfeiffer die Umarbeitung der längst bewährten, vielfach benutzten und ausgeschriebenen Hahn'schen Grammatik übernahm, alles was durch die während der letzten 20 Jahre auf dem Gebiet des Mittelhochdeutschen rege fortgeführten Studien älterer und neuerer Gelehrten gewonnen worden ist, in dieser neuen Bearbeitung in der geeignetsten Weise zur Verwerthung kommen musste. Davon legt wohl jeder Paragraph der neuen Grammatik Zeugniss ab. Der Zugang zu den Schätzen unserer mittelhochdeutschen Litteratur ist der gegenwärtigen Generation durch die Hahn-Pfeiffer'sche Grammatik und durch das seiner Vollendung entgegengehende Wörterbuch von Müller-Zarncke nun äusserst bequem gemacht; von den Schwierigkeiten, die sich demjenigen, der in den zwanziger Jahren sich dem Studium unserer mittelhochdeutschen Classiker widmen wollte, entgegenstellten, hat die Jetztwelt keine Ahnung — vielleicht aber auch nicht von der Freude, mit der man sich damals, besonders auf Anregung der in vielfacher und vorzugsweise in dieser Beziehung hoch verdienten sogenannten romantischen Schule, in diese damals recht schwierigen, nun so sehr erleichterten Studien versenkte. — Man wird bei der Lectüre mittelhochdeutscher Werke schwerlich auf eine Erscheinung stossen, die man nicht mit Hülfe der Hahn-Pfeiffer'schen Grammatik sich erklären könnte.

Die Heranziehung der vorhergehenden Sprachstufen geschieht in der knappesten Weise und kann den Anfänger nirgend verwirren. Selbst die Hindeutung auf die drei Sanscritwurzeln der drei Stämme unseres Hülfsverbums sein ist ganz an der Stelle. Der für die mittelhochdeutsche Grammatik unentbehrliche Abschnitt über die Metrik ist klar und auch für eingehendere Studien vollkommen ausreichend. Mit Recht erklärt sich Pfeiffer gegen das in einigen neueren Ausgaben eingehaltene Verfahren die stummen Vocale fortzulassen, um das Lesen nach Hebungen zu erleichtern. Es kommen dann Formen zum Vorschein, „die das Auge beleidigen und das Verständniss erschweren." Bei der Durchsicht dieser Grammatik drängt sich von neuem der Gedanke auf, dass es in der That bedauerlich ist, dass der Unterricht im Mittelhochdeutschen in dem Organismus unserer Gymnasien immer noch seine rechte Stellung nicht gefunden zu haben scheint. Der Grund dafür liegt wohl darin, dass in Secunda – und anderswohin kann es nicht untergebracht werden — der neue Gegenstand zu unvermittelt und zu fremdartig an die Schüler herantritt, als dass er Lust zu weiteren eigenen Studien erwecken könnte. Abhülfe kann nur dadurch geschafft werden, dass schon von den unteren Classen an einer geschichtlichen Grammatik im Deutschen Unterricht vorgearbeitet wird; die neu erschienene Schwarz'sche Grammatik (Berlin 1866) scheint uns dafür ein höchst brauchbares Hülfsmittel zu sein.

Ein eigenes Lehrbuch der mittelhochdeutschen Sprache für Gymnasien liefert nun Thurnwald. Es enthält eine Laut- und Formenlehre, dann Lesestücke und ein Glossar. Der Verfasser berichtet, dass Pfeiffer die Herausgabe dieses Buchs durch eine Recension in der Zeitschrift für österreichische Gymnasien wenigstens beschleunigt habe, in welcher Recension das Hauptgewicht des mittelhochdeutschen Sprachunterrichts auf Gymnasien auf die Lectüre des Nibelungenliedes und der Gudrun gelegt worden sei. Der Herausgeber giebt demgemäss ausführliche Auszüge aus dem Nibelungenliede nach Zarnke, 520 Strophen; dann „Lieder von Gudrun nach Müllenhoff's Kritik ed. Hahn 1853," im Ganzen 106 Strophen: 6 Lieder von Walther von der Vogelweide nach Lachmann, 5 Stücke aus Vridank's Bescheidenheit nach W. Grimm, und eine Predigt von Berthold von Regensburg nach F. Pfeiffer. Wenn man auch mit der Auswahl der Stücke, die etwa Stoff für die Klassenlectüre eines Jahres bewähren, zufrieden sein kann — es bleibt freilich immer zweifelhaft, ob die Lectüre der Gudrun, selbst wie sie nun vorliegt, grade zur Einleitung in das Studium der mittelhochdeutschen Sprache zweckmässig benutzt wird — so möchte man doch das Glossar etwas reichhaltiger — die Hauptformen der starken Verba waren wenigstens anzugeben — die Grammatik dagegen etwas conciser gehalten wünschen. Die vollständigen Paradigmen allein würden mehr an der Stelle gewesen sein, als die zuweilen wenig genau gefassten Regeln. Das Buch ist nicht grade zum Selbststudium bestimmt und kann, unter Leitung eines kundigen Lehrers gelesen, immerhin gute Dienste thun. Wir wünschen dem Buche schon aus dem Grunde in dem Lande, wo es erschienen ist, eine recht starke Verbreitung, weil es offenbar dort zugleich die Mission hat, deutschen Sinn und deutsche Wissenschaft dem Czechenthum gegenüber aufrechtzuerhalten und zu kräftigen.

Register zu J. Grimm's Deutscher Grammatik von Dr. K. H. Andresen. Göttingen. Dieterich 1865. VIII u. 213 S.

Der Verfasser hat dem schwierigen Unternehmen, ein Register zu der Grimm'schen Grammatik zu liefern, grossen und erfolgreichen Fleiss gewidmet und durch seine Bemühung diesen thesaurus germanicus in bequemerer Weise, als früher möglich war, zugänglich und benutzbar gemacht. Er wird auf ein dankbares Publikum rechnen können. Auch wer in dem Organismus der Grammatik so orientirt ist, dass er im Allgemeinen weiss, wohin er beim Aufsuchen eines bestimmten Artikels oder zur Beantwortung einer bestimmten Frage sich zu wenden hat, wird sich doch vielfach durch dies Verzeichniss gefördert und auch wohl durch die jetzt vorhandenen Zusammenstellungen zu manchen neuen Gedankenverbindungen und erweiterten Forschungen veranlasst finden. Das Register bildet nun einen integrirenden Theil des grossen grammatischen Werks, dem es seinem Formate nach entspricht, und wird sich sicher so weit verbreiten, als dies selber verbreitet ist.

Aesthetische Vorträge von A. W. Grube. Erstes Bändchen: Göthe's Elfenballaden und Schiller's Ritterromanzen. 1864. Zweites Bändchen: Deutsche Volkslieder. Vom Kehrreim des Volksliedes. Der Kehrreim bei Göthe, Uhland und Rückert. 1866. Iserlohn, J. Bädeker. X u. 213 S. 306 S.

Diese Vorträge beweisen, dass der Verfasser, obgleich er sich darüber nicht weiter ausspricht, ein klares Bewusstsein davon hat, worauf es bei einem Commentar zu unseren nationalen Dichtungen ankommt. Das äussere Verständniss deutscher Gedichte für deutsche Leser vermitteln zu wollen, kann die Hauptaufgabe nicht sein. Ist dasselbe durch den Dichter selbst erschwert, so ist das ein Fehler und durchaus kein Zeichen für die Vollkommenheit des Werks. Kein vollendetes Kunstwerk, sei es der bildenden Kunst, sei es der Poesie angehörig, soll als Räthsel an uns herantreten; das Vergnügen am Räthselerrathen — ein blosse Verstandesoperation — ist ganz etwas anderes als Kunstgenuss. Auch die in dem Titel des vorliegenden Buchs genannten Poesien bedürfen zu ihrem Verständniss keines Commentars, wie man den Ausdruck gewöhnlich versteht; wäre es der Fall, sie würden niemals geistiges Eigenthum unseres Volks geworden sein, wie sie es sind. Dasjenige, was bei ihnen erklärt werden muss, ist nicht das wahrhaft Werthvolle an ihnen; als ächte Kunstwerke — auch die Volkslieder sind es in dieser Hinsicht — treten sie in den Gang unseres geistigen Lebens ein, bestimmen in oft uns selbst unbewusster Weise einzelne Momente unsers Denkens und Empfindens, sie werden ein Element unseres eigenen geistigen Lebens. Es verhält sich damit ähnlich, wie mit der Bibel. — Ein ächtes Kunstwerk aber bietet der Betrachtung und Empfindung unendlich verschiedene Seiten dar, und darum ist es durchaus nicht abzuweisen, wenn jemand, der den Beruf dazu in sich fühlt, seine Art der Auffassung desselben vorträgt. Der Leser oder Hörer mag dadurch auf neue Seiten des Kunstwerks, die grade ihm noch nicht aufgegangen waren, aufmerksam gemacht werden und das Werk selber dadurch neuen Reiz für ihn, neue Bedeutung für sein inneres Leben gewinnen. Wohl aber verlangen wir von einem solchen Erklärer, dass er von seinem Gegenstande begeistert, dass er in sich klar und wahr und jedem Streben nach Schein fern sei, und dass er selber eine eigenthümlich ausgebildete, schöne geistige Persönlichkeit darstelle. Dem Poeten wie dem Propheten wie dem Künstler ist ein solcher Erklärer innerlich verwandt; wenn ihn diese Verwandtschaft nicht hinzieht, schreibt er sicherlich keine Commentare oder sonstige Erklärungen. Sie sind selten, diese Erklärer, auf allen Gebieten der Kunst: es werden über

Kunstwerke unendlich viel Phrasen gemacht, unendlich viel Plattheiten zu Tage gefördert. Wir können unserem Commentator kein grösseres Lob zuertheilen, als dass wir behaupten: er sei ein rechter Erklärer der von ihm in dem vorliegenden Buche behandelten Poesien.

Es folgt aus dem Gesagten, dass eine Erklärung von Poesien oder sonstigen Kunstwerken in dem bezeichneten Sinne, wenn sie den Hörer oder Leser innerlich fördern soll, immer zugleich einen subjectiven Charakter an sich tragen muss. Das ist auch bei dem vorliegenden Buche der Fall. Aus diesem Buche lernen wir, wie ein Mann, der sich mit Vorliebe in die Betrachtung und in den Genuss der Natur versenkt, der ferner erkannt hat, dass die Natur, wie Schleiermacher einst sagte, „in tausend zarten und erhabenen Bildern gleich einem Zauberspiegel unsere Wesens Höchstes und Innerstes auf uns zurückstrahlt," wie ein solcher die Goethe'schen und Schiller'schen Balladen und das Volkslied betrachtet und die in diesen Poesien behandelten ethischen Probleme gleichsam vom Boden der Natur aus auffasst. Offenbar stehen ihm die Goethe'schen Dichtungen näher als die Schiller'schen. Jene zeigen einen unmittelbaren Zusammenhang mit dem Volksliede, wie sie ja auch vorzugsweise auf Herder'sche Anregungen zurückzuführen sind. Schiller dagegen steht, wie sich schon aus seiner Recension der Bürger'schen Gedichte ergiebt, dem Volksliede ganz fern. Seine Romanzen und Balladen — es fehlt eigentlich der rechte Name für diese ganze Gattung der Poesie; selbst nach den Auseinandersetzungen unseres Verfassers passt weder der eine noch der andere Name auf diese Schiller'schen Dichtungen — sind Vorklänge, wenn man will: Vorstudien und Vorübungen zu seinen vollendeten Dramen, stammen also aus einer ganz anderen geistigen Disposition als die ist, aus welcher das Volkslied und die Goethe'schen derartigen Dichtungen hervorgegangen sind. Für sie hat die Bürger'sche Leonore gewiss die Bedeutung nicht gehabt, die der Verfasser ihr für die Entstehung der Goethe'schen und Schiller'schen Balladen und Romanzen zusprechen will. Diese Differenz, auf welche der Verfasser eben kein grosses Gewicht legt, macht sich doch auch in dem Buche von Grube fühlbar. So schön die Abhandlungen über die Schiller'schen Gedichte an sich sind, so lebendig mit seinen Erklärungen das in ihnen waltende äussere und innere Leben uns vor die Seele tritt, wir können doch nicht umhin, die Ausführungen über den „Erlkönig" und den „Fischer" höher zu stellen. Beiläufig gesagt, hat es uns nie recht einleuchten wollen, warum man, auf ein Wort Goethe's sich beziehend, immer wiederholt, dass der Gegenstand der letzteren Ballade nicht gemalt werden könne. Gefühle an sich kann man freilich nicht malen, wir trauen aber der Malerei zu, dass sie aus dem Fischer und dem Meerweibe, aus Wasser und Landschaft ein Werk schaffen kann, welches eine ähnliche Stimmung im Geiste des Beschauers hervorruft, wie die aus dem Gedicht hervorgehende ist. Natürlich müsste aber der Gedanke des Lieds — und es ist doch nicht blosser Gefühlsausdruck, wie Goethe bei Eckermann sagt — in eigenthümlicher Weise in der Seele des Künstlers wiedergeboren werden, und das so entstandene Kunstwerk würde dann zu ähnlichen Betrachtungen auffordern, wie etwa die Laokoonsgruppe in ihrem Verhältniss zu der Dichtung Virgil's.

Dass in der Abhandlung über das deutsche Volkslied der Verfasser sich so recht in seinem eigentlichen Elemente bewegt, kann nicht überraschen. Wir halten seine Auseinandersetzung für das beste, was seit Herder über diese Poesien geschrieben ist und man liest die mitgetheilten Lieder unter dem Eindruck der Bemerkungen des Verfassers mit erneutem und erhöhtem Interesse. Ausgeht er dabei vom Hildebrandsliede, das er nicht nach Caspar von der Roen, sondern in einer dem ächten Volksliede näher stehenden Form nach einem Frankfurter Liederbuche von 1582 mittheilt. Doch setzt er das Verhältniss desselben zum althochdeutschen Liede des achten Jahrhunderts eingehend auseinander. Er verfolgt dann die verschiedenen Phasen des Volksliedes mit einer bei der Reichhaltigkeit des Stoffs höchst achtungswerthen Selbstbeschränkung, und schliesst die Abhandlung mit der resignirenden Betrachtung: dass deutsche Volkslieder als natürliches Product des Volksgeistes nicht mehr entstehen. Jetzt kommen dem Volke seine Lieder von unsern Kunstdichtern her, deren Classicität sich grade dadurch bewährt, dass sie in's Volk dringen. Der Verfasser drückt sein Bedauern über den Untergang dieser schönen Blüthe des Menschengeistes grade so aus, als wie man von dem Tode einer Blume spricht. Man weiss, sie muss sterben und ist doch traurig dabei. Warum aber sollen wir uns nicht der Aussicht erfreuen, dass eine neue Zeit für das deutsche Volksleben hereinbrochen will, in welcher der bisherige, nun verschwindende Gegensatz der Kunst- und Volkspoesie nur ein Hemmniss für das Hervortreten noch vollendeterer Poesien sein würde?

Auch der Abhandlung über den Kehrreim, die durchaus sich nicht auf die Betrachtung einer blossen poetischen Form beschränkt, sondern den Gedanken- und Lebensgehalt einiger unserer lieblichsten und schönsten Gedichte — wir heben aus dem zweiten Theil nur die meisterhafte Besprechung des: Ach neige, Du Schmerzenreiche, Dein Antlitz gnädig meiner Noth, und des Mignonliedes hervor — darlegt, folgt man mit tiefem Antheil. Der Verfasser verfolgt den Kehrreim, der in vielen Fällen wie ein Regulator, in anderen wie ein Einigungsband des so leicht in's Masslose und Unbeschränkte sich verlierenden Gefühls (bei Rückert: der Phantasie) erscheint, in seinen verschiedenen Formen in den deutschen und auch in den Liedern anderer Völker. Vollständigkeit konnte der Verfasser nicht beabsichtigen, er hat aber grade durch besonnene Auswahl seinen Zweck erreicht, nicht ein nacktes Schema, sondern eine vom Anfang bis zu Ende hin ansprechende Abhandlung zu geben. Wir möchten behaupten, dass der Verfasser grade dieser immerhin bedeutsamen poetischen Form ein so eingehendes Studium gewidmet hat, weil in ihr sich eine recht innige Verbindung der Lyrik mit dem Naturleben ausspricht. Der Kehrreim ist wie eine Senkwurzel des Lieds nach der Naturseite hin; auch sind ja die einfachsten Kehrreime die hinter den einzelnen Versen oder Strophen sich wiederholenden Natur- und Empfindungslaute. Das Kyrieleis der Volksgemeinde des christlichen Mittelalters war gewiss bei dem grössten Theil der Singenden auch nichts anderes. Die sich an die Betrachtung des Kehrreims bei Goethe, Uhland und Rückert knüpfende Charakteristik der drei Dichter als Lyriker wird wohl allgemeine Zustimmung finden.

So können wir denn aus voller Ueberzeugung die beiden vorliegenden Bändchen „Aesthetischer Studien" als eine hoch erfreuliche Erscheinung unter den so zahlreichen Erklärungsschriften deutscher Poesien empfehlen. Die alten bekannten in der Zeit frischer Jugend angeeigneten Lieder, sie werden uns, auf dem Boden und mit dem Hintergrunde einer sinnigen tiefen Naturbetrachtung angeschaut, wieder neu. Insbesondere aber danken wir noch dem Verfasser für die kurze und tapfere Abweisung der von Julian Schmidt, Eckard, Hofmeister und Brandstädter gegen die Schiller'schen Balladen und Romanzen erhobenen Vorwürfe. Wer sich an die Kritiker selbst die Freude an diesen reinsten Erzeugnissen deutscher Poesie verderben will, der thue es immerhin. Geistigen Gewinn und Förderung haben weder er noch andere davon. Wir aber wissen, dass keine Generation der Zukunft, mag sie auch in ihrer geistigen Bildung und im Verständniss poetischer Werke weit über uns hinausgeschritten sein, mit Geringschätzung deswegen auf uns herabblicken wird, weil wir die hier erläuterten Dichter und Dichtungen hochgeehrt und in ihrem Genuss reine Freude gefunden haben.

J.

Beurtheilungen und kurze Anzeigen.

Der Grossätti aus dem Leberberg. Sammlung von Volks- und Kinderliedern, Spottreimen, Sprüchwörtern, Wetter- und Gesundheitsregeln u. s. w. aus dem solothurnischen Leberberg gesammelt von Frz. Jos. Schild. Ein Beitrag zum Schweizer-Idiotikon. Biel, K. F. Steinheil. 1864. XIV u. 148. 2 Musikbeilagen.

Der Verfasser, ein Arzt in Solothurn, beabsichtigt mit dem dortigen Professor Schlatter ein schweizerisches Idiotikon herauszugeben und übergiebt dasjenige, was er bei seinen Bemühungen behufs des beabsichtigten Werks in drei Dörfern seines Cantons, in Grenchen, Bettlach und Selzach, welche an den Vorbergen des Jura liegen, von mundartlichen Redensarten und Sprüchen, und sonst als charakteristisch für die Sprache und den geistigen Standpunkt der Bewohner jenes Bezirks aufgefunden hat, der Oeffentlichkeit. Warum grade die Studien des Verfassers in jenen drei Dörfern zu einer solchen Publication geführt haben, sieht man nicht recht ein; es mag wohl in besonderen Privatverhältnissen seinen Grund haben. Die Dörfer, wenn sie auch grade nicht auf der Touristenstrasse liegen, scheinen nach dem, was hier geboten wird, nicht so viel hervorstechende Eigenthümlichkeiten in sprachlicher und kulturhistorischer Hinsicht entwickelt oder bewahrt zu haben, dass die vorliegende Sammlung besonders dadurch motivirt würde. Die Sprache erscheint noch sehr verwandt mit der durch Hebel's allemannische Gedichte allgemein bekannt gewordenen, des gar nicht weit davon entfernten badischen Oberlandes. Am meisten hervortretend ist noch die durchgehende Veränderung der n d in ̀ng, wie Ching, Hang statt Kind, Hand. Dass die Volkssprache eine gewisse Scheu hat, sich des Imperfects im Indicativ zu bedienen, findet sich an vielen Stellen ausserhalb Solothurns. Das Volk liebt es wohl, die Facta einzeln nebeneinander als etwas in sich abgeschlossenes, fertiges hinzustellen; die Beziehungen derselben zu einander auch grammatisch auszudrücken — und selbst im aoristisch gebrauchten Imperfectum macht sich immer auch eine Beziehung auf anderes geltend — ist ihm zu unbequem; es hat darum ebenso auch keine Vorliebe für das Plusquamperfectum und Futurum Exactum. — Ebenso wenig wie die Sprache bietet aber der sonstige geistige Gehalt des Buches sonderlich Bemerkenswerthes dar. Wir erfahren, dass das von Herder in die „Stimmen der Völker" aufgenommene Lied „Duslo und Babelo" aus Grenchen stammt, und noch eine bei Herder fehlende Schlussstrophe hat:

Und wenn der Himmel papyrig wär',
und jede Stern e Schryber wär',
und jede Schryber hätt sibe Häng'
si schrybe doch mir Liebi keis Eng.

Eine ganz ähnliche Strophe findet sich aber auch anderswo Volksliedern angehängt und ist durchaus nicht dem Grencher Liede, das danach im Leberberge „der papyrige Himmel" betitelt wird, eigenthümlich. Die weiteren Fortsetzungen des Liedes sind offenbar, wie auch der Verfasser halb zweifelnd zugesteht, nicht aus dem Volke hervorgegangen. Ein Spottlied aus dem Jahre 1732, das auch mitgetheilt wird, hat viel mehr den ächten Volkston, aber für den Witz der Dörfler giebt es kein glänzendes Zeugniss. Die Grencher ziehen auf die Jagd, um ein Schaden anrichtendes Wildschwein zu tödten. Sie werden aber durch eine falsch gedeutete Fährte zu dem Bau eines Iltis geführt, der dann bei Ankunft der Jäger scheu entflieht. Deswegen werden sie nun von den Bettlachern in einem noch jetzt gesungenen Liede verhöhnt. — In den übrigen Abtheilungen des Buchs ist kaum etwas bisher Unbekanntes zu finden, das meiste ist allgemeines Eigenthum bäuerlichen Denkens durch ganz Deutschland; Eisenbahnen und Barometer spielen aber auch schon hinein. Unter den mitgetheilten Zaubersprüchen sind einige interessante. Der zum Merseburger Spruch „Phol ende Wôdan" parallele, sich auf die Heilung eines verrenkten Beins von Menschen oder Vieh beziehende lautet hier: „Es ging ein Hirsch über eine Heide; -- er ging nach seiner grünen Weide; - da verrenkt er sein Bein — an einem Stein. — Da kam der Herr Jesus Christ und schmierts mit Salz und Schmer — dass er ging wie bisher. — Im Namen Gottes u. s. w." drei mal zu sprechen. Den Hirsch möchte der Verfasser mit Wurtan in Zusammenhang bringen. Der Feuersegen aus Walperswyl ist etwas ausführlicher als die bei Grimm (Mythologie 1. Aufl.) mitgetheilten.

Wenn man nun auch dasjenige, was man aus dem übrigens ganz anspruchlos auftretenden und fleissig gearbeiteten Buche neues lernt, eben nicht hoch anschlagen kann, so wird es doch zunächst niemand übersehen dürfen, der sich mit dem Studium der deutschen Dialecte beschäftigt und auch sonst gewöhnt es immerhin ein ganz eigenes Interesse zu sehen, wie weit der geistige Horizont jener Bauern sich erstreckt und was von Gefühlen und Gedanken in jenem eng abgeschlossenen Kreise lebt und webt. Man gewinnt durch Mittheilungen in der Art und in der Form, wie sie der Verfasser gegeben hat, ein viel klareres und gewiss auch richtigeres Bild von dem geistigen Leben und Treiben auf dieser bestimmten Stufe des menschlichen Daseins, als durch sogenannte „Dorfgeschichten" gewonnen werden kann. Und von diesem Gesichtspunkt aus kann die Erscheinung des Buchs als ein recht werthvoller Beitrag zur Charakteristik des deutschen Bauernstandes betrachtet und empfohlen werden.

Ueber die altnordische Philologie im skandinavischen Norden. Ein von der germanischen Section der Philologenversammlung zu Meissen (29. Sept. — 2. Oct. 1863) gehaltener Vortrag von Dr. Thd. Möbius, (damals) Professor an der Universität zu Leipzig. Leipzig, Verlag der Serig'schen Buchhandlung. 1864. 40 S. 8.

Der Vortrag enthält eine Uebersicht dessen, was von Dänen, Schweden, Norwegern und Isländern besonders in neuerer Zeit für das Studium der altnordischen Litteratur geleistet worden ist. Vorträge solcher Art laboriren immer an der Schwierigkeit, dass sie, gehört, zu viel Detail enthalten, als dass es der Hörer sofort bewältigen und verwerthen könnte; werden sie gedruckt, so bieten sie wieder zu wenig und verlangen manche Erläuterungen, die denn auch Publikationen der Art in Form von Anmerkungen beigefügt zu werden pflegen. Der Verfasser musste sich „des gebotenen Raumes" wegen diese Erweiterung und Begründung seiner Arbeit bis auf einige angehängte Notizen versagen; doch hat er es verstanden, den Stoff so zu gruppiren, dass man ein ziemlich klares Bild von dem gegenwärtigen Zustande der altnordischen Studien in jenen Nordländern erhält. Zwei Bemerkungen aus diesem Vortrag mögen hier eine Stelle finden. Erstens wird der Verfasser nach, dass besonders durch den kürzlich verstorbenen Professor Munch festgestellt worden ist, dass es eine einheitliche altnordische Sprache für uns nicht mehr giebt. Die altnorwegisch-isländische und die alt-schwedisch-dänische Sprache unterscheiden sich in ihrer Formation ganz entschieden von einander, und ihre Verschiedenheit lässt sich historisch daraus begreifen, dass von den bis zum nordwestlichen Russland vorgedrungenen Germanen ein Theil direct über den finnischen Meerbusen nach den

Ebenen des Mälarsee ging und sich von da aus durch Schweden und über die dänischen Inseln nördlich, und südlich verbreitete; ein anderer Theil aber um den bottnischen Meerbusen herum durch die Lappmarken in Norwegen einzog, von wo aus dann Island bevölkert wurde. Beide Stämme blieben nun so lange durch die unwegsamen Gebirge und Waldungen in der Mitte der skandinavischen Halbinsel getrennt, dass sich für beide eine selbstständige Ausbildung ihrer Sprache gestalten konnte. Der Haupttheil der sogenannten altnordischen Litteratur gehört nun Island, also dem westlichen skandinavischen Stamme, an. Indess wird der Name: altnordische Litteratur und Sprache als allgemeine Bezeichnung durch diese an sich richtige Betrachtung nicht ausser Curs gesetzt werden. Wir fassen bei uns unter dem Namen des Althochdeutschen auch sehr verschiedene Dialecte zusammen. — Zweitens macht der Verfasser auf die Schwierigkeiten aufmerksam, die sich der Feststellung der altnordischen Schreibweise in den überlieferten Texten entgegenstellen. Zu einer allgemein anerkannten Normirung der Schreibweise altnordischer Texte ist man noch nicht gekommen, doch lehrt die oberflächlichste Vergleichung der früheren Ausgaben der Sagen aus dem vorigen Jahrhundert und aus dem Anfang des jetzigen mit denen der letzten Decennien, wie viel in dieser Hinsicht geleistet worden ist. Wir Deutschen sind in Bezug auf diesen Gegenstand durch die Bemühungen der Grimm, Lachmann, Haupt u. a. allerdings viel weiter gekommen, wir sind aber auch durch manche Umstände begünstigt worden, die dem Nordländer nicht zur Seite standen; besonders dadurch, dass die Vielheit der Codices die Kritik unterstützte, während viele Erzeugnisse altnordischer Litteratur nur in Einer Handschrift existiren. Auch ist wohl bei uns das Studium der Grammatik durch Beneke, Lachmann, die Grimms von vorn herein weit strenger genommen worden, während die Leistungen der Dänen und Skandinaver für altnordische Grammatik sich wohl mehr im Sinne und Geiste der grammatischen Leistungen unseres v. d. Hagen bewegten. — Obgleich der Titel des Vortrags eine Berücksichtigung der deutschen Studien über altnordische Litteratur nicht verspricht, so vermisst man doch ungern eine wenn auch nur kurze Hindeutung darauf. Nur im Allgemeinen bezeichnet der Verfasser die Ziele, welche die deutsche Philologie auf diesem Gebiete anzustreben hat und erreichen kann: sie hat dasselbe zu durchforschen um Beiträge zur Erklärung der darin vorkommenden sogenannten Realien zu geben, und für die Zwecke der vergleichenden Grammatik. Obgleich der Verfasser selbst altnordische Texte edirt hat, so scheint er doch der Ansicht zu sein, dass unsere Philologen den Nordländern mit ihren reichen Hülfsmitteln gegenüber zu sehr im Nachtheil stehen, als dass sie ihnen in Bezug auf Textrecensionen den Vorrang streitig machen könnten.

Berlin. Dr. Maerkel.

Alemannisches Büchlein von guter Speise von Dr. A. Birlinger. München.

Herr Birlinger, der sich durch seine Forschungen schon namhaftes Verdienst um den süddeutschen, besonders alemannischen Dialect erworben hat, theilt hier als besonderen Abdruck der Verhandlungen der Münchener Akademie das Büchlein von guter Speise mit, welches der Münchener Hof- und Staatsbibliothek angehört und im Anfange des funfzehnten Jahrhunderts geschrieben ist. Der verdienstvolle Herausgeber weist in der Einleitung hin auf die schon von Wackernagel, Pfeiffer und anderen herausgegebenen Bücher ähnlichen oder gleichen Stoffes, deren Anzahl nicht unbedeutend ist, giebt eine kurze Uebersicht über die sprachlichen Eigenthümlichkeiten des Buches und lässt dann die siebenundfünfzig Recepte desselben folgen, die meisten mit werthvollen sachlichen oder sprachlichen Anmerkungen begleitet. Angehängt sind noch acht Seiten „Bruchstücke aus einem alemannischen Büchlein von guter Speise" aus dem funfzehnten Jahrhundert.

Ungeachtet noch lange nicht alle bekannten Schriftstücke dieser Art gedruckt sind, würde es doch eine ersprießliche Arbeit sein, das vorhandene Material von sachlichem und sprachlichem Standpunkte aus zu verarbeiten. Es würde dadurch sowohl der Lexicographie, als auch der Sittenkunde, der Geschichte der Cultur und des Luxus ein nicht unbedeutender Gewinn erwachsen.

Berlin.   Dr. Sachse.

Ulfilas oder die uns erhaltenen Denkmäler der gothischen Sprache. Text, Grammatik, Wörterbuch. Bearbeitet und herausgegeben von Friedr. Ludwig Stamm. 3. Aufl. besorgt von M. Heyne, Docent an der Universität zu Halle. Paderborn 1865. Nebentitel: Bibliothek der ältesten deutschen Litt.-Denkmäler. I. Band.

Da ich schon im Jahre 1858 (vgl. Archiv 23. Band S. 416) mit kurzen Worten auf das Verdienstliche dieser Ausgabe hingewiesen habe, sei auch diese neue Ausgabe mit einigen Worten empfohlen. Nach dem im Jahre 1861 erfolgten Tode des Herausgebers hat diese neue, 3. Ausgabe Moritz Heyne besorgt. Dieselbe erfreut sich aller der Vorzüge, die jene erste Ausgabe so empfehlenswerth machten. Ausserdem hat Heyne den Text einer sorgfältigen Revision unterworfen und die Resultate der Uppström'schen Ausgabe des Cod. argenteus so verwerthet, wie sie es verdienen.

Die paulinischen Briefe, sowie die Fragmente des alten Testaments haben zum Theil höchst wesentliche Verbesserungen erfahren, deren Anzahl auf gegen 150 anzuschlagen ist. Dennoch ist noch manche Dunkelheit und Unsicherheit geblieben.

Die Lesarten, die in der ersten Auflage hinter dem Texte zusammengestellt waren, sind in der neuen zweckmäßiger Weise unter denselben gebracht worden.

Die dem Texte folgende Grammatik ist mit geringen sachlichen Abänderungen in der neuesten Gestalt beibehalten worden.

Das Wörterbuch ist um die neu entdeckten gothischen Wörter bereichert und ihnen die Belegstellen beigeschrieben. Ein Nachtrag dazu stellt diejenigen Wörter zusammen, die als auf falschen Lesarten beruhend, nunmehr aus dem gothischen Wörterbuche zu streichen sind.

Druck und Papier sind gut, der Preis ist mäßig. Es kann daher nicht fehlen, dass auch diese Ausgabe die weiteste Verbreitung finden wird.

Berlin.   Dr. Sachse.

Heliand. Mit ausführlichem Glossar herausgegeben von Moritz Heyne. Paderborn 1866.

Diese Ausgabe des Heliand bildet von der mit dem Ulfilas begonnenen Bibliothek der ältesten deutschen Literaturdenkmäler den ersten Theil des zweiten Bandes und ist Herrn Prof. Dr. Zacher gewidmet.

Der zweite Theil des zweiten Bandes soll die kleinen alliterirenden deutschen Denkmäler enthalten und in nicht zu ferner Zeit erscheinen. Hoffentlich wird Herr Heyne sein Versprechen bald erfüllen können, und ich möchte bei dieser Gelegenheit an ihn die Bitte richten, dieselben nicht bloss mit einem Wörterbuch, sondern auch mit erklärenden Anmerkungen unter dem Texte zu versehen.

Dasselbe hätte ich auch für den Heliand gewünscht. Zwar giebt das mit musterhaftem Fleisse ausgearbeitete Wörterbuch überall erklärende Anmerkungen, Uebersetzungen von Wörtern und ganzen Sätzen, zuweilen Hinweise auf das Beste, was für den Heliand geleistet ist, auf Vilmar's deutsche Alterthümer im Heliand, Vergleichung in der Regel mit althochdeutschen, angelsächsischen und altfriesischen, selten mit gothischen Wortformen; — aber unendlich bequemer und zeitsparender wäre es, wenn alles zum Verständniss des Sinnes Nothwendige, mit Ausnahme der Wortbedeutungen unter dem Texte zu finden wäre. Es würden dadurch die Anmerkungen allerdings mehr Raum weggenommen haben, als es jetzt durch blosse Angabe der verschiedenen Lesarten der Fall ist, allein das Wörterbuch wäre auch dafür weniger umfangreich geworden.

Ein Verzeichniss der Eigennamen ist recht zweckmässig von dem eigentlichen Wörterbuch geschieden und demselben vorangeschickt. Einige Nachträge und Berichtigungen folgen.

In der nur kurzen Vorrede bespricht Heyne ganz kurz das Verhältniss der Handschriften zu einander und deren Werth, besonders für die Orthographie.

Abweichungen derselben werden unter dem Text in ziemlich reicher Sammlung gegeben; ebenso einige Verbesserungsversuche oder Conjecturen neuerer Gelehrten. Beides nimmt indessen nur wenig Raum ein.

Für den gewöhnlichen Handgebrauch, sowie zum Gebrauch in Schule und Universität ist somit für die nächste Zeit durch diese Ausgabe vortrefflich gesorgt, und wenn auch nicht die erste vorzügliche Ausgabe Schmeller's, die im Jahre 1830 erschien, ganz durch diese neuere verdrängt werden soll und kann, wird jene von nun an doch nur noch für den eigentlichen Philologen von Interesse sein. So wie Schmeller's Verdienste überall mit Dank anzuerkennen sind, hat er doch vorzugsweise durch den Heliand ein unverwelkliches Lorbeerreis um seine Stirn geschlungen.

Papier und Druck sind ebenfalls vortrefflich; der Preis ist mässig.

Möge der Dank des gelehrten Publicums, den auch die Verlagshandlung so wohl verdient, dieselbe ermuntern und anregen, das begonnene Unternehmen einer Bibliothek der älteren Literaturdenkmäler rüstig fortzusetzen.

Berlin. Dr. Sachse.

Dictionnaire de la langue française par E. Littré. Tome premier. A—H. Hachette & Cie., Paris 1863—66.

Nachdem die erste Hälfte dieses Werkes erschienen, und der baldige Abschluss des Ganzen gesichert ist, dürfte es wohl an der Zeit sein, die Leser des Archivs auf's Neue auf ein literarisches Erzeugniss aufmerksam zu machen, welches bestimmt ist, dem Studium der französischen Sprache endlich eine sichere und vollständige Grundlage zu geben. Lange sind die Franzosen trotz ihrer bedeutenden Leistungen in andern Wissenszweigen in der Sprachforschung und ihren verwandten Gebieten auffallend zurückgeblieben. Es fehlte ihnen zwar nie an begabten Gelehrten, die mit der den Franzosen eigenen Verständigkeit und Eleganz über Sprachen und Litteraturen geschrieben haben, und ihre raisonnements über die sogenannte allgemeine Grammatik stehen bei gewissen Leuten noch in hohem Ansehen. Aber alle diese Leistungen haben für wahre Sprachforschung, die sich mit Thatsachen und nicht mit Phrasen abgibt, wenig oder gar keinen Werth gehabt. Es könnte im ersten Augenblicke befremden, dass gerade dasjenige Volk, das uns idealistischen Deutschen gegenüber, so praktisch, so recht im Realen sich bewegt und dabei die Gabe der Rede in so hohem Grade besitzt, in der Sprachforschung so sehr allen realen Bodens ermangelte. Diese Erscheinung ist jedoch nur die natürliche Folge davon, dass die Franzosen sich fast nie die Mühe gaben, die erste Bedingung der Sprachforschung zu erfüllen, nemlich ausser der Muttersprache noch andere zu erlernen. Nicht einmal die geschichtliche Entwicklung ihrer eigenen Sprache war ihnen bekannt. Raynouard war der Erste, der die Kenntniss der provençalischen Schwestersprache verbreitete. Lateinisch und Griechisch wurde freilich stets gelehrt, aber nur um die Blüthe der klassischen Poesie zu bewundern, und mit französischem Zuschnitt nachzubilden. Das umfassende Gebiet der deutschen Sprachen blieb ihnen stets unbekannt. Die neueste Zeit, die alle internationalen Schranken aus dem Wege zu räumen sucht, hat jedoch auch für die Sprachforschung heilsam gewirkt, und so sind endlich auch unter den Franzosen Sprachforscher und Philologen erstanden. Die grossartigen Leistungen deutscher Gründlichkeit, die umgestaltenden Forschungen Bopp's, der Brüder Grimm und speciell für die romanischen Sprachen die vergleichende Grammatik von Diez haben auch in Frankreich den geschichtlichen Sinn geweckt und die richtige Bahn vorgezeichnet. Die erste Stelle unter den von den Franzosen selbst geschriebenen Werken über französische Sprache und ihre Entwicklung nimmt nun unstreitig das dictionnaire von Littré ein, das sich nicht unwürdig dem deutschen Wörterbuch der Brüder Grimm an die Seite stellt, und es hat das französische Werk sogar einen Vorzug — wenn auch nur einen äusserlichen — vor seinem deutschen Vorbilde voraus, dass das Manuscript des ganzen Buchs vollendet in den Händen des Verlegers, und sein Druck so rasch vorangeschritten ist, dass das Wörterbuch von Littré vor dem der Brüder Grimm vollendet sein wird, obgleich es erst 11 Jahre nach diesem zu erscheinen anfieng.

Durch Zusammenstellung mit Grimm ist auch der Standpunkt Littré's bestimmt; es wird aber nicht uninteressant sein, aus der Einleitung, in welcher der Verfasser sich eingehend darüber ausspricht, einige Stellen hier anzuführen. Littré sagt: „Je dirai, définissant ce dictionnaire, qu'il embrasse et combine l'usage présent de la langue et son usage passé, afin de donner à l'usage présent toute la plénitude et la sûreté qu'il comporte. La conception m'en fut suggérée par mes études sur la vieille langue française ou langue d'oïl. Je fus si frappé des liens qui unissent le français moderne au français ancien, j'aperçus tant de cas où les sens et les locutions du jour ne s'expliquent que par les sens et les locutions d'autrefois, tant d'exemples où la forme des mots n'est pas intelligible sans les formes qui ont précédé, qu'il me sembla que la doctrine et même l'usage de la langue restent mal assis s'ils ne reposent sur leur base antique. . . . Sans parler des altérations et des corruptions qui proviennent de la négligence des hommes et de la méconnaissance des vraies formes ou des vraies significations, il est impossible, on doit en convenir, qu'une langue parvenue à un point quelconque y demeure et s'y fixe. En effet l'état social change; des institutions s'en vont, d'autres viennent; les sciences font des découvertes; les peuples, se mêlant, mêlent leurs idiomes . . . . Le contre-poids de cette tendance est dans l'archaïsme. On a beau se renfermer aussi étroitement qu'on voudra dans le présent, il n'en est pas moins certain que la masse des mots et des formes provient du passé, est perpétuée par la tradition et fait partie du domaine de l'histoire . . . . On a condamné des formes, rejeté des mots, élagué au hasard sans aucun souci de l'archaïsme, dont la connaissance et le respect auraient pourtant épargné des erreurs et prévenu des dommages.... En effet il faut bien se garder de ce jugement dédaigneux de l'oreille qui repousse tout d'abord un terme inaccoutumé, et le rejette parmi les archaïsmes et, suivant l'expression méprisante de nos pères, parmi le langage gothique ou gaulois. Pour se guérir de ce dédain précipité,*) il faut se représenter que chacun de nous, même ceux dont la lecture est le plus étendue, ne possède jamais qu'une portion de la langue effective.... Imposer à la langue des règles tirées de la raison générale et abstraite telle que chaque époque conçoit cette raison, conduit facilement à l'arbitraire. Un dictionnaire historique coupe court à cette disposition abusive!... La disposition commune à tous les articles est la suivante: le mot; la prononciation; la conjugaison du verbe, si le verbe a quelque irrégularité; la définition et les divers sens classés et appuyés, autant que faire se peut, d'exemples empruntés aux auteurs des dix-septième, dix-huitième et dix-neuvième siècles; des remarques quand il y a lieu, sur l'orthographe, sur la signification, sur la construction grammaticale, sur les fautes à éviter etc.; la discussion des synonymes en certains cas; l'historique, c'est-à-dire la collection des exemples depuis les temps les plus anciens de la langue jusqu'au seizième siècle inclusivement, exemples non plus rangés selon les sens, mais rangés suivant l'ordre chronologique; enfin l'étymologie.... Un travail ainsi conçu se fait en ce moment même en Allemagne. Deux célèbres érudits, les frères Grimm, ont entrepris de donner à leur pays un dictionnaire historique de sa langue. Cette grande epublication, commencée depuis quelques années, se poursuit avec succès, non obstant le malheur qui vient de la frapper et de lui enlever un des deux frères."**)

Ueber sein Verhältniss zum dictionnaire de l'Académie, dem Passbureau der französischen Sprache, dem Wörterbuch der Salons, dem Wächter der Correctheit und Eleganz, sagt Littré: „Quand, en 1696, l'Académie française prit le rôle de lexicographe, elle constitua, à l'aide des dictionnaires préexistents et de ses propres recherches, le corps de la langue usuelle. Ce corps de la langue, elle l'a, comme cela devait être, reproduit dans ses éditions ultérieures, laissant tomber les mots que l'usage avait abandonnés et adoptant certains autres qui devaient à l'usage leur droit de bourgeoisie. On peut ajouter que, dans la dernière édition qui date de 1835, elle a conservé certains mots plus vieux et plus inusités que d'autres qu'elle a rejetés. Quoiqu'il en soit, ce corps de langue a été rigoureusement conservé dans mon dictionnaire; il n'est aucun mot donné par l'Académie qui ne se trouve à son rang. Mais, comme la nomenclature a été notablement augmentée, comme il est toujours curieux de savoir si un mot appartient à la nomenclature de l'Académie, et qu'il est quelquefois utile d'en être informé quand on parle, ou qu'on écrit, enfin comme cette notion est exigée par certaines personnes qui se font un scrupule d'employer un terme qui n'ait pas la consécration de ce corps littéraire, j'ai eu soin de noter par un signe particulier tous les mots qui sont étrangers au dictionnaire de l'Académie. Ces additions sont considérables et proviennent de diverses sources..... Le dictionnaire de l'Académie n'entre point dans ce genre de recherches, ou, pour mieux dire, il obéit à une toute autre considération, qui, sans pouvoir être dite arbitraire, n'a pourtant aucun caractère d'un arrangement, rationnel et méthodique. Cette considération est le sens le plus usuel du mot: l'Académie met toujours en premier rang la signification qui est la principale dans l'usage, c'est-à-dire celle avec laquelle le mot revient le plus souvent

---

*) Auch für die sogenannte „vornehme Gesellschaft" in Deutschland sehr beherzigenswerth!

**) Wenige Monate nachdem Littré dies schrieb, wurde auch der ältere Bruder der Wissenschaft entrissen.

soit dans le parler, soit dans les écrits. Quelques exemples montreront comment elle procède. Dans le verbe avouer, la première signification qu'elle inscrit est confesser, reconnaître; mais sachant que avouer est formé de voeu, on comprend que tel ne peut pas être l'ordre des idées.... N'oublions point que ce n'est pas un caractère permanent pour une signification, d'être la plus usuelle; les exemples des mutations sont fréquents. Ranger d'après une condition qui n'a pour elle ni la logique, ni la permanence, n'est pas classer...."

Es scheint, dass die Academie in den letzten Jahren sich auch an die Ausarbeitung eines geschichtlichen Wörterbuchs gemacht hat. Littré sagt hierüber: „je dirai, en parlant du dictionnaire historique préparé par l'Académie française, que le plan qu'elle suit et le mien ne se ressemblent nullement. D'ailleurs l'illustre compagnie n'a encore publié qu'un fascicule comprenant seulement les premiers mots de la lettre A." Es ist gewiss ein grosser Fortschritt, dass die Franzosen anfangen, sich von der Vormundschaft einer vertrockneten Zunft zu befreien, die auf die Sprache stets nur verderblich einwirkte. Die Idee einer solchen Sprachpolizei konnte auch nur im Kopfe eines Richelieu, eines Feindes jeder freien Entwicklung entstehen, und nur bei einem Volk Anklang finden, das sich so leicht von falschem Glanze blenden lässt. Ich kann hier diese Bemerkung nicht zurückhalten, da es leider sogar in Deutschland Leute gibt, die sich nach einer Copie der französischen Akademie sehnen und das siècle de Louis XIV bewundern, Leute, für welche das strenge, aber wahre Urtheil Lessing's und Schiller's spurlos verhallte.

Bei der Aussprachebezeichnung findet sich Littré häufig im Widerspruche mit der herrschenden Mode und meist mit grossem Rechte. Es ist ein Laster der Franzosen und der tonangebenden Pariser insbesondere, die Gesetze der Aussprache den willkürlichen Launen von Leuten zu unterwerfen, die sich mit ihren steten Neuerungen im Modejournal begnügen sollten. Littré verdient alle Anerkennung diesem Laster entgegenzutreten; aber die Macht der Mode ist leider stärker als die Stimme der Wissenschaft, und so wird es ihm z. B. nicht gelingen, die Aussprache des l mouillé (das jetzt statt lj nur j gesprochen wird) wieder in's Leben zu rufen.

Die grammatischen Erläuterungen, welche Littré häufig beigefügt hat, sind durchweg mit Klarheit und Verständlichkeit abgefasst. Doch ist die Grammatik stets die schwache Seite der Franzosen geblieben und z. B. die Darstellung der Präpositionen, wo sie als Stellvertreter der Casus auftreten, ist selbst bei Littré ungenügend. (Siehe die Artikel de, des).

Der wichtigste Theil des Werkes, und womit Littré in Frankreich allein dasteht, ist das Gebiet des Geschichtlichen: „Je donne le nom d'historique à une collection de phrases appartenant à l'ancienne langue. . . . Pendant que, dans l'article consacré à l'usage présent, les acceptions sont rigoureusement classées d'après l'ordre logique, c'est-à-dire en commençant par le sens propre et en allant aux sens de plus en plus détournés, ici tout est rangé d'après l'ordre chronologique. Le principe de succession prévaut sur le principe de l'ordre des significations; ce qui importe, c'est de connaître comment les emplois se succèdent les uns aux autres et s'enchaînent. D'un coup d'oeil on saisit toute cette filiation; et, allant de siècle en siècle, on voit le mot tantôt varier d'usage, de signification et d'orthographe, tantôt se présenter dès les plus hauts temps à peu près tel qu'il est aujourd'hui." Ueber die Zeitbestimmung der Entstehung des Französischen dürfte die Angabe Littré's eine kleine Einschränkung erleiden. Die Eidformel der Söhne von Louis le Débonnaire (842) kann man nicht wohl französisch nennen, sie ist noch lingua romana rustica oder lateinische Vulgärsprache, und zwar derjenige Dialect derselben, die man langue d'oïl genannt hat; wohl aber lässt sich in dem chant d'Eulalie der Charakter einer neuen Sprache erkennen, die sich im Rolandslied schon ganz von ihrer lateinischen Mutter losgelöst hat. Ich benutze diese Gelegenheit, auf einen Druckfehler in meiner Bearbeitung der französischen Chrestomathie von Mager aufmerksam zu machen: das Rolandslied ist dort um ein Jahrhundert zu früh gesetzt. Von welchem Werthe für die Abstammung eines Worts die Anführung der Bedeutungen nach geschichtlicher Ordnung ist, zeigt Littré durch einige Beispiele: „Toutes les personnes familiarisées avec la latinité ne peuvent manquer d'être frappées du mot choisir très-voisin d'élire par le sens. Elire est, si je puis ainsi parler, du cru; il nous appartient par droit d'héritage; mais comment avons-nous l'autre, et quel est-il? L'historique donne la réponse. En le suivant dans son ordre chronologique, on voit que choisir a le sens d'apercevoir, de voir, et n'a que ce sens; puis, peu à peu, à côté de cette signification fondamentale apparaît la signification d'élire, de trier; puis, entre les deux significations, le rapport devient inverse: c'est celle d'élire qui prédomine; l'autre n'a plus que de rares exemples; si bien qu'au seizième siècle, elle est un archaïsme, abandonné tout-à-fait dans le dix-septième. On comprend comment l'idée d'apercevoir s'est changée en une idée dérivée, celle de trier. A ce point, l'étymologie se présente sans conteste; et notre mot vient du germanique kausjan, voir, regarder (Nach Schuster-Regnier von lat. cadere).... Danger peut encore être allégué comme un de ces mots que l'historique éclaire particulièrement. Avant toute histoire et toute ancienne citation, on a été porté à y voir un dérivé du latin damnum (so noch Schuster-Regnier); par exemple, damniarium, d'où danger ou dangier. Mais d'abord l'idée de dommage n'est pas tellement voisine de celle de péril, qu'une simple conjecture, sans preuve de textes, suffise à établir le passage de l'une à l'autre. De plus, la langue du droit a, dans quelqu'un de ses recoins, conservé des emplois où danger ne signifie aucunement péril, mais signifie la défense qu'impose une autorité. Enfin, ce qui est décisif, l'historique élève deux objections fondamentales: la première, que la forme primitive est non pas danger, mais dongier ou donger; la seconde, quelle sens primitif est non pas péril, mais pouvoir, autorité, et, par suite, interdiction, défense. Il faut donc, quant à l'étymologie, ne considérer que cette forme et ce sens; on satisfait à l'une et à l'autre à l'aide du latin dominium, seigneurie, pouvoir, fournissant par dérivation la forme fictive dominiarium, ou la forme réelle dongier. On voit les conditions précises imposées à l'étymologie; il faut qu'elle soit explicative de la forme et du sens. Elle vient pour ces deux, forme et sens, d'expliquer dongier; il lui reste à expliquer danger. C'est une habitude beaucoup plus étendue dans l'ancienne langue, mais dont il reste des traces dans la moderne, de changer o des latins en a, on ou un en en ou an: ainsi dame, de domina; damoiseau de dominicellus; volenté de voluntas; mains pour moins; coens pour coms (de comes, comte) etc. A cette catégorie appartient danger, qui figure dans les textes à côté de donger, et qui n'en est qu'une variante dialectique. Voilà pour la forme; quant au sens, on voit, en suivant la série historique, que vers le quatorzième ou quinzième siècle se trouve estre au danger de quelqu'un, qui signifie également être en son pouvoir et courir du péril de sa part. Là est la transition; dès lors le sens de péril devient prédominant; on oublie l'autre peu à peu, si bien que, quand l'ancienne et propre signification est exhumée des livres, on la méconnaît; et l'on douterait de l'identité, si l'on ne tenait tous les chaînons.

Auch den sogenannten patois, die alle seine Vorgänger unbeachtet liessen, hat Littré die gebührende Stelle eingeräumt: „Les patois, dans l'opinion vulgaire, sont en décri, et on les tient généralement pour du français qui s'est altéré dans la bouche du peuple des provinces. C'est une erreur. Je montrerai plus loin, à l'article dialectes que les patois sont les héritiers des dialectes qui ont occupé l'ancienne France avant la centralisation monarchique commencée au quatorzième siècle, et que dès lors le français qu'ils nous conservent est aussi authentique que celui qui nous est conservé par la langue littéraire."

Unter der Rubrik „Etymologie" gibt Littré zum Schlusse von jedem Wort mit Beiziehung der übrigen romanischen Sprachen (zunächst provenç, span., italien.,) mit richtigem Tact und besonders für einen Franzosen doppelt rühmenswerther Gründlichkeit die Abstammung an, die seine Vorgänger noch sehr unzuverlässig bestimmten oder, was immerhin noch klüger war, ganz bei Seite liessen. Littré spricht sich sehr klar über die Bedingungen etymologischer Forschungen aus: „Mais l'étymologie est-elle une science à laquelle on puisse se fier, et dépasse-t-elle jamais le caractère de conjectures plus ou moins ingénieuses et plausibles? Cette appréhension subsiste encore chez de bons esprits, restés sous l'impression des aberrations étymologiques et des moqueries qu'elles suscitèrent. L'étymologie fut, à ses débuts, dans la condition de toutes les recherches scientifiques, c'est-à-dire sans règle, sans méthode, sans expérience. La règle, la méthode, l'expérience ne naissent que par la comparaison des langues, et la comparaison des langues est une application tout nouvelle de l'esprit de recherches et d'observations..... Désormais les recherches étymologiques sont sorties de cette période rudimentaire, et l'ancien tâtonnement a disparu. L'étude comparative a établi un certain nombre de conditions qu'il faut remplir."

So lange die französischen Gelehrten ausser ihrer Muttersprache höchstens Latein und Griechisch (und diese nur aus ihrer klassischen Literatur) kannten, waren sie natürlich zur Sprachvergleichung, ohne welche es keine etymologische Forschung gibt, so wenig befähigt, als zur Erkenntniss grammatischer Gesetze. Lexicographen wie Napoléon Landais, Boiste, Bescherelle, Poitevin und die Zunft der vierzig nicht ausgenommen, erinnern noch lebhaft an den Voltaire'schen Witz, dass die Etymologie die Wissenschaft sei, in welcher die Vocale wenig und die Consonanten nicht viel gelten.

Der Einleitung lässt Littré einen sehr klar und mit grosser Sachkenntniss geschriebenen Ueberblick über die Geschichte der französischen Sprache folgen, welche er ausführlicher in einem besondern Werke (histoire de la langue française. 2 vol.) behandelt hat, das wie das Wörterbuch ein glänzendes Zeugniss von Geist und Gelehrsamkeit ist. Was Littré in diesem Ueberblick in Beziehung auf die französische Literatur sagt, dürfte freilich in Deutschland hie und da Widerspruch erfahren, so z. B.: „L'antiquité gréco-latine avait amassé des trésors de style sans lesquels rien d'achevé ne devait plus se produire dans le domaine de la beauté idéale. L'art antique est à la fois un modèle et un échelon pour l'art moderne. Ce modèle et cet échelon, les trouvères ne l'eurent pas." Freilich haben die Griechen in der Poesie, wie in andern Künsten uns unerreichte Muster hinterlassen (von der lateinischen Kunst, die ohnediess nur eine Nachahmung der griechischen war, kann dies nicht einmal gesagt werden); aber dass ausserhalb derselben nichts Vollkommenes möglich ist, ist für die Poesie wenigstens zu viel gesagt. Man denke nur an die herrliche Zeit der mittelhochdeutschen Poesie*) (an die Nibelungen, W. v. Eschenbach, Hartmann v. der Aue, Walther v. der Vogelweide, Gottfried v. Strassburg), die so wenig als die Poesie der trouvères eine Nachbildung altklassischer Muster, sondern ureigenes Erzeugniss nationalen Lebens ist. Darum wird man noch mehr folgende Stellen anfechten müssen: „L'influence extérieure de notre littérature n'a été plus forte au dix-septième et au dix-huitième siècle qu'elle ne le fut au douzième et au treizième.... Ce mérite a été bien senti par ceux des étrangers qui imitaient la littérature française, et alors on l'imitait partout." Unsere grossartige Blüthe der mittelhochdeutschen Literatur nur eine Nachahmung der französischen des 12ten und 13ten Jahrhunderts zu

---

*) Und um ein anderes Beispiel zu geben, denke man doch an Shakespeare.

nennen, wird kein Deutscher zugeben. In der Poesie scheint mir der französische Nationalgeist überhaupt äusserst befangen. Ich bin weit entfernt, die äussere Eleganz und Formenschönheit der französischen Verskunst zu unterschätzen; aber es fehlt ihr die freie Bewegung, das Universale, das reinere Menschliche der deutschen Dichtung.

Der Raum gestattet es nicht in dieser Anzeige alle Artikel des Wörterbuchs, welche zu Bemerkungen Veranlassung geben, einzeln durchzunehmen und ich beschränke mich auf eine kleine Auswahl, besonders aus den letzteren Lieferungen.

A, prép. „A exprime trois rapports différents: direction, repos, extraction. Quand, partant de ces trois significations fondamentales, on examine les acceptions telles qu'elles se comportent dans le langage, on rencontre une variété extrême de nuances, qui rend très-difficile le classement des sens." Littré classificirt daher die Anwendung von à nach den Wörtern vor und zwischen welchen es zu stehen kommt. So schwer es nun auch allerdings ist, die Beziehungen, welche à bezeichnet, zu ordnen, so wäre doch eine Eintheilung nach Bedeutung einer nur am Aeusserlichen haftenden vorzuziehen. Dasselbe gilt von de.

Aimer. Erwünscht wäre hier eine eingehendere Erläuterung über das Inf. Object ohne Präposition, mit à, mit de. Die Beispiele sind zwar reichlich, machen aber die Erläuterung nicht unnöthig.

Des. „Pris partitivement, il faut quand un adjectif précède, dire en général de et non des: de bons vins, de bonnes gens. Mais on pourra se servir de des, quand le mot, en raison de l'usage, peut être considéré comme ne formant qu'un seul mot avec son adjectif: des jeunes gens. On reviendra à de, si on met devant l'adjectif un mot qui le modifie: de tout jeunes gens." Dass de der Stellvertreter eines bestimmten Casus ist, hätte doch beigefügt werden sollen. Das Französische hat freilich keine Casusformen mehr (ausgenommen qui, que), und darum sprechen die französischen Grammatiker nie von Genitiv, Dativ etc.; aber die Sache selbst besteht doch, und in vielen Fällen ist doch, wenigstens dem Deutschen und Lateinischen gegenüber, eine Unterscheidung von de und à als Casus vertreten und de, à als eigentliche Präpositionen sehr nützlich. Ebenso ist das partitive de ohne Beziehung des Casusverhältnisses nicht befriedigend zu erklären. Man halte z. B. eine Form, wie: plusieurs des meilleurs auteurs der obigen Bemerkung gegenüber, und man wird das Ungenügende für den Lernenden erkennen.

Feu, s. Etym.: Bourguign. fô; picard. fu; provenç. foc, fuoc, fuec; catal. fog; espagn. fuego; portug. fogo; ital. fuoco, du latin focus, foyer. Feu n'a donc point de rapport avec l'allemand Feuer, qui tient au grec πῦρ.

Feu, adj. défunt. D'après l'Académie feu n'a pas de pluriel; cette remarque n'est pas fondée, et il est correct de dire: les feus rois de Prusse et d'Angleterre. On dirait aussi, mais sans accord: feu mes oncles.

Feutre. Etym. Provenç. feutre; catal feltre; espagn. fieltro; port. et ital. fetro; du bas-lat. feltrum, qui provient du germanique; anch. allem. filz, anglo-sax. felt, avec addition d'une r, ce qui n'est pas rare après le l.

Gabelle (impôt sur le sel). Etym. Provenç. gabela, gabella; espagn. et port. gabela; ital. gabella; bas-lat. gablum, gabulum; du germanique: anglo-sax. gaful, gafol, impôt; allem. mod. Gaffel; du verbe gifan, goth. giban; allem. mod. gehen (donner). Les étymologistes espagnols le tirent de l'arabe kabala, impôt; à quoi Diez objecte que le karabe ne se prête pas à un adoucissement en g.

Gâche (outil de maçon). Etym. anc. h. allem. waskan (laver); allem. mod. waschen; angl. to wash.

Gâche (terme de serrurerie). Etym. Origine inconnue. Peut-on mettre

ici, à titre d'attente fort incertaine, des mots mal déterminés qui ont une forme semblable: le bas-lat. garcha qui semble signifier action de fendre la terre, et d'où vient gascarin, et le berrichon gâcher, drageon?
Gadoue. Etym. inconnue. Le wallon a godau, jus de fumier. Peut-on rapprocher gadoue de godau, et l'un et l'autre de l'allem. Koth, bas-sax. koth?
Gaélique. Ilier fehlt die Etymologie. Die Abstammung der Eigennamen ist überhaupt bis jetzt sehr spärlich untersucht worden.
Gage. Etym. Wallon, voig; prov. gatge, gatghe, gaje; esp. gage; ital. gaggio; du bas-latin vadium, wadium, dans les lois barbares Il y a deux étymologies aussi probables l'une que l'autre: la première latine vas, vadis, garant; bien que le g ou gu réponde ordinairement au w germanique, l'objection n'est pas absolue, car vagina entre autres, a donné gaine; la seconde germanique: goth. vadi; anc. h. allem. wetti; frison, ved, gage, caution, promesse. Il est probable que les deux étymologies ont concouru pour former le mot roman.
Gai. Etym. Berry gai, au féminin gailte; prov. gai, guay; anc. esp. gayo; ital. gajo; de l'ancien h. allem. gâhi, prompt; allem. mod. jähe. Toutefois on peut noter, ne fût-ce que pour mention, le nom propre latin Gaius, qui était un nom de bon augure, et que les langues italiques offrent sous la forme de Gavius, lequel semble signifier le réjouissant. Gaius aurait donné sans peine gajo; mais les intermédiaires manquent. Bei Schuster-Regnier ist gaudere angegeben.
Gala. Etym. Esp. port. et ital. gala, de là le français moderne gala. Mais l'ancien français avait galo, qui est le même que gola de l'italien et de l'espagnol, et galer se réjouir. Ces mots viennent du germanique: anc. h. allem. geil, luxurieux, orgueilleux; angl.-sax. gâl, gai.
Galago (afrikanischer Affe). Dieses Wort heisst bei Schuster-Regnier Galagos.
Galimatias. Etym. Faut-il le rattacher au bas-lat. ballimatia qui signifiait cymbales; vallematia, dans les gloses d'Isidore, chants et plaisanteries déshonnêtes; du bas-grec βαλλισμάτιον, βαλλιμάτιον, qui signifiait danse? On a dit que galimatias venait de ce qu'un avocat, plaidant en latin pour Mathias, dans une affaire où il s'agissait d'un coq, s'embrouilla au point de dire galli Mathias au lieu de Gallus Mathiae; mais l'anecdote a été inventée pour fournir l'étymologie. Weigand sagt: Das franz. galimatias sei ein spätes Wort von zufälliger, dunkler Entstehung. Ob nicht dem franz. die galimafrée-Gericht von durcheinander gemachten Speiseresten, verworrene (durcheinander geworfene) Erzählung, altengl. gallimawfrey-Gericht aus allerlei klein gehackten Speisen, verworrener Mischmasch von Dingen nachgebildet?
Gamin. Etym. Origine inconnue. Serait-il pour gambin, de gambe, jambe? Le terme picard est galmite; gamin et galmite sont-ils un même mot? On a aussi parlé de l'anglais gaming, jouant; mais la prononciation est gheming; et d'ailleurs comment ce mot anglais se serait-il introduit en français?
Gant. Etym. Prov. gan, guan; catal. guant; espagn. guante; ital. guanto; bas-lat. wantus; du germanique: suédois, wante; anc. scand. völtr.
Garce. Autrefois garce n'avait aucun sens déshonnête; c'était simplement le féminin de garçon, et ce mot signifiait jeune fille Le sens ancien c'est conservé en quelques localités. Cette tendance de prendre les mots en mauvaise part produit de fâcheux effets. Garce avait un sens très-bon, on l'a rendu déshonnête; il a fallu prendre fille. Aujourd'hui fille est devenue déshonnête à son tour en certains cas; on ne peut plus dire une pension de filles; il faut dire: de jeunes filles ou de jeunes per-

sonnes; où s'arrêtera-t-on? In Paris gebraucht man meist demoiselle in solchen Fällen.

Gaulois. Etym. La Gaule, lat. Gallia. Cette forme est insolite, attendu que le latin n'a pas gallensis, qui seul aurait pu donner gaulois; quant à au, il paraît résulter de la résolution de la première *l* en *u*. Les peuples romains portent en ancien allemand le nom de walh ou walah; vealh en anglosaxon; wälsch, en allem. moderne, c'est de là que vient wallon; nom d'un pays de langue française voisin de la langue allemande, et sans doute Wales ou pays de Galles en Angleterre. Scheler pense que ces mots représentent Gallae, mot celtique adopté par les Latins. Max Müller, au contraire, regarde walh ou walah comme une appellation donnée par les Germains à leurs voisins les Celtes et l'identifie avec le sanscrit mlechha, barbare, qui parle d'une manière indistincte. Mais, comme le mot walh ou walah ne se trouve qu'au VIIIe siècle, il est probable qu'il représente gallus.

Gaz. Etym. Nom créé par van Helmont, et qui paraît formé du flamand geest; allem. geist. Scheler préférerait, sans l'assurer pourtant, le verbe gäschen, bouillir. Auch Weigand ist der letzteren Ansicht.

Gazouiller. Etym. Prov. gazal, bavard; gazalbar, gazar, bavarder. Il y a là un radical gas ou gaz qui paraît être le même que celui de jaser, à cause de la permutation du *g* en *j*. Diez, qui fait ce rapprochement, tire le mot du scandinave gassi, bavarois gänseln, guser comme l'oie. Mais cette dérivation indirecte paraît devoir le céder à une dérivation directe venant du celtique: breton geiz, geid, gazouillement; kymri, gyth, murmure. Schuster-Regnier geben es einfach als Lautnachahmung an.

Génitif. Par une mauvaise imitation de la grammaire latine les grammairiens du XVIIe siècle donnaient, en français, le nom de génitif au rapport marqué par la préposition de. Ich stimme sehr selten mit den französischen Grammatikern überein; aber gerade hierin hatten sie nicht ganz unrecht. Ob es im Französischen Casus gibt, ist eine sehr unnütze Frage. Mit demselben Rechte könnte man sagen, dass es in den neueren Sprachen kein Passiv, keine Perfecta gebe etc. Die lateinischen Neutra haben bekanntlich keine besondere Flexionsendung für den Accusativ; hört aber dann darum für sie der Begriff der Sache selbst auf?

Germain. Etym. Lat. Germanus. Les anciens y voyaient le latin germanus, frère; mais cela ne mérite aucune considération, les Romains ne tirant pas les noms des nations barbares de la latinité. On a indiqué une origine allemande: Wehr, défense, ou Heer, armée, et Mann, homme; mais le mot germain a toujours été inconnu à l'Allemagne elle-même; ce n'est pas le nom qu'elle se donnait. Comme les Romains n'ont connu d'abord les Allemands que par les Gaulois, il est très-vraisemblable que le mot Germanus est d'origine celtique; et Mahn en a donné une étymologie très-plausible: kimry, ger, irl. gair, voisin, et man qui se trouve dans plusieurs nom de peuples celtiques, Cenomani etc., et qu'il assimile au kimry maon, peuple: le peuple voisin.

Guère. Etym. On l'a tiré de l'allemand gar, anciennement garo, toutà-fait. Diez, au contraire, remarquant que les formes guaire, guari, ouère répondent à un double *w* allemand, propose l'ancien h. allem. wâri, qui signifie vrai; guère voudrait dire vraiment, et de vraiment à beaucoup il n'y a pas loin. Cette étymologie, bonne pour la forme, ne l'est pas pour le sens. Aussi Diez lui-même est venu en douter. Son érudition ini a fourni une autre étymologie, ce semble, meilleure. Le moyen h. allem. a anweiger, qui signifie pas beaucoup, et qui suppose un simple weiger, beaucoup; ce simple se trouve dans l'ancien h. allem. ne weigarô, non beaucoup. Cette étymologie trouve un grand appui dans l'ancienne forme provençale gaigre.

Guérir. Etym. Picard, garir; Berry, garir, guarir; provenç. garir guarir, guerir; ital. gnarire; du germanique: goth. **warjan**; ahd. **allem. werjan**; allem. mod. **wahren**, défendre, protéger, ce qui est le sens primitif de guérir. Schuster-Regnier geben noch das lat. **curare** an. Guillaume. Hier fehlt die weibliche Form Guillemette.

H. H initiale aspirée se prononce..... „Je n'aime pas les h aspirées cela fait mal à la poitrine, je suis pour l'euphonie; on disait autrefois je hésite, et à présent on dit j'hésite; on est fou d'Henri IV. et non plus de Henri IV." Volt. Lett. Bordes. Cette boutade de Voltaire n'est qu'un caprice individuel, l'aspiration est un son qui se trouve dans les langues les plus harmonieuses. Aujourd'hui, surtout à Paris, beaucoup n'aspirent pas l'h et se contentent de marquer l'hiatus: le éros, la onte; mais dans plusieurs provinces, l'aspiration est très-nettement conservée, et cela vaut mieux.

Harangueur. Etym. Prov., esp. et port. arengar; ital. aringara. Weigand verfolgt das Wort weiter: aringare v. dem aus ahd. u. angels. hring (unserm Ring) = Kreis, Schauplatz entsprungenen ital. aringo = Rennbahn, Rednerplatz, öffentliche Rede.

Hareng. Etym. Picard, héring; provenç. arenc; esp. arenque; ital. arinca; de l'anc. h. allem. harinc; all. mod. hering; holl. haring. Mais, bien que les mots romans viennent de l'allemand, l'allemand n'en a pas moins une origine latine, à savoir halec, poisson salé. Weigand sagt dagegen: die Abstammung des Wortes ist dunkel. Der altnord. (mit lat. **sal** verwandte?) Name des Fisches war die sild, schwed. der sill, dän. sild, welchem böhm. sled', poln. sledz' entsprechen.

Harpon. Etym. Voy. Harper (anc. h. allem. harfan, saisir); génev. arpion; esp. arpon; port. arpáo; ital. arpignone. Weigand sagt über Harpunes Aus niederl. harpoen, welches aus franz. harpon, v. span. u. prov. arpa = Kralle, Haken, urspr. unser Harfe, die hakenförmige Gestalt hat.

Hollande. Etym. Allem. hohl, creux, et Land, terre: Pays-Bas. On a dit aussi que l'étymologie est holt-land, terre boisée, de holt, bois, nom d'une île où est située Dordrecht, et qui s'étendit au reste du pays. On a dit enfin que cette dénomination venait de helium ou helle, ancien nom de l'embouchure principale de la Meuse.

Honnête. Rem. L'académie met à tort deux n à honnête, puisqu'il n'y n'en a qu'une dans honestus et dans honorer. Dies ist nicht der einzige Fall, wo die Orthographie der Academie unrichtig ist (carrosse, charrier aber chariot, oxyde aber cristal, isocèle statt isoscèle, misanthrope aber philantrope). Ist ja doch das Wort für Orthographie selbst eine falsche Bildung: orthographe statt orthographie, so gut wie das französische die Form calligraphie hat.

Horde. Rem. La Harpe a prétendu que Voltaire avait le premier employé ce mot. On le voit à l'historique usité dès le seizième siècle (D'Aub. Hist.).

In Beziehung auf die Vollständigkeit des Wörterverzeichnisses lässt Littré nichts zu wünschen übrig. Doch habe ich in einem kleineren Wörterbuche z. B. folgende Wörter gefunden: gapate, galerite, gallioque, géate, géarcin, gébydrophiles, ... géique, gélasime, gelsame, die bei Littré nicht stehen; aber allerdings betreffenden Orts (bei Schuster-Regnier) sehr unnützerweise aufgenommen wurden.

Bei dem Werke eines Mannes, den man gewiss den grössten Philologen, überhaupt einen der bedeutendsten Gelehrten Frankreichs nennen kann, wird es nicht unerwünscht sein, schliesslich noch einige biographische Notizen zu geben, welche ich der Gefälligkeit des Verlegers verdanke: Littré est né 1801 à Paris, d'un père bas-normand et d'une mère Lyonnaise. Elevé pour le culte de la vérité recherchée uniquement pour elle-même — son père comme le beau-père de celui-ci étaient des républicains zélés —, il n'a jai mais voulu des fonctions publiques. D'abord sécrétaire du comte Daru, ldonna des leçons de latin, et travailla au National dont il eut en 1835 la rédaction pour la partie scientifique à partir de 1831. En médecine Littré fit de profondes études, témoins: le dictionnaire, dit de Nysten, l'édition et la traduction des œuvres de Hippocrate. En philosophie, il a embrassé le positivisme et s'est déclaré le disciple d'Aug. Comte. Cette philosophie a valu à Littré des accusations d'athéisme et de matérialisme, et a fait échouer sa candidature à l'Académie française. Littré est pourtant de l'Institut, mais de l'Académie des Inscriptions. En 1839 il y fut porté par son ami Eug. Burnouf, et nommé grâce à ce que cette classe éclairée de l'Institut ne s'effraya pas de la traduction de Strauss, que Littré venait de faire paraître. Se trouvant attaché à ce moment à la commission de l'histoire littéraire de la France, Littré qui n'avait cultivé jusqu'alors que la philologie du grec et du latin (aussi un peu de Sanscrit par E. Burnouf), se lança dans l'étude du vieux français, à laquelle il a fait faire de si grands progrès dans notre pays par son histoire de la langue française, 2 vol. L'œuvre principale de L. est son dictionnaire. Il le prépare depuis 20 ans, ce monument unique élevé à notre langue, et lui seul était en état de l'entreprendre. On est étonné quand on pense qu'un seul homme a soulevé ce monde de recherches. Mais cet homme unique, en quelque sorte prédestiné à son œuvre, réunissait en lui toutes les qualités indispensables pour la mener à bien: la clarté française, l'intensité allemande, la liberté d'un encyclopédiste et la patience d'un bénédictin. Littré se lève à 10 heures et emploie sa journée à ses travaux de toute espèce. Rentré chez lui, il se met au dictionnaire à 7 heures après dîner et il y travaille jusqu'à 3 heures du matin. A ce régime la santé ne se fortifie pas. Dans sa jeunesse Littré était plein de vigueur, adroit à tous les exercices corporels. Aujourd'hui l'excès du travail intellectuel a réduit cette force; mais l'esprit a gagné en flamme et en finesse, comme le cœur en bonté. Littré est la bonté elle-même, et la vanité, défaut des savants et érudits, lui est tout-à-fait étrangère. A la bonté ajoutons une tolérance qui vient d'un esprit large, ne s'étonnant de rien et s'expliquant chaque chose par sa place et son milieu.

Indem ich nun dies Wörterbuch von Littré allen Lehrern und Lernenden der französischen Sprache aufs dringendste empfehle, schliesse ich diese Anzeige mit dem Wunsche, es möchte, nachdem jetzt durch Littré einerseits und Grimm-Weigand andrerseits die Quelle geschaffen ist, ein deutscher Gelehrter ein grösseres Schulwörterbuch der französischen und deutschen Sprache ausarbeiten, wie es vor 26 Jahren Schuster-Régnier nicht unrühmlich versuchten.

Paris. K. Schlegel.

Elementargrammatik der englischen Sprache mit stufenweise eingelegten Uebersetzungsaufgaben, Lesestücken und Sprechübungen nebst zwei vollständigen Wörterverzeichnissen von Dr. L. Georg, Hauptlehrer am Realgymnasium zu Basel. Dritte unveränderte Auflage. Leipzig, Veit & Comp. 1866.

Je grösser die Zahl der englischen Elementargrammatiken und je schwerer es dabei wird, die richtige Wahl zu treffen, um so mehr glaube ich auf den Dank der weniger orientirten Lehrer zählen zu dürfen, wenn ich sie hier auf das oben angezeigte Lehrbuch nochmals aufmerksam mache.*) Ich habe dasselbe seit mehreren Jahren bei meinem Privatunterricht benutzt

---

*) Vgl. Archiv XXXII 1, wo sich eine anerkennende Besprechung der 1. Auflage des Buches von Dr. Meissner befindet.

und kann versichern, dass es die Probe vortrefflich bestanden hat. Das Urtheil, welches ich über das Buch fälle, ist demnach kein bloss theoretisches, sondern beruht auf pädagogischer Erfahrung, was bei Lehrbüchern gewiss das allein Zutreffende und Massgebende sein kann. Ich hatte früher mehrere andere Grammatiken benutzt, die sich auf den ersten Anschein und bei meiner eigenen Prüfung als recht brauchbar empfahlen; bei längerem Gebrauche jedoch für die verschiedenen Schüler, die ein Privatlehrer zu unterrichten hat, stellte sich immer dieser oder jener Mangel heraus und schliesslich die Nothwendigkeit, mich nach einem andern umzusehen. Das vorliegende jedoch hat sich für Schüler und Schülerinnen jeden Alters bewährt, dürfte aber ganz besonders für Real- und Töchterschulen zu empfehlen sein. Es besteht aus zwei Theilen, deren erster ein calculirender Cursus ist, während der zweite den systematischen Cursus enthält. Voran geht das Allernöthigste über die Aussprache. Da der Verleger gern dazu erbötig ist, jedem Lehrer auf Verlangen ein Freiexemplar zur Prüfung zugehen zu lassen, so bin ich der Mühe überhoben, das Nähere über die Eintheilung anzugeben, die man leicht aus den vorangeschickten „Bemerkungen über die Methode und den Gebrauch dieses Lehrbuches" ersehen kann. Ich will daher lediglich ein Zeugniss dafür ablegen, dass die Regeln sehr vollständig und leicht fasslich sind und die typographische Einrichtung, alles Wichtige durch Fettdruck hervorzuheben, die Einprägung ins Gedächtniss erleichtert und fördert. Die eingelegten englischen Lesestücke sind wirklich recht unterhaltend und mit viel Geschick gewählt, insofern sie sich den jedesmaligen vorangegangenen deutschen Uebungsstücken und den darin zur Anwendung kommenden Regeln so passend wie nur möglich anschliessen. Die denselben beigefügten Sprechübungen sind sehr zweckmässig und bequem für Lehrer und Lernende. Die deutschen Uebungsstücke könnten vielleicht etwas länger sein; das ist aber das einzige, was sie für den Privatunterricht zu wünschen übrig lassen. Für Schulen jedoch dürften sie gerade das richtige Maass einhalten, um so mehr, als für jede Lection deren mehrere beigegeben sind. Die Aussprache in den Wörterverzeichnissen ist mit grosser Genauigkeit durch Ziffern angegeben. Für den Schüler empfiehlt sich das Buch übrigens noch durch die Billigkeit des Preises, die um so höher anzuschlagen ist, als er kein anderes neben ihm benöthigt, sei es Lese-, Gespräch- oder Wörterbuch, und zum Selbstunterricht noch dadurch, dass ein Schlüssel dazu vorhanden ist, der zur Vermeidung des Missbrauchs nur Erwachsenen verabreicht wird. So wie es mit dem Unterricht in den andern Sprachen hier und da bestellt ist, dürfte der letztere Umstand wohl auch manchem Lehrer willkommen sein. Jedenfalls jedoch ist es besser, wenn ein Lehrer, der sich schwach fühlt, des Schlüssels sich bedient, als dass er, wie ein gewisser Grammatiker es gehalten, den Schülern erst fehlerhaftes Englisch beibringt und dann erst von einem Freunde, wie er dies in einer seiner neueren Vorreden selbst erzählt, die Fehler in seiner Grammatik berichtigen lässt. Dass auch bei Georg Einzelnheiten zu berichtigen sind, will ich nicht verhehlen; sie fallen aber gegenüber dem Gesammtwerthe und der allgemeinen Genauigkeit und Brauchbarkeit des Buches so wenig ins Gewicht, dass sie kaum erwähnt zu werden brauchen. Wie übrigens in der kritisch pädagogischen Vierteljahrsschrift, bei sonstiger Anerkennung, daran ausgesetzt worden, dass die englischen Musterbeispiele nicht zahlreich genug für den Schulgebrauch seien, so muss ich gestehen, dass meine Erfahrung dies nicht bestätigt und meine Schüler die gegebenen Beispiele stets ausreichend fanden, um ihnen als Leitfaden bei der Uebersetzung der deutschen Stücke zu dienen, während sie gerade im Gegentheil die längeren Musterstücke im propädeutischen Theil oder in andern früher von mir benutzten Lehrbüchern weniger berücksichtigt haben, oder doch nicht geschickt oder aufmerksam genug waren, sich die Regel aus den Beispielen zu eruiren.

Leipzig. Dr. David Asher.

Dr. Emil Kade, Professor bei dem königl. sächs. Cadettencorps: Erste Anleitung zum Uebersetzen ins Englische. Altona, Händcke und Lehmkuhl. Zweite, durchgängig verbesserte und vermehrte Auflage.

Obgleich der Titel „Anleitung zum Uebersetzen ins Englische" lautet, ist das Buch zugleich ein methodisches Lehrbuch der englischen Sprache, so dass man bei dem Gebrauch desselben keiner Grammatik weiter bedarf. Es zerfällt in sechs Abtheilungen und umfasst auf 290 ziemlich grossen Seiten dasjenige, was für die grammatische Kenntniss eines Realschülers dritter bis erster Ordnung wünschenswerth ist. In der ersten Abtheilung (der Verfasser sagt „Erstes, zweites u. s. w. Buch) ist die Lehre von der Aussprache, Wortbildung und Schreibung mit vielen englischen Beispielen enthalten. Im zweiten Buche, unter der Ueberschrift „Lehre von den Redetheilen und der Biegung" ist die Formenlehre behandelt; im dritten Buche die Lehre vom einfachen Satze, im vierten der zusammengesetzte Satz, im fünften die Modi, im sechsten und letzten die Lehre vom Infinitiv und Particip.

Mit der Einrichtung verhält es sich so, dass zuerst die grammatische Erläuterung und Regel gegeben wird; dann folgen als Belegstellen englische Sätze mit Angabe der Schriftsteller, aus welchen sie entnommen sind; hierauf einzelne deutsche Sätze zur Einübung, und dann zusammenhängende Stücke zum mündlichen und schriftlichen Uebersetzen. Diese ganze Anordnung ist einerseits durchaus einfach und klar gehalten und auch dem Verständniss jüngerer Schüler gut angepasst, andererseits der Inhalt der Uebungssätze sowohl als auch der zusammenhängenden Stücke mit Geschick gewählt. Daher unterscheidet sich diese Arbeit vortheilhaft von vielen andern englischen Schulbüchern durch gute Anordnung und guten Inhalt des Uebersetzungsstoffes, und eignet sich vortrefflich für den Unterricht auf höheren Lehranstalten. Ueberall in dem Buche zeigt sich der sorgsame Sammelfleiss des Verfassers und daneben ein richtiges Verständniss dessen, was man dem Gedächtniss und dem Fassungsvermögen der erst in die Sprache Einzuführenden zumuthen darf. Unter den längeren Stücken zum Uebersetzen finden sich namentlich Gespräche und Briefe; es ist die Absicht des Verfassers gewesen, daneben kleine historische, geographische und litterarische Aufsätze zu geben, durch welche der Lernende zunächst in den Wortvorrath des alltäglichen Lebens und zugleich in eine gewisse Bekanntschaft mit englischem Leben, Sitten und Verhältnissen der Engländer eingeführt würde. Ich nenne unter solchen Stücken S. 92: die englischen Königshäuser; S. 137: der Tunnel; S. 115: Shakespeare; S. 123: London; S. 219: Milton; S. 234: Ein Abriss von Byron's Charakter, nach Macaulay; S. 242: Warum lernen wir fremde Sprachen? und anderes. Die dazu nöthigen Vocabeln und Wendungen sind theils in den Text verflochten (was möglichst zu vermeiden ist), theils den Uebungen nachgestellt, das letztere regelmässig von S. 121 an.

Bei der im Ganzen nur geringen Zeit, welche der Lehrer in den meisten Fällen auf specielle Einübung der Grammatik, besonders in den mittleren und höheren Classen verwenden kann, ist es erwünscht, in dem Buche des Prof. Kade gewisse Partien, welche einer besonderen Einübung bedürfen, in einer Weise behandelt zu finden, die, auch wenn man nicht das Buch von Abschnitt zu Abschnitt durchnimmt, gestattet, Einzelnes auszuwählen und nach Umständen zu verwerthen. Hervorzuheben ist darunter z. B. S. 73: The Conditional Pluperfect of the Defective Verbs (he could, might etc. have seen, er hätte sehen können) und S. 73: Ergänzung der defectiven Verba, wobei man S. 258 vergleichen mag; — some und any S. 99 — Adverbien ohne die Endung ly S. 116 — Pronominaladverbien S. 131. — Ferner im dritten Buch S. 142 über den Gebrauch des Artikels und S. 144

lexikalischer Stoff, ein Verzeichniss von Vor-, Länder- und Städtenamen. Dann S. 116: Persönliches Passiv der Intransitiva. Auffällig ist S. 209 „The reflective verbs to be true, to be weary of one's self. Sodann ist Buch IV der Relativsatz von S. 223 bis 238 sehr praktisch bearbeitet. Im fünften Buche ist der Infinitiv S. 267, der reine Infinitiv ebendaselbst, dann der Infinitiv mit as to S. 270, der Infinitiv in Relativ- und in indirecten Fragesätzen S. 271, der Acc. cum Inf. S. 273 und endlich das Particip S. 315 zu beachten. Alle diese Abschnitte sind nicht nur klar und übersichtlich erörtert, sondern gewähren auch dem Lehrer durch das beigefügte Uebersetzungsmaterial willkommenen Stoff zur mündlichen und schriftlichen Einübung, zu Exercitien und Extemporalien.

Eine äusserst anerkennenswerthe Sorgfalt hat der Verfasser auf die Bezeichnung der Aussprache verwendet. Alle in den Regeln, in den erläuternden Beweisstellen, in den Uebungssätzen, in den Wörterverzeichnissen vorkommenden Vocabeln sind mit Angabe der Aussprache versehen. Man kann diesen Vortheil, welchen das Buch ausser den bereits besprochenen Vorzügen gewährt, nicht genug schätzen, wenn man bedenkt, mit welcher Gleichgültigkeit oder mit welchem mangelhaften Verständniss der Sache gerade dieser so wichtige Punkt in so vielen Unterrichtsbüchern behandelt ist. Prof. Kade bedient sich einer Bezeichnung, welche im Ganzen mit der Perry-Worcester'schen, wie sie in Flügel's Practical Dictionary (4. Ausgabe 1856) vorliegt, grosse Aehnlichkeit hat. Da der Verfasser das zu bezeichnende Wort immer nur einmal und zwar gleich mit den marks of notation hinstellt, z. B. Stahlfeder (stöel-pēu), so mag diese Bezeichnung hier geeigneter als die Walker'sche sein, die häufig Nebeneinanderstellung erfordert, wiewohl ich es überhaupt für besser halte, dass dem Lernenden das ihm unbekannte Wort erst in seiner gewöhnlichen Schreibweise und dann noch einmal daneben mit der figurirten Aussprache vorgeführt werde. Doch ist dies ein Punkt von geringerer Bedeutung. Nur darin stimme ich dem Herrn Verfasser nicht bei, dass er selbsterfundene Zeichen den Worcester'schen untermischt oder an Stelle derselben gesetzt hat, da ich der Ansicht bin, dass der Schüler von vorn herein nach einer Aussprachebezeichnung zu unterrichten sei, die er zum Behuf selbstständiger Präparation bei der Lectüre im Dictionär finden kann, damit er sich nicht zwei verschiedene Bezeichnungen anzueignen habe. Nun halte ich zwar auch einige marks of notation bei Worcester (Flügel) nicht für praktisch, darunter die Bezeichnung von ch in chasm und in chaise, die des harten und des weichen g sowie des harten c, abgesehen von anderen, welche die Zahl der Zeichen unnöthig vermehren, wie das Zeichen für a in share, oder von solchen, die nur deshalb nöthig geworden, weil das zu bezeichnende Wort nur einmal gedruckt wird, z. B. ei in heir, i in shire, u in rule, y in cymbal; dennoch aber möchte ich, in Ermangelung eines Dictionärs mit mehr geeigneter und kürzerer Bezeichnung und mit Nebenstellung der figurirten Aussprache, lieber Uebereinstimmung der Zeichen des Lehrbuchs mit denen des Wörterbuchs, um dem Schüler die Mühe zu ersparen, zweierlei Aussprachebezeichnungen zu lernen. Ich verweise in Bezug hierauf auf die Vorrede zu meinem English Vocabulary and English Pronunciation.*)

Bei der Zeichenangabe des Prof. Kade vermisse ich die Schattirung des a in mask, fast, branch und dergleichen. Es wäre besser gewesen, dafür ein eigenes Zeichen zu setzen und das für a in fare, share und dergleichen

---

*) English Vocabulary and English Pronunciation. Deutsch-englisches Vocabulär und methodische Anleitung zum Erlernen der englischen Aussprache. Nach Smart und Worcester mit Anwendung der Walker'schen Ziffern. Mit durchgängiger Bezeichnung der Aussprache. Von Alb. Benecke, Oberlehrer. Potsdam, Verlag der Riegel'schen Buchhandlung (18 Sgr.).

wegzulassen. Sonst aber ist die vom Verfasser zurechtgemachte Bezeichnung durchaus brauchbar.

Was die Auslassung des Verfassers Seite 1 der Vorrede betrifft: „Dagegen ist die Lehre vom Infinitiv, Gerund und Particip aus dem fünften Buche ausgeschieden und bildet jetzt ein sechstes Buch, weil ich mich immer mehr überzeuge, dass der Begriff des Modus auf jene Redetheile keine Anwendung leidet" — so findet dieses Bedenken bei Schmitz, Englische Grammatik, 3. Auflage, Seite 159 seine Erledigung.

Um hinsichtlich der Correctheit des englischen Ausdrucks keine Vorsicht zu versäumen, hat Prof. Kade seiner eigenen Angabe nach seine Arbeit Zeile für Zeile mit einem Engländer und Lehrer der englischen Sprache, Herrn John Sherwood, geprüft. Wenn etwa jemand daran Anstoss nehmen könnte, dass er im fünften Buche die Lehre vom zusammengesetzten Satze nach der Eintheilung in Substantiv-, Adjectiv- und Adverbsatz geordnet hat, so lehrt näheres Eingehen auf seine Behandlungsart, dass er mit Geschick alle Schwierigkeiten, welche leicht für den Schüler aus einer solchen Disposition hervorgehen, vermieden und den Stoff auch in diesem Theile seines Werkes mit steter Rücksicht auf das Aneignungsvermögen des Lernenden übersichtlich gruppirt hat.

Indem ich hiermit meine Besprechung des Lehrbuches des Prof. Kade beschliesse, fasse ich mein Urtheil über dasselbe dahin zusammen, dass es wegen der trefflichen Vertheilung und angemessenen Behandlung des Lehrstoffs, wegen des guten Uebersetzungsmaterials und wegen der genauen Rücksichtnahme auf die Aussprache jedem Lehrer zur Benutzung beim Schul- und Privatunterricht angelegentlich zu empfehlen ist. Ich bedauere, dass ich zur Vergleichung nicht desselben Verfassers kurzgefasste Grammatik der englischen Sprache, sowie dessen Uebersetzungsstücke zur Einübung der Regeln der englischen Grammatik zur Hand hatte. Die von mir hier beurtheilte erste Anleitung zum Uebersetzen lässt vermuthen, dass der Herr Verfasser auch in seinen beiden anderen Lehrbüchern gleich genau und praktisch verfahren sei. Alb. Benecke.

Dr. Emil Otto, Lector an der Universität Heidelberg: Kleine Englische Sprachlehre für Anfänger. Nach dem Plan der Kleinen Französischen Sprachlehre und der Conversations-Grammatik bearbeitet. Heidelberg, 1866. Verlag von J. Groos.

Auf 182 kleinen Seiten giebt Dr. Otto eine Sprachlehre, welche das Wesentlichste der Formenlehre in systematischer Ordnung enthält, damit aber die nöthigen Wörter, Aufgaben und leichtere Lesestücke verbindet. Der ganze Stoff ist in 40 Lectionen abgetheilt, deren jede einen Haupttheil einer Wortart abhandelt, wobei den betreffenden Formen einige Beispiele, eine englische und eine deutsche Aufgabe mit den dazu gehörigen Wörtern beigefügt sind. Am Ende steht ein kleines Vocabulär (7 Seiten), leichte Redensarten zum Auswendiglernen (6 Seiten), und leichte englische Lesestücke (12 Seiten).

Das Buch beginnt mit Anweisungen für die Aussprache (17 Seiten). Die Aussprache ist vermittelst deutscher Buchstaben erklärt, z. B. gender bschender, care kähr, give giw oder giv. Wenn man so irgend etwas den Werth solcher englischen Hülfsbücher erkennen kann, so ist es die Art und Weise, in welcher die Aussprache behandelt ist. Wie sie Otto dargestellt hat, erhellt aus folgenden Proben.

G wie bſch, aber weicher. J immer wie bſch: Jack ſprich bſchäck — S gewöhnlich wie das deutsche ſ oder ß (sic): sell, sister, sin. — W wie u, mit einem vorschlagenden w: wild spr. wailb. — One spr. wen, und once spr. wenß. — Ch wie tſch: rich = ritſch, chin = ſchin. — Enough = enöff, während das e darin = e im obscure sound ist. — Es vor r und noch einem Consonanten wie i: learn spr. lörn. — Die Endsilben sion und tion lauten immer wie ſchönn (oder ſch'n kurz): explosion, profusion — mention, nation. — Die Endsilbe tain lautet wie die deutsche Endsilbe ten oder t'n in lobten: captain spr. käpt'n. — Die Endsilbe geon lautet wie bſchön oder bſch'n: pigeon = pibſch'n.

Seite 13 ferner in dem alphabetischen Verzeichniss einiger schwierigen »Wörter finden sich theils mit falscher, theils mit schlechter Aussprache answer spr. ahnſer, busy biſſi (??), business bißnes, cupboard käp'börs, fortune fortſchn, glazier gletſcher (??), guinea ginns, headache hebbed, move mubf, prove pruß, receip trißbt, usual jubſchel, social ſobſchel; though und thought wird mit demselben th bezeichnet, obwohl jenes soft, dieses hard th hat. Dann § 11 in dem Verzeichniss der Wörter, in welchen es nach der Angabe des Verfassers „wie e (ü), nicht i" ausgesprochen wird, sind Wörter mit kurzem und langem E-laut bunt durcheinander. Dazu kommt, dass Otto nicht einmal den Buchstaben, welcher im Englischen die meisten Schwierigkeiten macht, nämlich s, unterscheidet, was fast unglaublich ist, da man doch wenigstens erwartet, er werde etwa ſ für das weiche, ß oder s als Bezeichnung des harten s gebrauchen. Nein, Otto bezeichnet: Caesar ſibſär, bosom baſ'm (muss lauten bööz'-ſm, öö = kurzem s), casein käſſen (s muss lauten zz, also cilz'-en), listen liſſen (muss lauten lis'sn), u. dergl. Vermengung beider s überall im Buche. Daneben Sachen wie S. 24 give spr. giv soup spr. ſupp, George spr. Bſchohrſch, husband spr. höſbend. Naiv ist Otto's Auslassung über th: „Th hat einen ganz eigenthümlichen Laut. bald scharf, bald sanft, der nicht näher beschrieben und nur durch das Gehör aufgefasst werden kann." Als ob nicht Walker, Smart, Worcester und Andere ganz genau angegeben hätten, wie man es anzufangen habe, um th zu sprechen, und zwar so einfach, dass man es auch dem jüngeren Schüler deutlich machen kann. Nimmt man nun noch Dr. Otto's Erklärung in der Vorrede, S. V, hinzu; „Ich erlaube mir auch bei dieser Gelegenheit darauf hinzuweisen, wie sehr ein unverdrossenes, jedesmaliges Vorsprechen und Vorlesen von Seiten des Lehrers, und ein öfteres Nachsprechen und Nachlesen von Seiten der Schüler allein die Erlangung einer richtigen und geläufigen Aussprache bedingt und verbürgt" — so begreift man, wie eine so fehlerhafte Angabe der Aussprache und eine so oberflächliche Behandlung derselben in sein Buch gekommen ist. Gerade die Methode, welche Otto zum Erlernen der Aussprache empfiehlt, trägt die Schuld, dass man durchweg bei Deutschen einer fehlerhaften, in hohem Grade ungenauen Aussprache begegnet. Die Lehrer nämlich, welche nach jener von Otto gewünschten Art unterrichten, verfahren so, dass sie wohl freilich zuerst die Unterschiede der Laute einüben und dem Lernenden begreiflich machen, dass es verschiedene a, e, i, o und u, eine verschiedene Aussprache von g giebt, das j und ch so und so lauten, u. dergl.; sind sie aber damit fertig, dann sollen ihre Schüler mit Hülfe von Analogie die in den grammatischen und in den Lecturestunden vorkommenden Wörter lesen können, und wo sie nun falsch sprechen (auf jeder Zeile durchschnittlich zwei bis drei Wörter), da tritt der Lehrer mit seinem Vorsprechen ein. Oder ganze Abschnitte werden auch durch Vor- und Nachsprechen eingeübt. Dieses Verfahren hat zur Folge, dass der Lehrer, der es genau nimmt, aus dem Corrigiren gar nicht herauskommt, weil es mit jener Analogie erfahrungsmässig eine missliche Sache ist. Genug, so geht es von Stunde zu Stunde, Jahr für Jahr, so lange der Unterricht dauert, weiter. Der Lernende sucht sich zwar bei der Präparation auf seine Lesestücke die Bedeutung der ihm unbekannten Ausdrücke auf, um die Aussprache derselben aber kümmert er sich nicht, denn die sagt ihm ja der Lehrer in der Klasse. Mit der Zeit bildet sich so in dem Lernenden die Vorstellung, er spreche wohl richtig aus, weil es ihm nicht darauf ankommt, genau zu wissen, ob ein s hart oder weich, das i in to contribute lang oder kurz, der Accent darin auf der ersten oder auf der zweiten Silbe liegt. Die Gewohnheit macht ihn und den Lehrer stark. Er rathet und tastet tapfer herum, und wenn dann der Unterricht aufhört, der helfende Lehrer nicht mehr da ist, so hat sich der Schüler so trefflich gewöhnt, dass er dreist ein englisches Buch zur Lectüre vornimmt, ohne sich um die sichere Aussprache der Menge der darin vorkommenden ihm unbekannten Wörter zu kümmern.

Worin liegt nun die Mangelhaftigkeit dieses Resultats und des ganzen Verfahrens?

Darin erstens, dass der Schüler nicht von der ersten Stunde an gewöhnt wird, die zu unterscheidenden Laute durch Musterwörter im Gedächtnisse zu befestigen, zweitens darin, dass er bei den Fehlern, die er gegen die Aussprache macht, nicht bei der richtigen Nennung des Lautes auf das Musterwort zurückgeführt wird; drittens — und dies ist der schlimmste Verstoss — dass er bei der Präparation nicht von Anfang an angehalten wird, beim Aufsuchen der Wörter auch die im Dictionär daneben stehende Aussprachebezeichnung zu notiren und zu lernen. Wozu ist denn eigentlich die Aussprachebezeichnung bei Kaltschmidt, Thieme, Lucas, Flügel? Etwa bloss für den Lehrer? Und doch ist die Sache so leicht, dass auch ein schwacher Schüler nach wenigen Stunden sich darin zurechtfindet, sowohl in der Bezifferung, als auch in den Perry-Worcester'schen Zeichen bei Flügel. Nur fort mit der Bezeichnung durch deutsche Buchstaben, wie sie Dr. Otto hat, welche von jeher dazu gedient hat, der Oberflächlichkeit und dem Herumtasten in der englischen Aussprache Vorschub zu leisten.

Man lerne also nicht in der Weise englisch aussprechen, wie sie in der 16 Seiten langen Anweisung Dr. Otto's vorliegt und wie es die ganze Anlage des Buches verlangt. Wo solche Behandlung der Aussprache zu Tage kommt, liegt die Vermuthung nahe, dass sie hauptsächlich auf dem Vorgange des Abhörens beruhe. Würde Jemand auch nur Walker's oder Smart's oder Worcester's Principles berücksichtigt oder Winkelmann's, Voigtmann's oder Schmitz' Anleitung zum Erlernen der englischen Aussprache zu Rathe gezogen haben: so müsste von selber eine Auffassung in Betreff der Gesetze der englischen Aussprache Platz gegriffen haben, die es nicht gut zuliesse, wichtige Lautdifferenzen zu verwischen und absolut Unrichtiges hinzustellen.

Um nicht, was den Werth der viva vox und den Nutzen des mündlichen Verkehrs mit Engländern betrifft, falsch verstanden zu werden, fasse ich meine Ansicht in Folgendem zusammen. Wer glaubt, durch Abhören der Aussprache von Engländern oder sonst des Englischen kundigen Personen, durch Conversation, durch Nachsprechen der ihm vorgesprochenen Wörter u. dergl. zu einer annähernden Sicherheit in der Aussprache zu gelangen, irrt sich. Von grossem Werthe aber und für eine gewisse Zeit sogar unerlässlich ist ein solcher Verkehr für diejenigen, die bereits durch Unterricht oder Selbststudium auf die Eigenthümlichkeiten der englischen Aussprache aufmerksam geworden sind, die Vocal- und Consonantenunterscheidung kennen, die Gesetze der Abschwächung der Laute in unbetonten Silben, namentlich in den Endsilben beachtet haben und mit der Einwirkung des Accents vertraut geworden sind, kurz, für solche, denen die Aussprache eines englischen Wortes nicht ein auf Willkür beruhender Klang, sondern, trotz so vieler anscheinenden Unregelmässigkeiten, ein regelrechter Vorgang ist. Wer sich so um das Gesetzmässige und um das Abweichende in der englischen Aussprache bekümmert, wer durch fleissiges eigenes Nachschlagen im Wörterbuche nach und nach eine Vertrautheit mit dem Gegenstande erlangt, der muss Nutzen von dem Umgange mit Engländern haben, denn er weiss, worauf es ankommt. Er hat die Töne unterscheiden und erkennen gelernt; er ist also fähig, das gesprochene fremde Wort richtig mit dem Ohre aufzunehmen. Ohne solche Einsicht aber in die Natur der englischen Laute, ohne selbstständige Uebung, ohne eigene Mitbetheiligung durch Selbstsuchen und eigenes Erweitern der Aussprachekenntniss durch eigene Mühe wird Jemand nie zu einer selbstbewussten Kenntniss darin gelangen, und sogar nach lange fortgesetztem Verkehr mit Engländern nicht im Stande sein, entweder selber eine Seite richtig zu lesen, oder mit Sicherheit zu beurtheilen, ob und worin von einem Andern beim Lesen gefehlt worden ist.

Was den weiteren Inhalt des Buchs betrifft, so ist es praktisch, dass der Verfasser in den einzelnen Lectionen vollständige Abschnitte der Grammatik giebt. Das regelmässige Verb, das erst in der 23. Lection gelehrt wird, hätte gleich nach to have und to be kommen müssen; doch hat sich der Verfasser an die herkömmliche Reihenfolge der Redetheile gehalten. Die unregelmässigen Verba behauptet Dr. Otto „in einer ganz neuen, naturgemässen Anordnung" zusammengestellt zu haben. Es soll nicht bestritten werden, dass seine Anordnung zweckmässig ist; andere Verfasser von Lehrbüchern haben aber schon längst in ähnlicher und vielleicht besserer Weise dasselbe gethan. Alle solche Aeusserungen, wie jene über die Anordnung der unregelmässigen Verba, drängen unwillkürlich zu der Frage, ob denn der Verfasser nicht andere Bücher ähnlichen Zweckes verglichen habe. Wenn man ihn so unbefangen sprechen hört, sollte man meinen, er kenne ausser Gaspey nur seine eigenen Sachen.

Die Sätze in den 115 Uebungsstücken sind von der nüchternsten Art, vom ersten bis zum letzten. Onkel und Tante, Obst und Gemüse, das unvermeidliche Federmesser, Herr Müller, Fräulein Caroline und Professor Moll, (der schon bei Ahn bald im Singular, bald im Plural zusammen mit Herrn Mably und Herrn Nollet erscheint), kurz, lauter triviale Begriffe geben den Inhalt zu den Uebungssätzen. Nur selten findet man einen Satz, der einen beachtenswerthen Gedanken enthält. Daneben bisweilen eine wunderliche Terminologie, z. B. Werfall, Wesenfall, Wenfall, Wemfall; — Constructionen wie: „Es giebt im Englischen zweierlei Artikel: der bestimmte und der unbestimmte;" — Regeln wie: Für den selten vorkommenden Dativ der Theilform setzt man blos to vor das Wort, z. B. to wine. Dagegen ist das Material für Grammatik und Wörterkenntniss gut ausgewählt worden, und es wäre nur zu wünschen gewesen, dass die Uebungsstücke und die Behandlung der Aussprache besser wären.

Diese kleine englische Sprachlehre gehört zu jener Klasse von Büchern, welche man von dem besseren Unterricht ausgeschlossen wünschen muss. Sie halten den Lernenden fortwährend auf der Oberfläche des Lehrobjects, und befördern Mittelmässigkeit des Lernens und Wissens. Sie gewähren dem Nachdenken des Schülers nicht die erforderliche Spannung, und verwöhnen ihn so, dass seine geistigen Kräfte für später zu überwindende Schwierigkeiten beim Unterricht nicht gehörig geleitet, nicht gestärkt und geübt genug erscheinen. Man möge nicht einwenden, das Buch sei für den Anfang berechnet! Wer Englisch lernt, ist meist schon im Französischen unterrichtet worden, steht nicht mehr auf der ersten Stufe des Sprachunterrichts, und ist darum bereits befähigt, in das Englische in anderer Weise eingeführt zu werden, als diejenige ist, welche das Buch des Dr. Otto und ähnliche Sprachlehren bieten.

Berlin, November 1866.   Alb. Benecke.

Programmenschau.

Etymologie von Obstnamen. Von H. **Oberdieck**. Programm des Gymnasiums zu St. Marie Magdalena zu Breslau. 1866. 28 S. 4.

Eine sehr sorgfältige gelehrte Abhandlung; Zusammenstellung der Deutung von Obstnamen aus sprachwissenschaftlichen Werken mit eigenen Versuchen.
I. Allgemeine Obstnamen. 1. Frucht. Entlehnt von Karls d. G. Zeit. 2. καρπός, entspr. engl. harvest, ahd. herbist. 3. skr. pholam, φύλλον, folium; verw. θάλλω, θροσός, θάρσος. Goth. hairahagnis von hairan (φείζω) — Birnbaum (nicht Lehnwort); folium √fla = flare, blühen, Blume, florere, Flora. 4. Gorukras = Frucht; granum = Korn, Kern, √gar (conterere), ἀχράς. 5. Opora, von ὥρα, verw. aurum, ὀπ von ἑπ- (kochen) oder = ὀκιοθεν, Spätjahr, Obstzeit, Obst, oder = ὀμπνη. 6. Obst, ὀμπνη, opes; Obst in älterer Zeit auch die Feldfrüchte. (Im Hildesheim. Avet = Erbsen; die p. 11 als Unicum aufgeführte Conjugation im Hildesheim. ik sia, du bist, hai is, nämlich die Erhaltung des h in der 1. Person findet sich auch im Ravensbergischen). Dazu ἅπιον, ἄμπελος, opulus. 7. Apfel, skr. ahala (ostind. Früchte ähnlicher Benennung: Ambo, Jamhali, pfirschähnlich; Aracinappil, Carcapuli, orangenähnlich; Corcopal; Carambolas), russ. jubloks, gall. aballo, böhm. gablo, din. Aehle, osk. Abella, ἅπιον, ἄμπιλος (√pa = ernähren, abula = pabala), ahies,' opulus (auch niedersächs. äpeldörn = Ahorn). 8. Pomum, alles Halm-, Stein- und Kernobst, √pt = trinken, ernähren (zigeun. Apfel pàho, pahuj, hindost. pawug), franz. la pomme von Plur. poma mit verengtem Begriff; pomarius im Mittelalter Apfelbaum. 9. Malum, μῆλον, vielleicht von √mas, blühen, nähren, celt. més = Baumfrucht, ahd. meisa = Speisekorb. 10. κάρυον, corylus, √kar =: curvus. Verwandt corona, carina, cornus, ceresus, κολόκυνθη, cucurbita; irisch caor (Beere), kymr. cwyroll (Cornelkirsche); aber unser Hasel von canus, grau. 11. Nuss, nup, √cnu = hervorstossen, das Hervorstossende; verw. κνάω, νέσω, nicken, Nacken (Stücken haben, im Niedersächsischen allgemein), κνώδων, κνώδαξ, κνίζη, κνάπτω, κνίφ. 12. Glans, skr. galanas = träufelnd, διοσβάλανος. 13. Beere, bacca; √bhag (φαγεῖν, fagus; skr. bhaksha = Speise, hacca = essbare Frucht; Besinge; fr. bési = wilde Birne. 14. Ir. dearc (Beere), verw. δέρκομαι.

Die französischen Fremdwörter in unserm heutigen Verkehr. Von Dr. Laubert. Programm der Realschule I. O. zu St. Johann in Danzig. 34 S. 4.

Nachdem der Verf. die Geschichte des Einflusses der lateinischen Sprache auf den Wortschatz der unsrigen erörtert, namentlich die Verschiedenheit desselben im Mittelalter und im Beginn der Neuzeit, die barbarische Form, welche die deutsche Sprache zu gewissen Zeiten dadurch erhielt, durch Beispiele auseinandergesetzt hat, geht er darauf über den Einfluss der französischen Sprache zu charakterisieren. Auch hier sind die verschiedenen Zeiten zu unterscheiden. Wenn nun auch es anerkannt werden muss, dass, seit das deutsche Volk seit der zweiten classischen Periode seiner Poesie mit der erhöhten Achtung vor seiner Sprache der Fesseln der Fremdsprache sich zu entledigen bestrebt gewesen ist und das Widernatürliche einer solchen Mischung, wie sie im 17. Jahrhundert im Verkehr üblich war, empfindet, so zeigt doch die mit grosser Ausführlichkeit und Umsicht aufgestellte Unzahl von Fremdwörtern aus der französischen Sprache auf allen Gebieten, ein Bild, welches zum Lachen zu reizen geeignet wäre, wäre die Sache nicht zu ernst, dass wir uns wahrlich noch nicht so sehr über unsere Vorfahren zu erheben Grund haben. Ist dieser übermässige Gebrauch der Fremdwörter geeignet, die Entwicklung des Nationalbewusstseins zu hemmen, so sind auch die zahllosen aus lateinischem oder französischem Grundstock mit französischer Form von den Deutschen geschaffenen, den Franzosen unbekannten Wörter, so wie die abweichende Bedeutung, die wir zahlreichen französischen Wörtern gegeben haben (auch von diesen beiden Classen gibt die anziehende Abhandlung eine Fülle von Beispielen), ein grosses Hinderniss in der Erlernung der fremden Sprache, so dass auch im Interesse der richtigen Anwendung der französischen Sprache unter uns Jedermann in seinem Kreise den Gebrauch der französischen Fremdwörter im Verkehr zu bekämpfen bemüht sein sollte.

Ueber den Kampf der deutschen Sprache gegen fremde Elemente. Von Dir. Dr. L. Schacht. Im Programm der Realschule zu Elberfeld. 1866. 27 S. 4.

Der Verf. handelt verständig von dem richtigen Gebrauch der Fremdwörter. Er theilt den Stoff in zwei Theile. 1) Der geschichtliche Theil. Zuerst hatte die neu aufkeimende germanische Bildung gegen die lateinischen Elemente zu kämpfen; bekannt sind Karl's d. Gr. Bemühungen. Der Kampf erneuerte sich vom 14. Jahrhundert an. Die Reformation und die Buchdruckerkunst kamen der nationalen Sprache zu Hülfe, auch die grossen literarischen Gegner der Reformation mussten sich der Muttersprache bedienen. (Sebastian Brant darf, wenn es auch verkehrt ist, ihn als Vorläufer der Reformation zu bezeichnen, doch auch nicht der Gegner derselben genannt werden, schon der Chronologie wegen.) Aber die Gelehrten blieben beim Latein. Auch die Predigten waren voller lateinischer Floskeln. Mit dem dreissigjährigen Kriege tritt die Sucht französischer Wörter sich zu bedienen hervor. Selbst die kühnsten Neuerer, wie Thomasius, wiesen auf die Franzosen als Vorbilder hin. Die Sprachmengerei nahm immer mehr überhand. Vergebens eiferte Logau, und die Sprachgesellschaften, deren Liebe zur Muttersprache Anerkennung verdient, bewiesen einen unverständigen Geschmack. Erst seit der zweiten Blüthe unserer Literatur war unsere Sprache von dem drückenden Sprachenjoche befreit. 2) Der sprachliche Theil. Die scheinbare Sucht nach fremden Dingen ist in der Allgemeinheit des deutschen Geistes begründet, die unveränderte Beibehaltung der Fremdwörter beruht in der deutschen Gründlichkeit und Wissenschaftlichkeit. Welches Wort ist ein Fremdwort und als solches zu behandeln? Nicht immer ist die Heimat eines Wortes und das ursprüngliche Eigenthumsrecht aus dem blossen Stamm oder Wortkörper zu erkennen, dagegen erkennt man die gegenwärtige Heimat an der Form (Gage Fremdwort, Arzt nicht). Zur Form gehören gewisse Vor- und Nachsilben und die Laute, besonders die Vocale. Im engeren Sinne sind diejenigen Wörter Fremdwörter, welche ein von dem deutschen verschiedenes Lautsystem erkennen lassen und welche nicht deutsche Vor- oder Endsilben haben, wobei das Vorkommen schon eines dieser Kennzeichen das Fremde feststellt (Laube deutsch, aber als loge zurückgekehrt fremd; Episkopos fremd, aber Bischof deutsch). Mit Recht ist hinsichtlich der Anwendung den Deutschen die grosse Scheu, die fremde Gestalt irgendwie zu verändern, zum Vorwurf gemacht. Die Folgen dieser Gründlichkeit sind verminderte Achtung vor dem Reichthum der Muttersprache und Erweiterung der Kluft zwischen den höheren und niederen Ständen. Will man gegen die Fremdwörter ankämpfen, so muss man es nicht machen wie die Sprachgesellschaften ihrer Zeit; die Wurstianer unserer Zeit sind nicht minder geschmacklos gewesen. Die Lehnwörter, welche ganz deutsches Gewand erhalten haben und lebensfähig geworden sind, sind beizubehalten (Kirche, Schule, Predigt, Kaiser, Thron u. ä.), ferner die wissenschaftlichen Fremdwörter, die den Inhalt eines Begriffs schlagender wiedergeben als irgend ein deutsches Wort und von allen gebildeten Völkern gebraucht werden (Philosophie, Logik, Theorie u. ä.), sie thun dem nationalen Geiste nicht Abbruch, aber man gehe nicht zu weit (nicht Theorem, Caution), um nicht die Wissenschaft in der Entwicklung der Muttersprache zu hemmen. Die kaufmännische Sprache bedient sich im Uebermass der Fremdwörter. Ist durch Aufnahme eines fremden Wortes unsere Sprache an Vorstellungen und Begriffen wirklich bereichert, so halten wir die fremden Wörter (Aesthetik, Nation, Patriotismus, Moral) fest. Aber bei Allem sollten wir die Methode anderer Völker und unserer Altvordern festhalten, nämlich dem Eindringling ein nationales Gewand zu geben.

Ein Hof-Pfalz-Grafen-Diplom Johann Rist's. Von Dir. Dr. O. Frick. Im Programm des Gymnasiums zu Burg. 1866. 10 S. 4.

Der vielgefeierte Kirchenliederdichter und Gründer des elbischen Schwanenordens war bekanntlich Kaiserlicher Hof-Pfalz-Graf. Als solcher hatte er das Recht der Verleihung des Diploms eines Kaiserlichen gekrönten Poeten, und krönte u. A. 1665 den Rector der Domschule zu Havelberg, Strube wegen dessen ihm zugeschickter fürtrefflicher Gedichte auf Antrag eines Freundes desselben, des Handelsmannes und Dr. jur. Becker in Havelberg, der einst Rist mit einem Fasse Bier beschenkt hatte. Dies Schriftstück ist erhalten in Burg und hat die Veröffentlichung wohl verdient. Das Diplom hat ein besonderes Interesse dadurch, dass es auszugsweise das an Rist selber von Kaiser Ferdinand III. verliehene Hof-Pfalz-Grafen-Diplom enthält; dabei sind noch zwei Briefe Rist's an jenen Vermittler Becker. Diplom und Briefe sind das treueste Abbild des haarsträubenden Promstüls jener Zeit, der Inhalt bombastisch lächerlich genug, um den heutigen Leser zu erheitern; das Acquivalent für die grosse Ehre, die Rist verleibt, das von ihm begehrte Fässlein Havelberger Bieres, spielt in den Briefen eine Hauptrolle.

Zur Beurtheilung Klopstock's nach religiösen Gesichtspunkten. Vom Oberlehrer O. Natorp. Im Programm der Realschule zu Mülheim a. d. Ruhr. 1866. 17 S. 4.

Der Verf. versucht es mit Glück, Klopstock nach der Seite hin, nach welcher er manche Anfechtungen erfahren hat, zu rechtfertigen. Seine Erziehung hatte den in ihm liegenden religiösen Sinn genährt; sein reiner Sinn, sein fester Charakter wird von seinen Zeitgenossen anerkannt. Er fand frühe Ruhe, er war frei von innern Kämpfen. Fast überall schliessen sich seine theologischen Anschauungen eng an die h. Schrift an; gewisse Einzelheiten aus der Eschatologie, aus der Engel- und Teufellehre können dabei nicht in Betracht kommen. Sein Glaube ist keine Gefühlsschwärmerei; die positiven christlichen Wahrheiten galten ihm je länger desto mehr als einzige Richtschnur seiner Anschauungen und seines Willens. Mit dieser Hingabe an den Herrn paarte sich eine edle Männlichkeit, hohe Begeisterung für die besten irdischen Güter der Menschheit, für Freiheit, Vaterland, Freundschaft, Dichtkunst. Sein Leben war nicht etwa nur ein Zug zu Gott, sondern auch eine Ruhe in Gott. Sowohl das Gefühl der menschlichen Geringfügigkeit wirft ihn vor Gott nieder, wie das Bewusstsein der Erlösung von der Sünde durch Christus ihn erhebt. Er gehört gewiss zu den recht frommen Gemüthern, und wenn seine Redeweise uns heutiges Tages öfters zu weichlich erscheint, so müssen wir bedenken, dass für seine Zeit sie eine kräftige heissen konnte. — Schon die Auswahl des Stoffes seiner Dichtungen zeigt den religiösen Dichter, noch mehr seine deutlich ausgesprochene Tendenz: er will heilige Empfindung, Liebe, fromme Tugend in die Herzen seiner Leser giessen. Auch der vorwiegend lyrische Charakter seiner Gedichte zeigt den frommen Dichter. Reden daher, Betrachtungen, Schilderungen füllen auch den grössern Theil der Messiade; Alles geht auf die Tendenz aus, auch die Handlungen des zweiten Theils, die Auferstehung, die Himmelfahrt und das Gericht sind nicht müssige Anhängsel; der Plan auch im Einzelnen ist ein genau und fein überlegter; die Einwürfe gegen die Planmässigkeit, hergenommen von der thörichten Aufreizung des Judas durch Satan und von der Motivirung der Handlungsweise des Judas, sind unhaltbar. Wie Klopstock oft das Geistige durch Bilder aus der Innenwelt vergegenwärtigt, so gehen auch die biblischen Gleichnisse oft aus dem sinnlichen in das geistige Gebiet über; die Reden und Gespräche sollen uns unmittelbar in die Seelen schauen lassen. Vom religiösen Gesichtspunkte aus steht der Messias höher als Milton's Gedicht, mag dies auch an plastischer Kraft ihn übertreffen. Die Hauptbestandtheile bilden das Erlösungswerk Christi und mit ihm organisch verbunden der vorbildliche Inhalt des A. T. und die Weissagung des N. T. auf die endliche Vollendung des Reiches Gottes. Daher ist überwiegend die Rolle der Handlung in der unsichtbaren Welt; auf der Erde wird mehr empfunden als gehandelt. Fagen wir nach dem Einfluss der Dichtungen Klopstock's auf seine Zeit, so müssen wir ihn zu den Apologeten des reinen Christenthums zählen, und die Bewunderung, die man dem Messias zollte, rührte nicht blos aus ästhetischem, sondern auch aus religiösem Interesse her; nach den ersten Gottschedschen Anfeindungen erkannte ihn auch die orthodoxere Theologie als einen der Ihrigen an. Lessing, Göthe, Herder haben seine religiöse Bedeutung nie verkannt. Klopstock's Kirchenlieder sind freilich nicht volksthümlich geworden, aber seiner Zeit gegenüber zeichnen auch sie sich durch Glaubensfestigkeit und Kraft aus. Durch seine vaterländischen Dichtungen hat er unleugbar auf die Hebung des deutschen Nationalgefühls gewirkt; freilich darf man von Dichtern und Philosophen nie die Regeneration des Volkes in seiner Masse erwarten.

Lessing und das Drama, von Wolfrom. 2. Stück. Programm des Dom-Gymnasiums zu Magdeburg. 1866. 24 S. 4.

Das erste, s. Z. im Archiv angezeigte Stück erschien 1860. Dies zweite Stück enthält Auszüge aus Lessings „Beiträgen zur Historie und Aufnahme des Theaters," der „theatralischen Bibliothek," dem Briefwechsel mit Mendelsohn und Nicolai.

Auslegung des Mährchens von der Seele und des Mährchens von der schönen Lilie, nebst einer kurzgefassten Naturgeschichte des Mährchens überhaupt. Von Director Dr. Hartung. Im Programm des Gymnasiums zu Erfurt. 1866.

Das Mährchen, welches dem Verfasser mit dem Volks- und Kindermährchen überhaupt eins ist, leitet er mit Recht aus dem Heidenthum ab; es sind dämonische Gestalten der Vorzeit, die uns in den Sagen und Mährchen von neuem begegnen. In Appulejus Mährchen von Amor und Psyche sieht er die Tendenz einer Empfehlung der Mysterien, denen sich der Philosoph Appulejus zuneigte. Göthe's köstliche Dichtung erfährt hier nun einen neuen Versuch der Erklärung; er kann sich allerdings neben den unzähligen andern auch sehen lassen, ob er aber das Richtige trifft, steht noch dahin. Immerhin scheinen zu viele neuphilosophische Gedanken hineingetragen zu sein, und wenn auch der Faust hinlänglicher Beleg ist, dass Göthe eine Fülle von Abstractionen in concreten Bildern auszukramen oft sich bewogen fühlte, so scheint doch Manches in dieser Deutung nicht Göthisch zu sein. Doch es ist schwer hier sich zu entscheiden, wo der Geschmack eine so grosse Rolle spielt.

Ueber Wilhelm von Humboldt. Ein Vortrag von Prof. Dr. J. W. Steiner. Im Programm des Gymnasiums zu Kreuznach. 1866. 26 S. 4.

Die Abhandlung, eigentlich eine Rede zum Geburtstag des Königs 1864, ist reich mit Anmerkungen versehen, die ihr einen besondern Werth geben. Der Verf. war einige Jahre Lehrer eines Sohnes Humboldt's und stand während dieser Zeit und auch nachher mit ihm in Briefwechsel. Er gibt uns ein anschauliches Bild und erzählt manche weniger bekannte Einzelheit.

De Cypriano mago et martyre Calderonicae tragoediae persona primaria. Von Prof. Dr. Wil. Beyschlag. Programm der Univ. Halle zum 22. März 1866. 13 S. 4.

Der wunderthätige Magus in Calderons Drama ist Cyprian. Die Märtyrergeschichte des Cyprian und der Justina war in der orientalischen und occidentalischen Kirche wohl bekannt, sie findet sich in den Martyrologien, bei Prudentius, und war von der Kaiserin Eudocia in 3 Theilen in einem heroischen Gedicht behandelt, wovon Photius einen Auszug gibt; diese Erzählungen versetzen den Cyprian nach Antiochia und in die Zeit des Diocletian. Eine ältere Erwähnung aber bei Gregor von Nazianz in der 24. Homilie erzählt ausführlich ebendasselbe von dem Bischof Cyprian von Carthago, Zeitgenossen des Decius. J. Fell, Herausgeber des Cyprian, und Hagenbach

In Herzog's Encyclopädie nahmen von zu, der Magier Cyprian sei eine erdichtete Person. Das ist nicht denkbar. Vielmehr sind von Gregor die zwei Cypriane vermischt. Quelle der Erzählung ist die ἐξαγόρευσις oder Confessio Cypriani, von Papst Gelasini I. für apokryph erklärt. Aus ihr schöpfte Eudocia für den zweiten Theil ihres Gedichts; die Quellen ihres ersten und dritten Gedichts, die Geschichte der Justina behandelnd, liegen vor in lateinischen Erzählungen griechischen Ursprungs, mit der Confessio Cypriani im Thesaurus Anecdotorum Vol. III von Martene und Durand herausgegeben. Und aus diesen drei Büchern hat unzweifelhaft Calderon geschöpft. Die Confessio ist bald nach Cyprian's Tod verfasst, war Gregor von Nazianz bekannt und ist ein lesenswerthes Zeitgemälde. Dass Eusebius unter den Märtyrern von Antiochia den Cyprianus nicht speciell aufführt, ist kein Beweis gegen dessen Existenz. Die abendländische Kirche feierte den Märtyrer von Carthago am 14., den von Antiochia zugleich mit Justina am 26. September. Calderon's Magus hat also einen historischen Grund.

Montesquieu's Esprit des lois, übersichtlich zusammengestellt von Oberlehrer Dr. Hoffmann. Programm des Gymnasiums zu Bromberg. 1866. 19 S. 4.

Der nicht immer ganz leicht zu verfolgende Gang in Montesquieu's Schrift ist von dem Verf. klar dargelegt; einzelne seiner Grundsätze und Andeutungen sind durch vergleichende Citate deutlicher gemacht. Es verdient die Abhandlung daher ein Commentar zu Montesquieu genannt zu werden. Die hohe Bedeutung des Werkes in wissenschaftlicher und praktischer Hinsicht ist am Schlusse hervorgehoben, und man muss seinem Urtheile zustimmen, dass die in ihren Grundzügen hier bestimmte Repräsentativregierung wahrscheinlich die politische Religion der Culturvölker Europa's in der Zukunft werden wird.

Ein Denkstein, gesetzt den Manen des Dichters William Edmondstoune Aytoun. Von Dir. Dr. Alex. Schmidt. Im Programm der städtischen Realschule zu Königsberg i. P. 1866.

Am 4. Aug. 1865 starb 54 Jahre alt in Edinburg der Dichter Aytoun, als Professor der Beredsamkeit und schönen Literatur, um Deutschland verdient durch seine Bemühungen um Einbürgerung deutscher Literatur, in Schottland der populärste Schriftsteller seit Walter Scott, namentlich wegen seiner schottischen Cavalierbilder, 1848 erschienen, eines Cyclus von Romanzen, in denen er die Heldenthaten der Anhänger der Stuarts besungen, also eigentlich der protestantischen Stimmung seines Landes widerspricht, was um so mehr für ihren poetischen Werth spricht. Dem unter uns kaum dem Namen nach bekannten Dichter setzt die oben genannte Abhandlung den würdigsten Denkstein, indem sie in fliessender Uebersetzung die schwungvollen Cavalierlieder mittheilt. Es sind acht an der Zahl: Edinburg nach der Flodderner Schlacht (nach dem Tode Jacob's IV. 1513), der Uebersetzung nach zu urtheilen das beste der Gedichte; die Hinrichtung des Montrose (1650); das Herz des Bruce (des Königs Robert Bruce), Dundee's Begräbnissmarsch (Dundee fiel 1689), die Wittwe von Glencoe (Macdonald von Glencoe 1692 von der oranischen Partei niedergemacht), die Schotten-Inse- (feiert die Heldenthat der Schotten im französischen Heere 1695 beim Rheinübergange), Karl Eduard zu Versailles am Jahrestage der Schlacht von Culloden (1746), der alte schottische Cavalier.

Miscellen.

Die Publicationen der Early English Text Society zu London.

Seit dem Jahre 1864 besteht in London eine Gesellschaft von Gelehrten, welche sich die Aufgabe gestellt haben, die Kenntniss der älteren Perioden der englischen Sprache durch Herausgabe bezüglicher Werke zu erleichtern. Vereinigungen gelehrter Männer zu einem ähnlichen Zwecke haben sich freilich schon früher gebildet; ich erinnere nur an die Percy-, die Camden-, die Shakespeare Society, an den Bannatyne Club und an die Editionen der Philological Society. Ein bedeutender Theil aber solcher von Gesellschaften herausgegebener Werke ist dem grösseren Publikum nicht nur wegen der hohen Preise, sondern auch wegen der geringen Anzahl von Exemplaren, die gedruckt worden sind, unzugänglich; Manches ist sogar nur für „private circulation" erschienen. Wichtige auf solchem Wege edirte Bücher sind öfters nicht einmal in den grösseren Bibliotheken Englands zu finden, so dass man nicht mit Unrecht sagen kann, sie hätten ebenso gut ungedruckt bleiben können. Abgesehen aber von der Seltenheit der Exemplare und der schweren Beschaffung solcher Bücher ist von vielen derselben der Preis ein so hoher, dass die bei weitem grössere Mehrzahl der dabei interessirten Personen von der Anschaffung Abstand nehmen muss. Um Beispiele anzuführen, erwähne ich, dass Mar**s**h, der Verfasser von „The Origin and History of the English Language" sich weder für Geld noch gute Worte ein Exemplar des Havelok verschaffen konnte, und dass der gewöhnliche Preis für „William and the Werwolf" or „The Early English Gesta Romanorum" zweiundvierzig Thaler beträgt. Professor Mätzner sollte für ein Exemplar von Dan Michel's Ayenbite of Inwyt, dem besten vorhandenen Werk im Kentischen Dialect aus dem Jahre 1340, nahe an dreissig Thaler bezahlen.

Solche Uebelstände haben mehrere englische Gelehrte, welche von dem regsten Eifer für das Studium ihrer Sprache erfüllt sind und von dem Wunsche geleitet werden, die englischen Denkmäler der älteren und ältesten Litteraturepochen grösseren Kreisen zugänglich zu machen, vor drei Jahren bewogen, zu einer Gesellschaft, der **Early English Text Society**, zusammenzutreten.

Ihr Vorhaben ist, das durch Subscription erhaltene Geld zum Druck der werthvollen Schriftwerke der alten englischen Litteratur zu verwenden. Sie selber verzichten auf jeden persönlichen, pecuniären Vortheil.*) so dass bei den Preisansätzen der einzelnen Publicationen nur die Herstellungskosten an

---

*) As the Editors' services will be gratuitous, the mere cost of production (as printing, paper etc.) will be all for which the Subscribers will have to pay. (Aus dem dem „Arthur" vorgedruckten Committebericht.)

Papier, Druck, Abschrift von Manuscripten u. dergl. in Anrechnung kommen. Für 1864 ist es ihnen möglich geworden, vier bedeutende Werke zu dem Subscriptionspreise von sieben Thalern zu ediren. Selbstverständlich hängt die grössere oder kleinere Zahl der jährlich für diesen Preis erscheinenden Werke von der grösseren oder geringeren Betheiligung an der Subscription ab. Je mehr Subscribenten, desto mehr Werke jährlich für denselben Preis. So heisst es an einer Stelle des Rechenschaftsberichts der Gesellschaft: „The extent of the Society's operations will thus depend on the amount of Subscriptions obtained, and it is therefore the interest of each Subscriber to endeavour to enlarge the list."

Im Jahre 1865 konnte es die Text Society schon ermöglichen, acht Werke herauszugeben, und mit Einschluss des Jahres 1866 beläuft sich die Zahl der bereits erschienenen Bücher auf einundzwanzig (bis Februar 1867), über deren Werth das am Ende dieser Besprechung beigegebene Verzeichniss urtheilen lässt.

In der Voraussetzung nun, dass bei dem immer wachsenden Interesse für das Studium des Englischen dieses Erscheinen von Early English Litterature zu so wohlfeilen Preisen von Vielen, die sich mit dem Englischen beschäftigen, mit Freuden begrüsst werden wird, habe ich es für angemessen gehalten, auf die Wichtigkeit dieses englischen Unternehmens aufmerksam zu machen. Soll aber die Sache einen recht gedeihlichen Fortgang haben, so ist es durchaus wünschenswerth, dass auch wir hier das Unsrige zur Unterstützung und Förderung des von den englischen Gelehrten mit solcher Uneigennützigkeit unternommenen Werkes beitragen. Dass eine recht allgemeine Theilnahme den Unternehmern nicht nur, wie sich von selbst versteht, wünschenswerth, sondern auch nothwendig ist, sprechen sie selber wiederholentlich in den Committeeberichten aus. So heisst es in dem Report, welcher Hume's grammatischem Werke vorgedruckt ist, folgendermassen: „The Committee rely with confidence on the Subscribers to use their best endeavours to increase the list of Members, in order that funds may not be wanting to print the material that editors place at their service."

Indem wir uns nun auf diese Aufforderung beziehen, erlauben wir uns, allen Freunden der englischen Sprache, besonders allen denjenigen, welche die Sprache als solche zum Gegenstand ihres Studiums machen, den Wunsch auszusprechen, von den Publicationen der E. E. Text Society, falls sie durch Zufall noch nicht zu ihrer Ansicht gelangt sind, Kenntniss zu nehmen und theils durch persönliche Betheiligung, indem sie für jährlich sieben Thaler als Subscribers bei der Gesellschaft eintreten und dafür sämmtliche Jahrespublicationen zugesandt erhalten, theils durch Gewinnung Anderer für das verdienstliche Unternehmen zu wirken, seinen Bestand zu sichern, und durch Vermehrung der Zahl der Subscribers eine Vermehrung der jährlich zu edirenden Bücher zu ermöglichen.

Von vorzüglichem Werthe und von nicht zu unterschätzender Tragweite würde es sein, wenn die Lehrerbibliotheken der höheren Schulen, namentlich der *Realschulen*, sich durch Subscription in den Besitz der Jahrgänge der E. E. Text Society setzten.

Es bedarf keiner Auseinandersetzung, dass gerade solche Anschaffungen von Seiten gelehrter Anstalten dem intensiveren Studium des Englischen bei uns ausserordentlich zu Hülfe kommen würden. Mancher Lehrer würde mit grosser Freude in der Bibliothek seiner Anstalt Werke vorfinden, die ihm die Mittel an die Hand geben, zu einer genaueren Kenntniss der historischen Entwickelung der englischen Sprache zu gelangen. Historische Grammatiken, wie die von Fiedler-Sachs, von Mätzner und von Koch erhalten für den Besitzer ihren vollen Werth erst, wenn er einen Blick in die Quellen werfen kann, auf welchen die Arbeiten dieser Gelehrten zum Theil beruhen, wobei wir nicht unerwähnt lassen dürfen, dass die Anstrengungen der

E. E. Text Society solche Quellen jetzt weit reichlicher und bequemer bieten, als sie meinem Erachten nach jenen Herren zu Gebote standen. Zwölf der bisher (Februar 1867) erschienenen Ausgaben sind ausserdem mit Glossaries versehen, welche den Werth der Bücher nicht unwesentlich erhöhen, wenngleich Halliwell's oder Wright's oder Coleridge's Wörterbücher dabei nicht gut zu entbehren sind.

Nach welchen Gesichtspunkten trifft die Early English Text Society die Auswahl der zu druckenden Bücher?

Aus dem ersten Jahresbericht ist ersichtlich, dass die Gesellschaft sich vorgenommen hat, „einerseits, die werthvollsten unter den englischen bisher noch nicht durch den Druck veröffentlichten Manuscripten sämmtlich zu ediren, andererseits, alle wichtigen älteren englischen Werke von neuem herauszugeben, welche ihrer Seltenheit oder ihres hohen Preises wegen von den weniger Bemittelten nicht gekauft werden können." Eine Begränzung der zu druckenden Werke war dann zunächst durch die Beschaffenheit des Inhalts gegeben. In Bezug hierauf ging die Gesellschaft in ihrem ersten Plane von der Absicht aus, alle Early English Romances, welche sich auf die Arthursage beziehen, zu drucken. Bald erweiterte man diesen Plan und beschloss, in den Publicationen auch die Dialecte und dadurch die lexikalische Erweiterung des älteren Wortschatzes der englischen Sprache mit in den Bereich der Thätigkeit der Gesellschaft zu ziehen. Im Verlauf zweier Jahre gestaltete sich der gesammte Plan zu bestimmter Begränzung und zwar in der Weise, dass jetzt die Editionen der Gesellschaft in vier distincte Klassen zerfallen:

1) Arthur und andere romantische Dichtungen.

2) Werke, die geeignet sind, die Dialecte und die historische Entwickelung der Sprache kennen zu lehren.

3) Bibelübersetzungen und Bücher religiösen Inhalts.

4) Werke vermischten Inhalts.

Von grosser Wichtigkeit für das Studium der Sprache ist dabei, dass die Gesellschaft auf den nicht genug zu schätzenden Gedanken gekommen ist, die ältesten englischen Wörterbücher ebenfalls von neuem drucken zu lassen. Erst dann, wenn diese Dictionaries zu benutzen sein werden, wird man für Erklärung älterer Schriftsteller, z. B. für Chaucer und selbst noch für Spenser und Shakespeare in gewissen Fällen einen Anhalt haben, welchen die bisher zugänglichen Hülfsmittel nicht in dem Grade gewähren konnten. Die durch die E. E. Text Society ermöglichte Benutzung dieser ältesten Lexika wird ferner nicht nur für Verständniss der Autoren, sondern auch für Klärung der etymologischen Forschungen auf dem französisch-englischen Gebiete wichtige Resultate vermitteln. Auch die romantischen Dichtungen, deren Herausgabe die Text Society hauptsächlich Sorgfalt zuwendet, werden nicht bloss dem Studium des Englischen, sondern auch der genaueren Kenntniss der französischen und deutschen Litteratur des Mittelalters zu Gute kommen. Ferner ist hervorzuheben, dass die Gesellschaft sämmtliche bisher ungedruckt gebliebene Werke jener Sprachperiode, die man gewöhnlich Semi-Saxon zu nennen pflegt und welche für die Zeitbestimmung des Eindringens klassischer und französischer Wörter so wie für die allmälliche Veränderung der Flexionsendungen im Englischen von Bedeutung ist, ihren Textausgaben einreihen wird. Nächst dem wird auch das Angelsächsische gebührende Berücksichtigung finden, und die dahin gehörigen Texte werden von Uebersetzungen im neueren Englisch begleitet sein, wie überhaupt alle Texte von circa 1250. Eine derartige Publication mit der Uebersetzung en regard liegt bereits vor in „Hali Meidenhad. An Allitterative Homily of the Thirteenth Century." Diese Ausgabe ist von Cockayne besorgt (1866).

Mit welchem Eifer und mit welcher Energie die Mitglieder der E. E. Text Society ihren Zweck verfolgen, die Kenntniss des älteren Englisch in betreffenden Kreisen zu verbreiten, dafür legt auch der Umstand Zeugniss ab, dass sie eine gewisse Anzahl von Exemplaren ihrer Textausgaben zu Prämien für „Students of their Universities and Colleges" bestimmt und zwölf Professoren dafür gewonnen haben, sich der Mühe zu unterziehen, junge Leute in der Kenntniss des Englischen vor Chaucer zu examiniren und denen, welche in einem solchen Examen bestanden haben, zwei Jahrgänge der E. E. Text Society als Geschenk zu überreichen. Wir führen dies Alles nur an, um darauf hinzuweisen, welche günstigen Erfolge das ganze Unternehmen haben, welchen Gewinn die englische Sprachforschung daraus ziehen, welche Erleichterung unseren Landsleuten bei dem Studium der englischen Sprache dadurch verschafft werden kann. Wie verdienstlich ist es z. B. nicht, um noch einen einzelnen Fall zu berühren, dass eins der Mitglieder der Text Society einen unkritischen Wiederabdruck von Tyrwhitt's *Chaucer Text* verhindert und eine neue Ausgabe dieses Werkes nach den besten Mss. in der „Aldine Series" von Bell und Daldy durch Mr. Morris veranlasst hat! So kann sich das gedeihliche Eingreifen der Gesellschaft noch mehrfach in verschiedenen Richtungen bewähren, und wir glauben auf allgemeine Zustimmung hoffen zu dürfen, wenn wir der Text Society den besten Fortgang wünschen, und es für die Aufgabe eines Jeden, der sich für das Studium des Englischen interessirt, erklären, nach allen Kräften zur Förderung des Unternehmens beizutragen.

Der Unterzeichnete hat als Mitglied der Berliner Gesellschaft für das Studium der neueren Sprachen nur der Ansicht und Ueberzeugung der übrigen Mitglieder dieser Gesellschaft in dieser Darlegung Ausdruck gegeben. Wir hegen die Hoffnung, dass auch andere Gesellschaften in Deutschland, die sich die Pflege und Verbreitung der Literatur der neueren Sprachen zur Aufgabe machen, ihrerseits schon in ihren Sitzungen oder Organen auf die Bedeutung der Early English Text Society aufmerksam gemacht haben. So weit dies noch nicht geschehen ist, dürfen wir uns wohl dem Vertrauen hingeben, dass man den Gegenstand einer Prüfung würdigen und sich dann überzeugen wird, dass die E. E. Text Society nicht bloss persönliche Betheiligung durch Subscription, sondern auch alle andere den Einzelnen oder den Vereinen zu Gebote stehende Förderung verdient.

Es scheint noch angemessen, die Committeemitglieder der E. E. Text Society zu nennen und die bisher erschienenen Werke derselben aufzuführen.

Das Committe besteht nach dem Jannarbericht von 1866 aus den Herren Fry, Furnivall, Hall, Morris, Parker, Perry und Skeat. Secretär ist Herr Wheatley. Diese Herren haben sich fast sämmtlich als Herausgeber betheiligt, wie sich aus dem nachfolgenden Verzeichniss der edirten Texte ergeben wird. Wir bewundern besonders in Herrn Furnivall den unermüdlichen Eifer, mit welchem er die Zwecke der Gesellschaft verfolgt; wir wissen von Herrn Morris, dass er ein ausgezeichneter Forscher in den englischen Dialecten ist, was er bereits durch Herausgabe des Northumbrischen Gedichtes „The Pricke of Conscience" für die Philological Society bewiesen hat; wir haben ausserdem erfahren, dass Herr Wheatley sich speziell der Herausgabe der älteren Wörterbücher unterziehen wird, wobei wir den Wunsch nicht unterdrücken können, dass die E. E. Text Society besonders dieses Ediren der Lexika recht bald eintreten lassen möge. Das Mitglied Herr Parker vereinigt mit dem regsten Interesse für die Bestrebungen der Gesellschaft die vorzügliche Eigenschaft, ein reiches Mitglied derselben zu sein, wenn ich anders berechtigt bin, diese Vermuthung darauf zu begründen, dass er z. B. für die bald zu erwartende echte Ausgabe der sogenannten Percy Ballads neben dem Herzog von Devonshire siebenzig Thaler beigesteuert hat. Geschenkt hat er ausserdem der

Text Society zwei wichtige Werke (ein Manuscript, und ein gedrucktes Exemplar von Huloet.*)

Diejenigen unserer Landsleute, welche auf möglichst directem Wege auf die Jahreslieferungen der Early English Text Society subscribiren wollen, brauchen sich nur an die Buchhandlung von Schneider & Comp. oder an die von Asher und Comp., beide Unter den Linden in Berlin, zu wenden. Mit Einrechnung der Nebenkosten hat der Unterzeichnete pro Jahrgang sieben Thalor zwanzig Sgr., Alles in Allem, bezahlt. Durch den Antiquar bezogen, ist ihm die Beschaffung nicht unerheblich theurer gewesen.

Ich lasse jetzt das Verzeichniss der bereits erschienenen und der für 1867 in Aussicht gestellten Publicationen der E. E. T. Society folgen.

Für 1864 erschienen:
1. Early English Allitterative Poems (about 1320—30). — Morris.
2. Arthur (about 1440). — Furnivall.
3. W. Lauder's Tractate concerning ye Office and Dewtie of Kyngis etc. (1556). — Hall.
4. Sir Gawayne and the Green Knight. (about 1320—30). — Morris.

Für 1865 erschienen:
5. Of the Orthographie and Congruitie of the Britan Tongue. By Hume. (about 1617). — Wheatley.
6. Lancelot of the Laik. (about 1500). — Skeat.
7. The Story of Genesis and Exodus. (about 1250). — Morris.
8. Morte Arthure: the Alliterative Version (about 1440). — Percy.
9. Animadversions uppon the Annotacions and Corrections of some Imperfections of Impressiones of Chaucer's Workes, reprinted in 1506; by Francis Thynne. Edited from the Ms. in the Bridgewater Library. — Kingsley.
10. Merlin, or the Early History of Arthur. (about 1450). Part I. — Wheatley.
11. Lyndesay's Monarche. Part I. — Hall.
12. The Wright's Chaste Wife. — Furnivall.

Für 1866 erschienen:
13. Seinte Marhereta, the Meiden ant Martyr. Three Texts of ab. A. D. 1200, 1310, 1330. First edited in 1862, by the Rev. Oswald Cockayne, M. A., and now reissued. 2s.
14. The Romance of Kyng Horn, Floris and Blancheflour, and the Assumption of the Blessed Virgin. Edited from the MS. in the Library of the University of Cambridge, by the Rev. J. Rawson Lumby, M.A. 3s. 6d.
15. Political, Religious, and Love Poems from the Lambeth MS., No. 306, and other MSS. Edited by F. J. Furnivall, Esq., M.A. 7s. 6d.
16. A Tretice in Englisch breuely drawe out of the book of Quintis essencijs in Latyn, that Hermys the prophete and king of Egipt, after the flood of Noe, fader of Philosophris, hadde by reuelacioun of an aungil of God to him sente. Edited from the Sloane MS. 73, by F. J. Furnivall, Esq., M.A. 1s.
17. Parallel Extracts from 29 MSS. of Piers Plowman, with comments, and a Proposal for the Society's Three-text edition of the Poem. By the Rev. W. W. Skeat, M.A. 1s.
18. Hali Meidenhad, about 1200 A.D. Edited for the first time from the MS. (with a translation), by the Rev. Oswald Cockayne, M.A. 1s.
19. Sir David Lyndesay's Monarche, Part II., the Complaynt of the King's Papingo, and other Minor Poems. To be edited from the first editions, by Fitzedward Hall, Esq., D.C.L. 3s. 6d.

---
*) Wahrscheinlich das von Worcester angeführte Abecedarium Anglico-Latinum pro Tyrunculis vom Jahre 1552.

20. Some Treatises, by Richard Rolle de Hampole. To be edited from Robert of Thornton's unique MS. by the Rev. G. Perry, M.A.

Merlin. Part II. Edited by Henry B. Wheatley, Esq.

Dan Michel's Ayenbite of Inwyt, or Remorse of Conscience, in the Kentish dialect, 1340 A.D. To be edited from the unique MS. in the British Museum by Richard Morris, Esq.

Levins's Manipulus Vocabulorum, 1570, the first of the Dictionary Series. To be edited by Henry B. Wheatley, Esq. [In the Press.

Im Jahre 1867 sollen erscheinen:

The Romance of Partenay or Lusignen. To be edited for the first time from the unique MS. in the Library of Trinity College, Cambridge, by the Rev. W. W. Skeat, M.A.

Dan Jon Gaytrigg's Sermon; The Abbaye of S. Spirit; Sayne Jon, and other pieces in the Northern Dialect. To be edited from Robert of Thornton's unique MS. by the Rev. G. Perry, M.A. [In the Press.

The Babees Boke, The Children's Book, Urbanitatis, The Bokes of Norture of Iohn Russell and Hugh Rhodes, Wynkyn de Worde's Boke of Keruyng, The Boke of Cortasye, etc. with some French and Latin Poems on like subjects. To be edited from Harleian and other MSS. by F. J. Furnivall, Esq., M.A. [In the Press.

Palladius on Husbondrie; the earliest English Poem on Husbandry. To be edited from the unique MS. in Colchester Castle (ab. 1425 A.D.) by the Rev. Barton Lodge, A.M. [In the Press.

Hymns to the Virgin and Christ; the Parliament of Devils; and other Religious Poems. To be edited from the Lambeth MS. 853, by F. J. Furnivall, Esq., M.A.

The Knight de la Tour Landry, 1372: A Father's book for his Daughters. To be edited from the Harleian MS. 1704, by Thomas Wright, Esq., M.A., and Mr. William Rossiter. [In the Press.

Mirk's Duties of a Parish Priest, in verse. To be edited for the first time from the MSS. in the British Museum and Bodleian Libraries (ab 1420 A.D.) by F. Peacock, Esq. [In the Press.

Lives of St. Juliane and St. Katherine, and other early Pieces before 1250 A.D. To be edited from the MSS. (with a translation) by the Rev. O. Cockayne, M.A. [Copied.

Various Poems relating to Sir Gawaine. To be edited from the MSS. by R. Morris, Esq. [Copied.

Cursor Mundi, or Cursur o Worlde, in the Northern dialect. To be edited from the MSS. in the British Museum and Trinity College, Cambridge, by Richard Morris, Esq. Part I. [Copied.

Mayster Jon Gardener, and other early pieces on Herbs, etc. To be edited from the MSS. by W. Aldis Wright, Esq., M.A. [Copied.

An Old English Bestiary of ab. 1250 A.D. To be edited from an Arundel MS. by R. Morris, Esq. [Copied.

The Catholicon, 1480 A.D.; from Lord Monson's MS. Edited by Hy. B. Wheatley, Esq. [Copied.

Piers Plowman: the earliest Version from the earliest MS. Edited by the Rev. W. W. Skeat, M.A. [Copied.

Das vorstehende Verzeichniss bietet des Guten so viel, dass wir nur wünschen können, die E. E. T. Society möge eine solche Anerkennung und Verbreitung finden, dass der Druck jener Bücher ohne Unterbrechung erfolgen kann.

Nachtrag. Seit der Abfassung dieses Berichts sind schon erschienen: Ayenbite, R. of Partenay, Hymns to the V., Religious Pieces in Prose Verse und The Stations of Rome.

Berlin, im Februar 1867.   Alb. Benecke.

Baierisches altes Dreikönigslied.

Ich lag eine nacht und schlieff:
mich gedeicht wie kinig David rieft,
wie ich solt dichten schone
von den heiligen drei kinigen ein neues liedt,
die ligen zue Khöllen am Reine.
Der tag der reist wol aus dem thron:
wir singen den N.herren an,
von Maria, der rosen, den werden engel trägt sy ein kron,
die muetter unsers herren.
Maria gebar ein kindelein
on allen schmertzen und auch pein
das paridiess wardt auffgeschlossen
Gott muess sein kreitz auch selber tragen,
sein pluett für uns vergossen.
Und da das kinlein geporn solt sein,
den heiligen drey kinigen kam ein schein
von einem liechten steren;
der heilig geist gab in ein gab golt wuirach und guet mirrhen.
Kinig Caspar kam auss morenlaudt
Walthauser kam aus kriechenlaudt
Melcher kam auss esterreich.
sie volgten den heiligen steren nach,
si wolten das landt pereiden
und da sy für Jerusalem kamen
ein grosse perg in engegen staind.
der stern wolt yn enweichen;
kinig Caspar sprach den andern zu:
bäint miessen mir da bleyben.
Und da sy fir Herodes ridten
Herodes entpfeing sy an tugentlich:
seyt wigil kumen, yr herren!
aur namen send mir unbekandt,
wo welt ir euch hin keren?
Da sprach kinig Caspar ausserkoren:
es ist ein kinig der Juden geporn,
der uns den engel thüet brysen;
wir haben des sterns schein verloren,
der uns den weg thuet wiesen.
Herodes sprach aus sainer pegir:
nu reidt nit far kumbt widerumb zu mir.
das thuet ir lieben herren.
wir pringen das silber und golt so vil
das kinlein willen wir eren!
Sie sassen auff und ridten dahin,
da kam der stern widerumb zue in
und leichtet in auf die rechte strassen
wol in die stat gen Wethlahem,
da Joseph und Maria sassen.
Nun hort wie kinig Caspar sprach,
da er der muetter das opfer pracht:
Seidt ir die muetter des herren
so nembt das opfer auff ein Gilgenpladt
golt, weirach und gut mirach.
Also hat Maria das opfer enpfangen
Von den heiligen drei kinigen auss fremde landt.

wi si von dannen wolten schaiden,
ir prophezey ist gar erfilt
si toben mit gottes gelaidt.
Si zohen dahin mit grosser khaim
ain gantzes jar wol widerumb haim,
ein jeder in sein land.
Si pebissen den kinlein grosse ehr
wol zu den selbigen stunden.

Man hat uns eherleiche geben,
Gott las euch das jar mit freiden aussleben
wol hie zu allen zeiten.
Gott geb euch heindt ein guette nacht!
der stern muess wider leichte. amen.

Anno domini 1557. Iannar 13.   Johannes Hochreiter.

Pfuscherlatein.

In dem Büchlein: Bernhardi comitis Tervisani, Bericht von der Hermetischen philosophia, das ist von dem hochberühmsten Stein der vortrefflichen Weisen. Der ander Traktat. Im Jahre 1602 S. 214 heisst es von den Pfuschern und Dilettanten: „dann sie haben gemeinlich seltzam Latein, damit sie beide die Materi und auch die Handgriffe der Arbeit nennen. Als wenn sie den lapidem philosophorum nennen sollen sagen sie Pbilapis Phorum. Wann sie sollen Tinge sagen heisst ihr Latein Attingam. Sagen pro solve Solva. Per densum treiben heisst bei ihnen per desce. Vitrin heisst auff ihr Rotwelsch Latein Vilzirin. Tartarus heisst bey ihnen der Tarter, Arsenicus heisst bei ihnen Assenicum und mercurius Sublimatus heisst bei ihnen sublimatius; item precipität principität. Und in Summa, viel närrisch Ding geben sie für und allein aus demselben seind sie zu erkennen; denn so oft können sie solche höfliche Wort fürbringen, dass sie nit wol für solche Betrieger angesehen werden."

München.   Dr. A. Birlinger.

He'll Never Set the Thames on Fire.

Very few know the origin of this common phrase. Many years ago, before machinery was introduced into the flour mills for the purpose of sifting the flour, it was the custom of the miller to send it home unsifted. The process of sifting was done thus, but principally in Yorkshire. The temse, or sieve, which was provided with a rim which projected from the bottom of it, was worked over the mouth of the barrel into which the flour or meal was sifted. An active fellow, who worked hard, not unfrequently set the rim of the temse on fire by force of friction against the rim of the flour barrel, so that, in fact, this part of domestic employment became a standard by which to test a man's will or capacity to work hard; and thus, of a lazy fellow, or one deficient in strength, it was said: „He will never set the temse on fire." The long misuse of the word temse for seive; as well as superseding of hand labor by machinery in this particular species of work, may possibly have tended to the substitution of sound for sense, in such phrases as „He will never set the Thames on fire," the North river on fire, or any other river.